FRÄULEIN

ELLEN VON UNWERTH

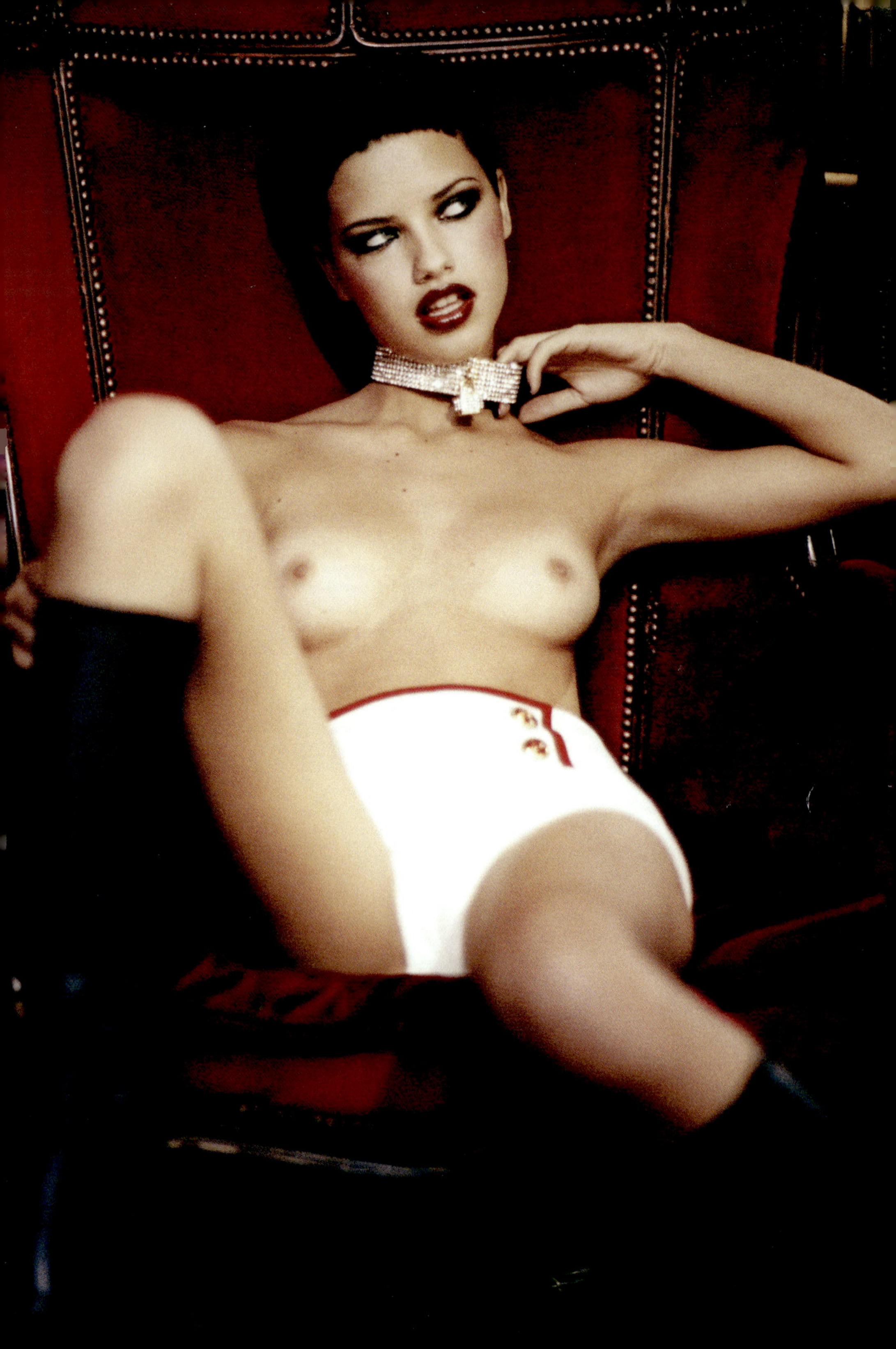

FRÄULEIN
ELLEN VON UNWERTH

TASCHEN

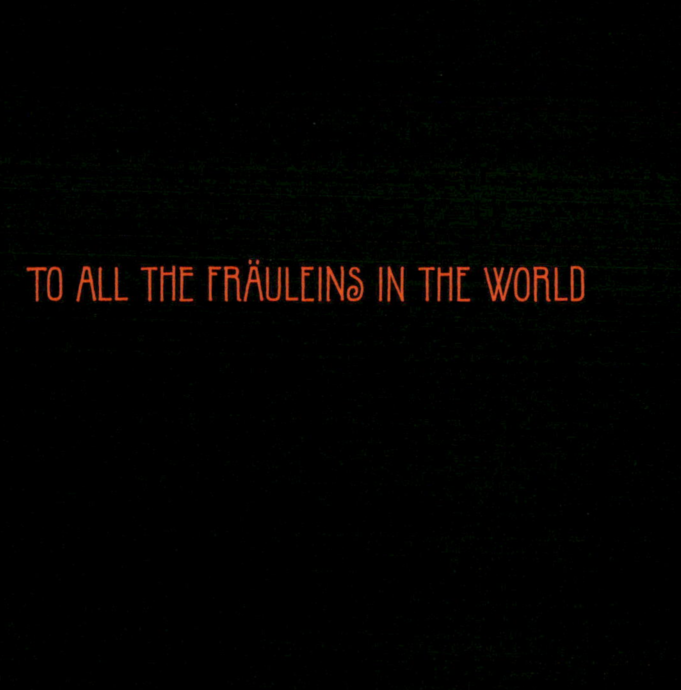

TO ALL THE FRÄULEINS IN THE WORLD

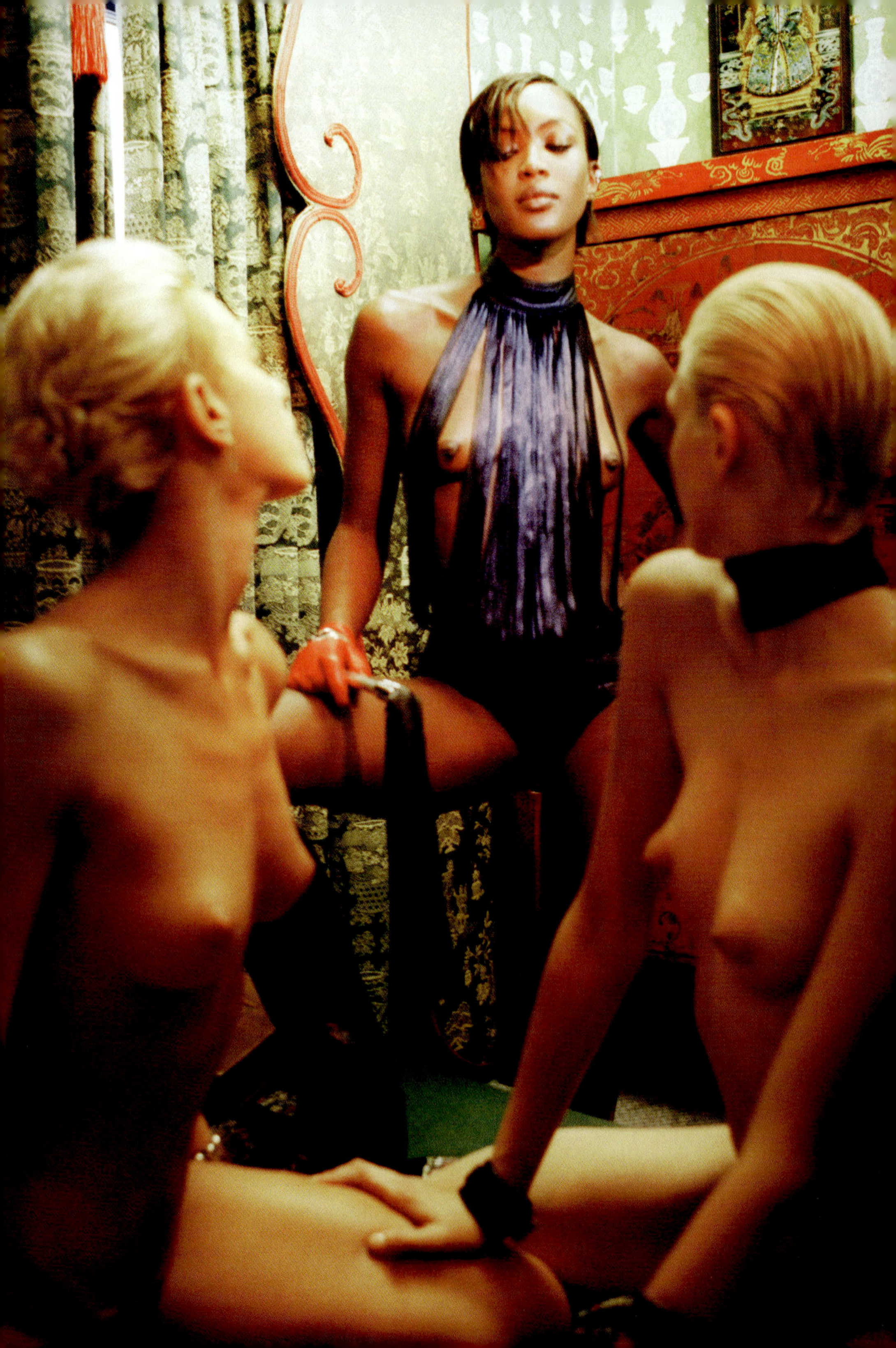

THE FRÄULEIN'S FRÄULEIN

"E-L-L-E-N, E-L-L-E-N," chanted Beth Ditto, from the stage of the jam-packed nightclub in Paris, where she was putting on a show that was sending her fans to the moon. The luxuriously fleshy performer was giving a shout-out to Ellen von Unwerth, the photographer who took all the photographs in this book called *Fräulein*. On this particular night, in the city of light in the spring of 2009, it was around 1 a.m. and, rather than be secluded up in the balcony, sipping champagne with all the other fashion-world VIPs, von Unwerth was squeezed into the mosh pit with Ditto's sweaty, dancing fans right in front of the stage.

I had a perfect aerial view of the photographer from where I was standing—then suddenly, for a few minutes, it looked like von Unwerth had evaporated into thin air. What had actually happened was hilarious. Like an angel painted by Botero, Ditto had taken a flying leap into the crowd, and landed on—OK, crushed—whoever happened to be in her path, including von Unwerth. The photographer went down, seemingly flattened, like a character in a cartoon. Seconds later she popped right back up, holding her camera high in the air above her head, snapping pictures as quickly as she could. That's when Ditto started chanting her name; they know each other and the singer must have been aware of the whole amusing scene.

In the middle of all this von Unwerth happened to look up to where I was watching the proceedings, and when we caught each other's eye she gave me a huge grin. You could see from the big smile on her face that von Unwerth was having a ball. This story about Ditto and von Unwerth encapsulates the spirit with which the photographer goes about her picture-taking. As she herself says, "When I go out to shoot I'm excited, and I'm happy." And this love of the medium and of the work shows in her pictures.

Von Unwerth has not lost the sense of spontaneity that she brought to the very first photographs she took. She started out as an accidental photographer, and indeed her pictures have the lack of pretense that can make amateur photographs so appealing. They also have that feeling of movement that gave the young Lartigue's pictures from the 1920s and 1930s such energy. It all began for von Unwerth when she was a model. She'd already learned the basics from a photographer boyfriend when she found herself bored out of her mind on a shoot in Africa. "My biggest frustration as a model was that I always had to stand still, look to the left or to the right," she recalled. "I really hated it. I wanted to do silly things. I wanted to have an emotion, a moment with someone." So, when they weren't working she decided to take matters into her own hands and break the monotony by doing some pictures of her model friends with some of the women and children in a nearby village in Kenya. The irony, of course, is that her pictures surprised everyone. "But Ellen is supposed to be a model!" they said. Not for long. Soon, von Unwerth was behind the camera, giving her subjects the freedom she'd longed for when she'd been in front of the lens. And she has been doing this ever since, in images that can be defined by a few words — fun, playful, unpretentious, and ambiguous.

Today, von Unwerth laughs at her reputation for shoots that are said to be "naughty." Delighted, she confesses, "Drew Barrymore told me, 'Ellen, I love to work with you because you bring out the best in me. Or is it the worst?'" I suspect that von Unwerth's little known, real-life story of growing up in foster homes in Bavaria in the 1960s, and of not having that feeling of belonging that kids with more secure upbringings take for granted, is what has given her such an authentic sense of connection to the theme of the outsider. "I'm fascinated by people, especially women who live outside society," she says. And whether it is in her fashion photography or her portrait photography, there is always an attraction to images that represent rebels, misfits, bohemians. Sometimes her pictures recall earlier work, such as Brassaï's portraits of the underworld, or E. J. Bellocq's photographs of houses of ill-repute in New Orleans, or the film *Cabaret*, and sometimes they go on another adventure — but they always have a warmth toward their subjects that makes them von Unwerth's.

Years ago, when Ellen von Unwerth was becoming a famous photographer, a big shot in the fashion business took her aside to give her a bit of advice. The honcho said, "Oh Ellen! You are on the wrong side of the tracks!" "I thought she meant it as a compliment! I said YES!" laughs von Unwerth. Happily, she stayed true to her instincts. As one can see from the images in this book, whether it's a picture of Carla Bruni, Britney Spears, Naomi Campbell, Dita Von Teese, Kate Moss, Drew Barrymore or any of the other personalities, performers, or models who posed for von Unwerth, they are a reminder that everyone wants to let go, and have some fun.

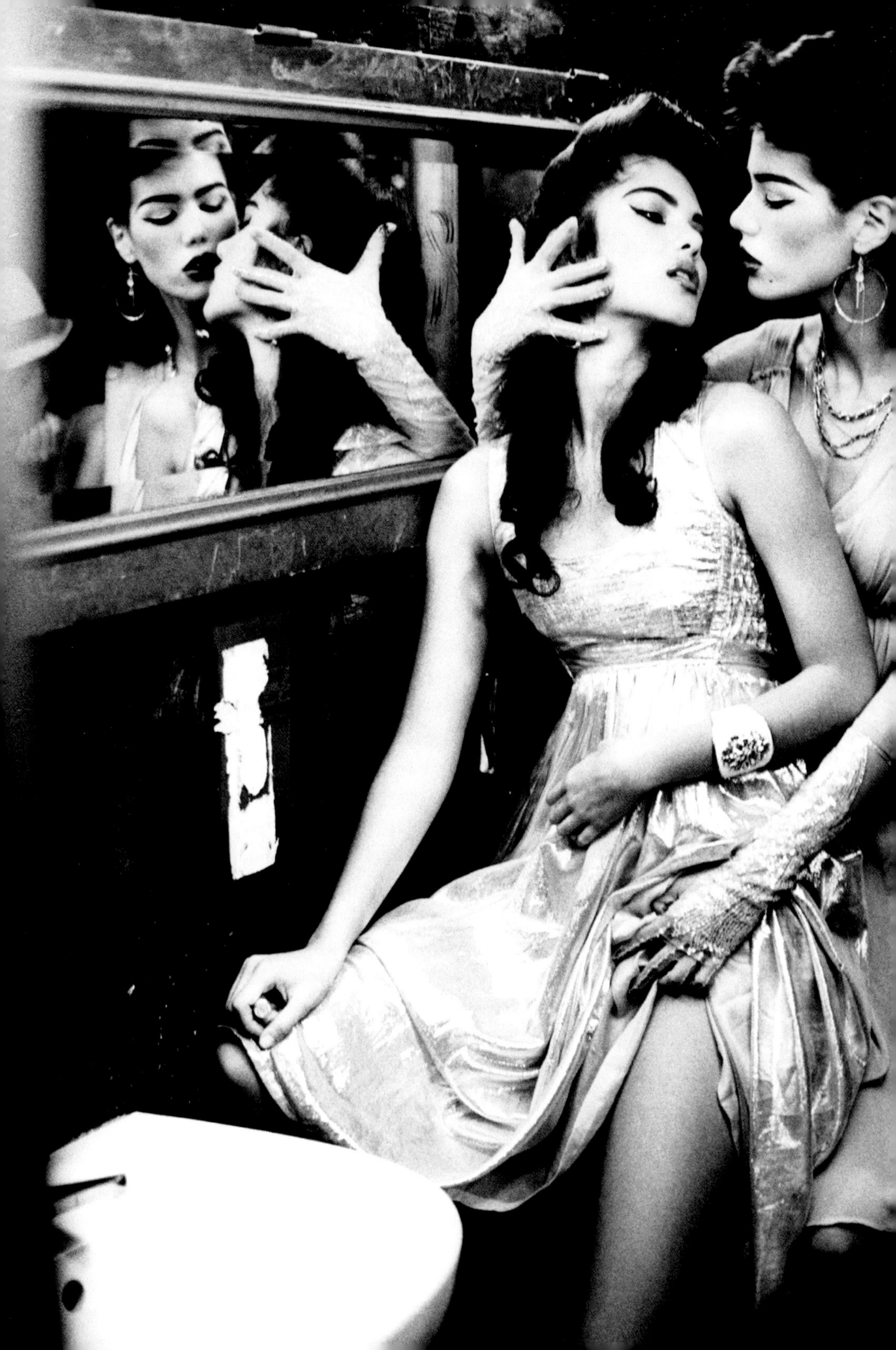

DAS FRÄULEIN DER FRÄULEINS

»E-L-L-E-N, E-L-L-E-N«, skandierte Beth Ditto von der Bühne des proppenvollen Nachtclubs in Paris, wo sie gerade eine Show abzog, die ihre Fans zur Raserei brachte. Die üppig beleibte Sängerin rief nach Ellen von Unwerth, der Fotografin, die alle Fotos dieses Buchs *Fräulein* aufgenommen hat. Das war so gegen 1.00 Uhr in jener Nacht im Frühling 2009 in der Stadt der Lichter, und statt abgesondert im obersten Rang mit all den anderen VIPs der Modewelt Champagner zu nippen, drängte sich Ellen von Unwerth mit Beth Dittos schwitzenden, tanzenden Fans durch das Getümmel direkt vor der Bühne.

Von meinem Logenplatz aus hatte ich einen perfekten Blick auf die Fotografin – und plötzlich, ein paar Minuten lang, sah es so aus, als habe sie sich in Luft aufgelöst. Was sich da abgespielt hatte, war wirklich urkomisch. Wie ein von Botero gemalter Engel hechtete Beth Ditto mit einem Luftsprung nach vorn in die Menge und landete – oder besser: krachte – auf alle, inklusive von Unwerth, nieder, die sich in ihrer Flugbahn tummelten. Die Fotografin ging zu Boden, scheinbar plattgedrückt wie eine Figur in einem Comic Strip. Sekunden später hatte sie sich wieder aufgerappelt, hielt ihre Kamera über ihrem Kopf in die Höhe und schoss ein Foto nach dem anderen. Genau in diesem Moment begann Beth Ditto mit ihrem E-L-L-E-N-Gesang. Die beiden kennen sich, und der Sängerin war nun sichtlich das Komische der ganzen Szene klar geworden.

Mit einem Mal blickte Ellen von Unwerth nach oben in meine Richtung, und als sich unsere Blicke trafen, grinste sie mich breit an. Aus Ellen von Unwerths lachendem Gesicht war zu lesen, dass sie sich köstlich amüsierte. Diese Geschichte über Beth Ditto und Ellen von Unwerth bringt die Einstellung auf den Punkt, mit der die Fotografin ihre Bilder angeht. Sie selbst formuliert es so: »Wenn ich losziehe, um zu fotografieren, bin ich ganz enthusiastisch, und ich bin glücklich.« Und diese Liebe zum Medium und zu der Arbeit findet in ihren Bildern Ausdruck.

Das Gespür für Spontaneität, das schon ihren allerersten Fotos anzumerken war, hat von Unwerth nicht verloren. Sie begann als Gelegenheitsfotografin, und tatsächlich fehlt ihren Fotos das Gestellte, eine Qualität, die auch den Reiz von Amateurfotografien ausmachen kann. Auch zeichnet sie jenes Gefühl für Bewegung aus, das den Aufnahmen des jungen Jacques-Henri Lartigue aus den 1920er- und 1930er-Jahren so viel Energie verlieh. Für von Unwerth nahm dies alles seinen Anfang, als sie noch als Model arbeitete. Als sie sich bei Aufnahmen in Afrika zu Tode langweilte, brachte ihr ein Fotograf und Freund die Grundlagen bei. »Als Model frustrierte es mich zutiefst, dass ich dauernd still stehen und nach links oder rechts schauen musste«, erinnert sie sich. »Das hasste ich wirklich. Ich wollte herumalbern. Ich wollte etwas empfinden, zusammen mit anderen etwas erleben.« So beschloss sie, in der freien Zeit die Sache selbst in die Hand zu nehmen und die Monotonie dadurch aufzubrechen, dass sie Bilder von befreundeten Models zusammen mit ein paar Frauen und Kindern aus einem kenianischen Dorf in der Nähe machte. Und alle waren von ihren Fotografien überrascht. »Aber Ellen ist doch eigentlich Model!«, hieß es. Nicht mehr lange. Bald agierte von Unwerth hinter der Kamera und ließ den von ihr Aufgenommenen jene Freiheit, nach der sie sich gesehnt hatte, als sie noch vor der Kamera stand. Und so hat sie es seit damals mit ihren Bildern gehandhabt, die mit wenigen Worten charakterisiert werden können – witzig, verspielt, unprätentiös und vieldeutig.

Heute lacht Ellen von Unwerth, wenn sie an den Ruf denkt, den ihr Fotos eingebracht haben, die als »unanständig« gelten könnten. Amüsiert verrät sie: »Drew Barrymore meinte zu mir: ›Ellen, ich arbeite sehr gerne mit dir, weil du das Beste aus mir herausholst. Oder ist es das Schlimmste?‹« Ich vermute, dass von Unwerths wenig bekannte Lebensgeschichte – sie wuchs in den 1960er-Jahren in einem Waisenhaus in Bayern auf, weiß also, wie es ist, wenn man das Gefühl der Zugehörigkeit nicht hat, das Kinder, die in sicheren Verhältnissen aufwachsen, für selbstverständlich nehmen – der Fotografin diese authentische Wahrnehmung von Verbundenheit mit dem Thema Außenseiter mit auf den Weg gegeben hat. »Leute, besonders Frauen, die am Rande der Gesellschaft leben, faszinieren mich«, sagt sie. Ob in ihrer Modefotografie oder in ihren Porträtauf-

nahmen, es wird deutlich erkennbar, dass Bilder von Rebellen, Sonderlingen, Bohemiens sie besonders reizen. Manchmal erinnern ihre Fotos an Aufnahmen aus früheren Zeiten, an Brassaïs Porträts der Unterwelt, an E. J. Bellocqs Fotografien von Freudenhäusern in New Orleans oder an den Film *Cabaret*, und manchmal lassen sie sich auf ein anderes Abenteuer ein – doch stets ist eine Zuneigung zu den Aufgenommenen zu spüren, die ihre Arbeiten zu von-Unwerth-Bildern machen.

Vor Jahren, als Ellen von Unwerth als Fotografin berühmt wurde, nahm eine prominente Lady aus dem Mode-Business sie beiseite, um ihr einen guten Rat zu geben. Diese Chefin meinte, »Oh, Ellen! Du bist auf der falschen Seite!« »Ich dachte, sie meinte es als Kompliment! Ich sagte JA!«, lacht von Unwerth. Glücklicherweise vertraute sie ihrer inneren Stimme. Wie man an den Bildern in diesem Buch sehen kann – ob es sich dabei um ein Foto von Carla Bruni, Britney Spears, Naomi Campbell, Dita Von Teese, Kate Moss, Drew Barrymore oder von irgendeiner anderen der Persönlichkeiten, Bühnenkünstler oder Models handelt, die für von Unwerth posierten – sie erinnern daran, dass sich jeder auch mal gehen lassen möchte und Spaß haben will.

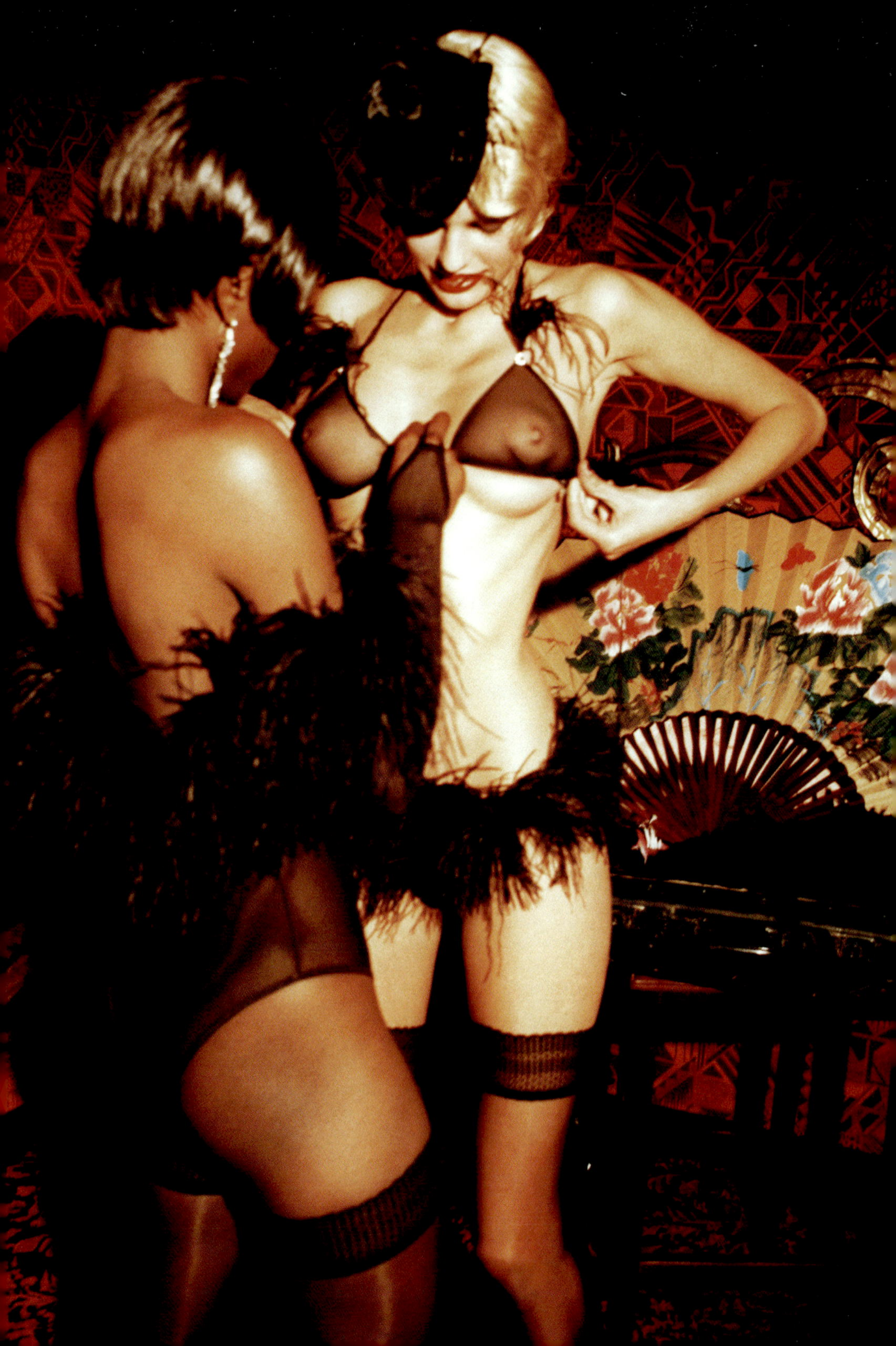

LA FRÄULEIN DES FRÄULEINS

« E-L-L-E-N, E-L-L-E-N », scandait Beth Ditto de la scène de la boîte de nuit parisienne bourrée de monde, où elle présentait un show qui faisait chavirer ses fans. La plantureuse chanteuse s'adressait à cœur perdu à Ellen von Unwerth, la photographe qui a réalisé toutes les images de ce livre intitulé *Fräulein*. Dans la Ville lumière, en cette nuit de printemps 2009, vers une heure du matin, plutôt que de se réfugier au balcon pour siroter du champagne avec les autres VIP du monde de la mode, von Unwerth était descendue sur la piste, juste devant la scène et au beau milieu des fans dansants et transpirants de ladite Ditto.

D'où je me tenais, j'avais une vue aérienne parfaite de la photographe quand, brusquement, pendant quelques minutes, ce fut comme si elle s'était évaporée dans l'air. Ce qui s'était passé était en fait hilarant. Comme un ange peint par Botero, Ditto s'était envolée au-dessus de la foule mais avait atterri sur – bon, d'accord, plutôt écrasé – tout ce qui se trouvait sur son chemin, von Unwerth comprise. La photographe était à terre, aplatie comme un personnage de dessin animé. Quelques secondes plus tard, elle se redressait, tenant son appareil à bout de bras, et prenait des photos aussi vite que possible. C'est alors que Ditto commença à entonner son nom. Elles se connaissaient et la chanteuse était sans doute tout à fait consciente de la drôlerie de la scène.

Au milieu de ce tohu-bohu, von Unwerth regarda dans la direction d'où je scannais les événements et, lorsque nos yeux se croisèrent, elle me fit un immense sourire. On pouvait voir qu'elle s'amusait comme une folle. Cette histoire sur Ditto et von Unwerth résume l'état d'esprit de la photographe quand elle fait ses photos. Comme elle le dit elle-même : « Lorsque je pars prendre des photos, je suis excitée et heureuse. » Et cet amour du médium et du travail transparaît dans ses images.

Ellen von Unwerth n'a pas perdu ce sens de la spontanéité qu'elle possédait déjà dans ses toutes premières photographies. Elle avait commencé un peu par accident, et les images de ses débuts étaient marquées par ce manque de prétention qui rend les photos d'amateur si séduisantes. Elles étaient aussi chargées de cette sensation de mouvement qui donne tant d'énergie aux photos des années 1920 et 1930 du jeune Jacques-Henri Lartigue. Tout commença quand elle était mannequin. Elle avait déjà appris quelques bases techniques d'un petit ami photographe, lorsqu'elle se retrouva un beau jour à mourir d'ennui pendant une prise de vue en Afrique. « Ma plus grande frustration de modèle était d'avoir toujours à rester immobile. Je voulais ressentir une émotion, passer un moment authentique avec quelqu'un. » Ainsi, après le travail, elle décida de prendre les choses en main et de rompre la monotonie de la situation en photographiant ses amies modèles accompagnées des femmes et des enfants d'un village kenyan. Ces images surprirent tout le monde. « Mais enfin, elle est mannequin ! » disait-on. Plus pour longtemps.

ectif, offrant à ses sujets la liberté dont elle avait tant eu envie lorsqu'elle était levant. Et ce qu'elle fait depuis dans ses images peut se définir en quelques mots : plaisir, sens du jeu, absence de prétention et ambiguïté.

Aujourd'hui, Ellen von Unwerth rit de sa réputation de preneuse de vues coquines, entre guillemets. Ravie, elle confesse : « Drew Barrymore m'a dit : 'Ellen, j'adore travailler avec toi parce que tu fais ressortir ce qu'il y a de meilleur en moi. Ou de pire.'' » Je soupçonne que ce qui donne à ses photos cette complicité si juste avec le thème de l'outsider tient beaucoup à l'histoire personnelle peu connue de la photographe, à sa vie de petite fille qui a grandi dans des foyers d'accueil, pendant les années 1960 en Bavière, et qui ne pouvait posséder ce sentiment d'appartenance des enfants à l'éducation plus classique. « Je suis fascinée par les gens, en particulier par les femmes qui vivent en marge de la société », dit-elle. Et que ce soit dans ses photos de mode ou ses portraits, on peut observer son attirance pour des images qui représentent des rebelles, des ratées, des bohèmes. Parfois, ses photos rappellent certaines œuvres antérieures comme les portraits de bas-fonds par Brassaï, ou les E. J. Bellocq des maisons de prostitution de La Nouvelle-Orléans ou encore le film *Cabaret*. Elles s'orientent parfois dans d'autres directions, mais témoignent toujours d'une proximité, d'une chaleur de sentiments envers le sujet, qui sont le signe indéniable d'Ellen von Unwerth.

Des années plus tôt, alors qu'elle était en passe de devenir une photographe célèbre, une grosse pointure du monde de la mode la prit à part pour lui donner une sorte de conseil. Son Altesse lui dit : « Oh, Ellen ! Tu es sur la mauvaise voie ! » – « Je pensais qu'elle voulait me faire un compliment, et je lui répondis OUI ! », et elle en rit encore. Heureusement, elle est restée fidèle à cette voie. Comme on peut le voir à travers les images de ce livre, que ce soit une photo de Carla Bruni, de Britney Spears, de Naomi Campbell, de Dita von Teese, de Kate Moss, de Drew Barrymore et de tant d'autres personnalités, artistes ou modèles qui ont posé pour elle, toutes nous rappellent que chacun d'entre nous a parfois envie de se laisser aller et d'éprouver du plaisir.

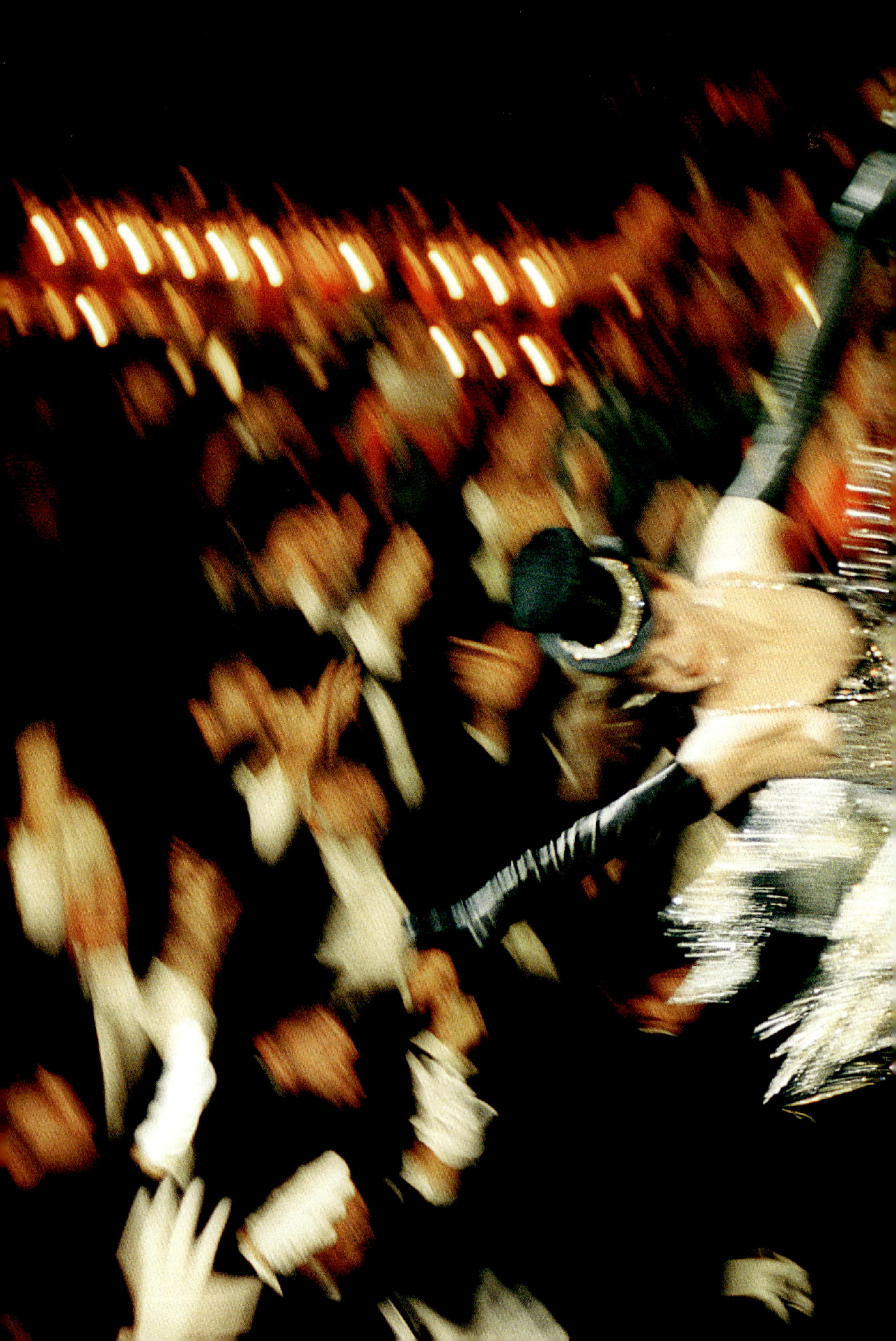

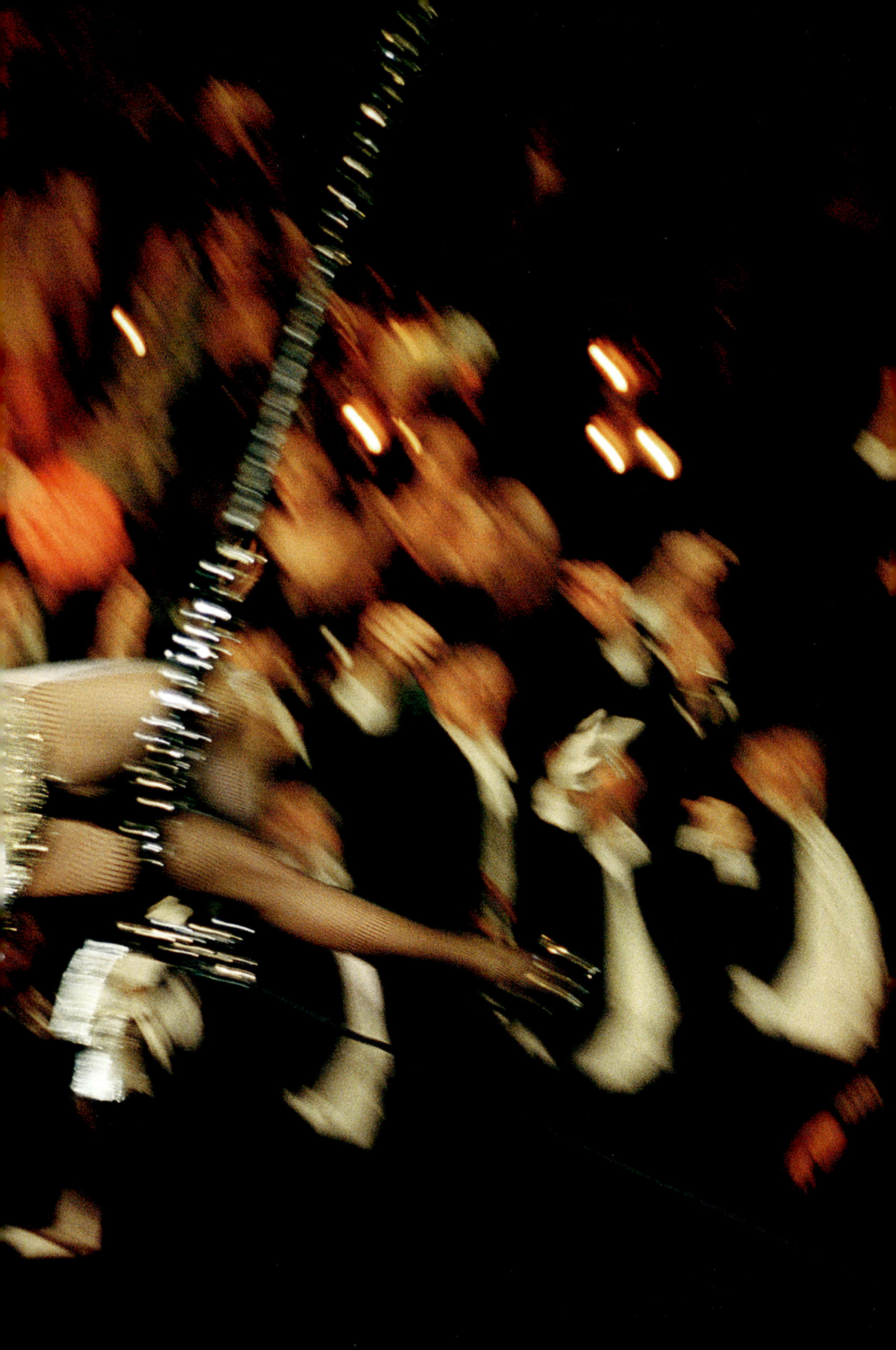

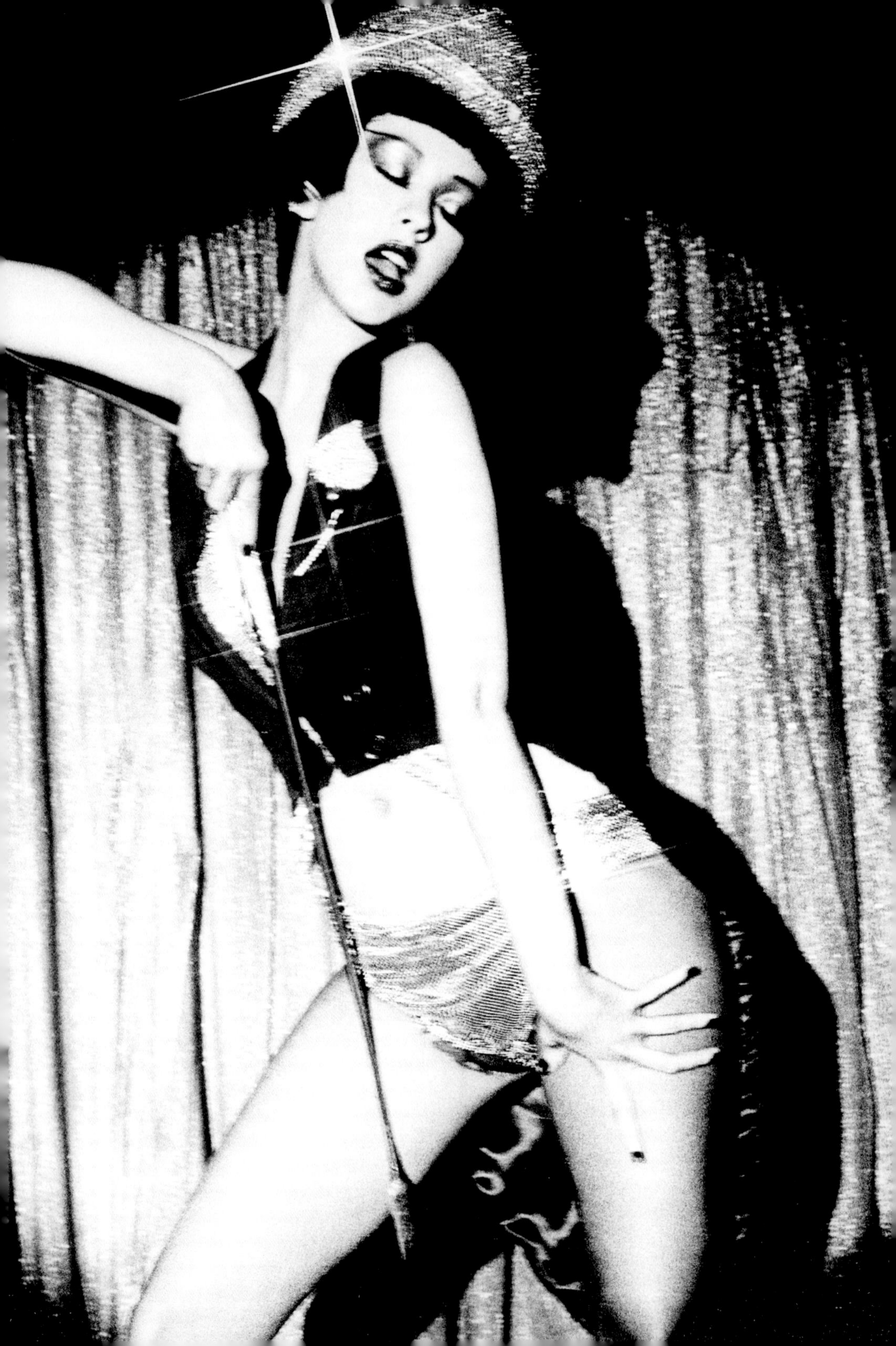

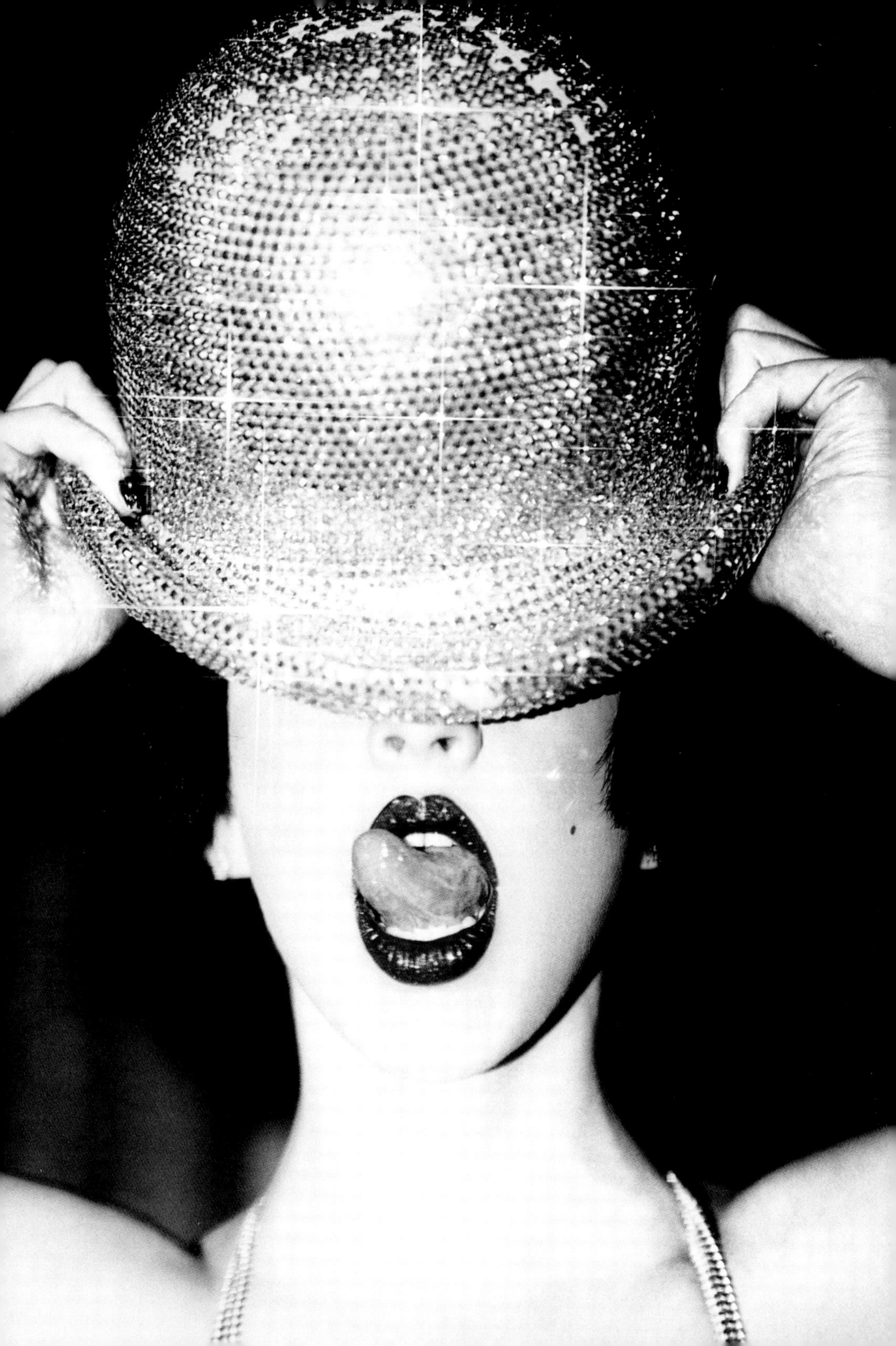

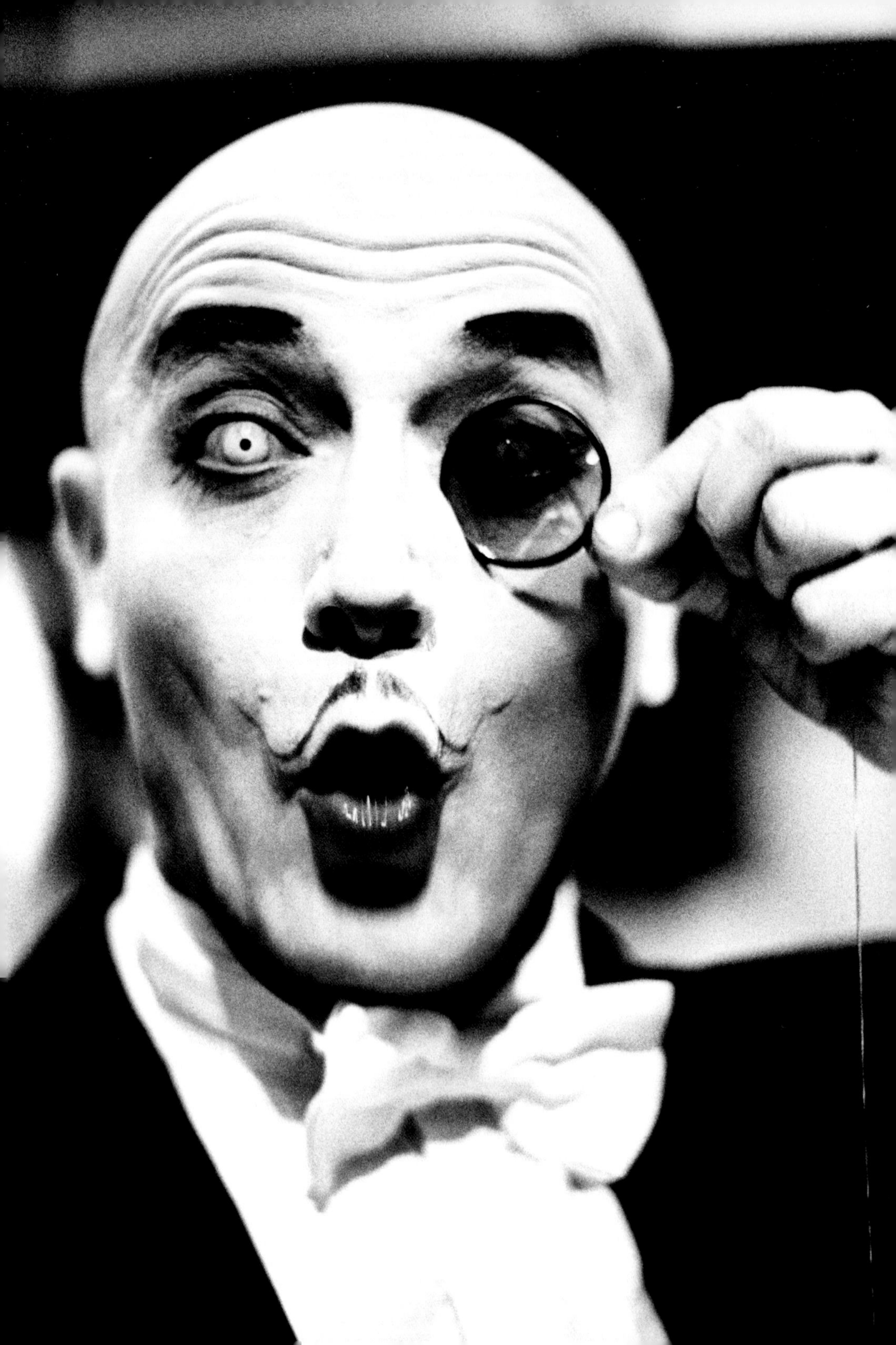

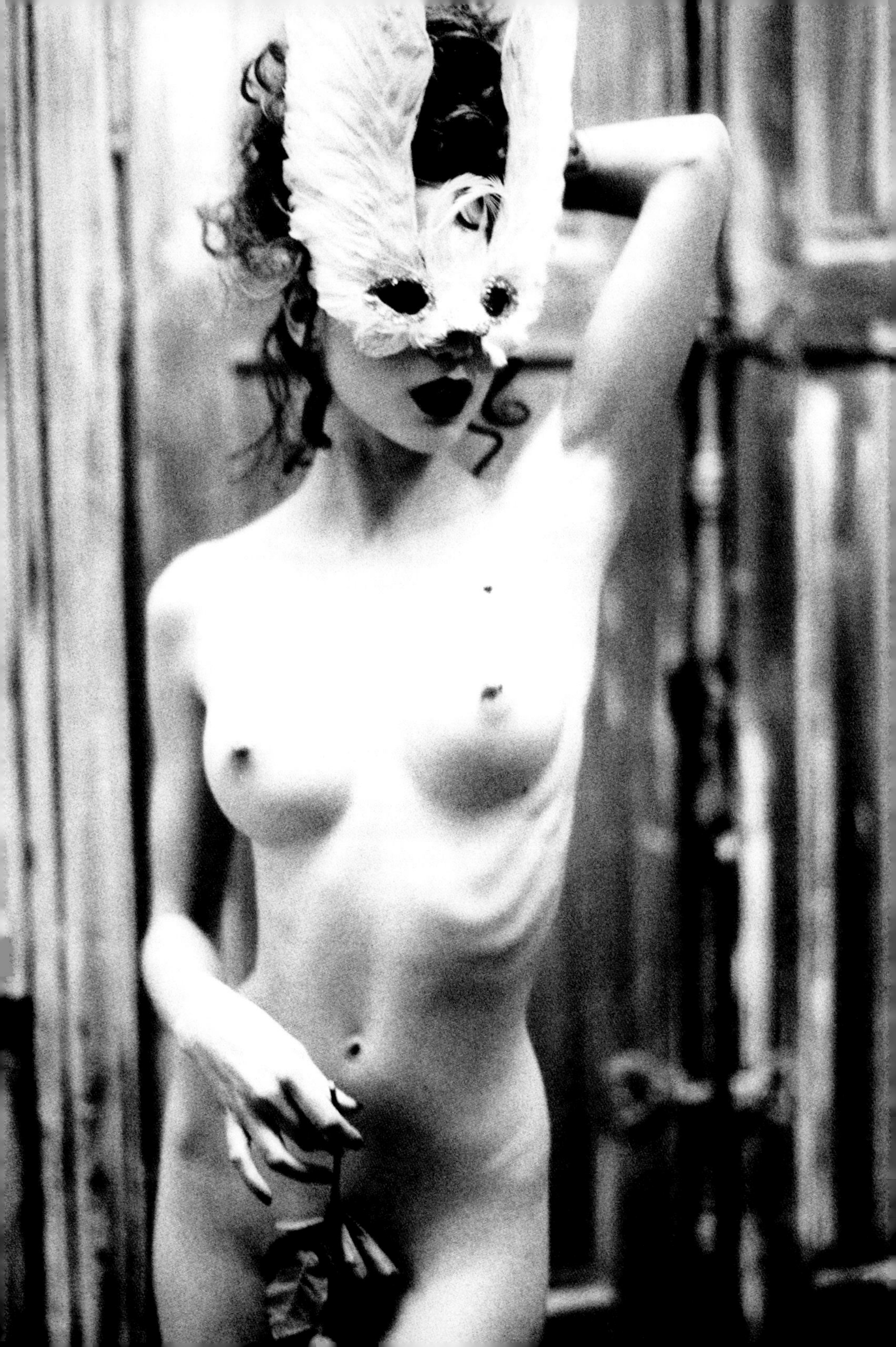

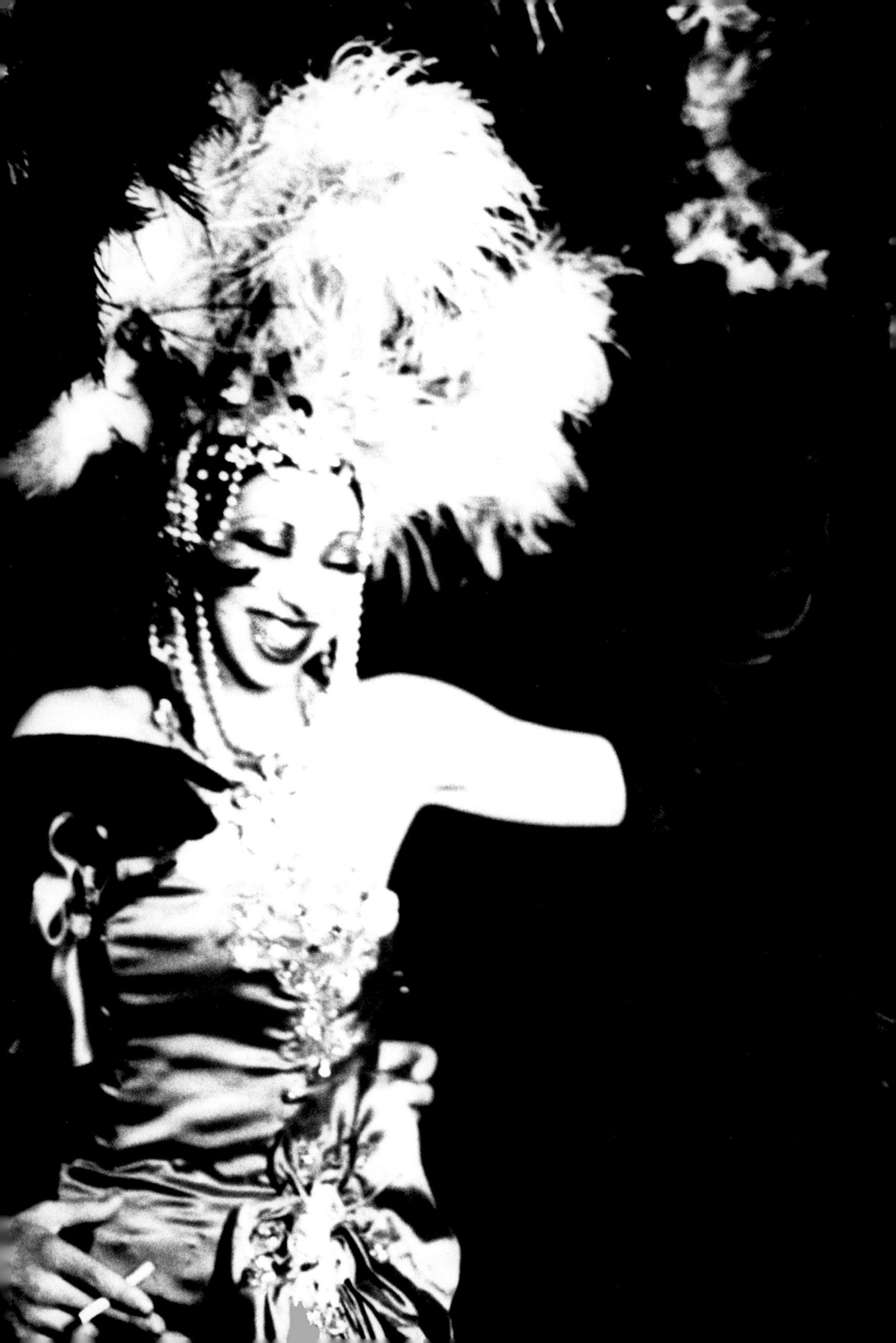

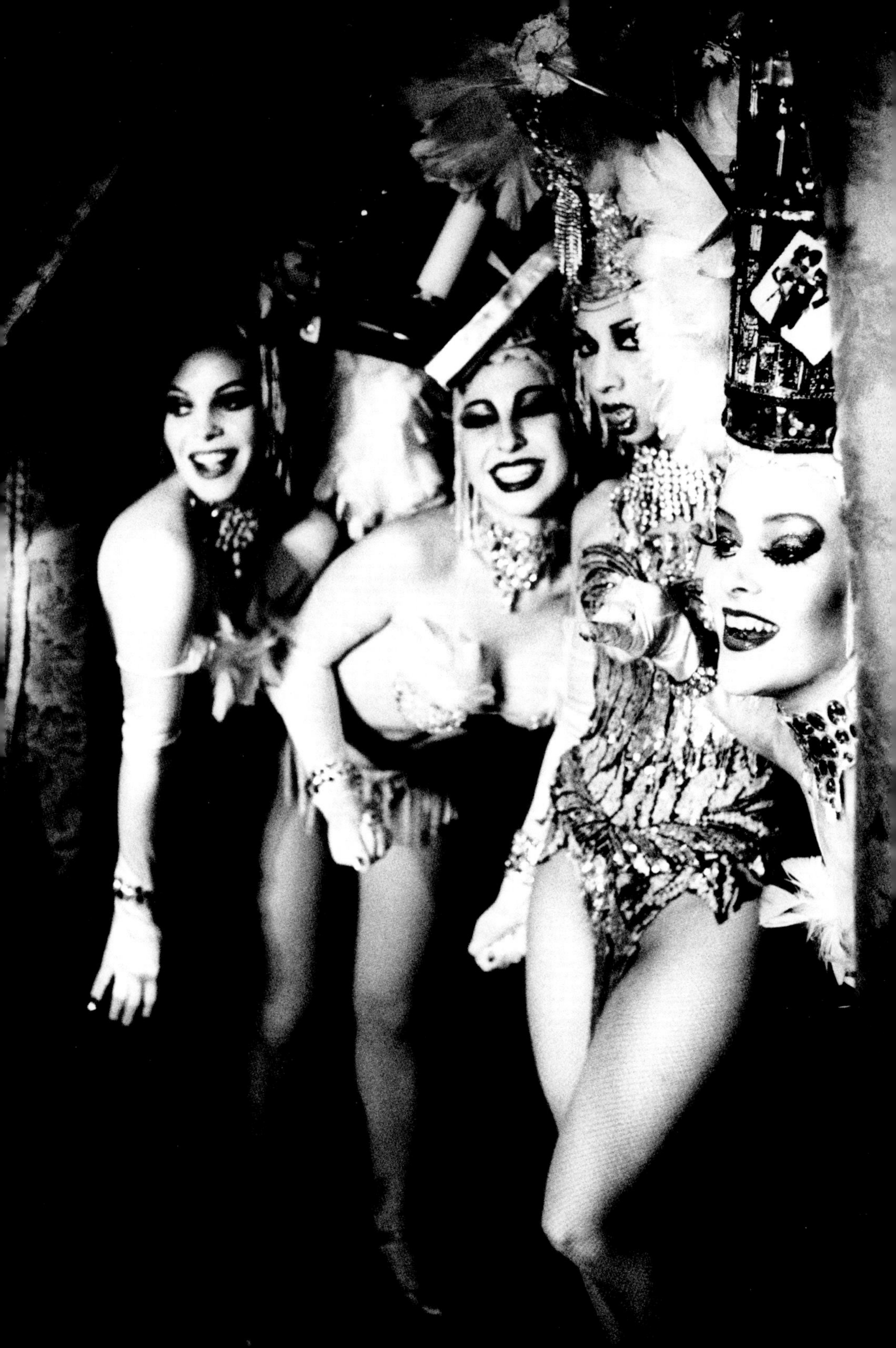

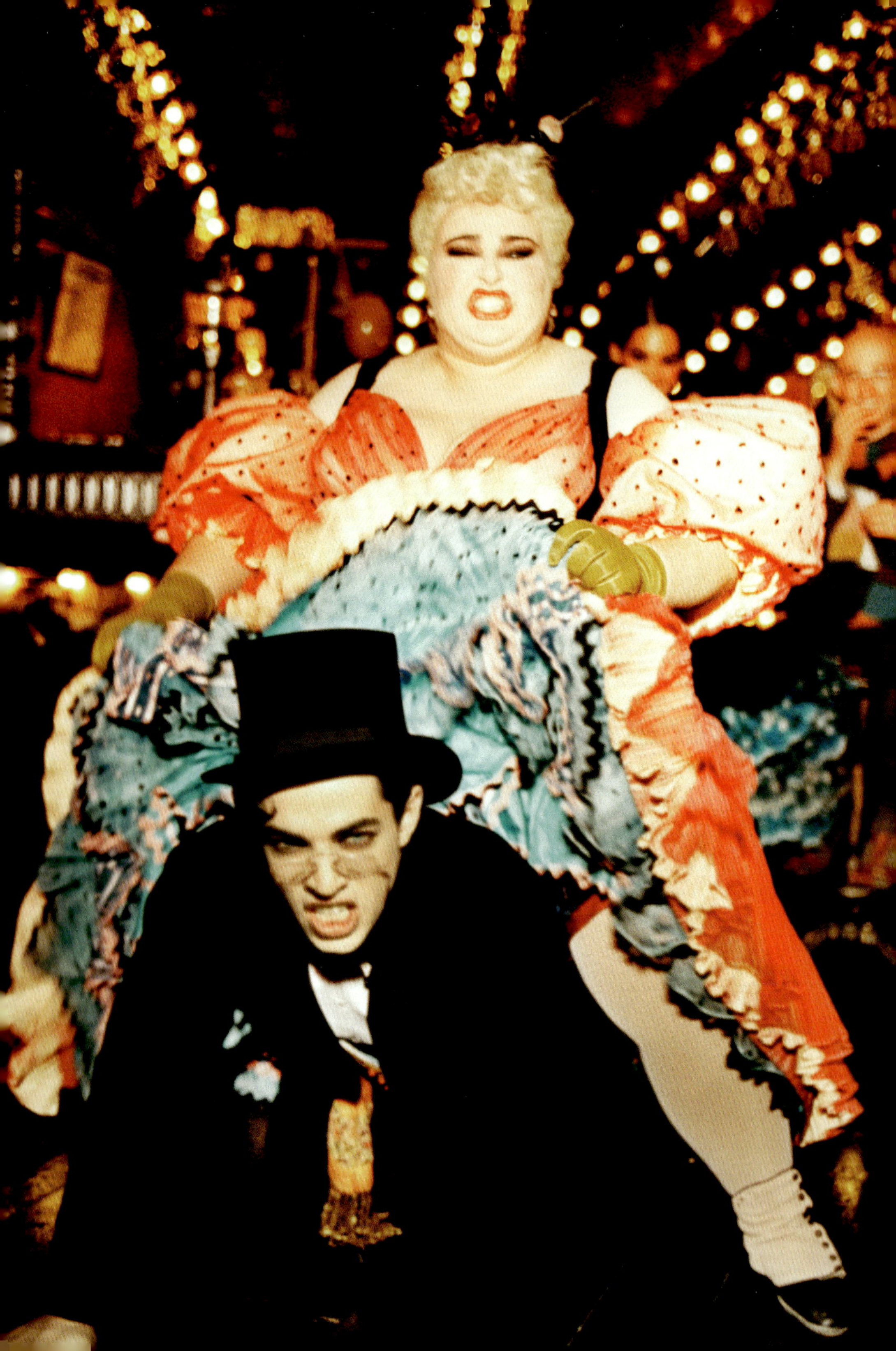

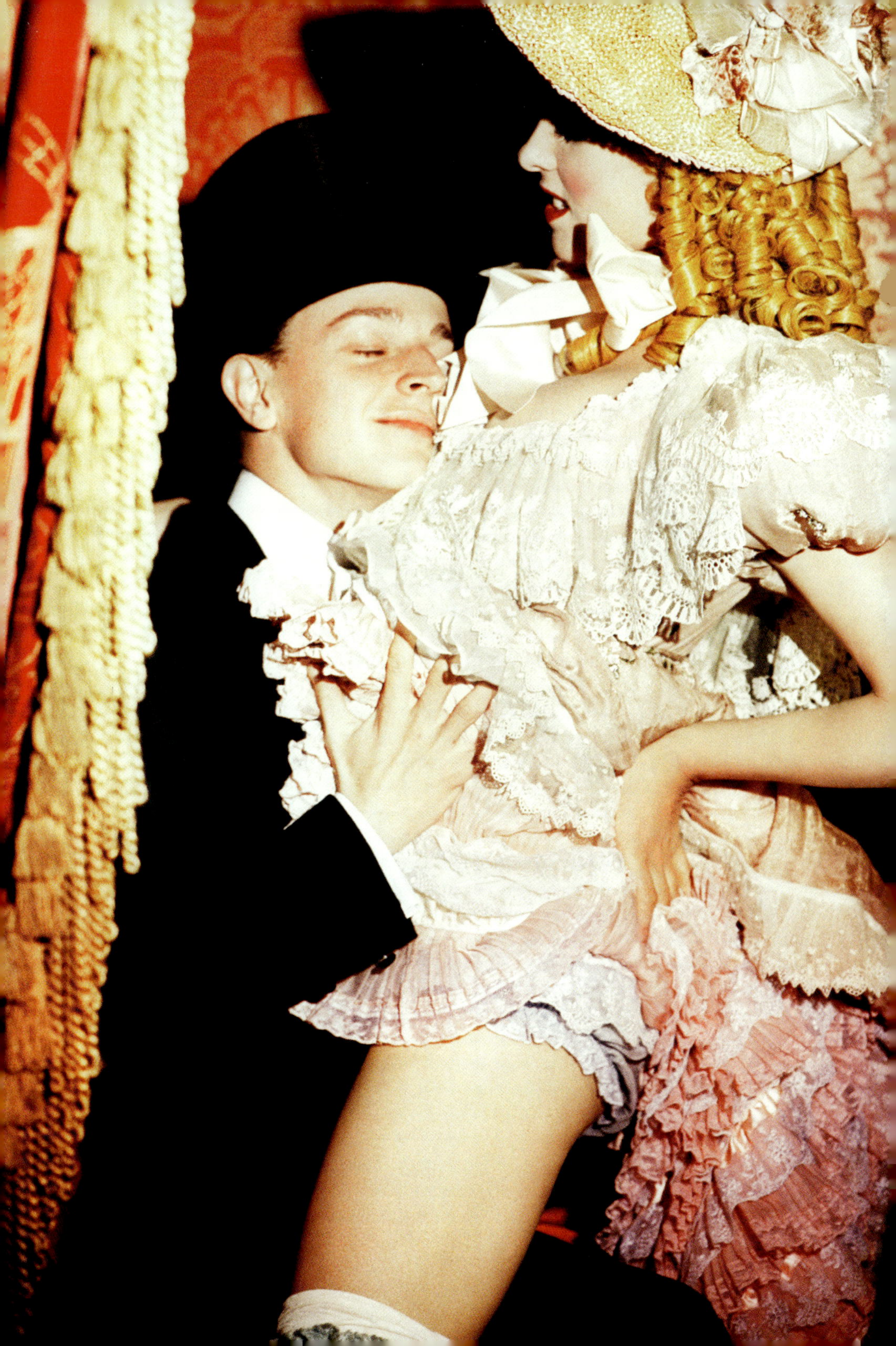

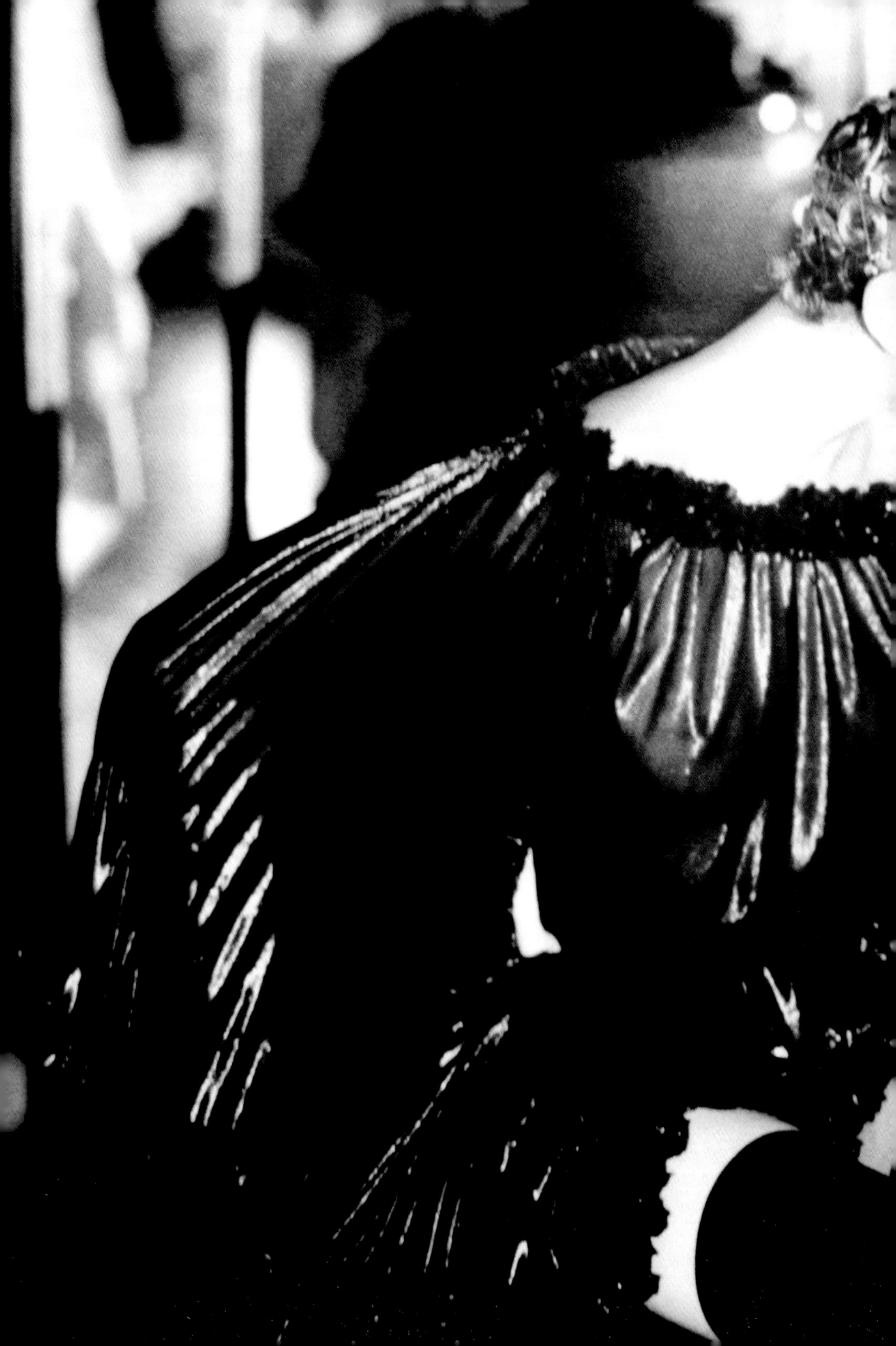

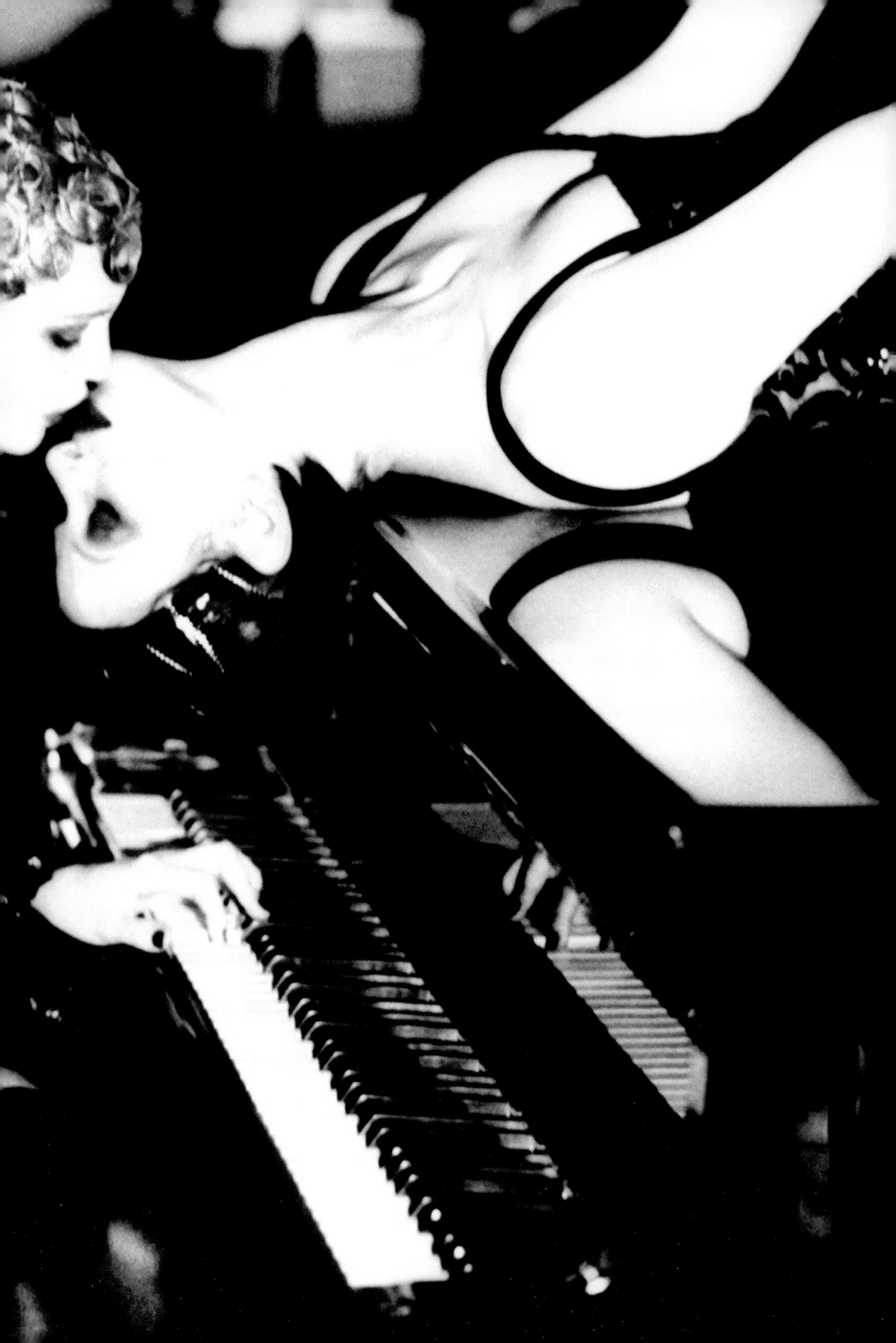

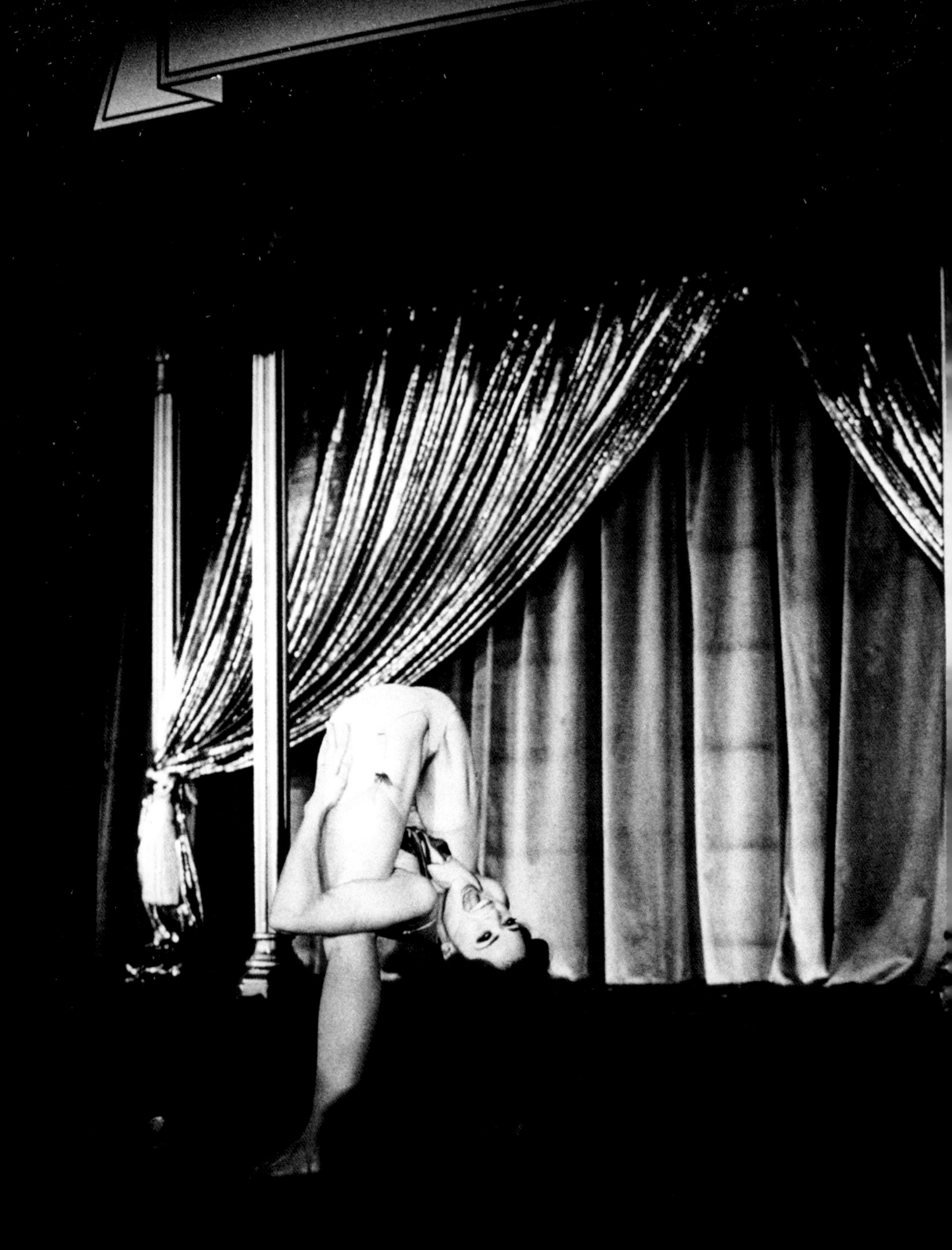

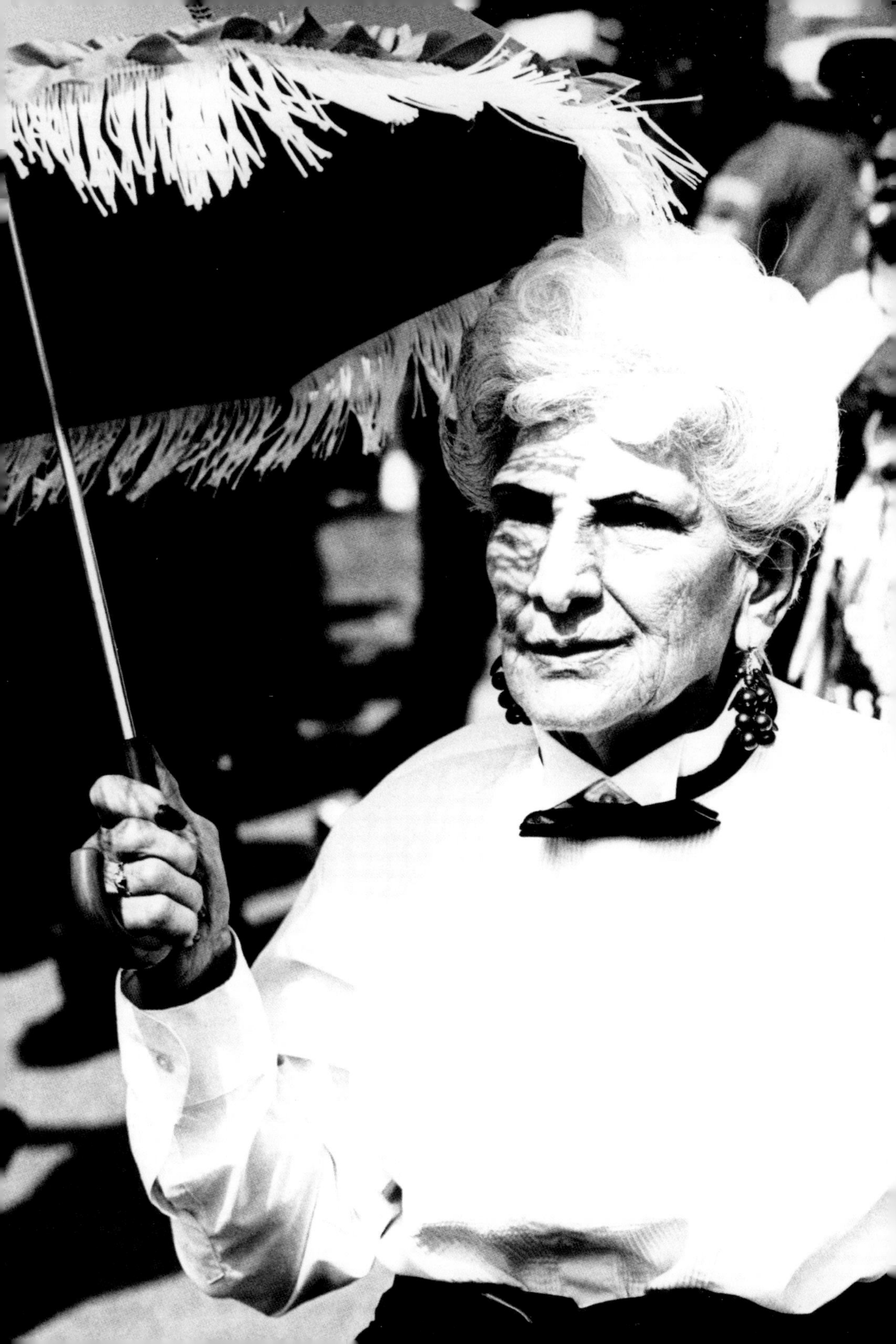

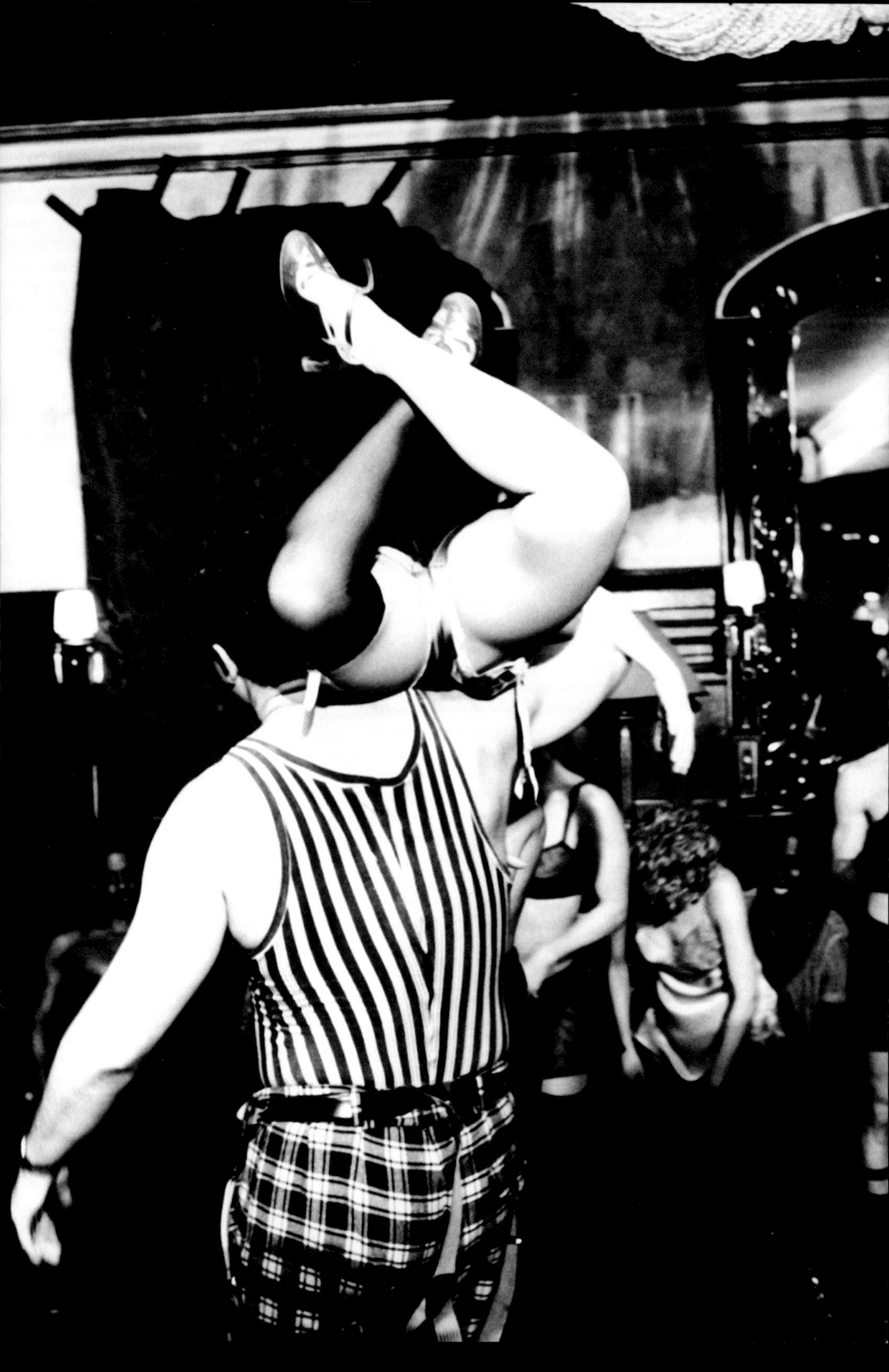

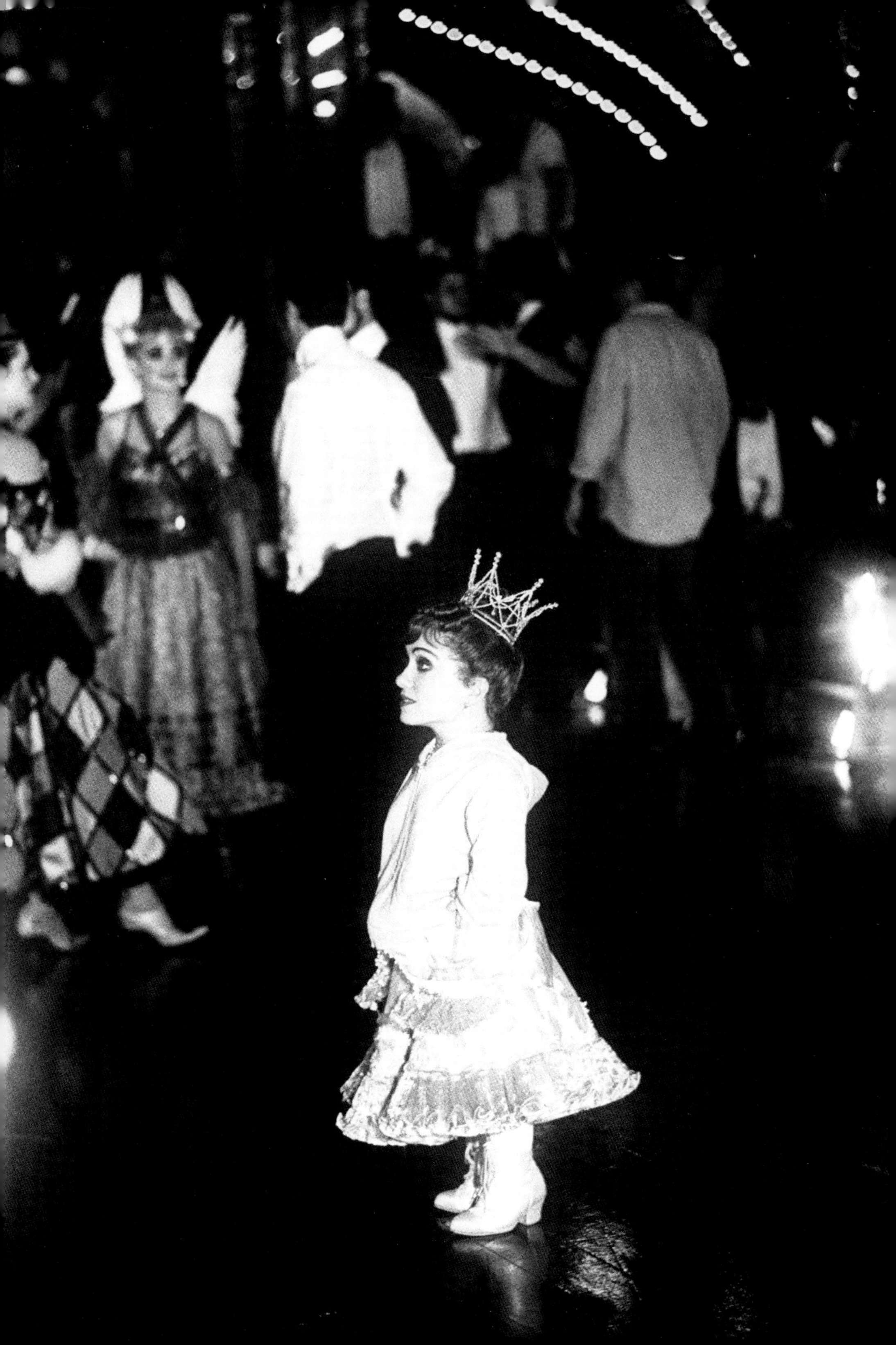

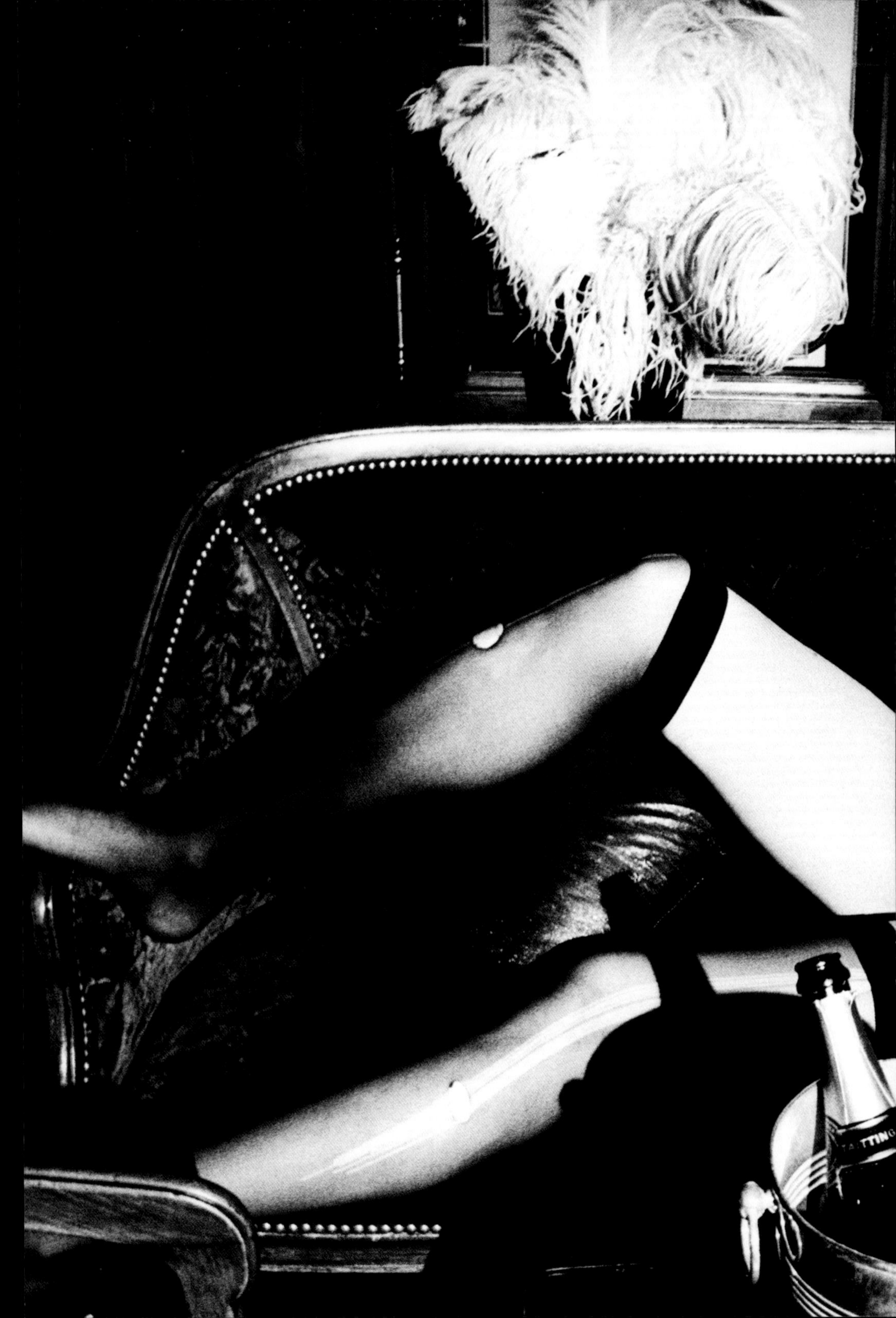

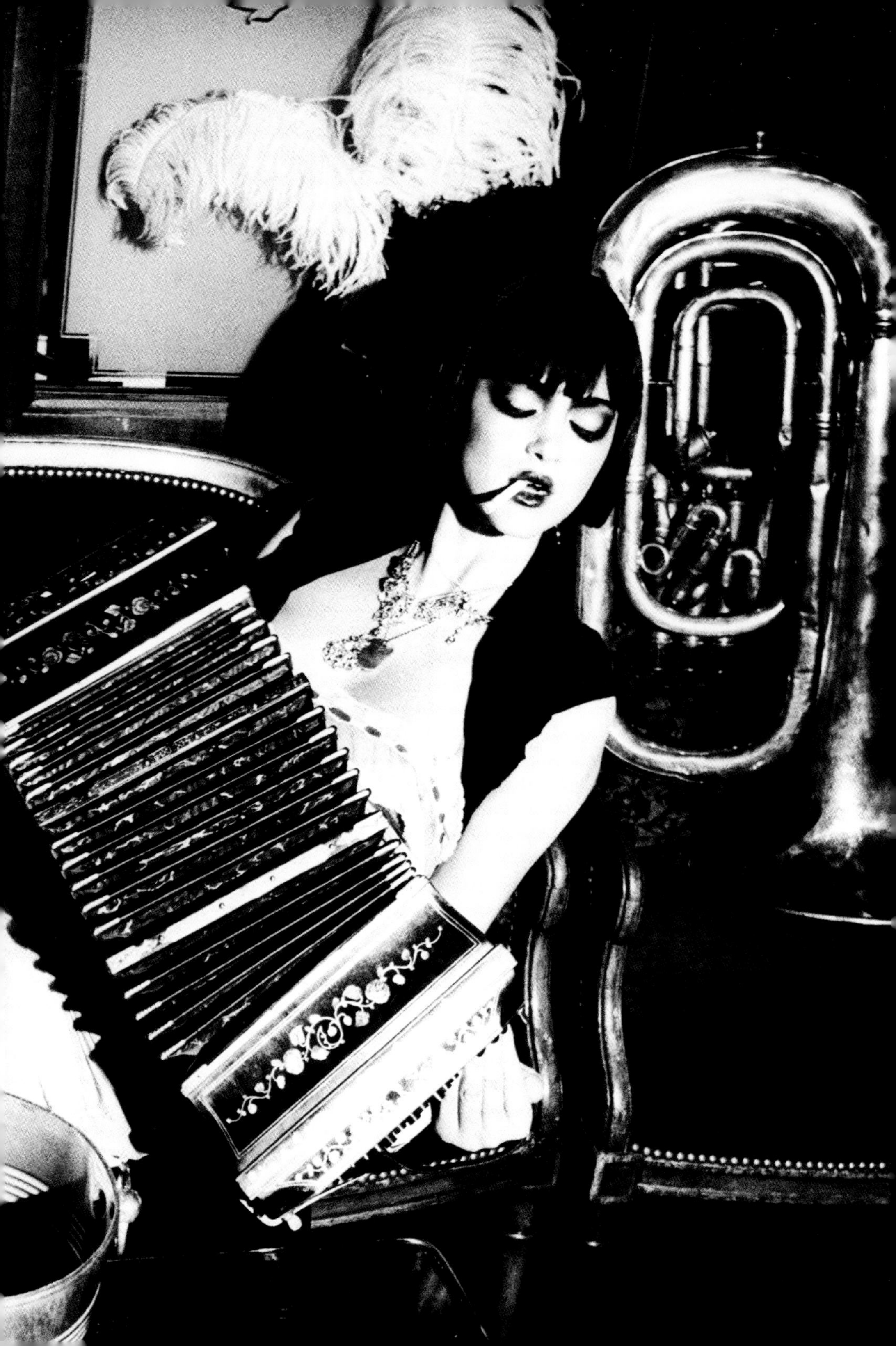

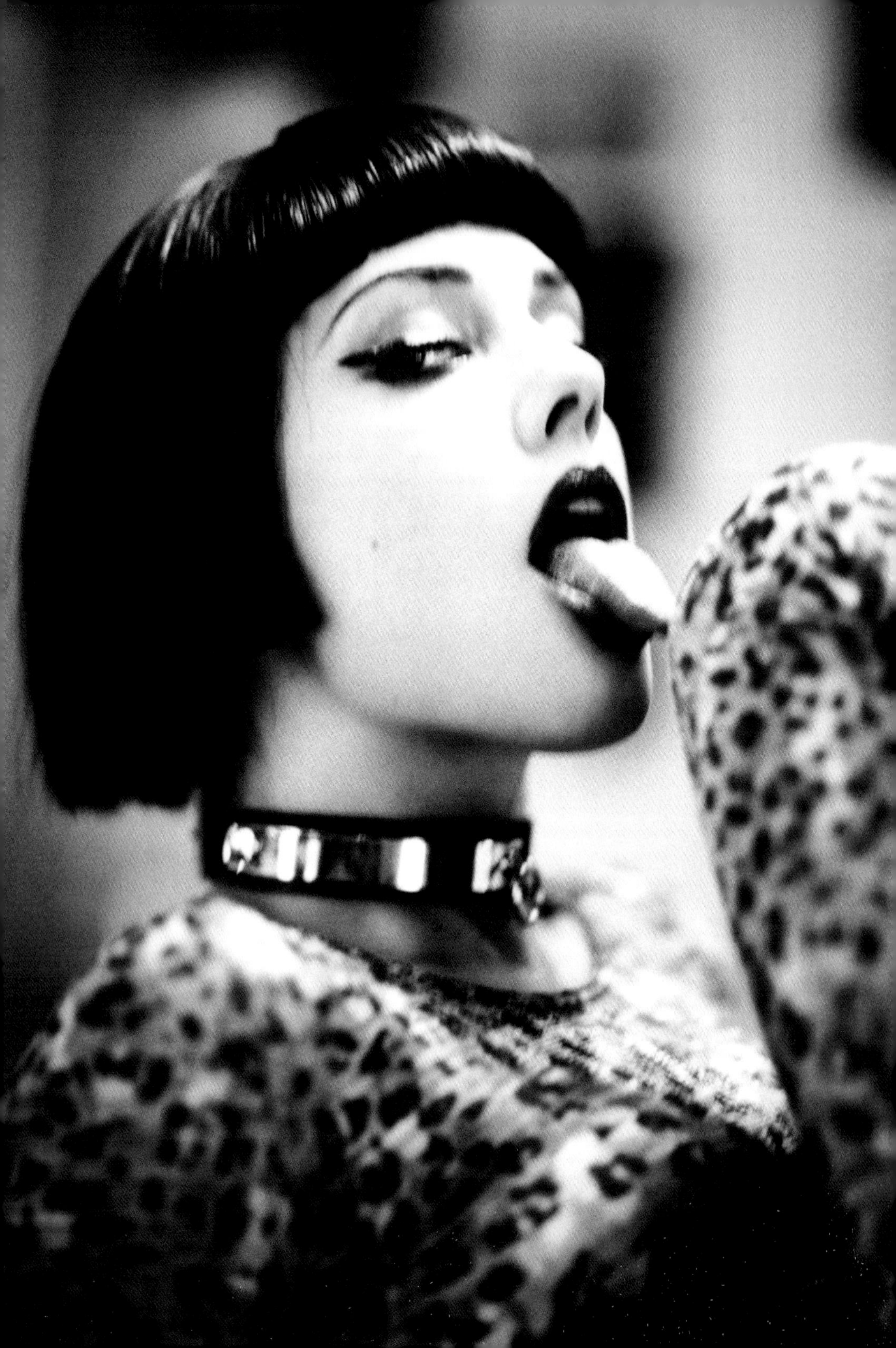

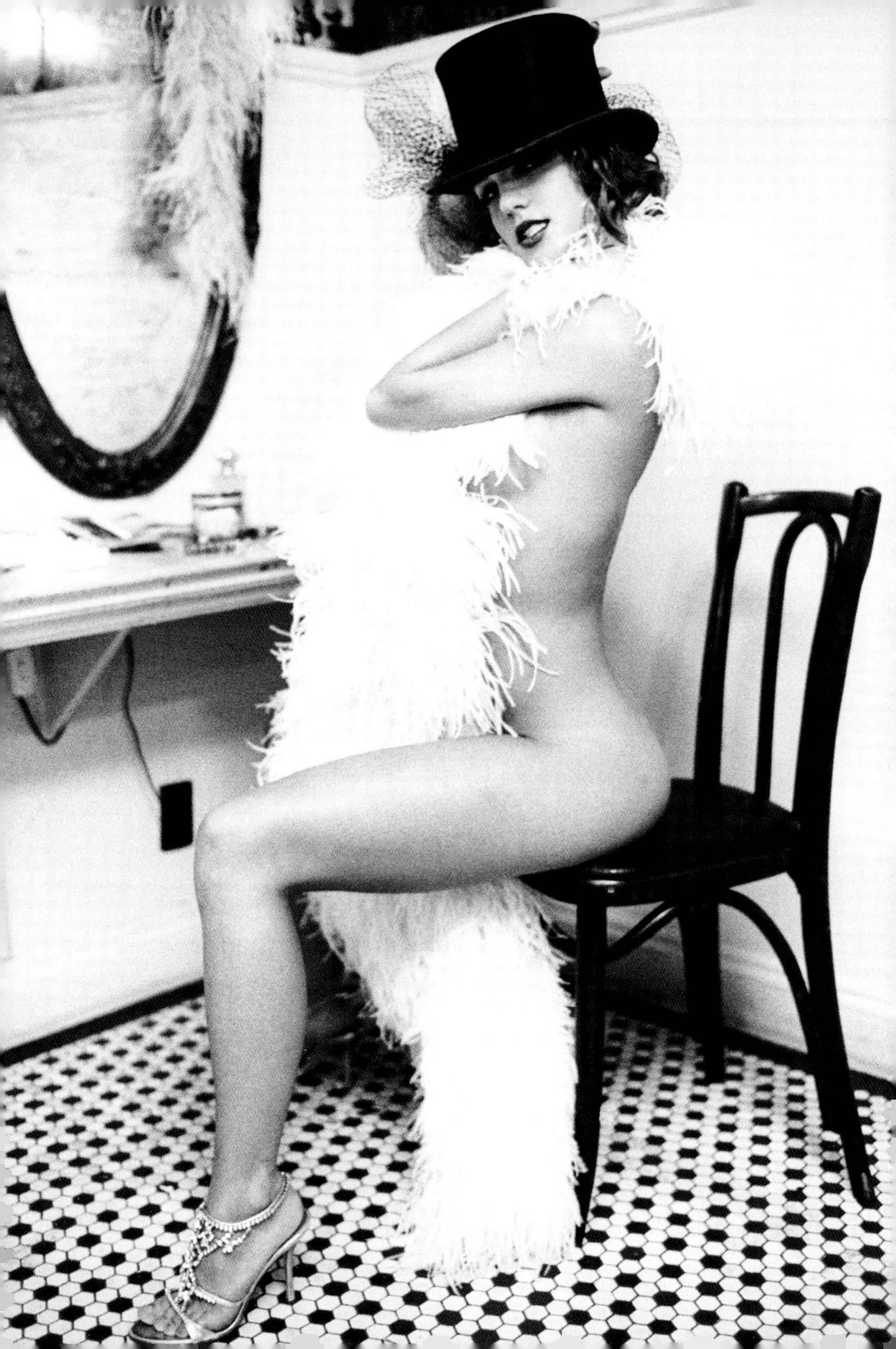

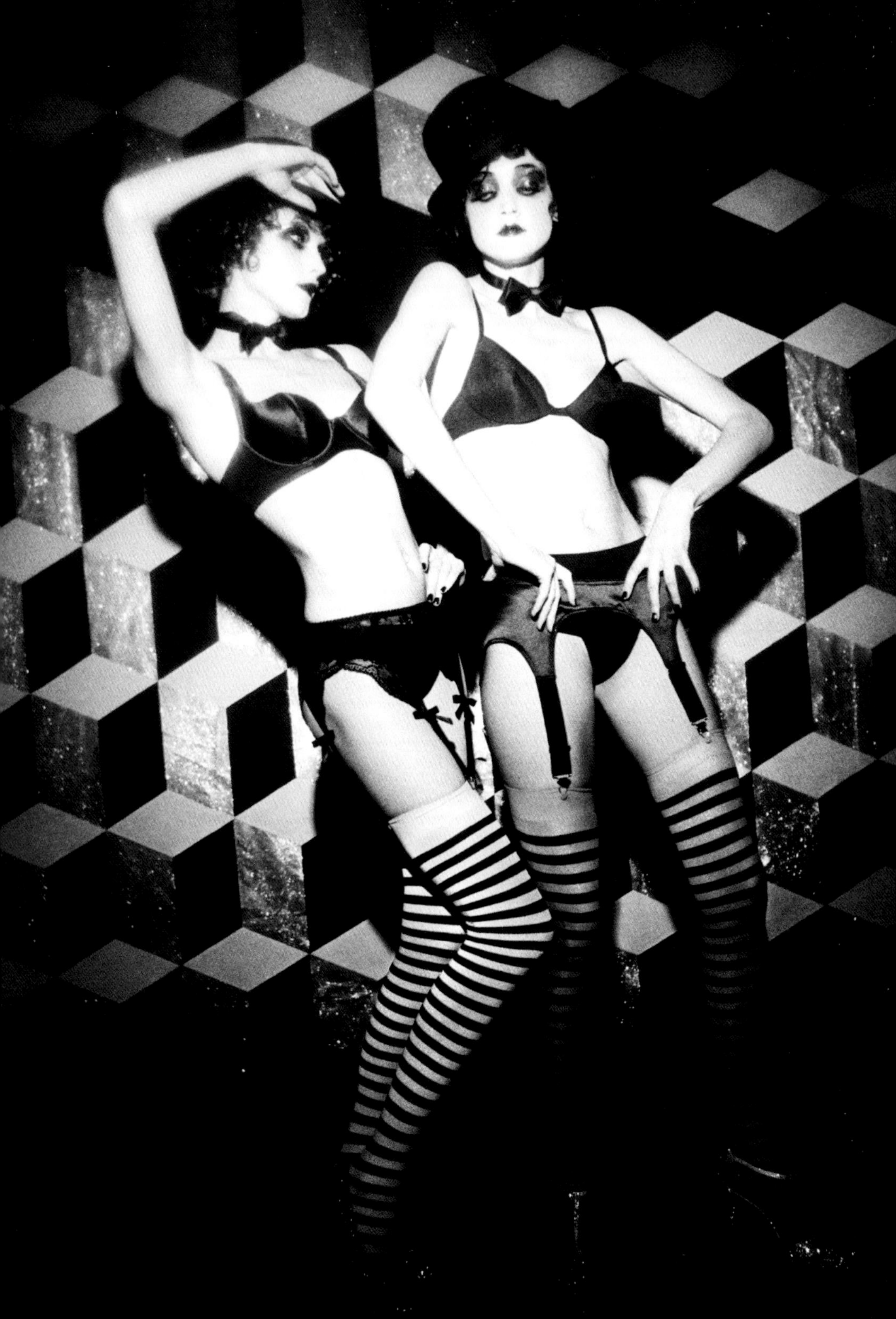

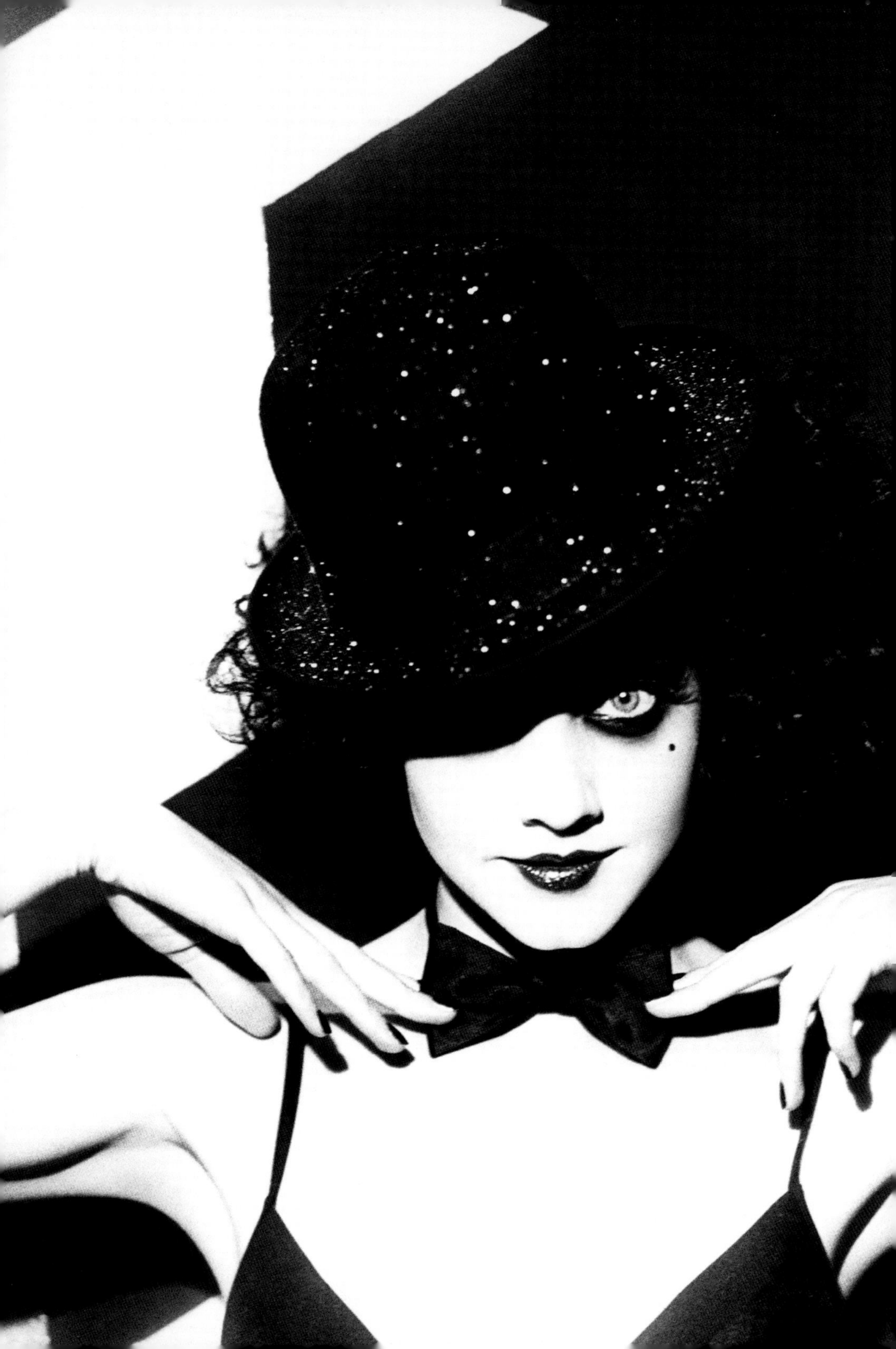

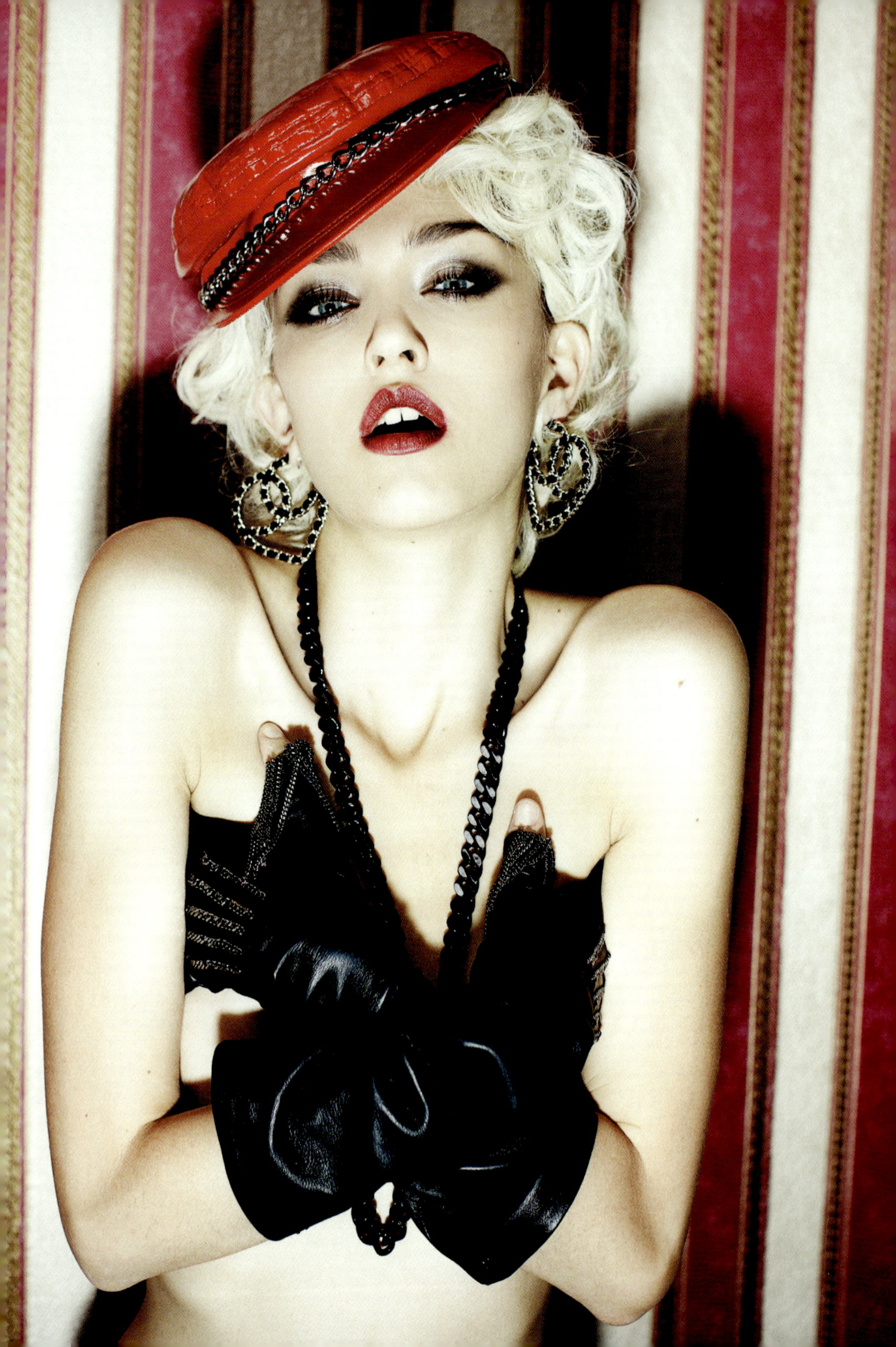

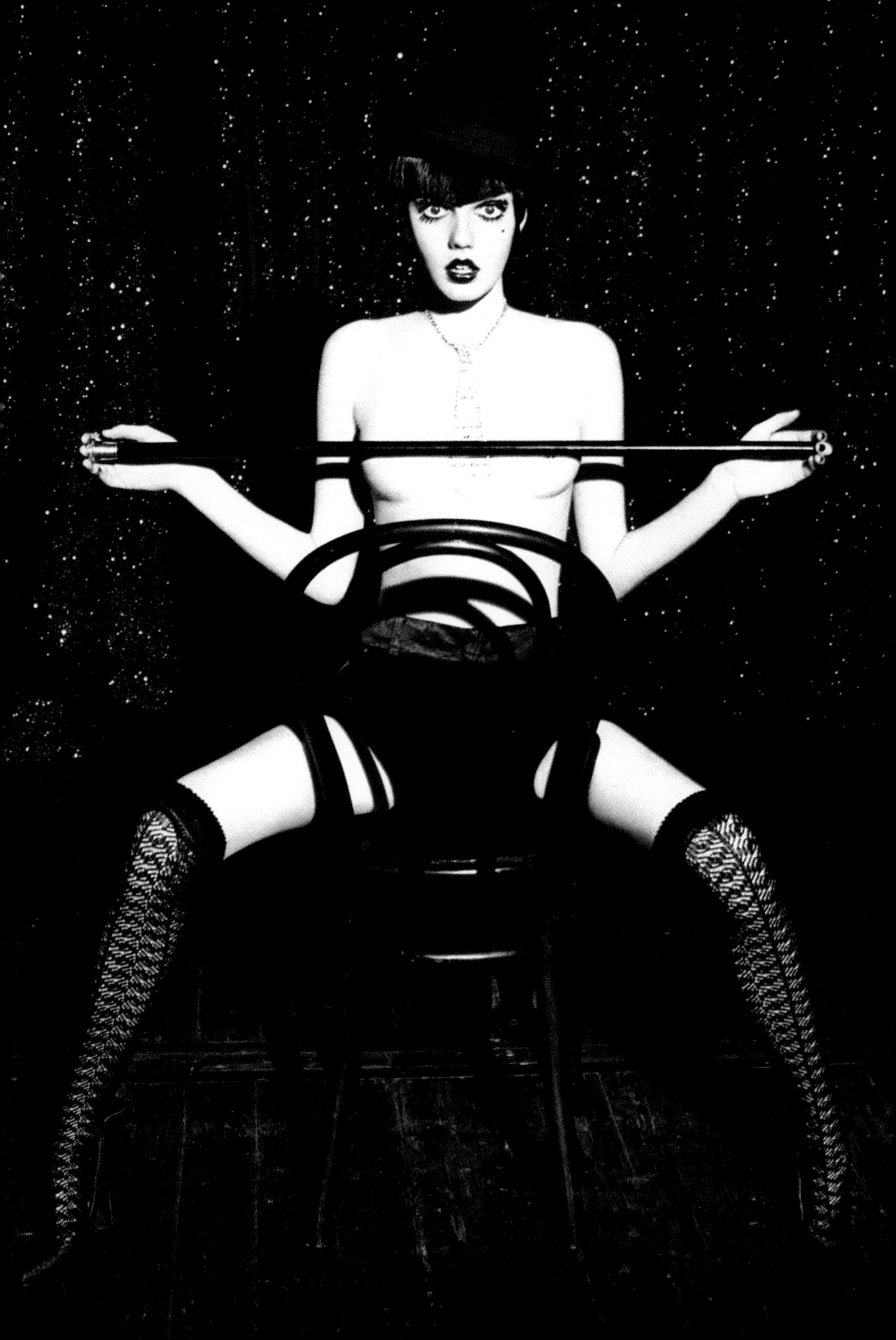

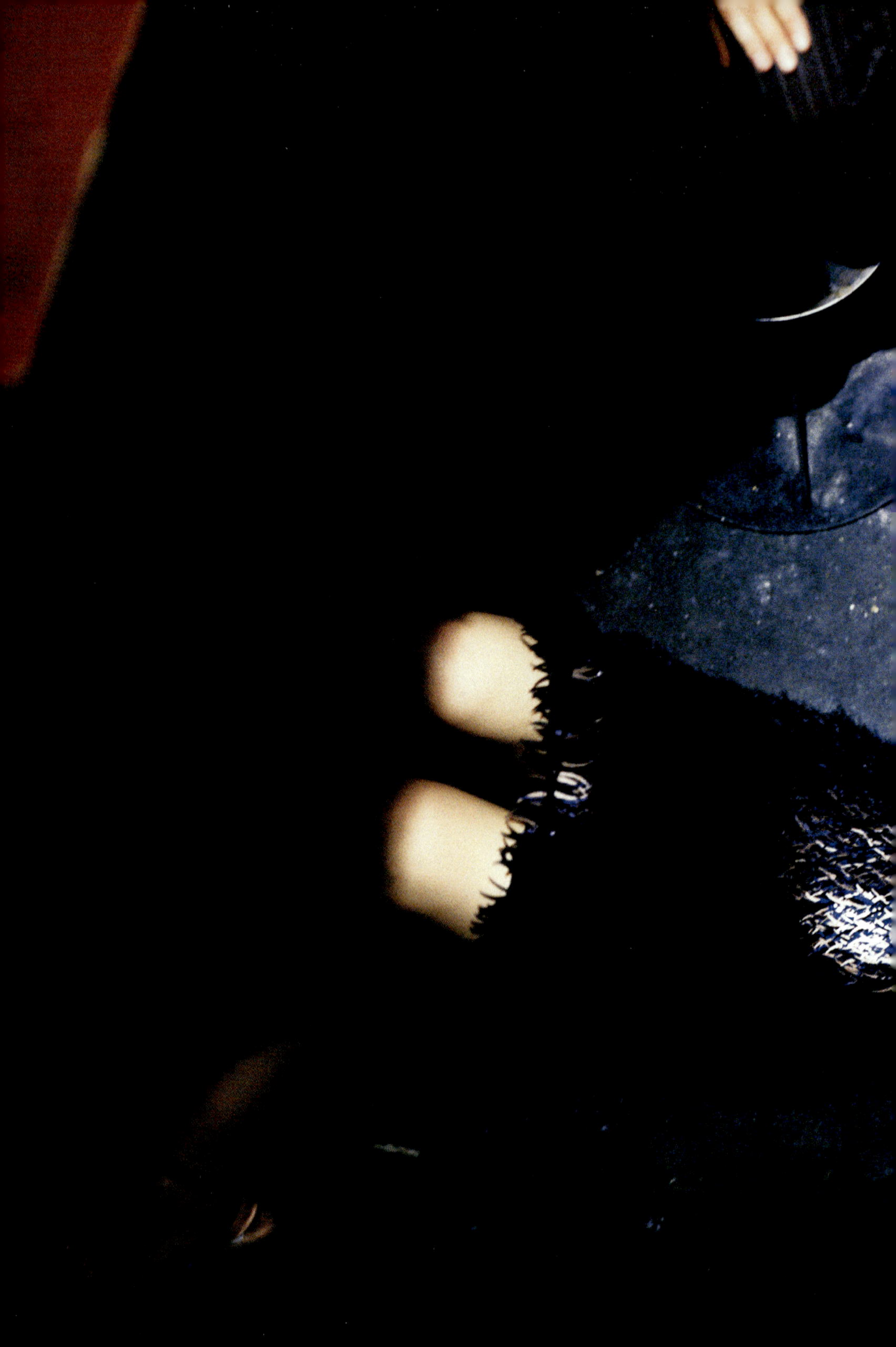

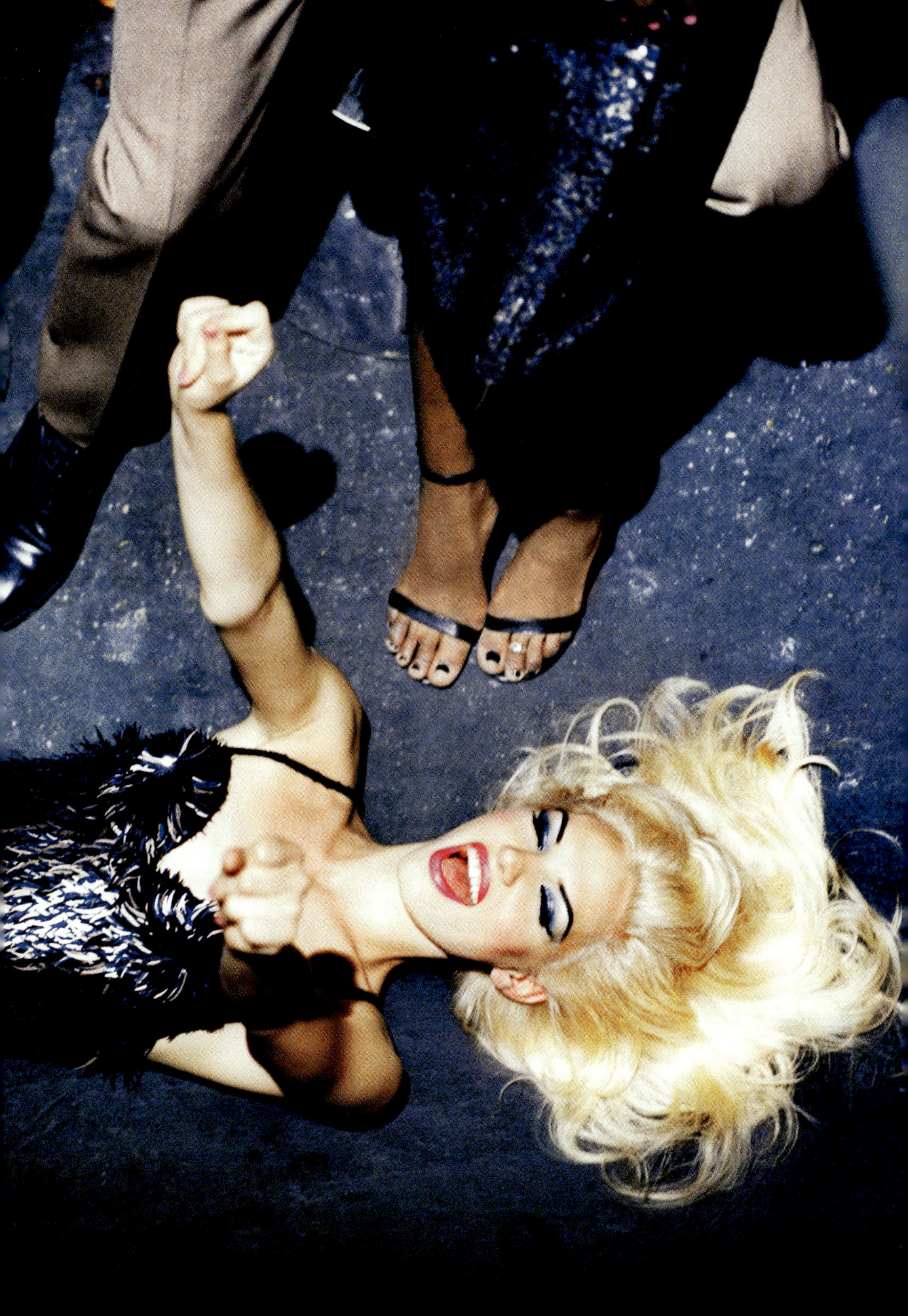

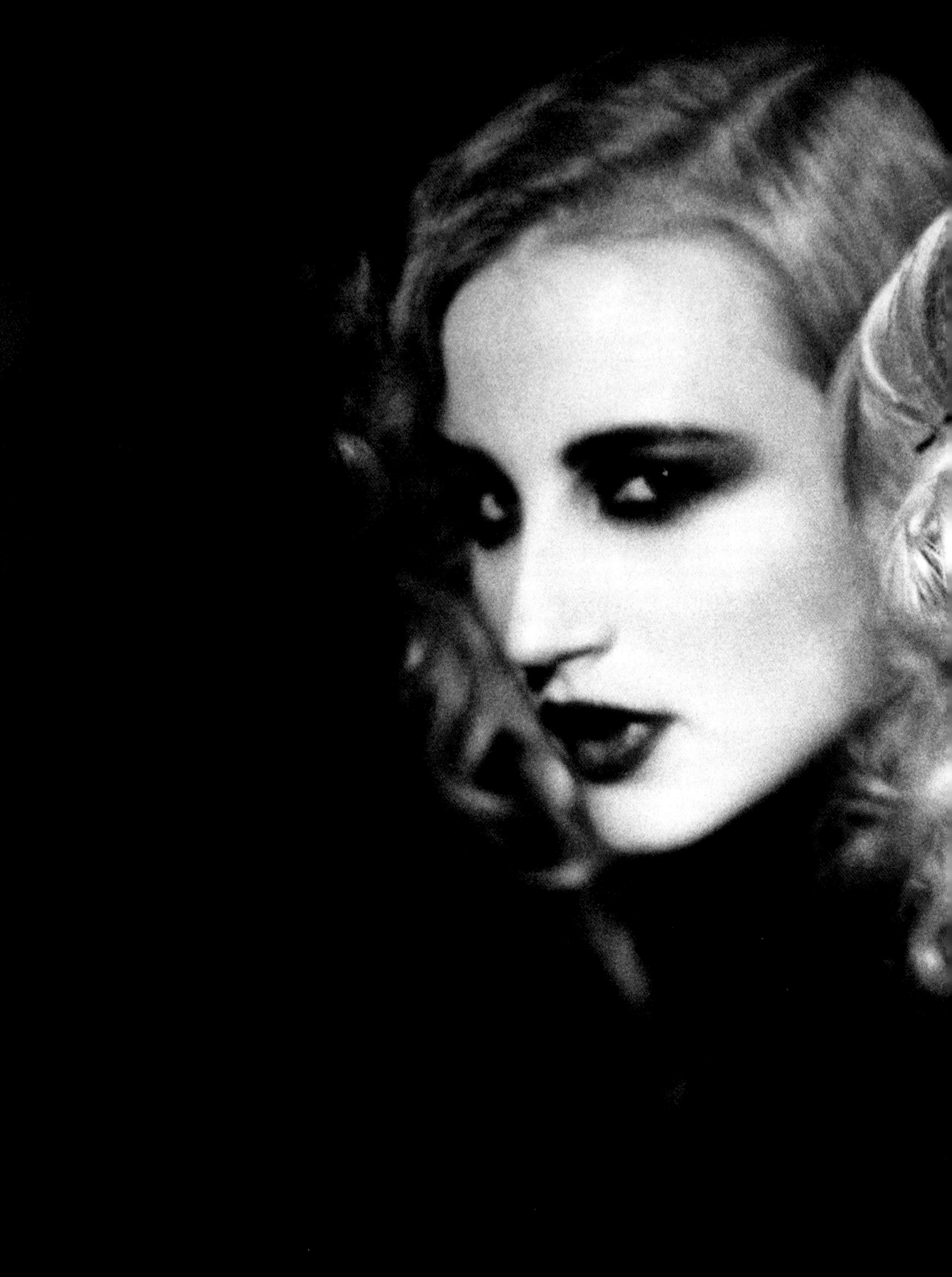

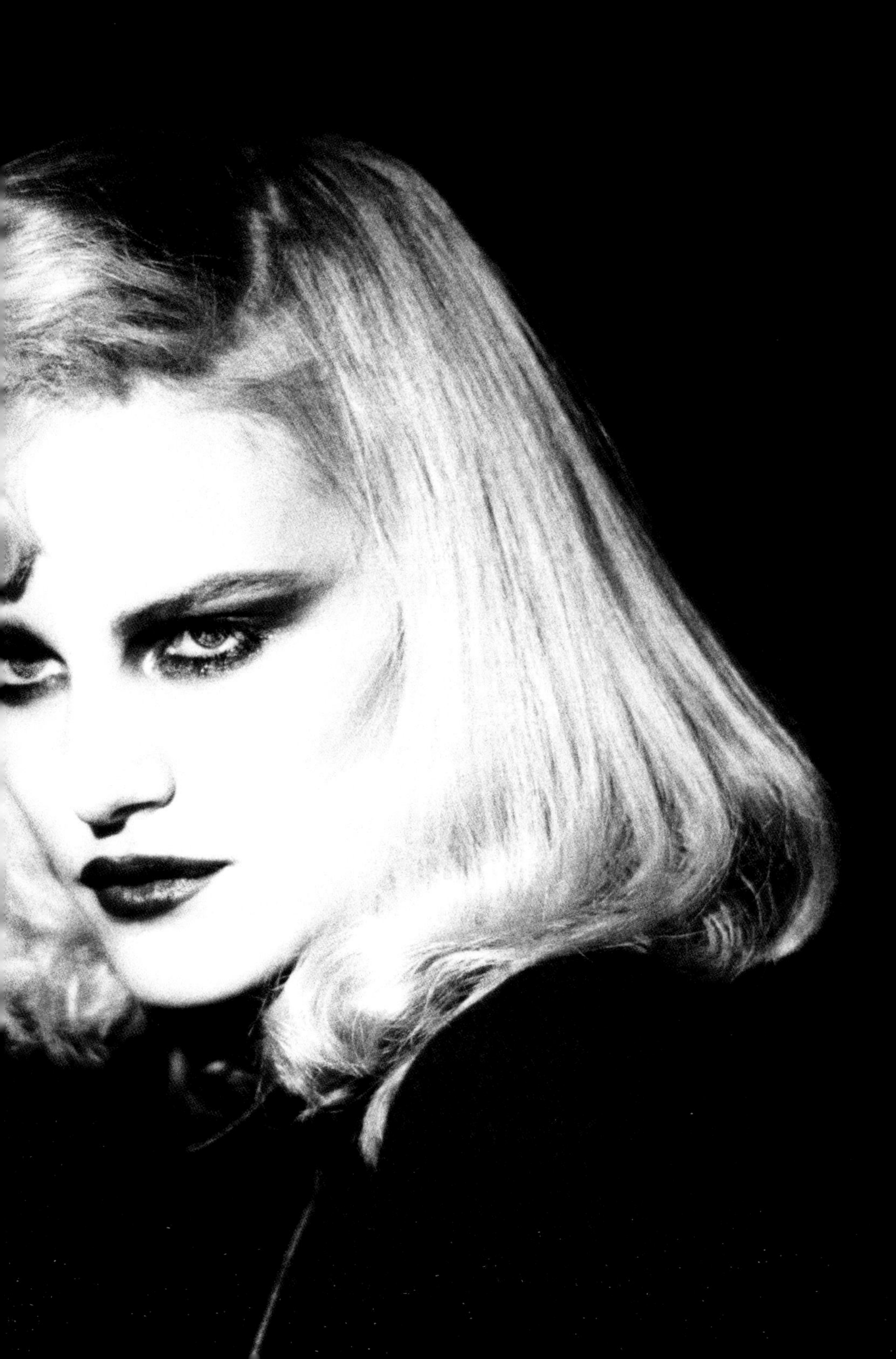

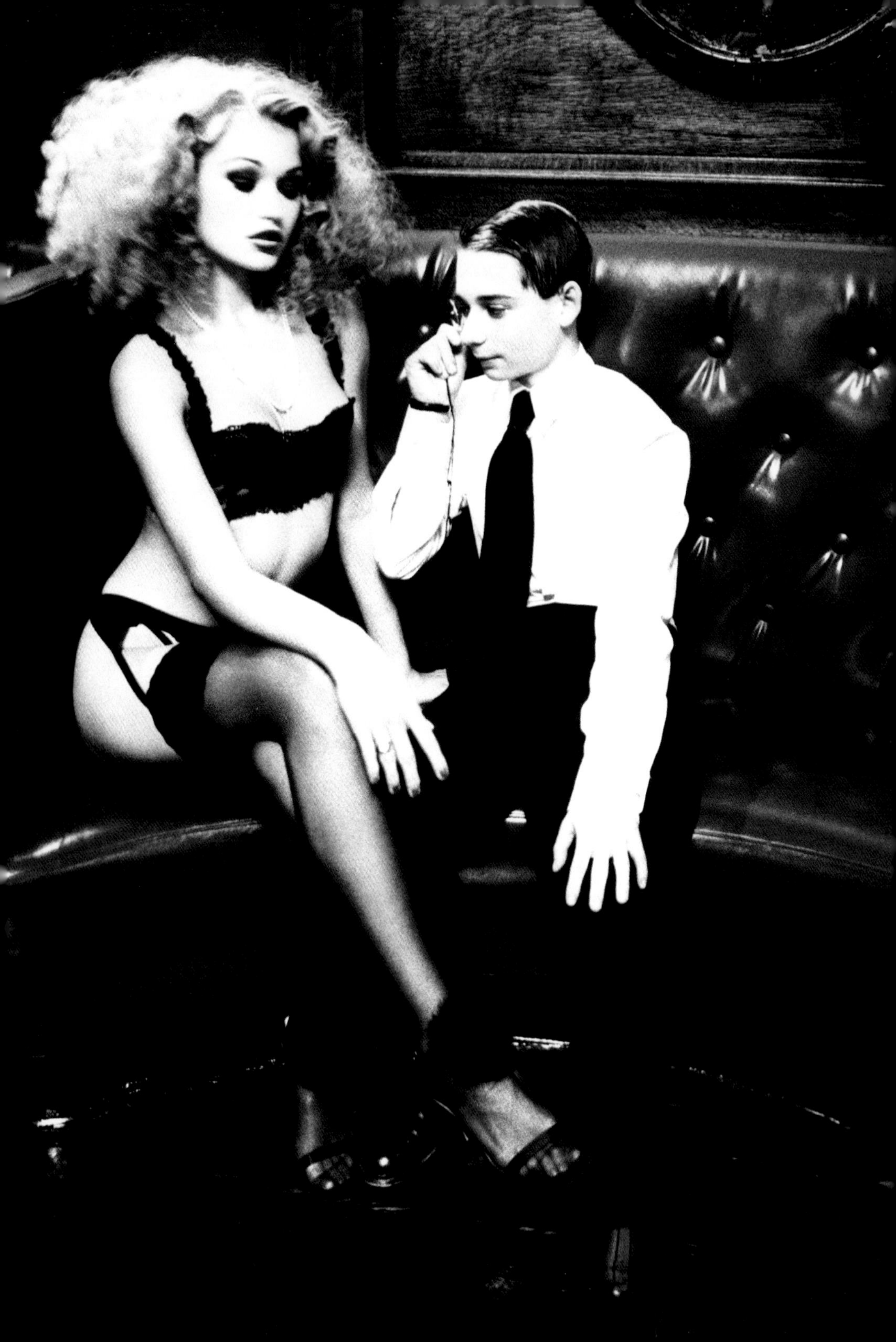

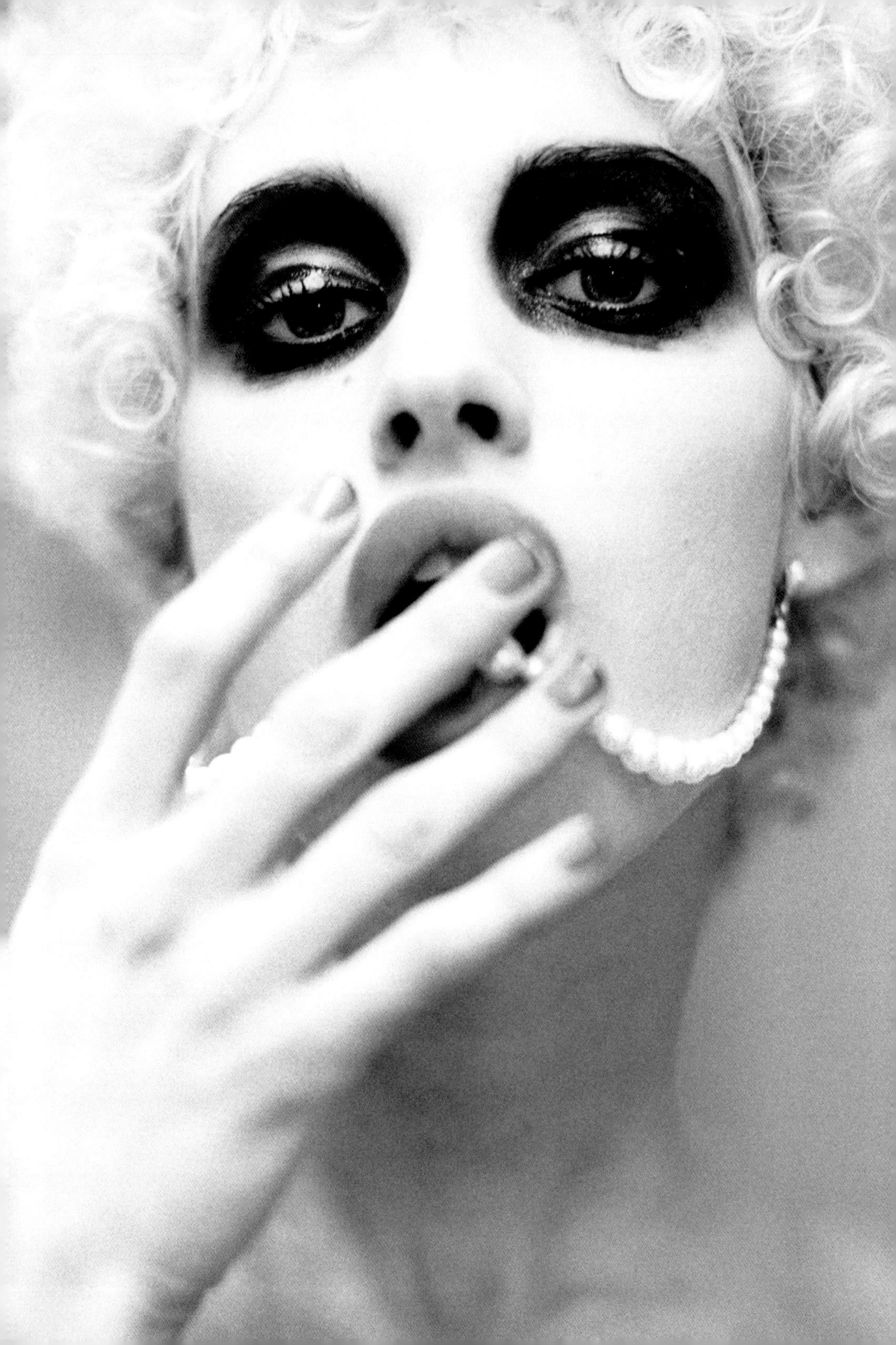

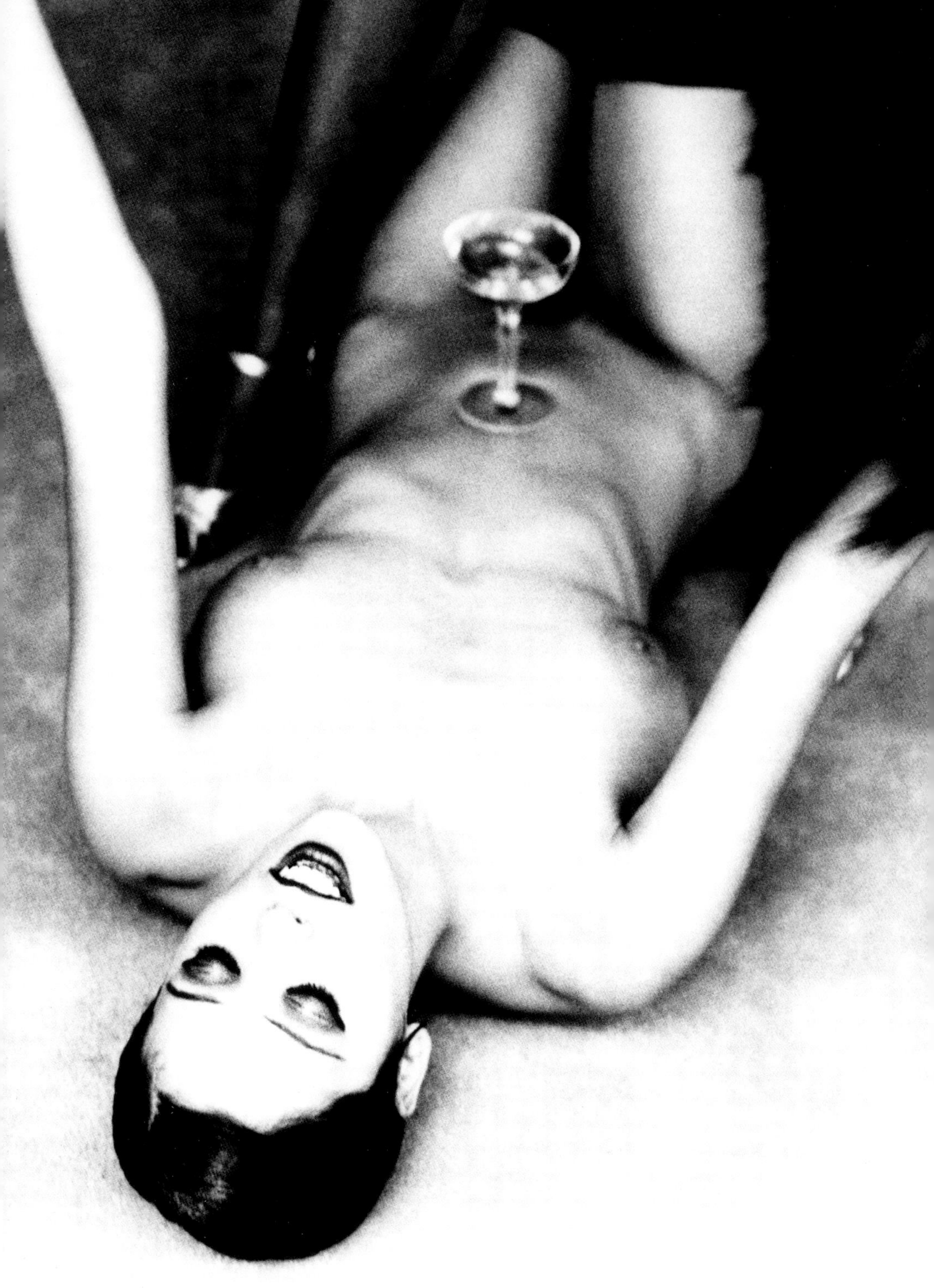

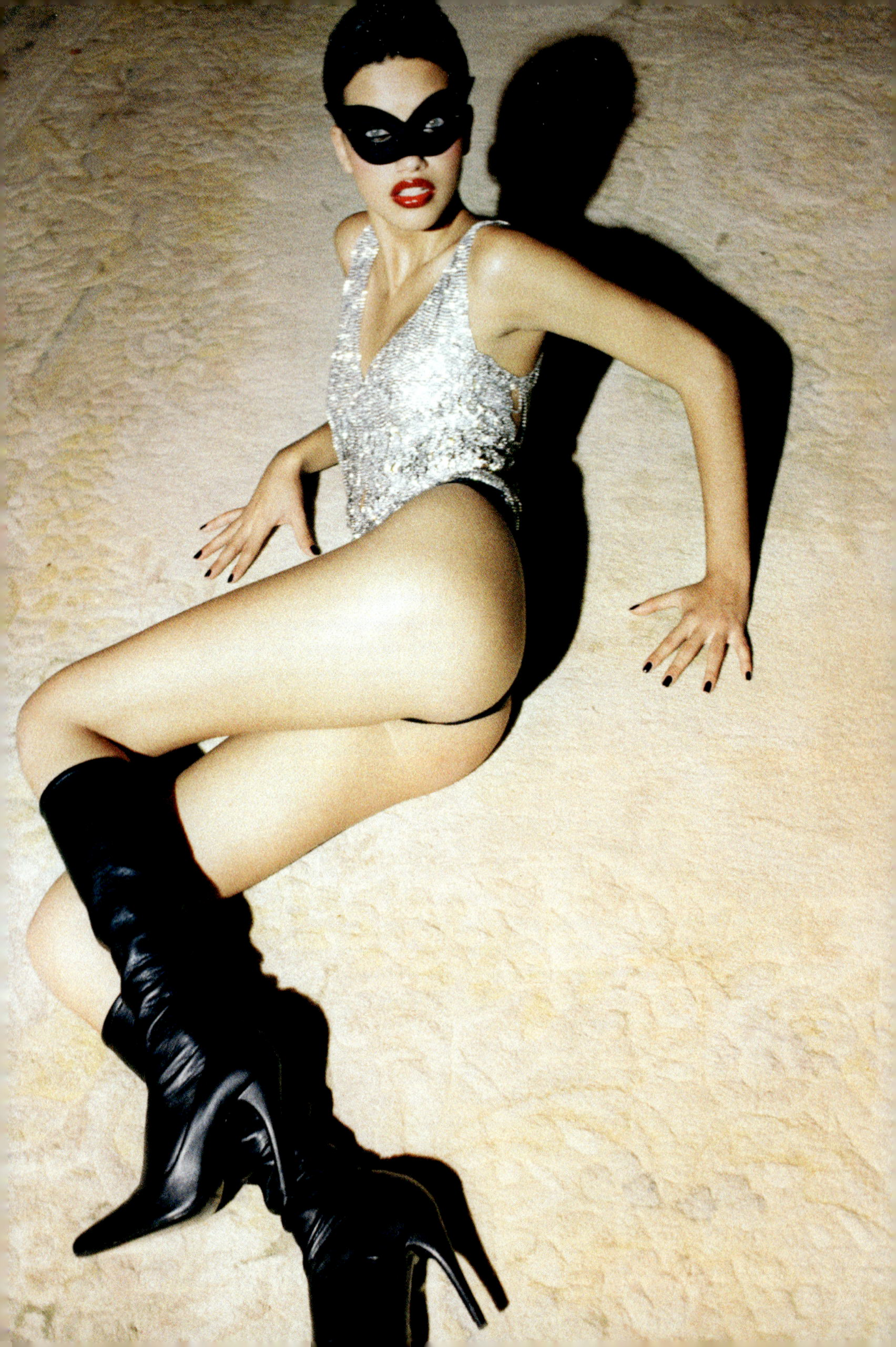

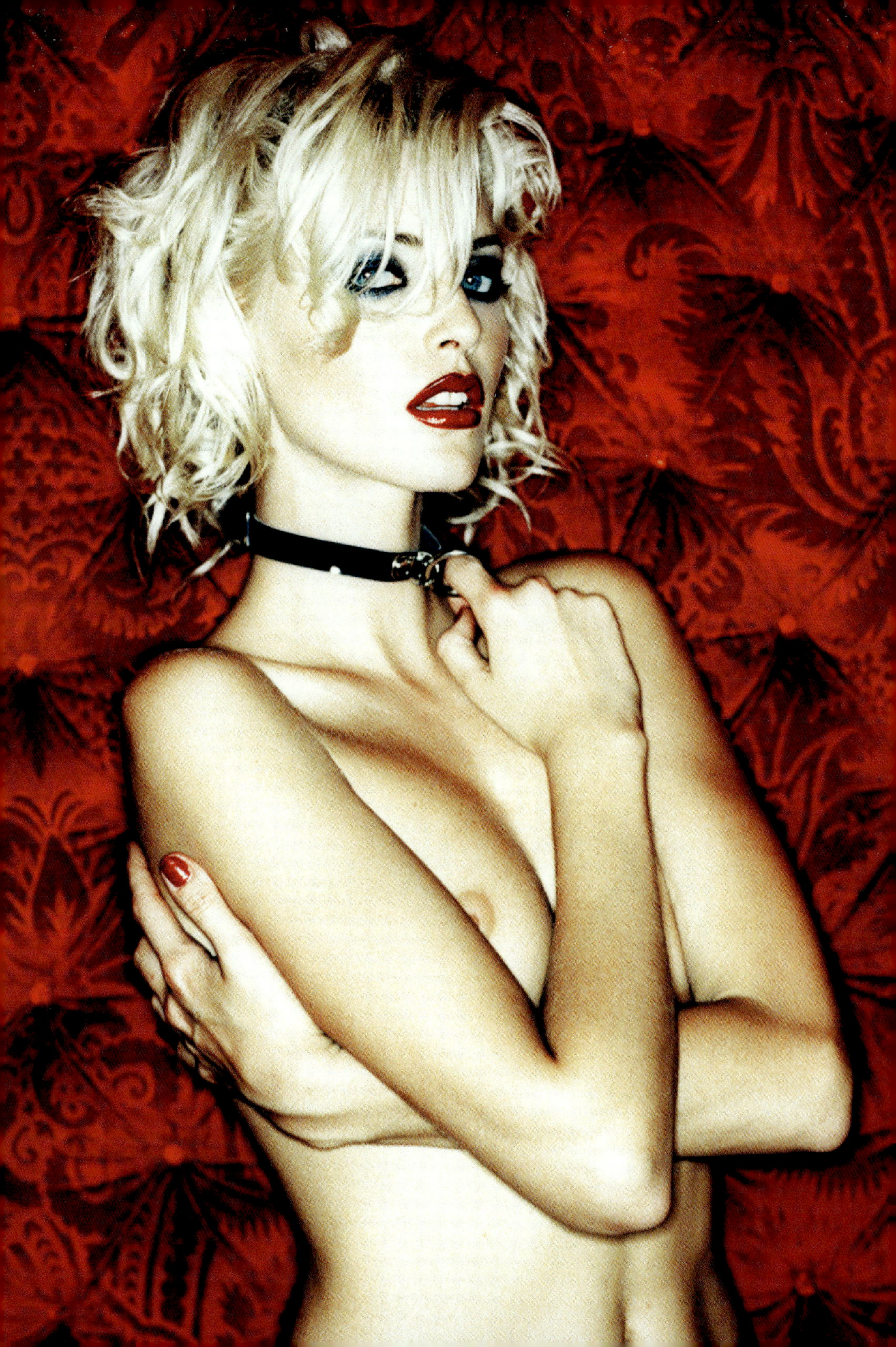

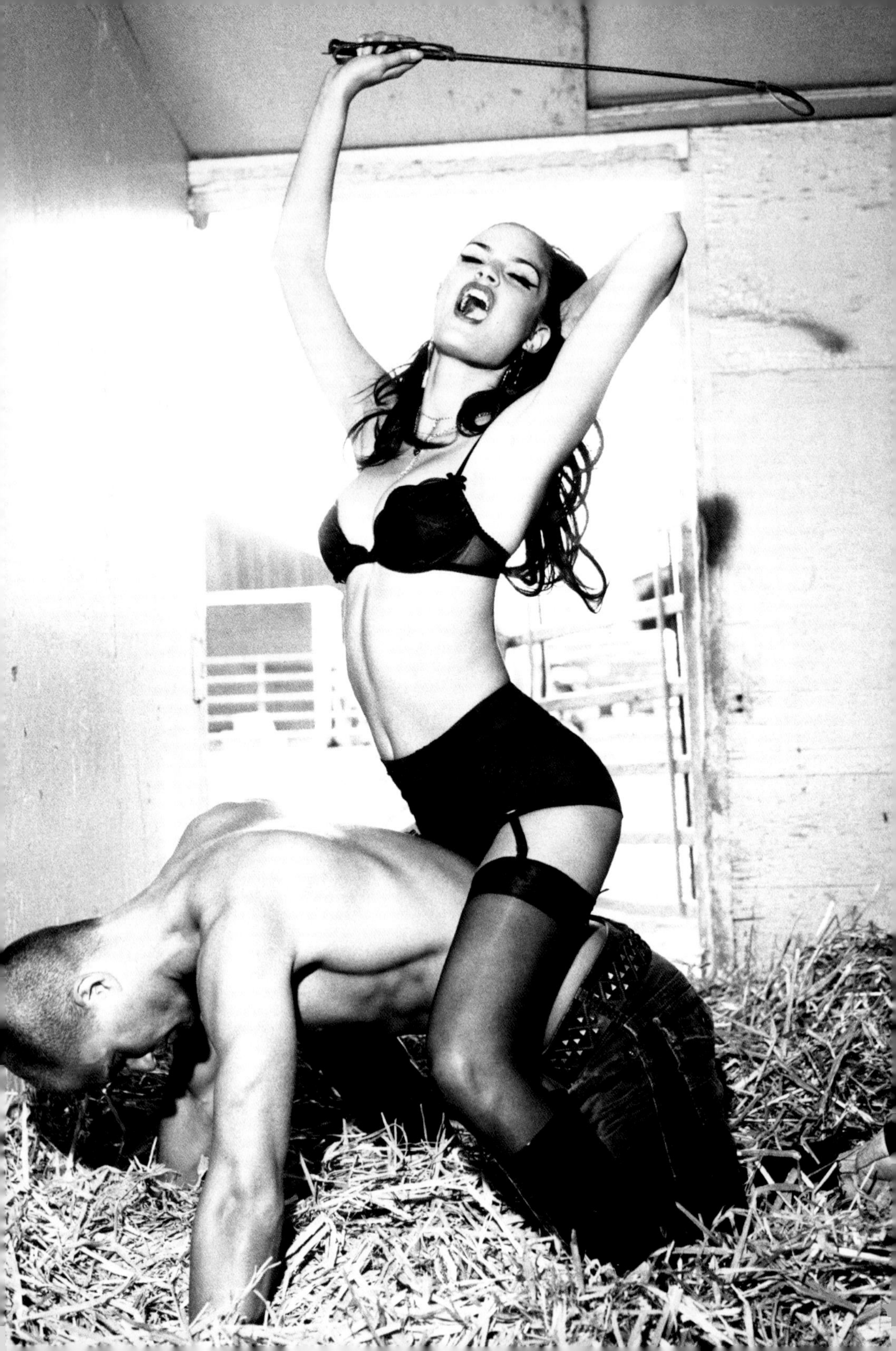

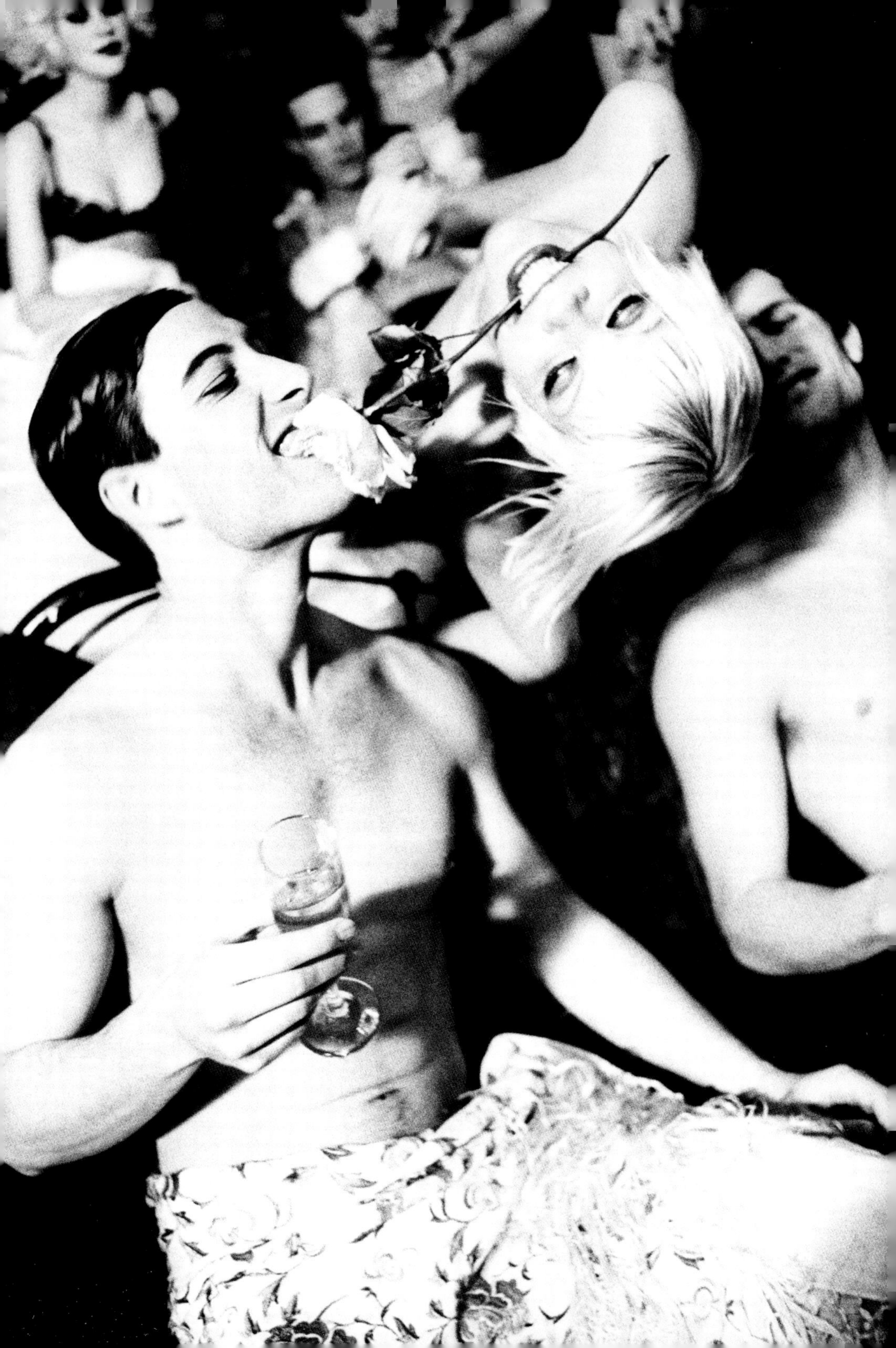

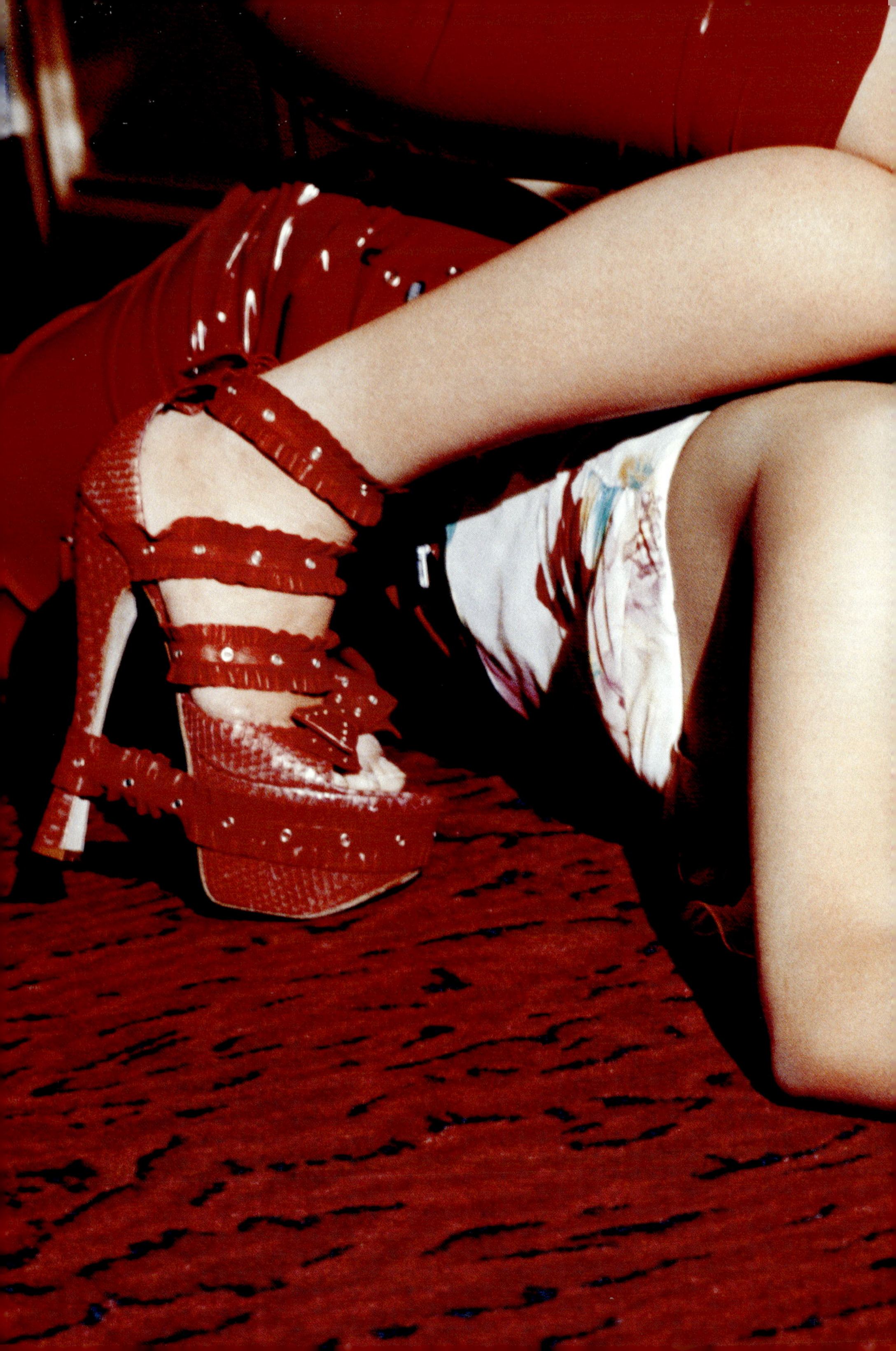

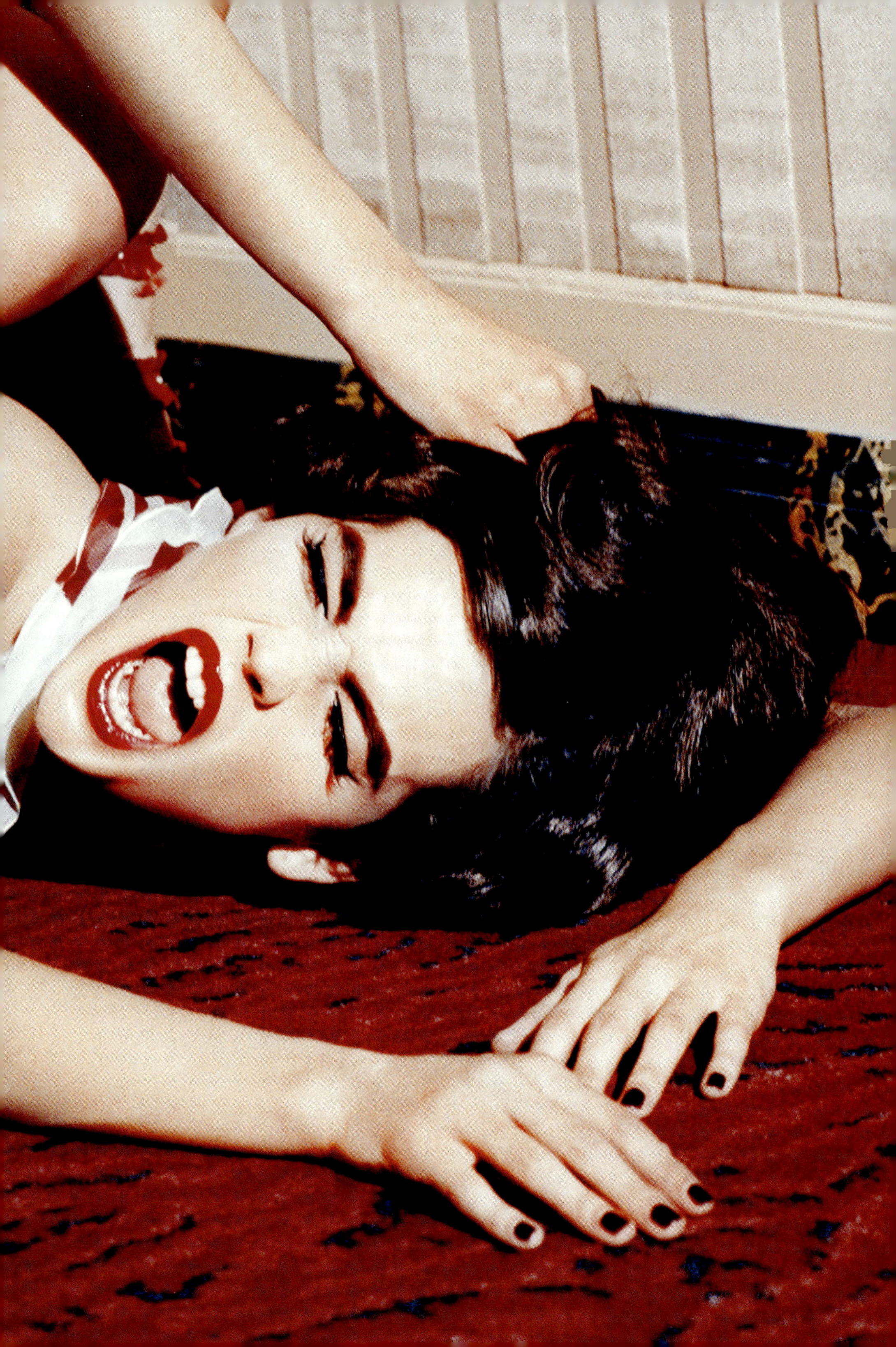

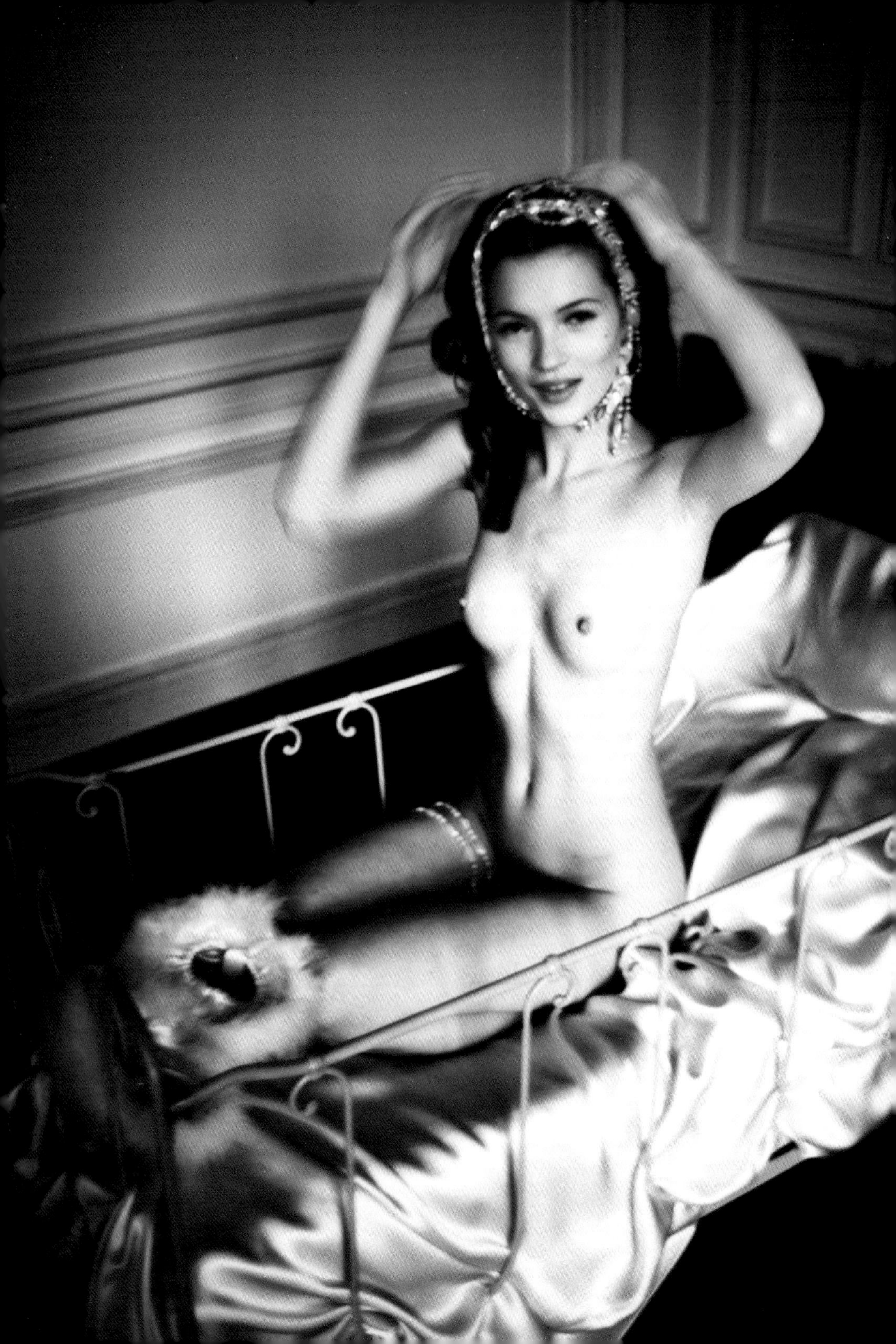

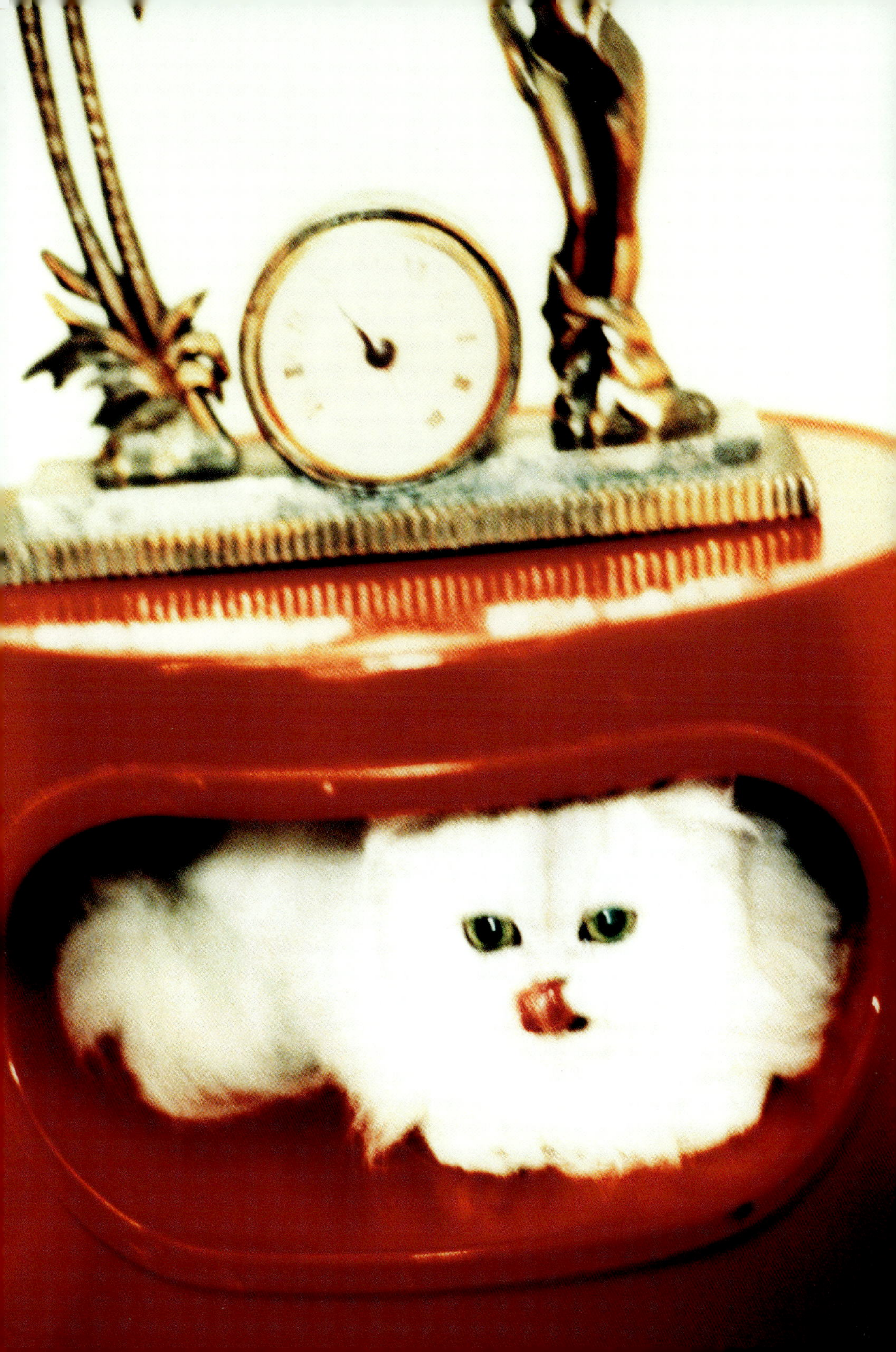

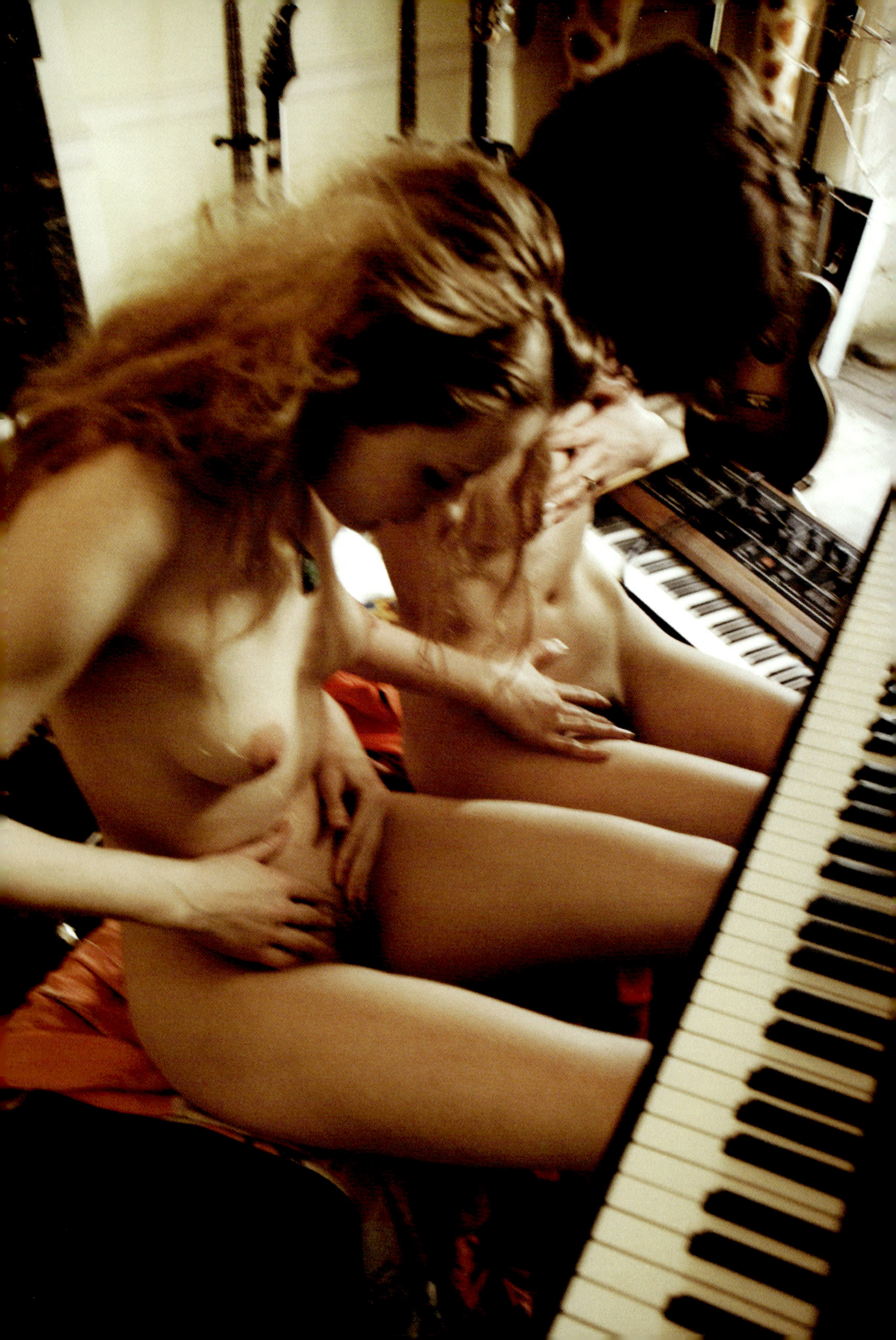

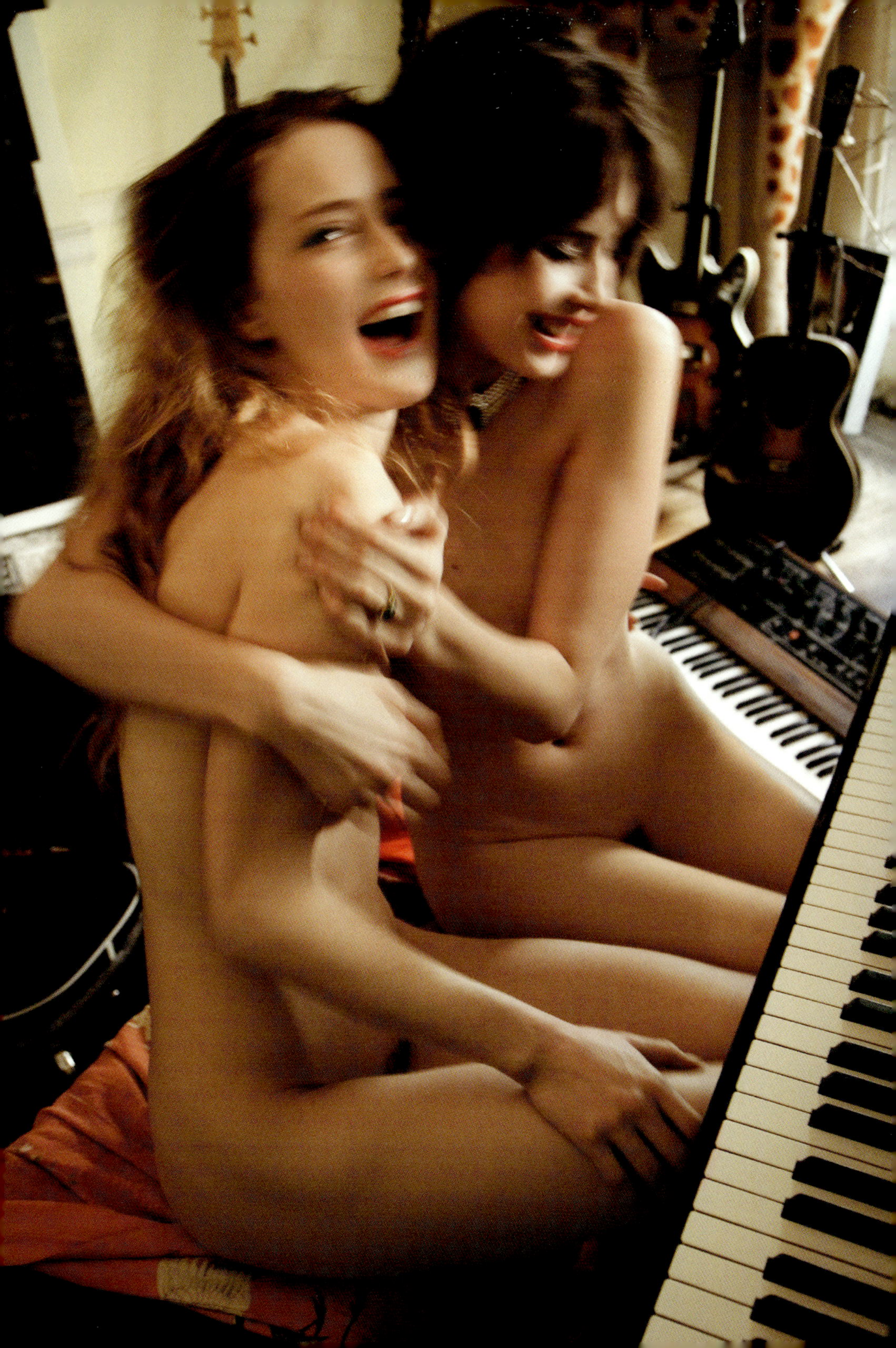

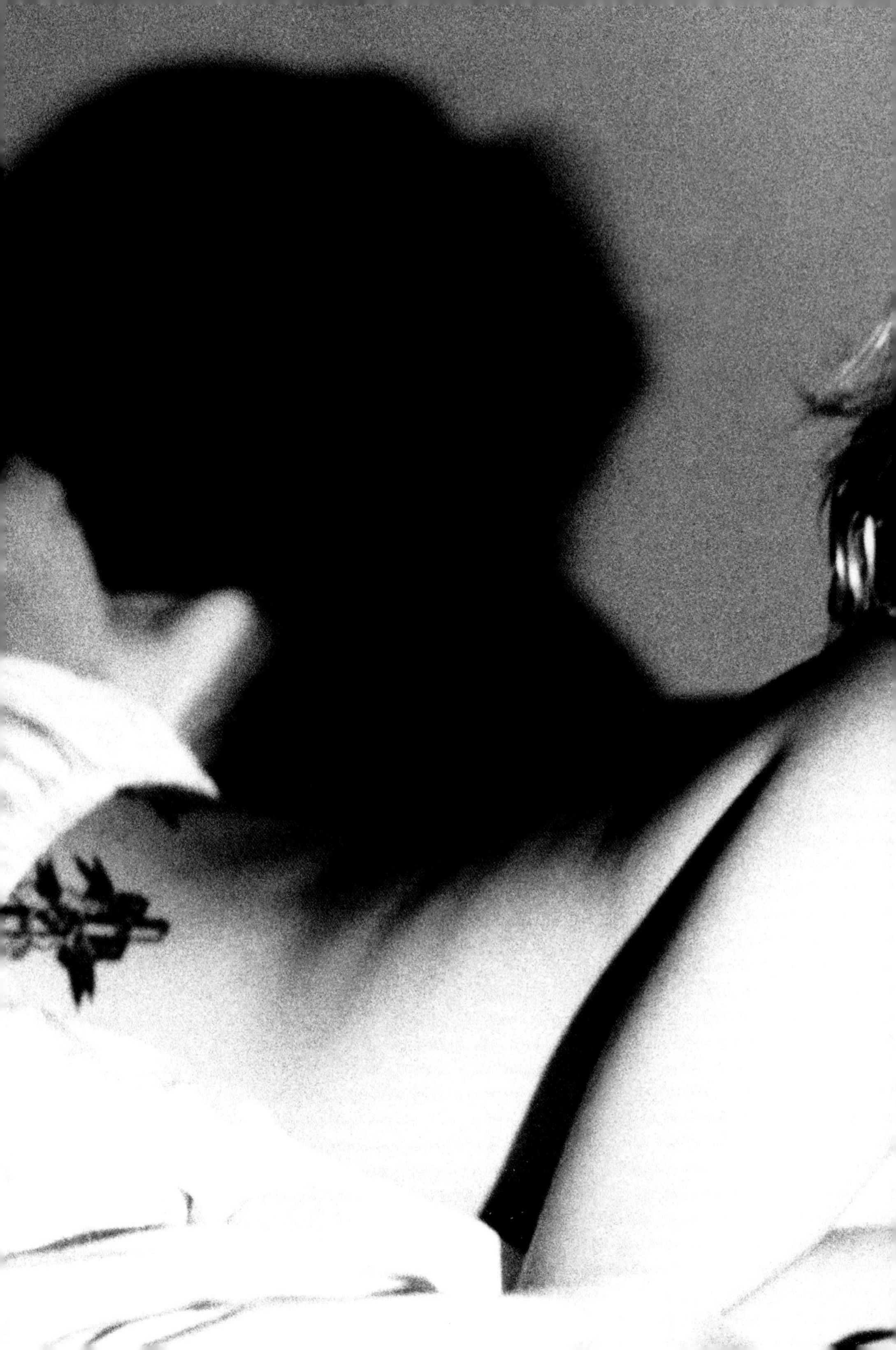

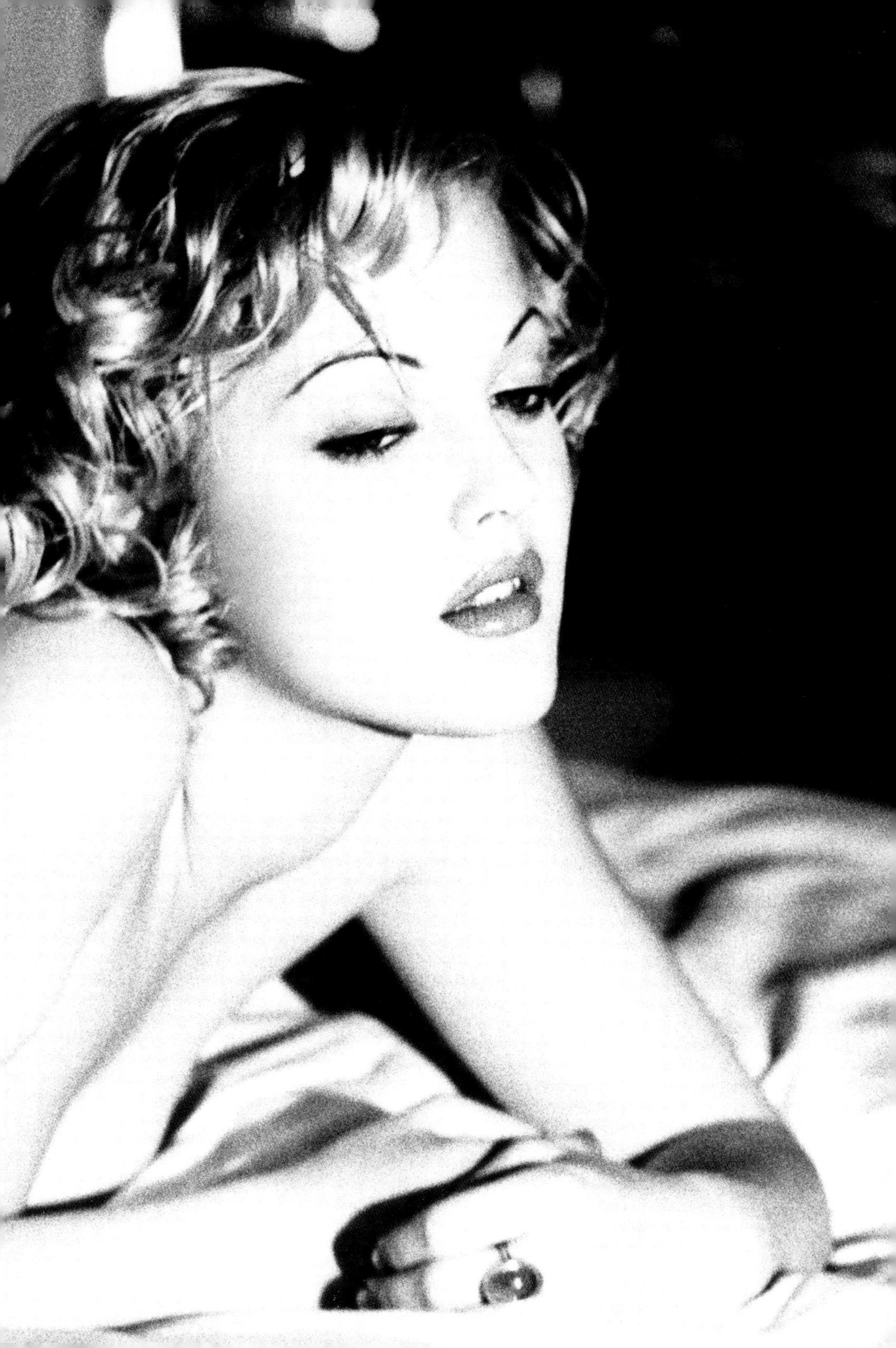

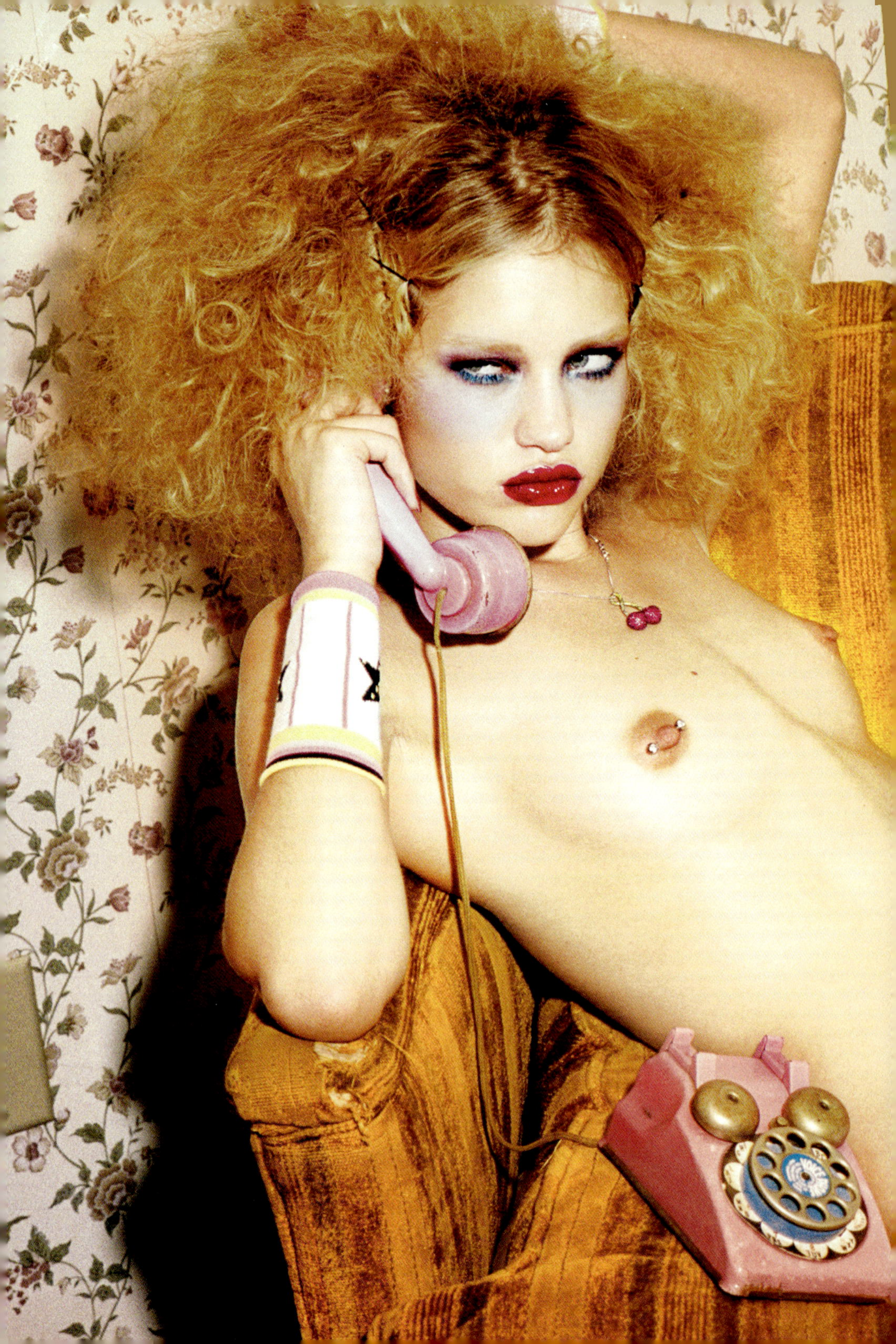

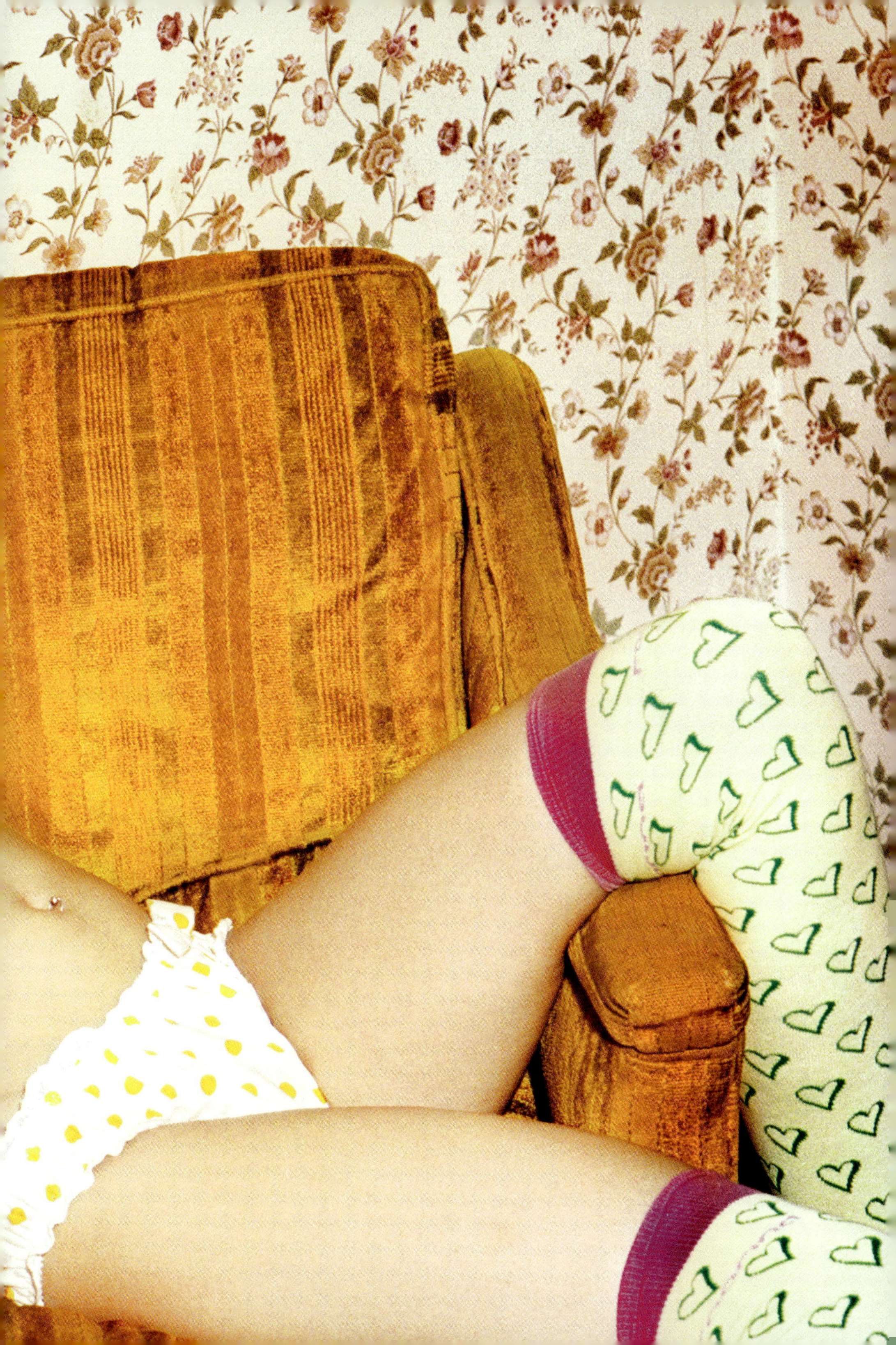

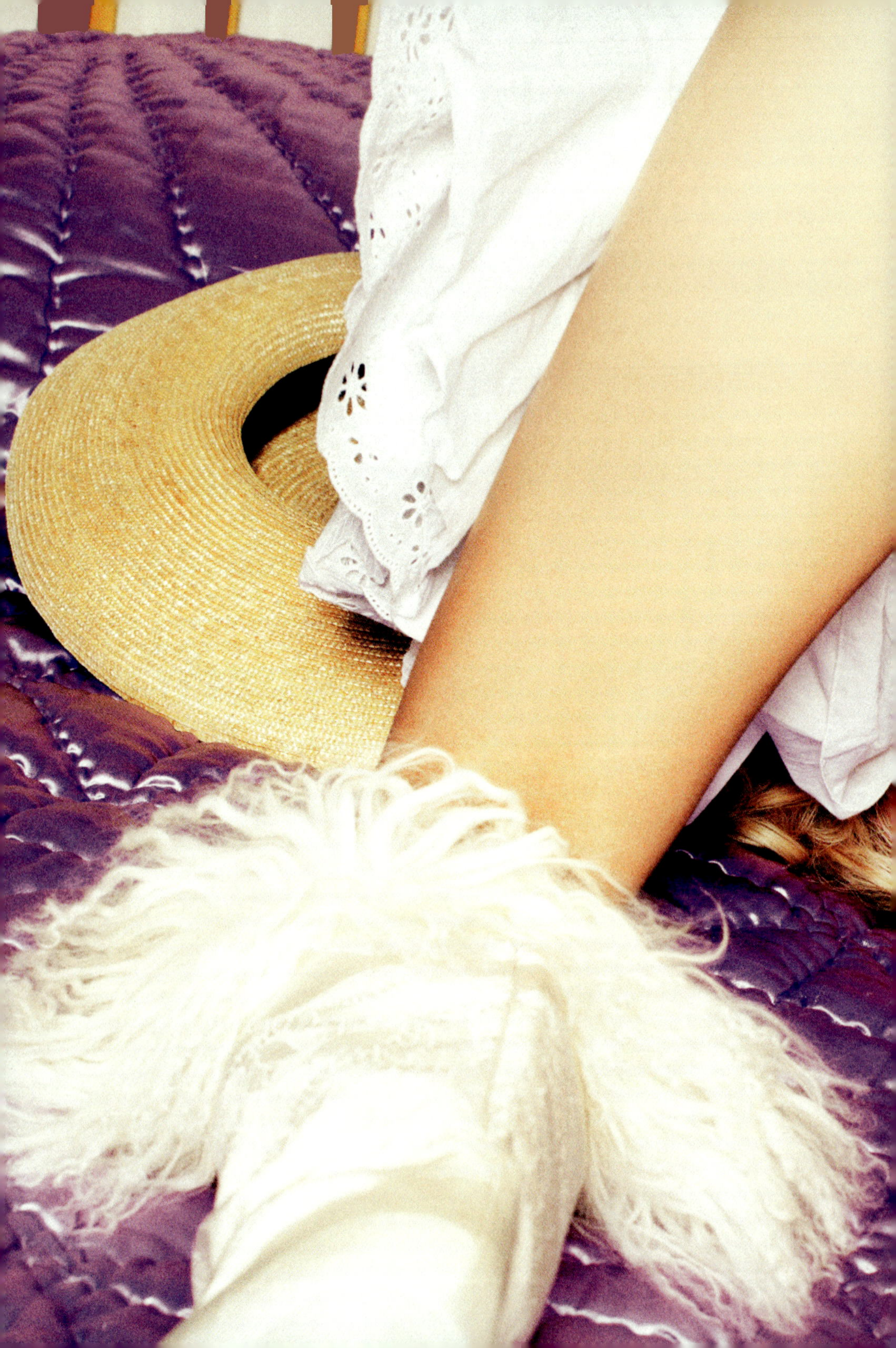

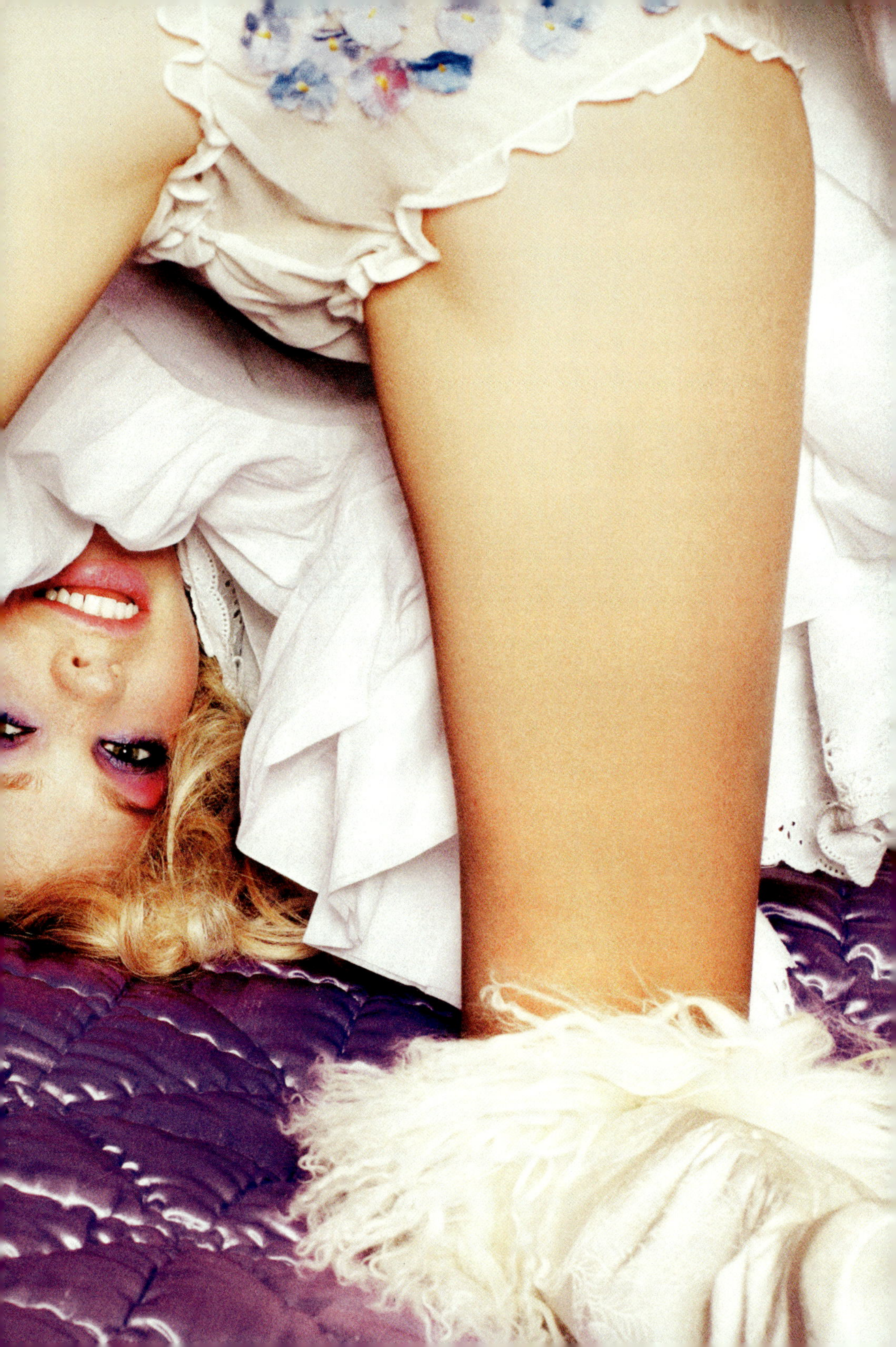

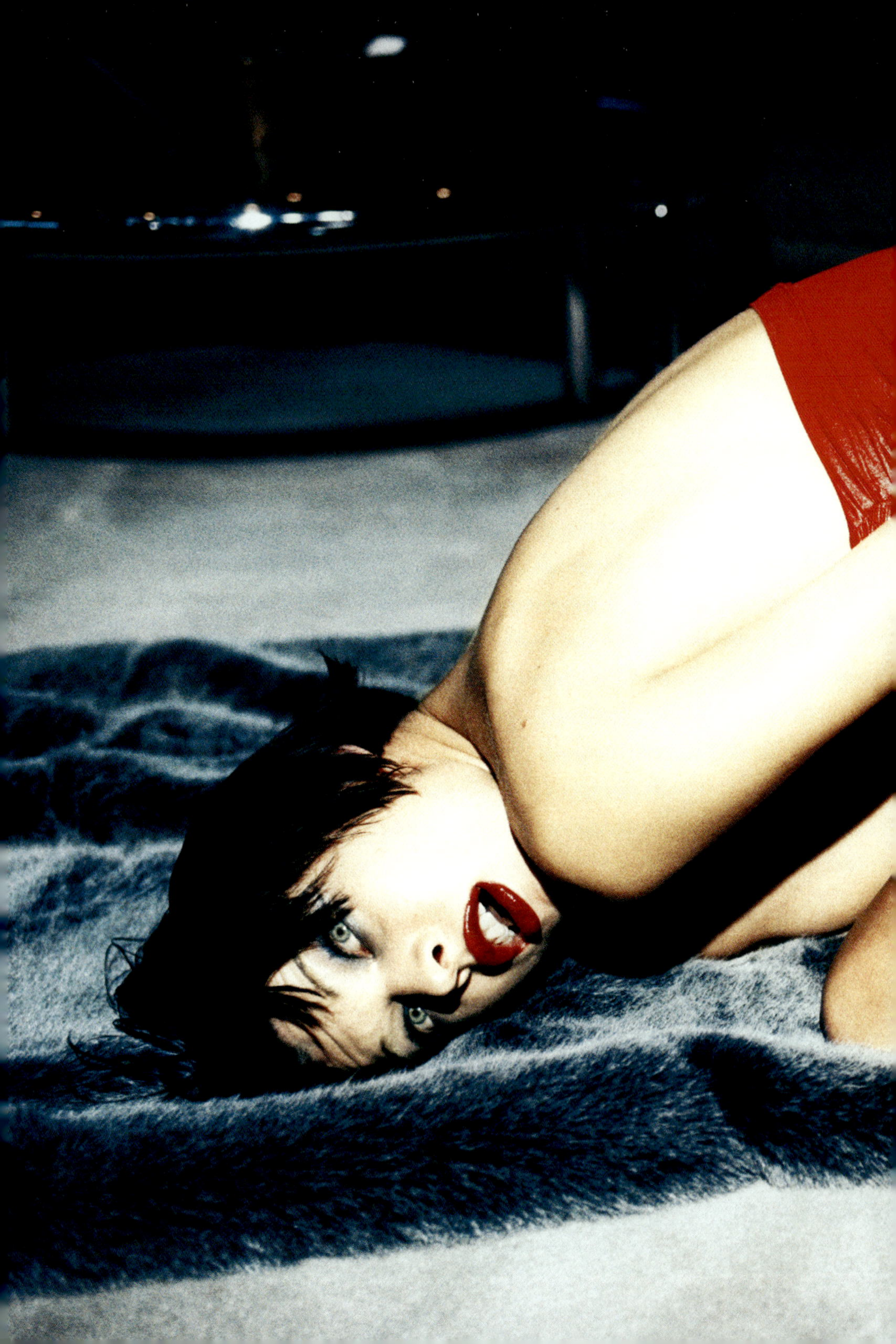

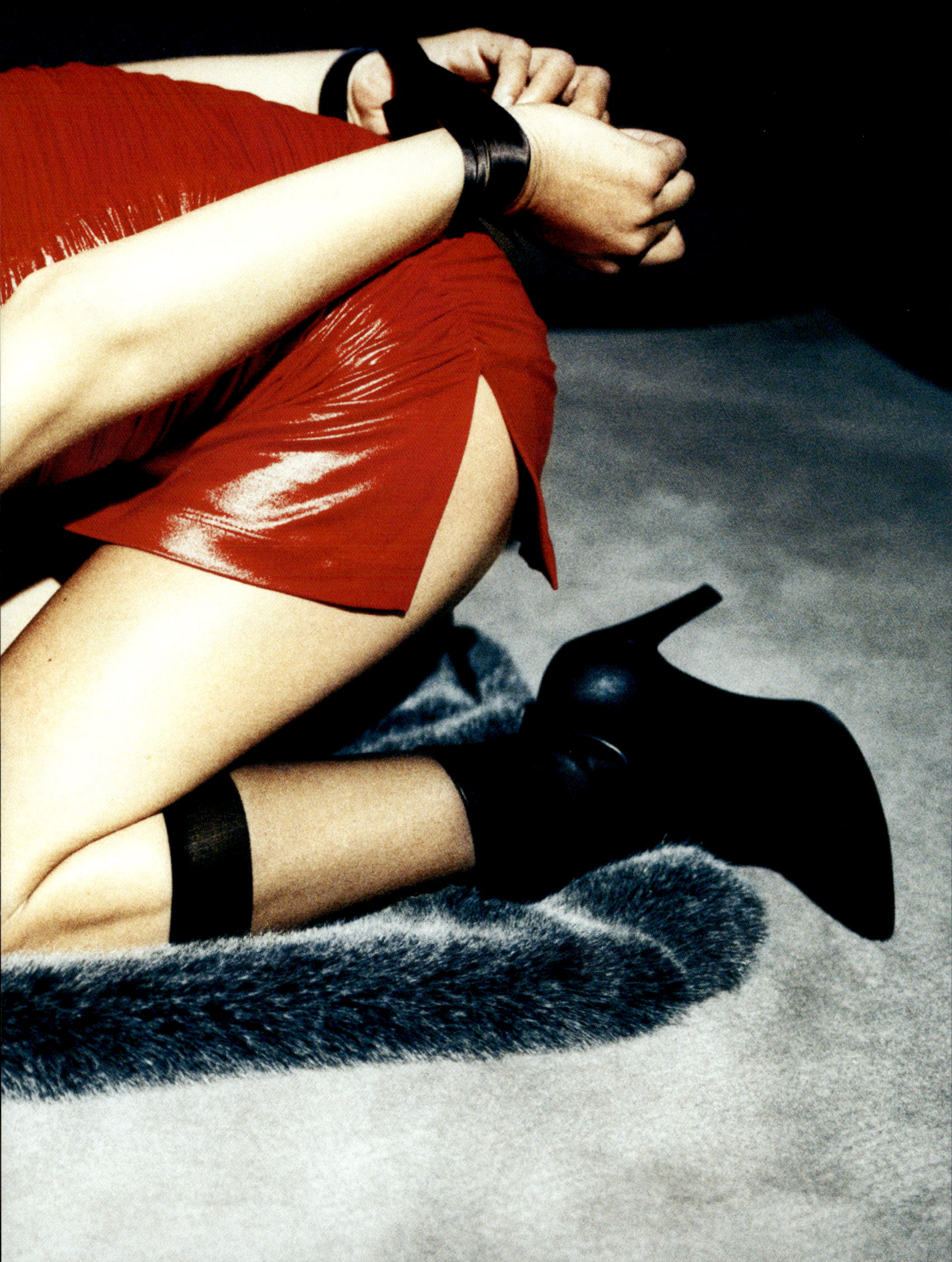

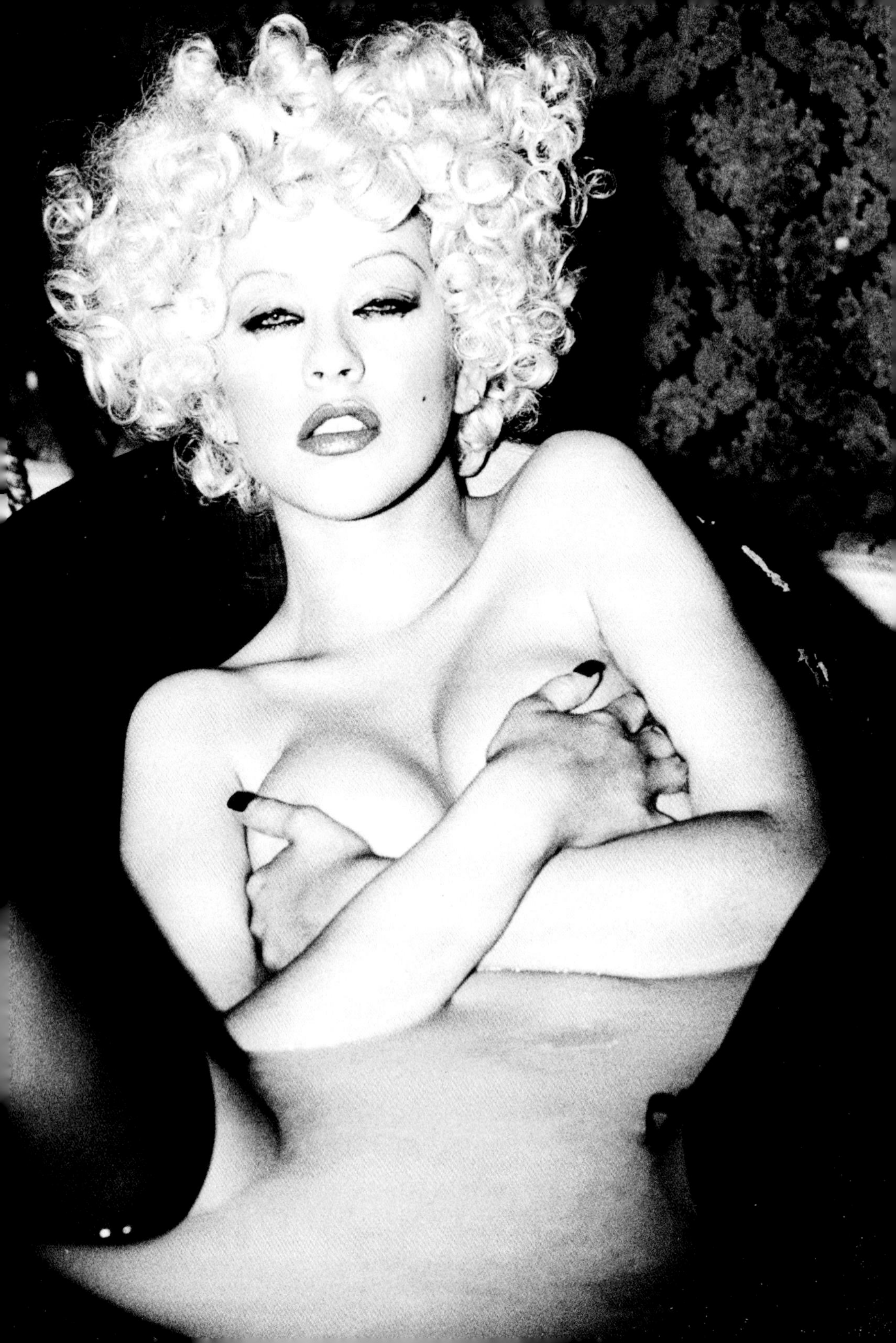

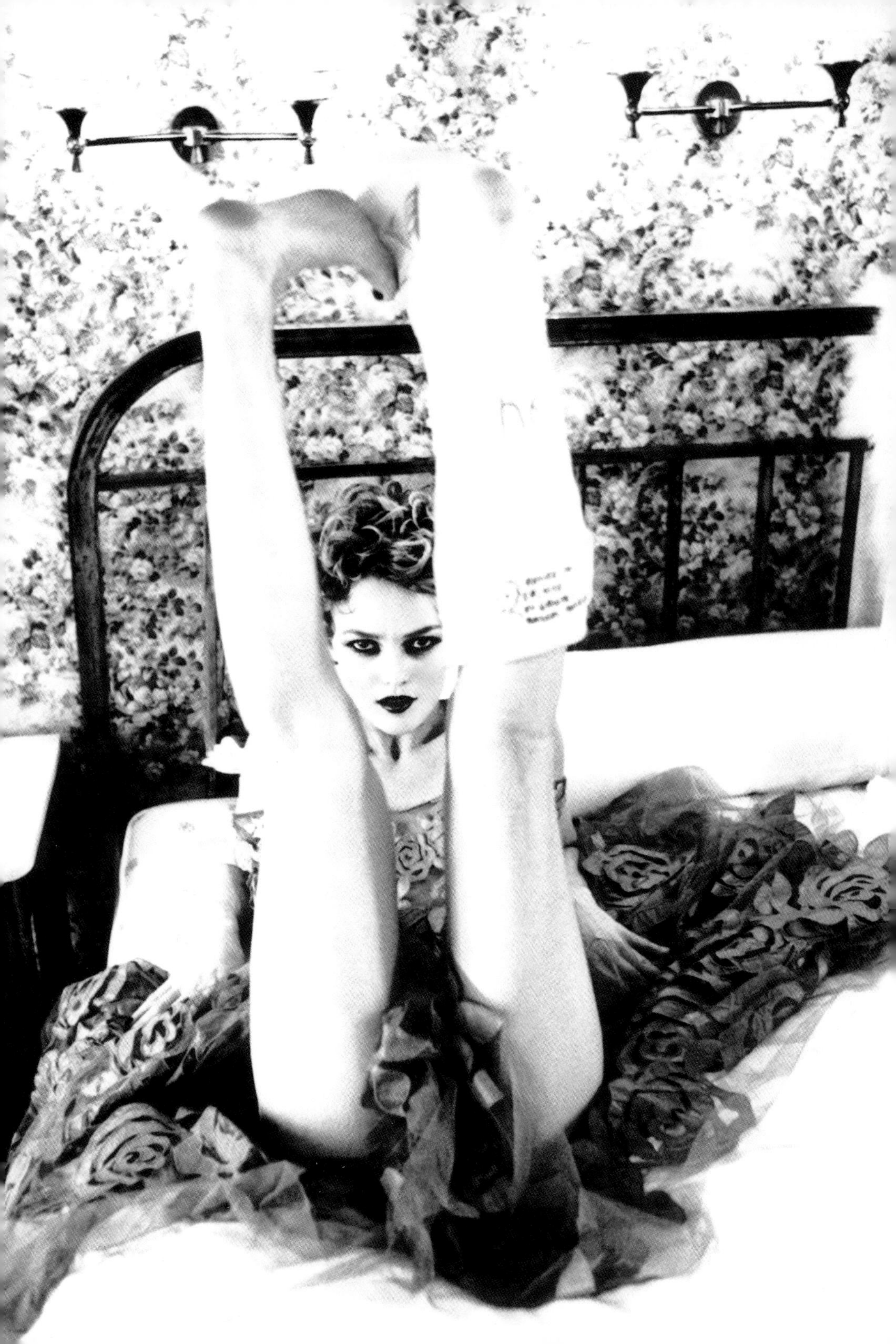

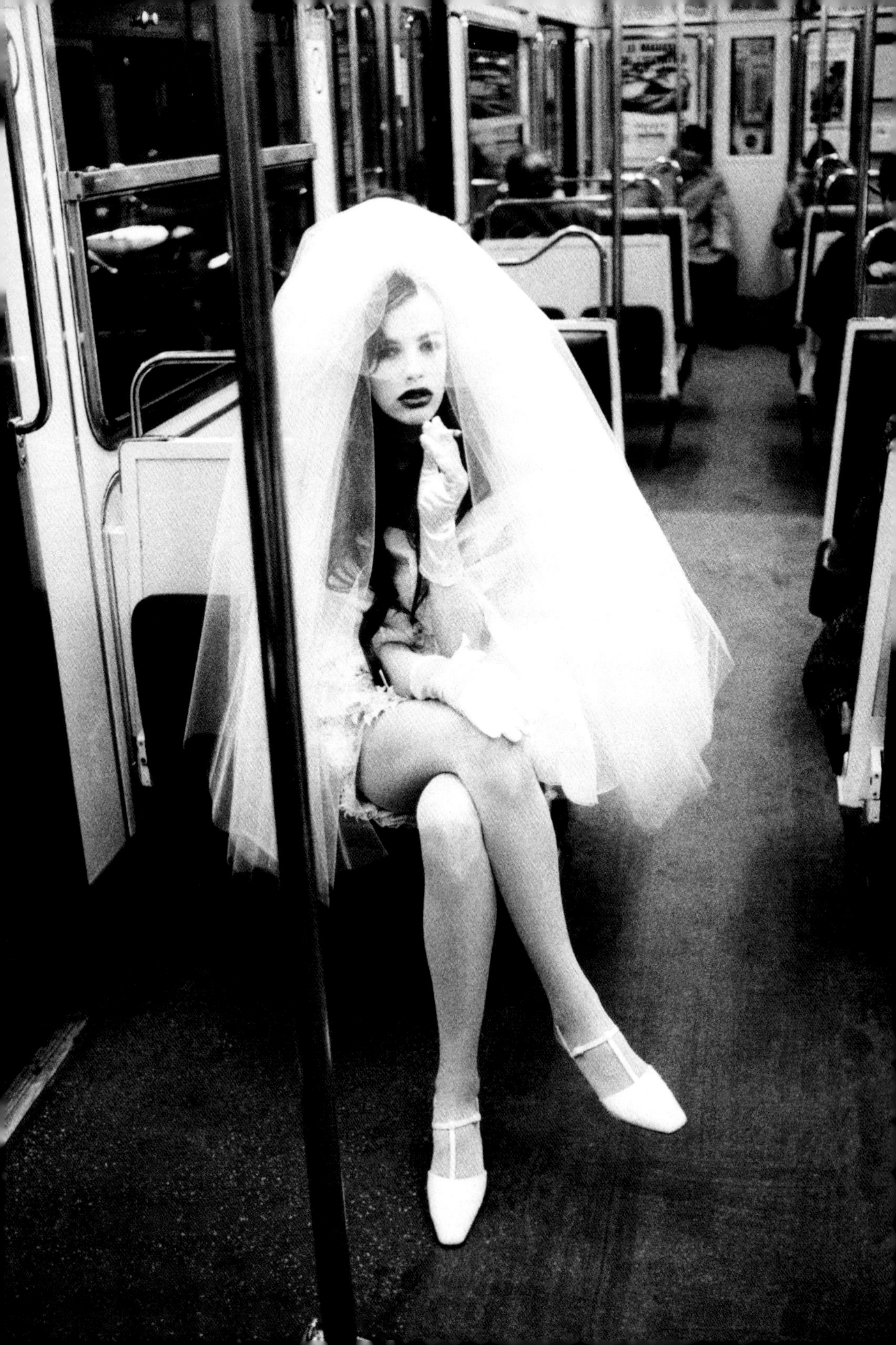

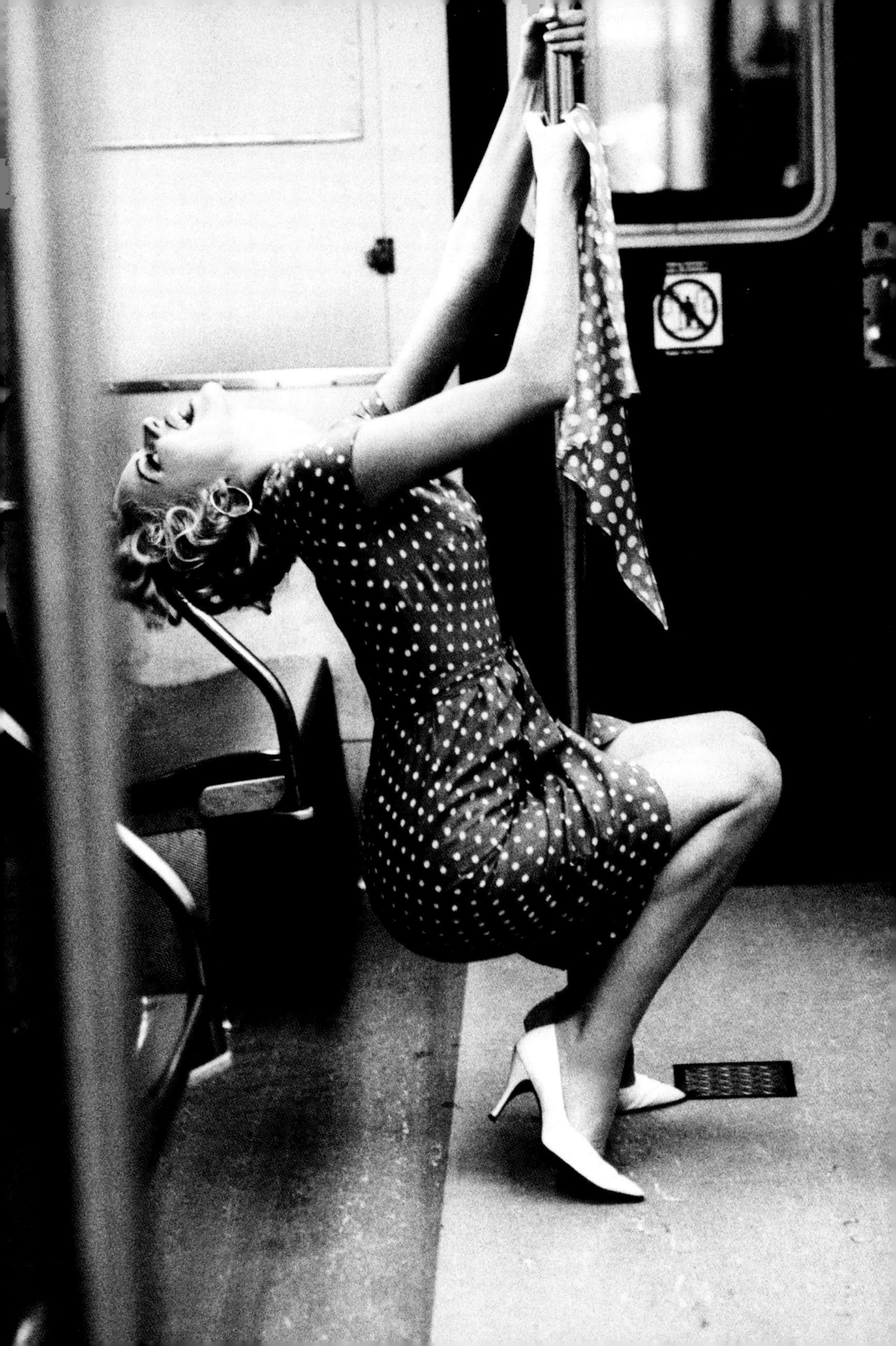

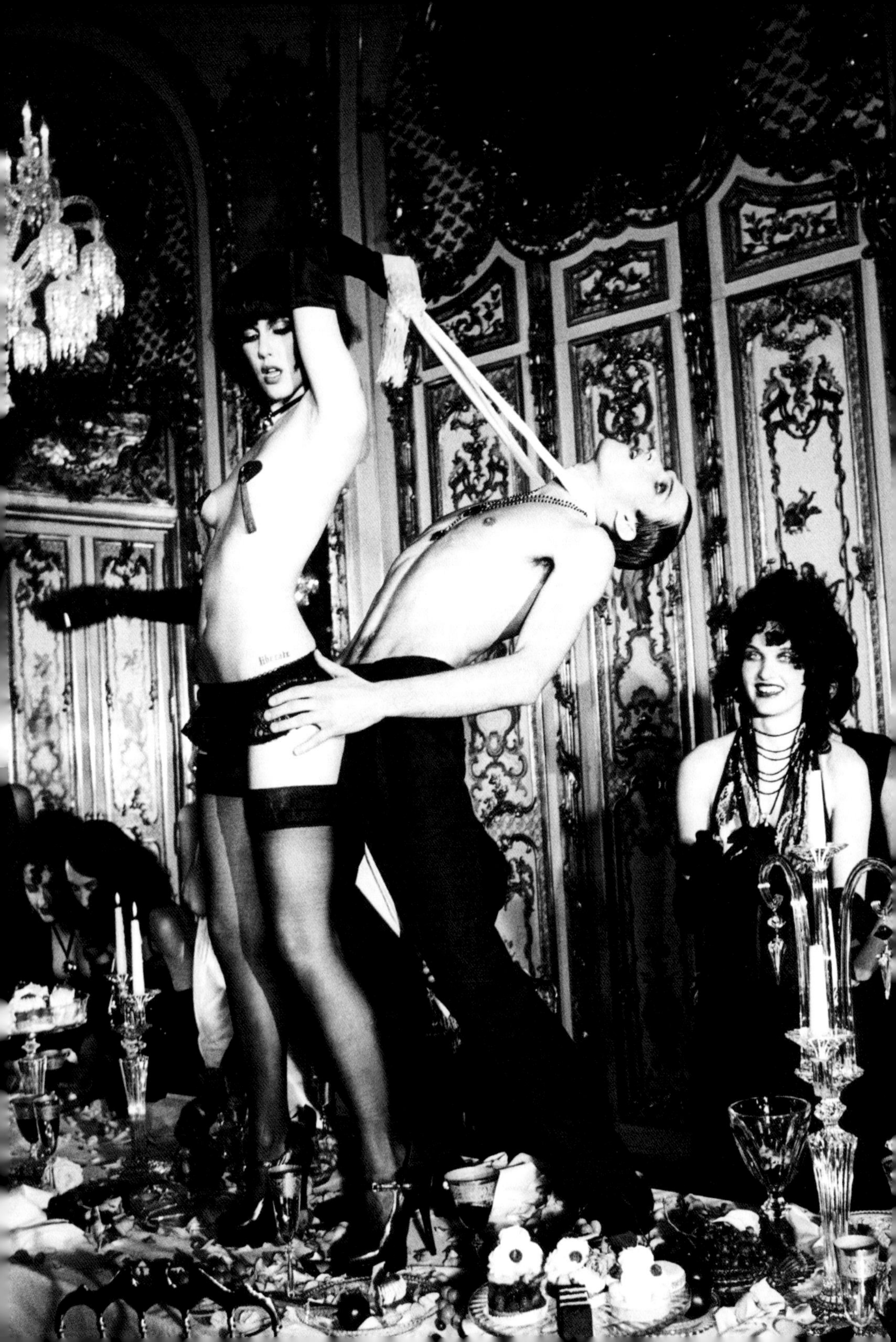

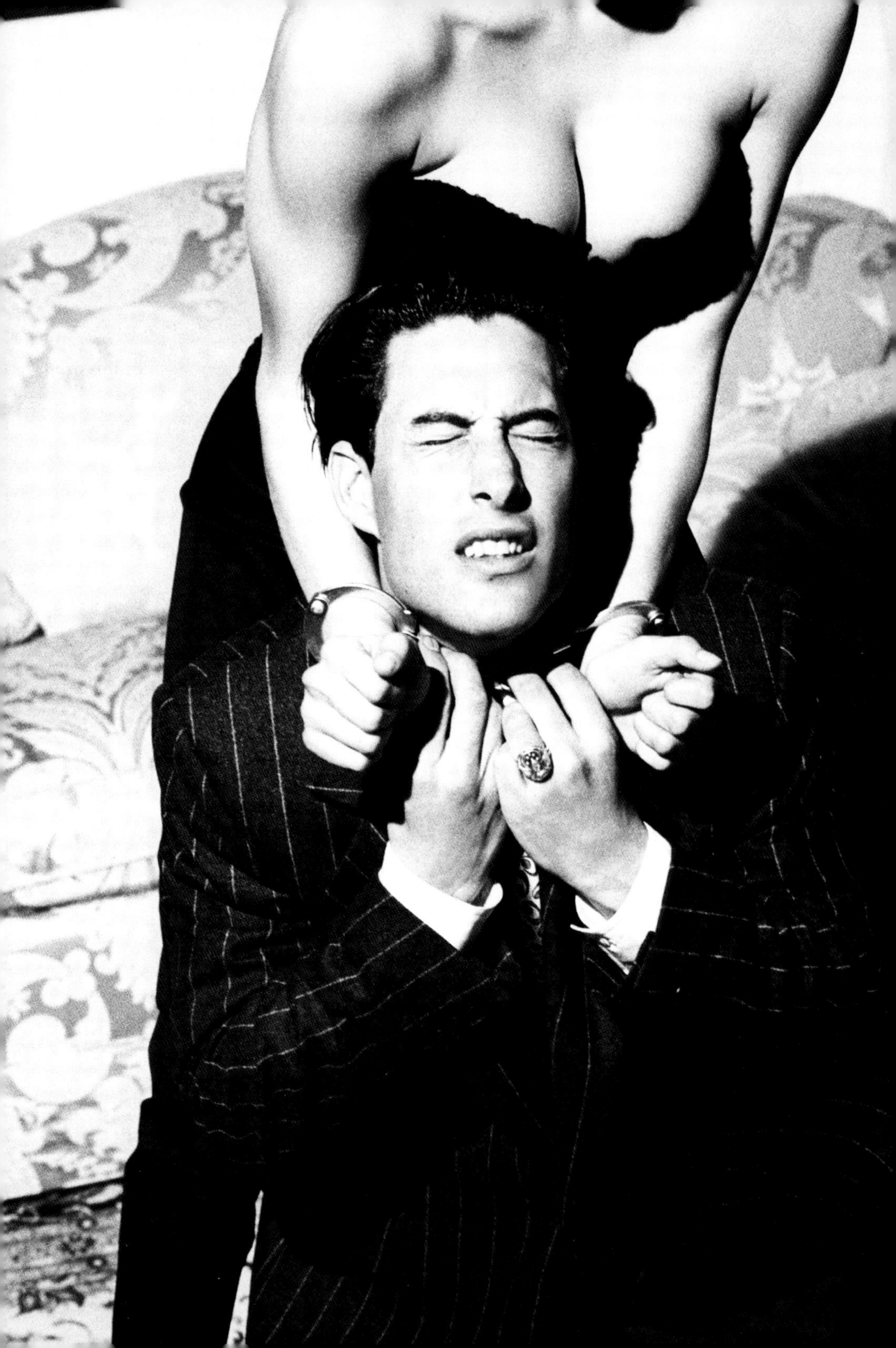

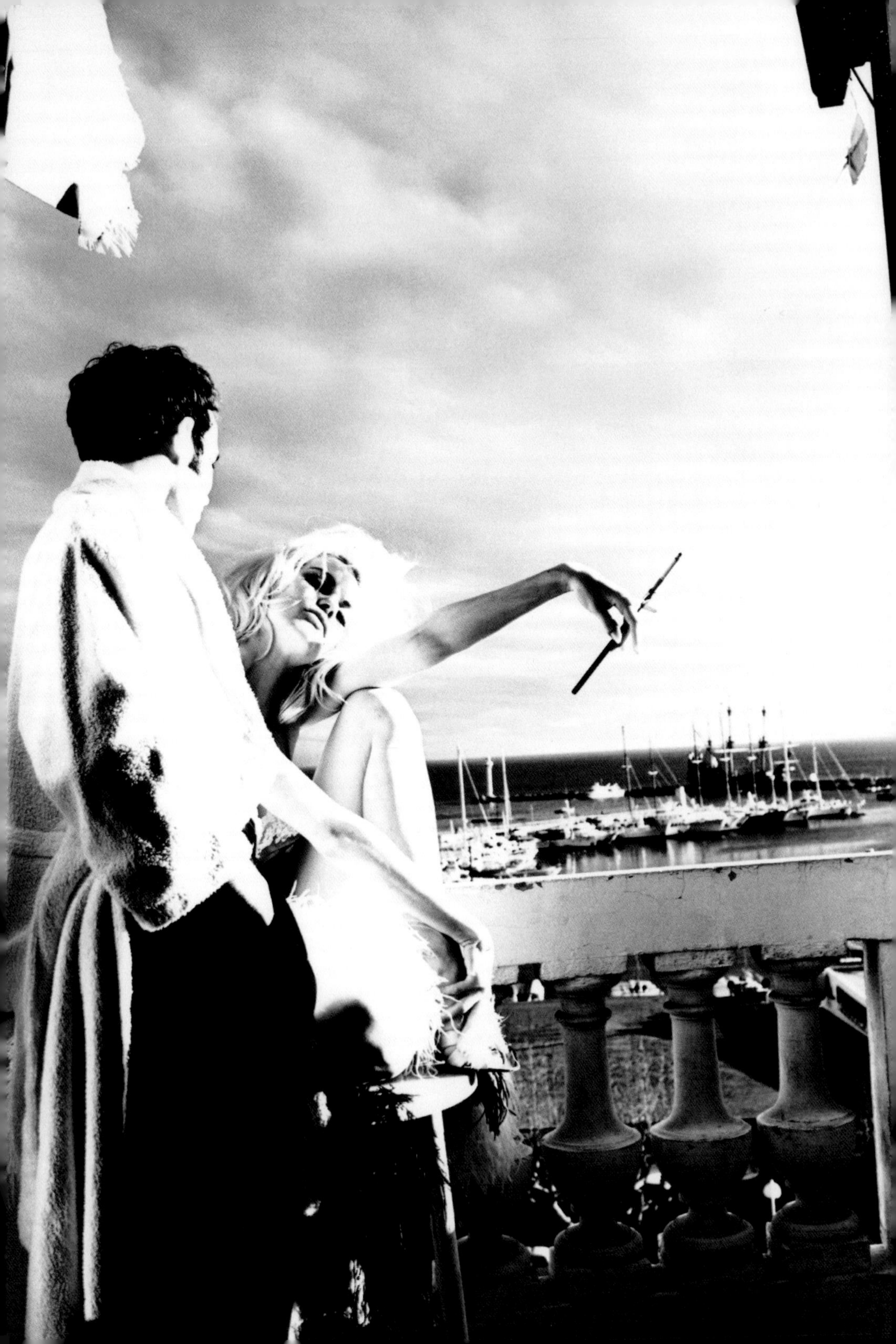

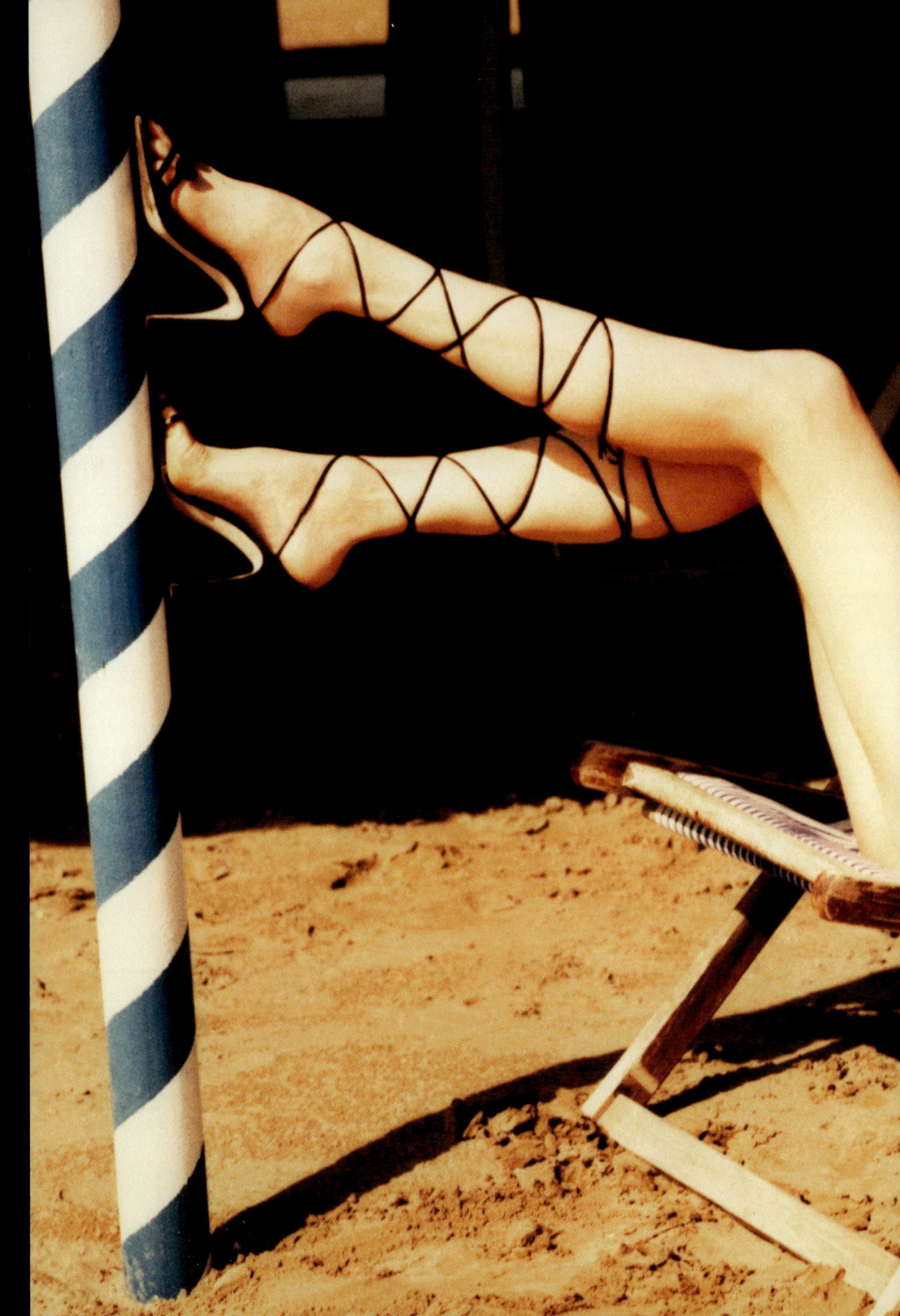

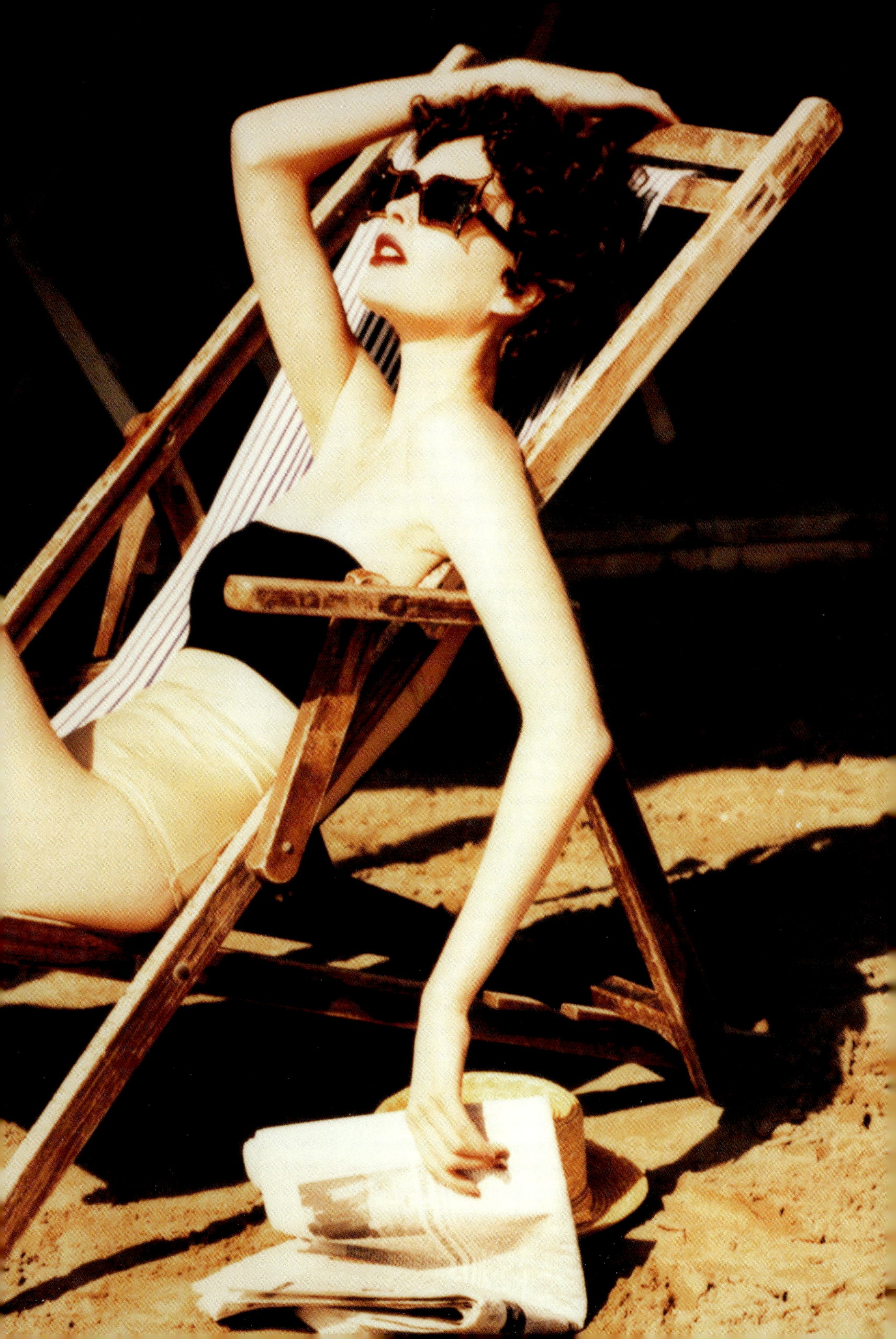

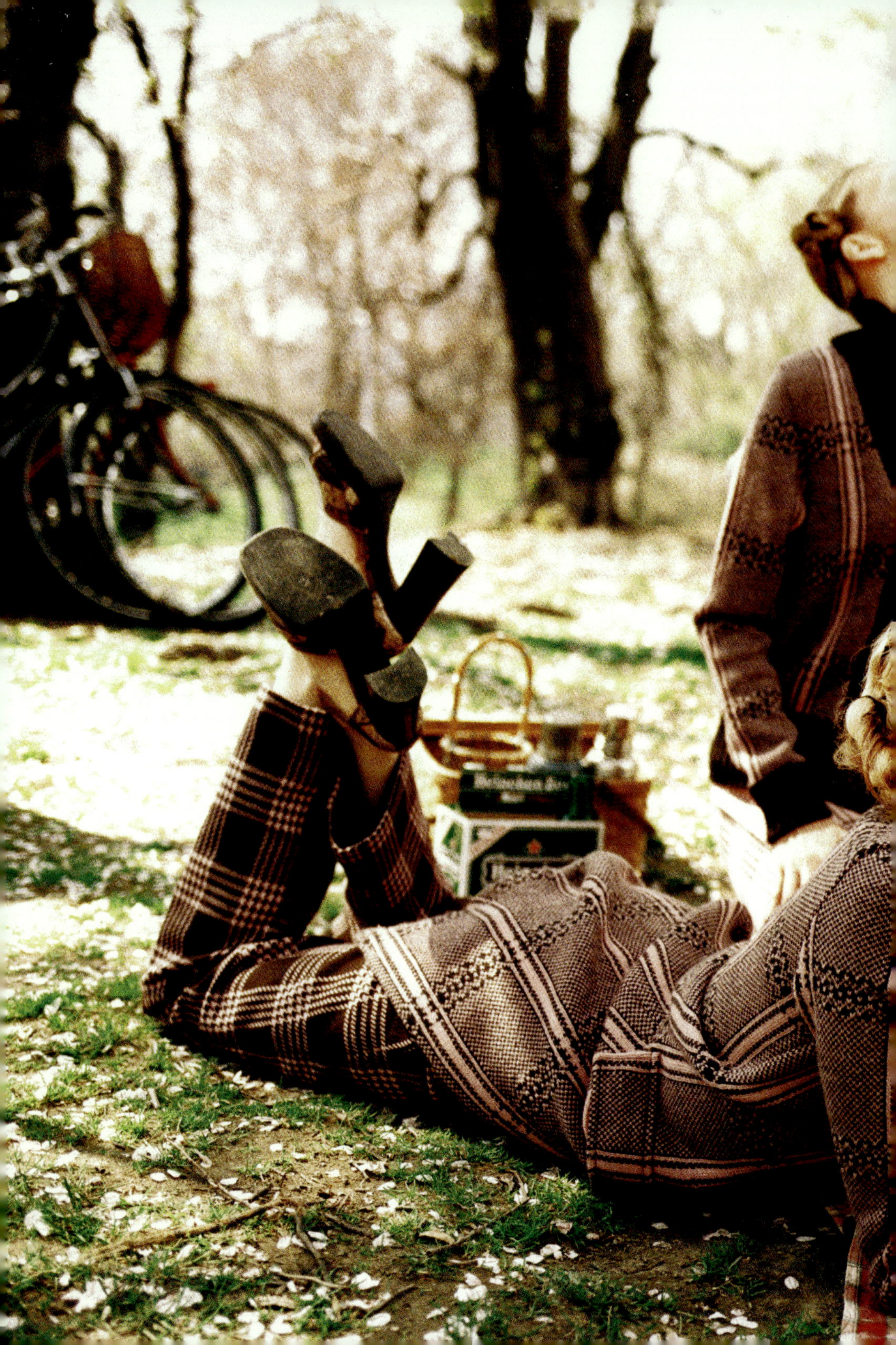

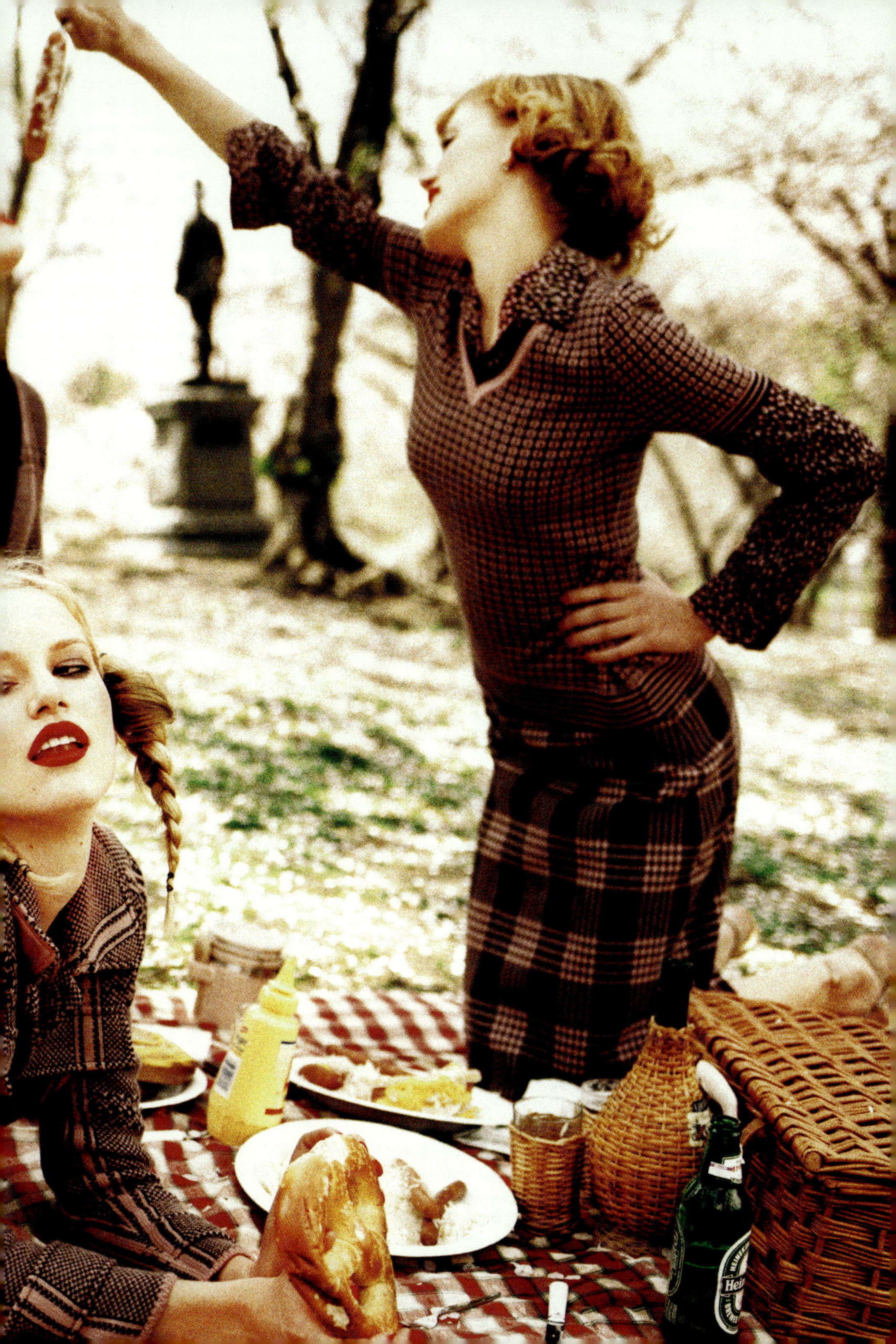

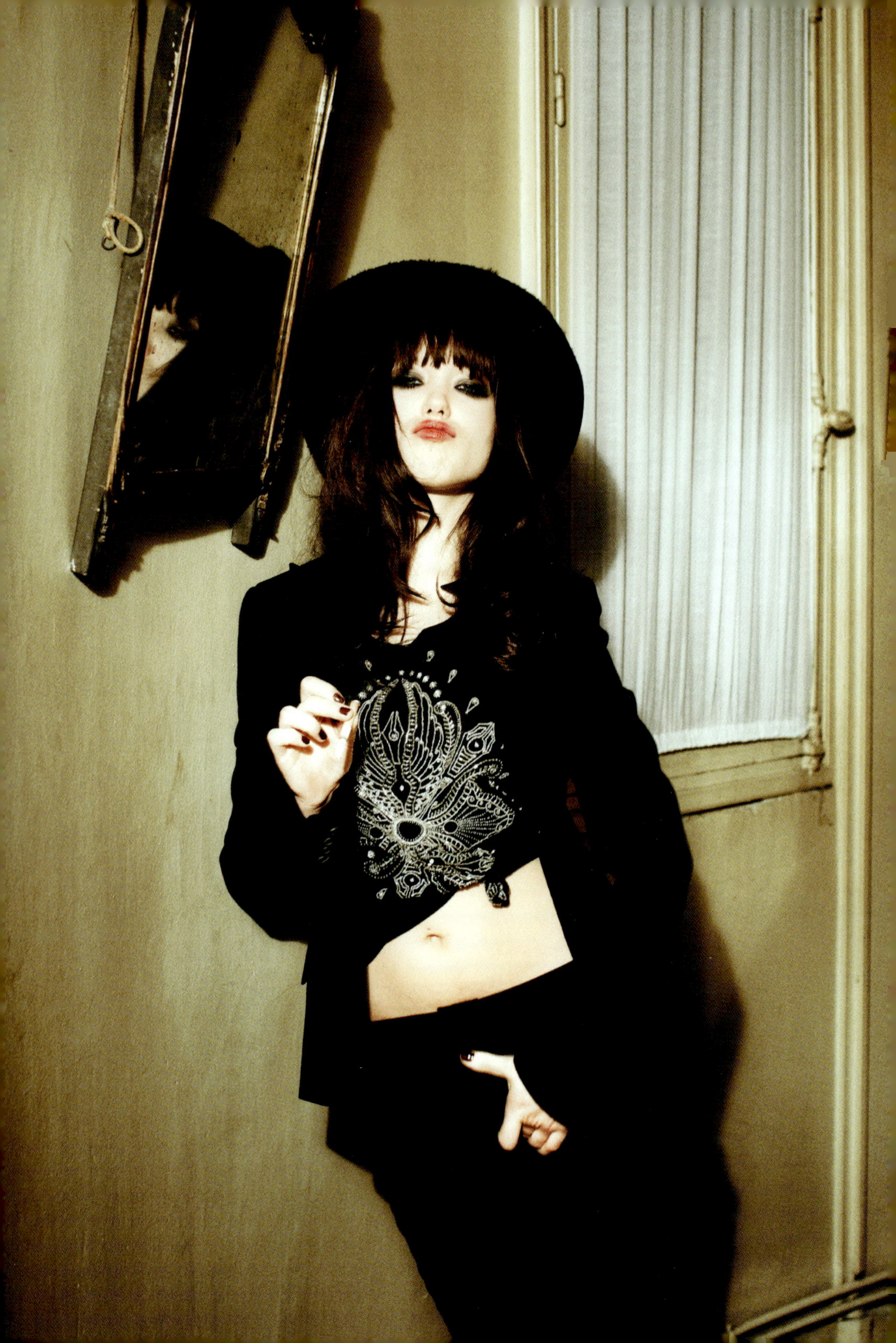

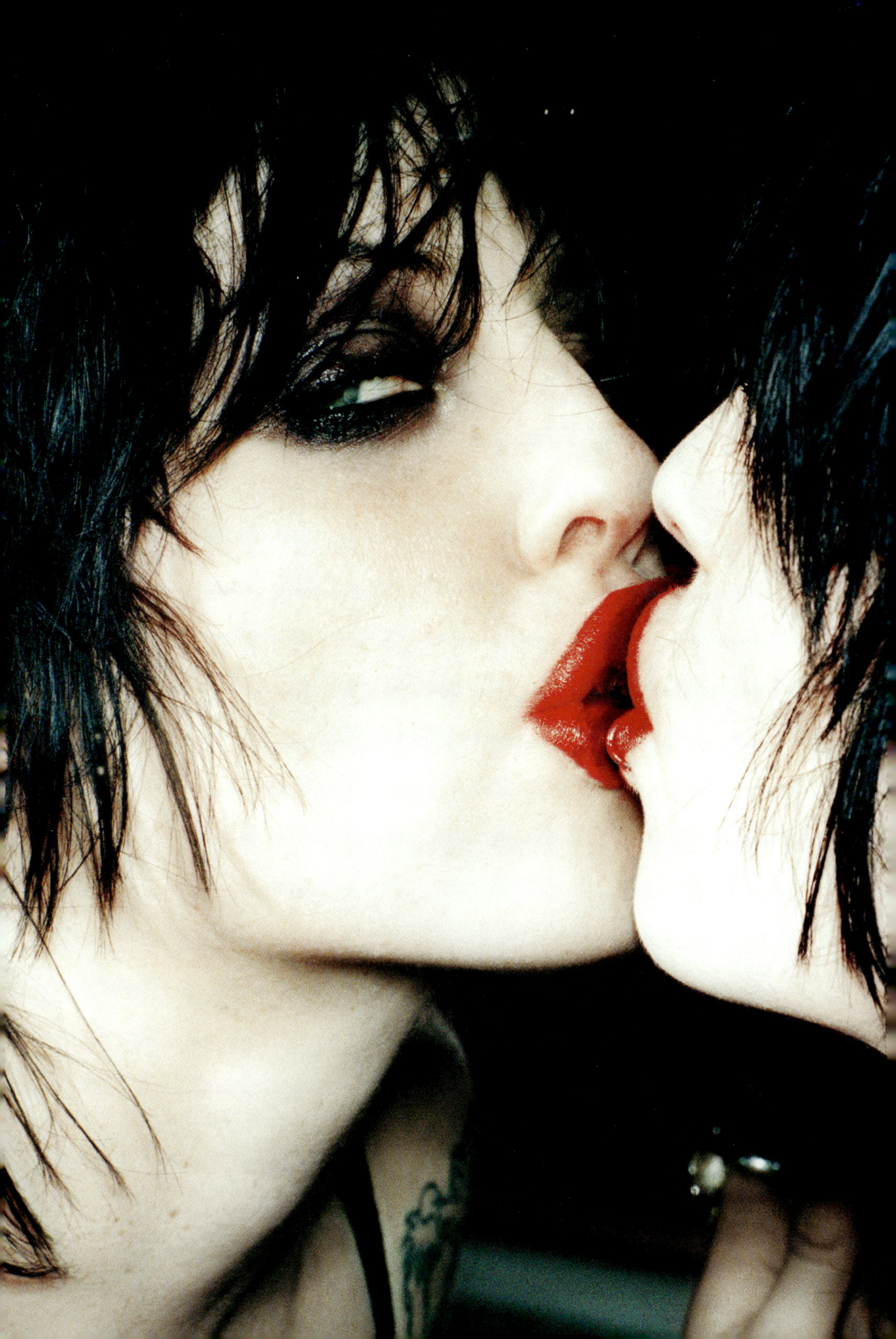

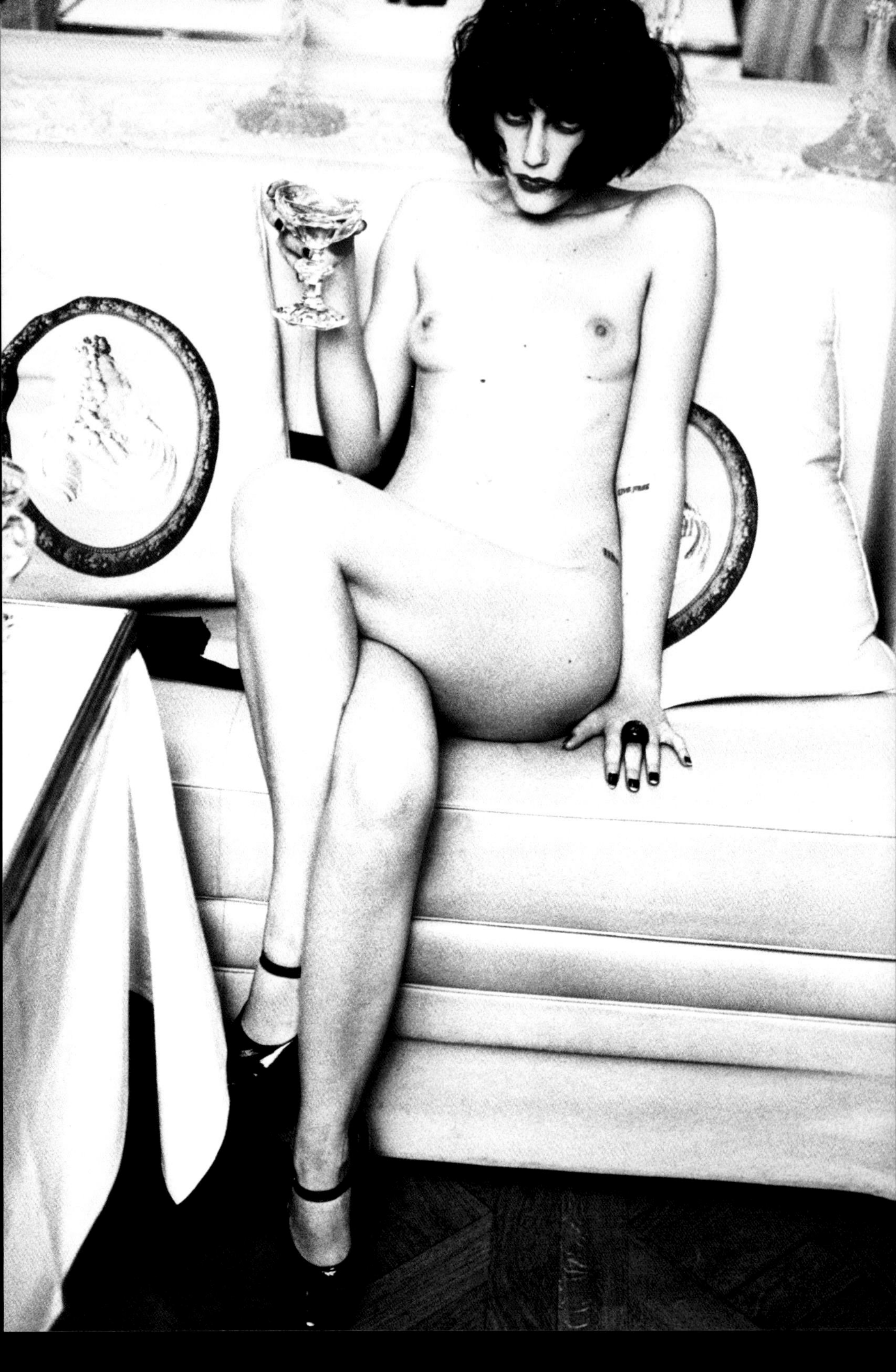

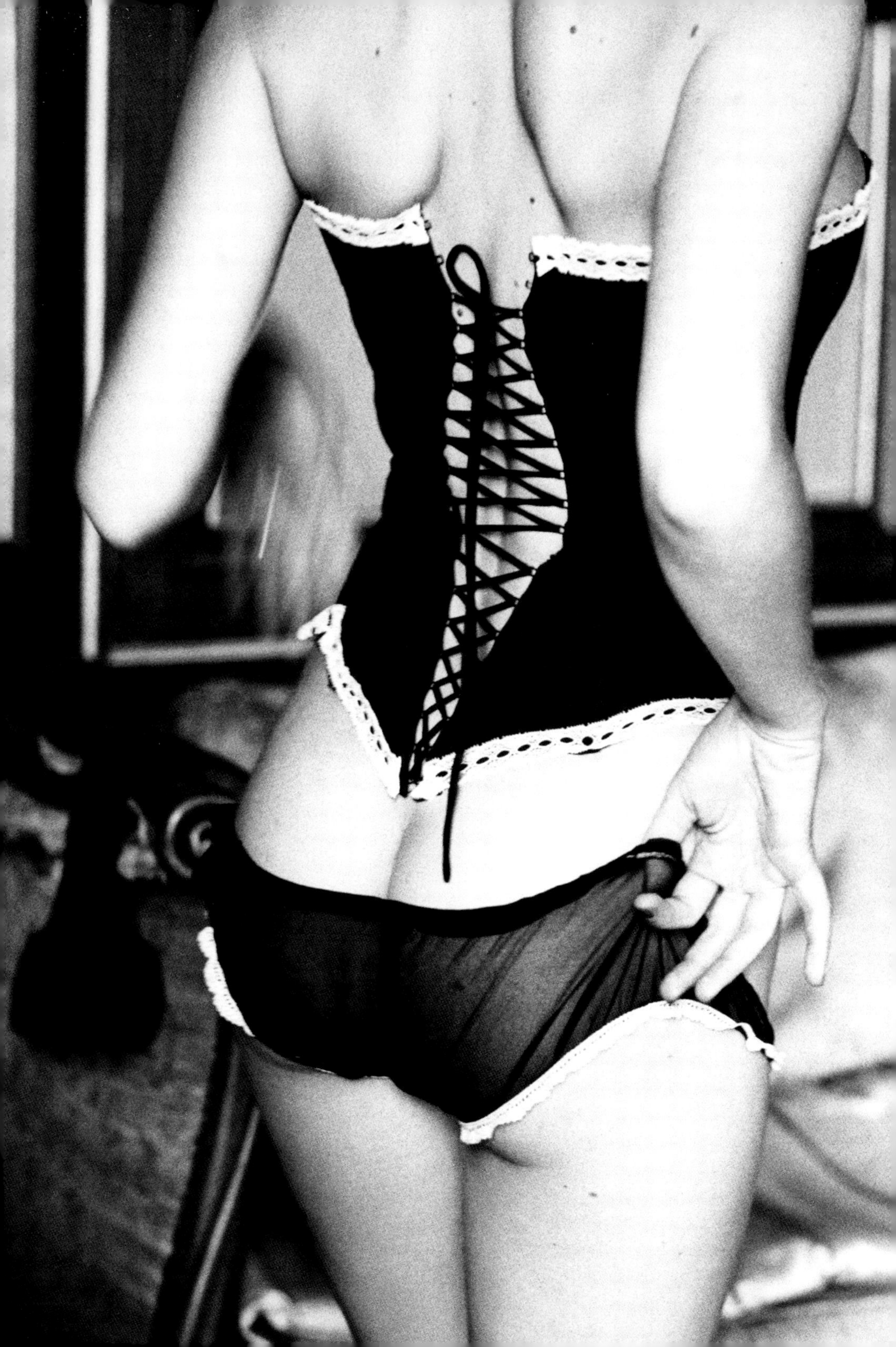

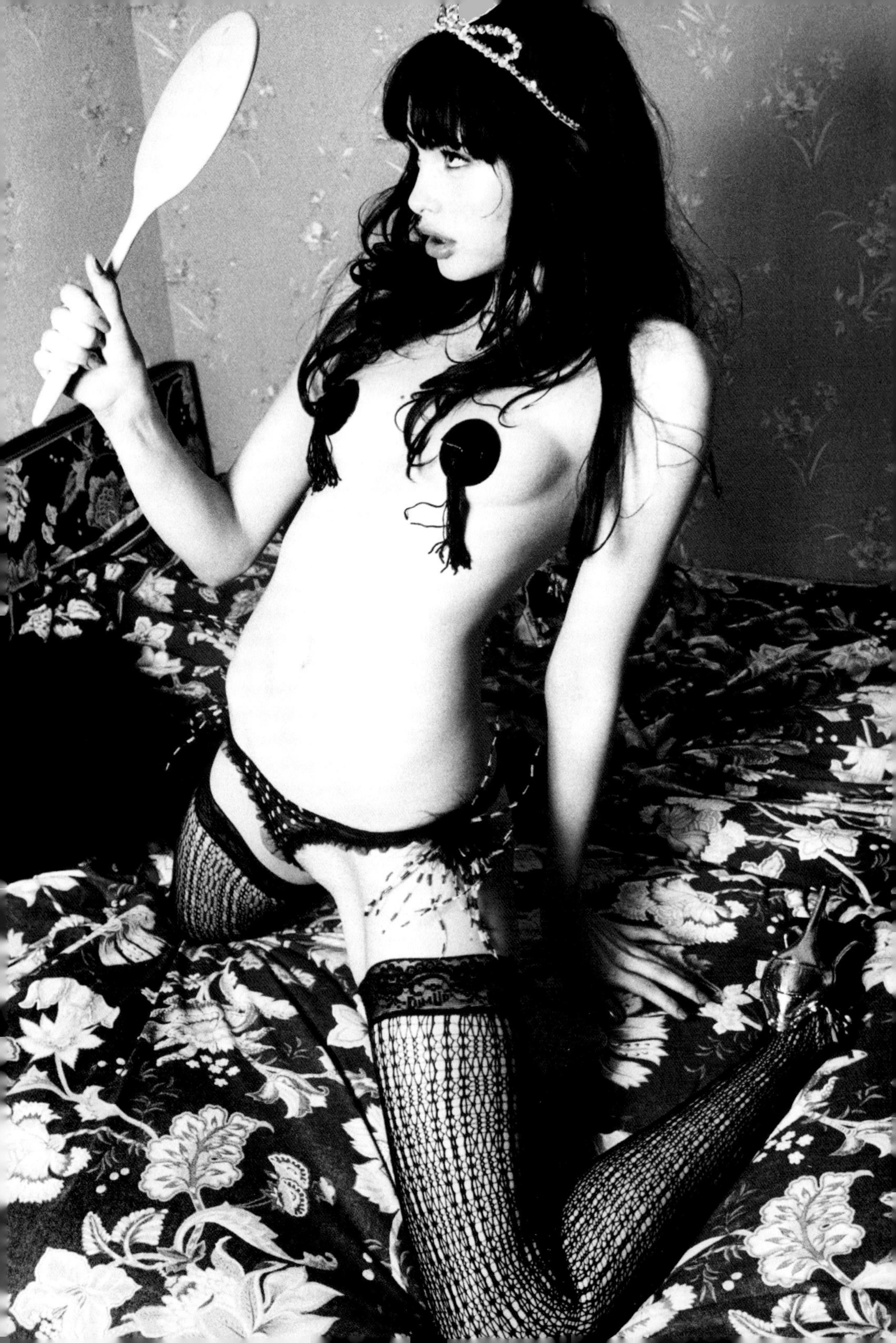

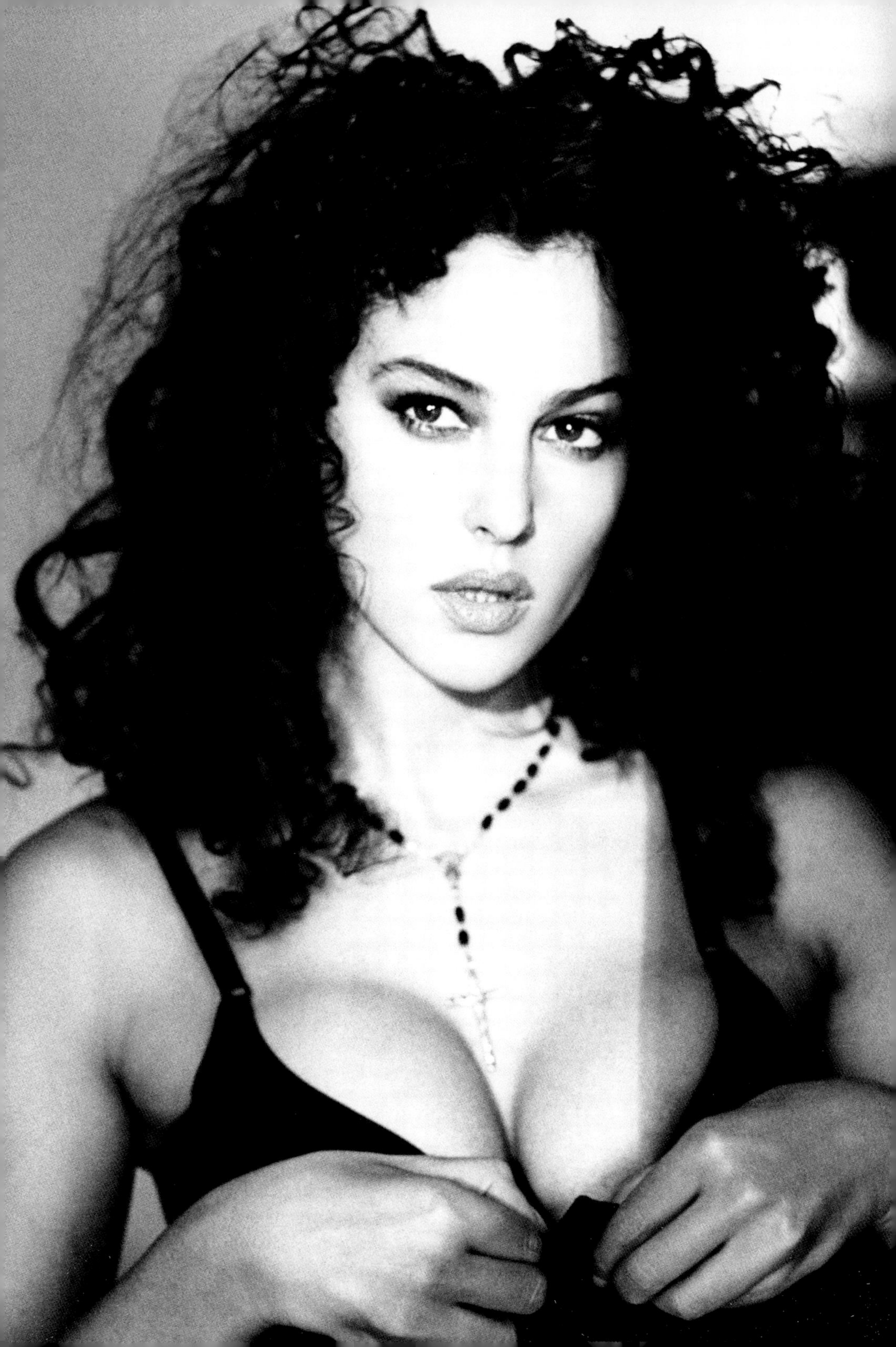

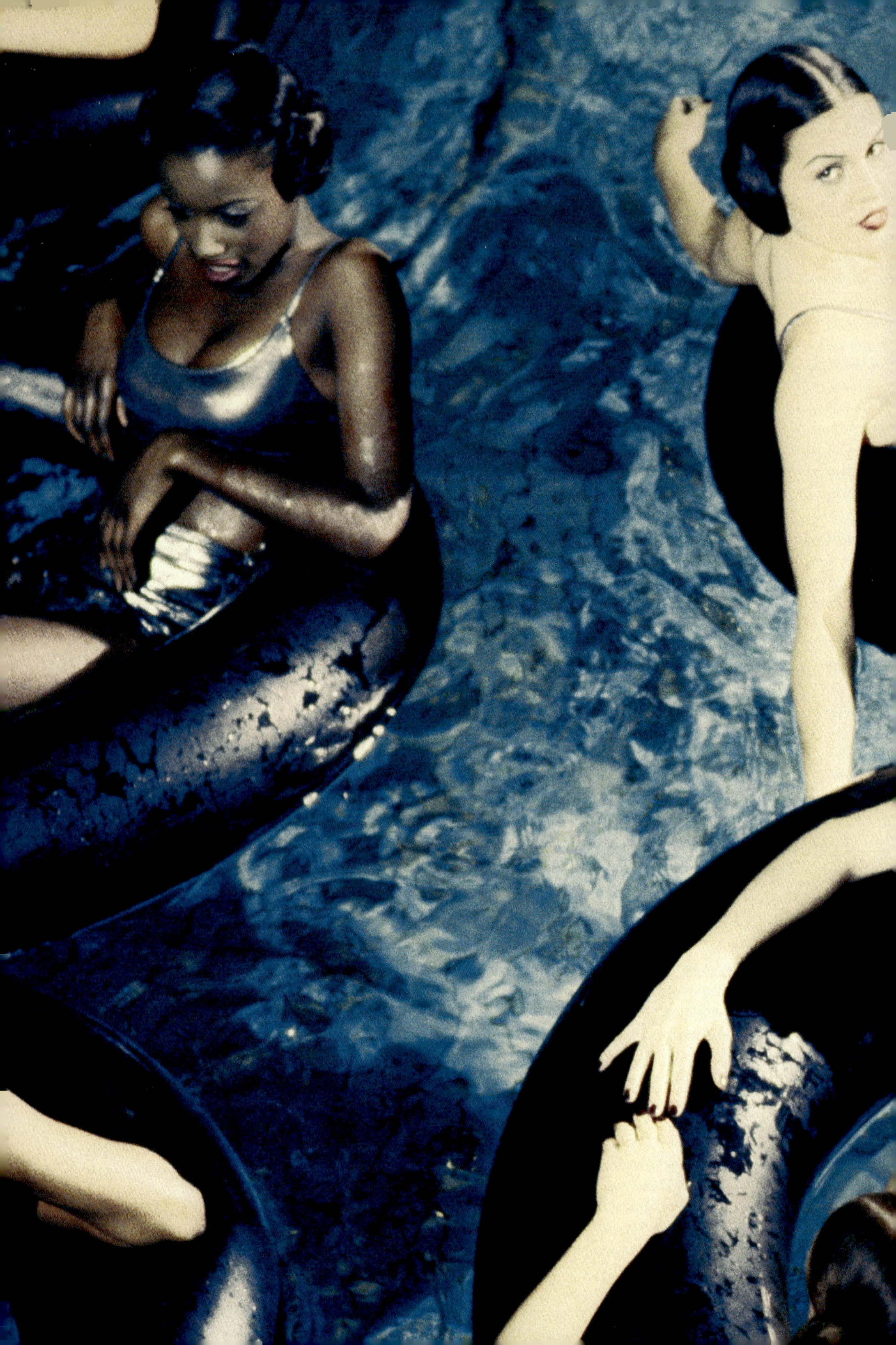

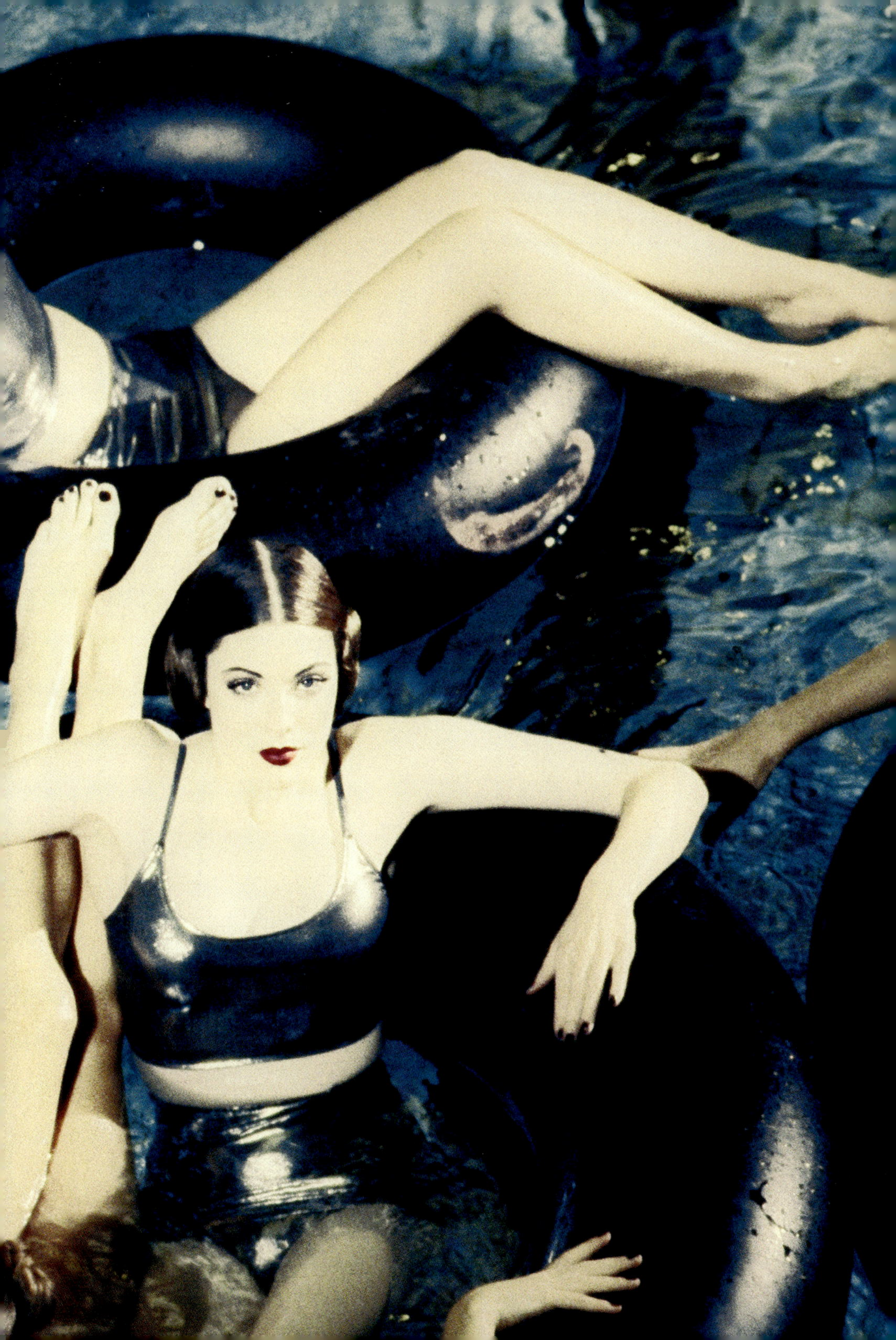

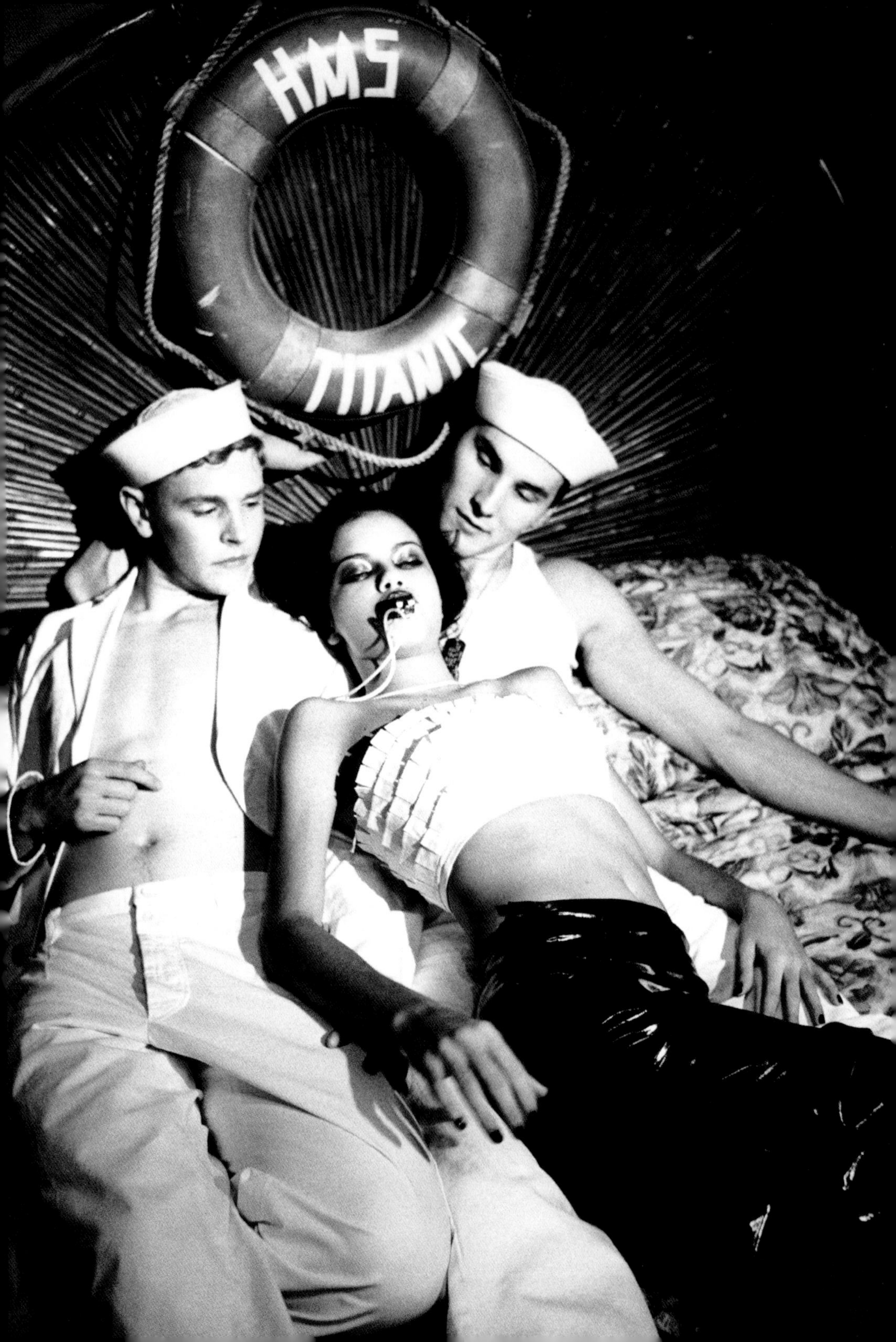

HMS
TITANIC

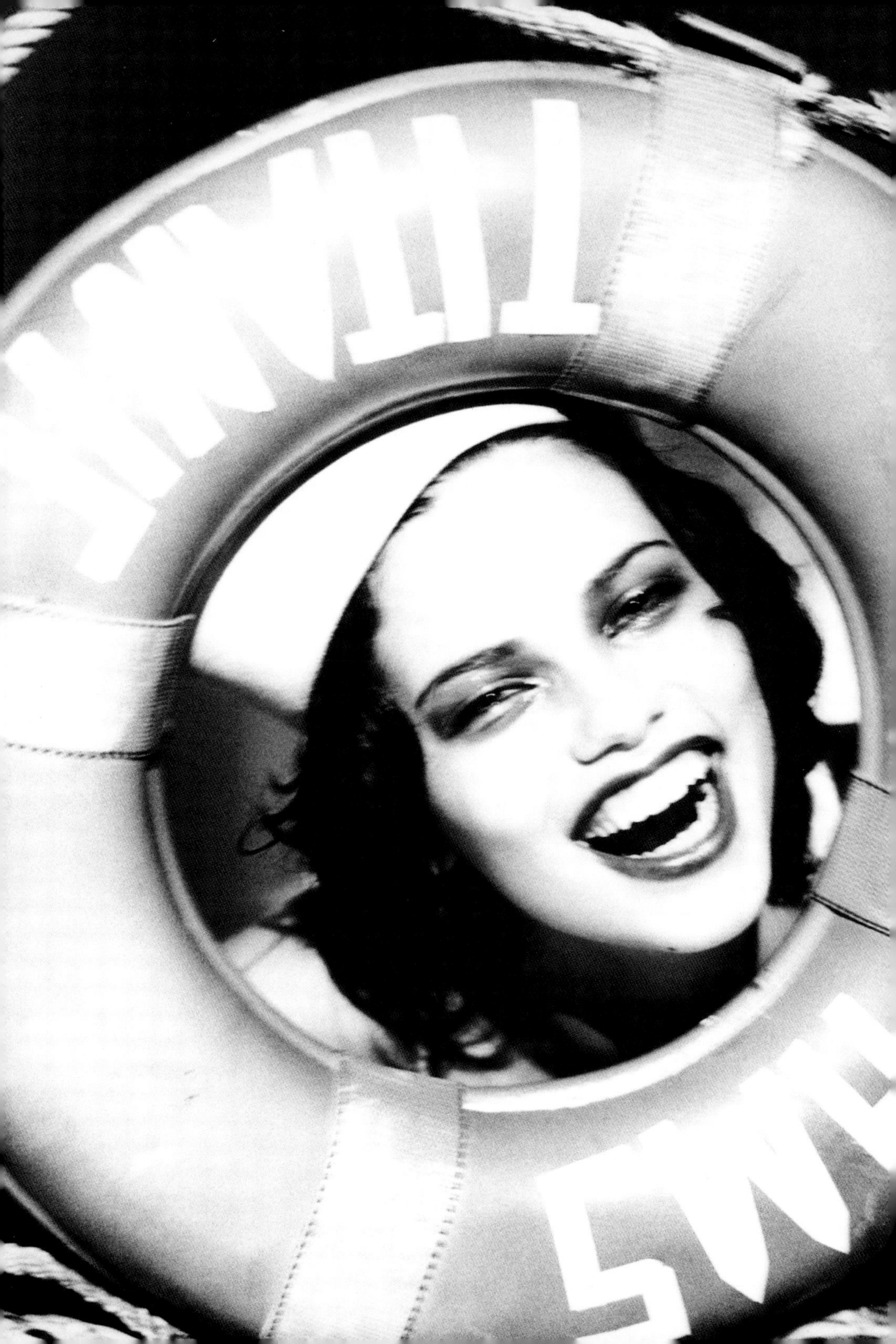

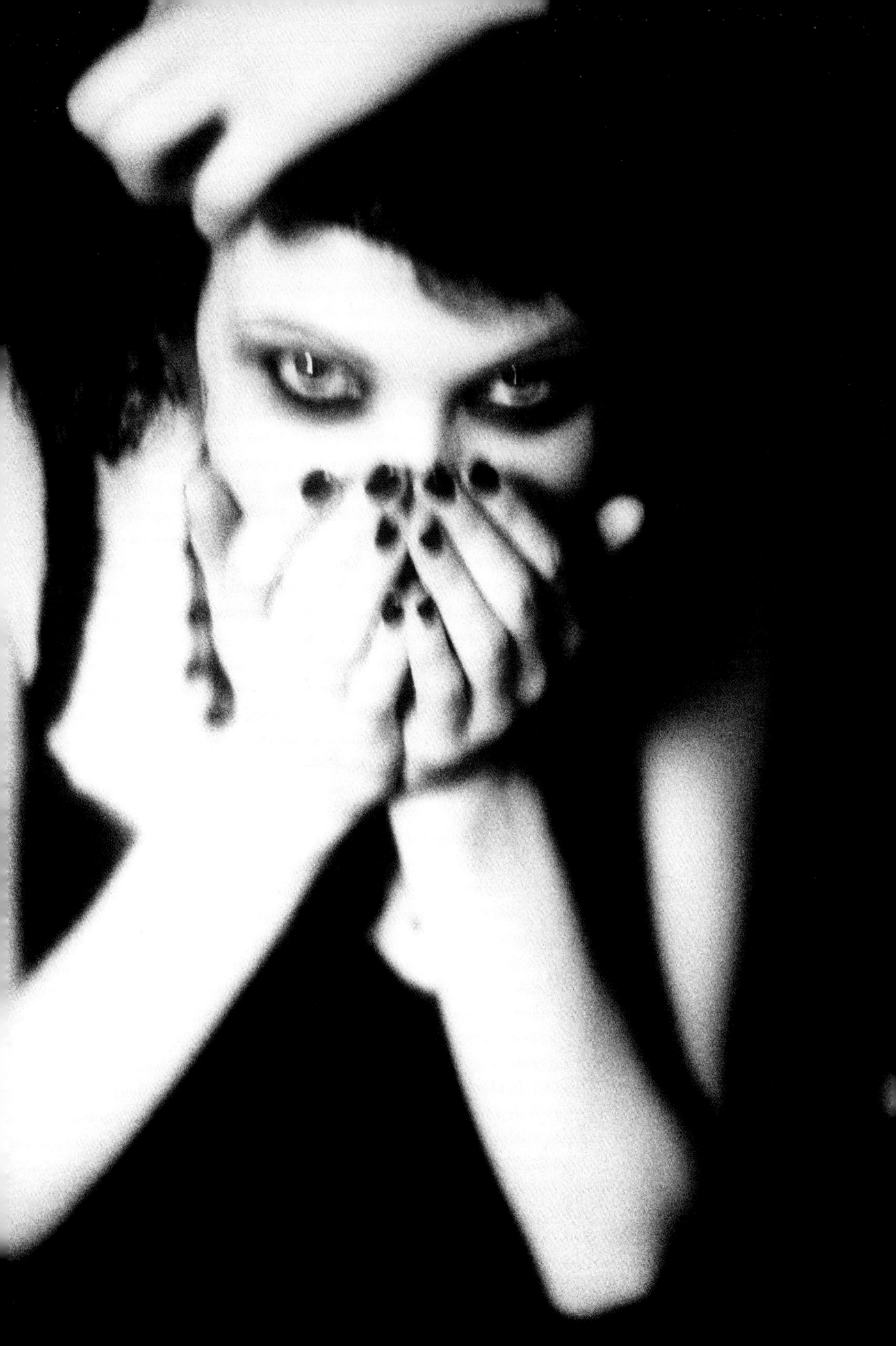

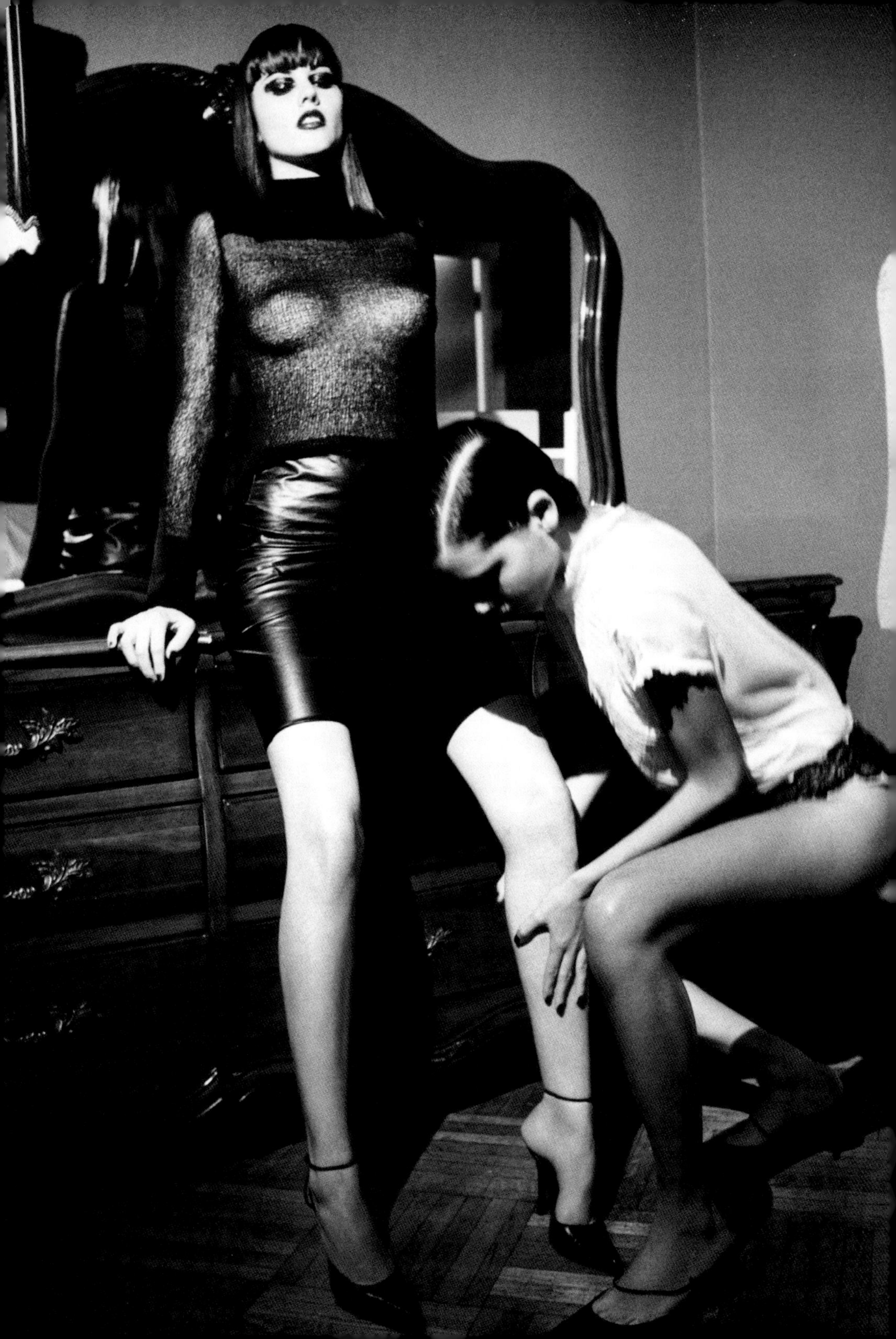

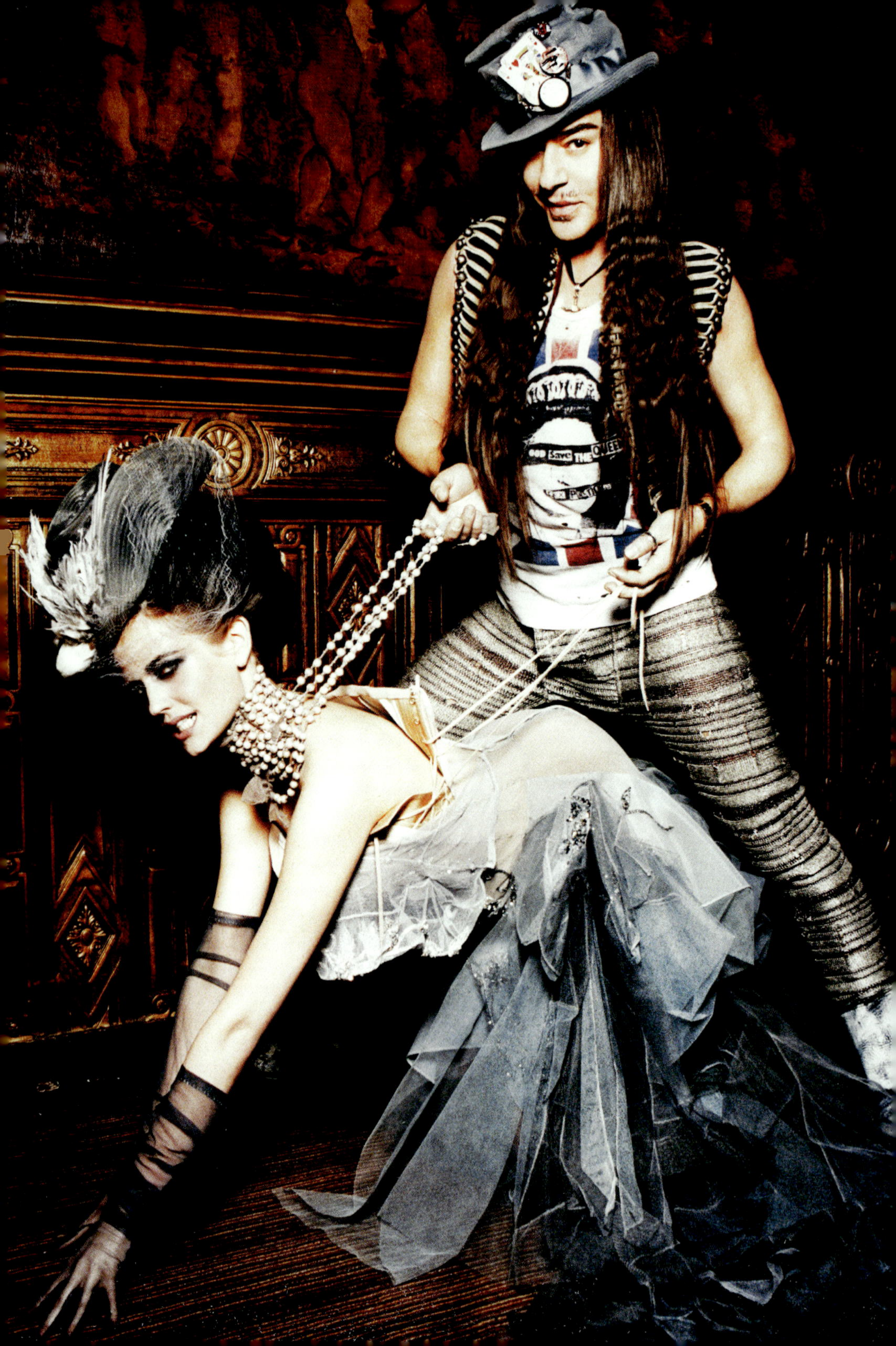

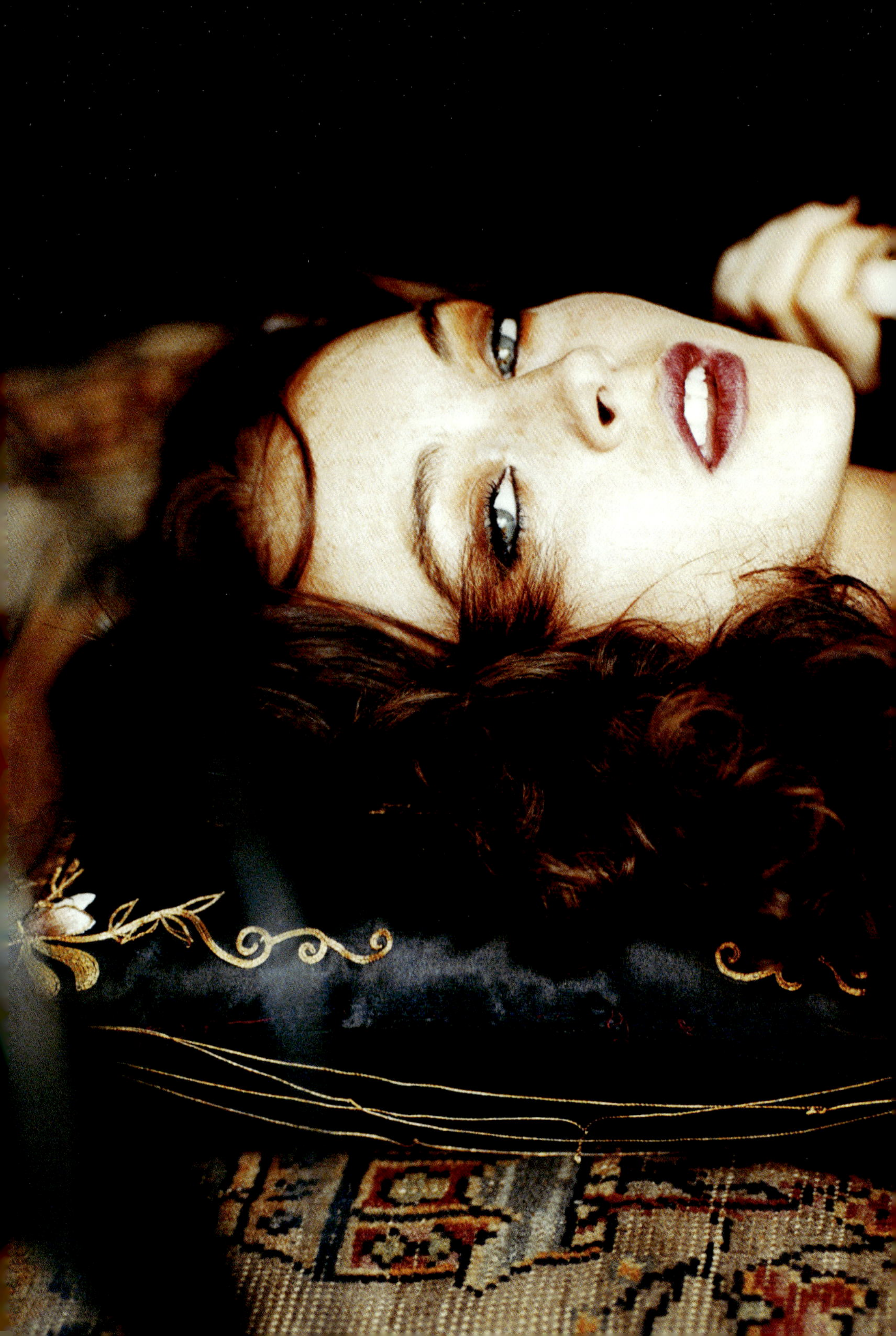

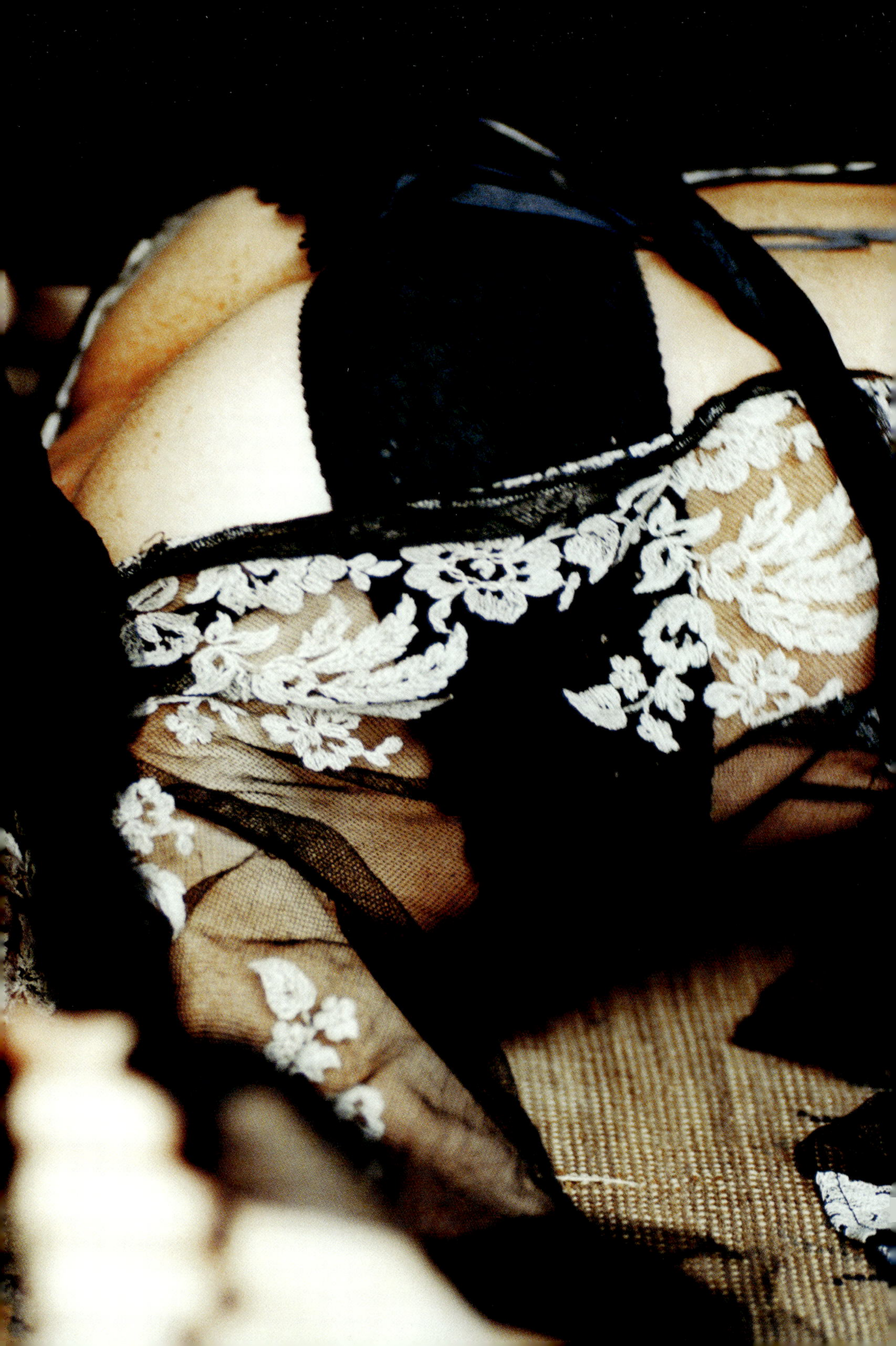

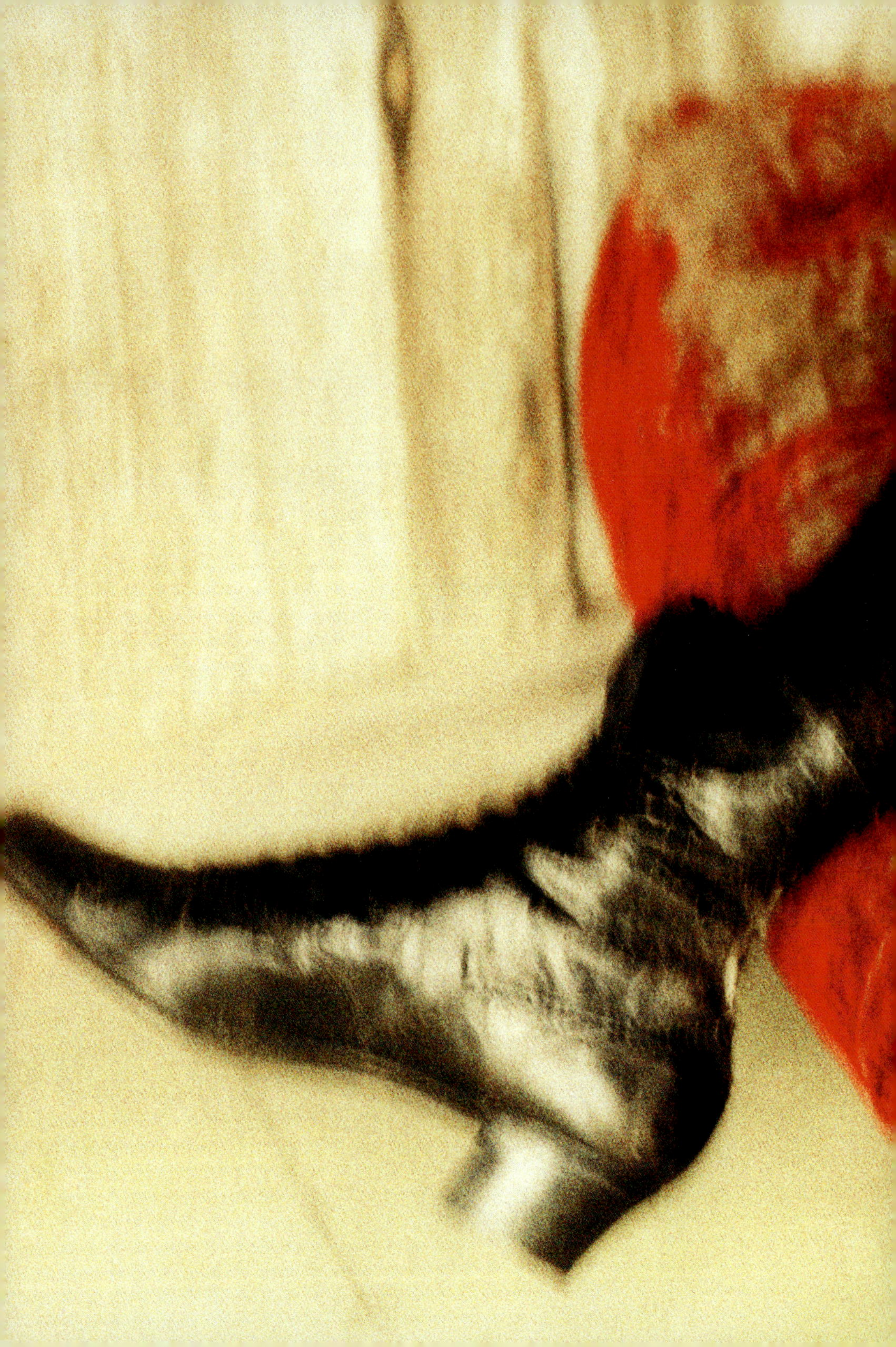

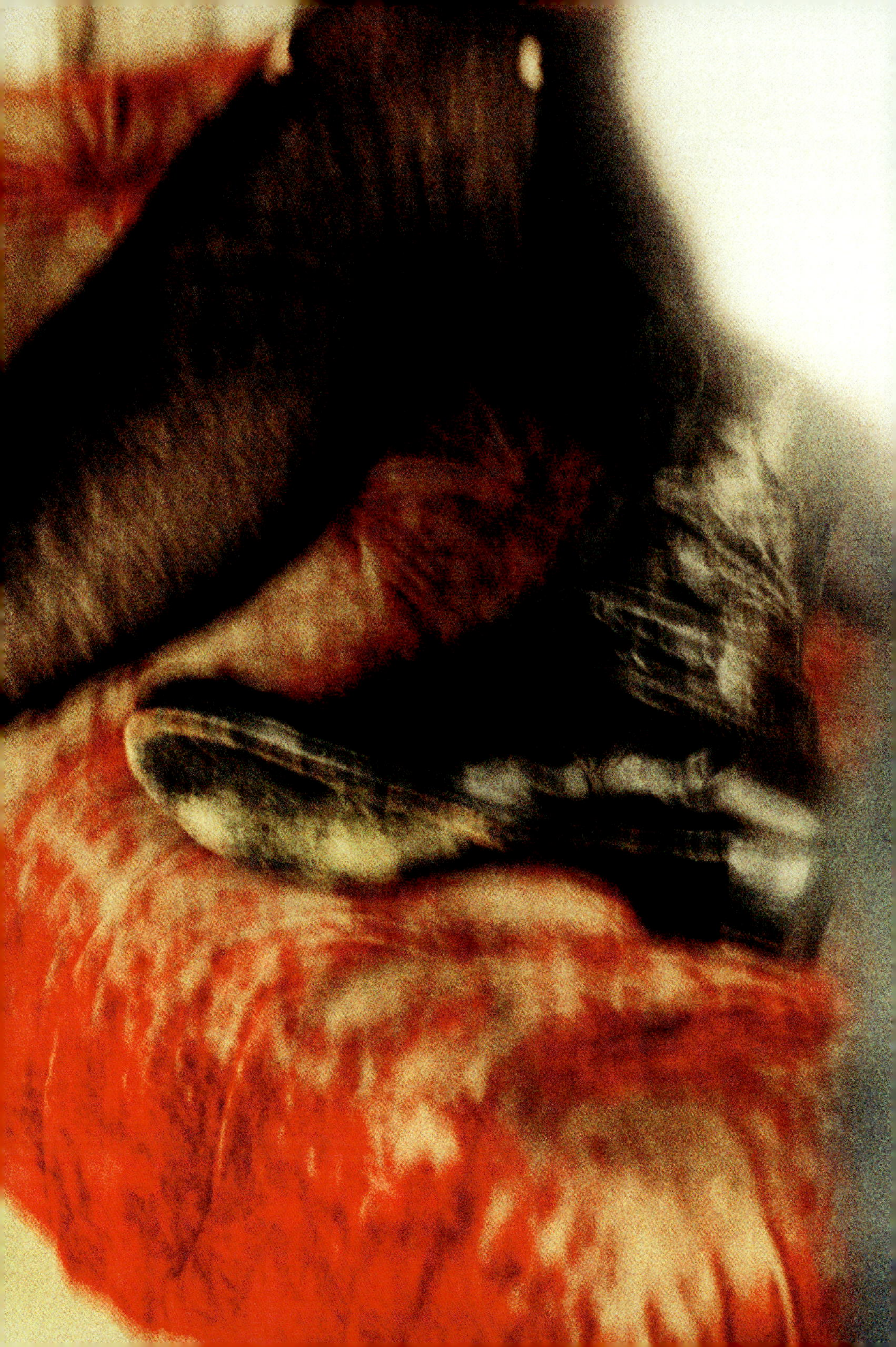

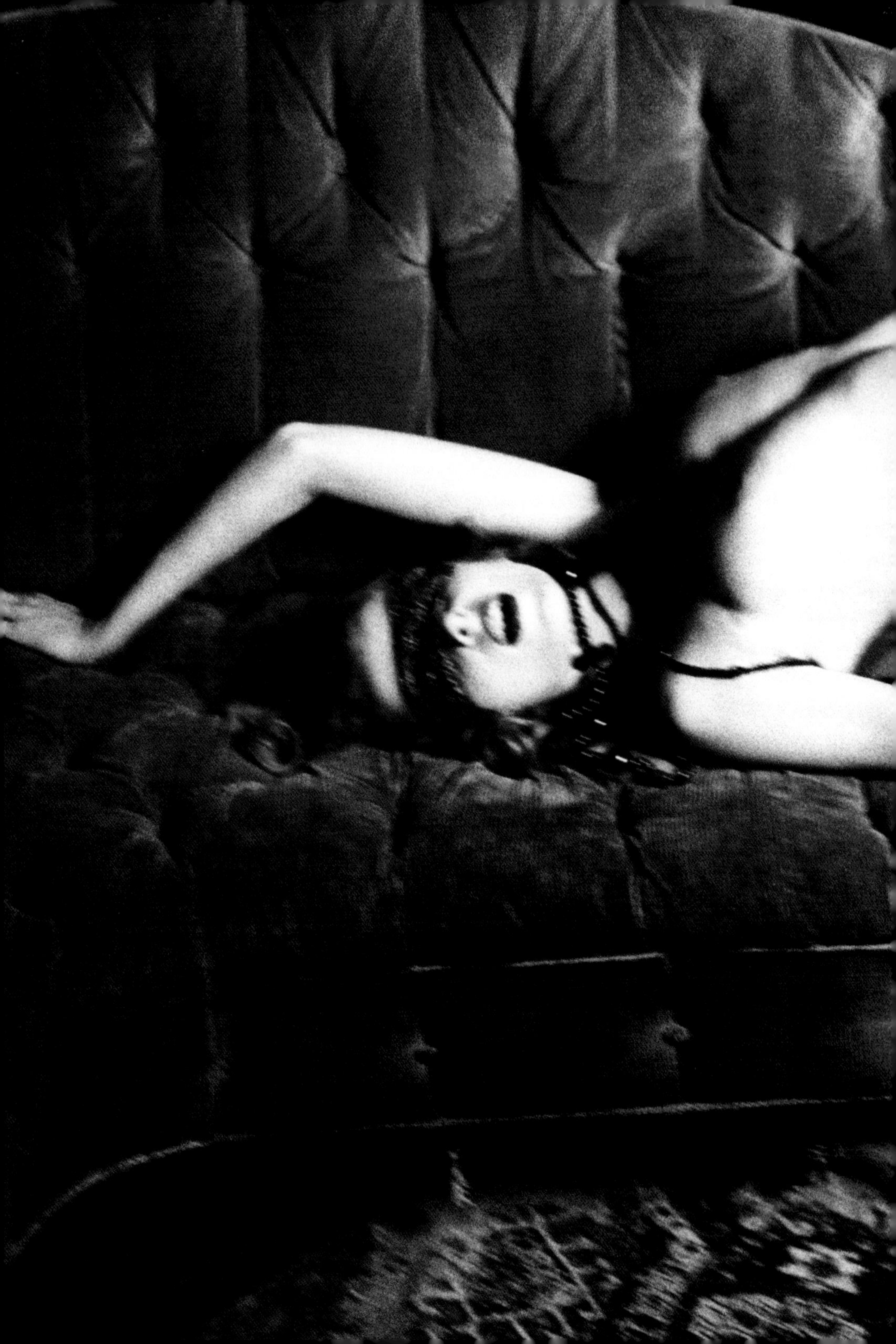

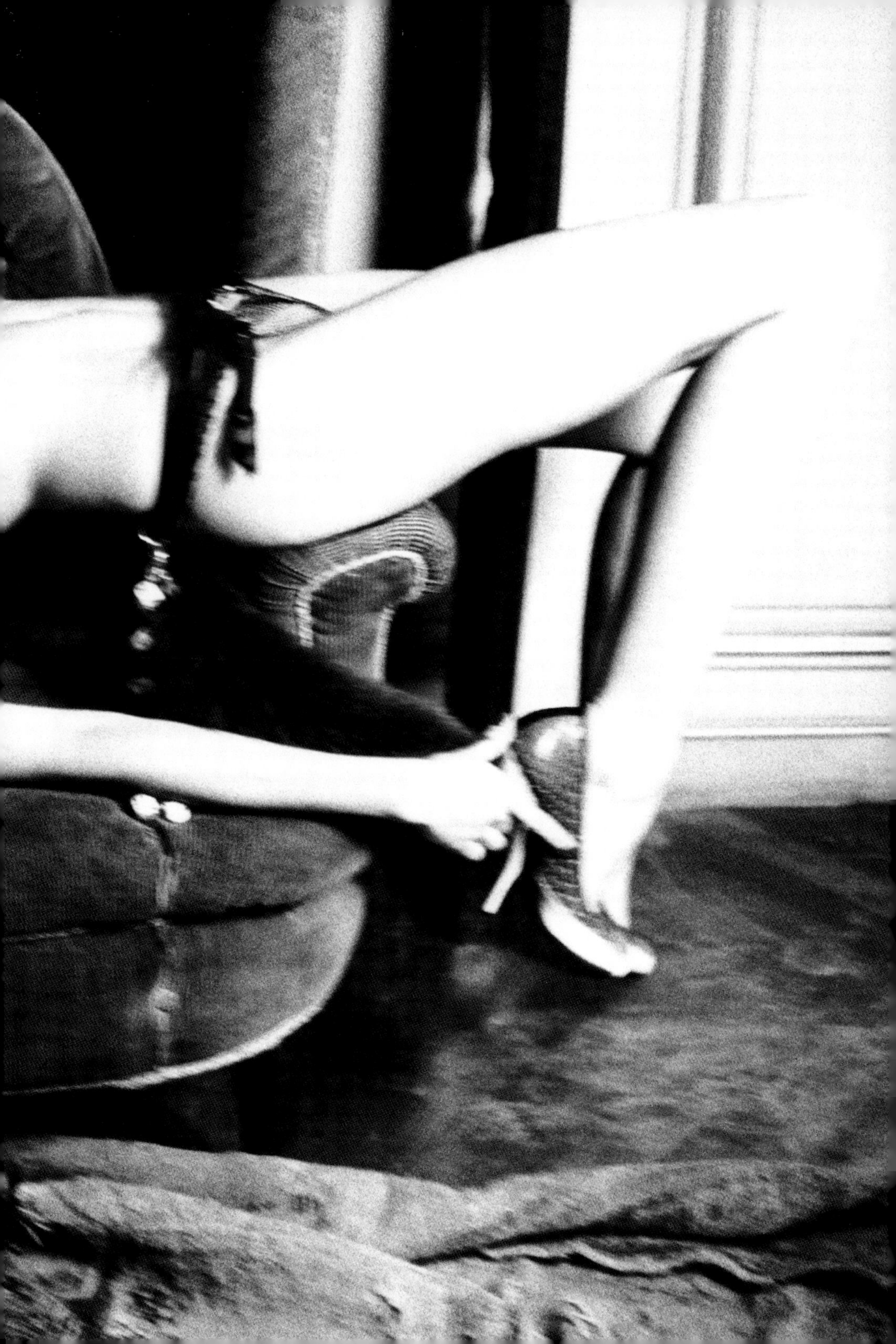

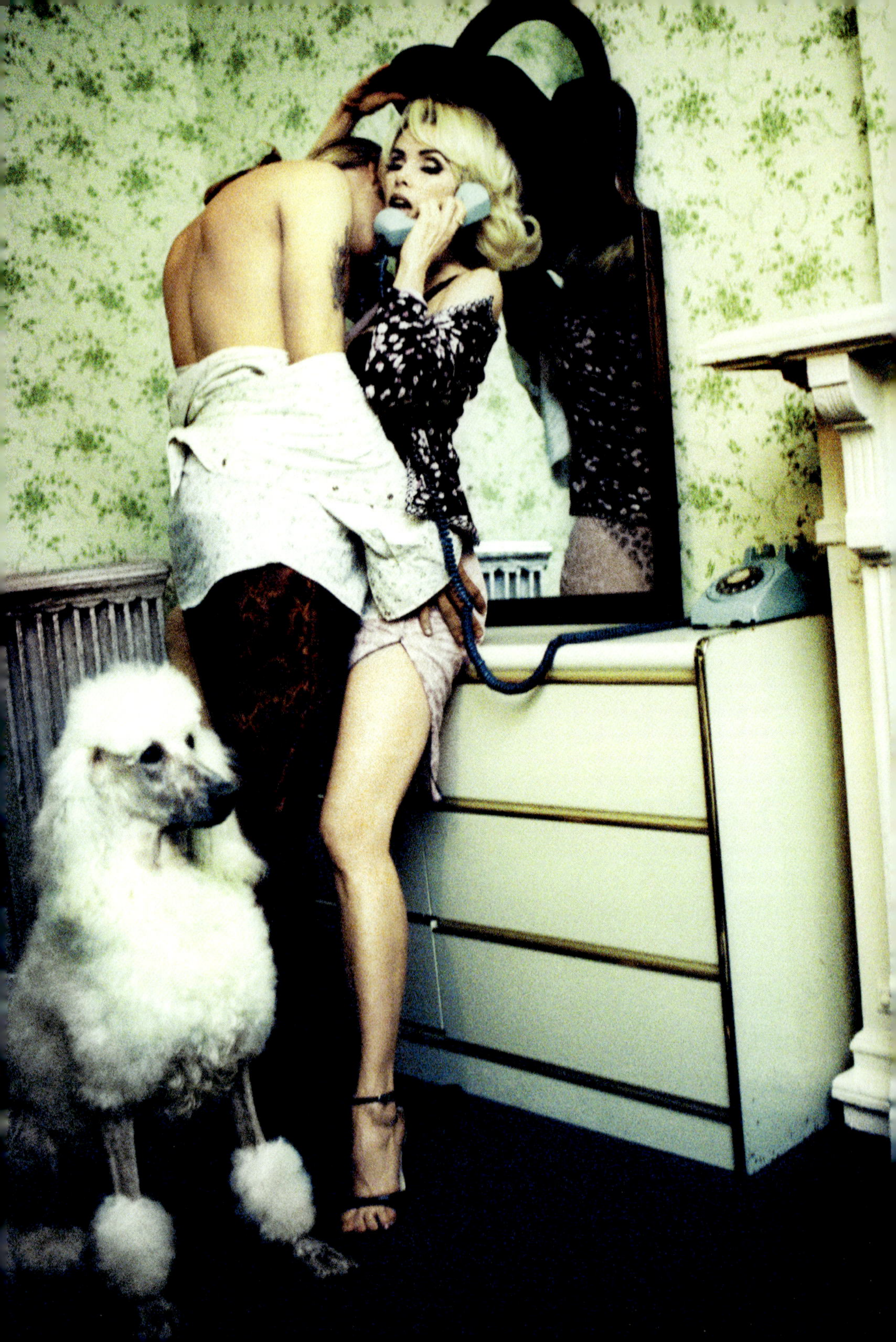

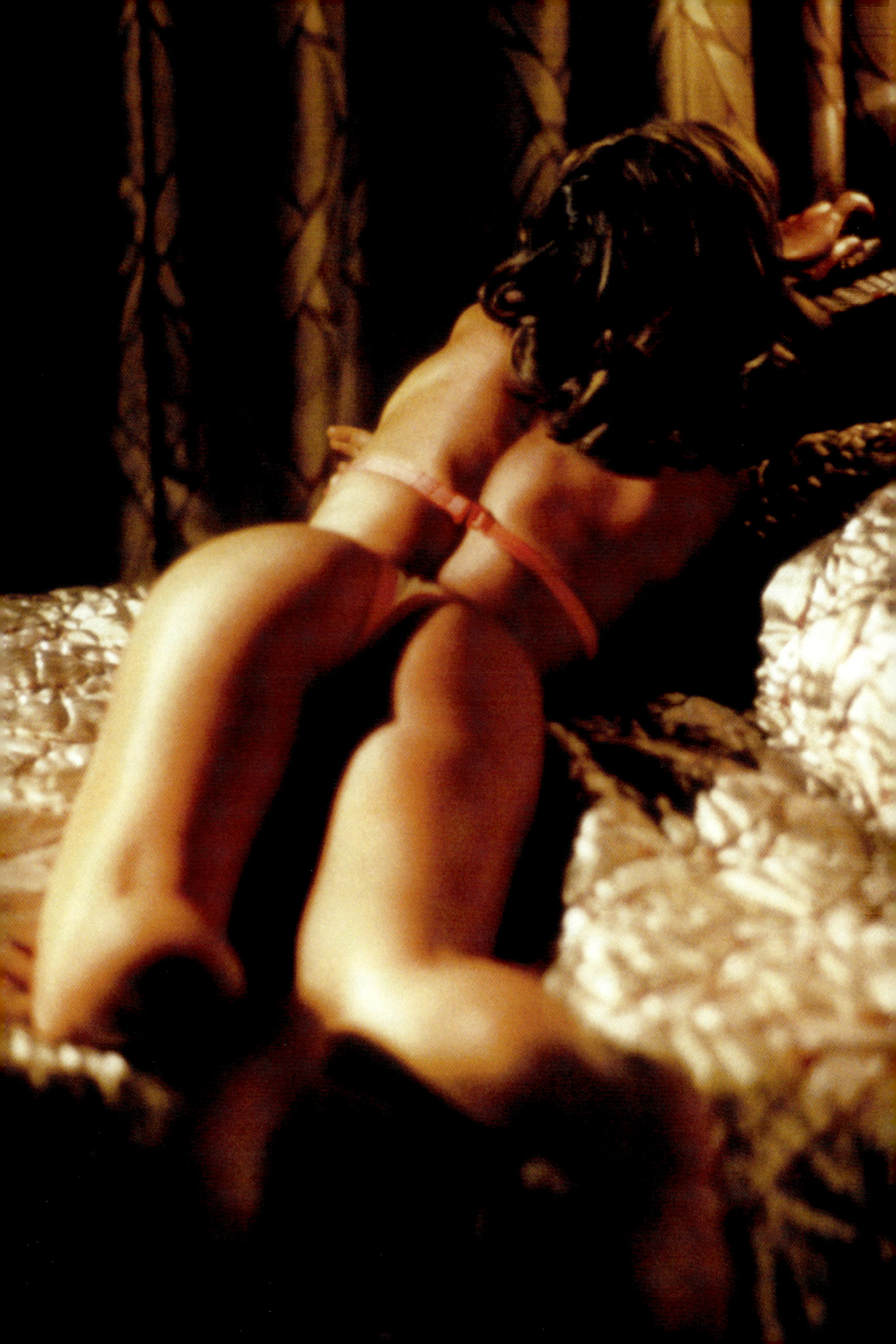

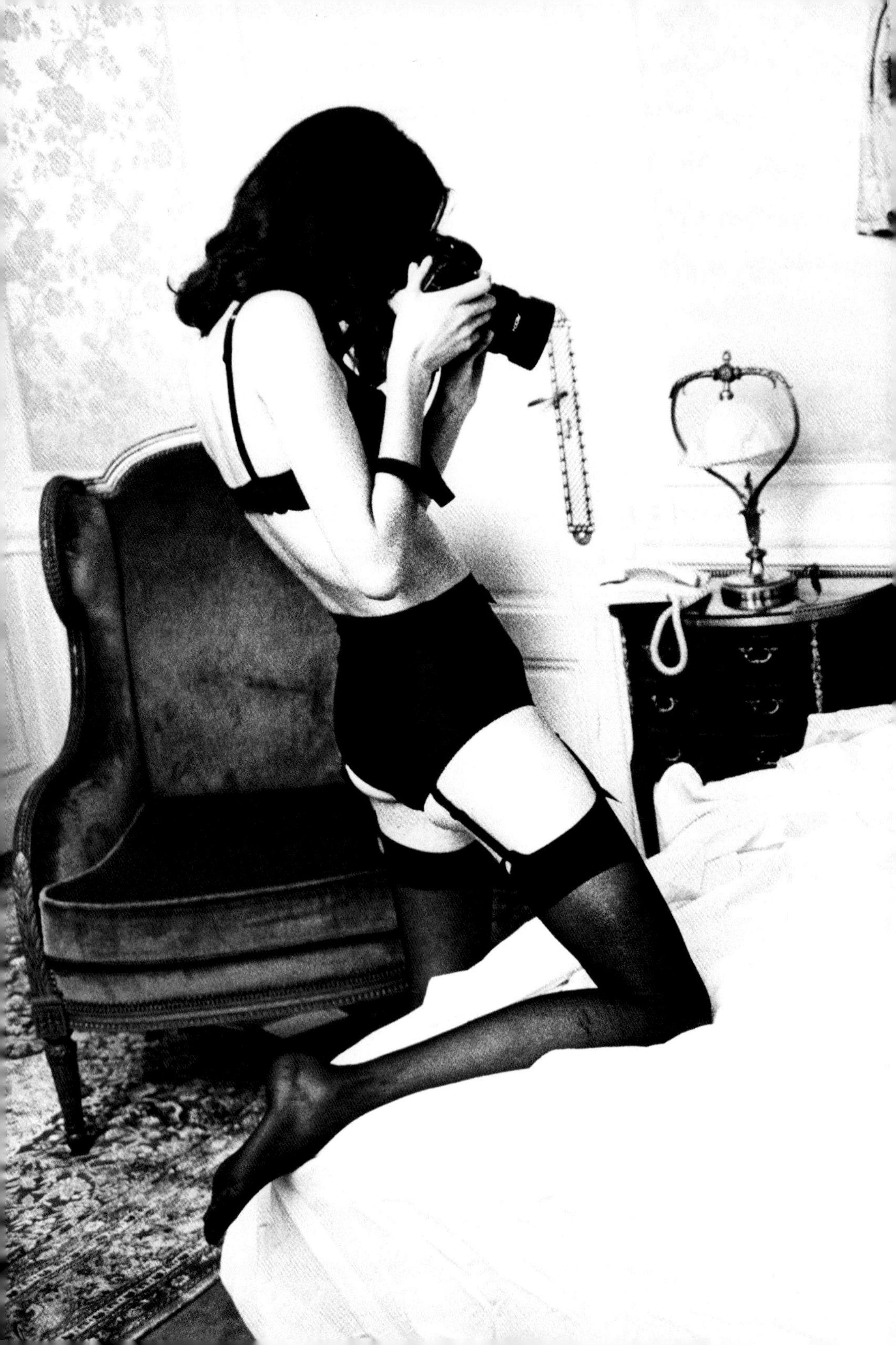

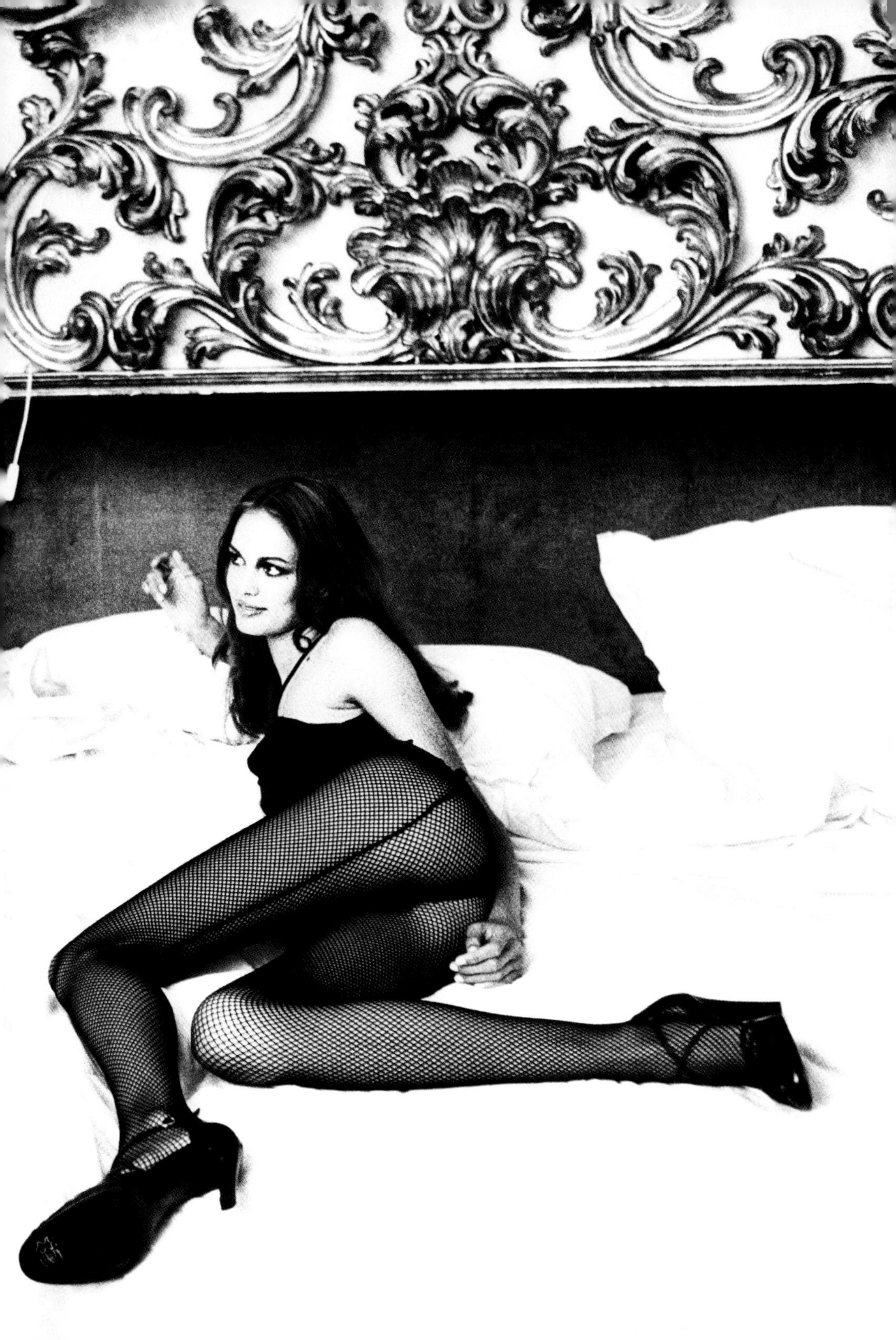

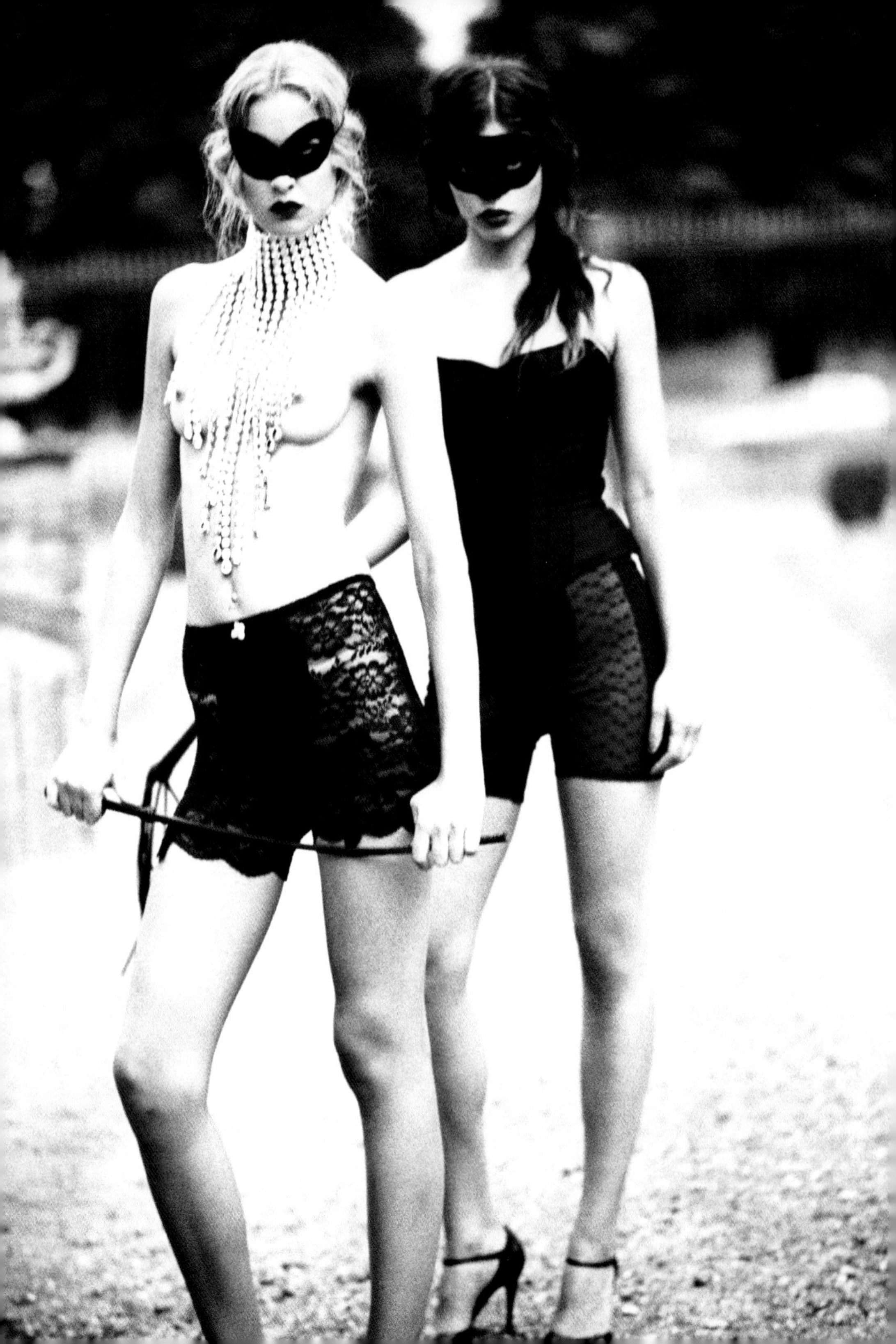

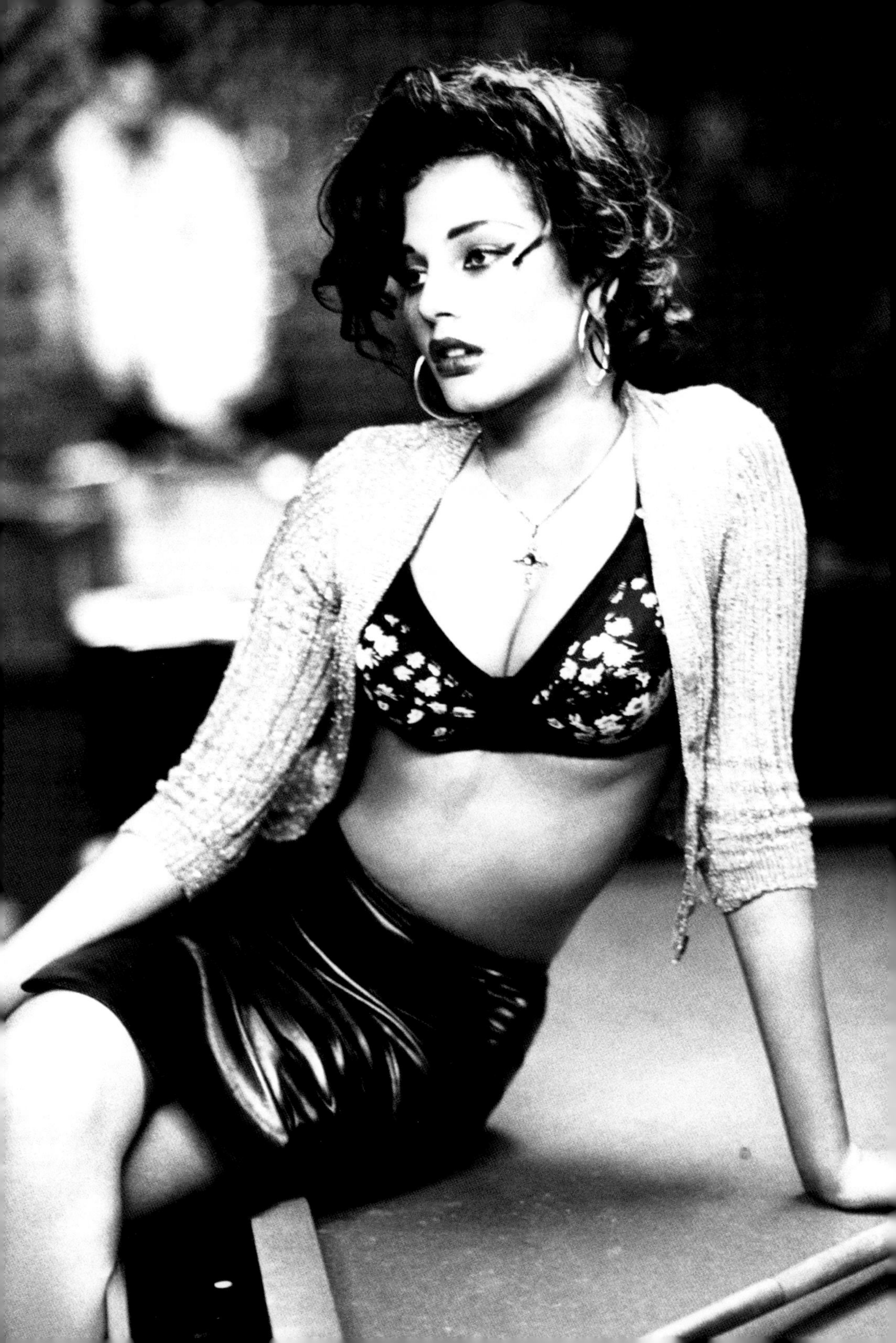

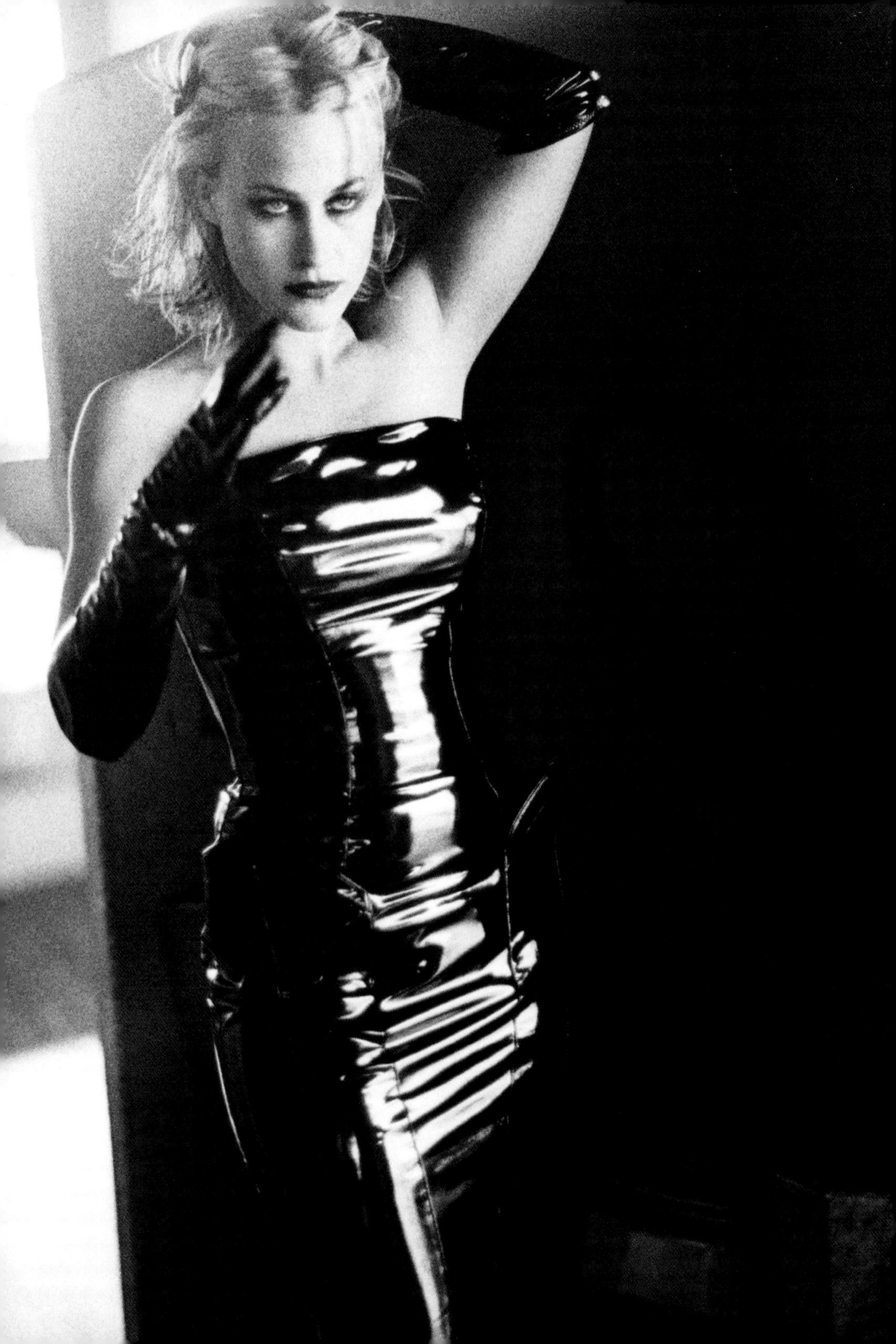

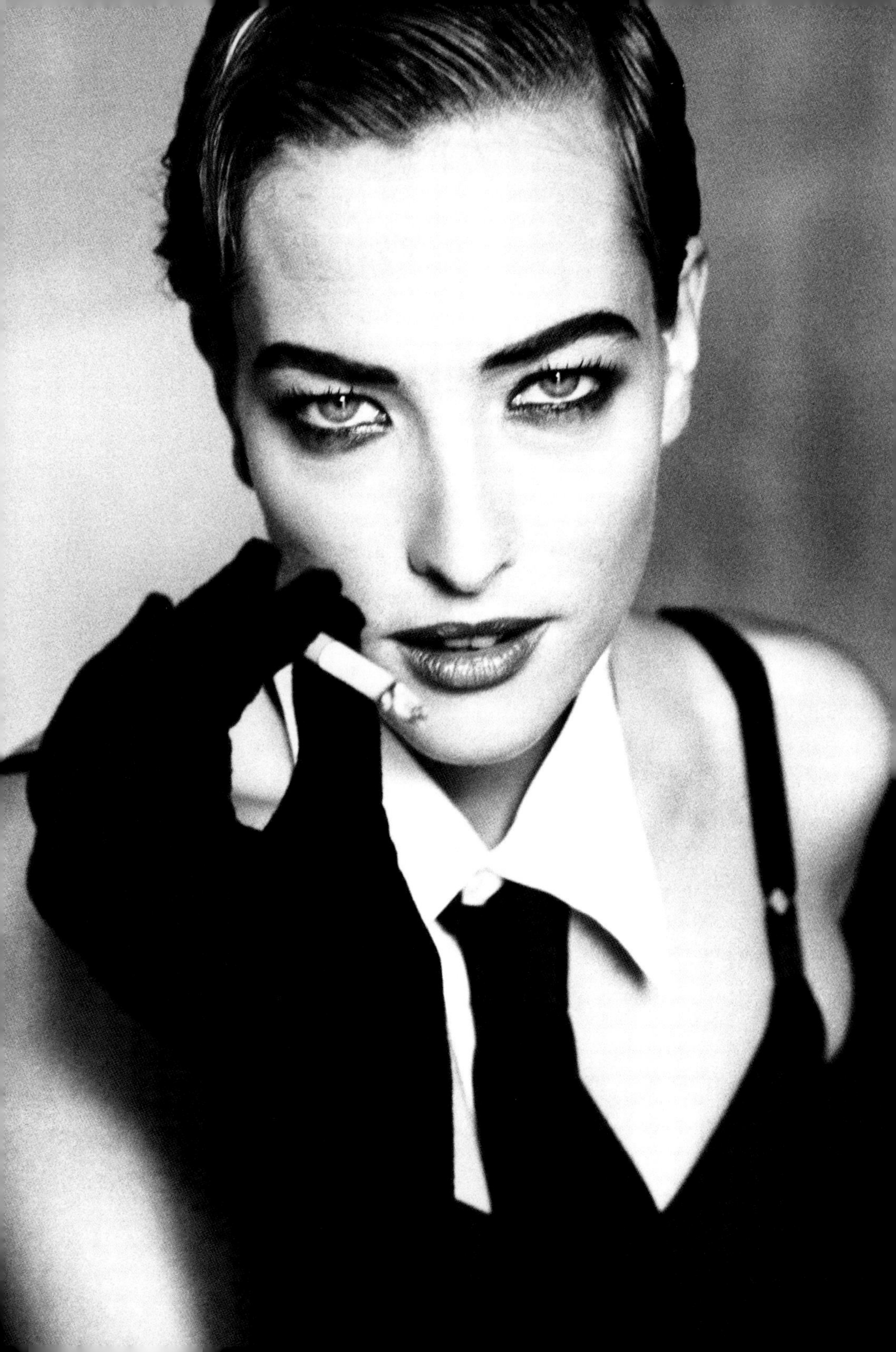

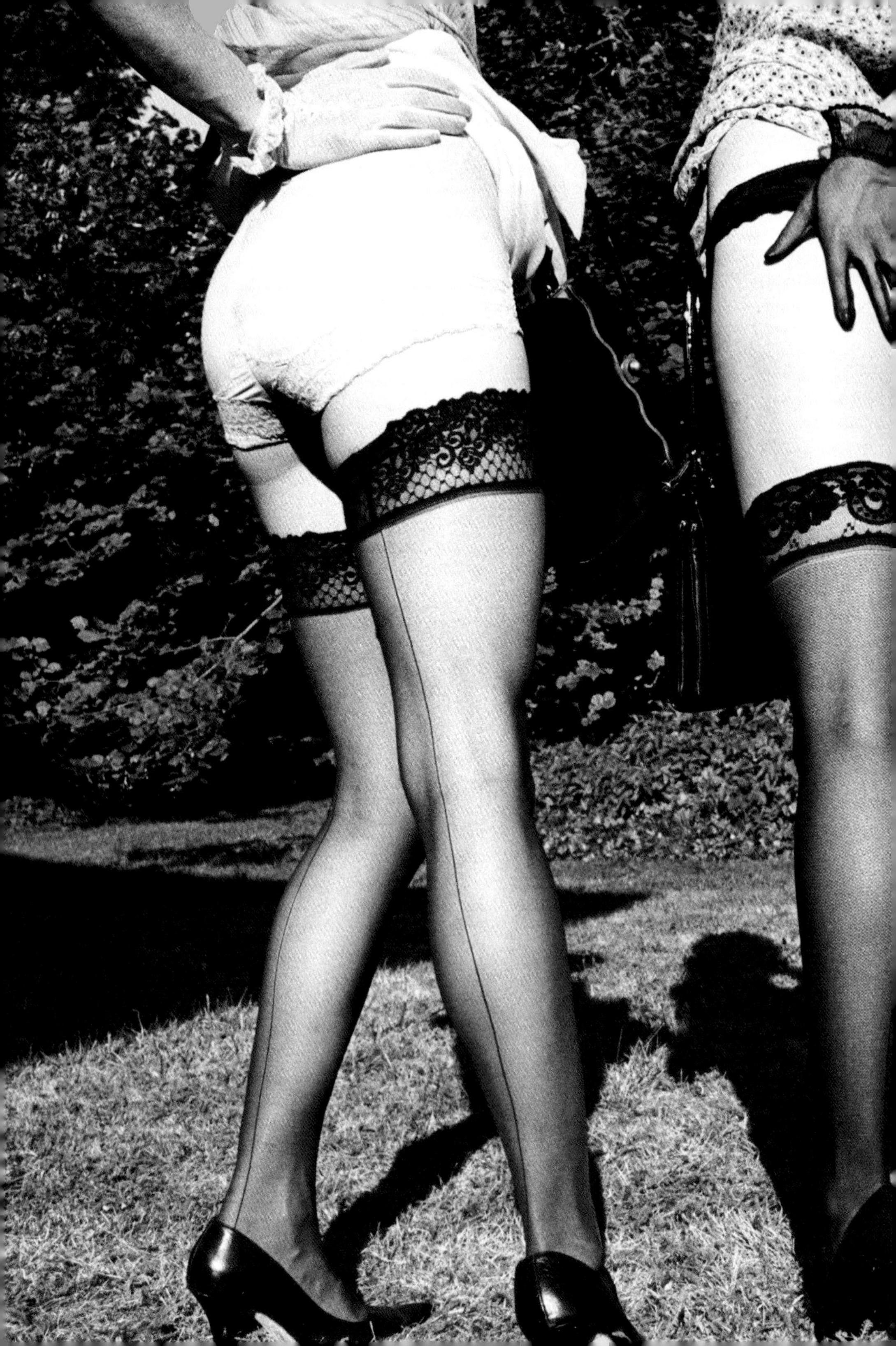

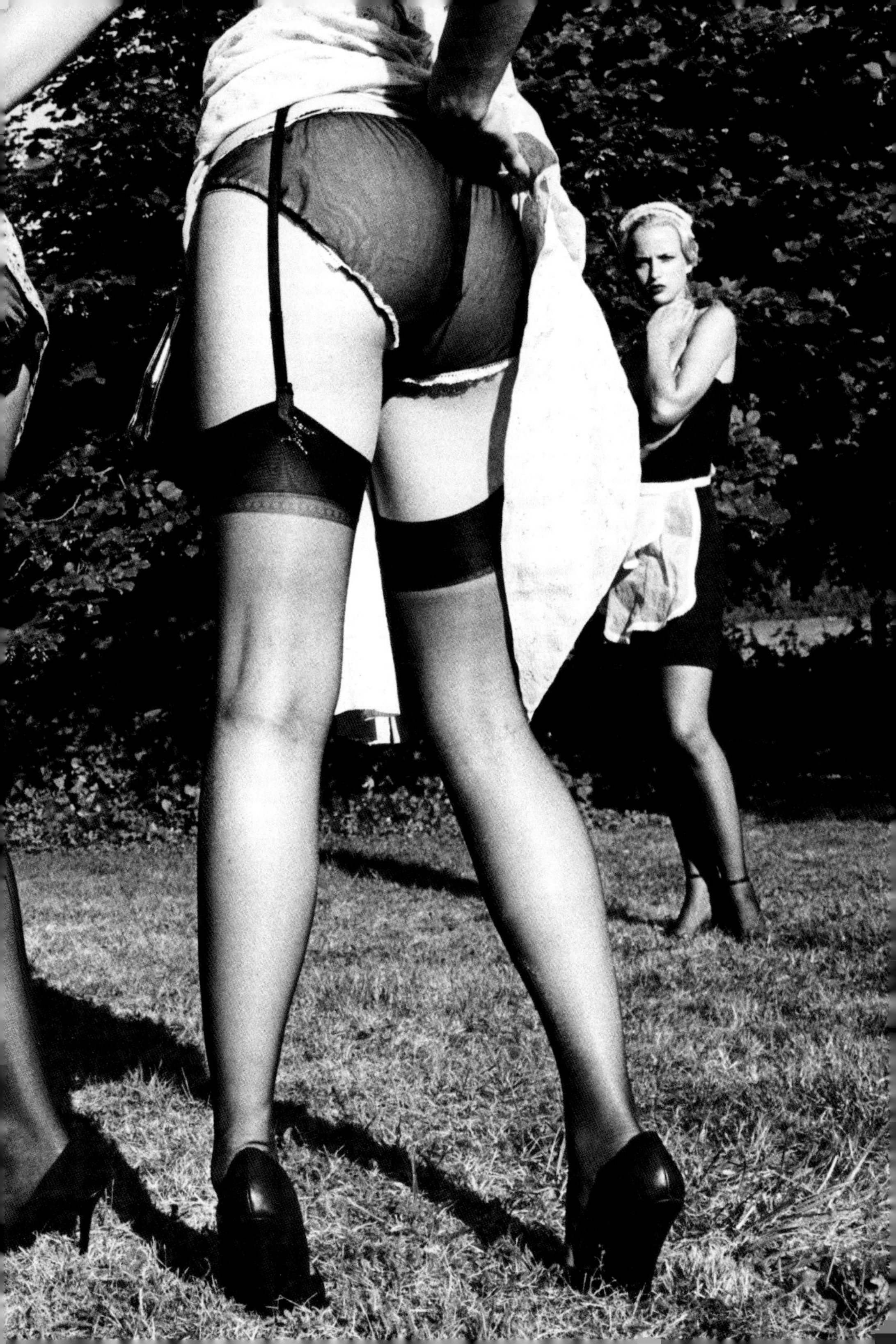

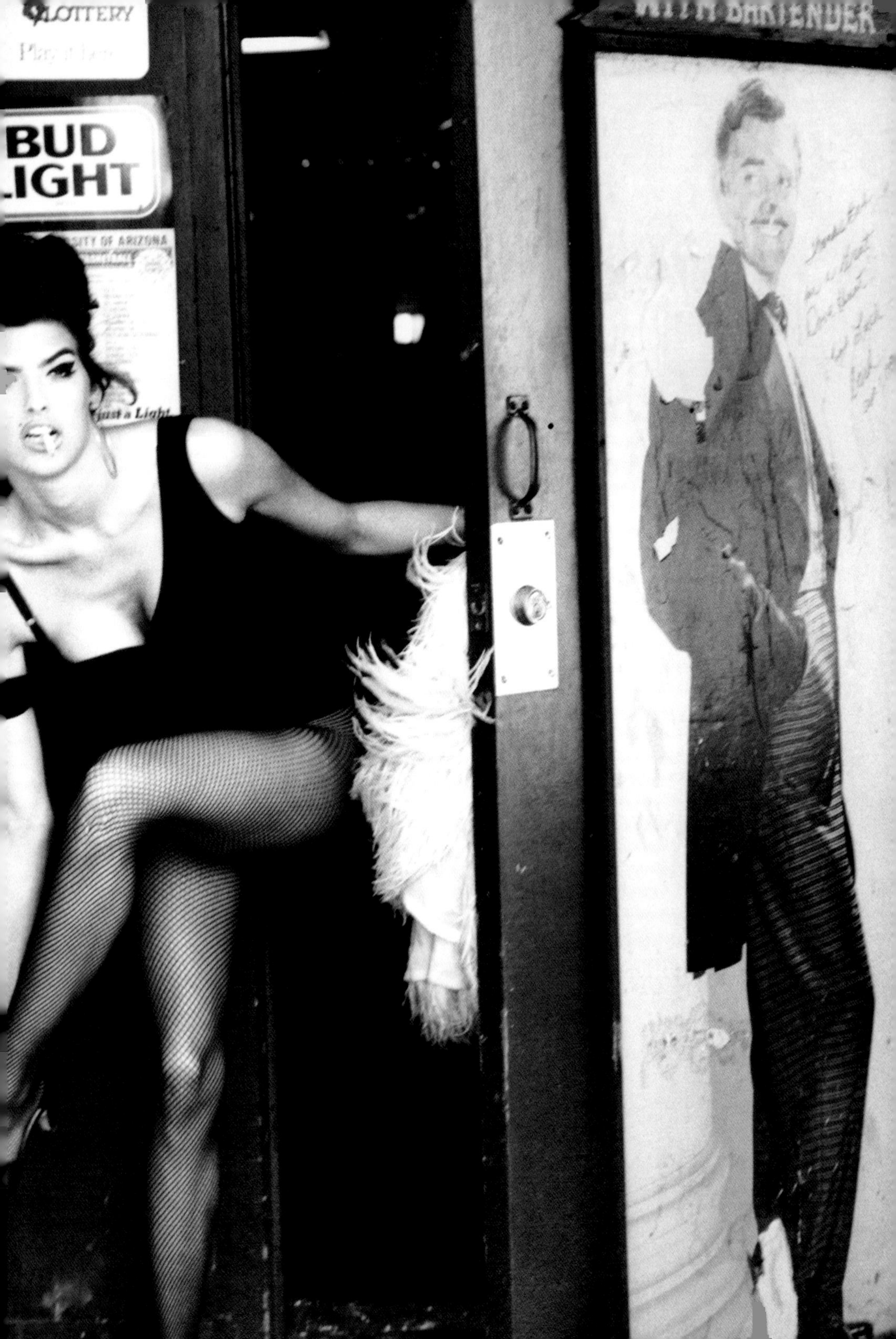
LOTTERY
Play Here
BUD
LIGHT
CITY OF ARIZONA
just a Light
WITH BARTENDER

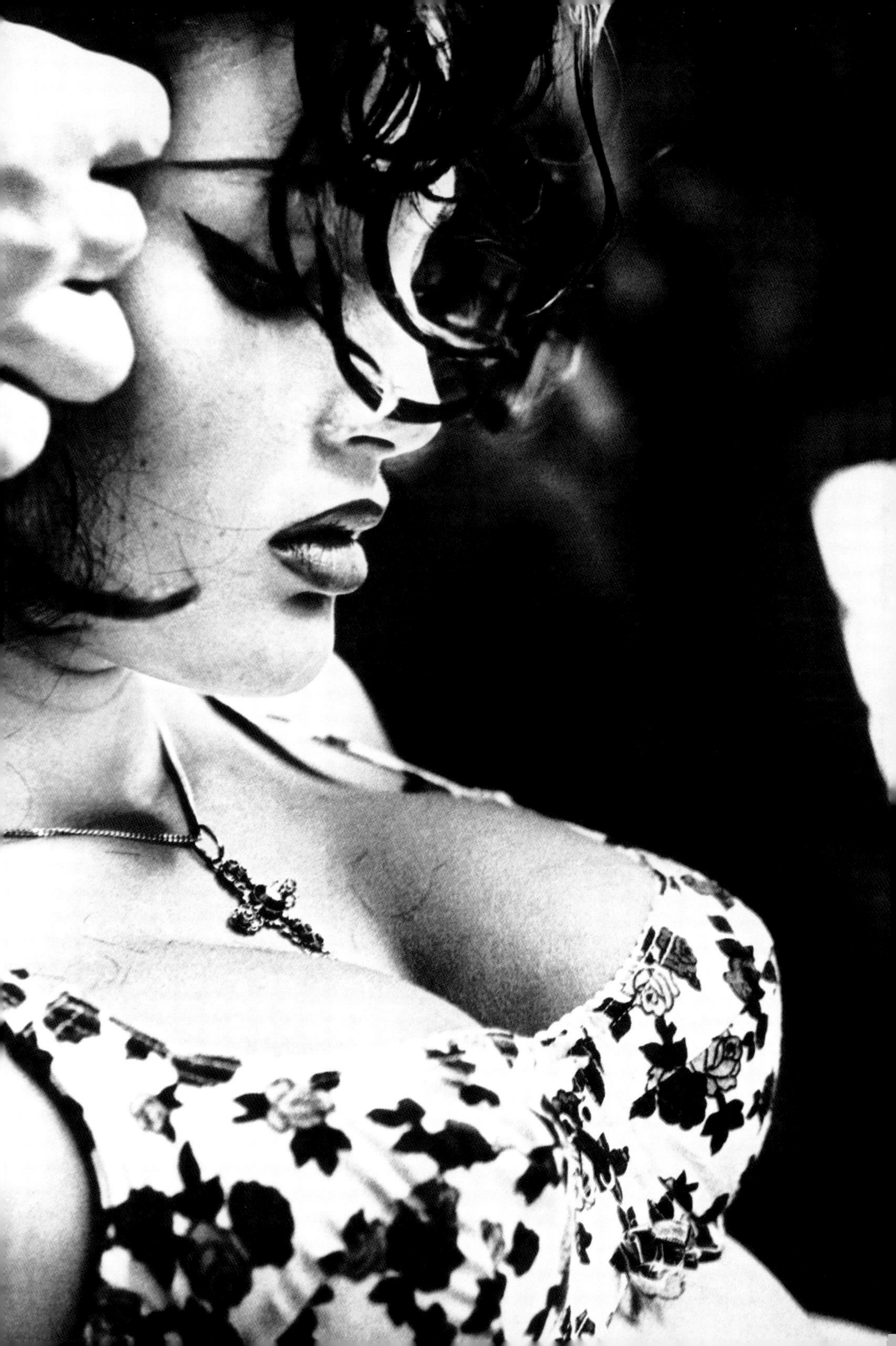

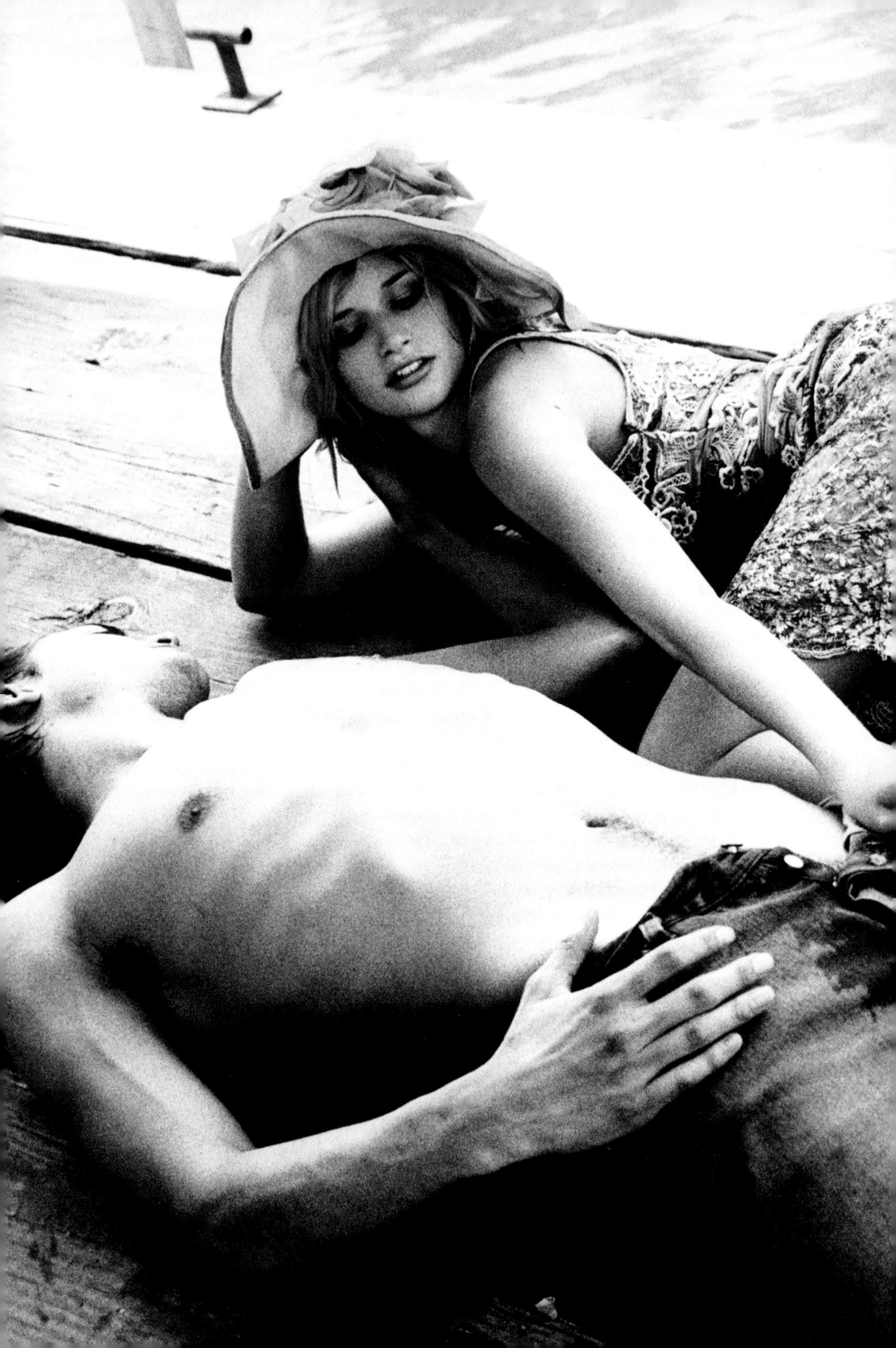

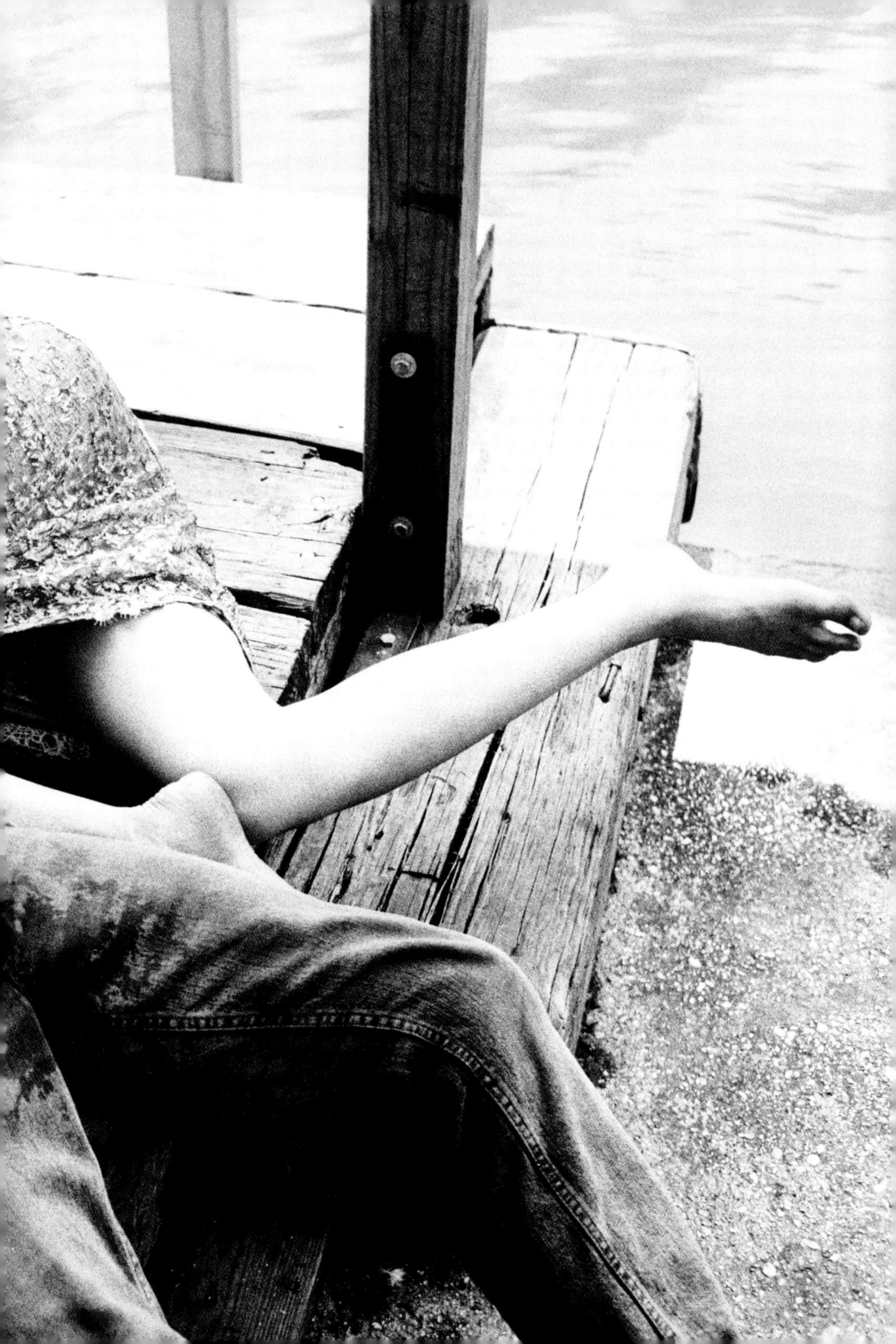

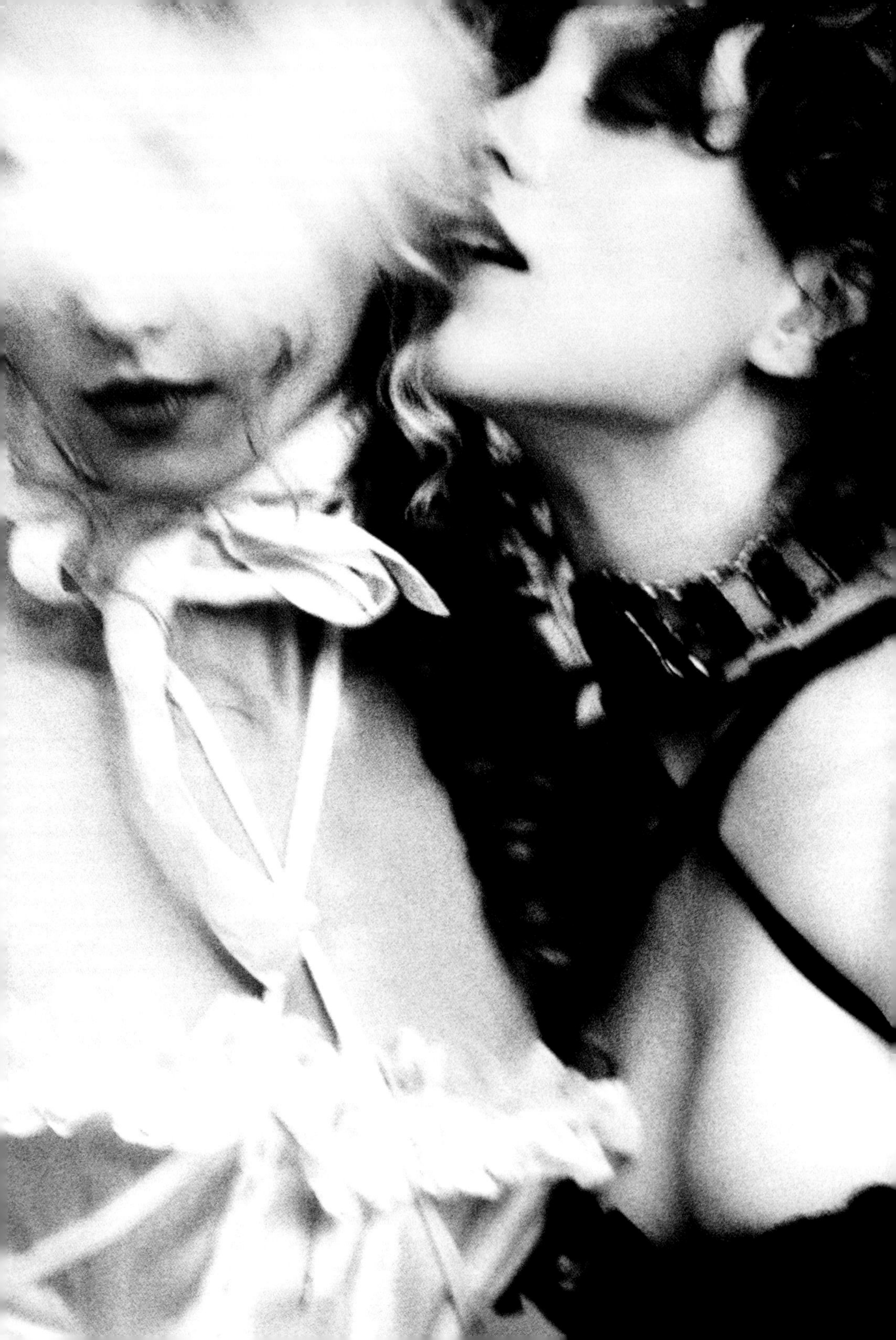

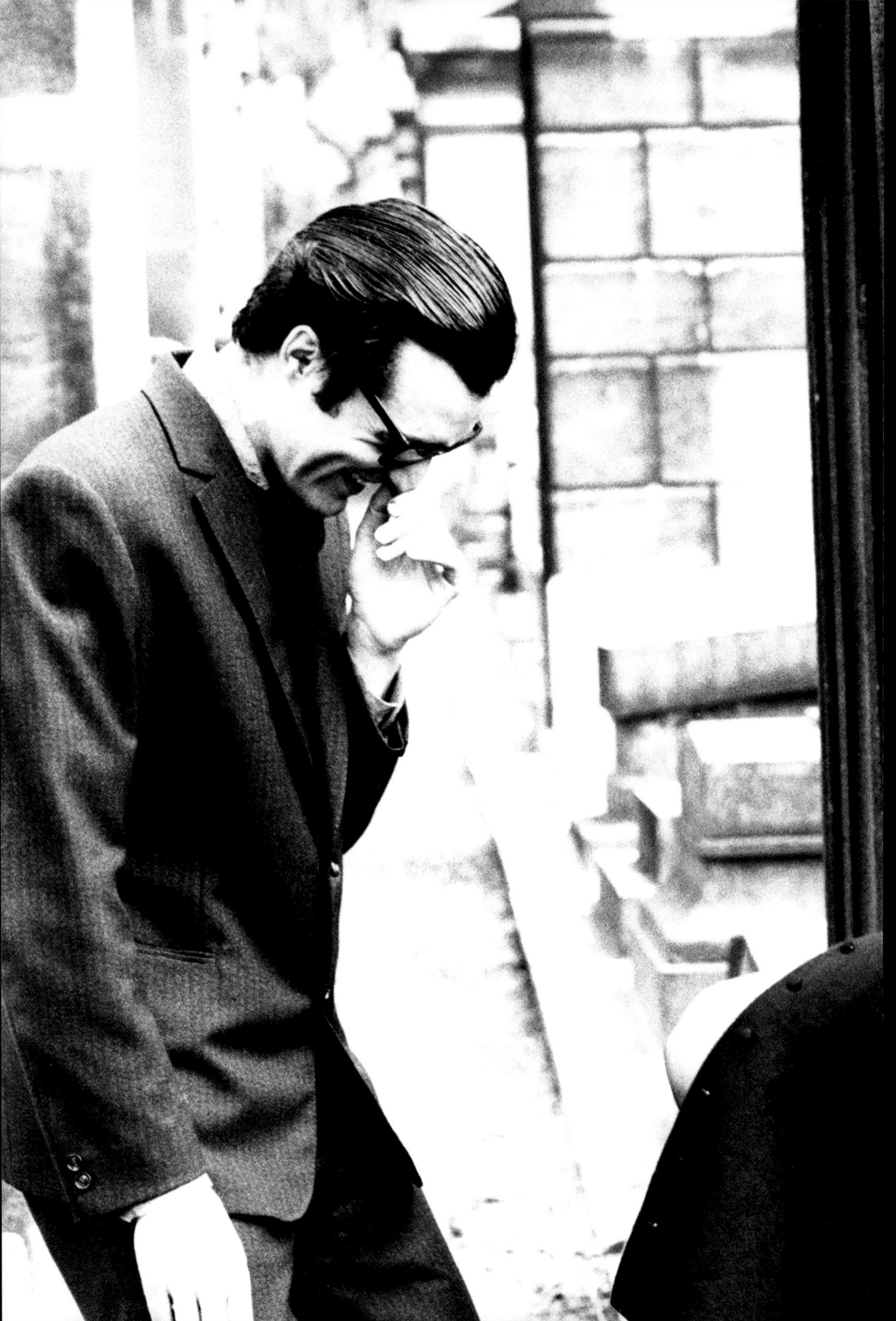

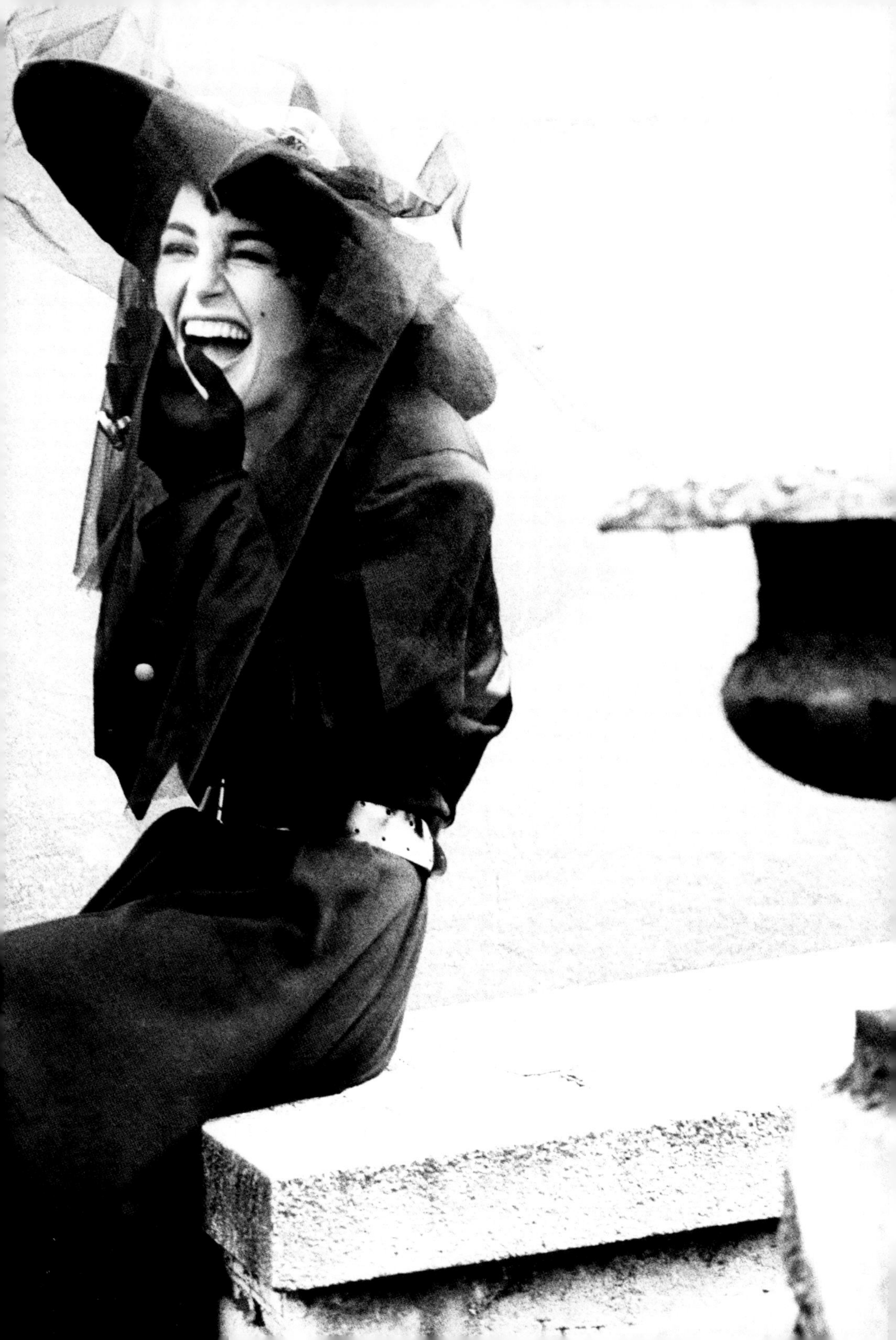

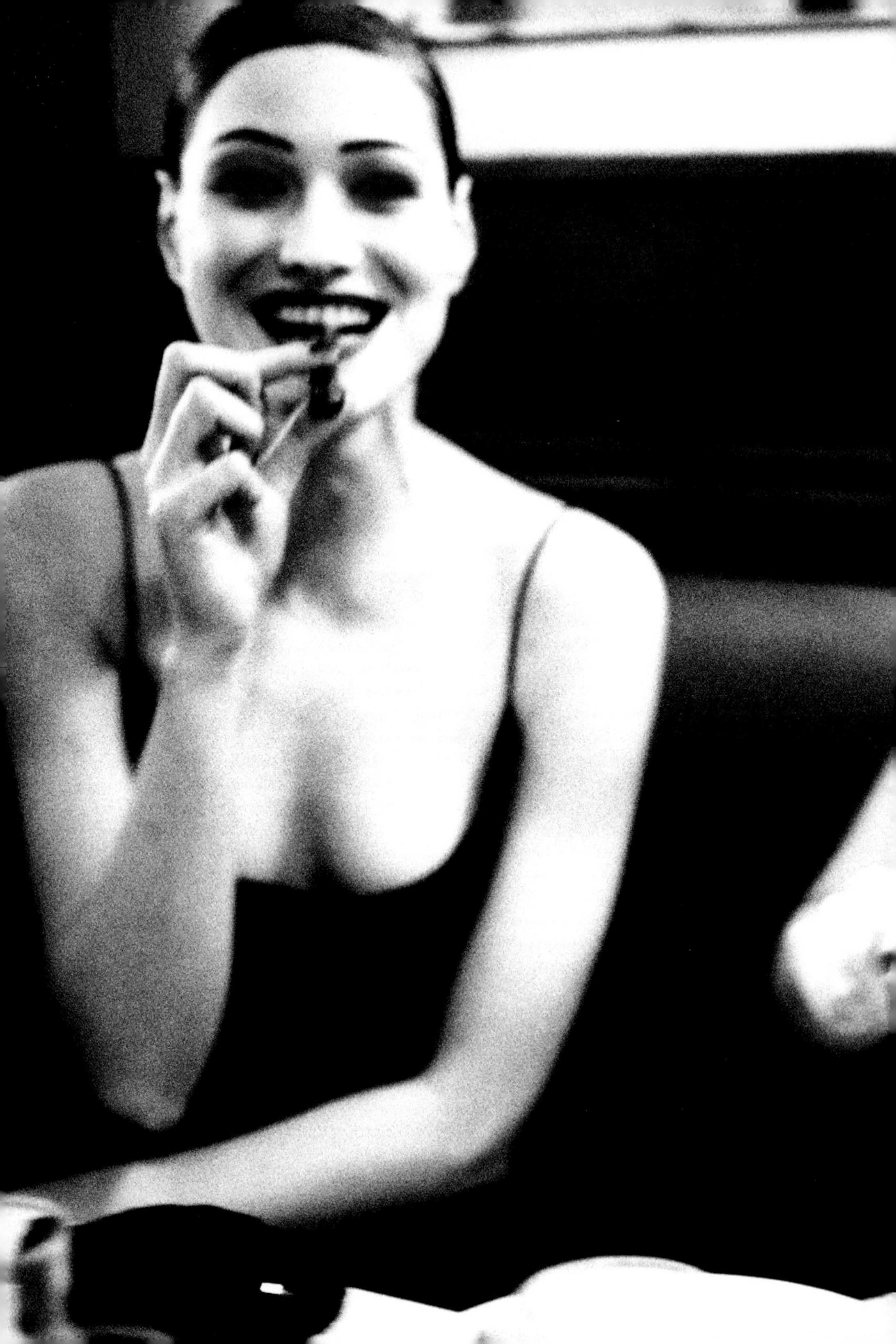

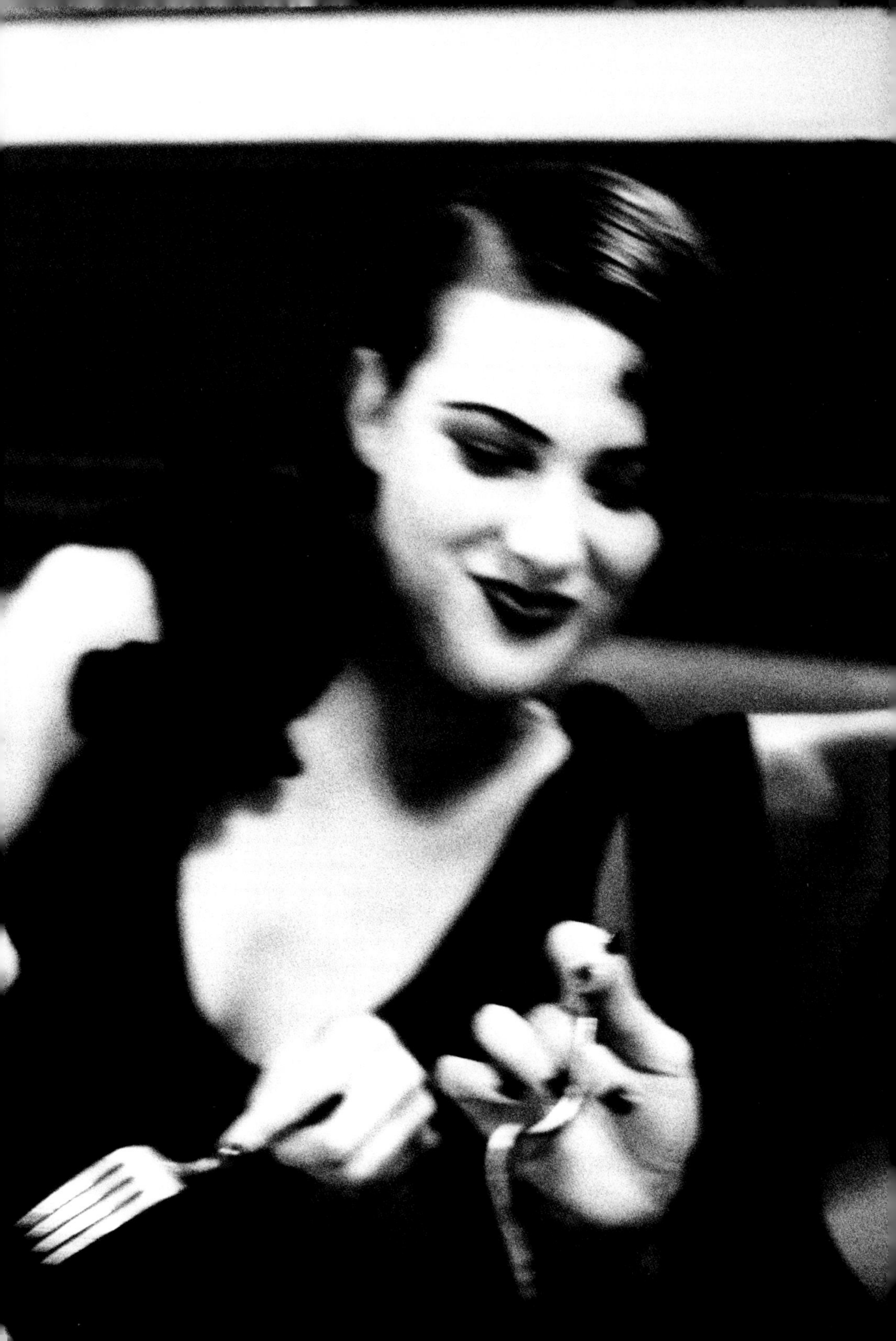

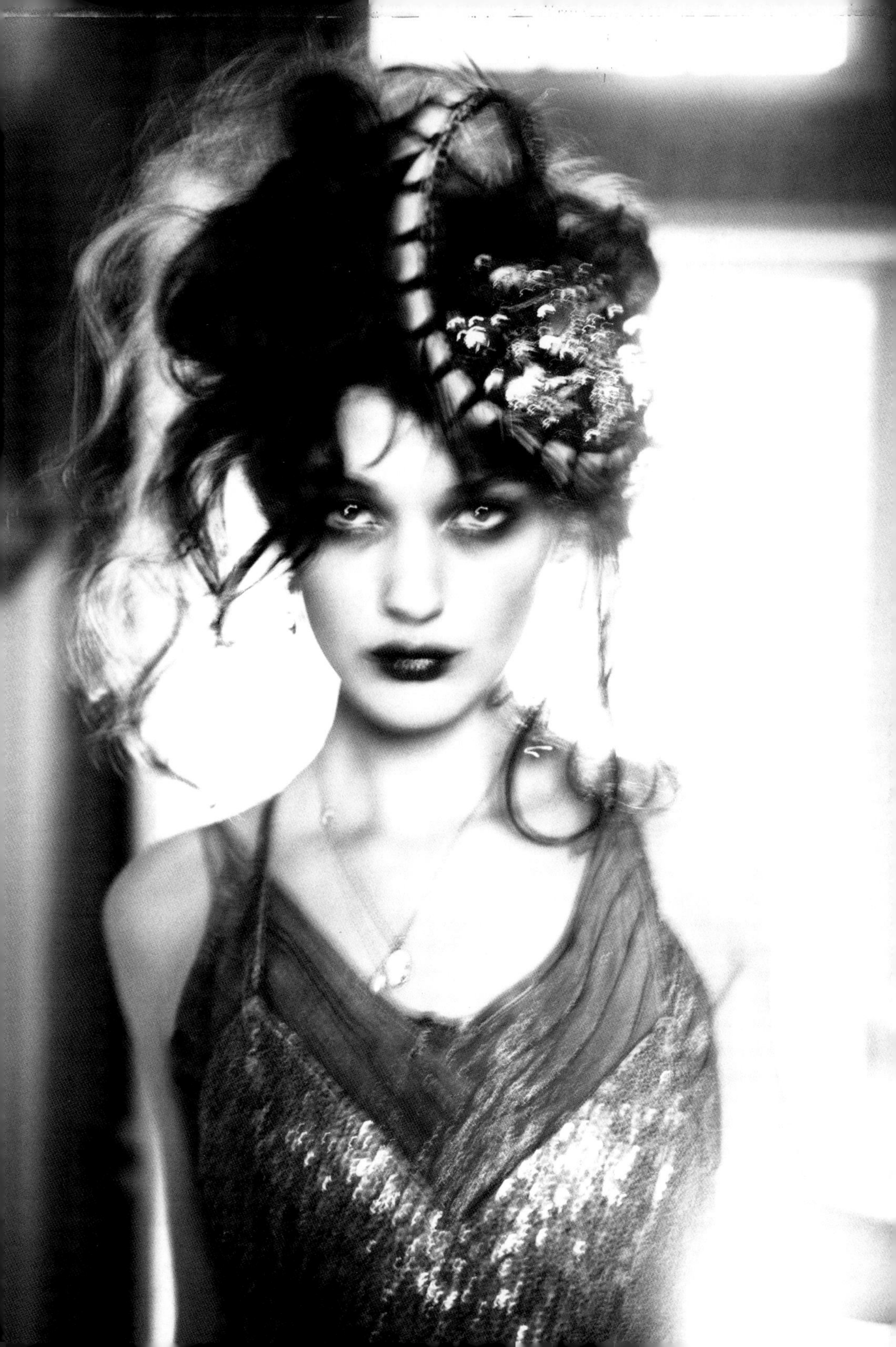

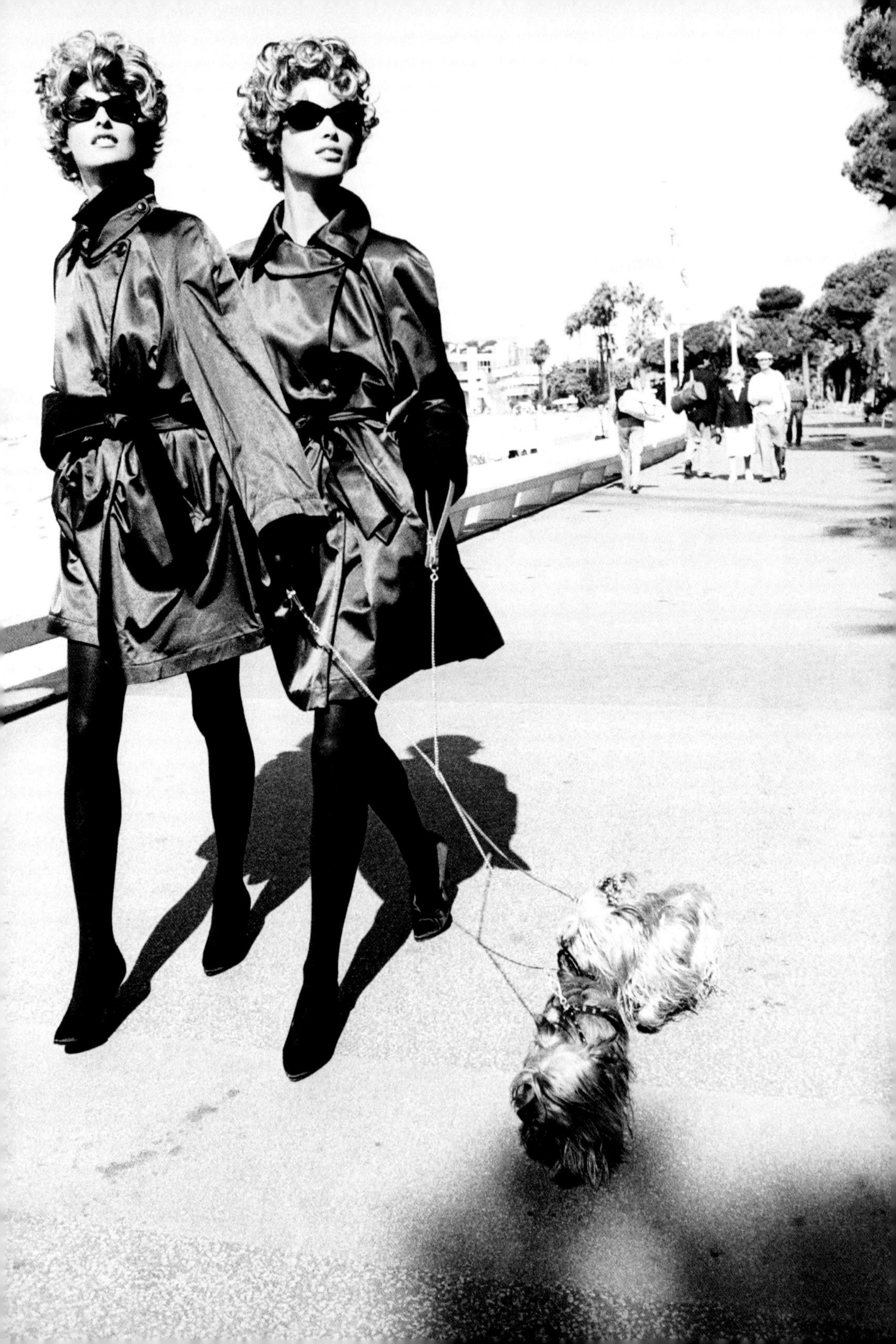

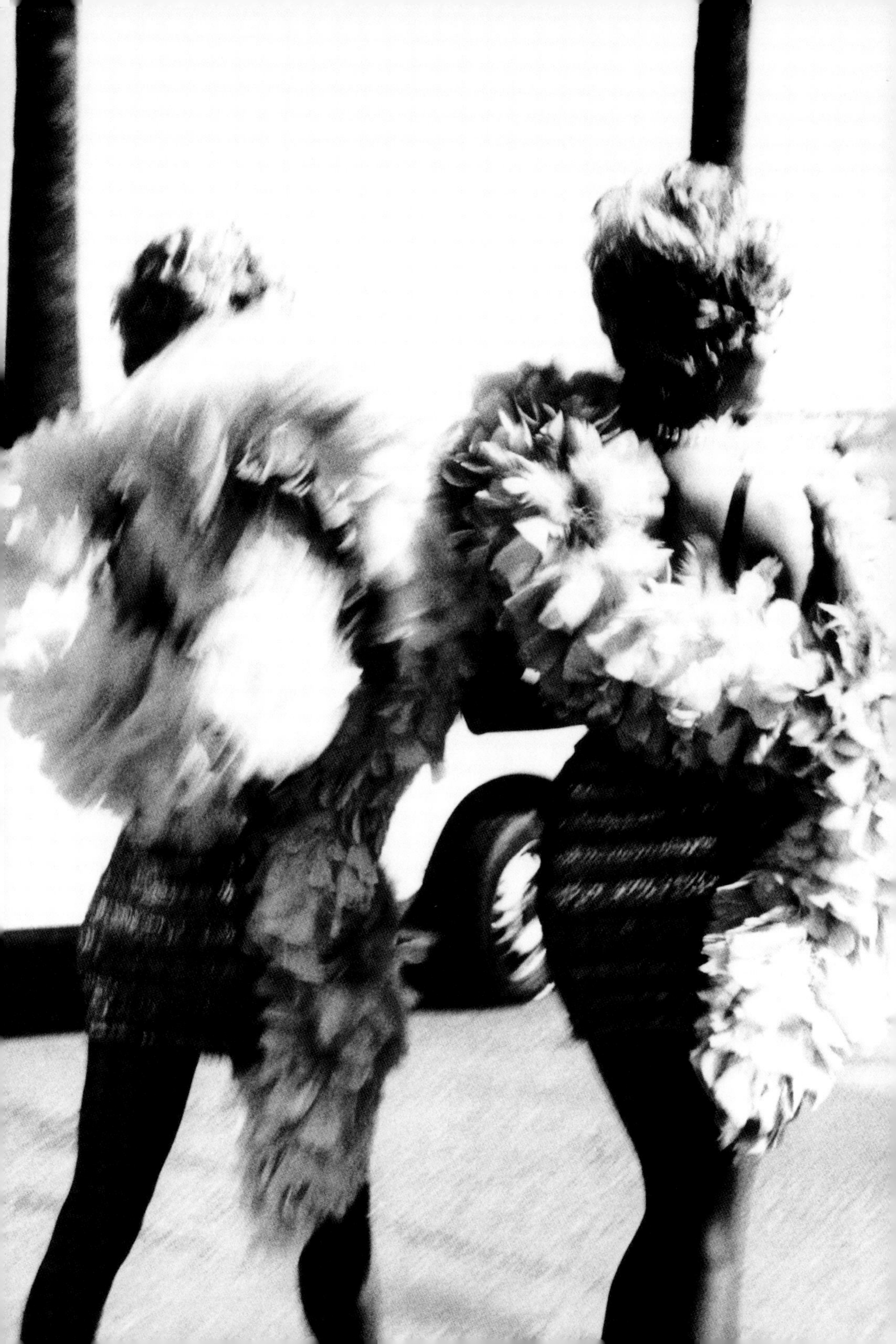

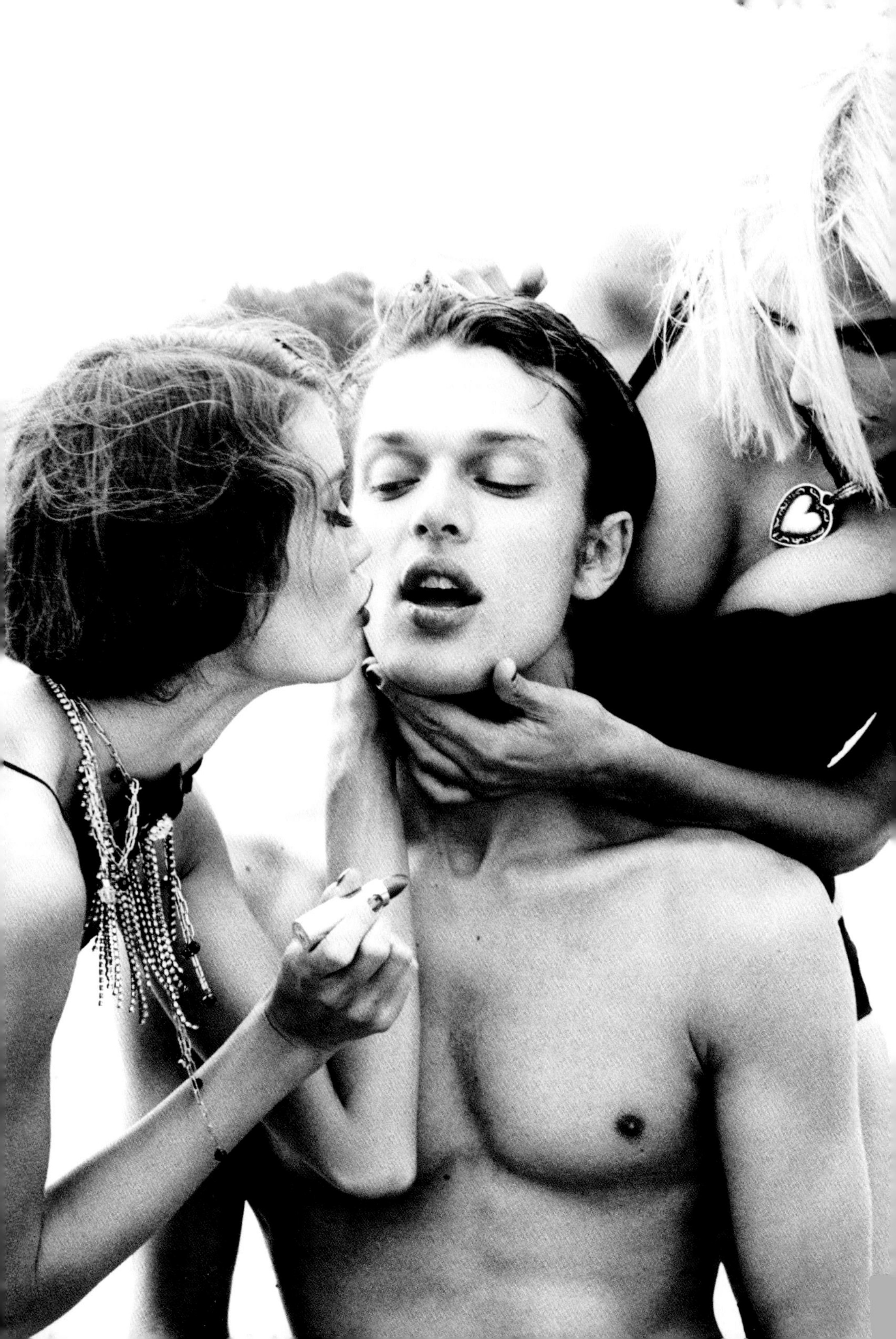

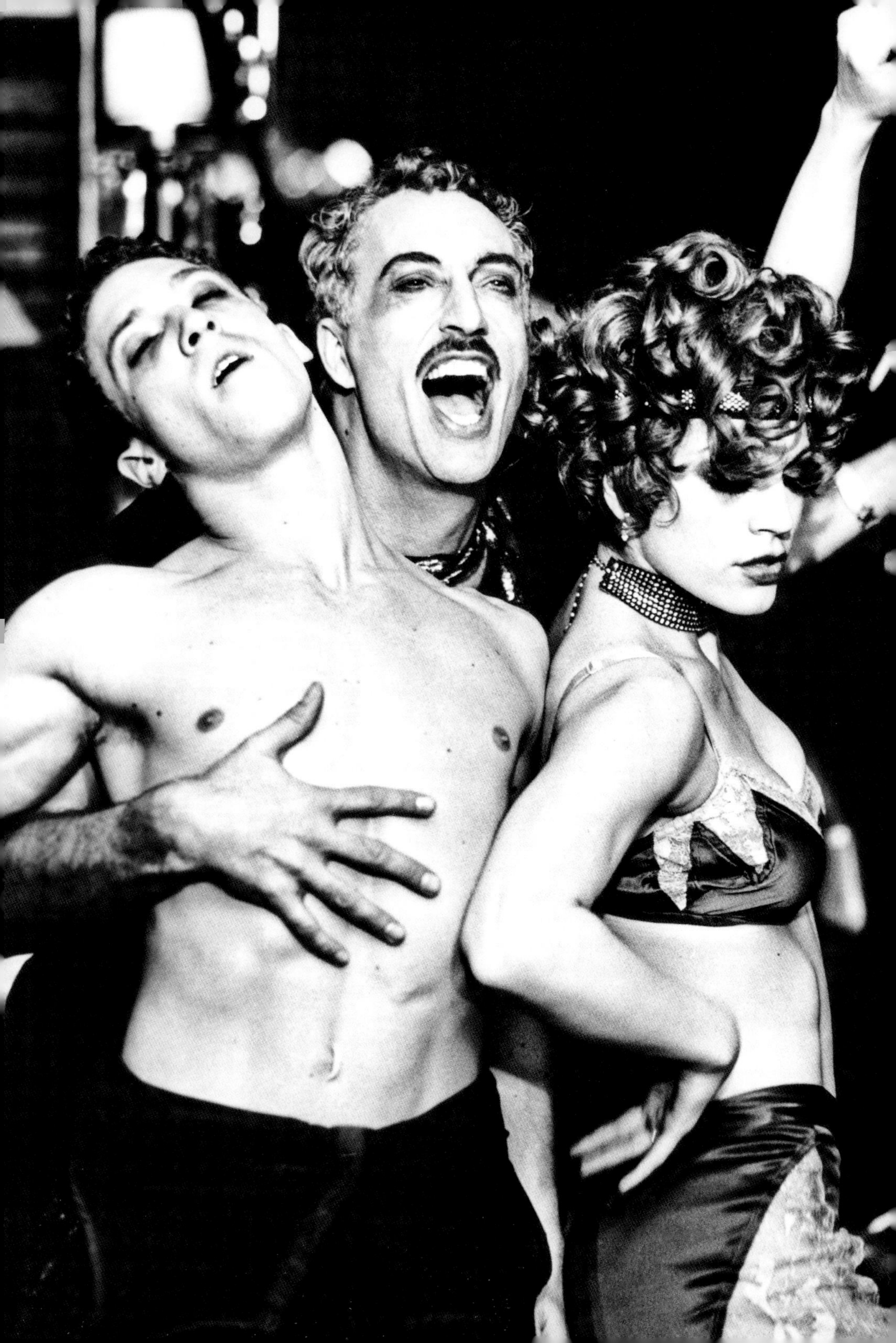

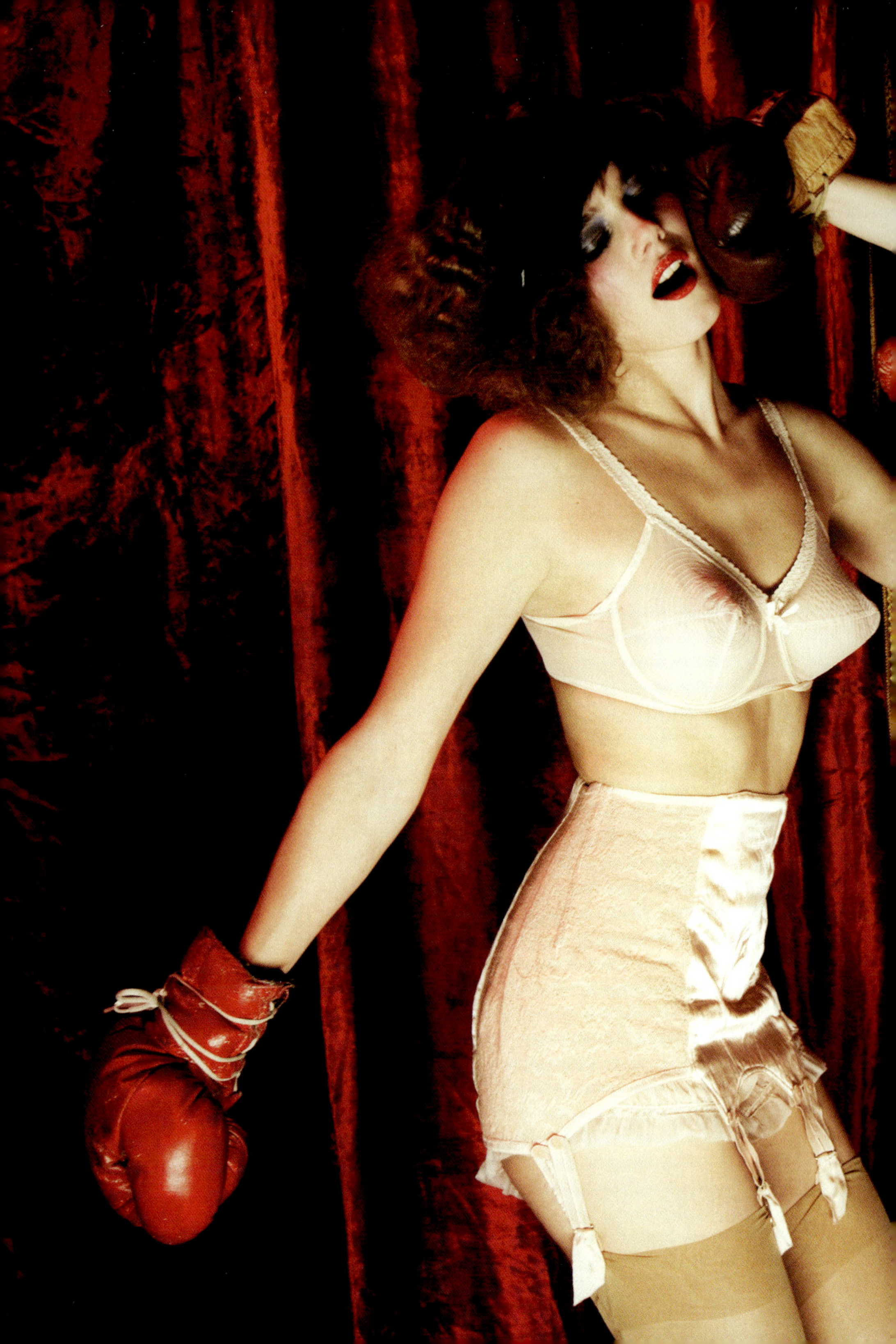

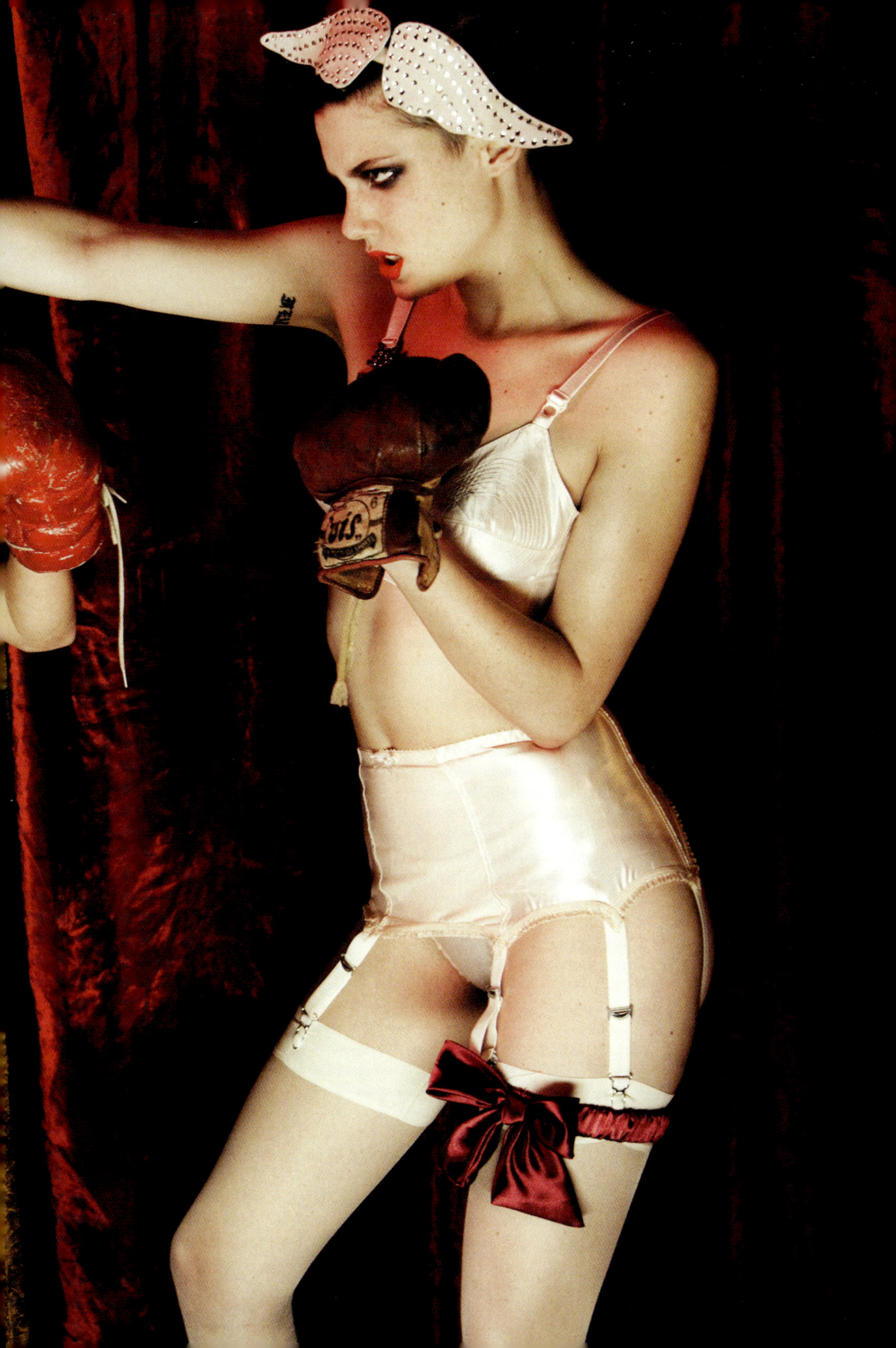

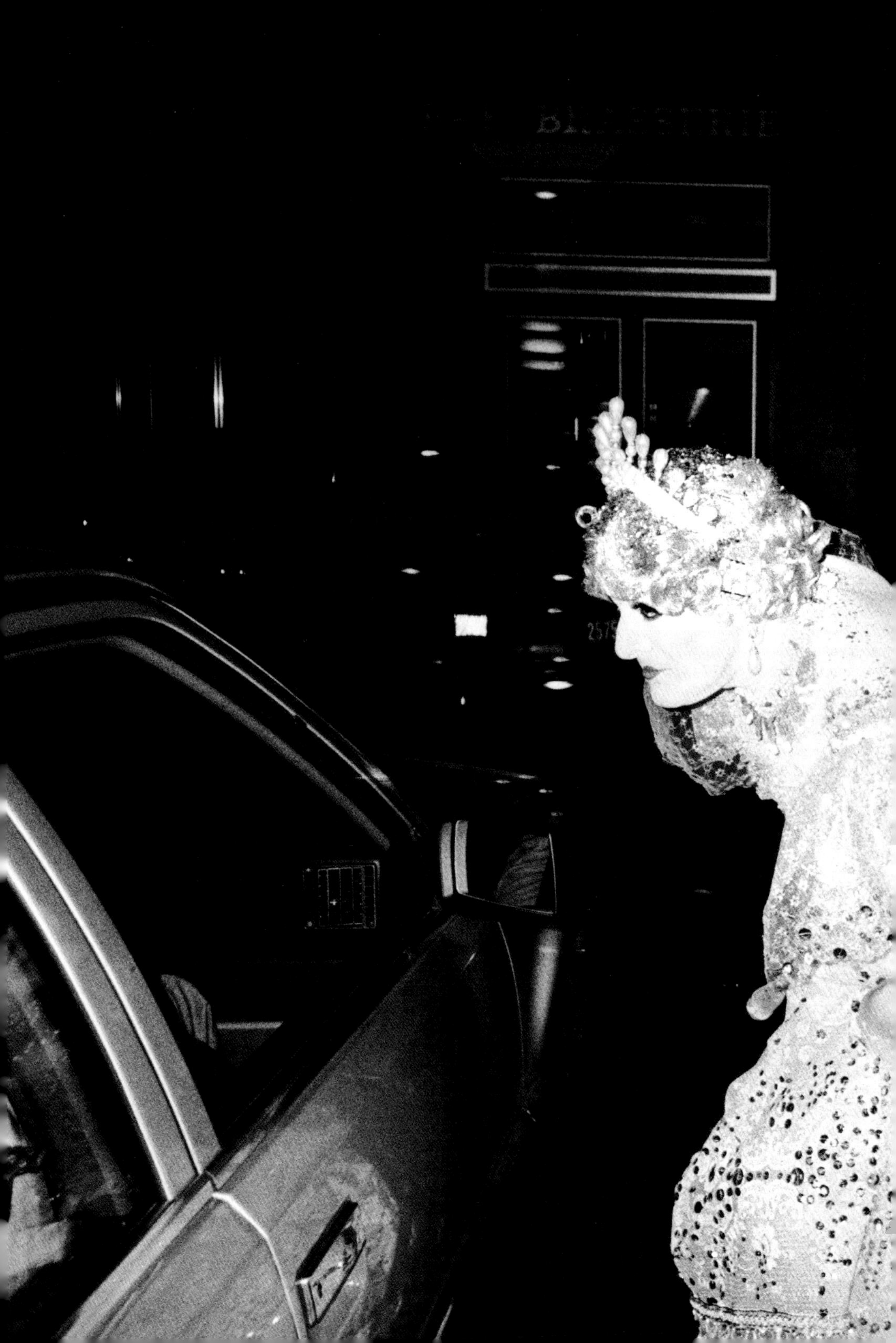

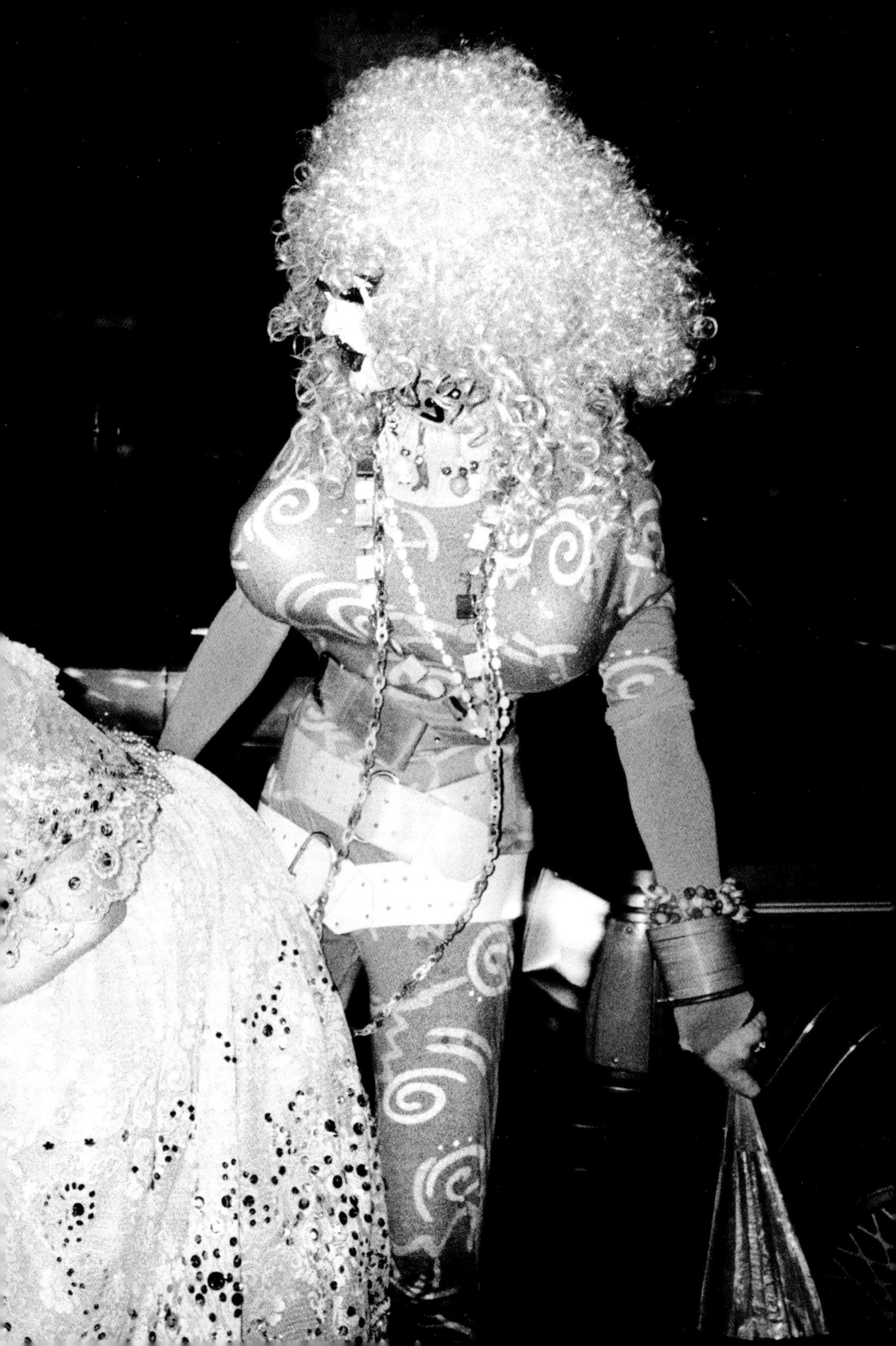

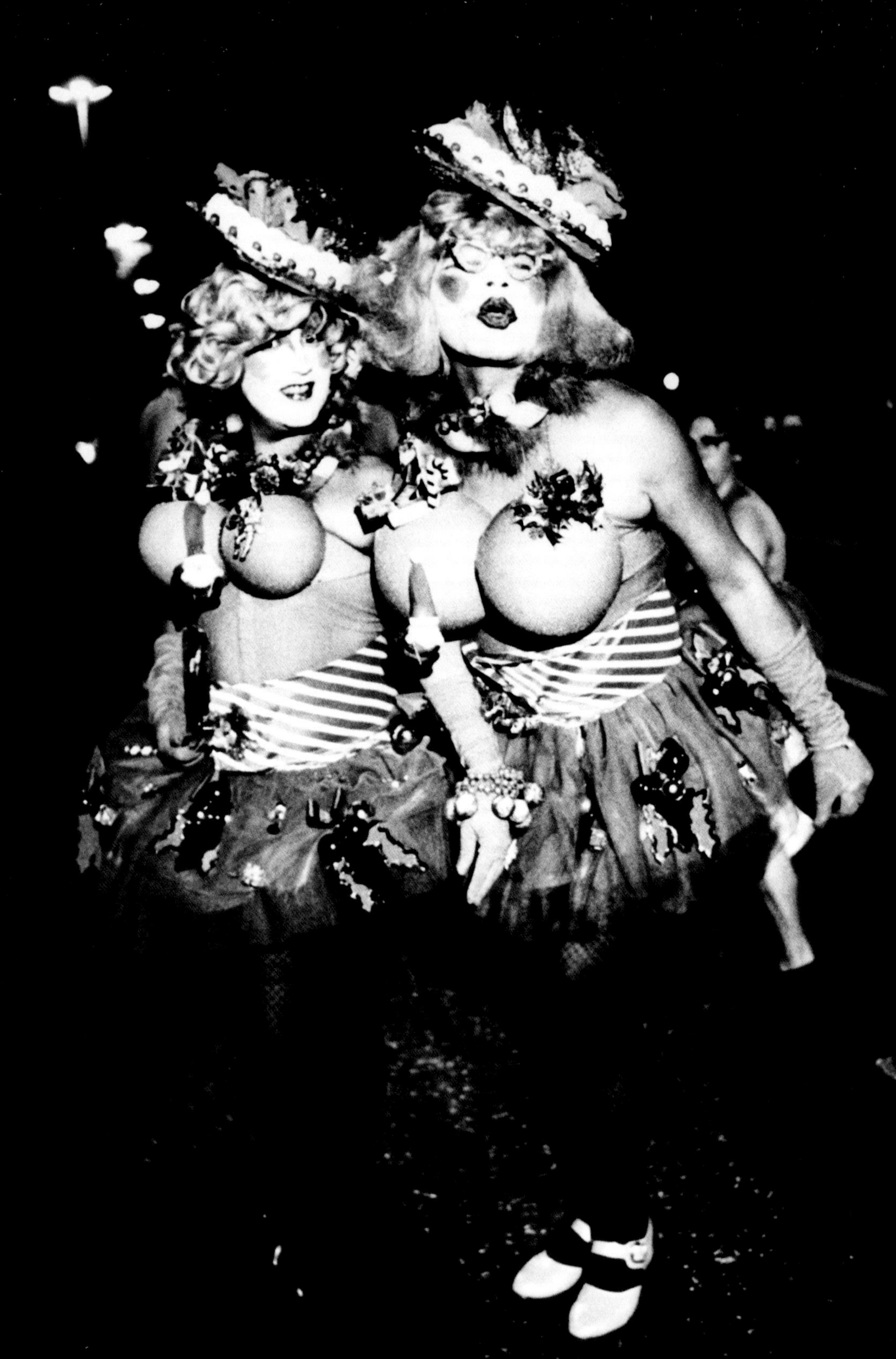

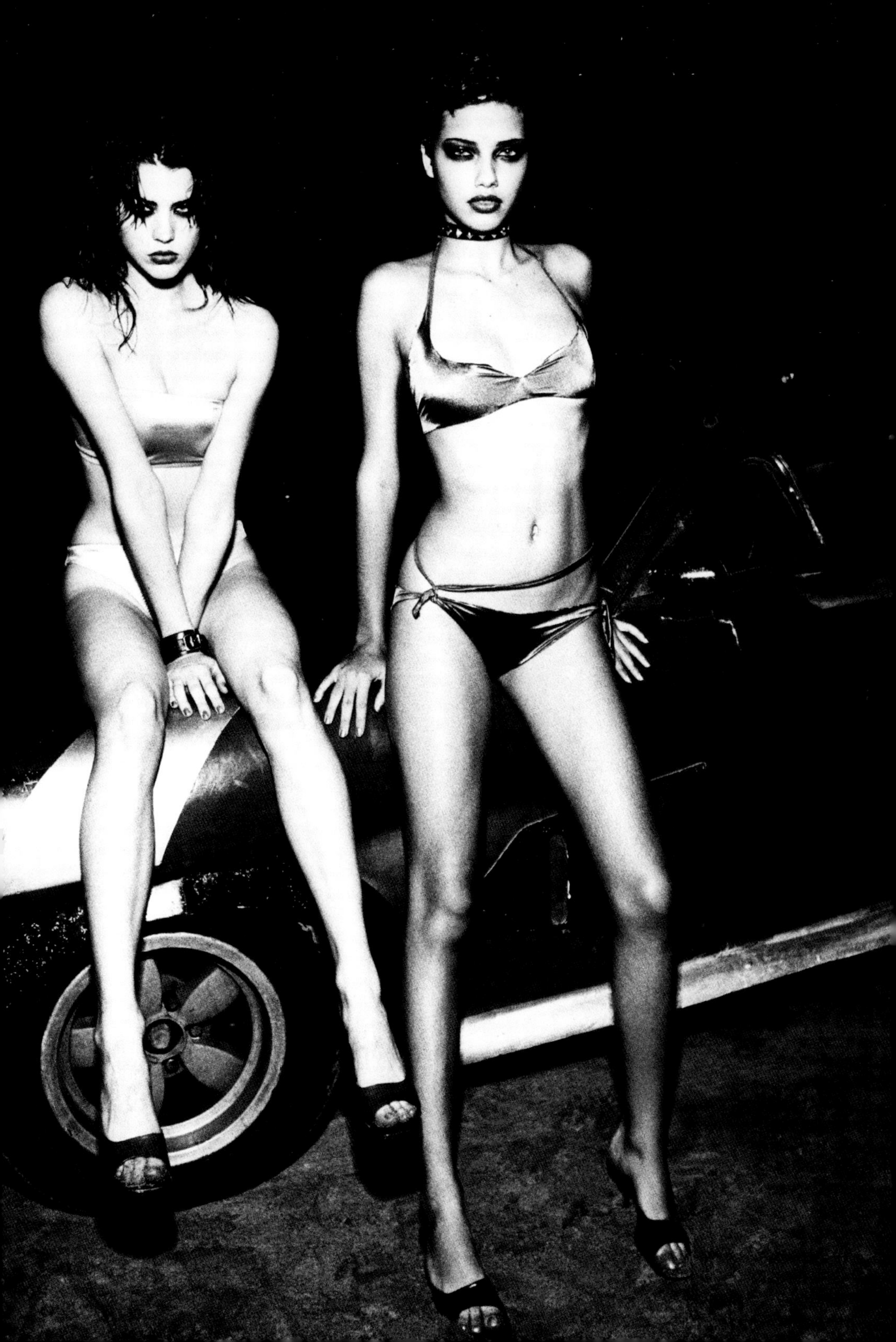

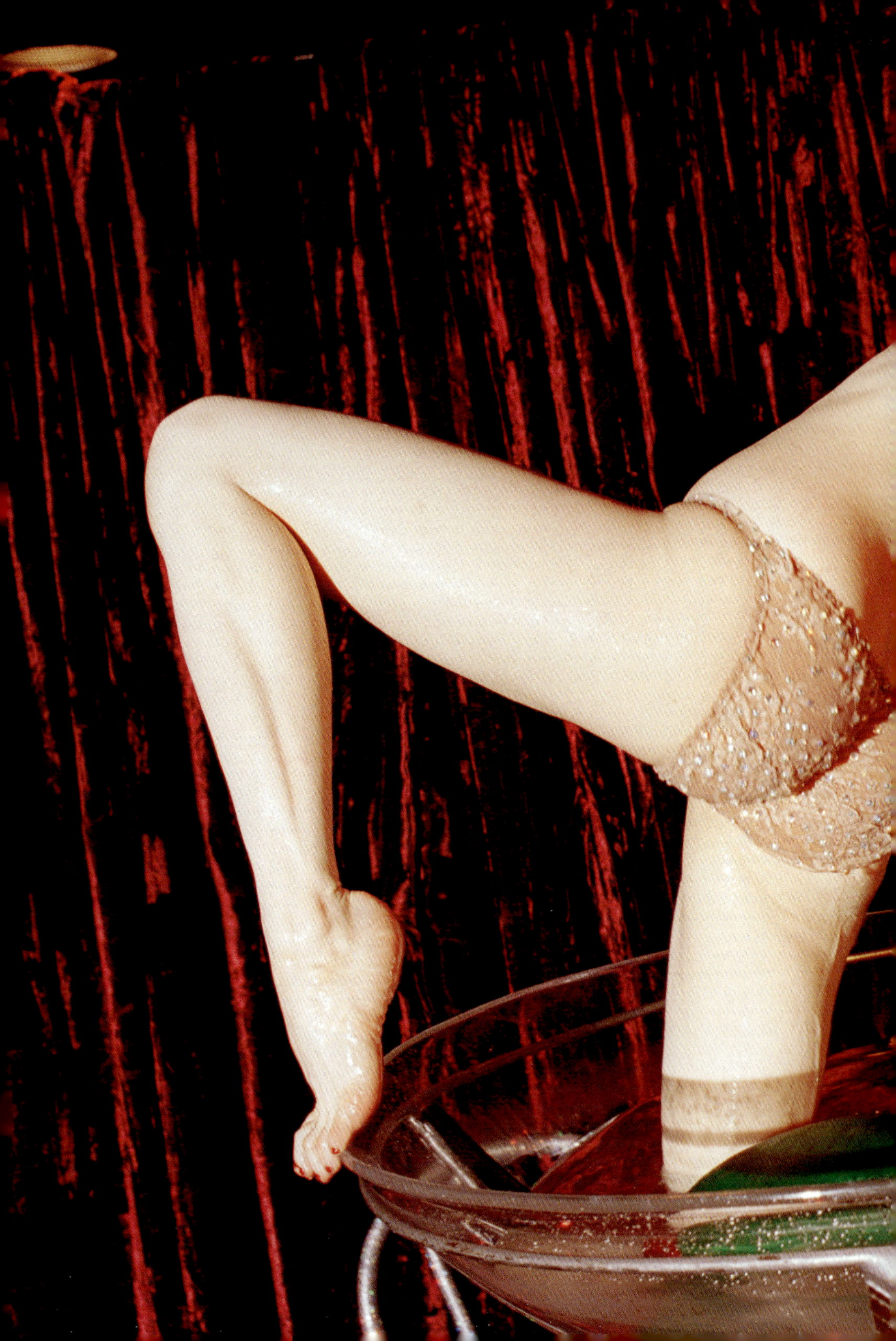

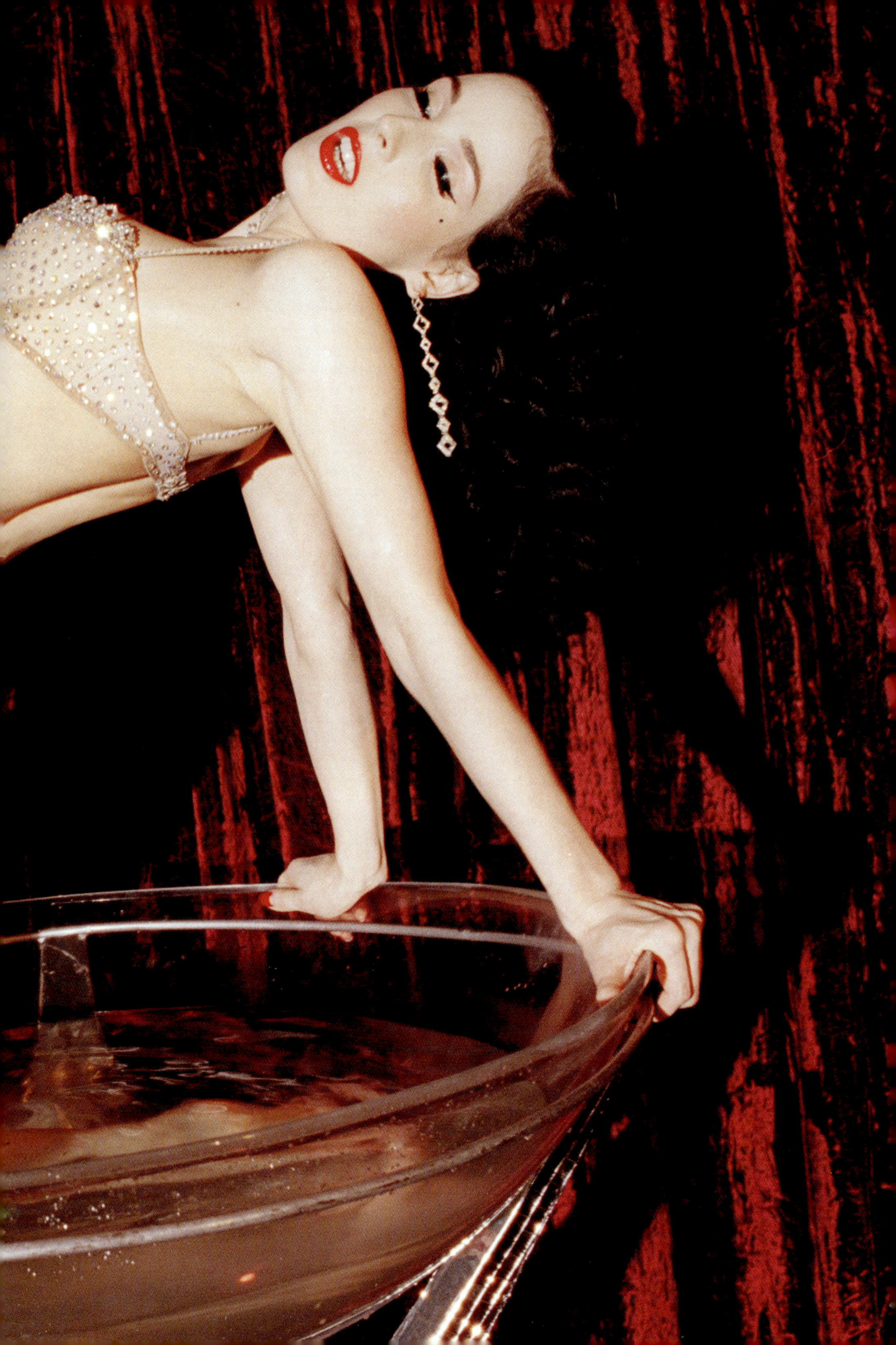

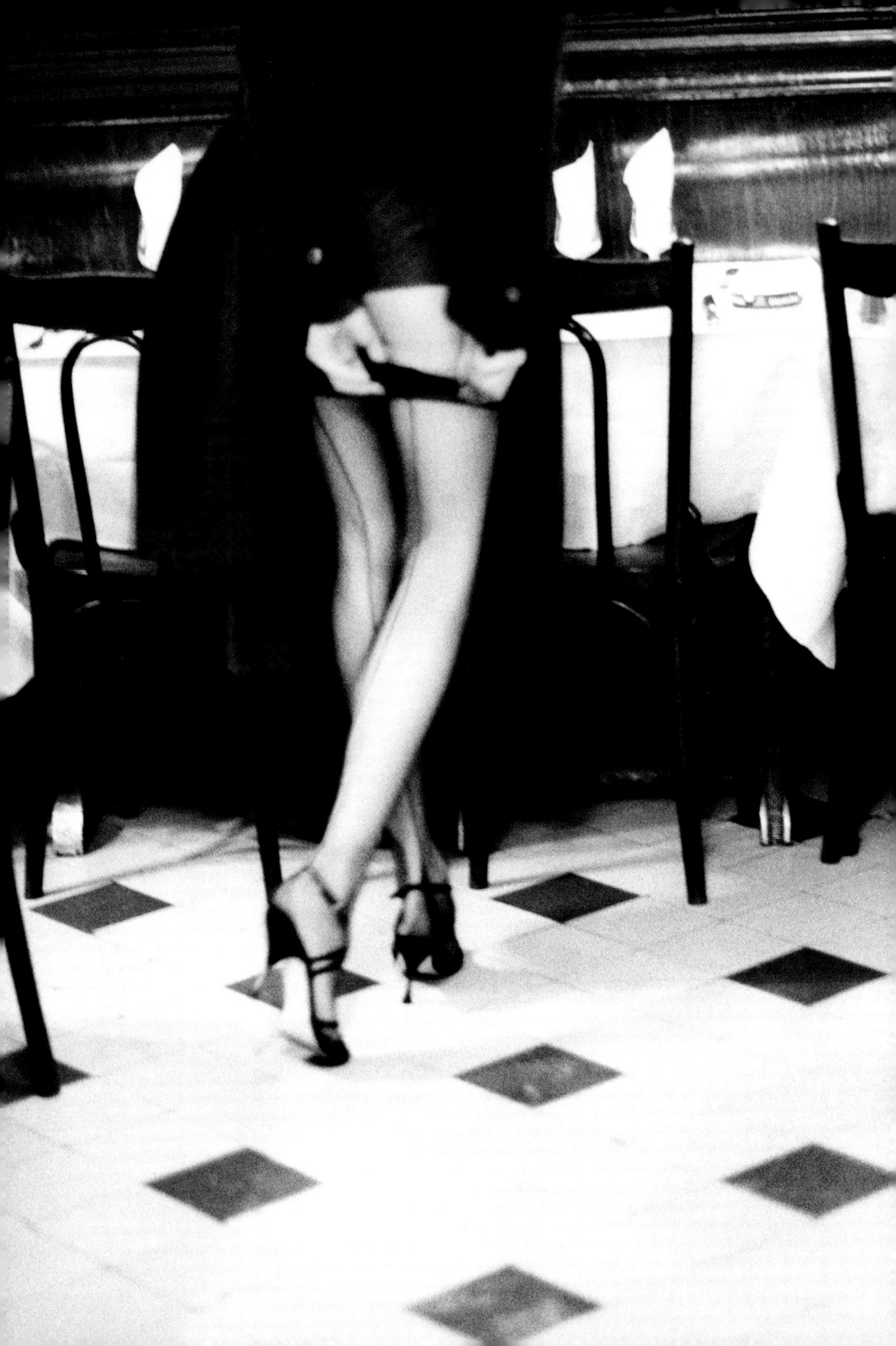

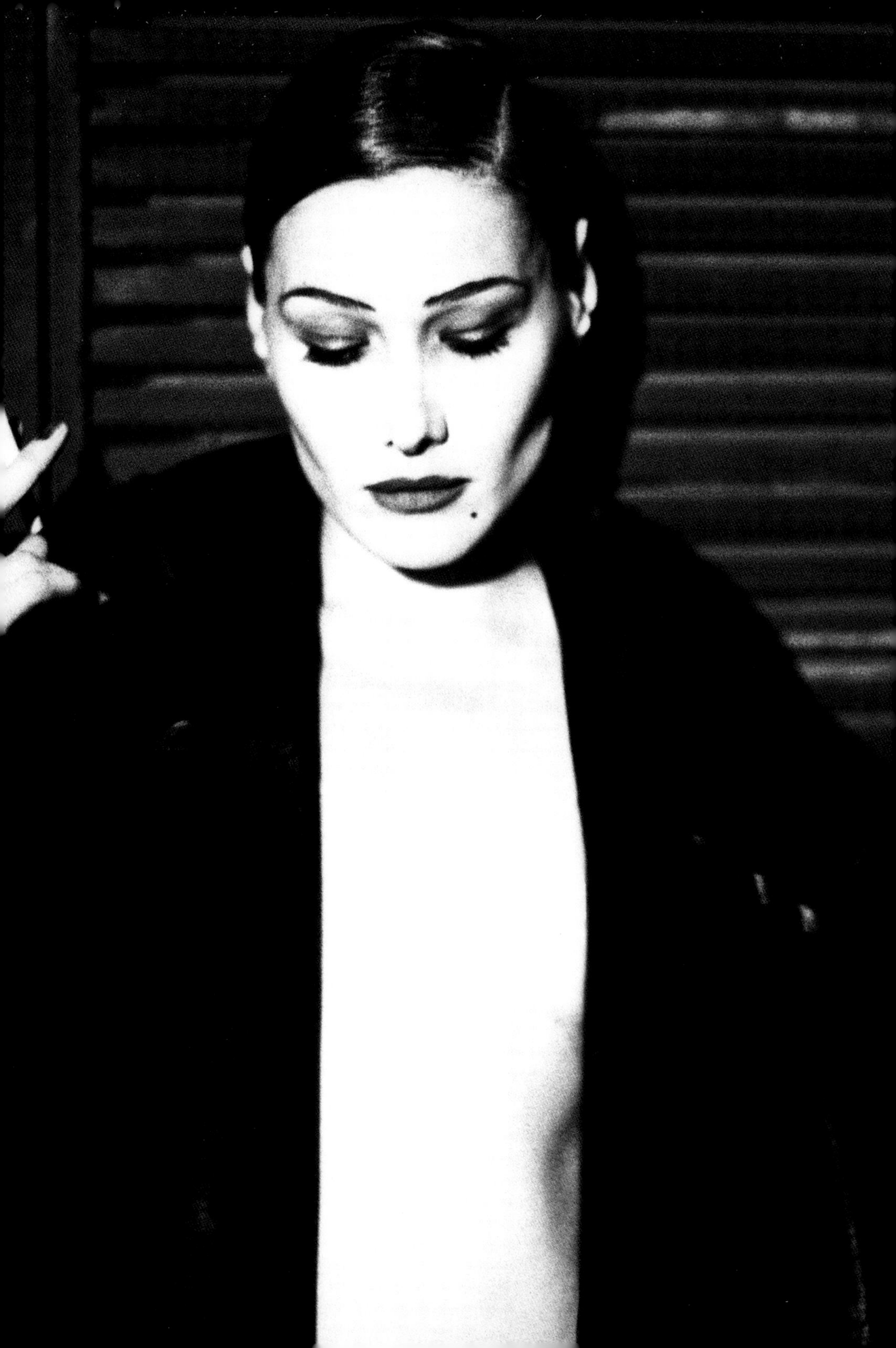

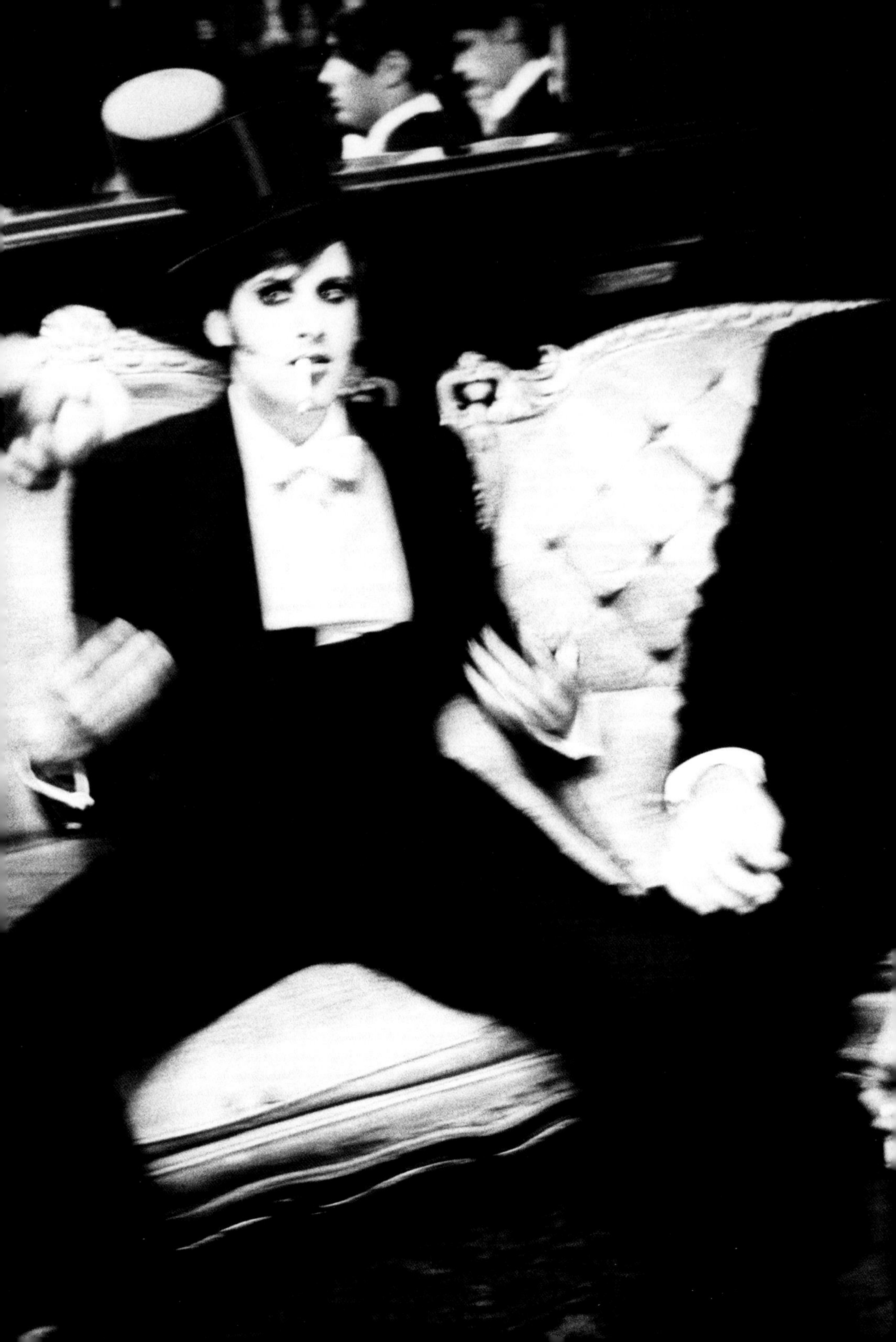

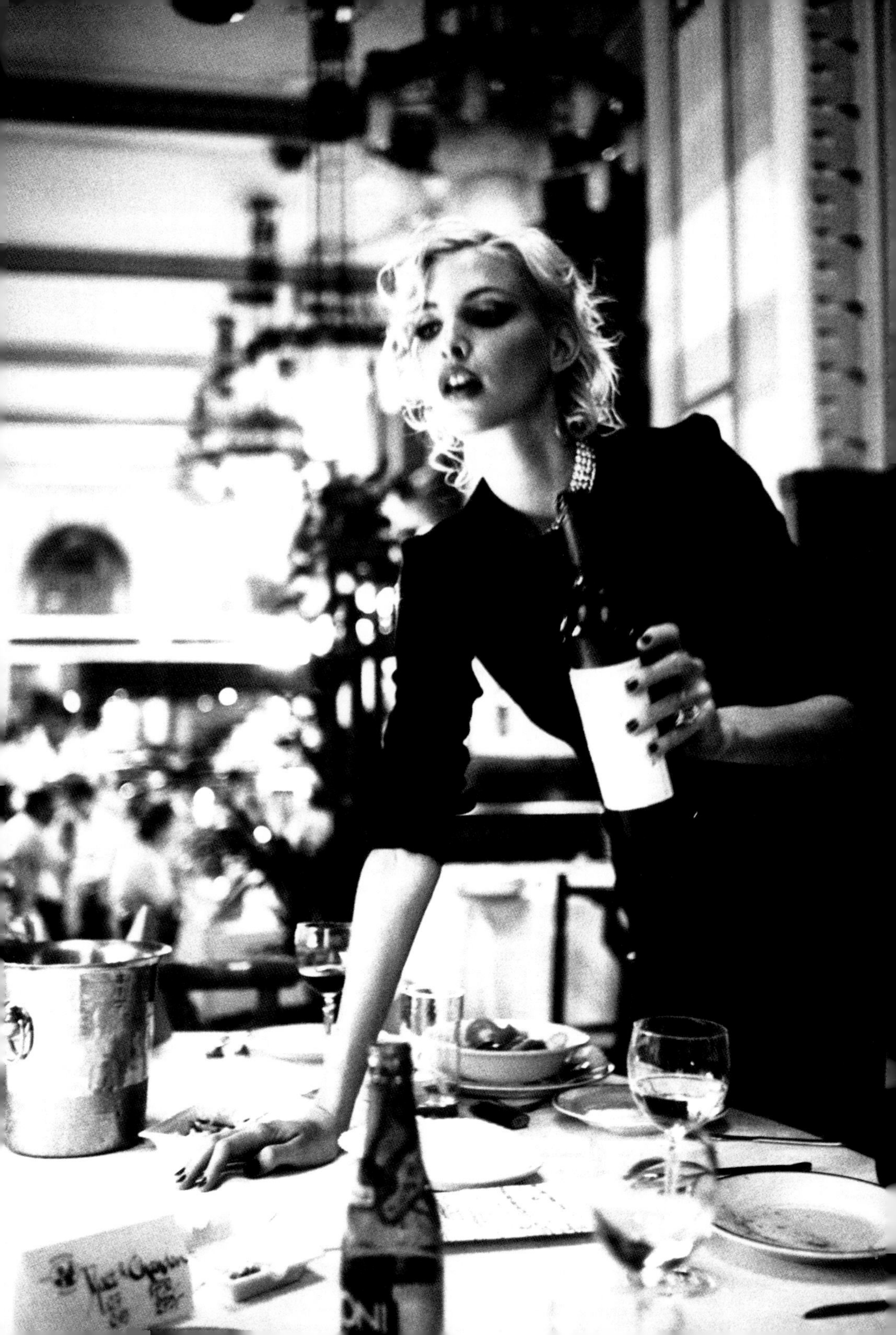

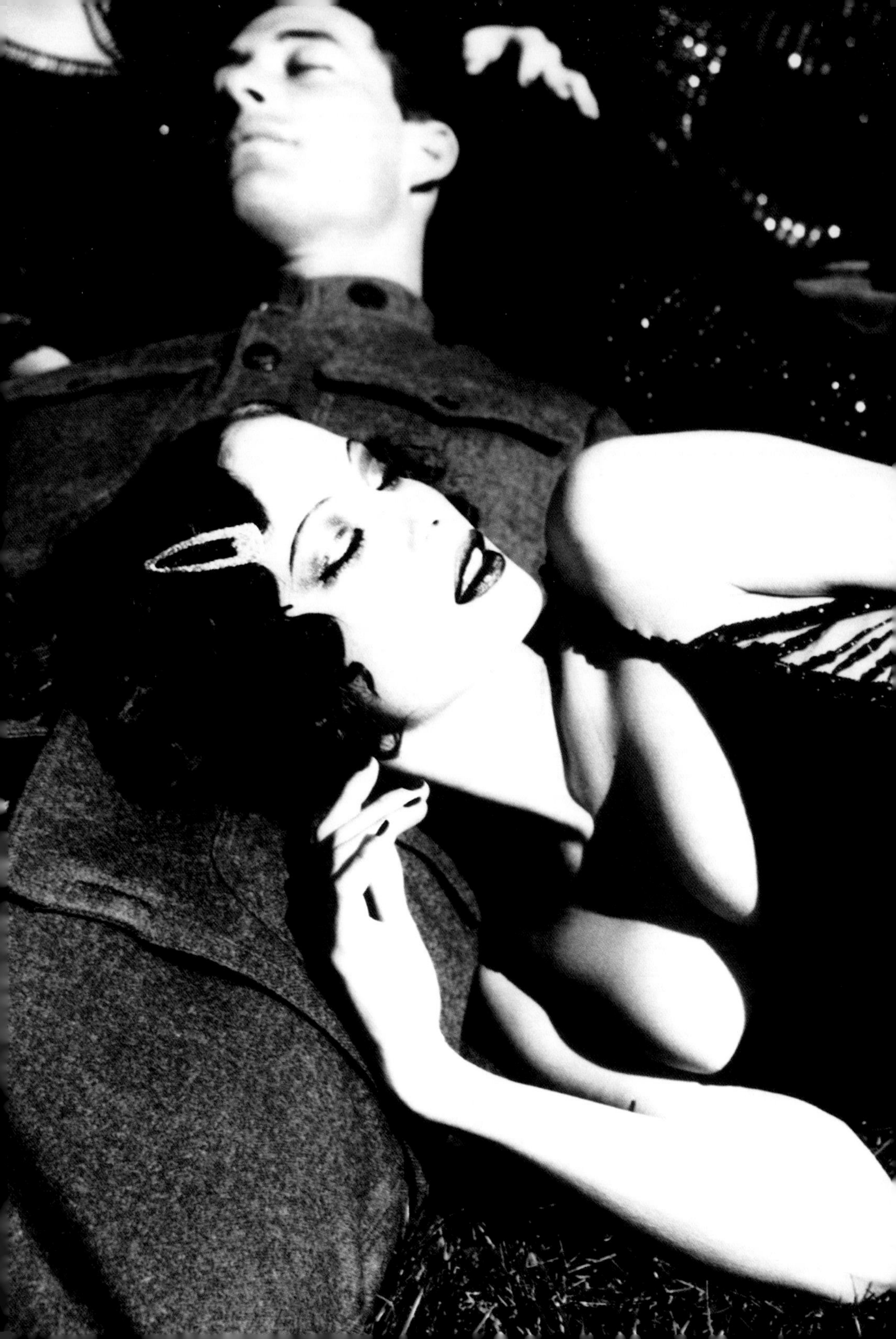

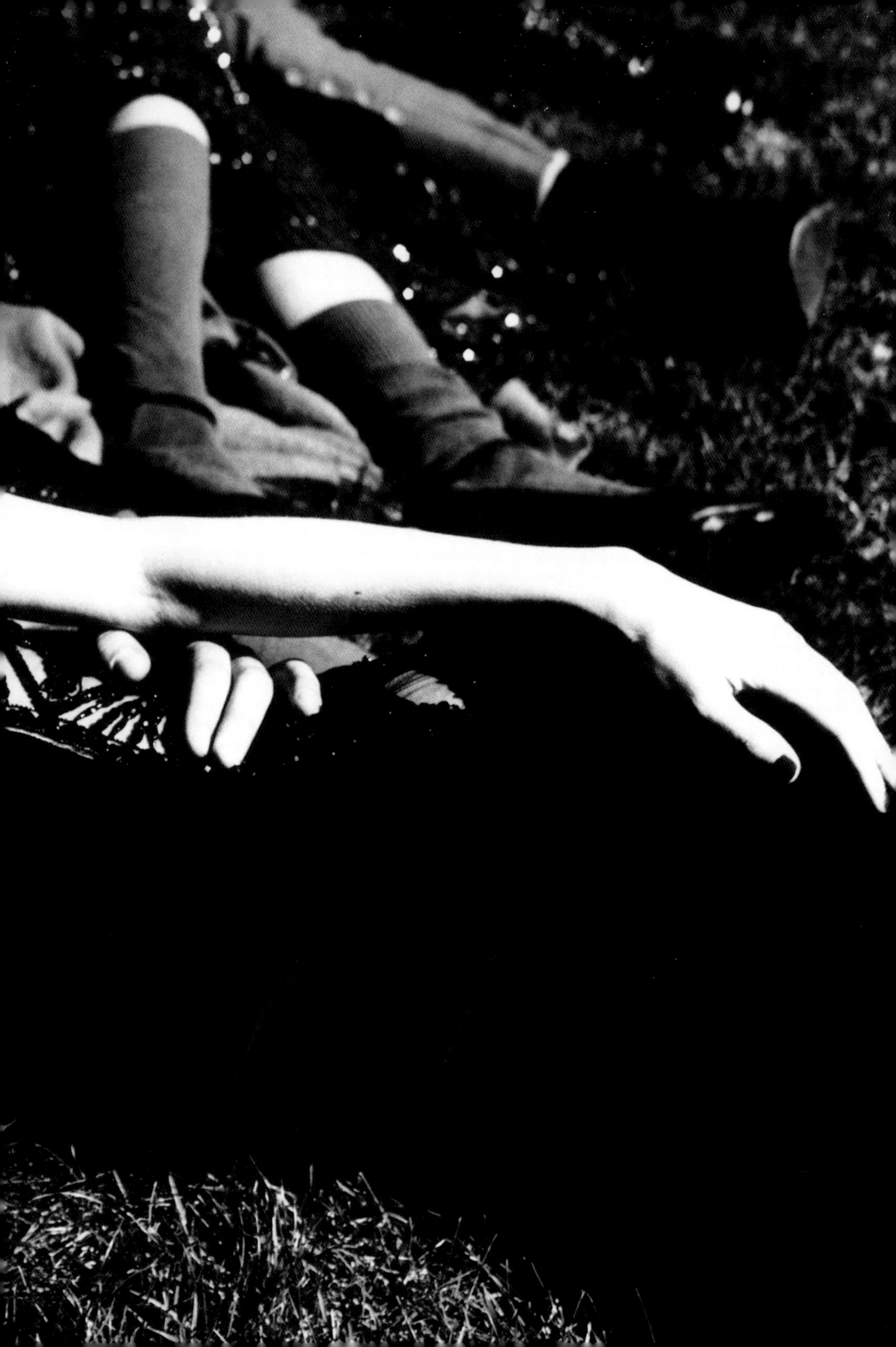

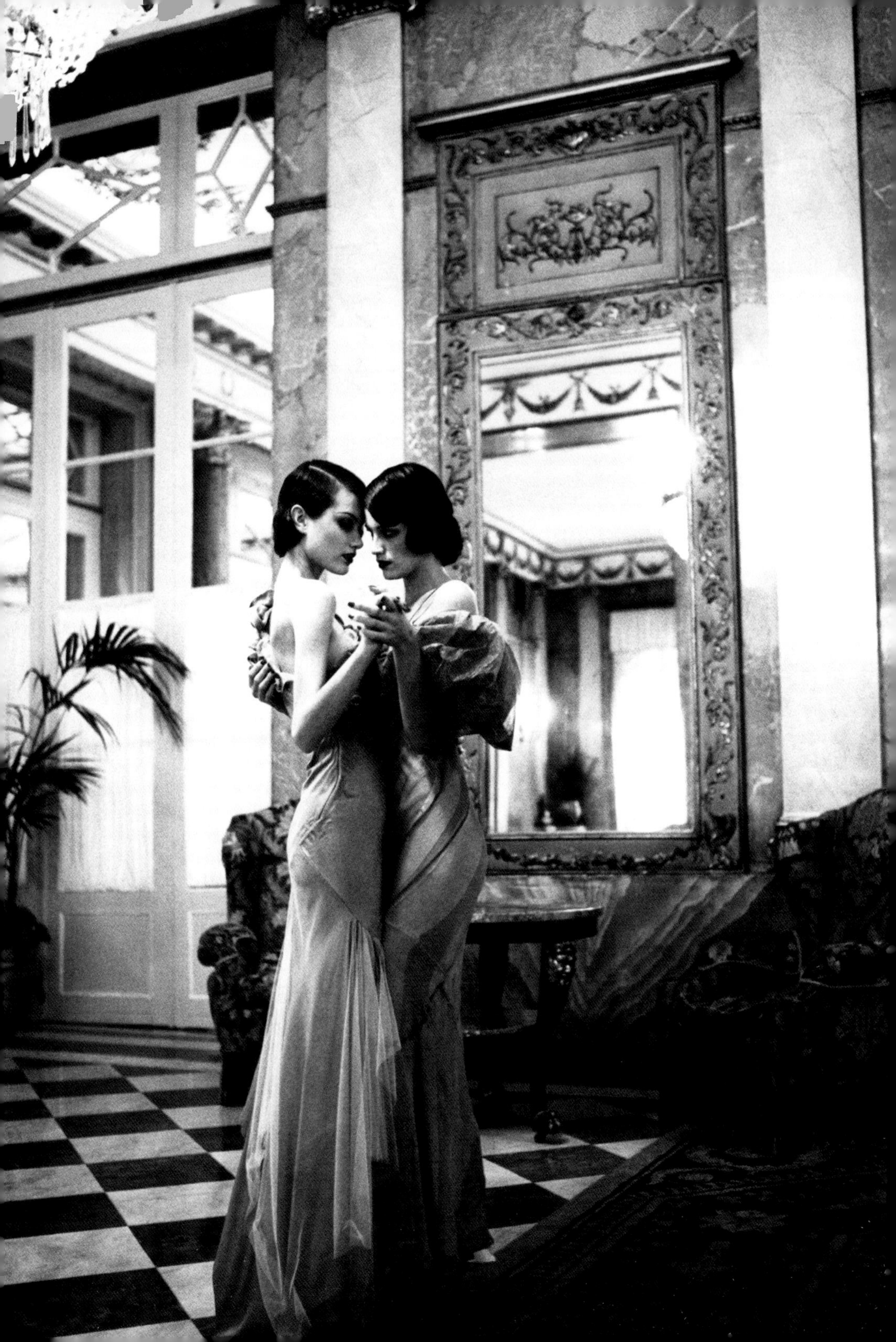

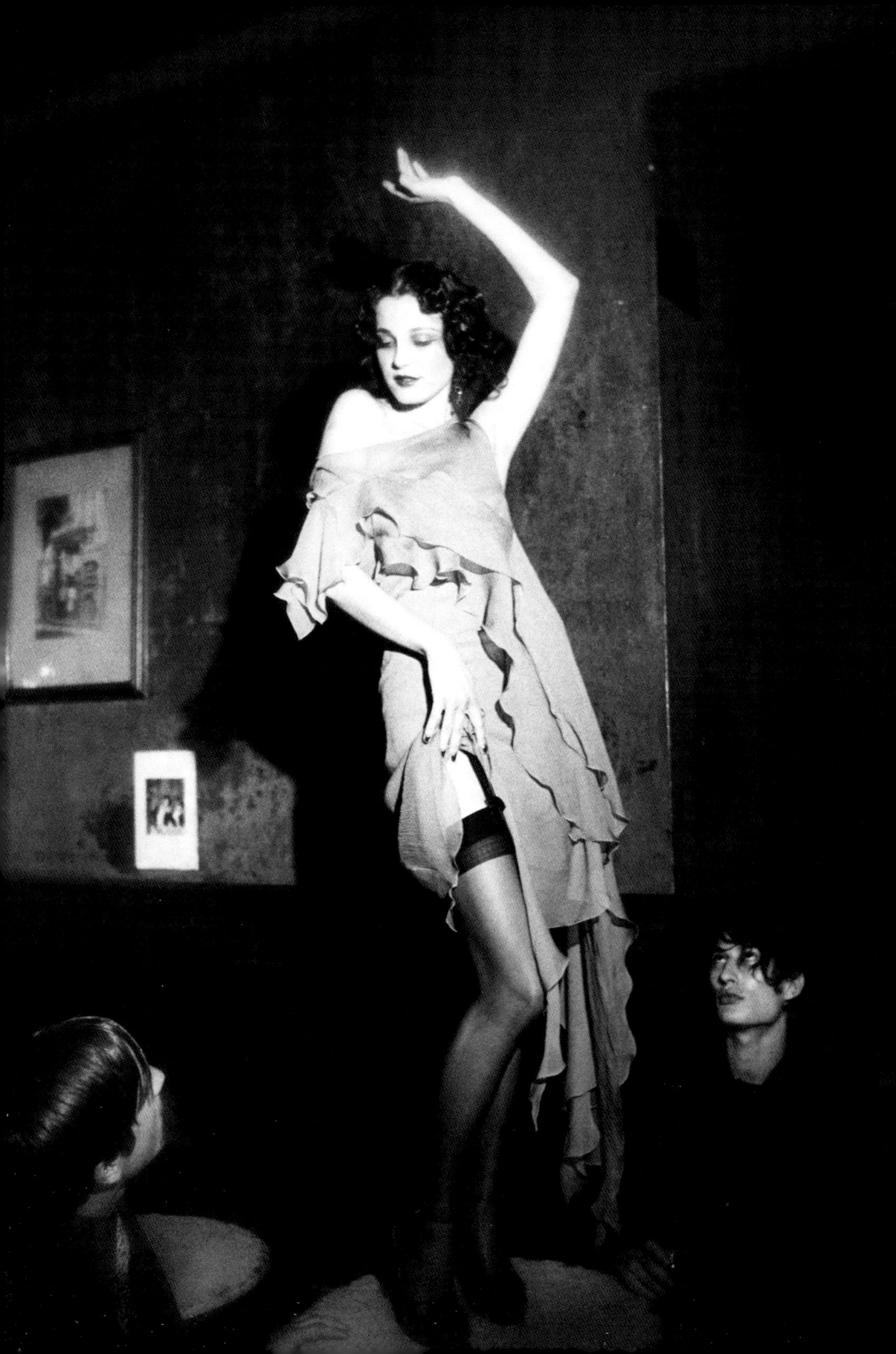

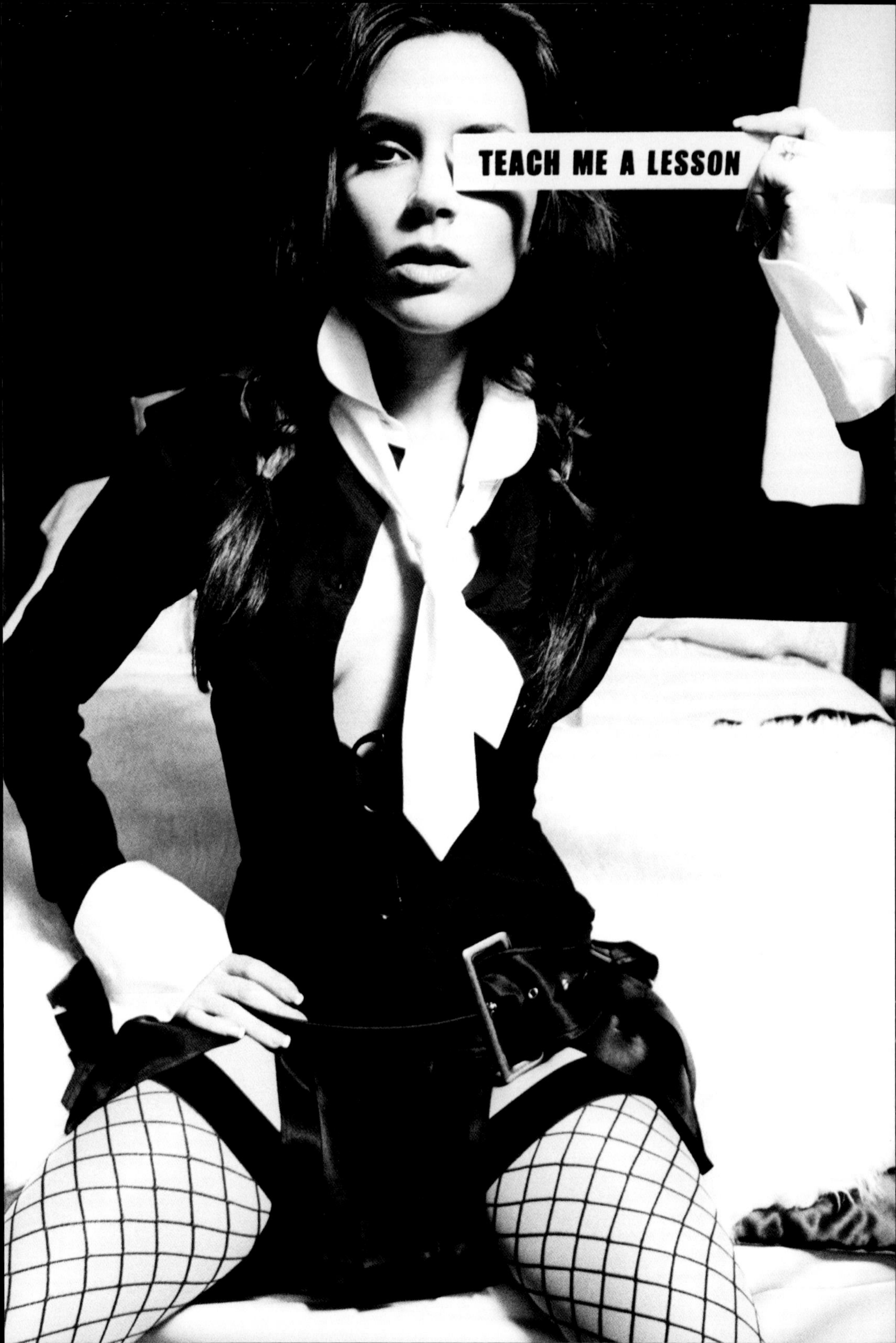
TEACH ME A LESSON

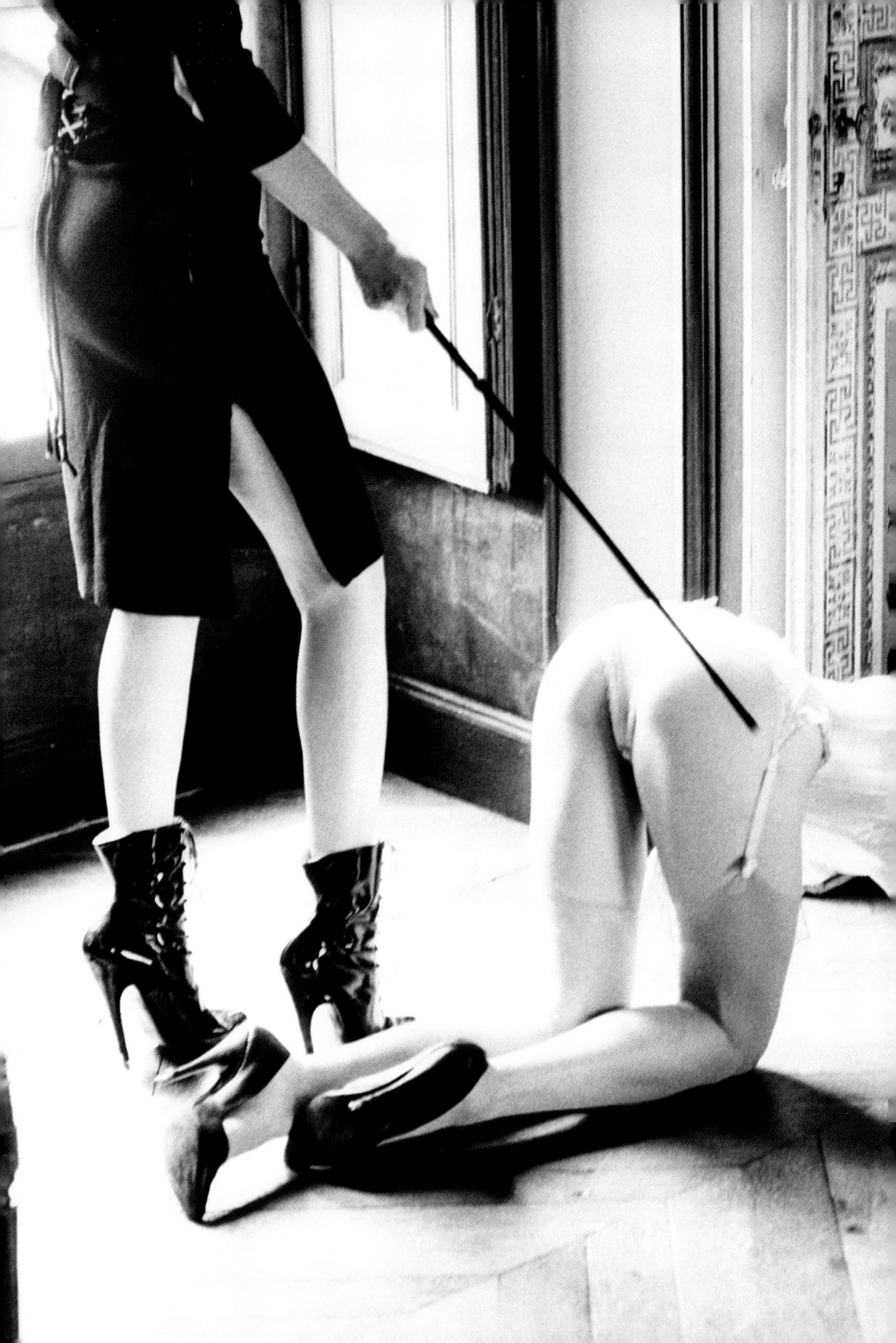

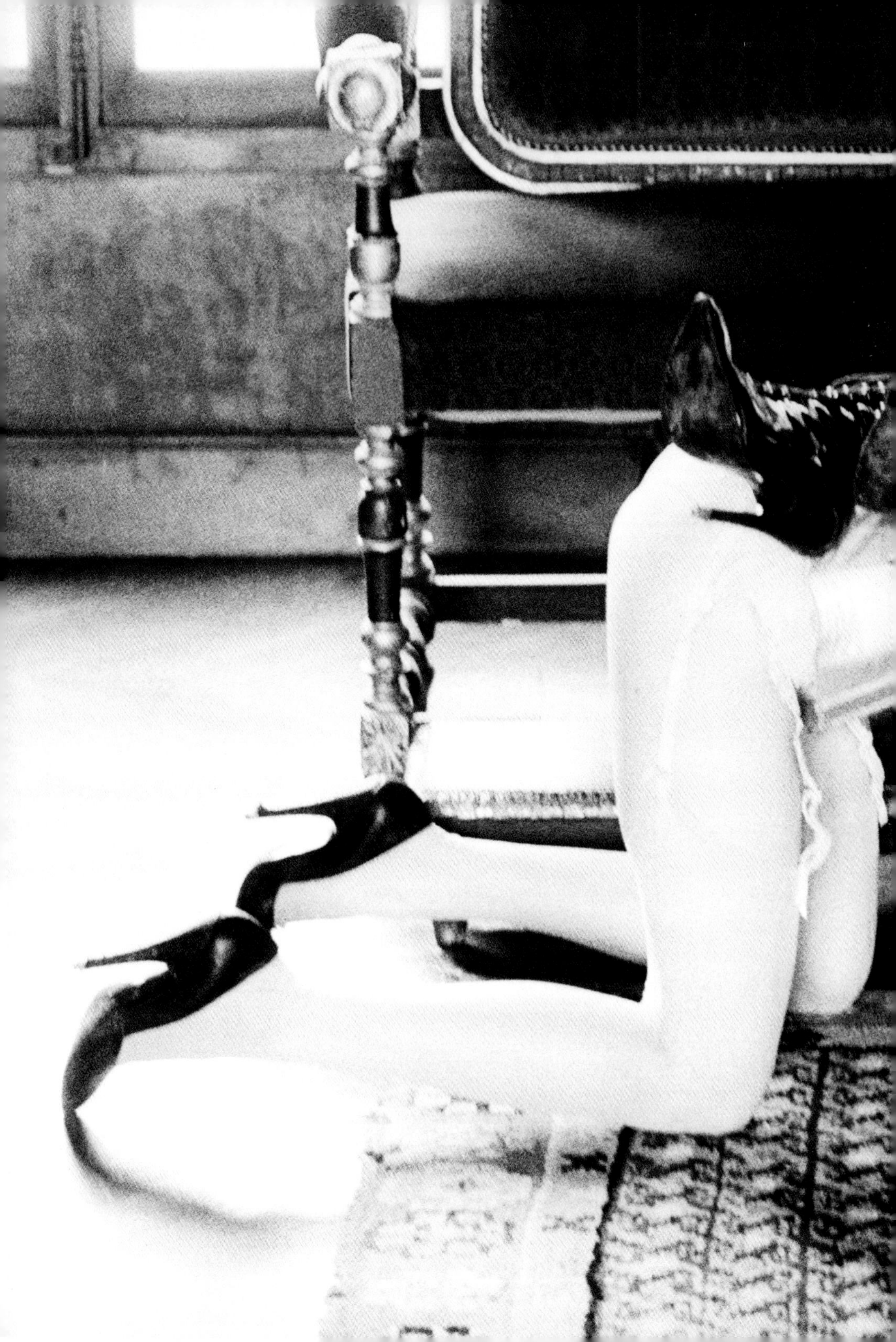

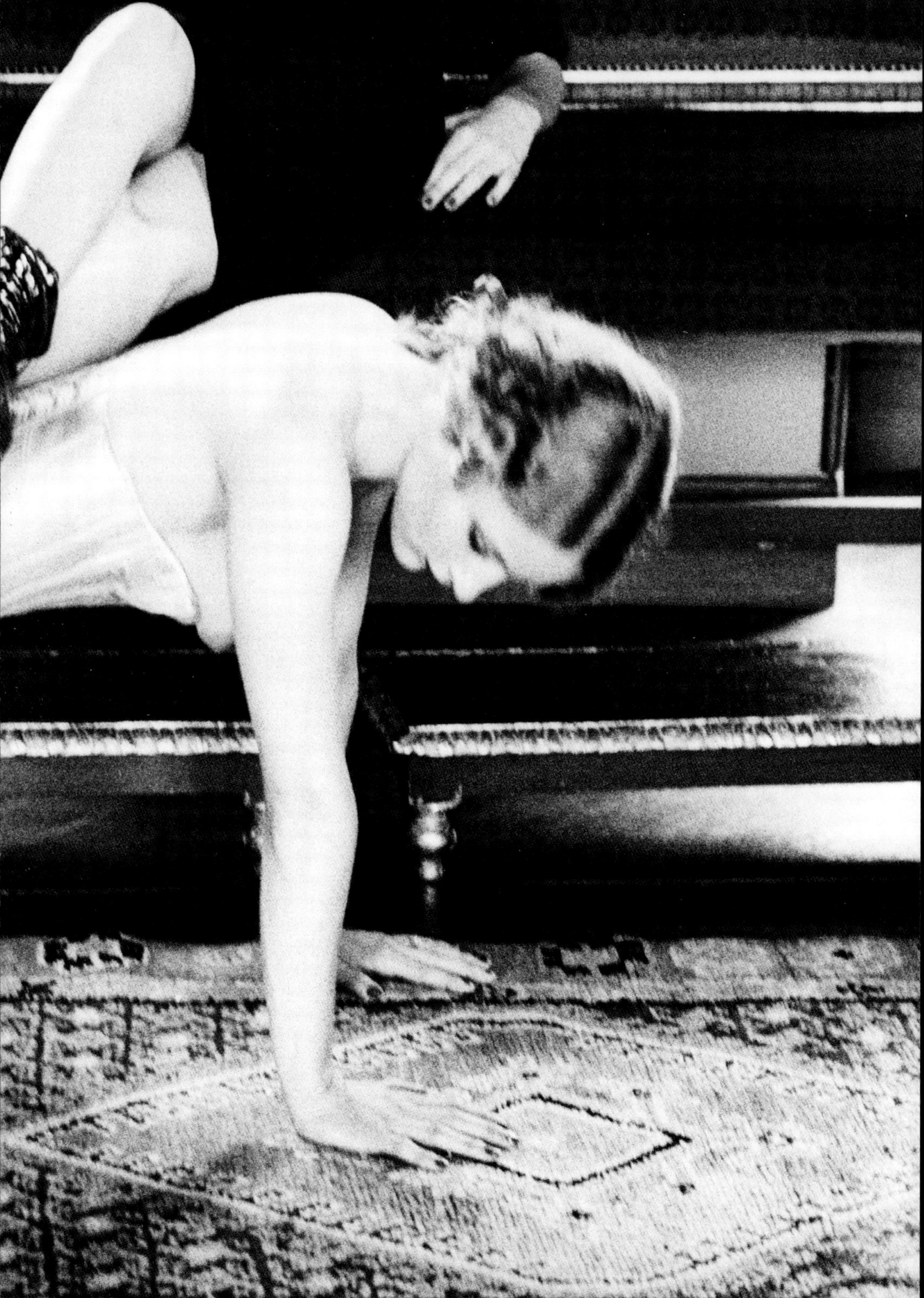

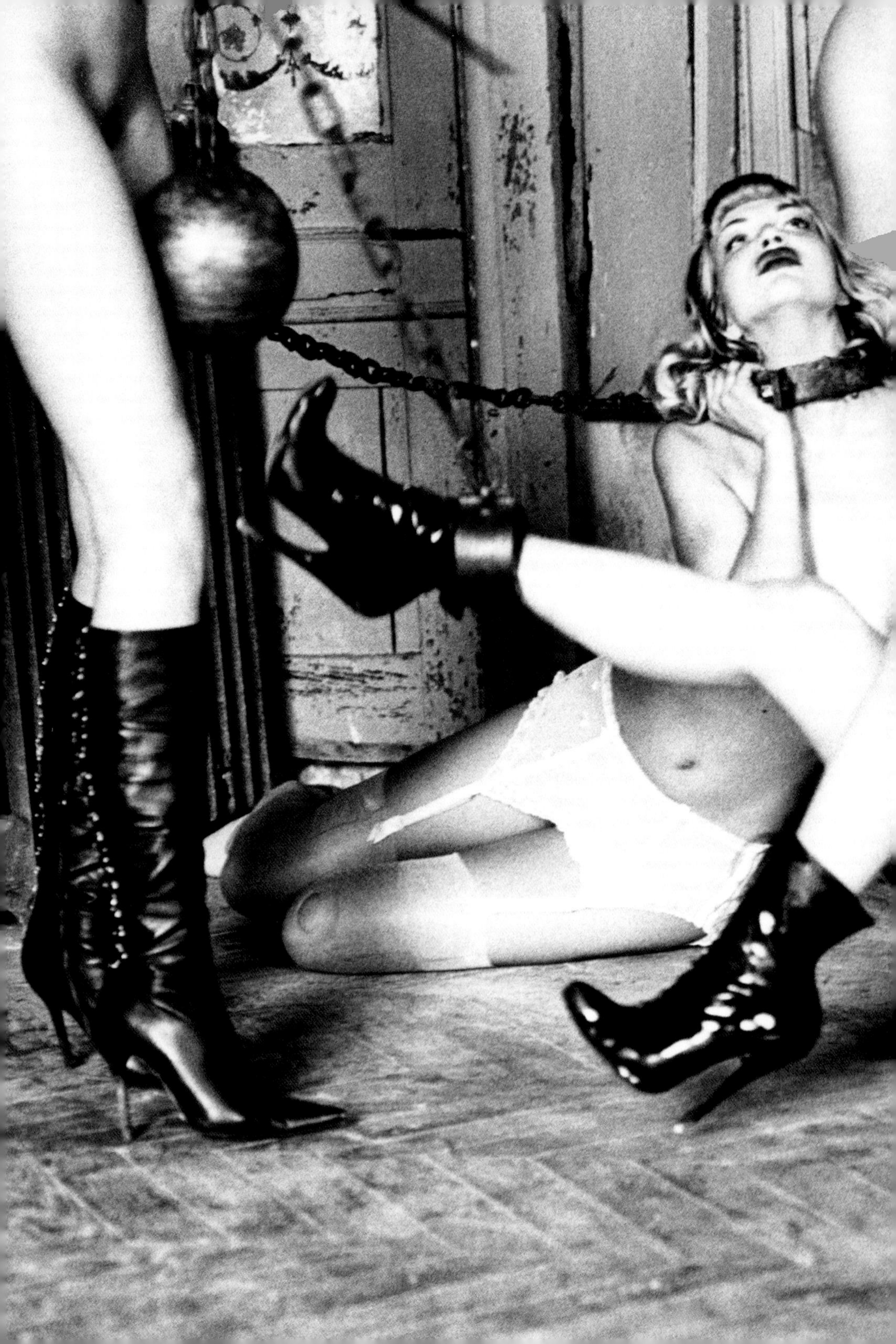

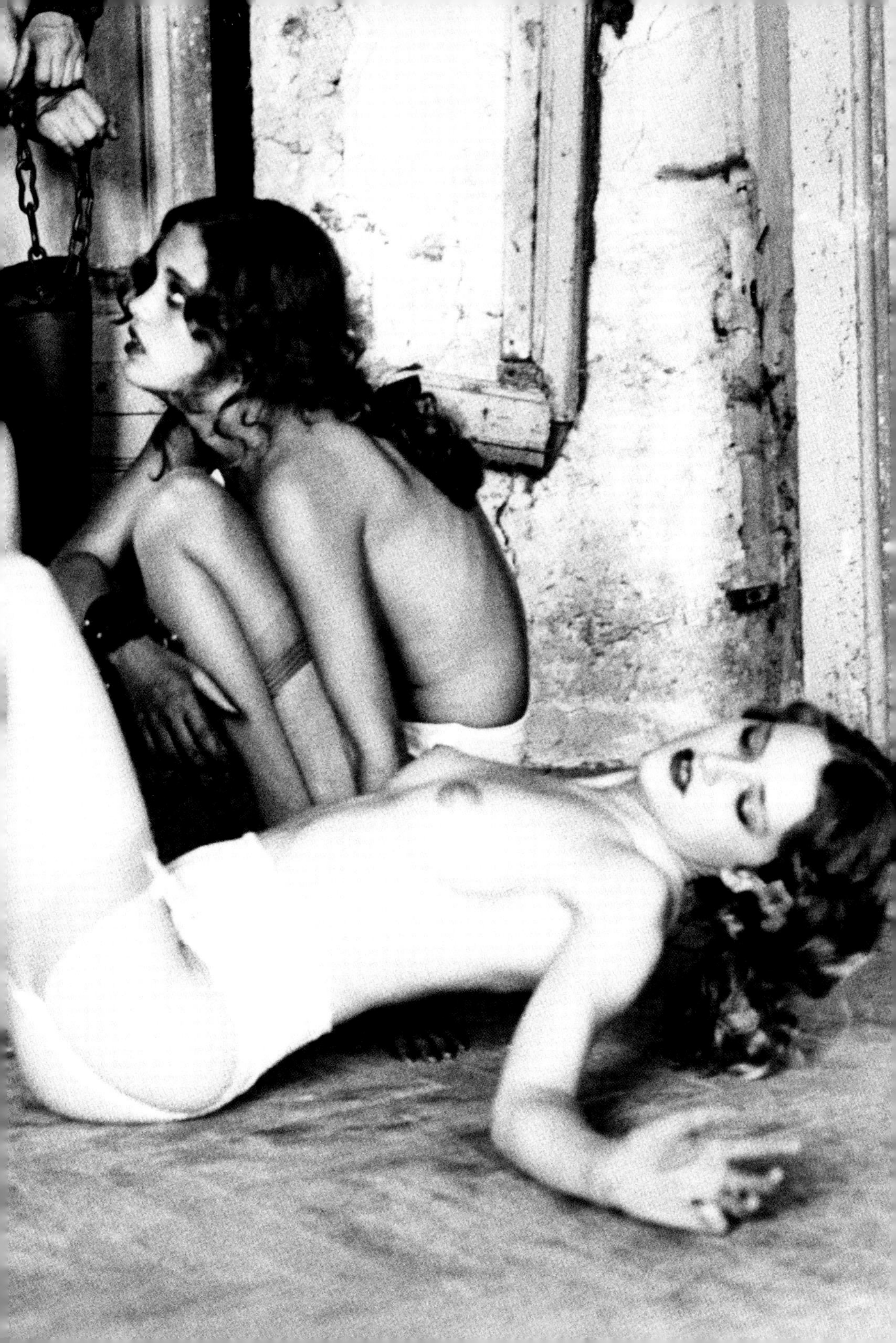

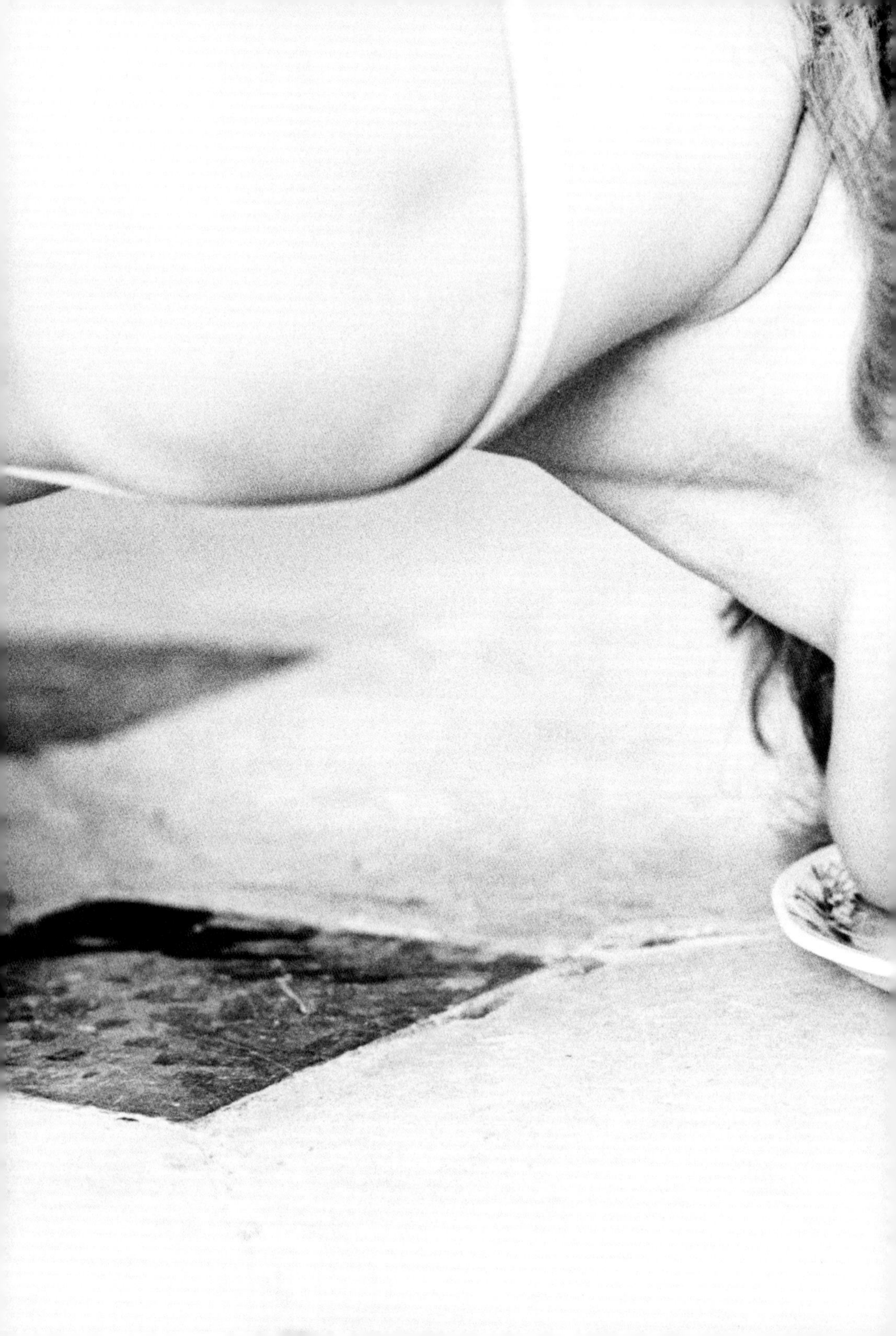

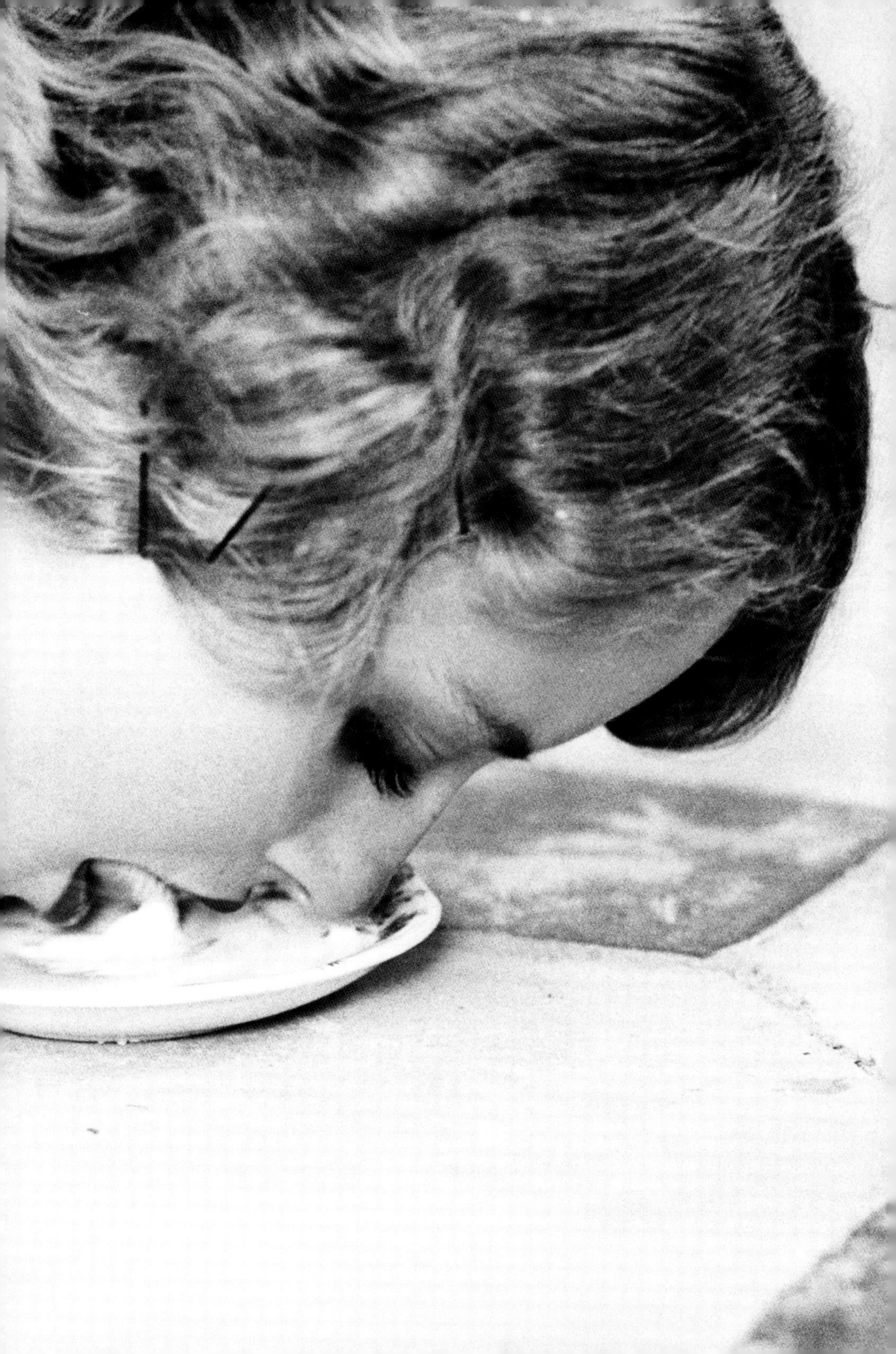

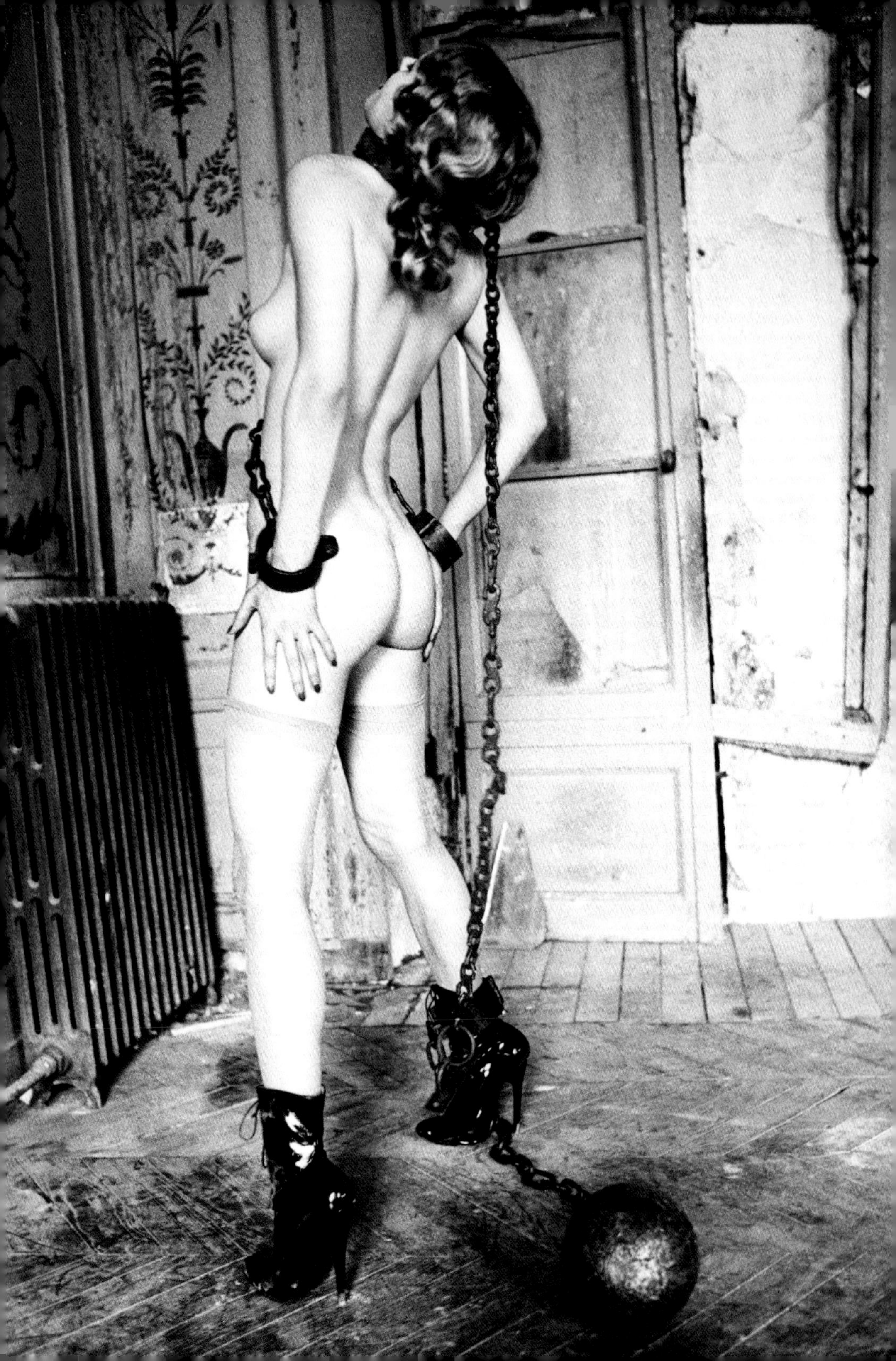

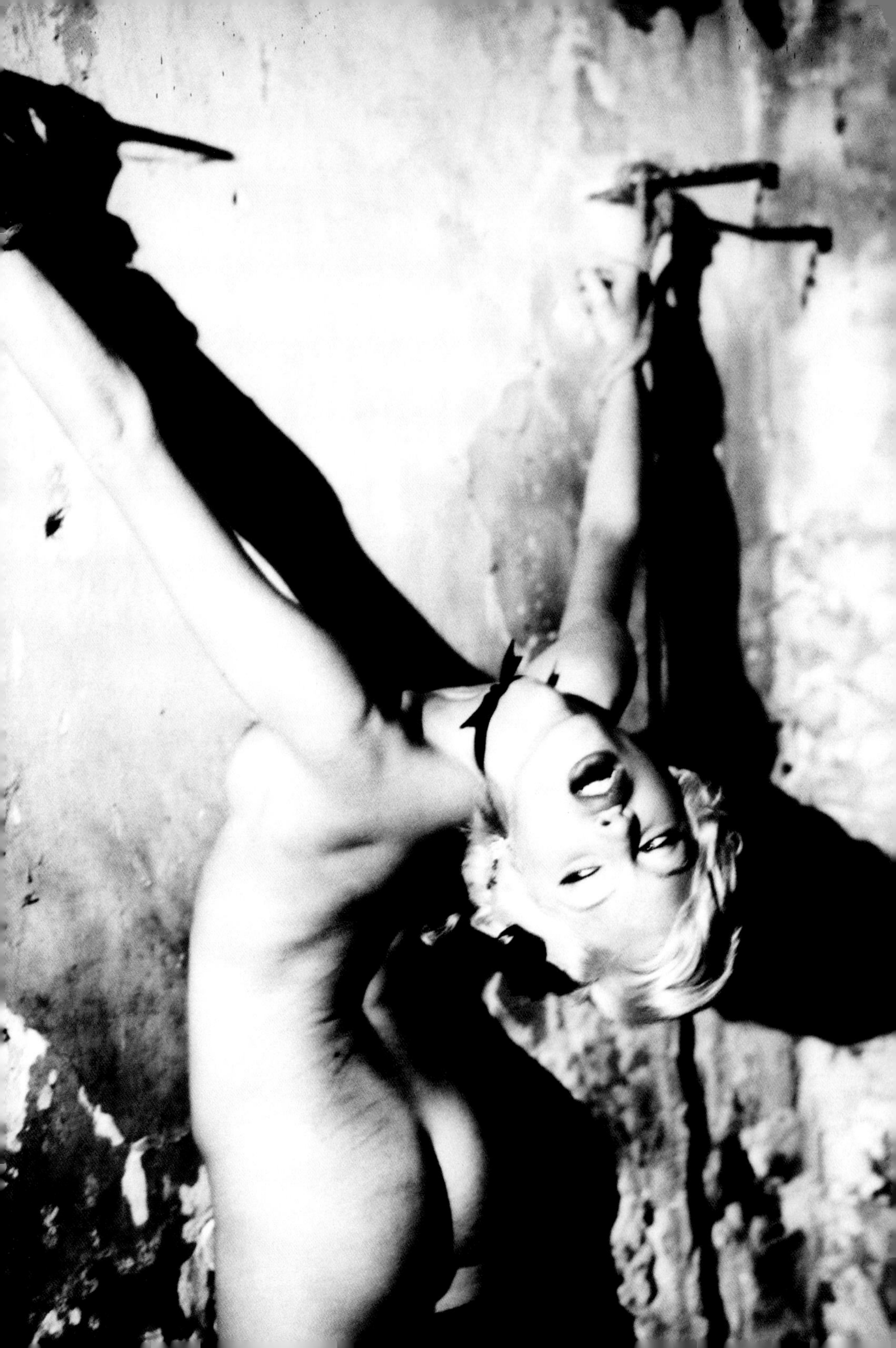

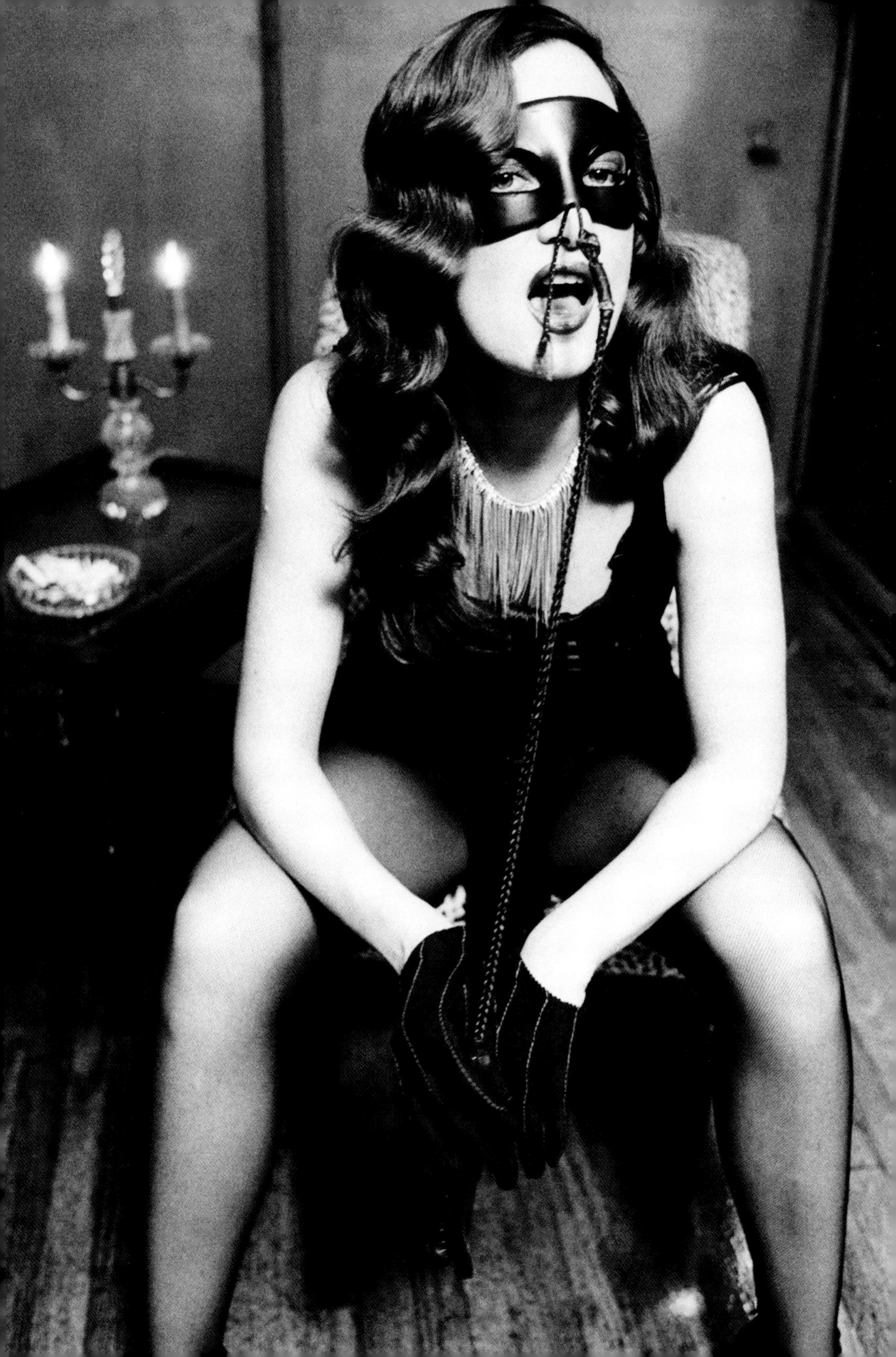

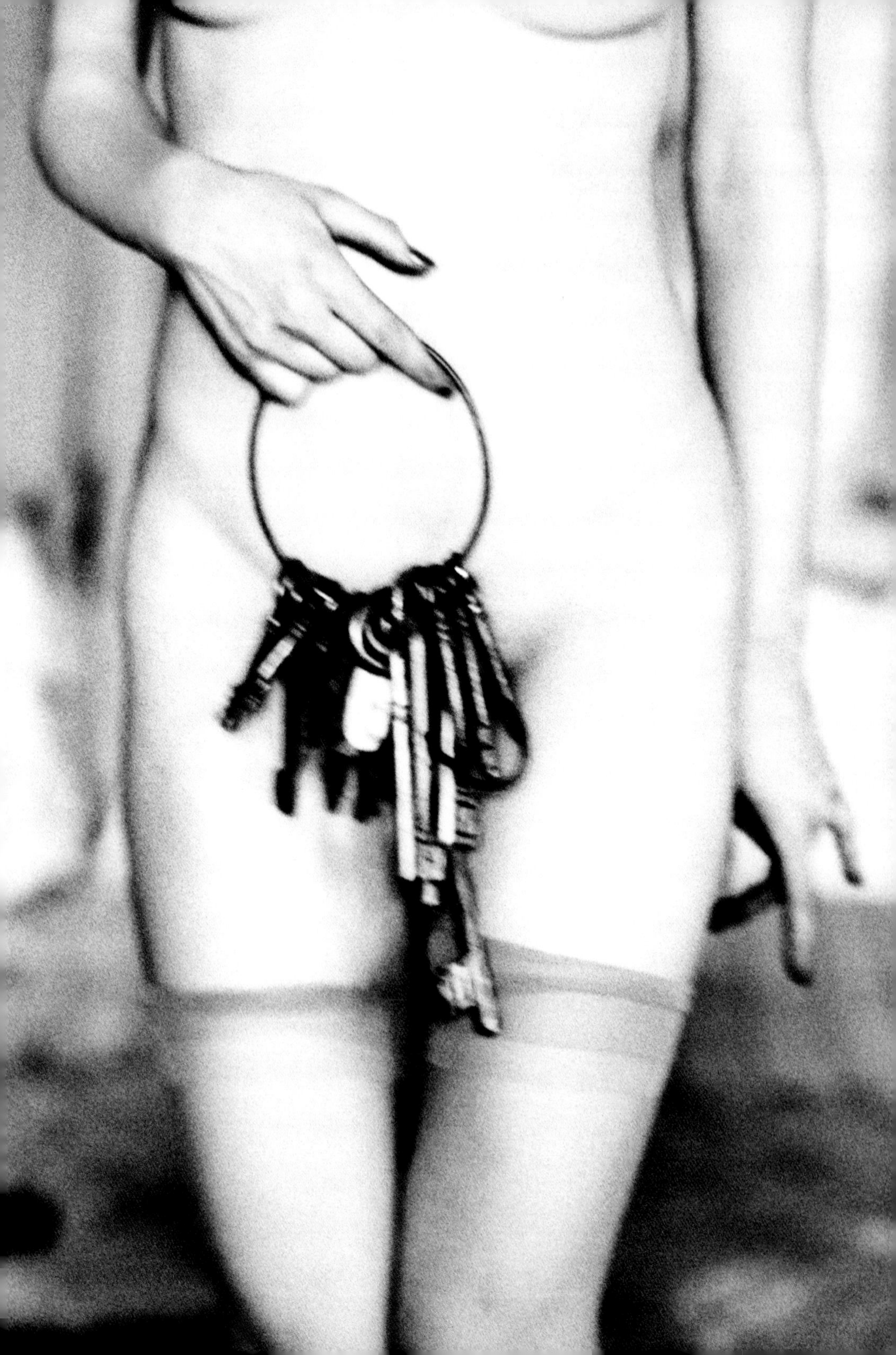

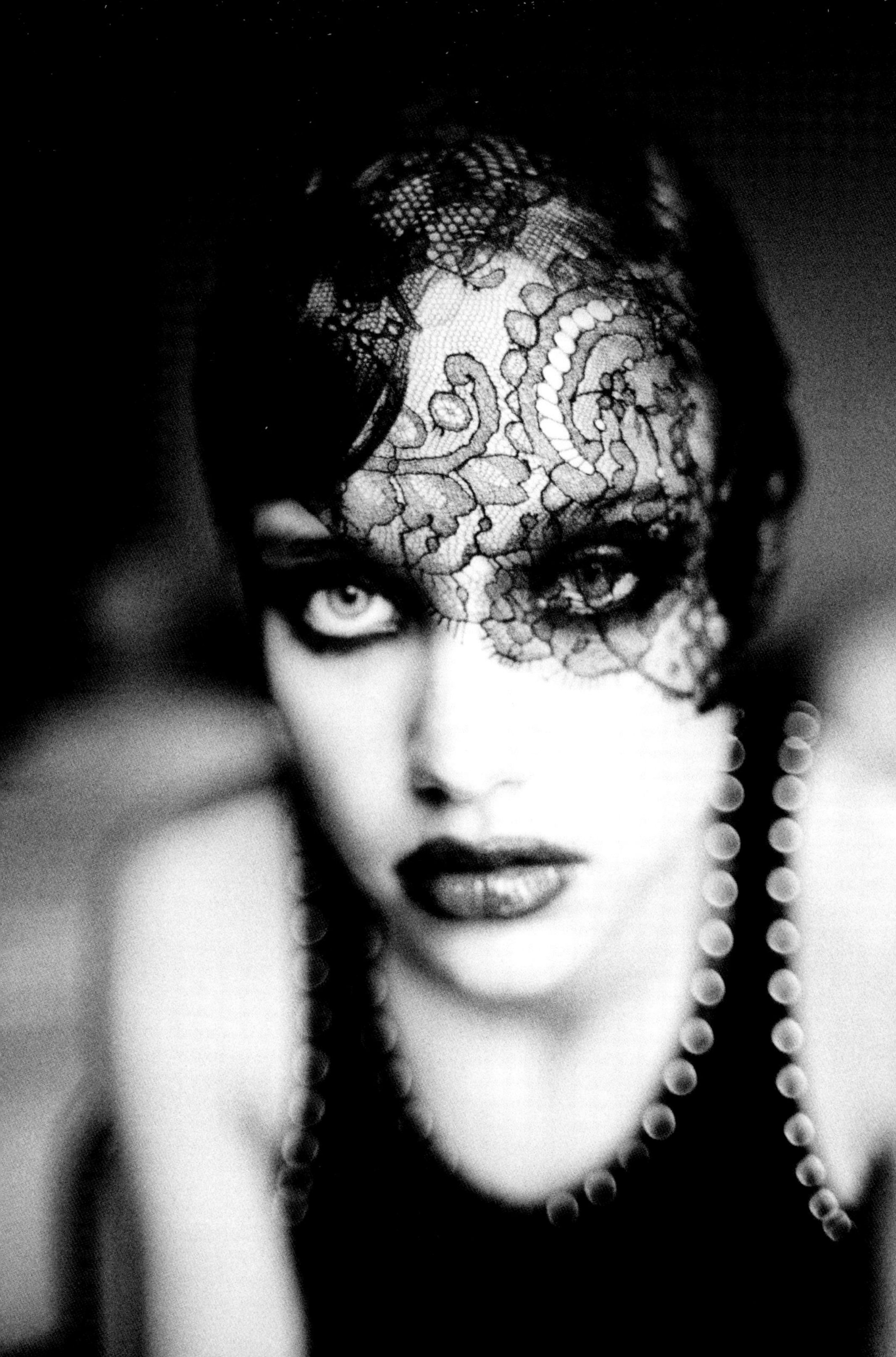

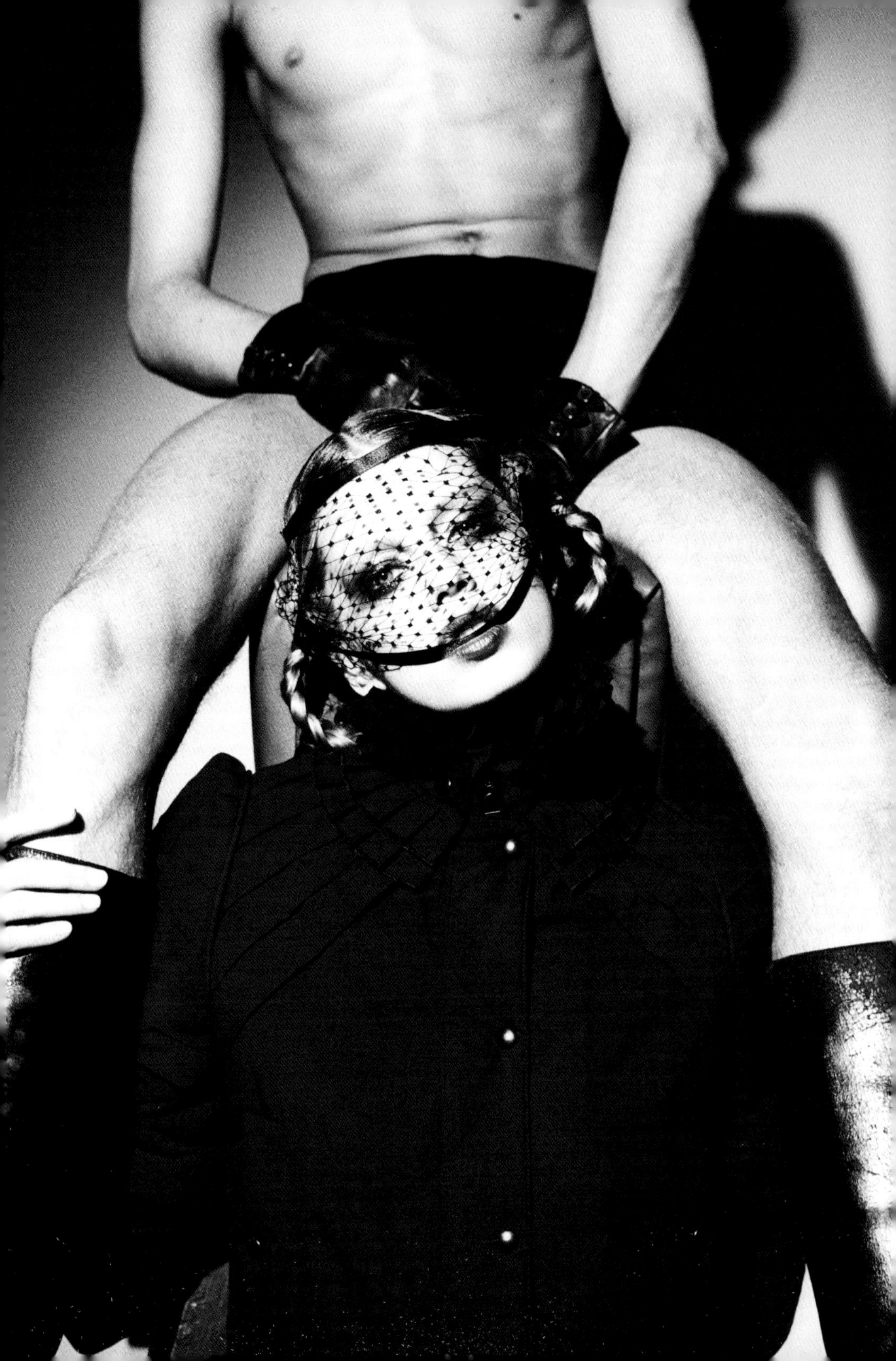

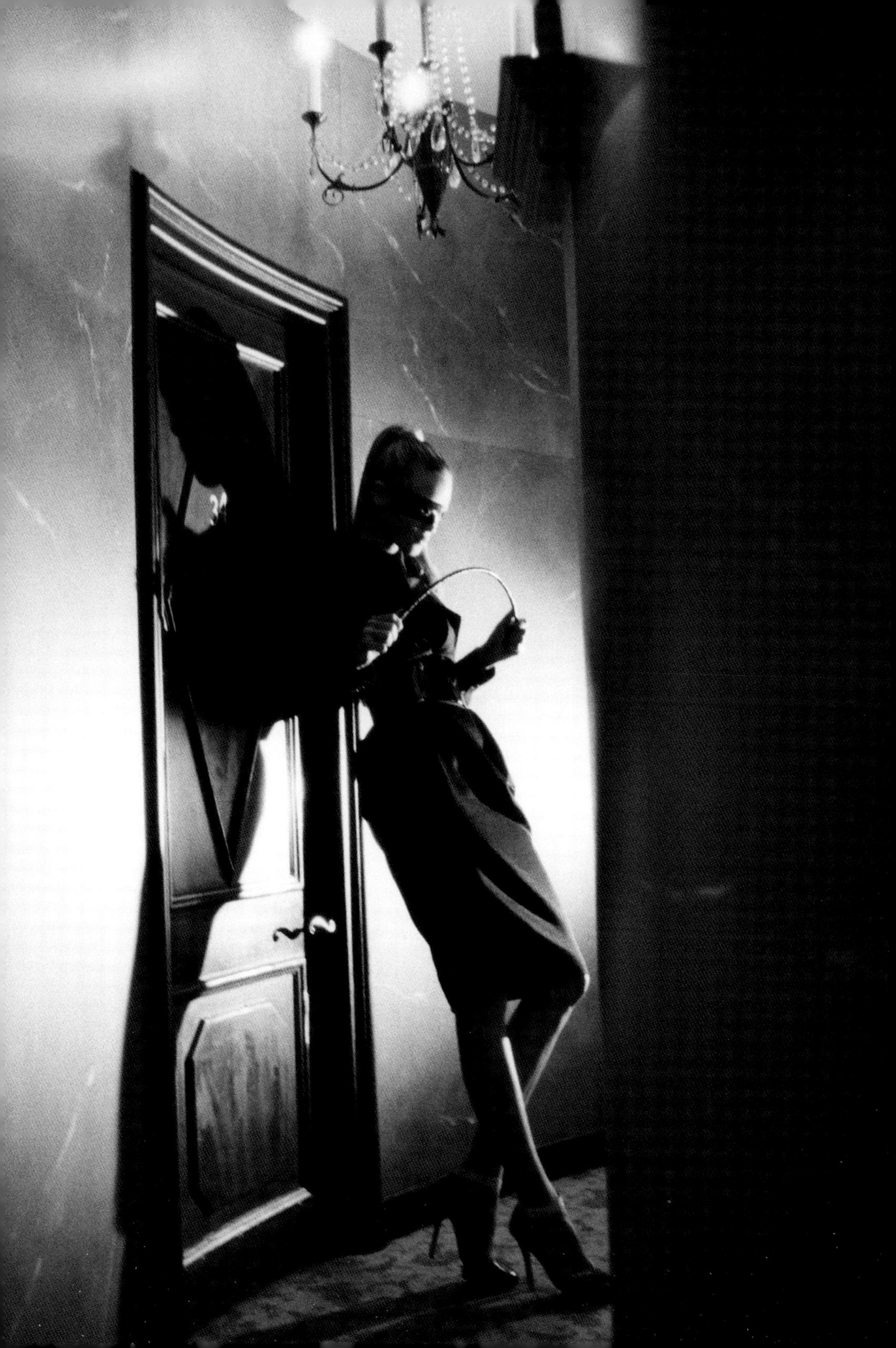

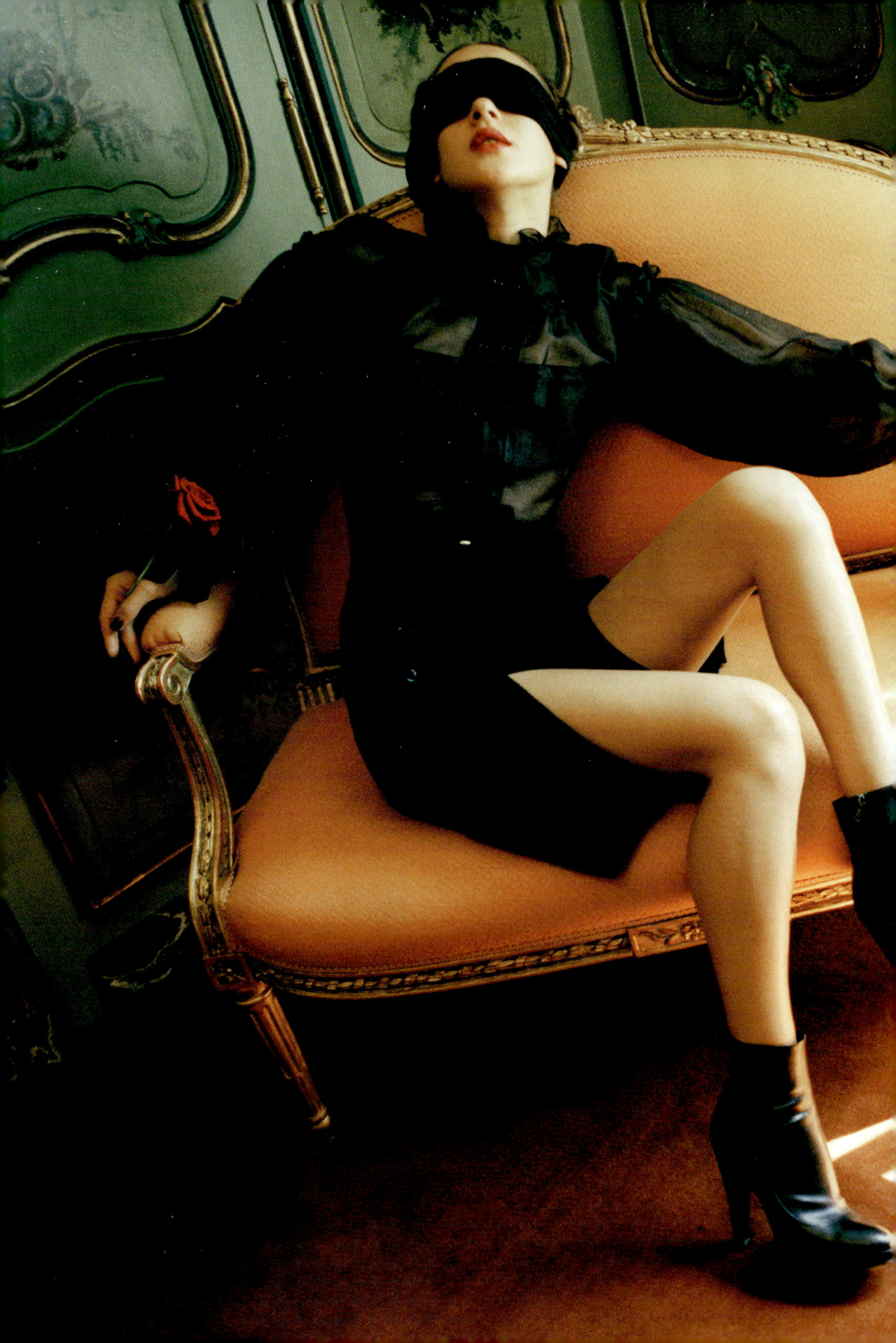

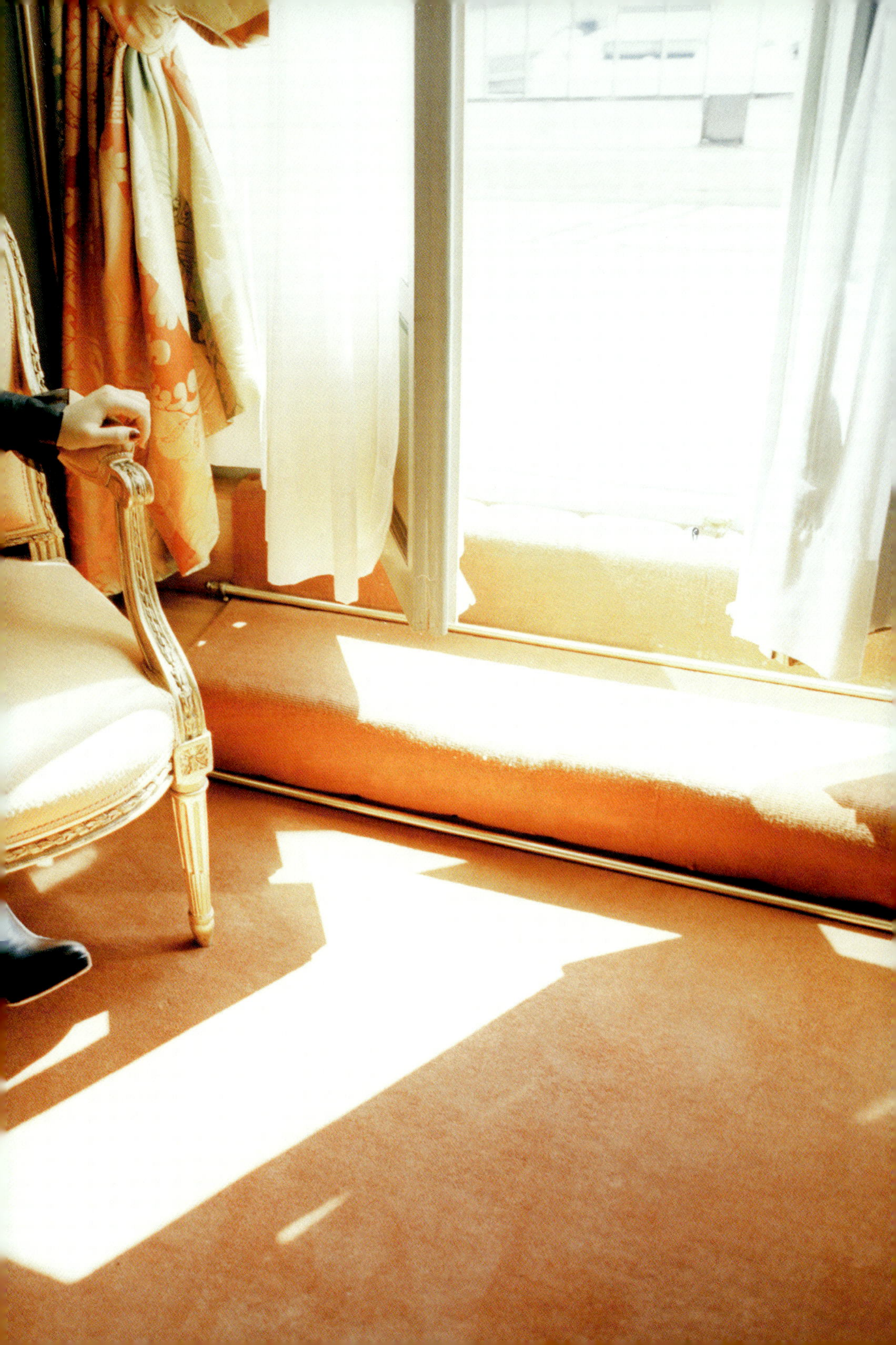

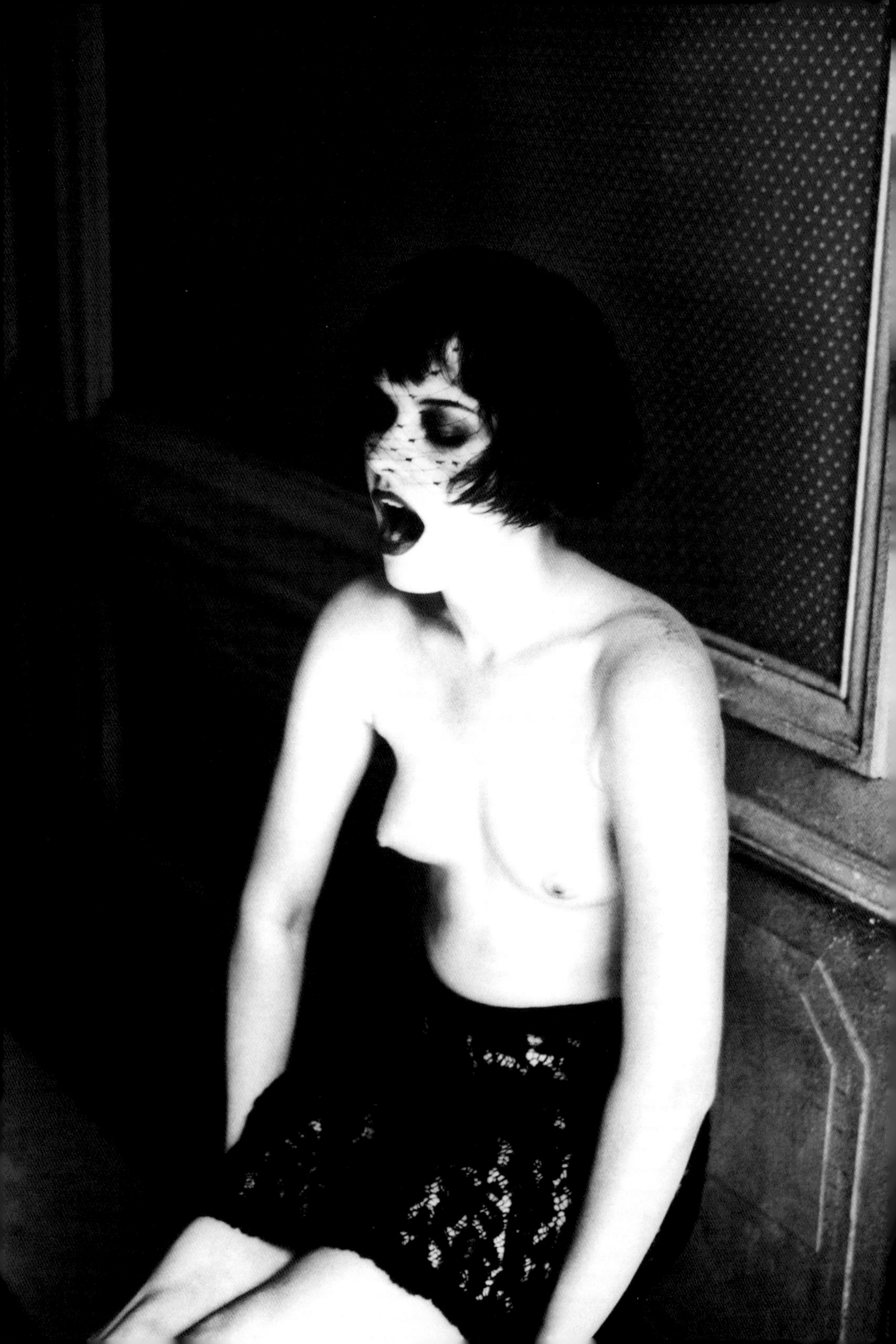

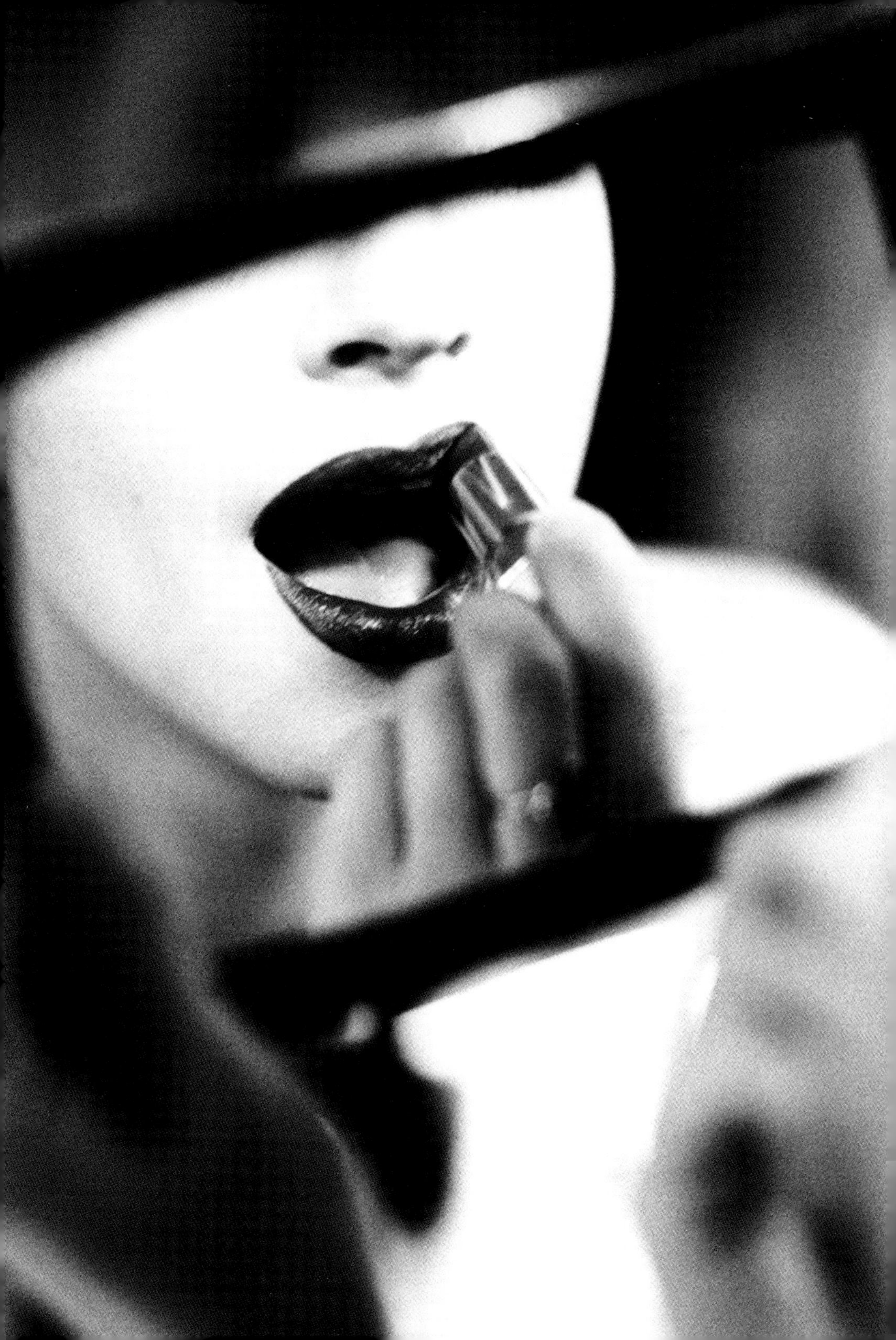

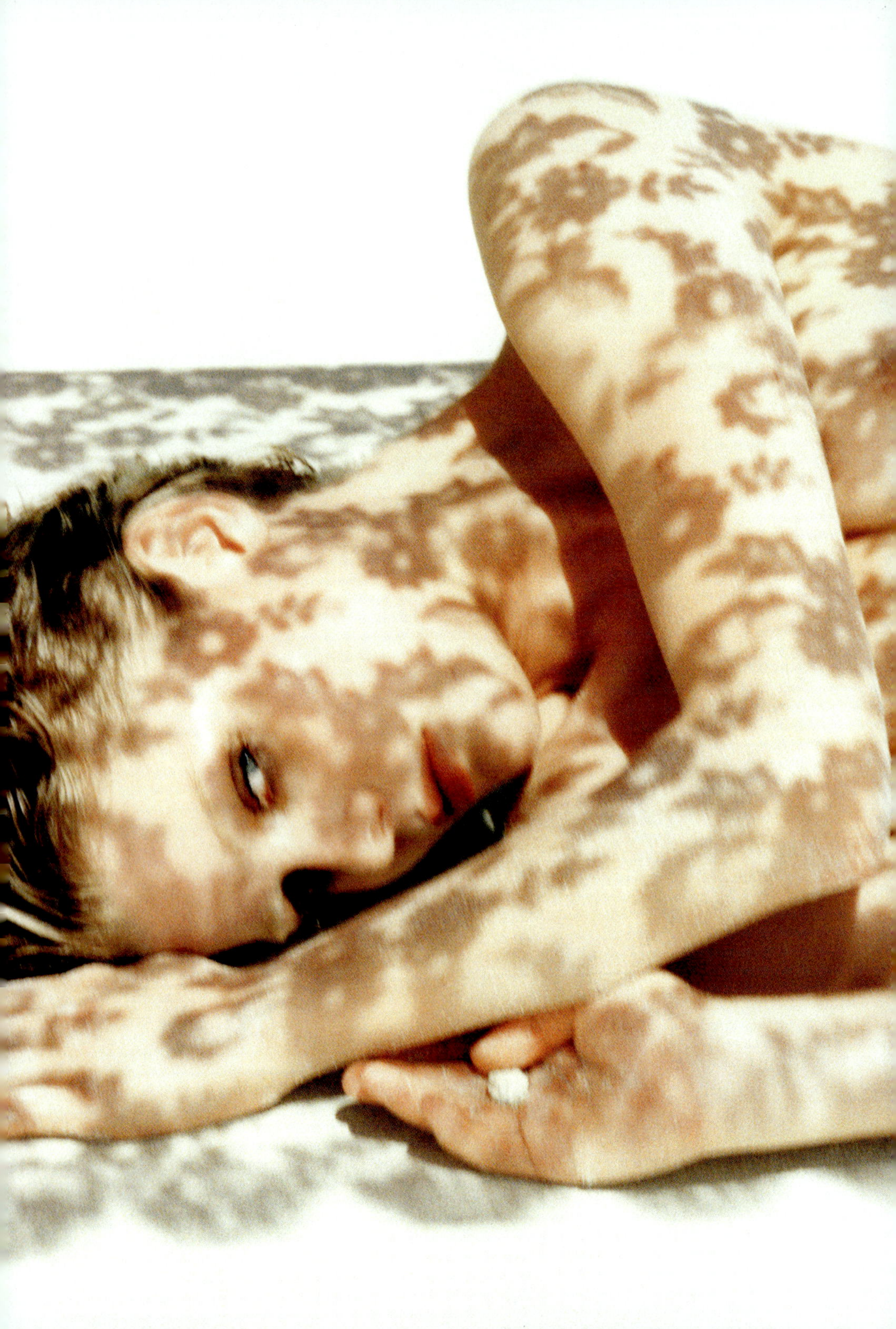

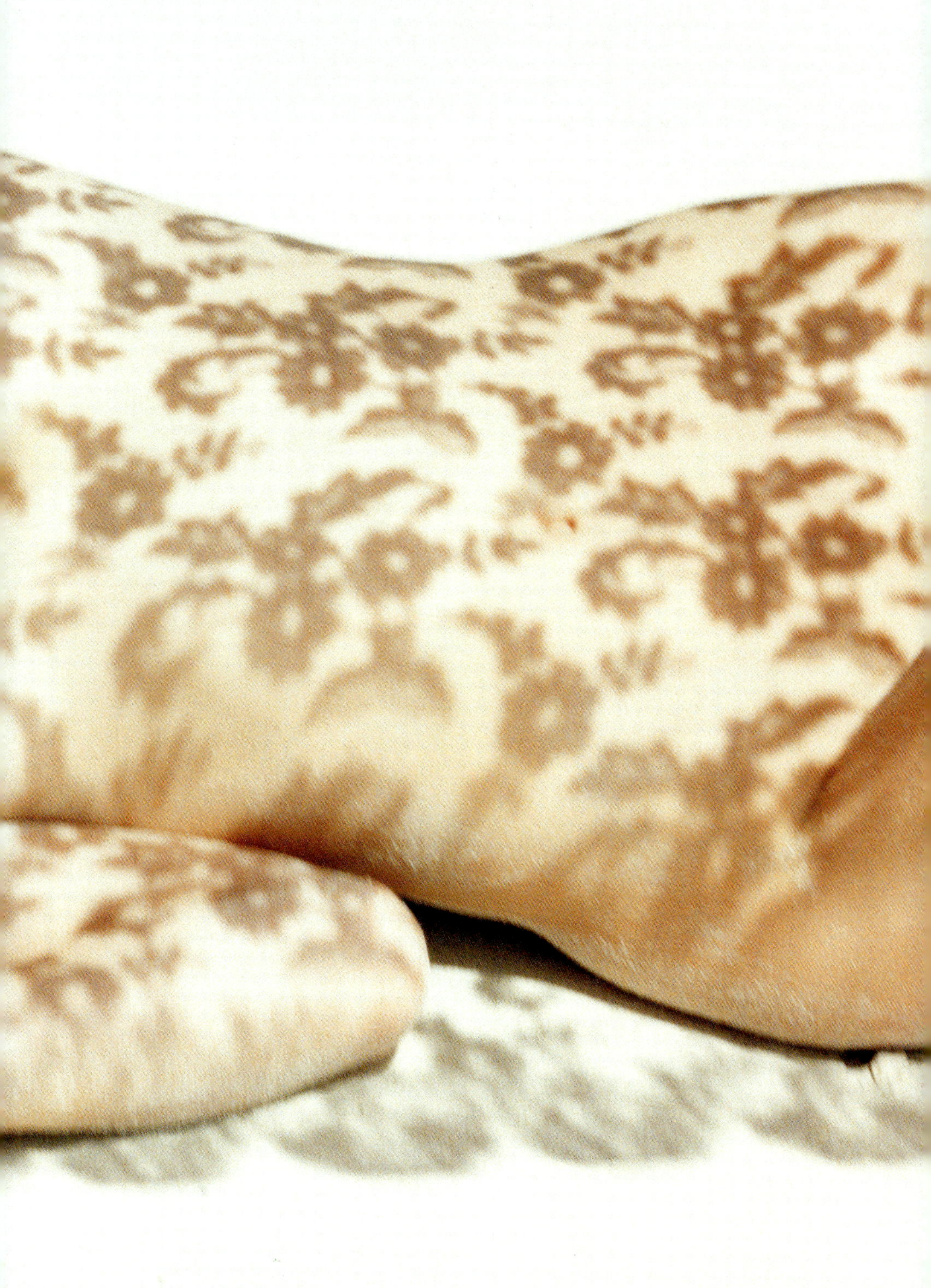

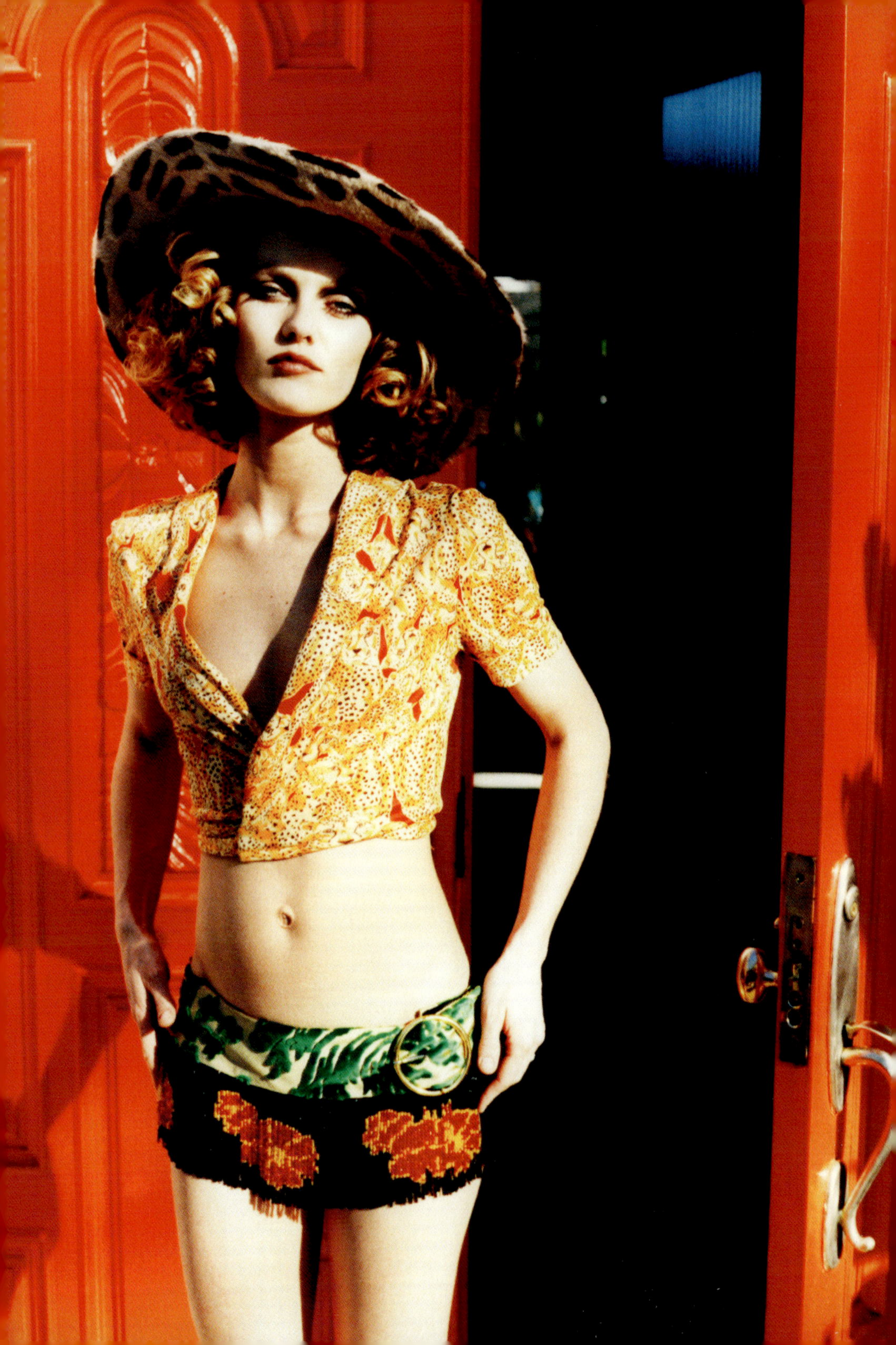

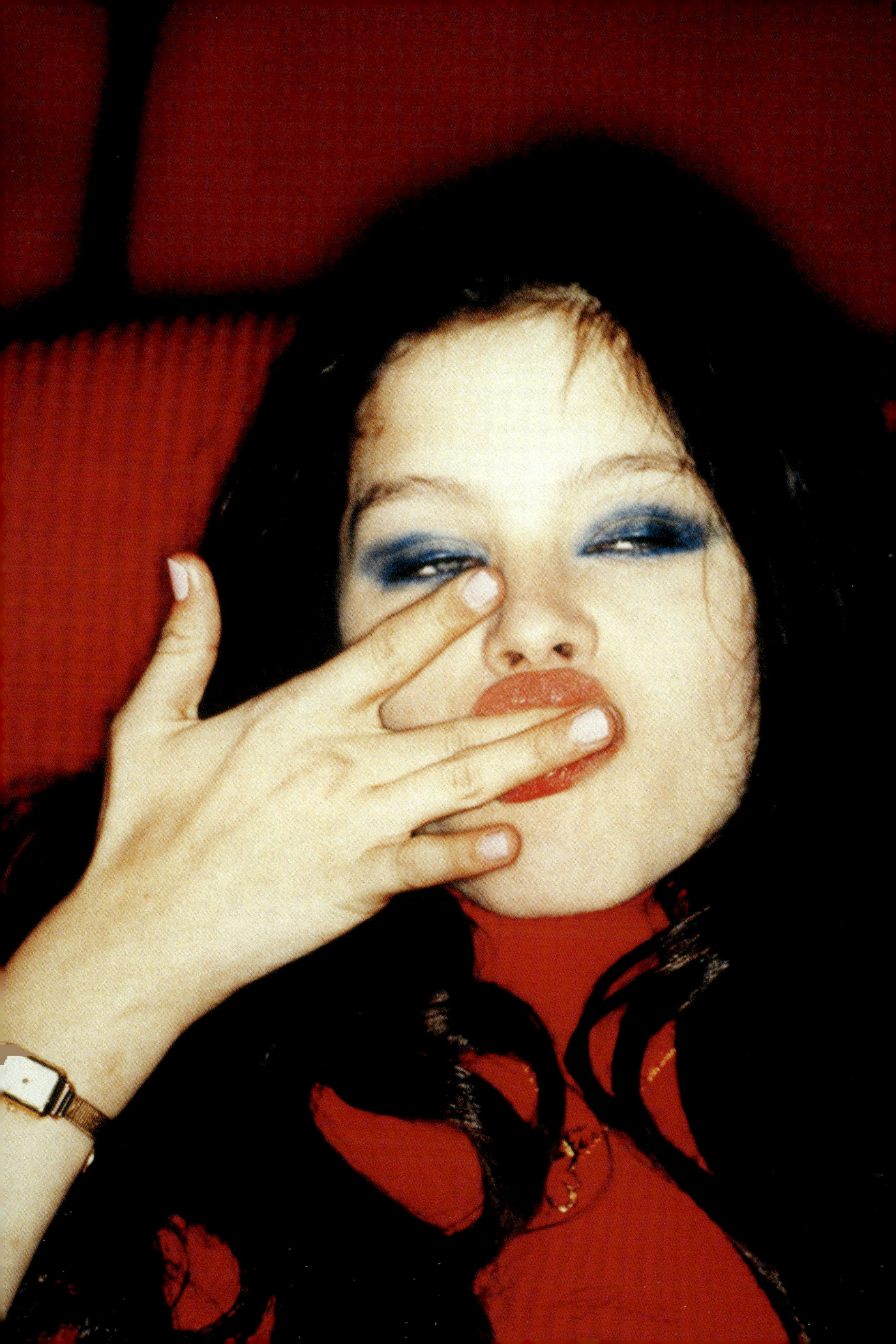

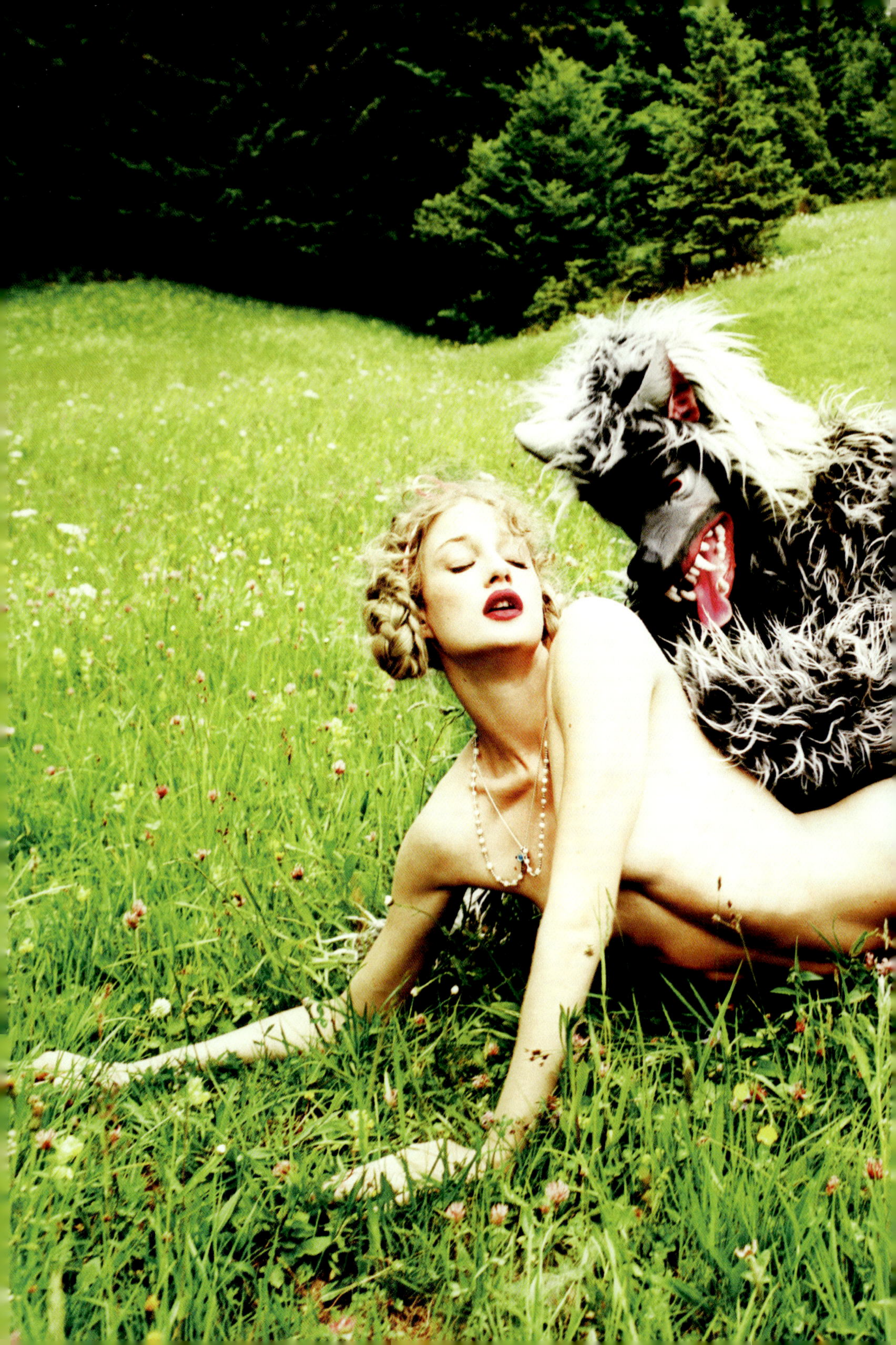

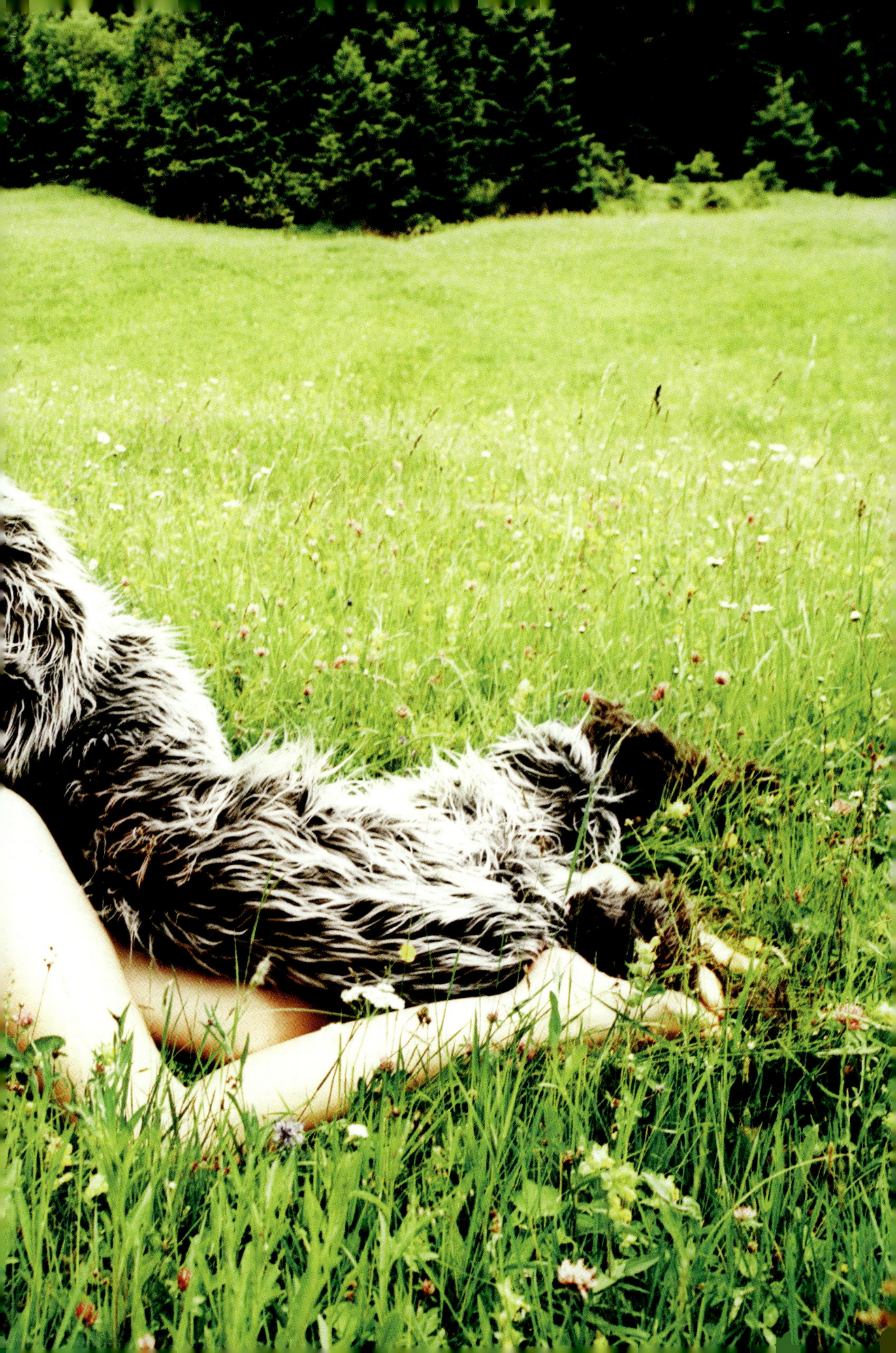

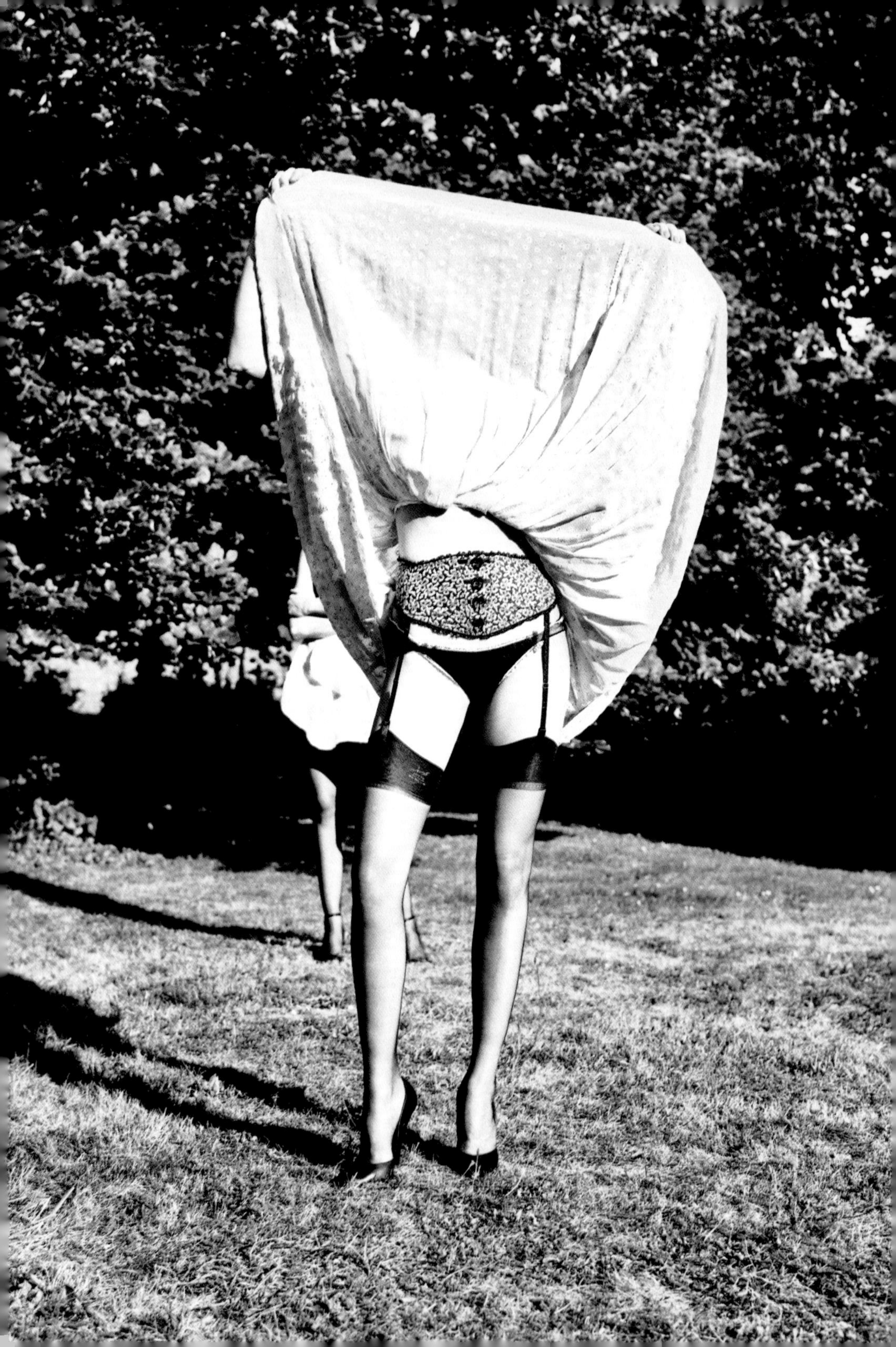

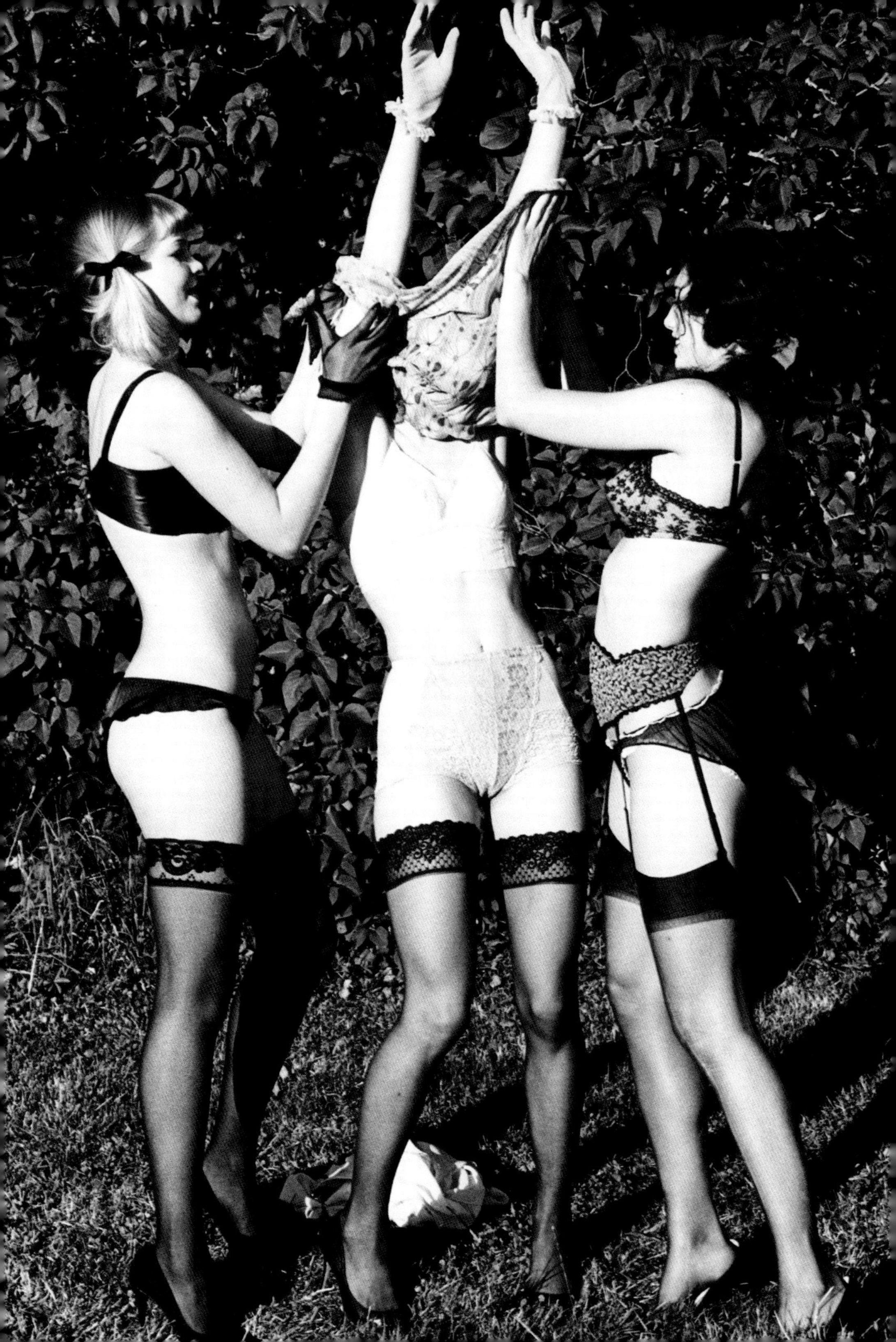

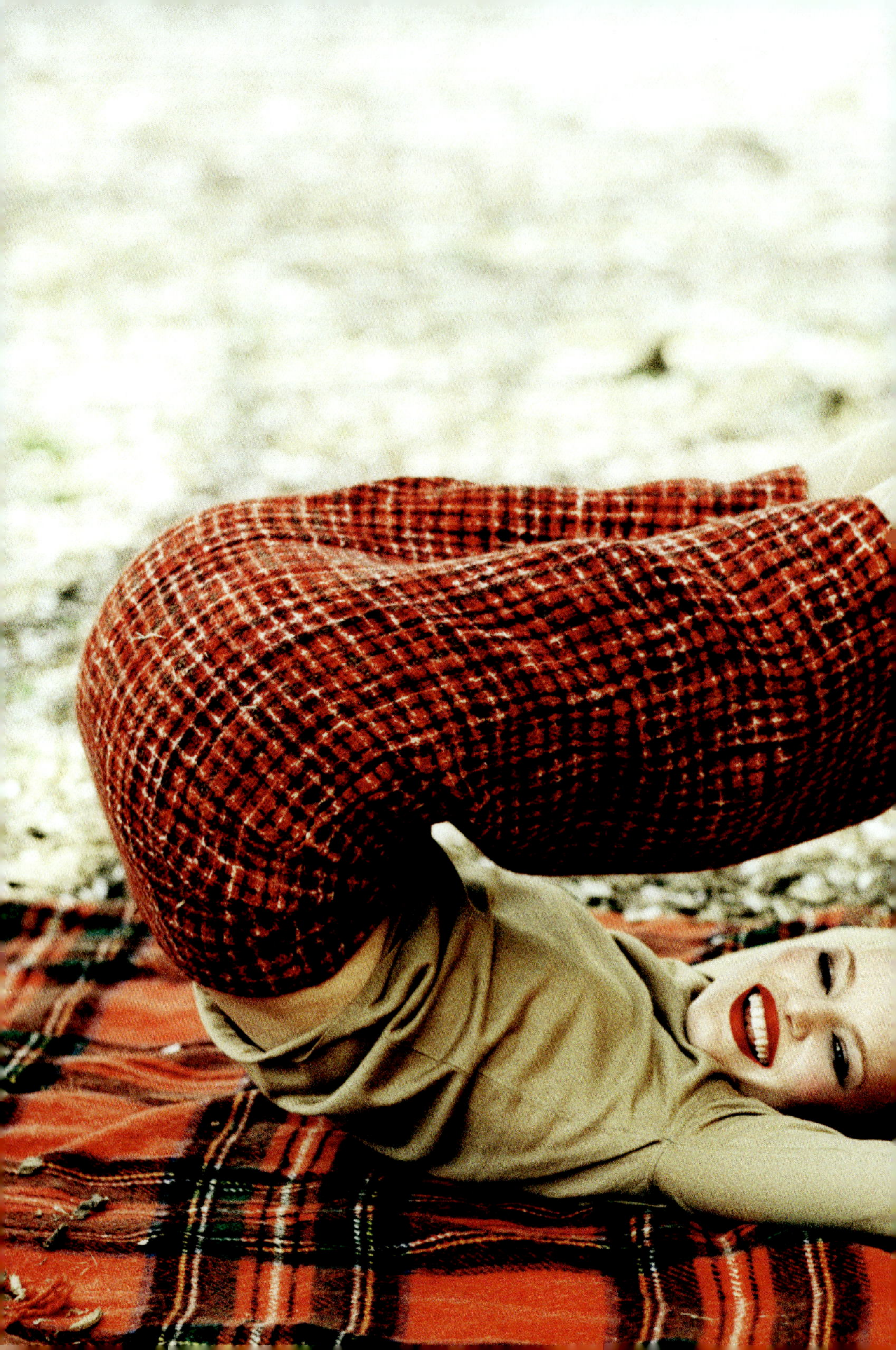

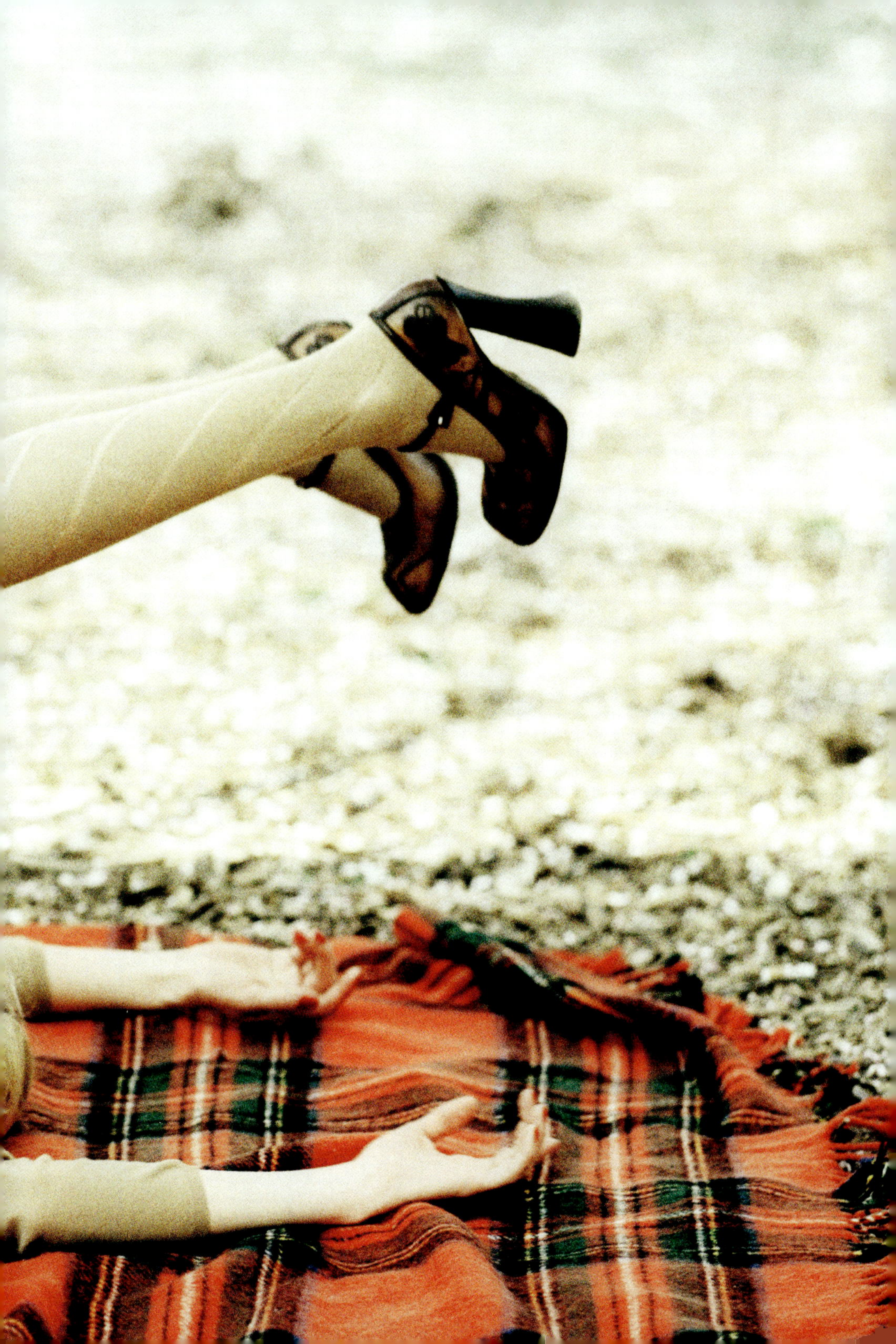

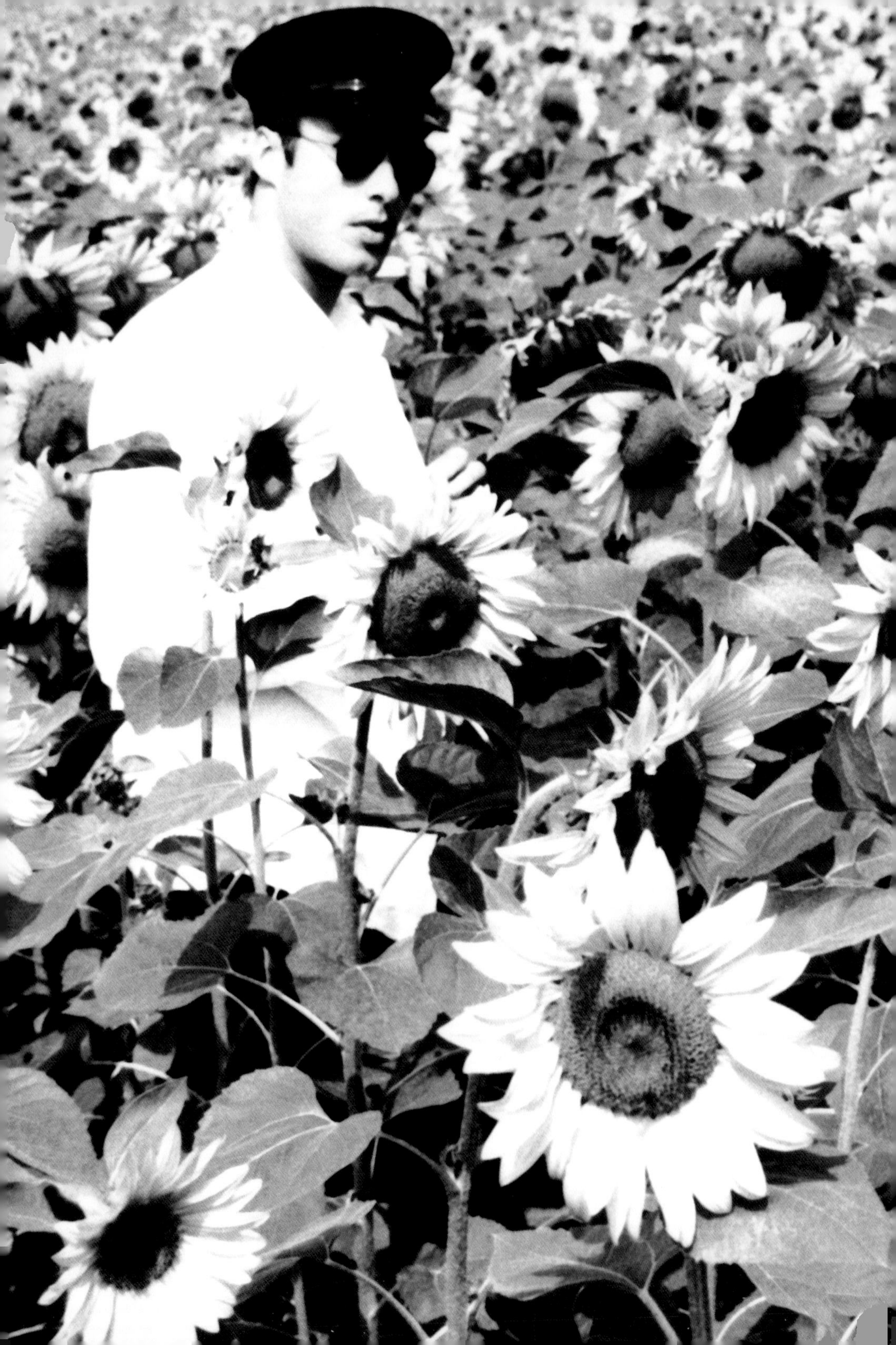

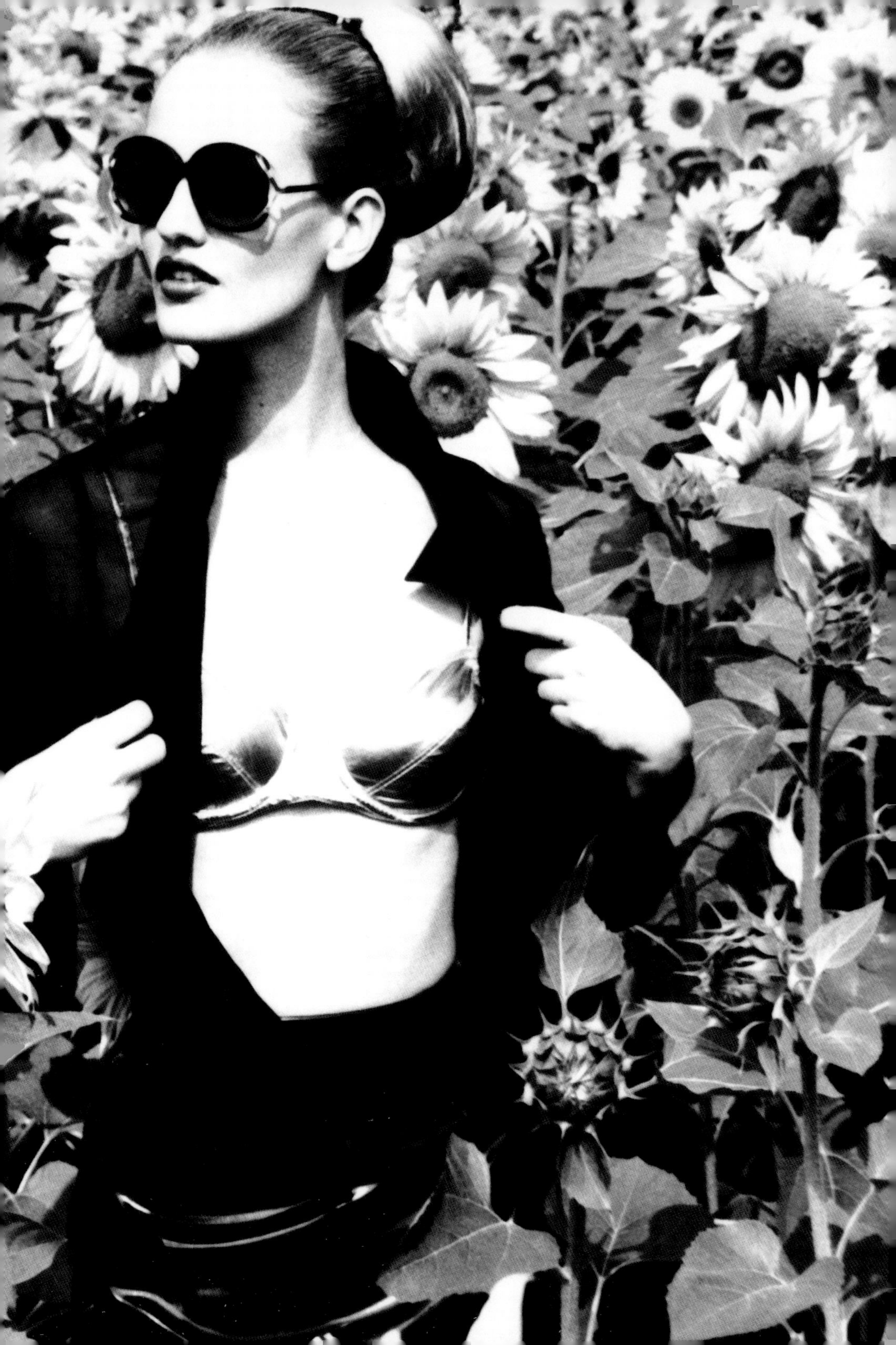

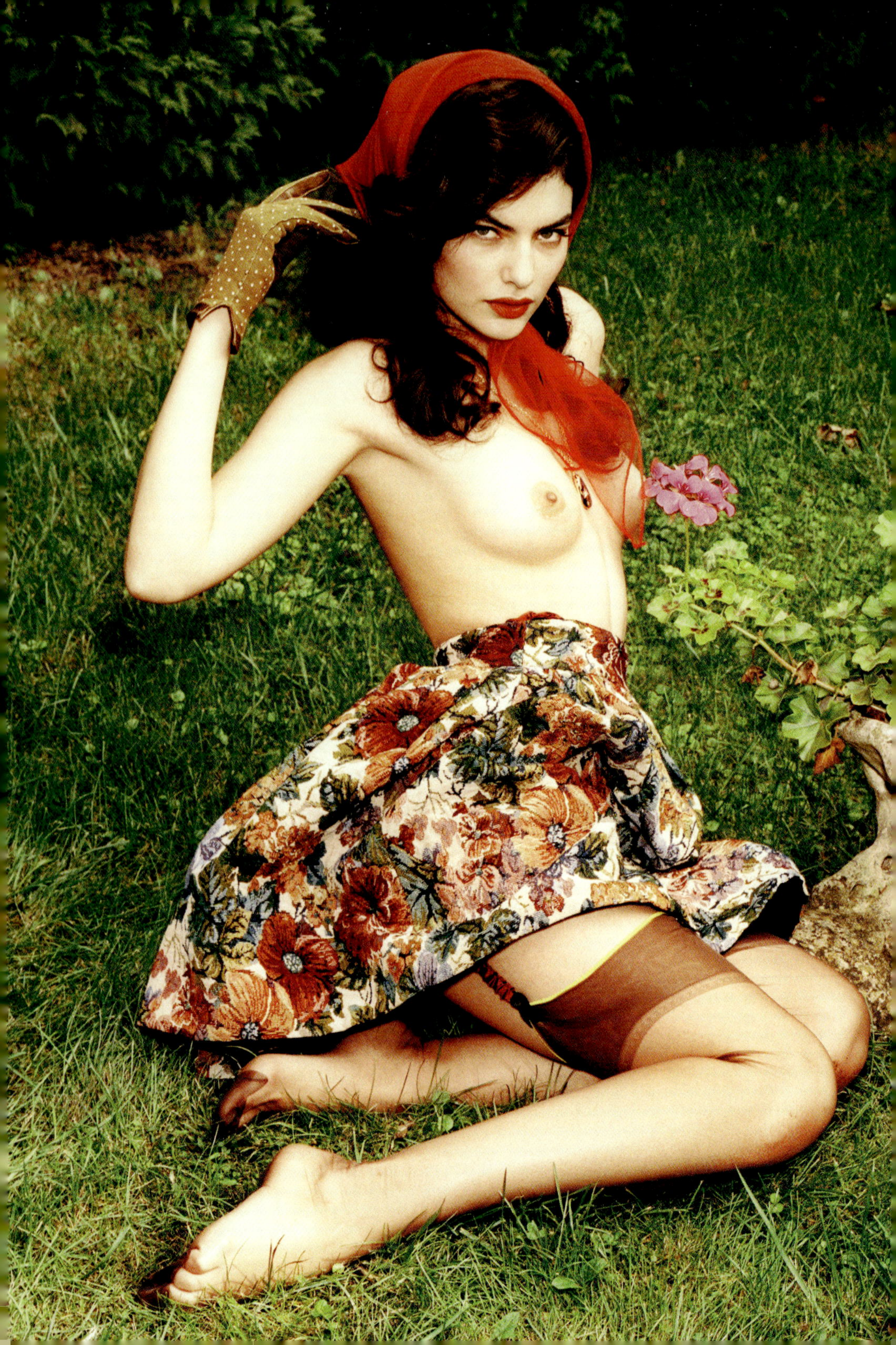

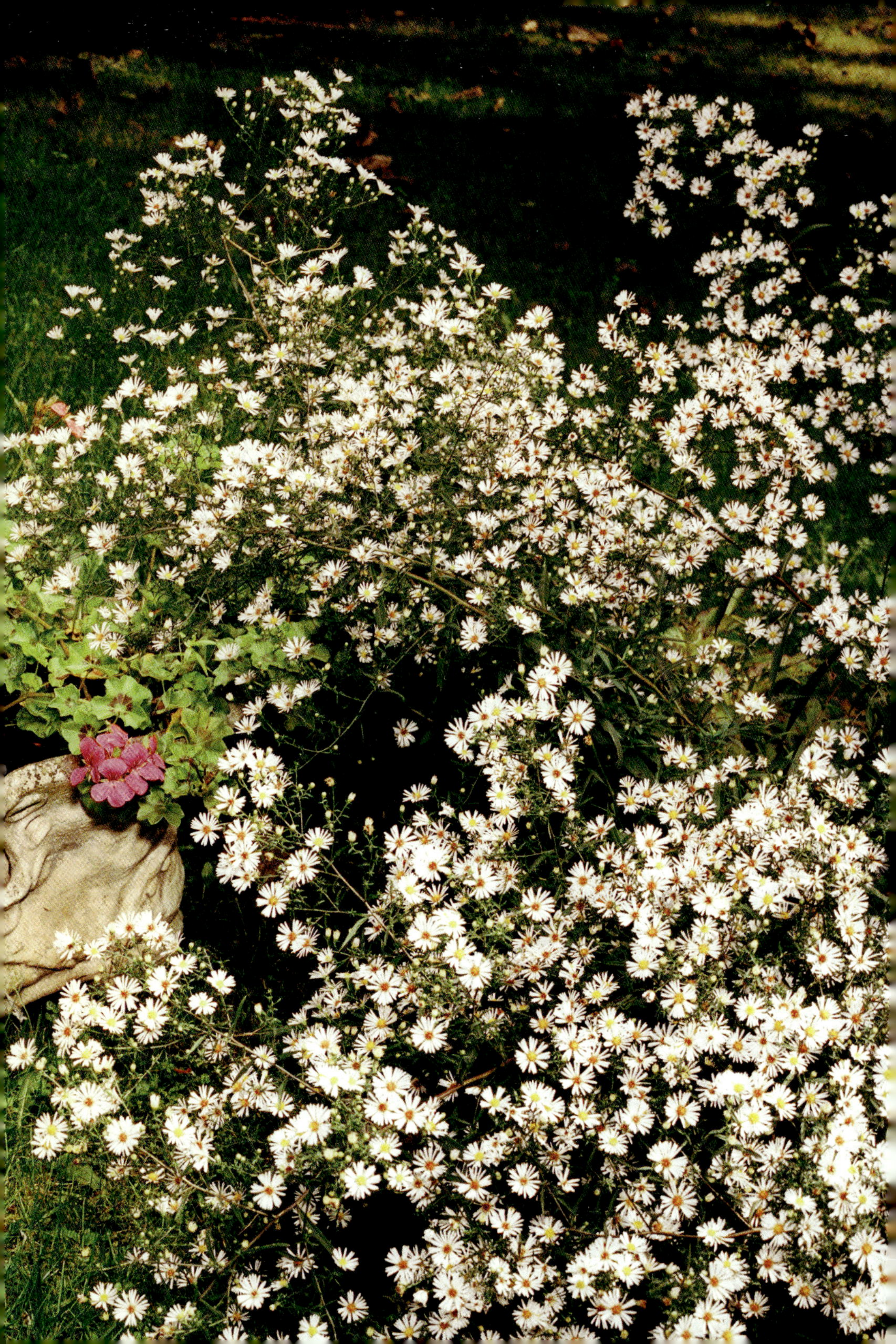

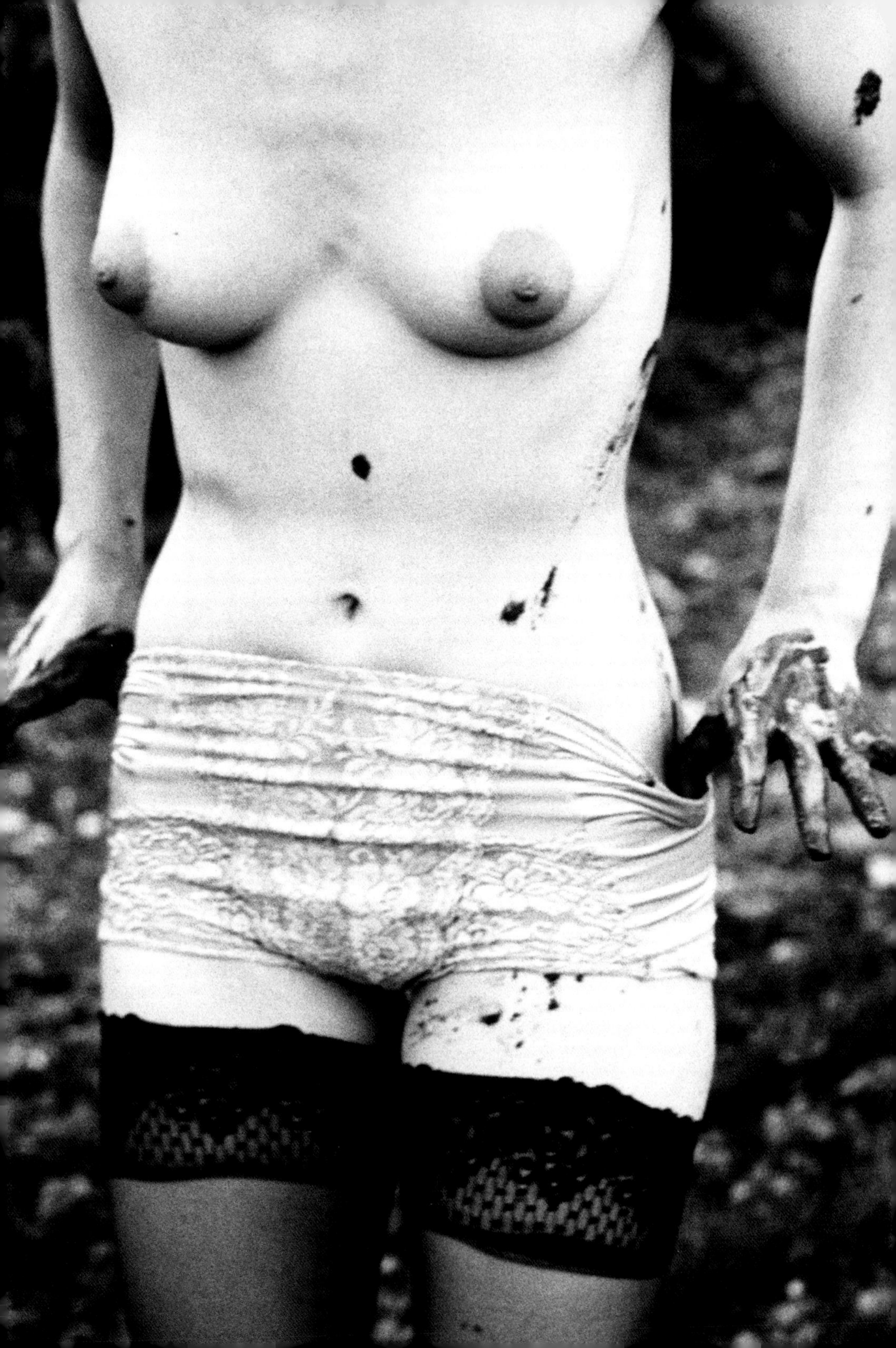

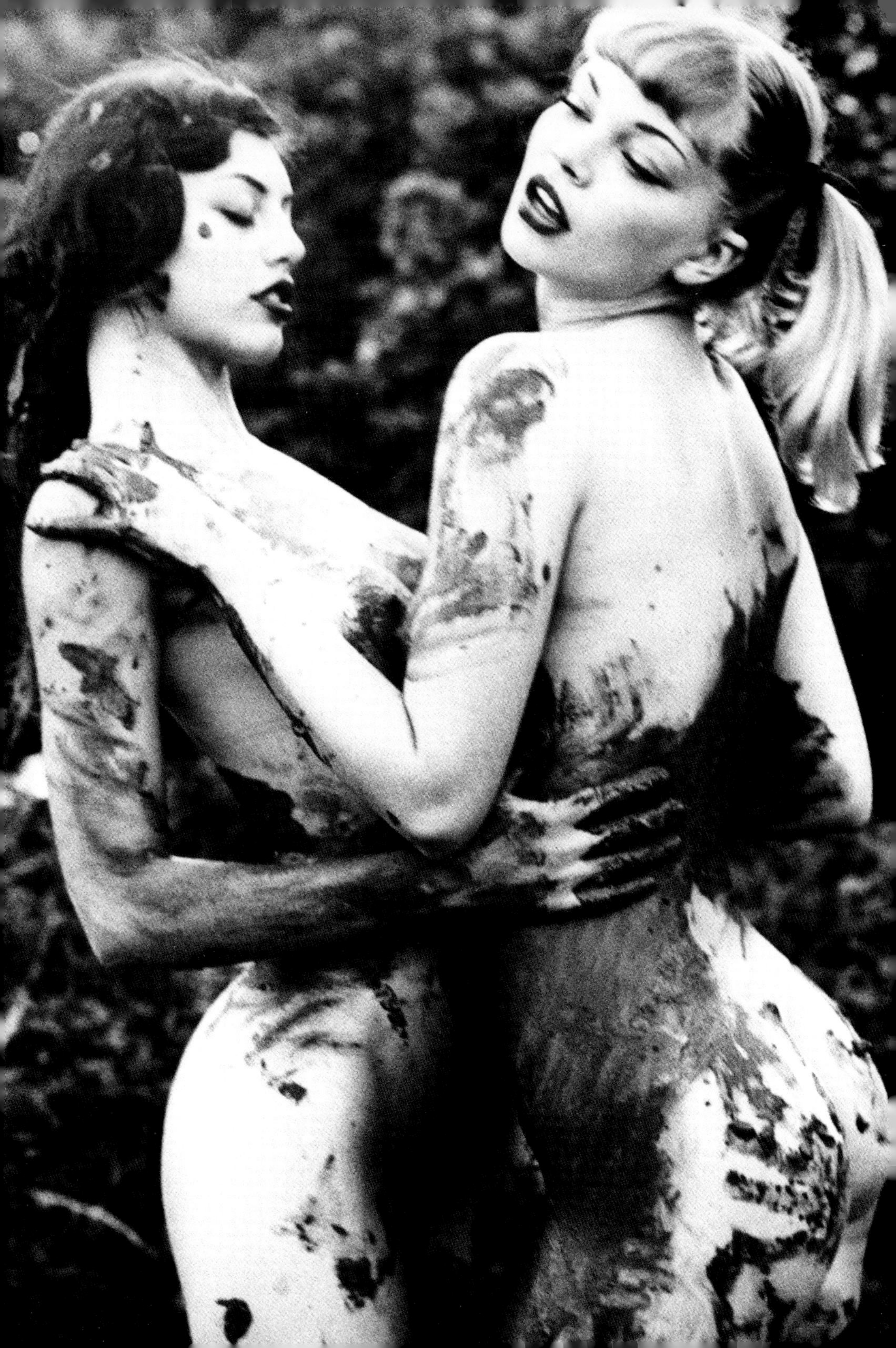

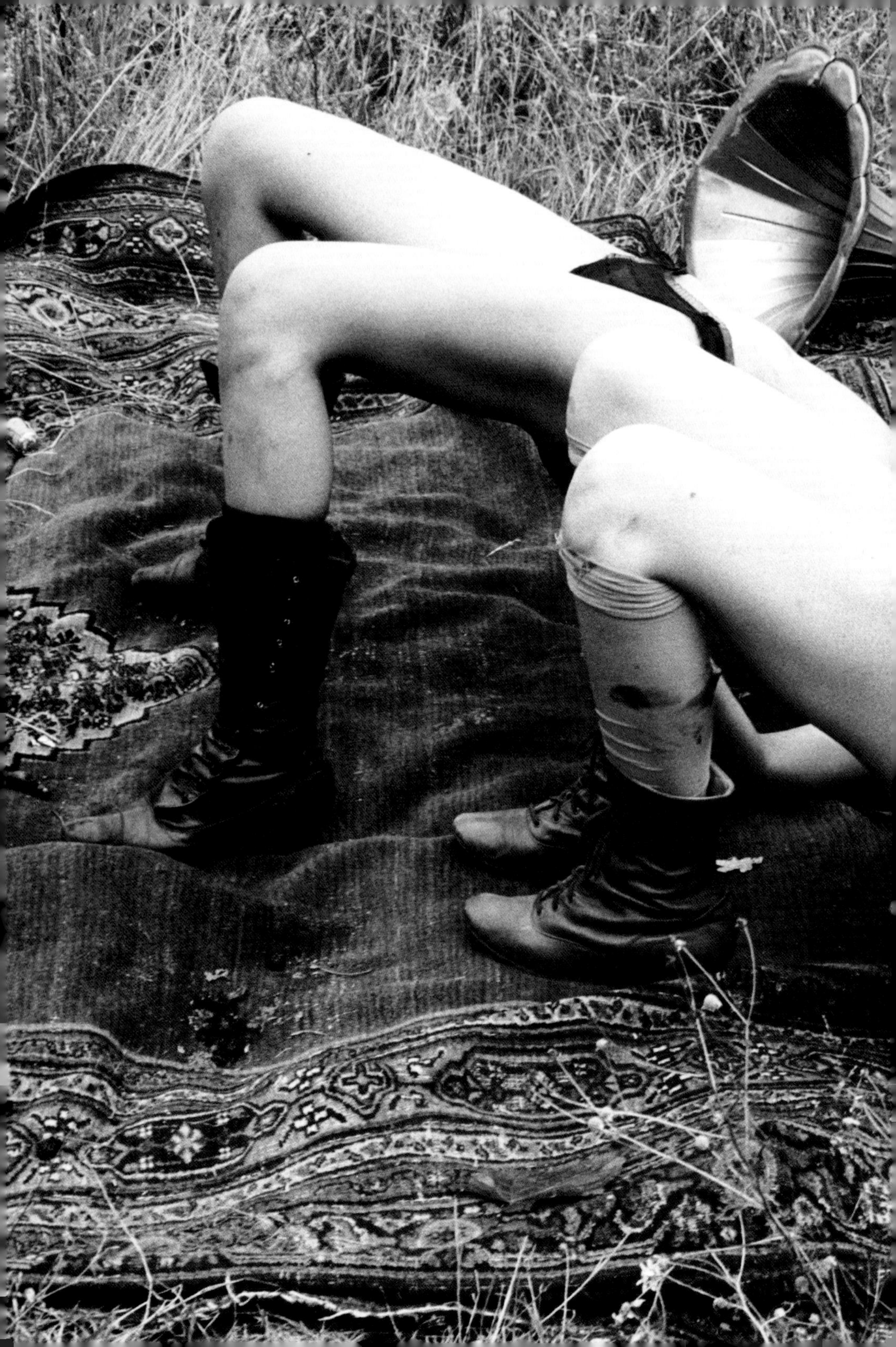

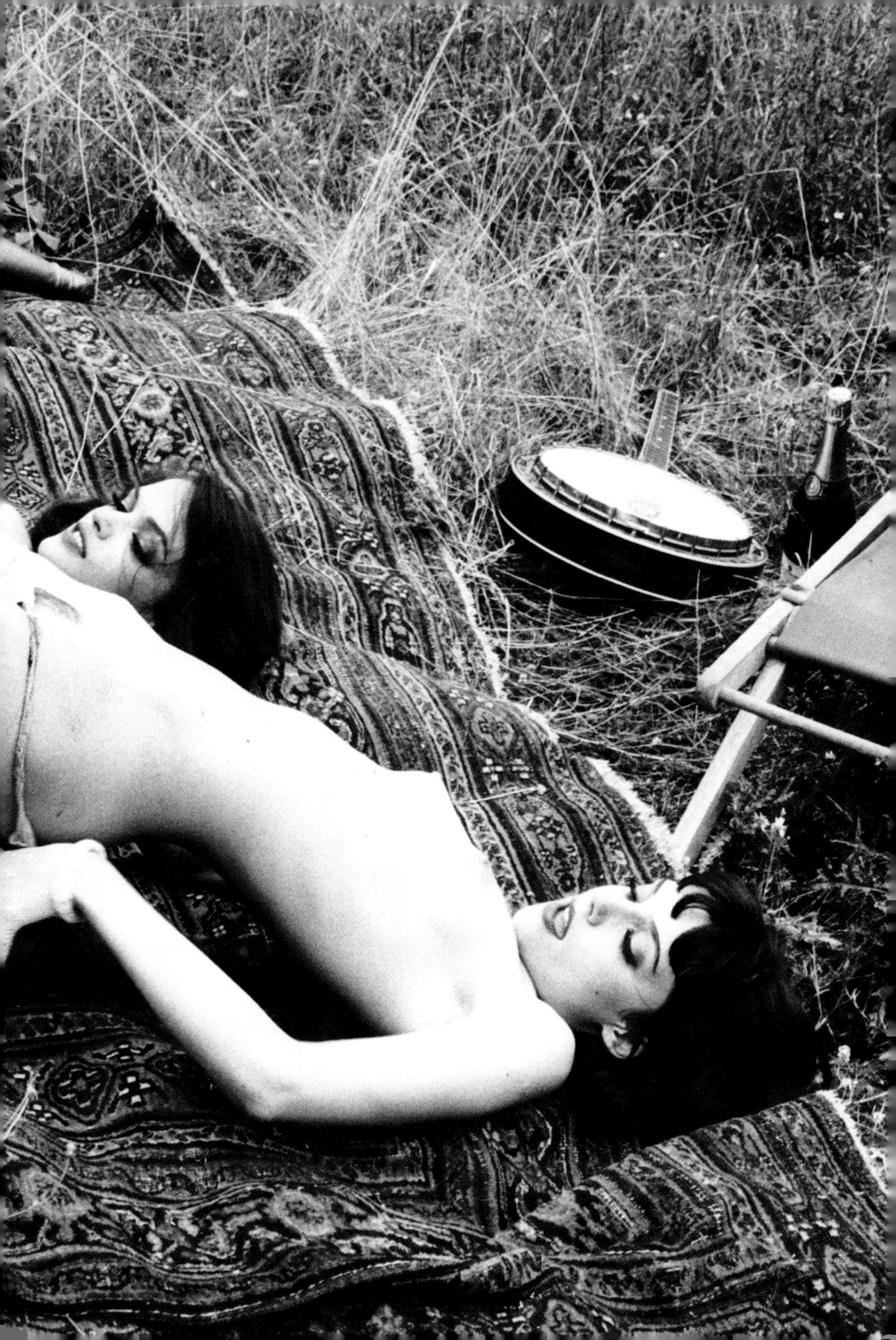

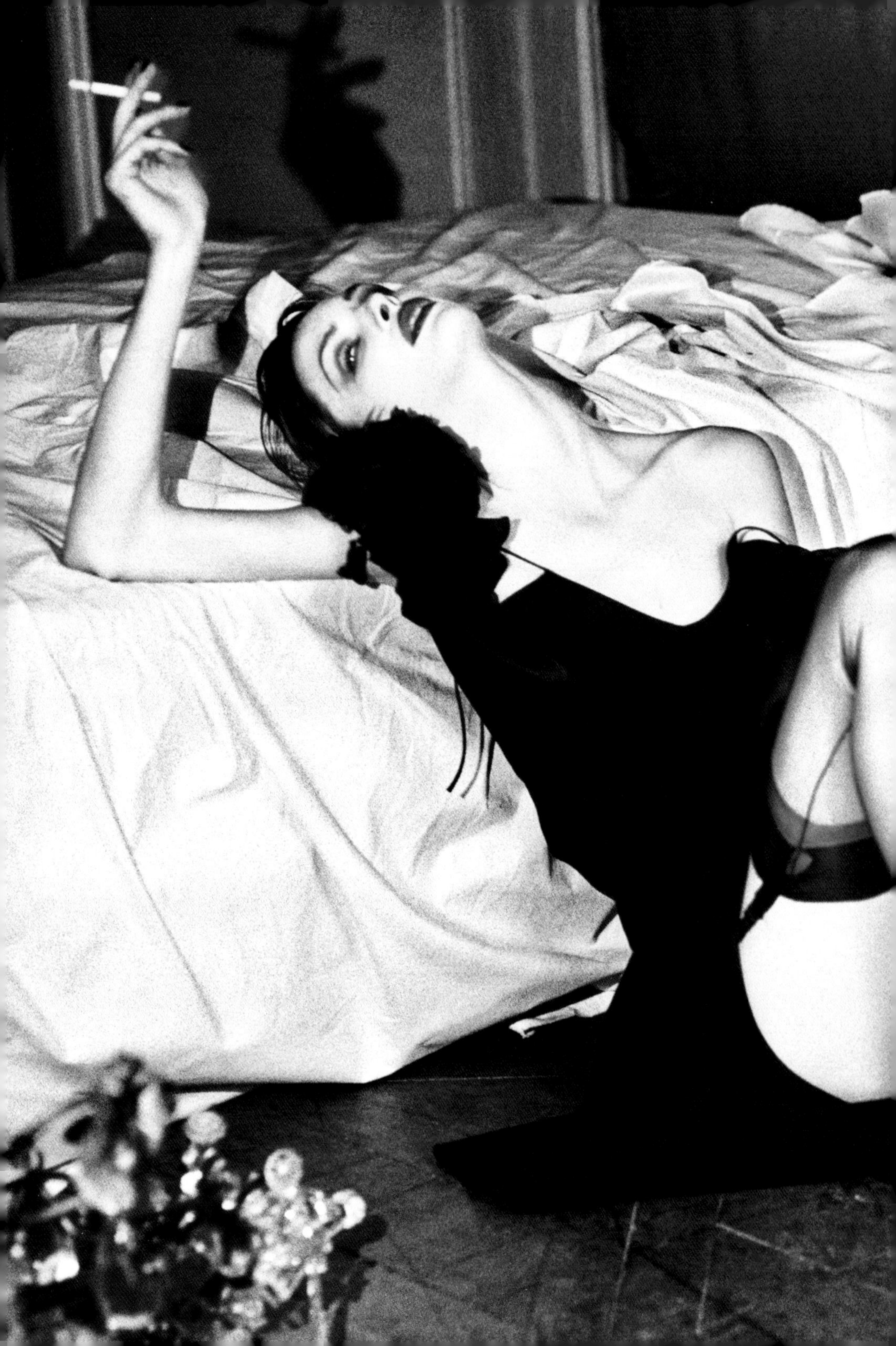

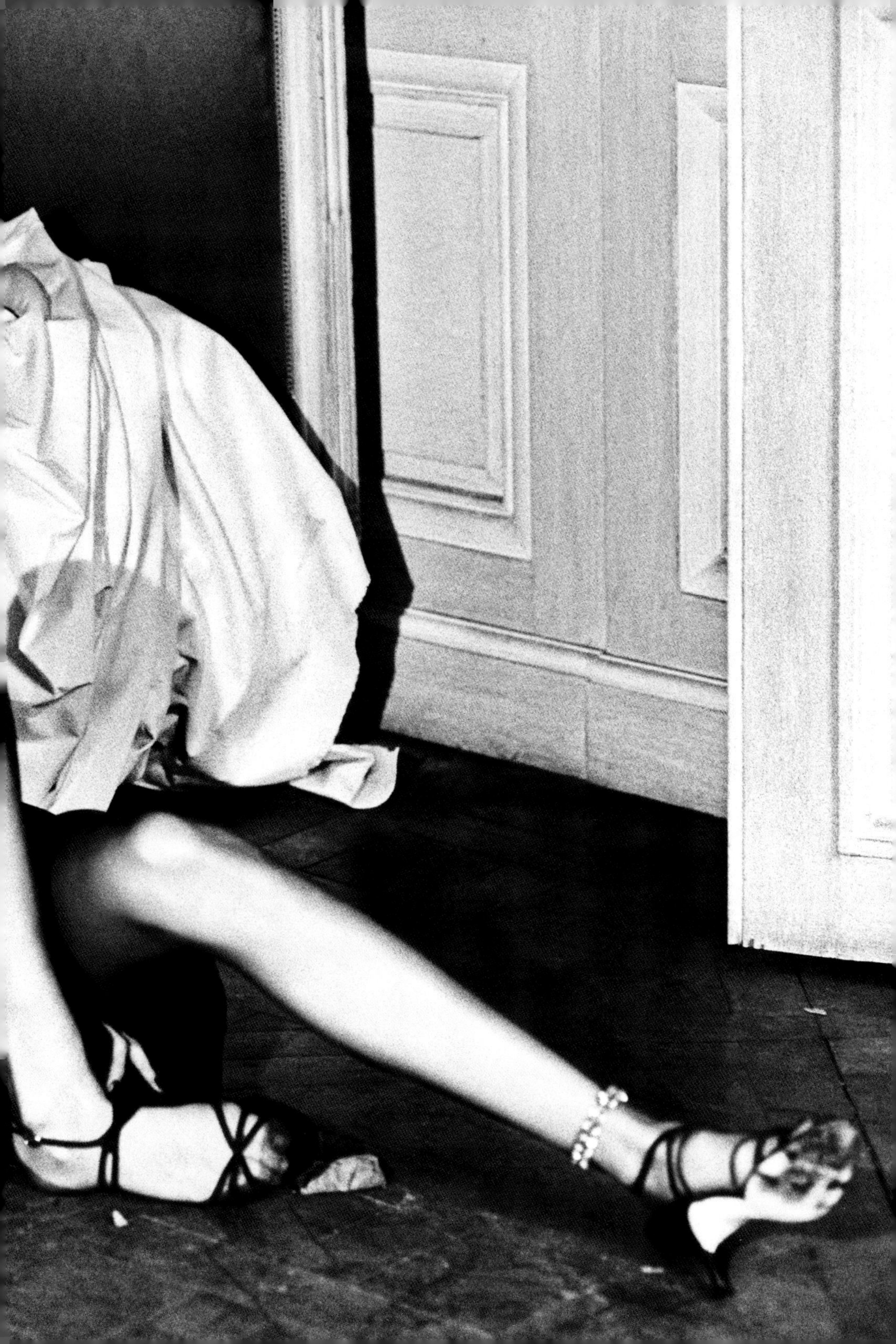

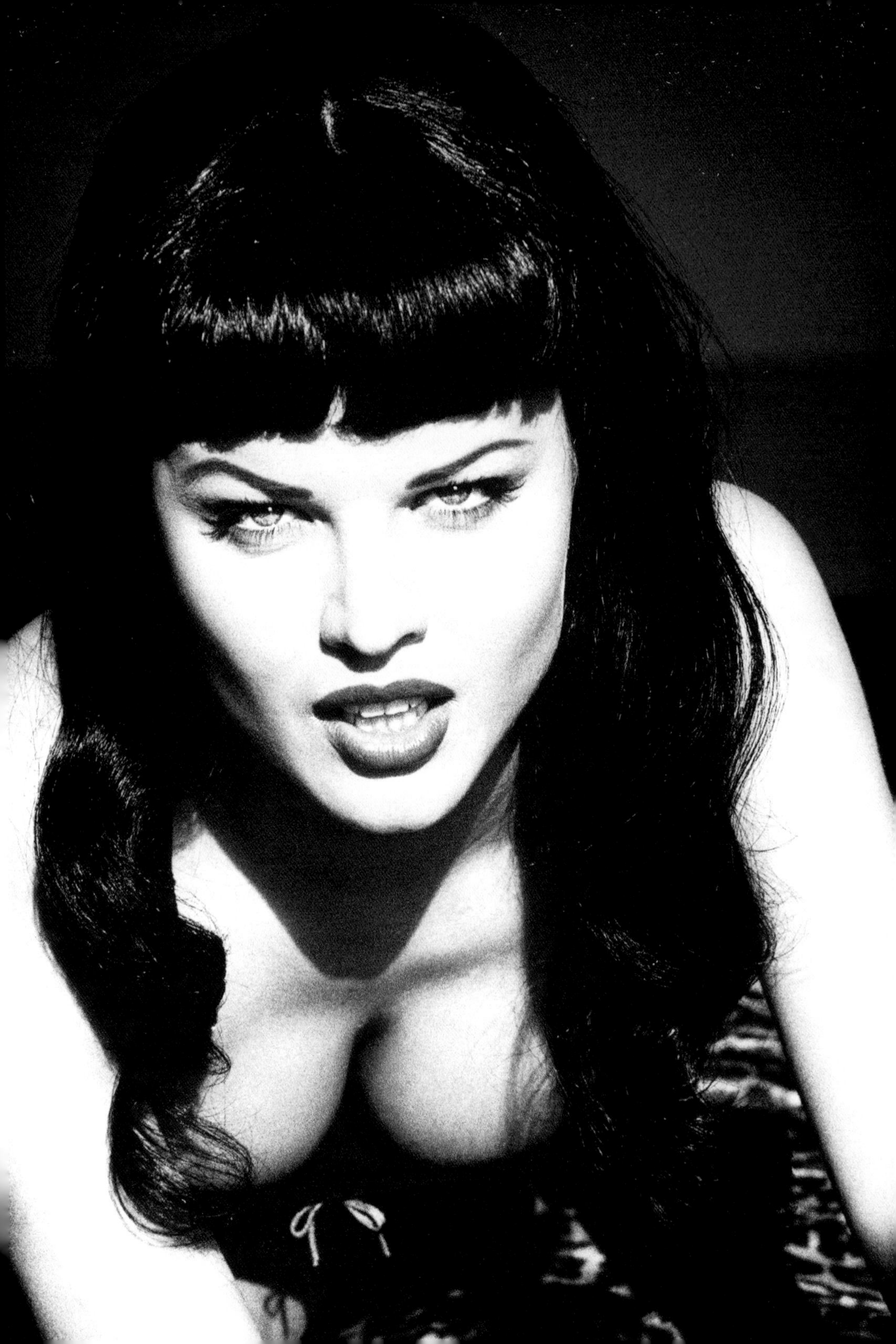

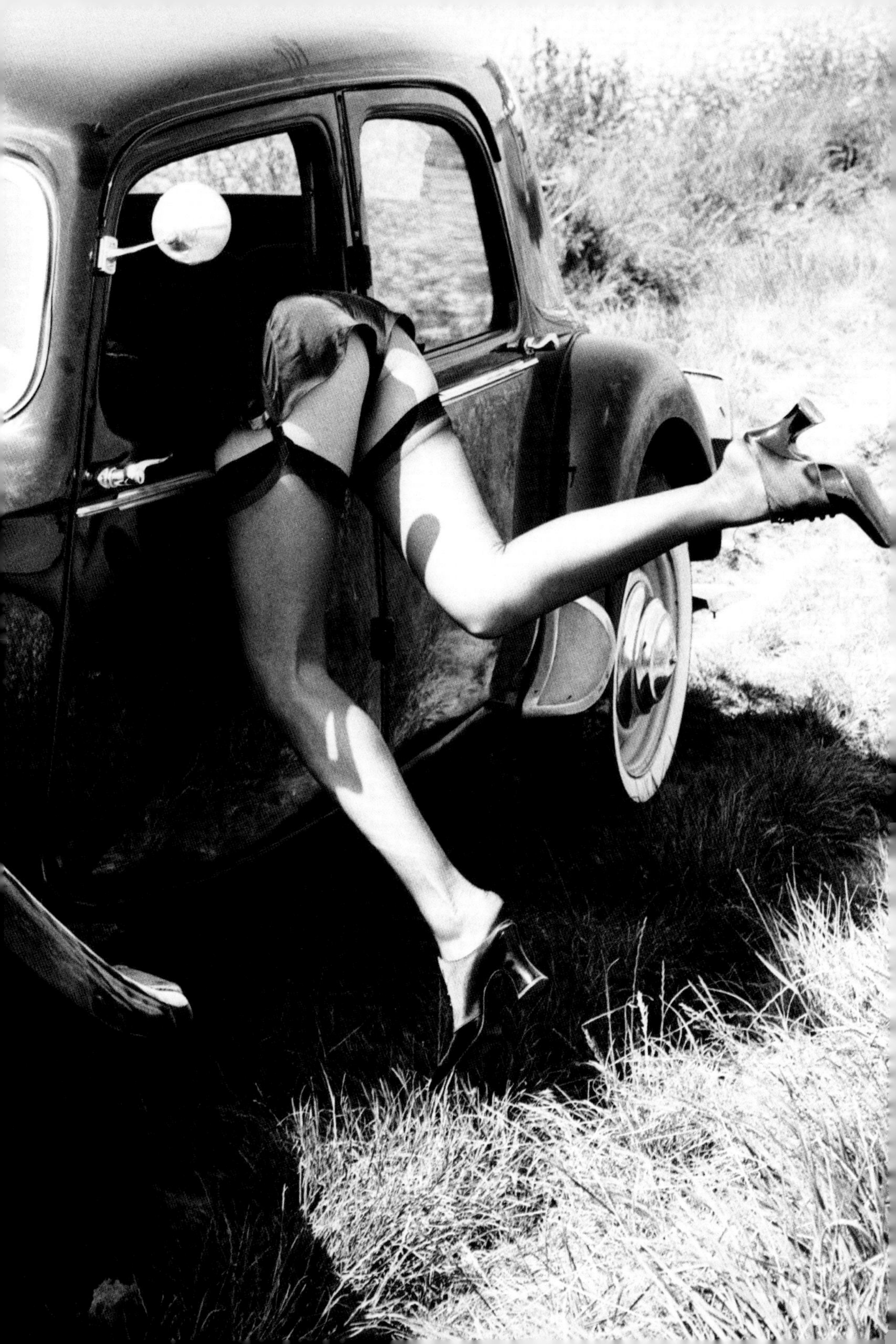

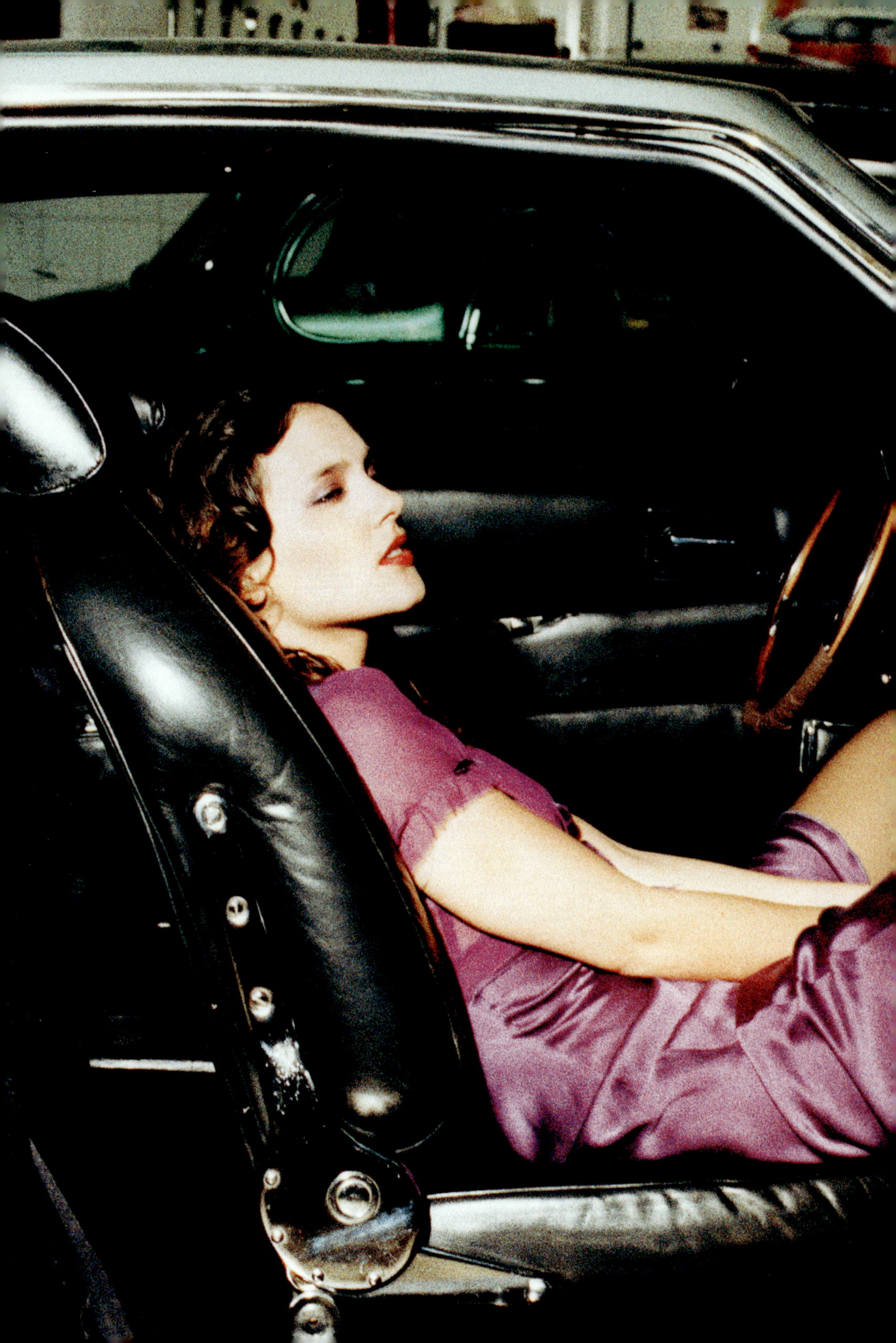

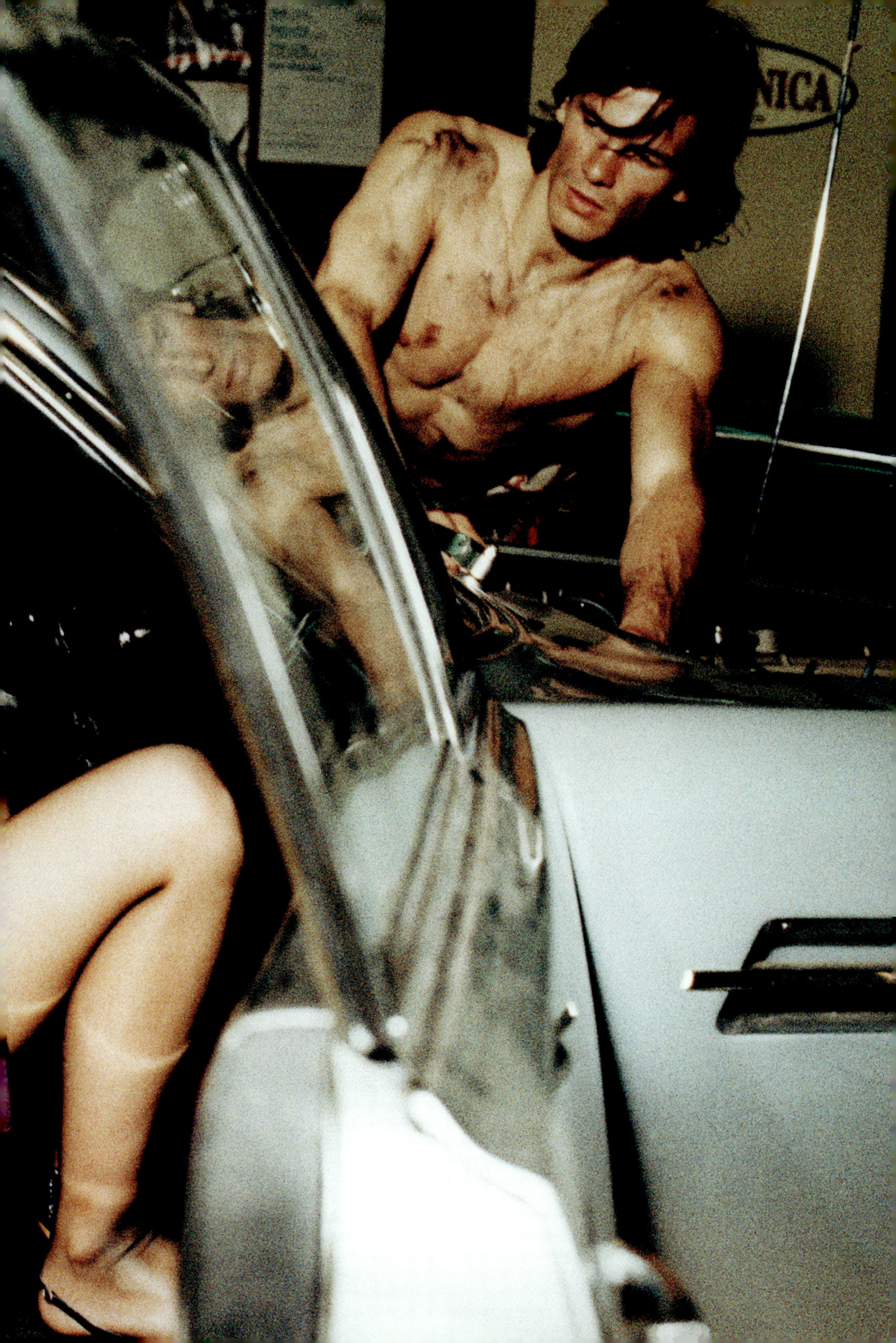

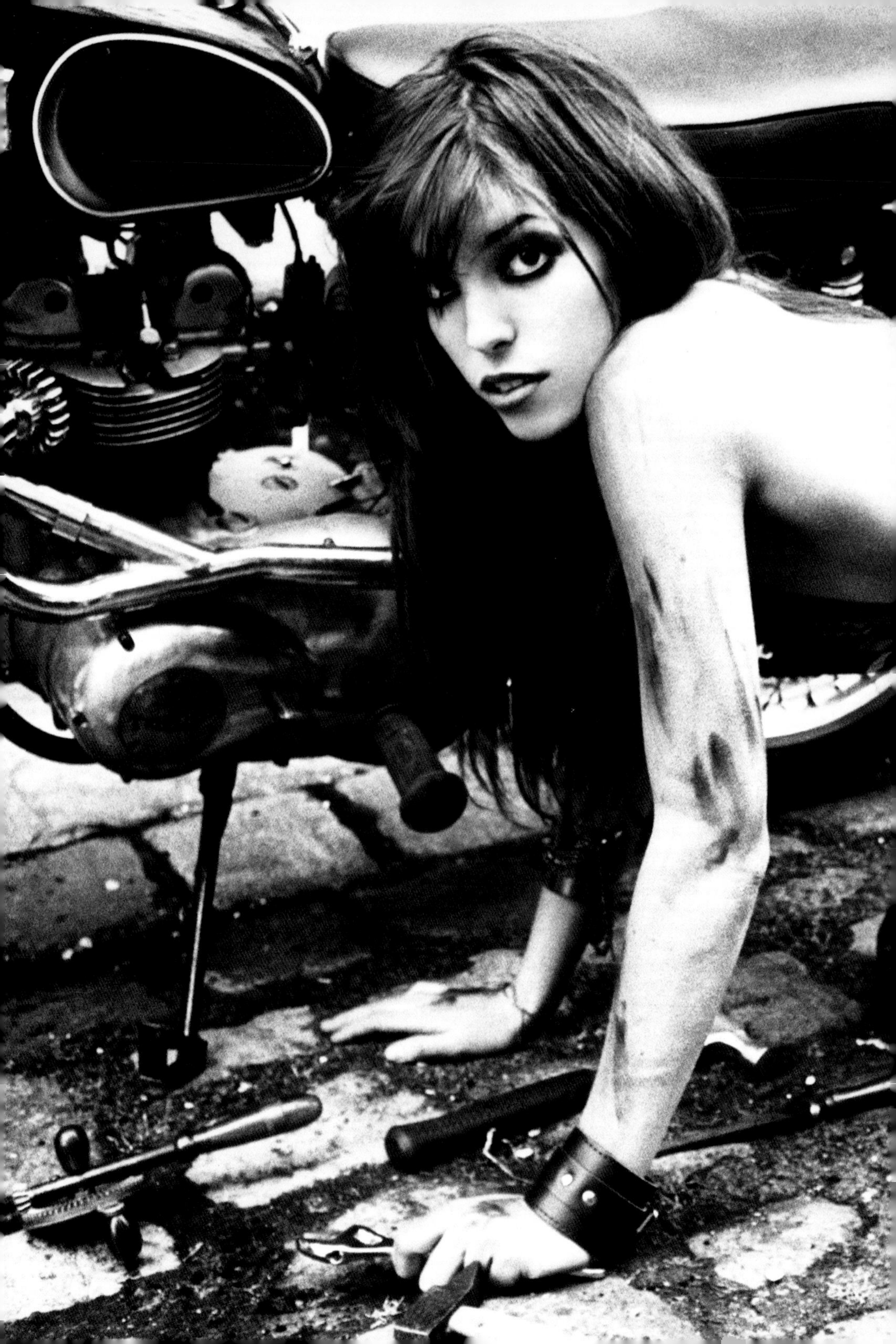

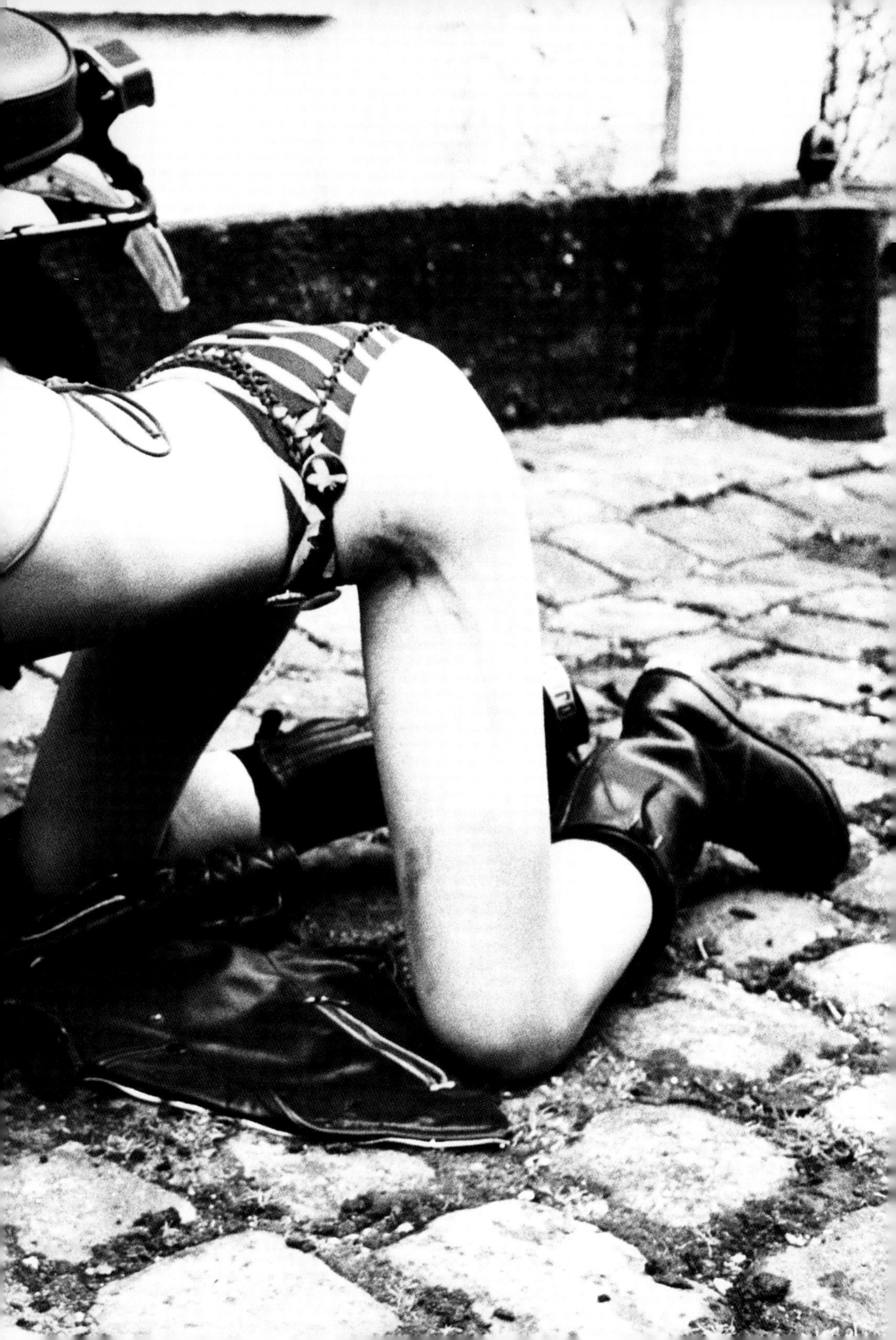

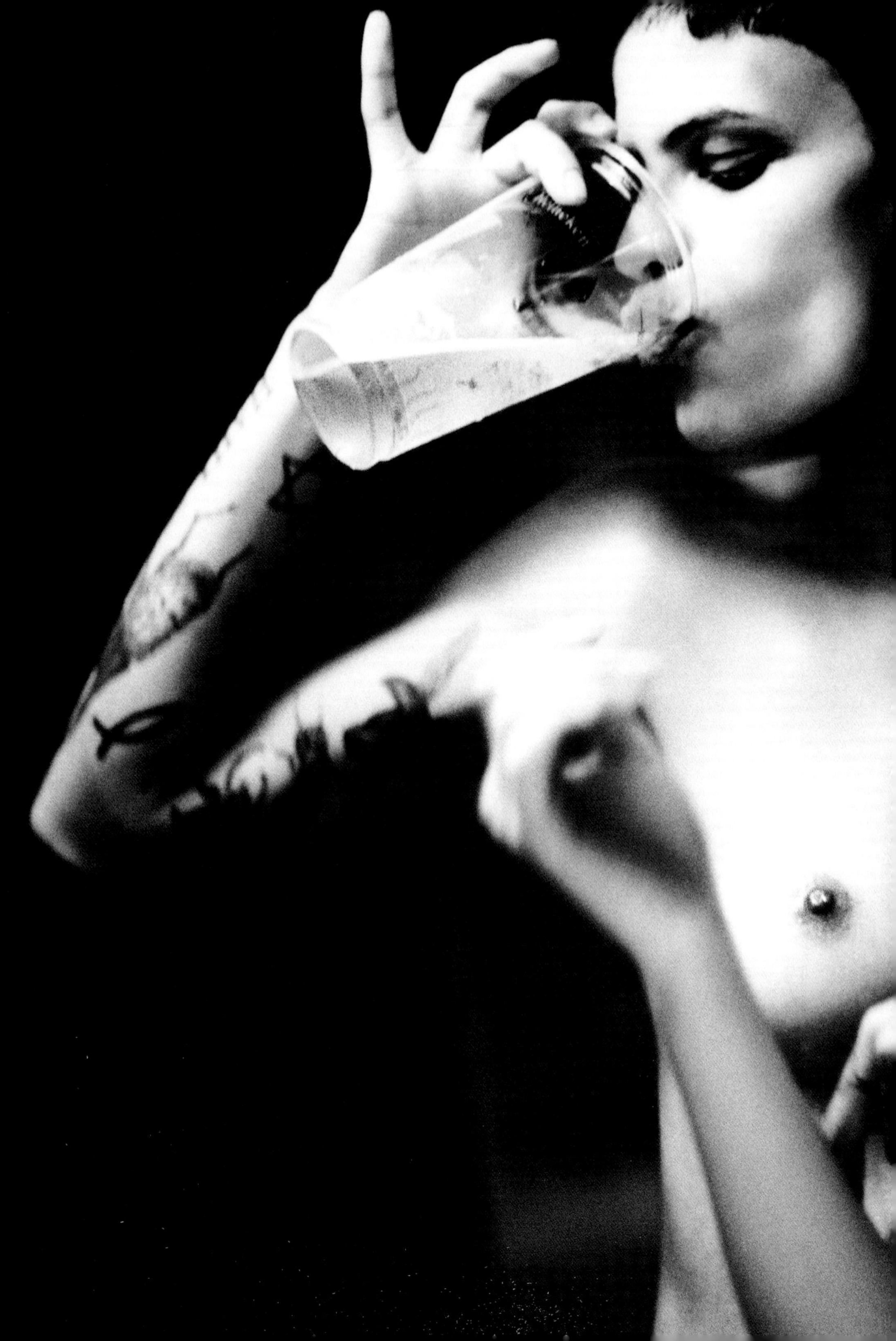

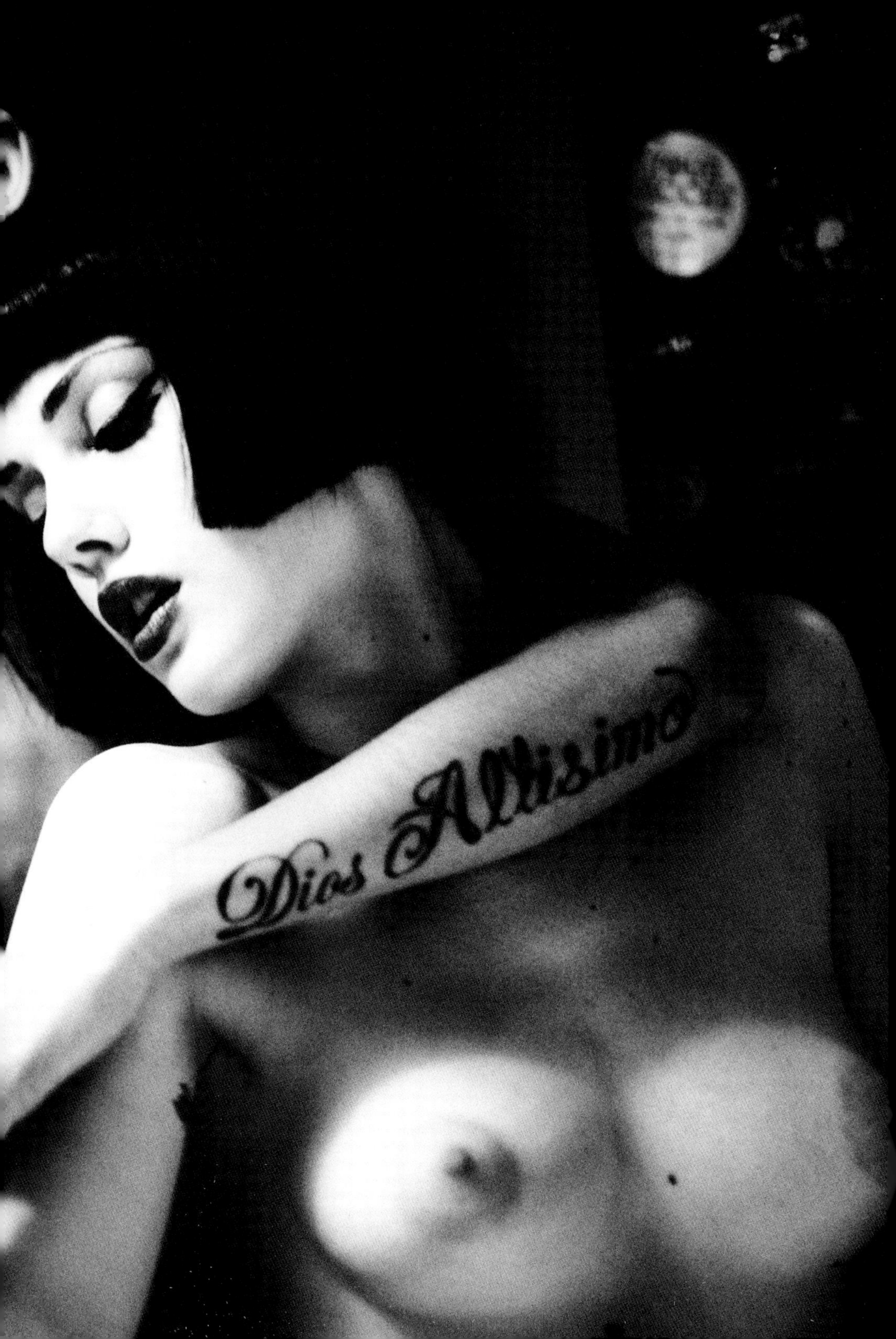

Dios Altísimo

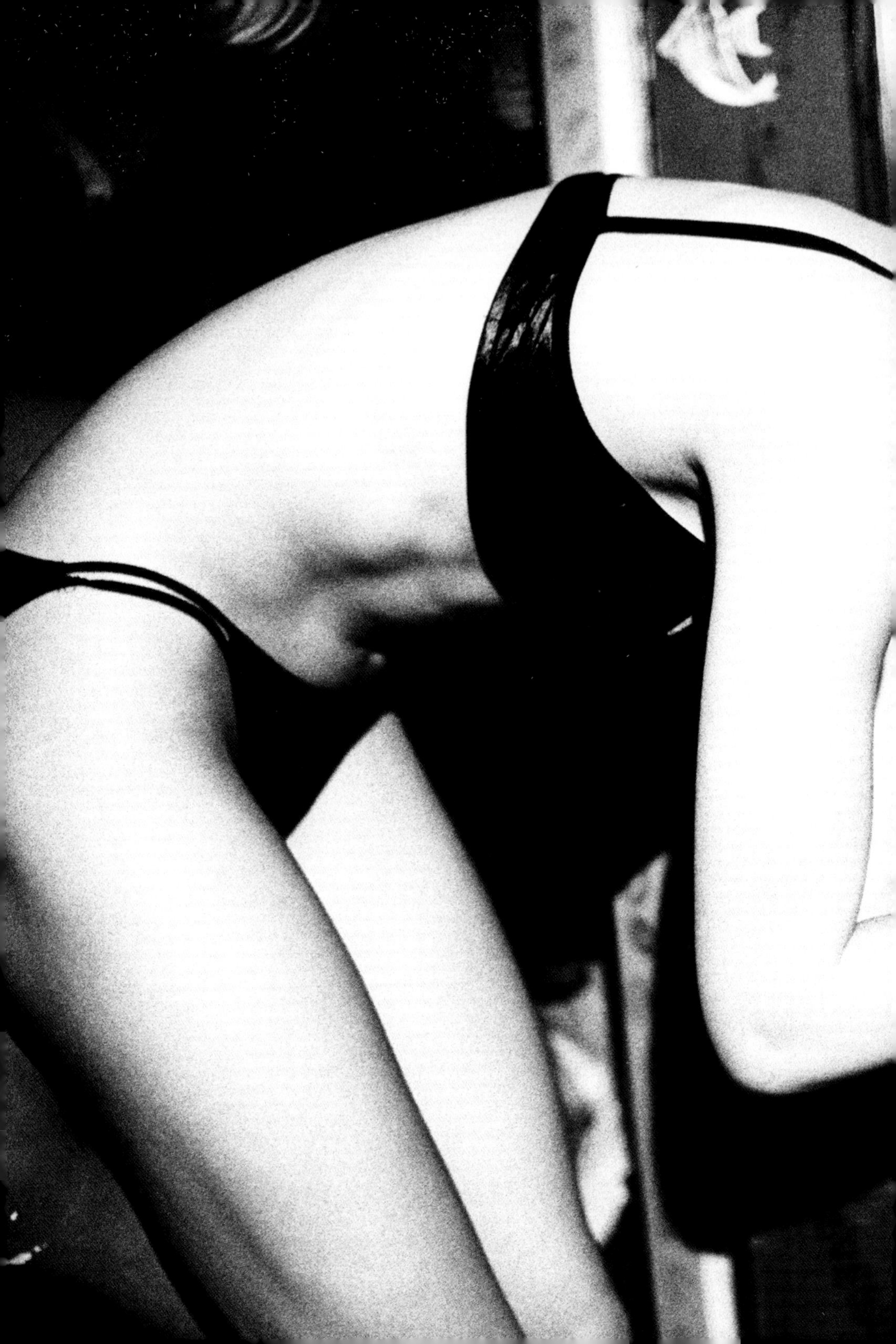

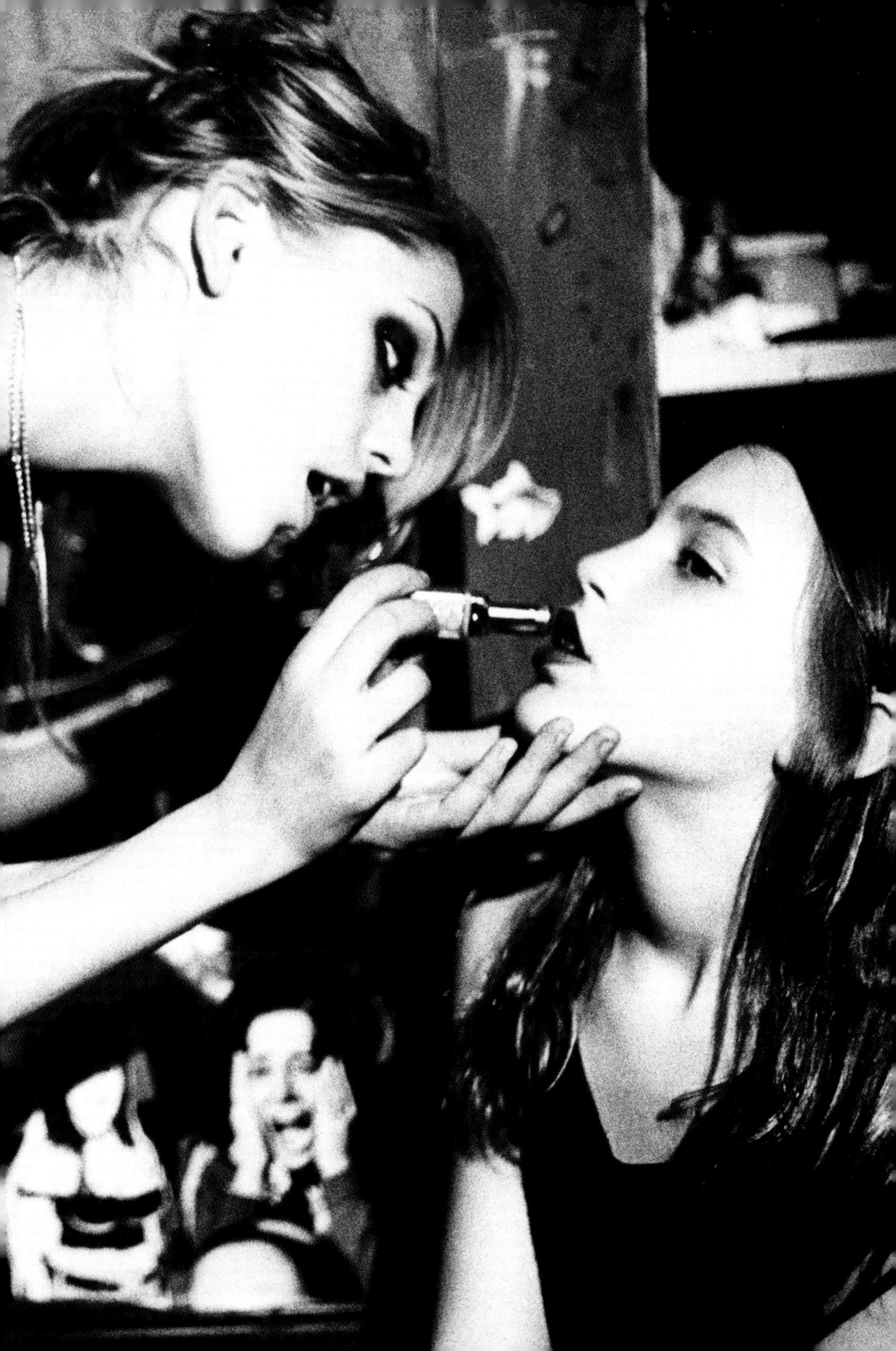

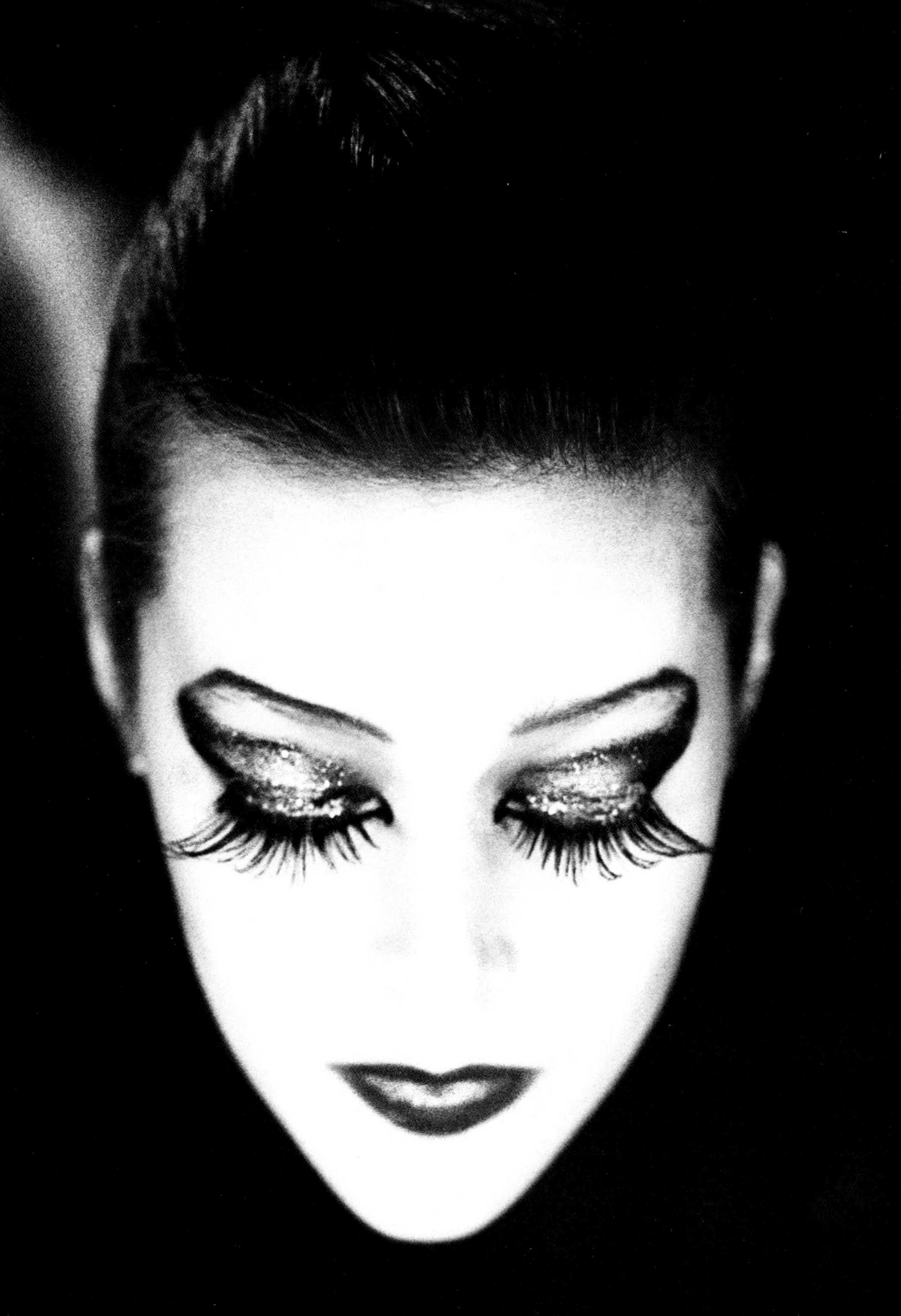

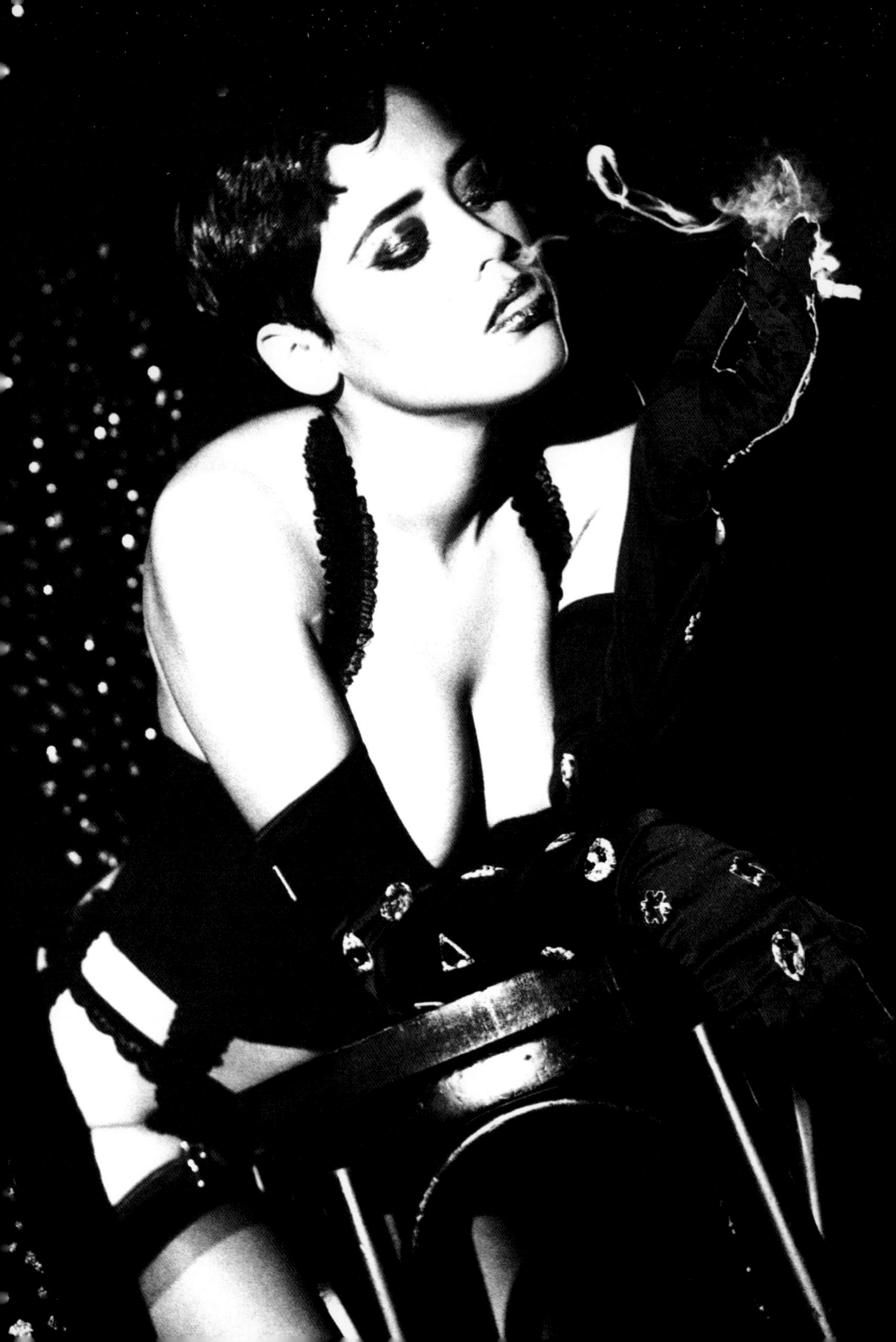

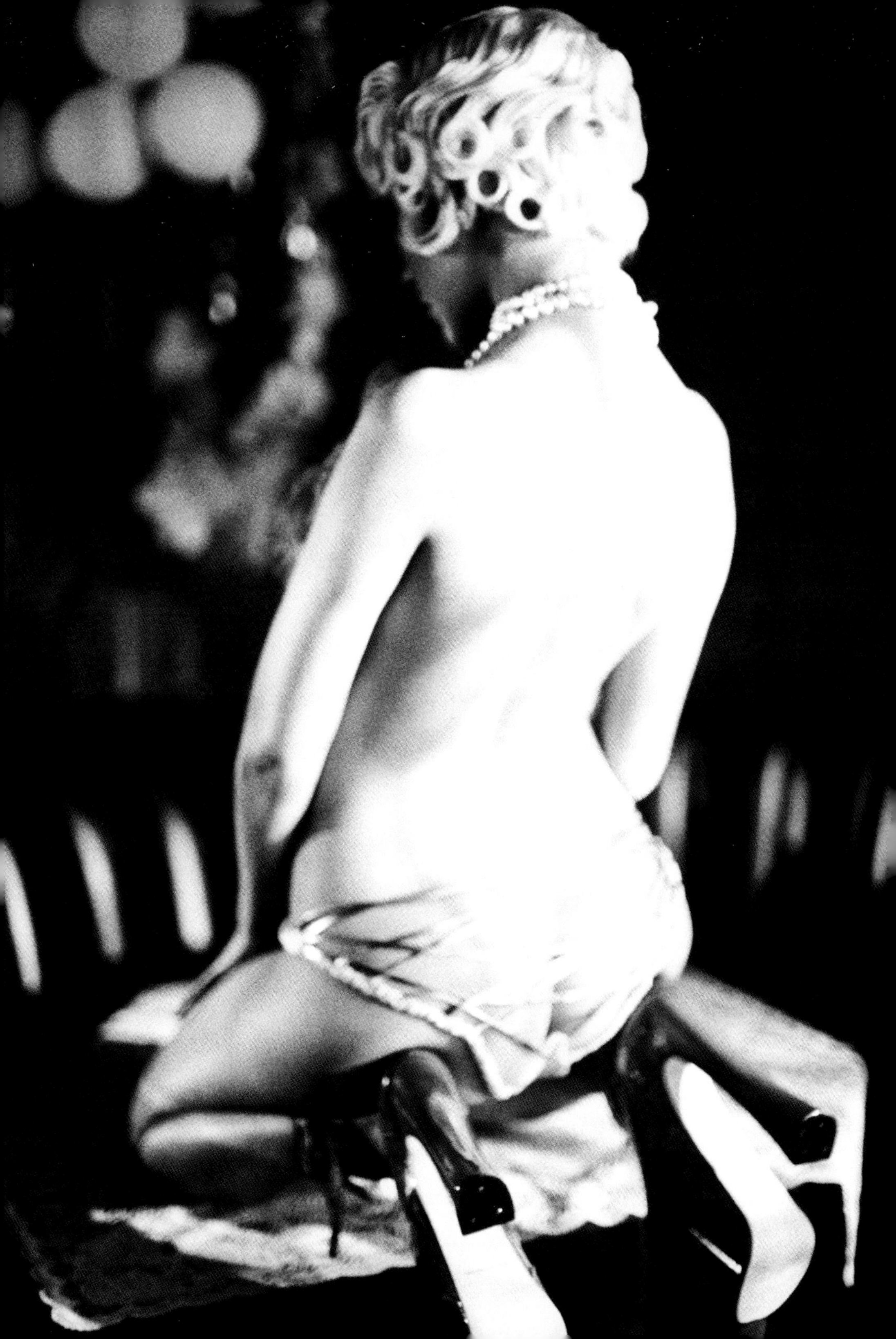

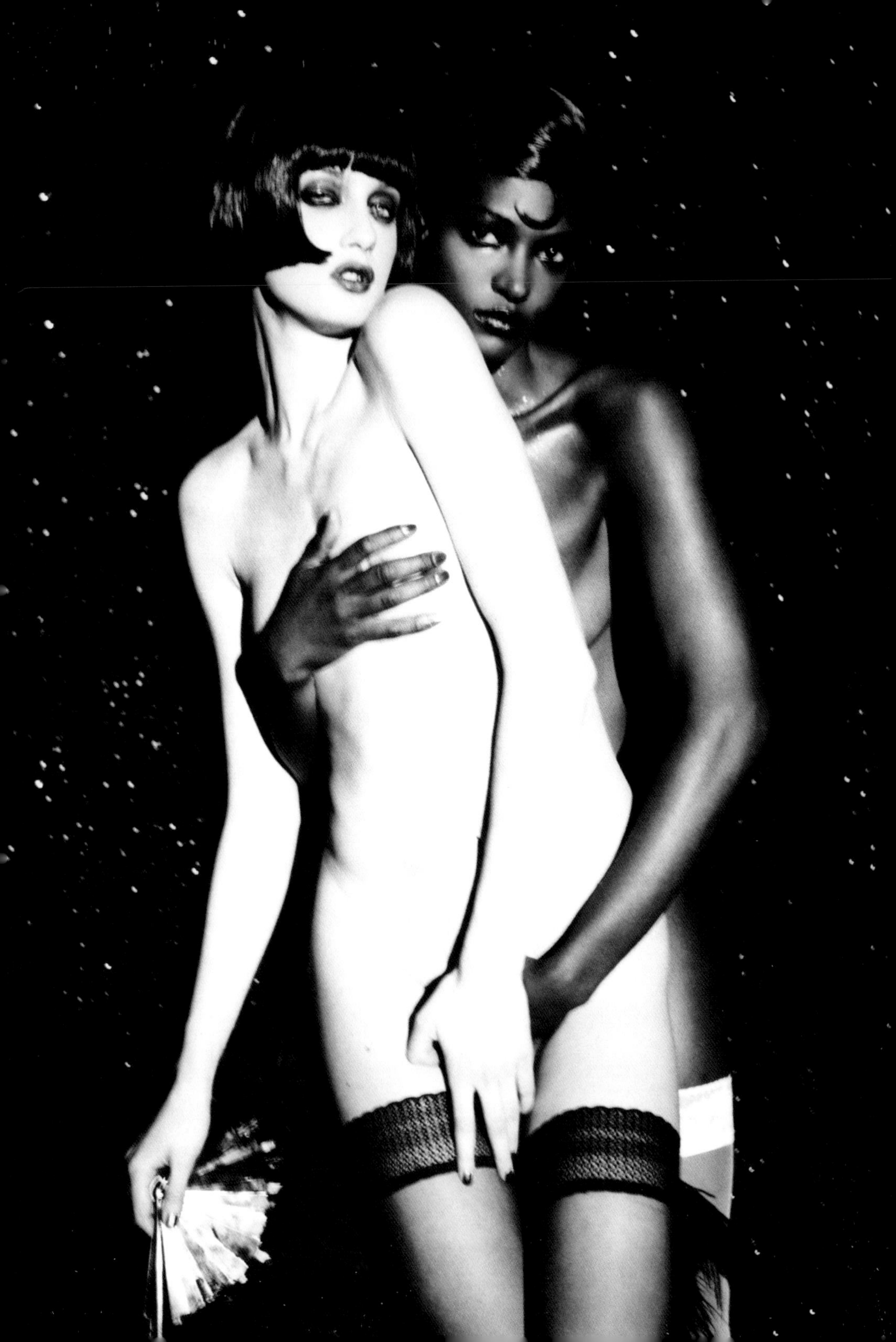

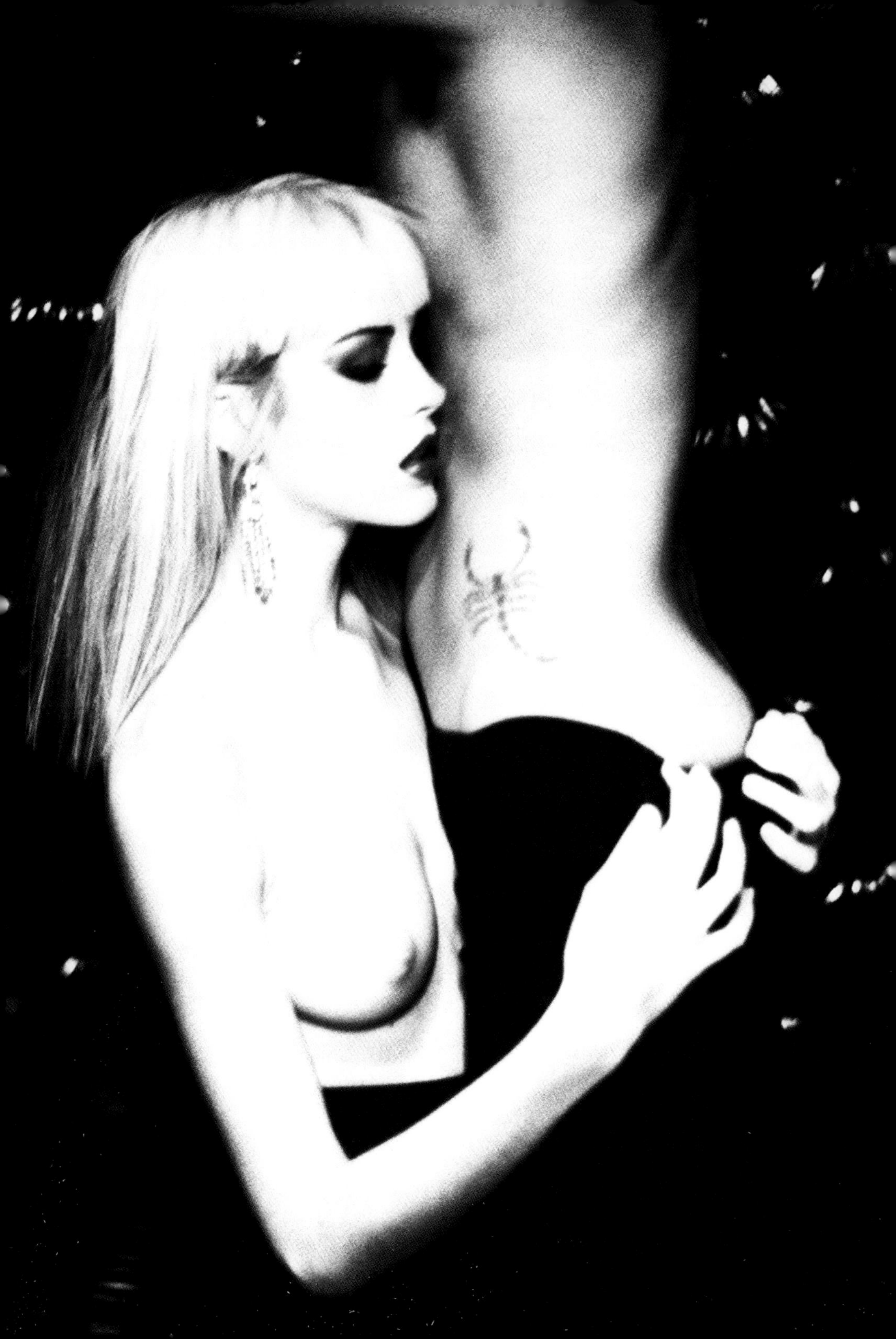

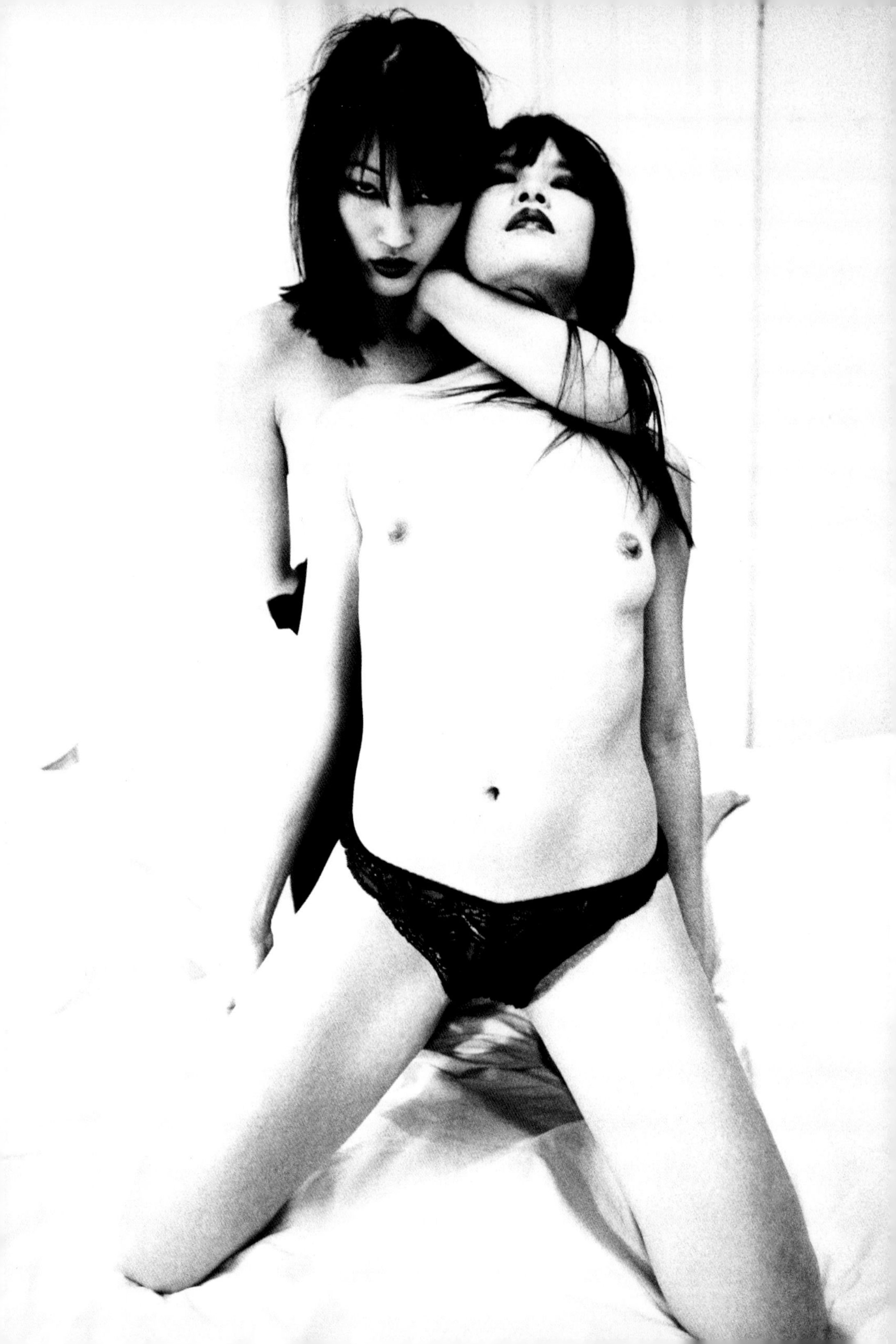

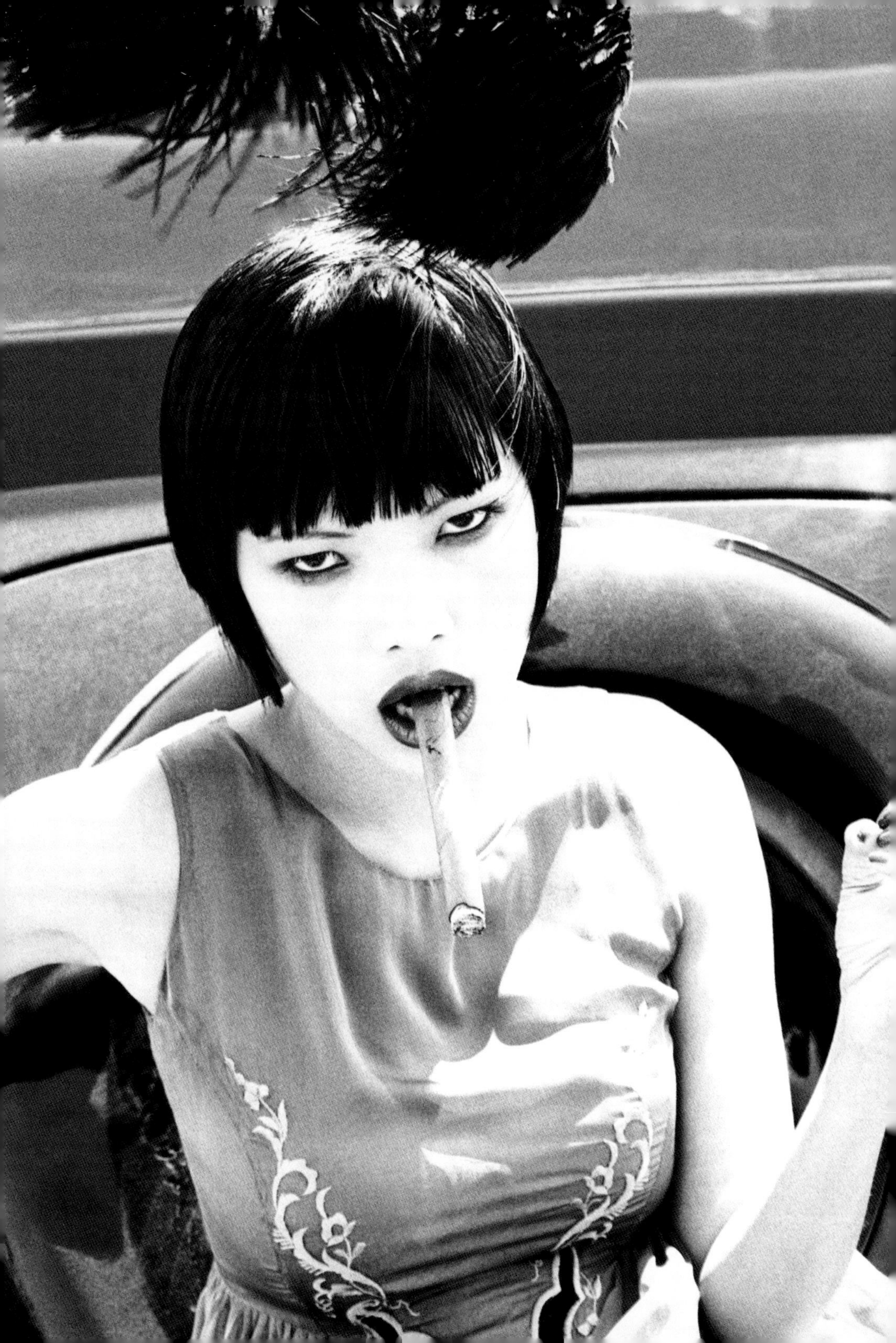

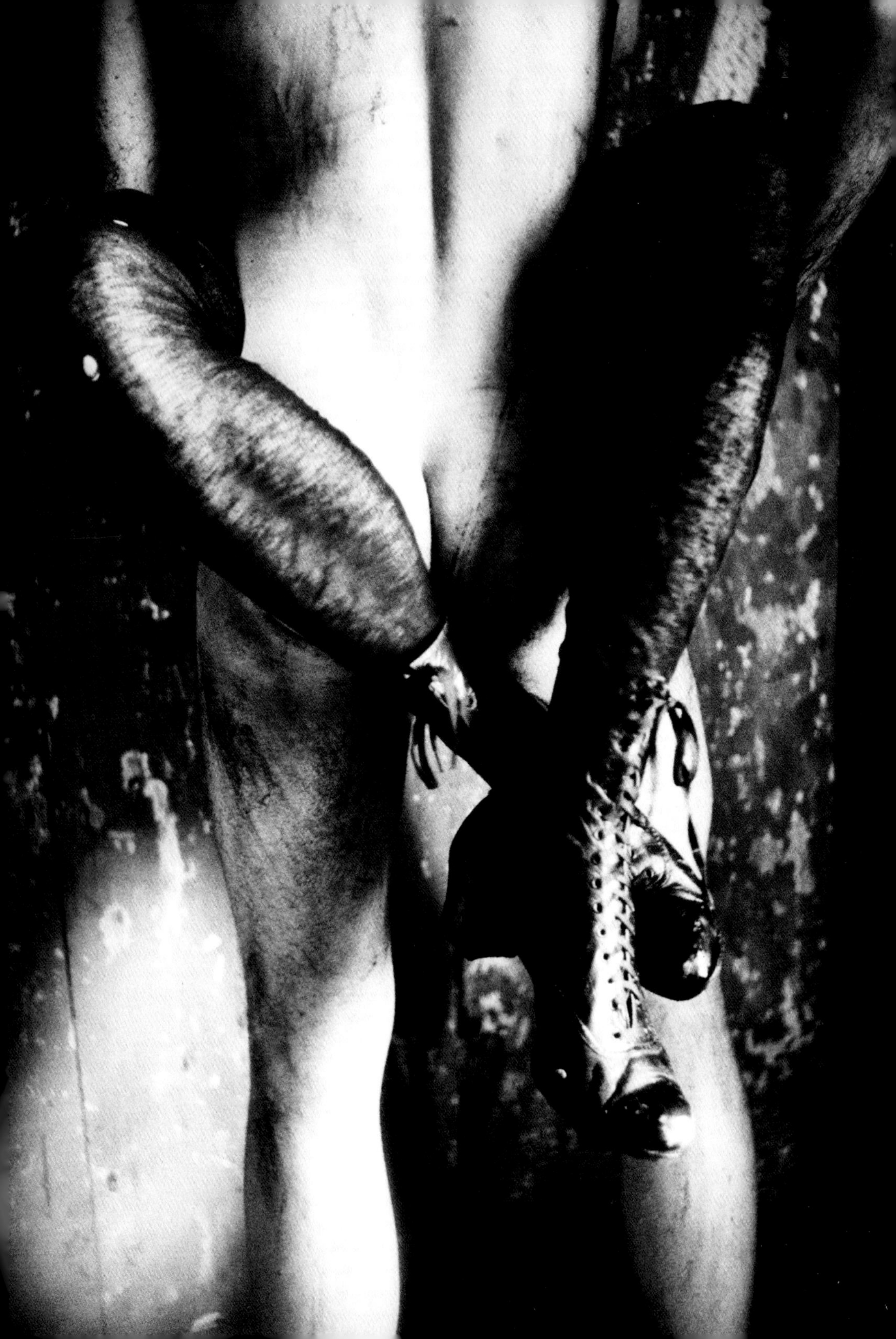

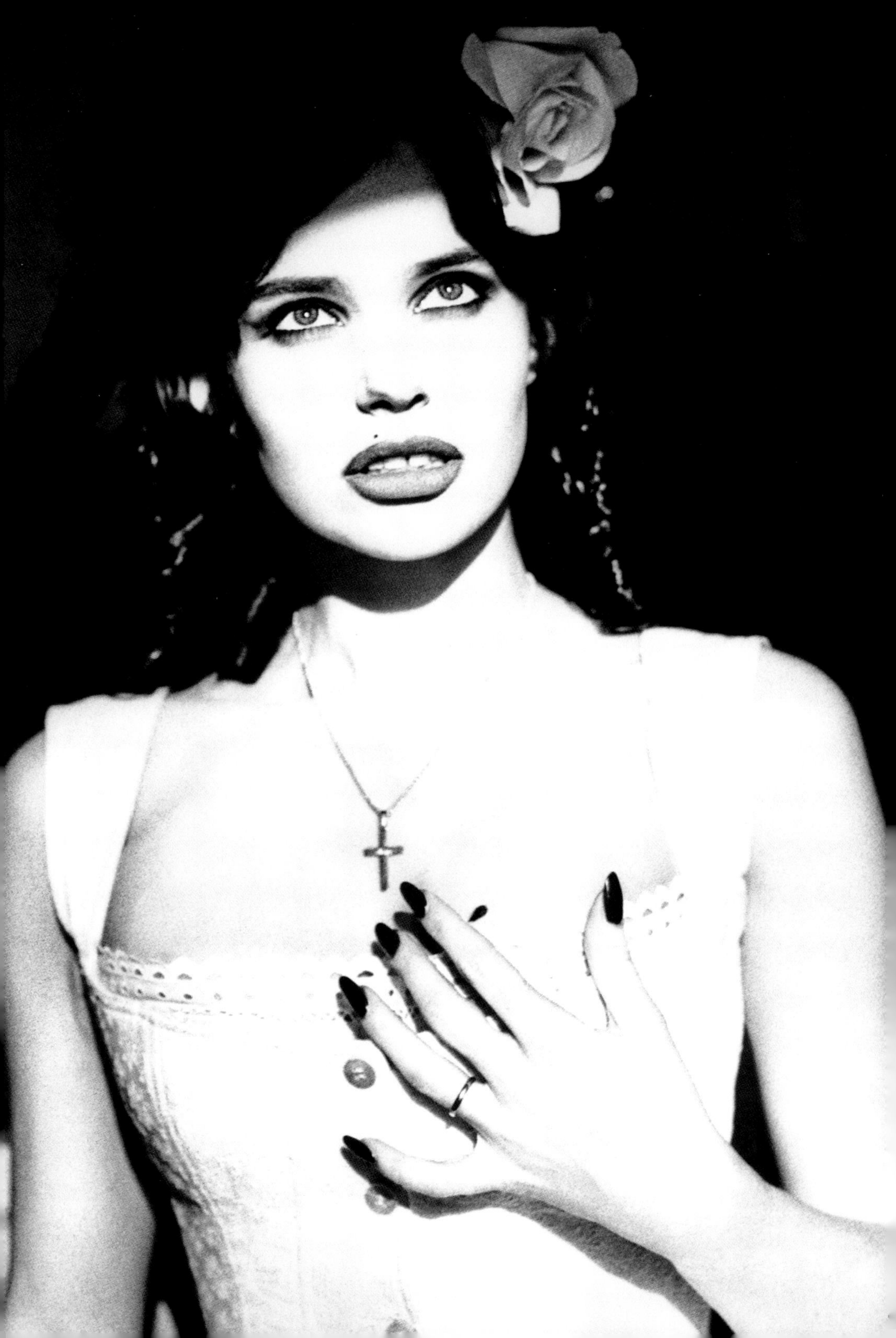

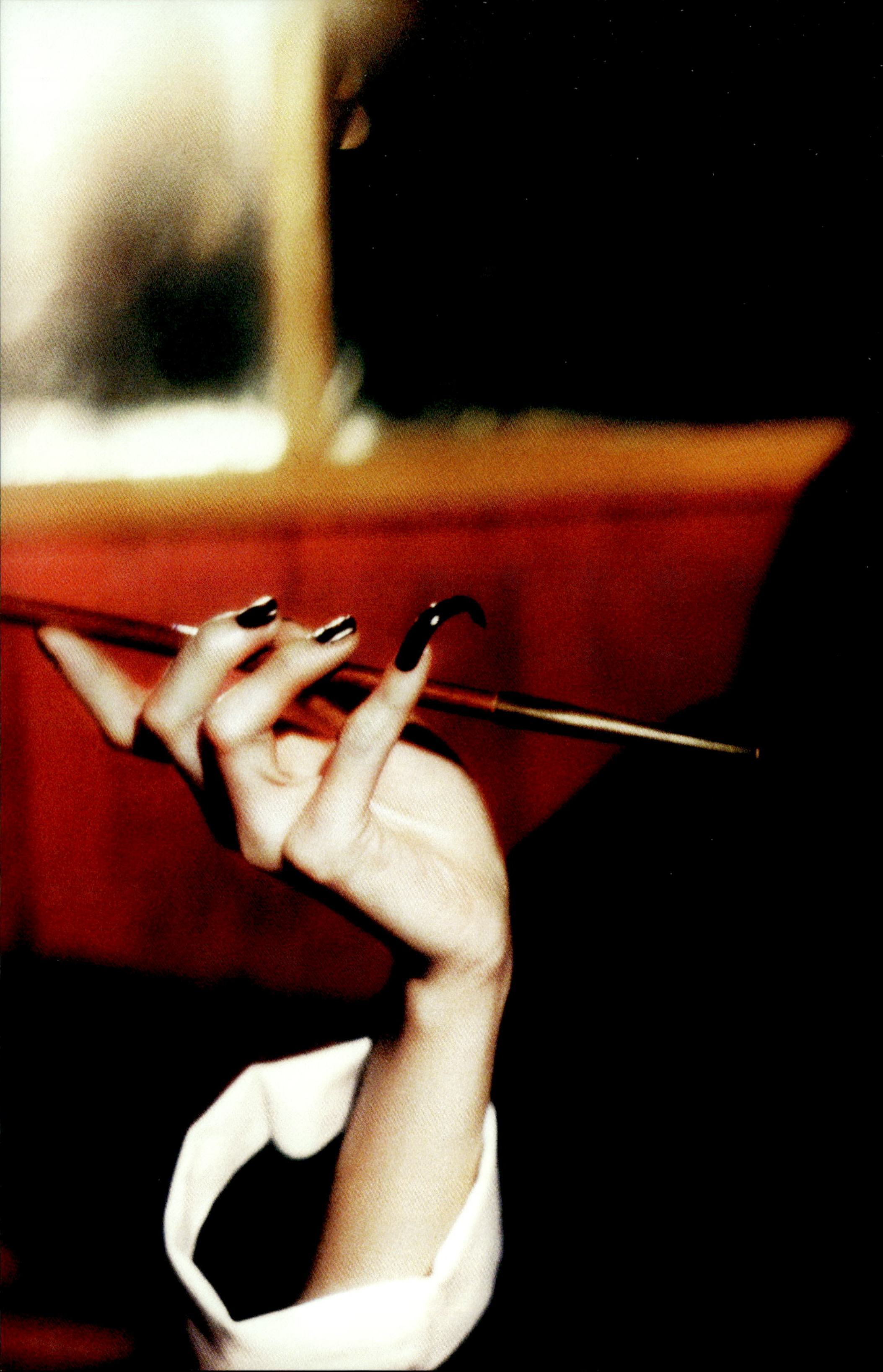

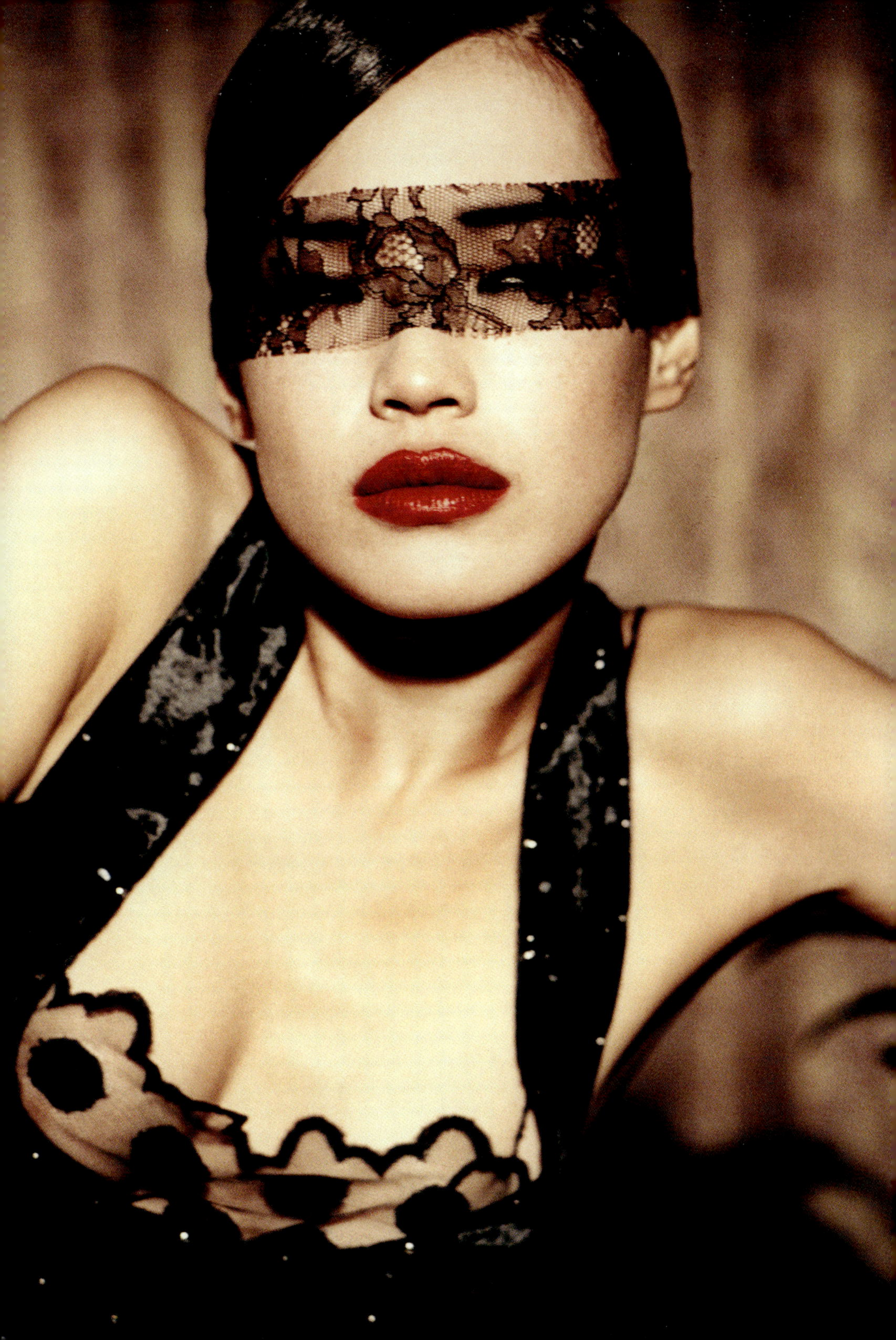

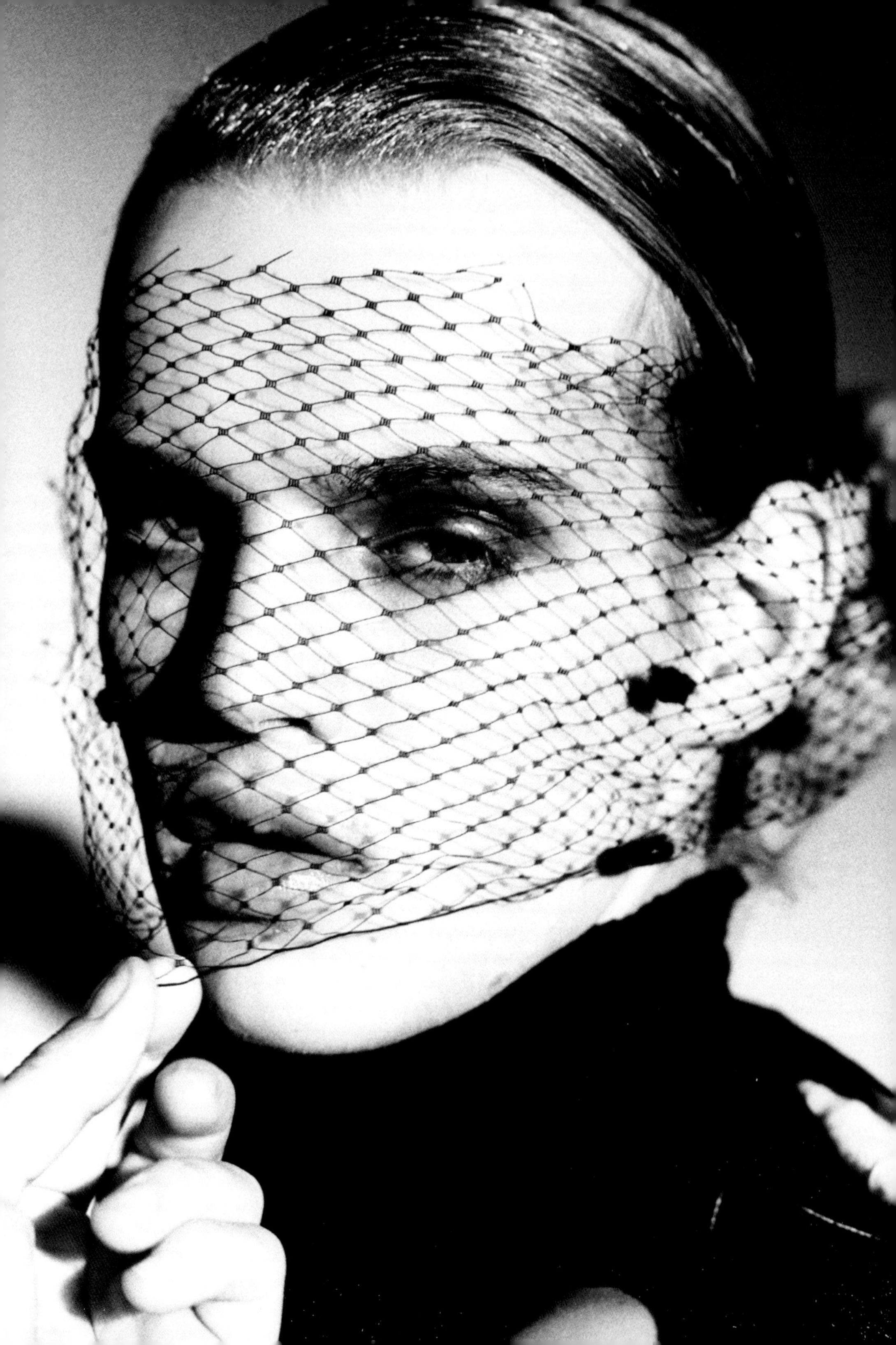

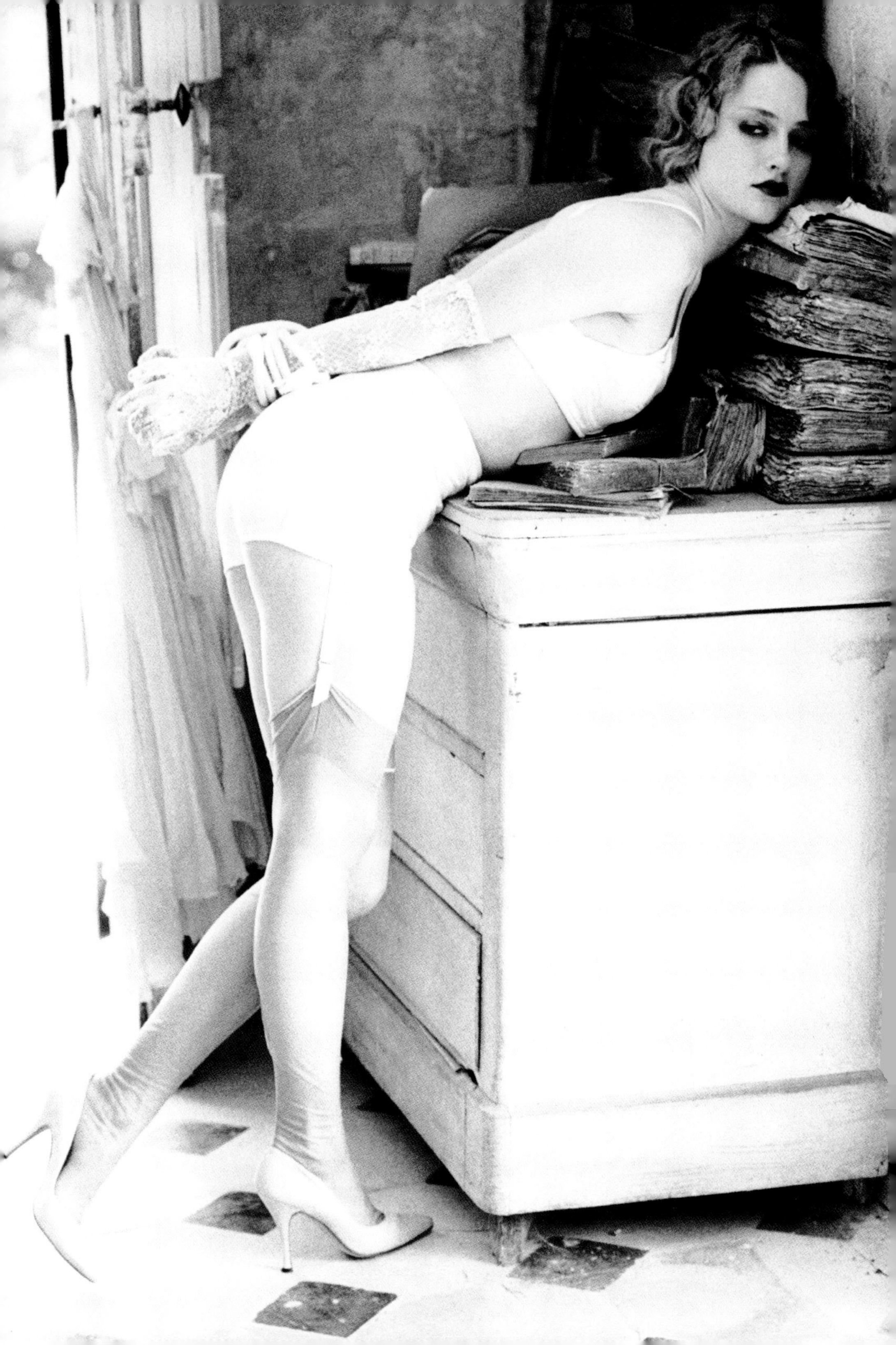

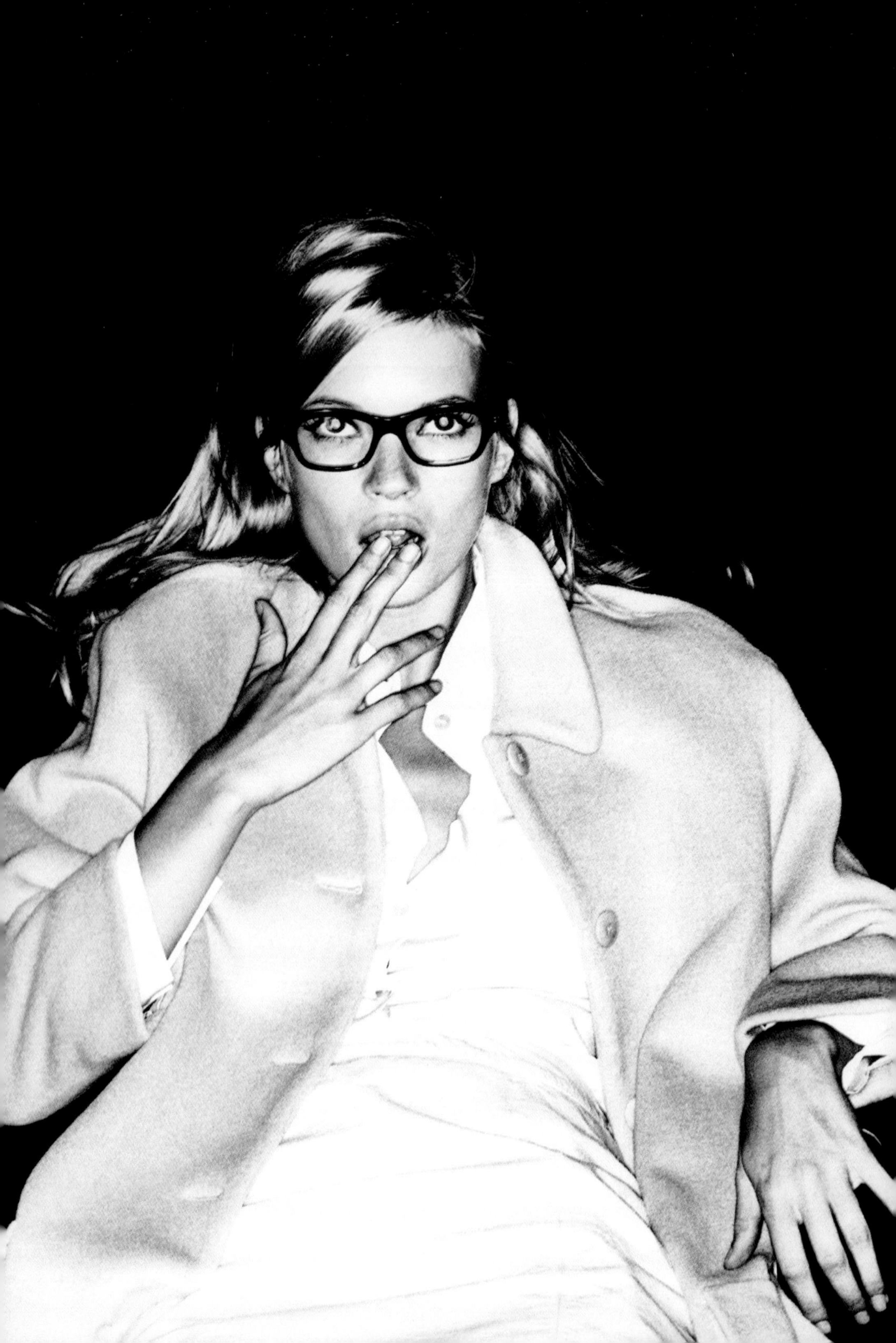

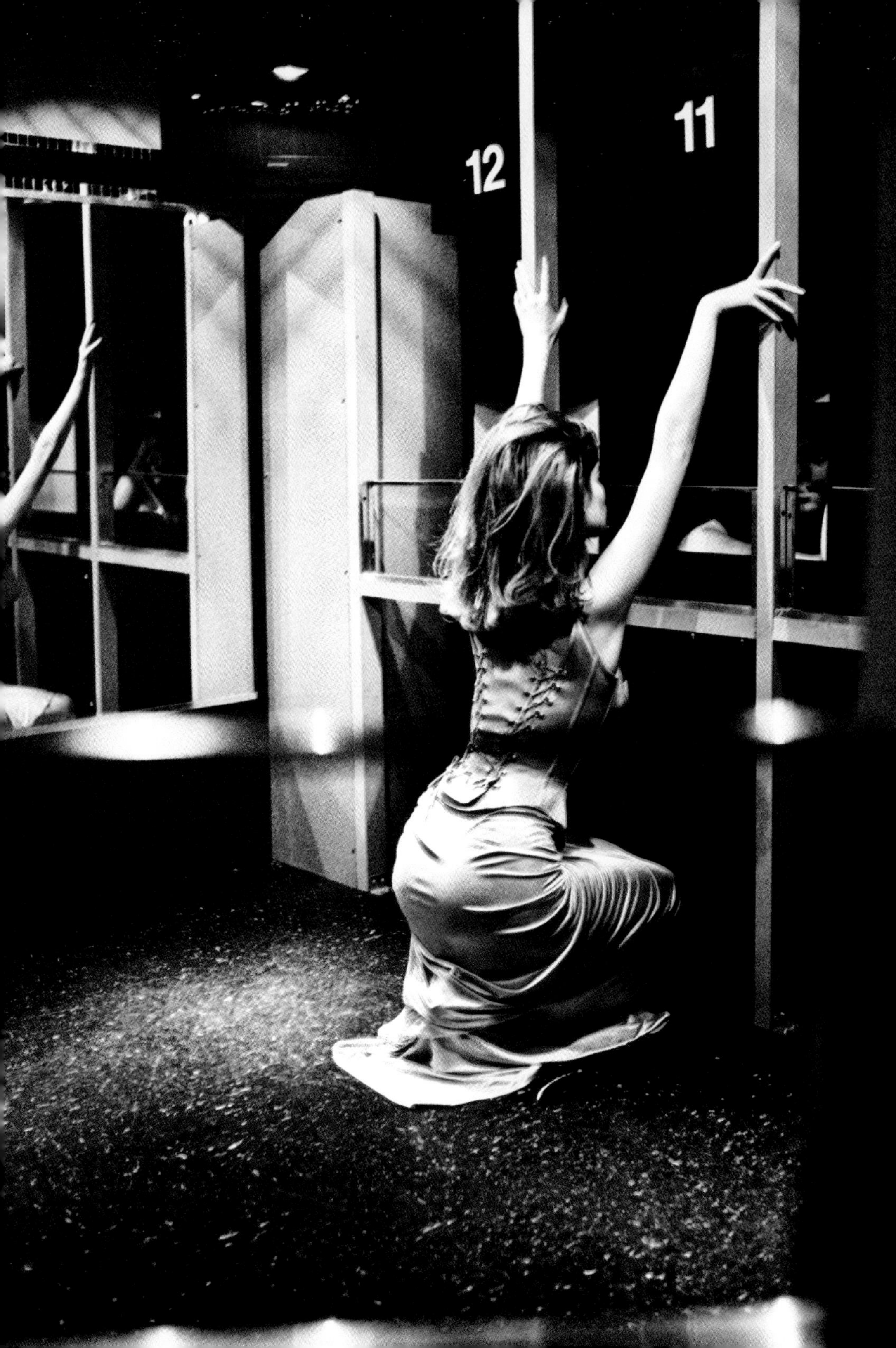

12
11

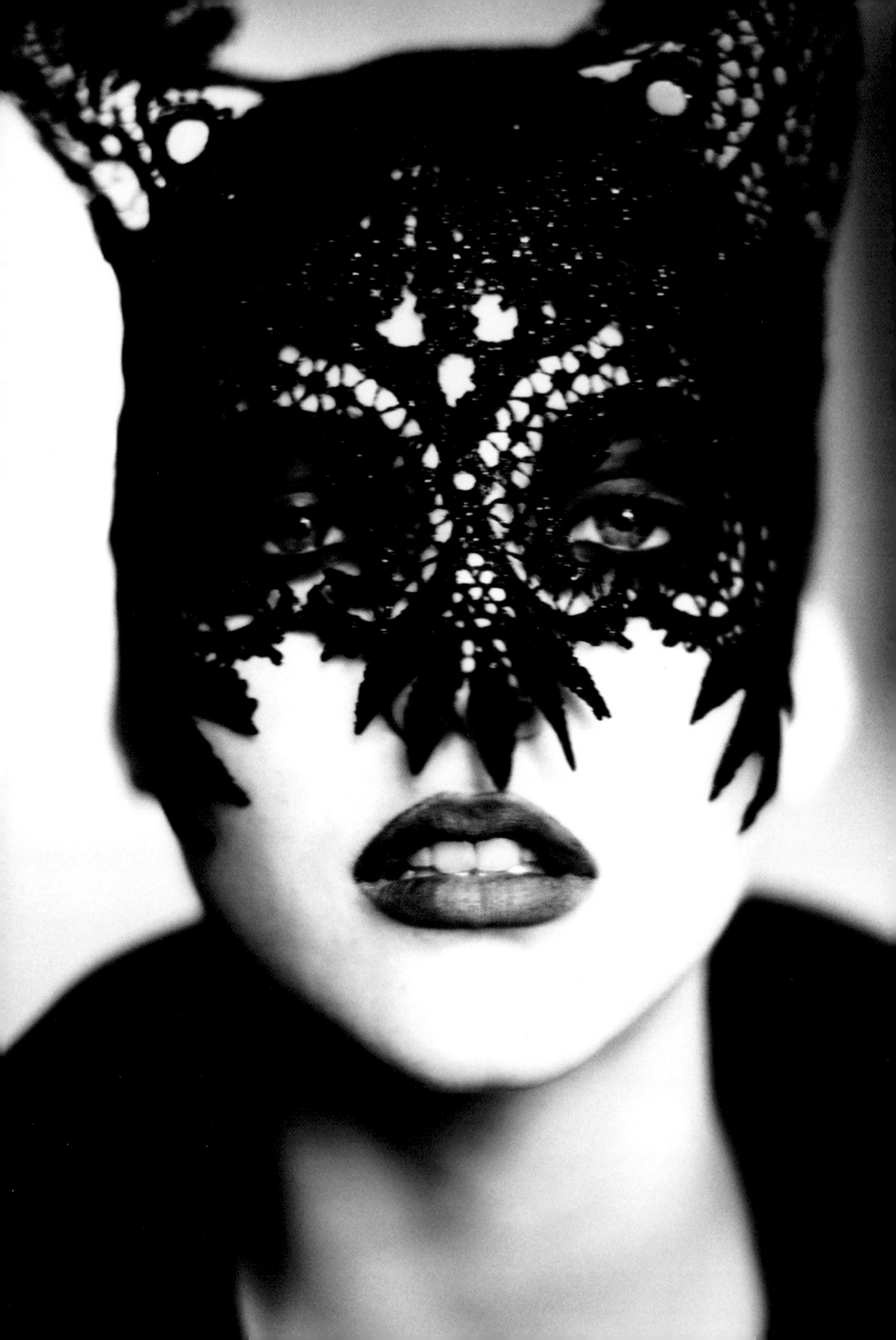

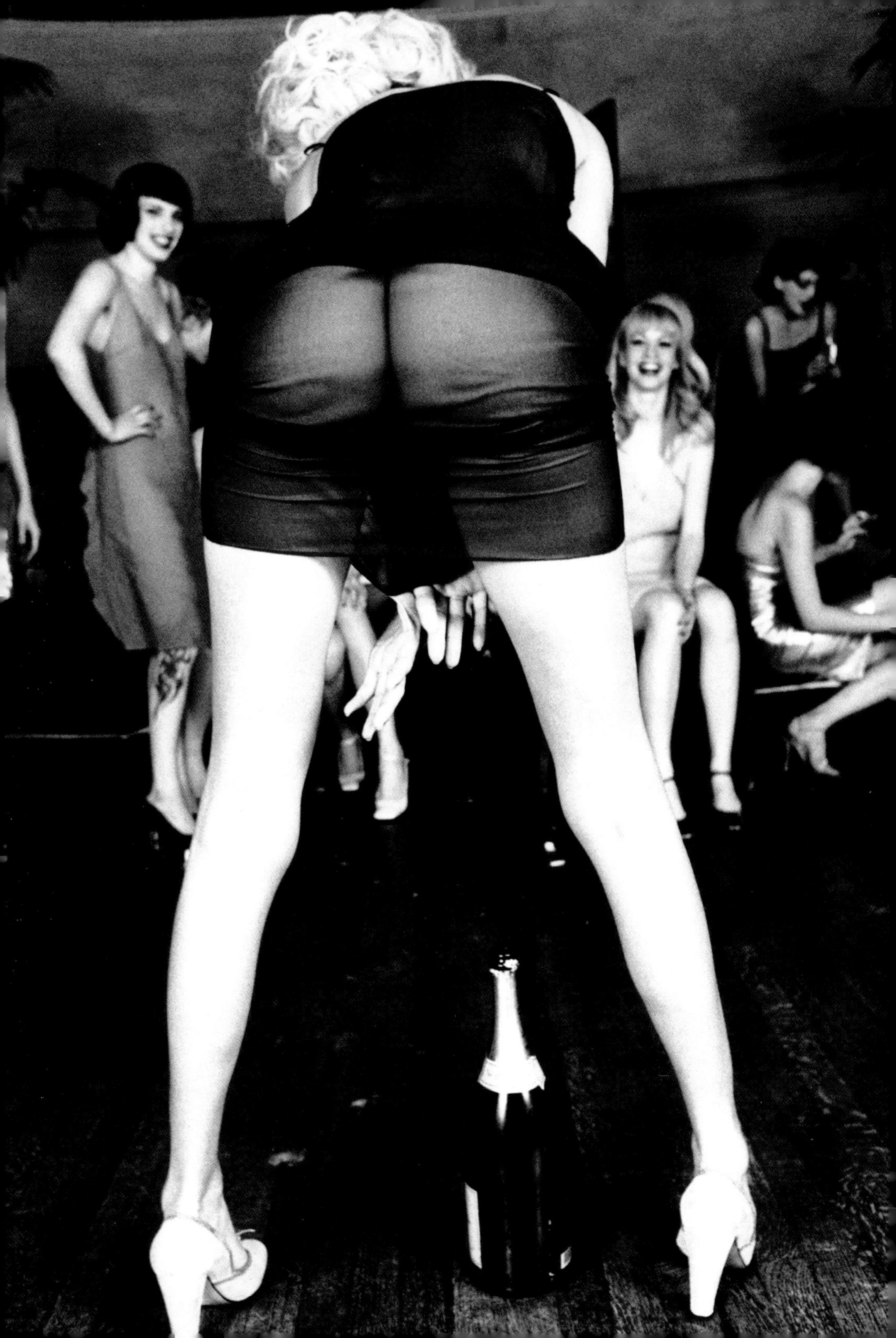

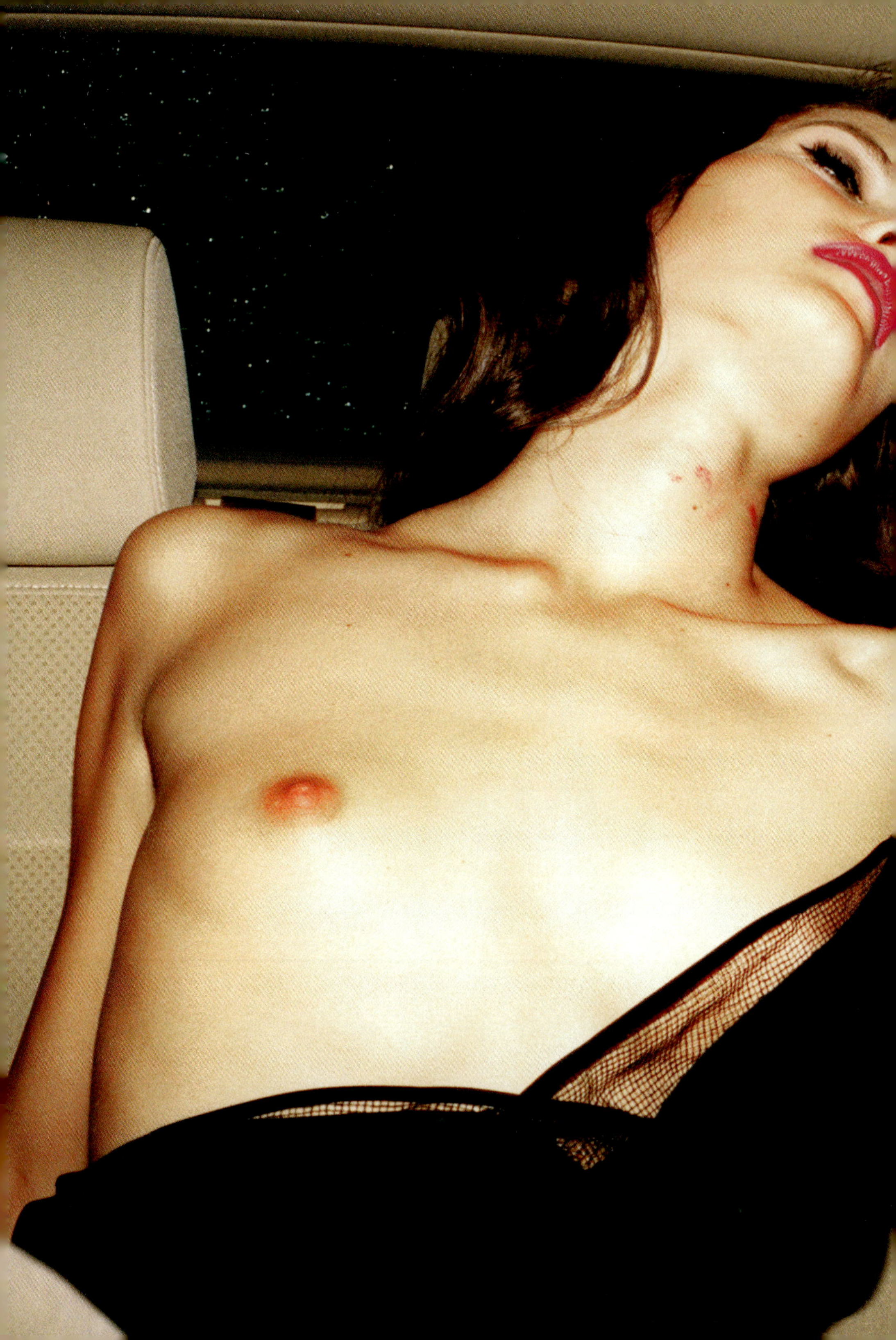

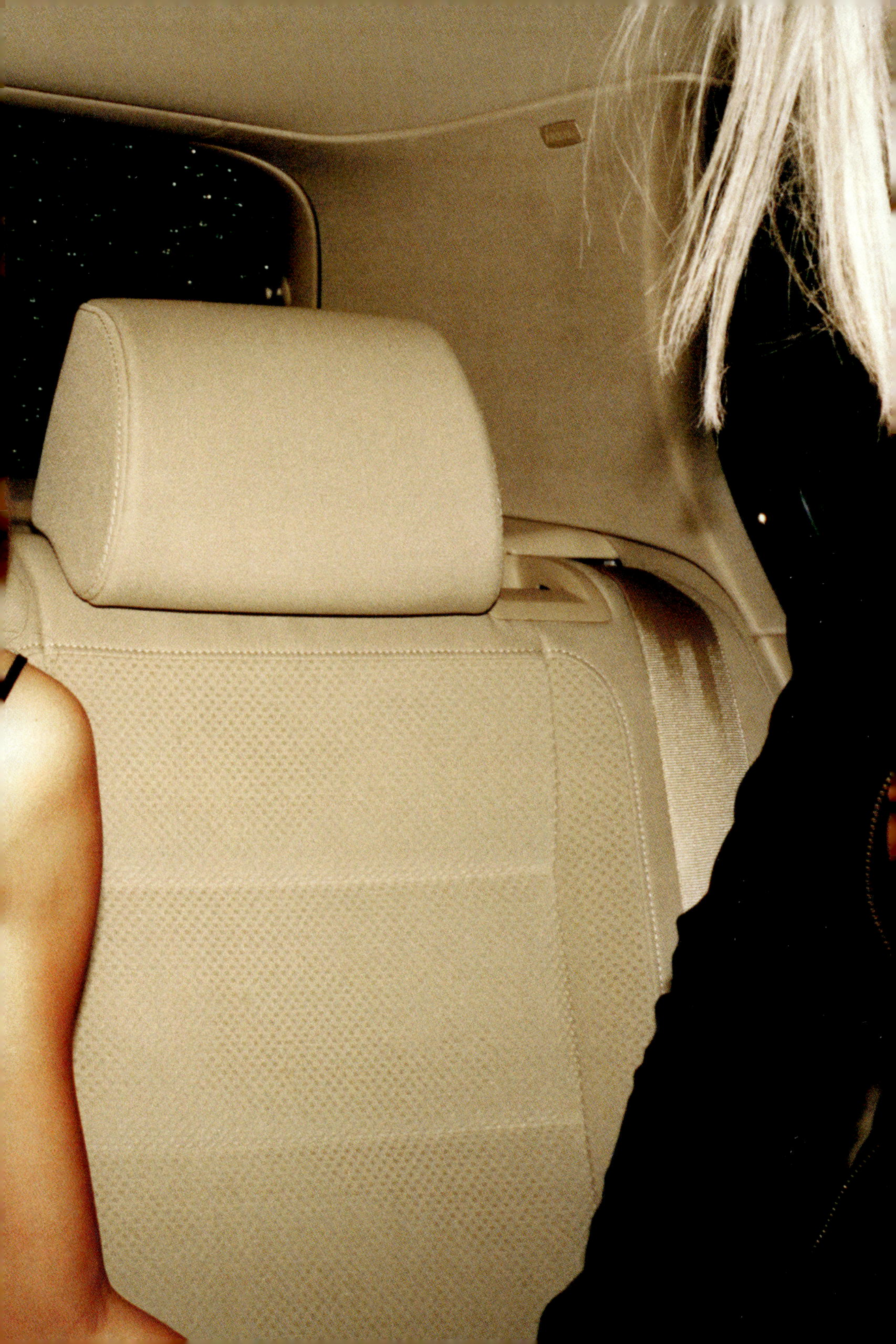

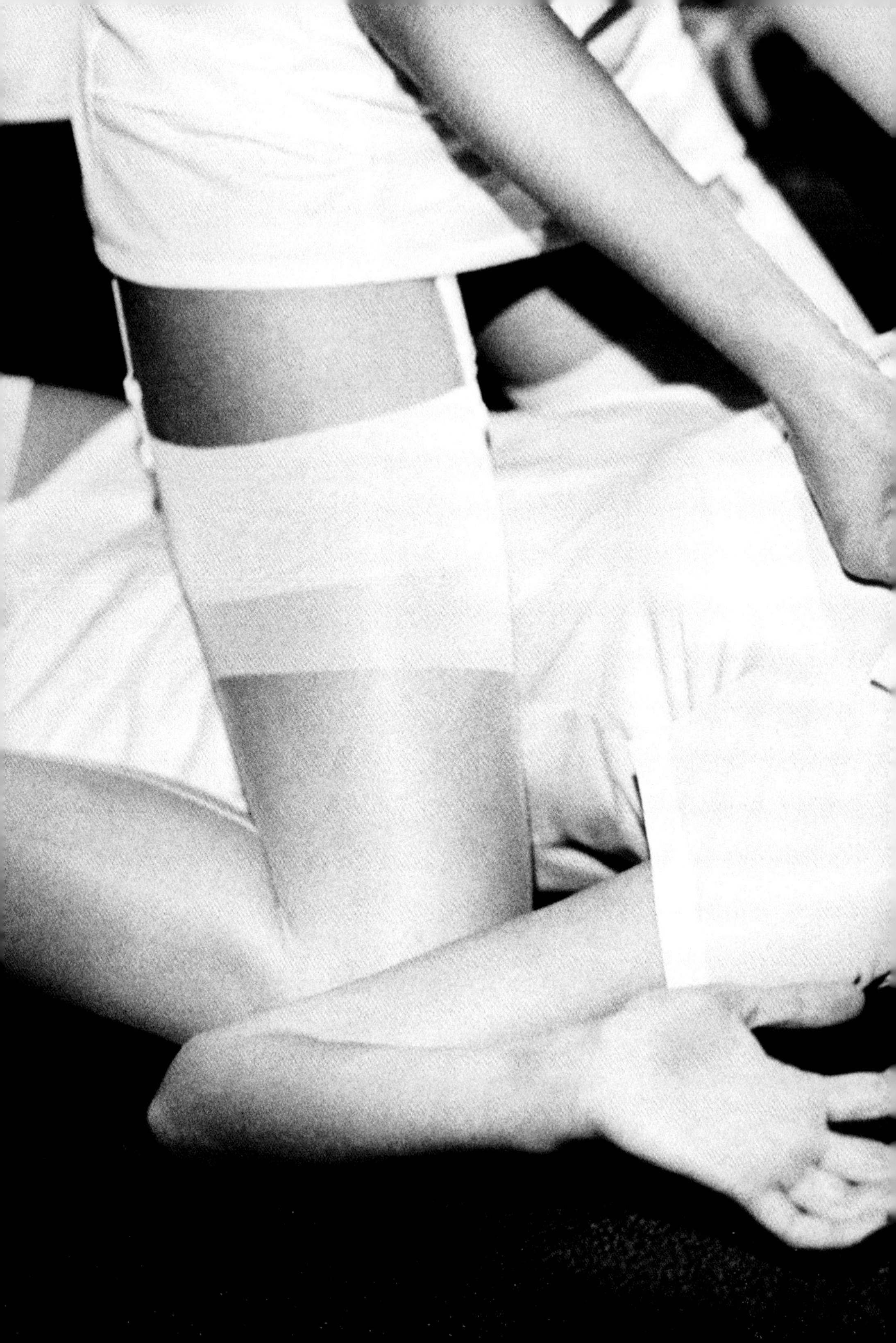

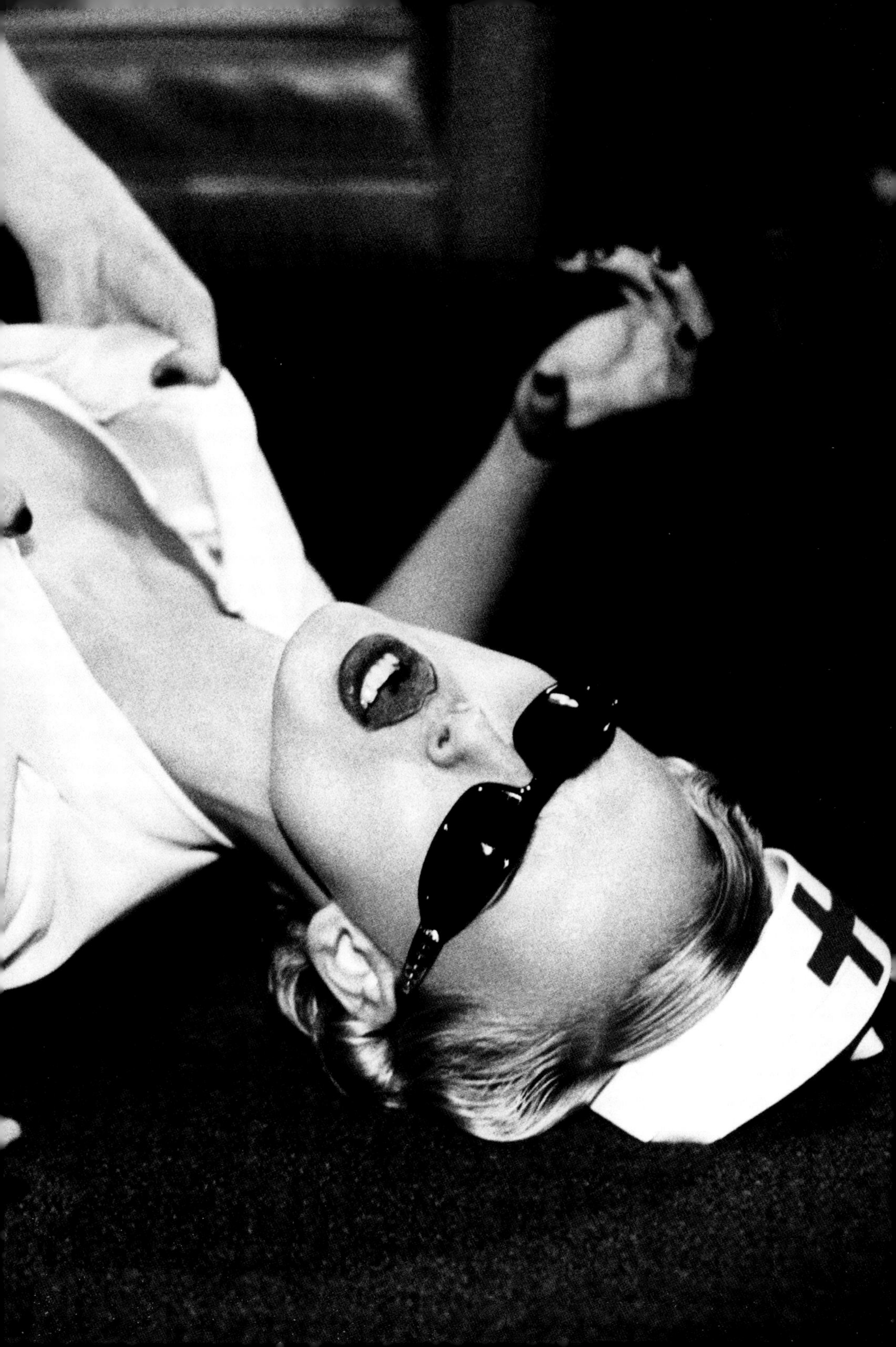

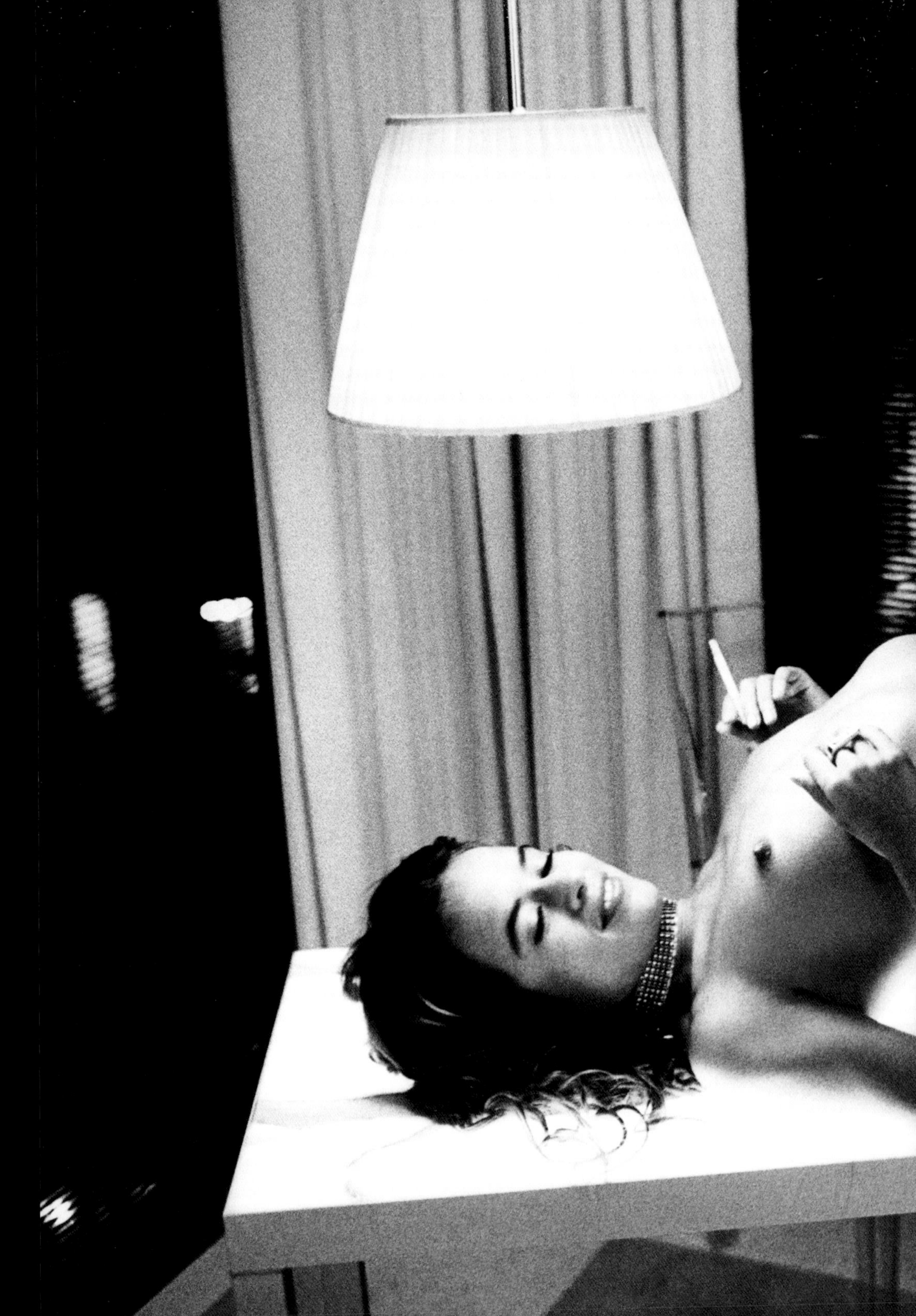

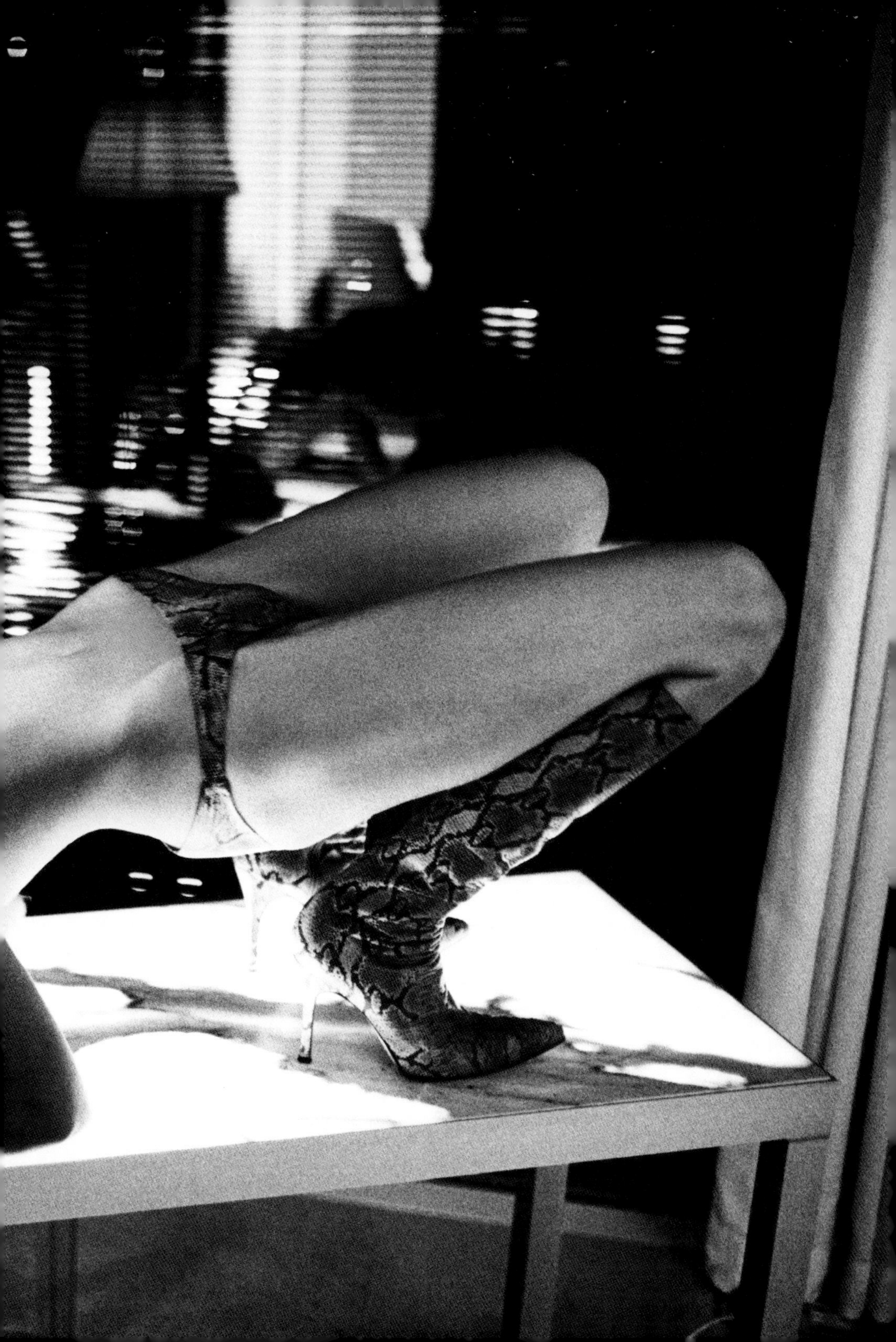

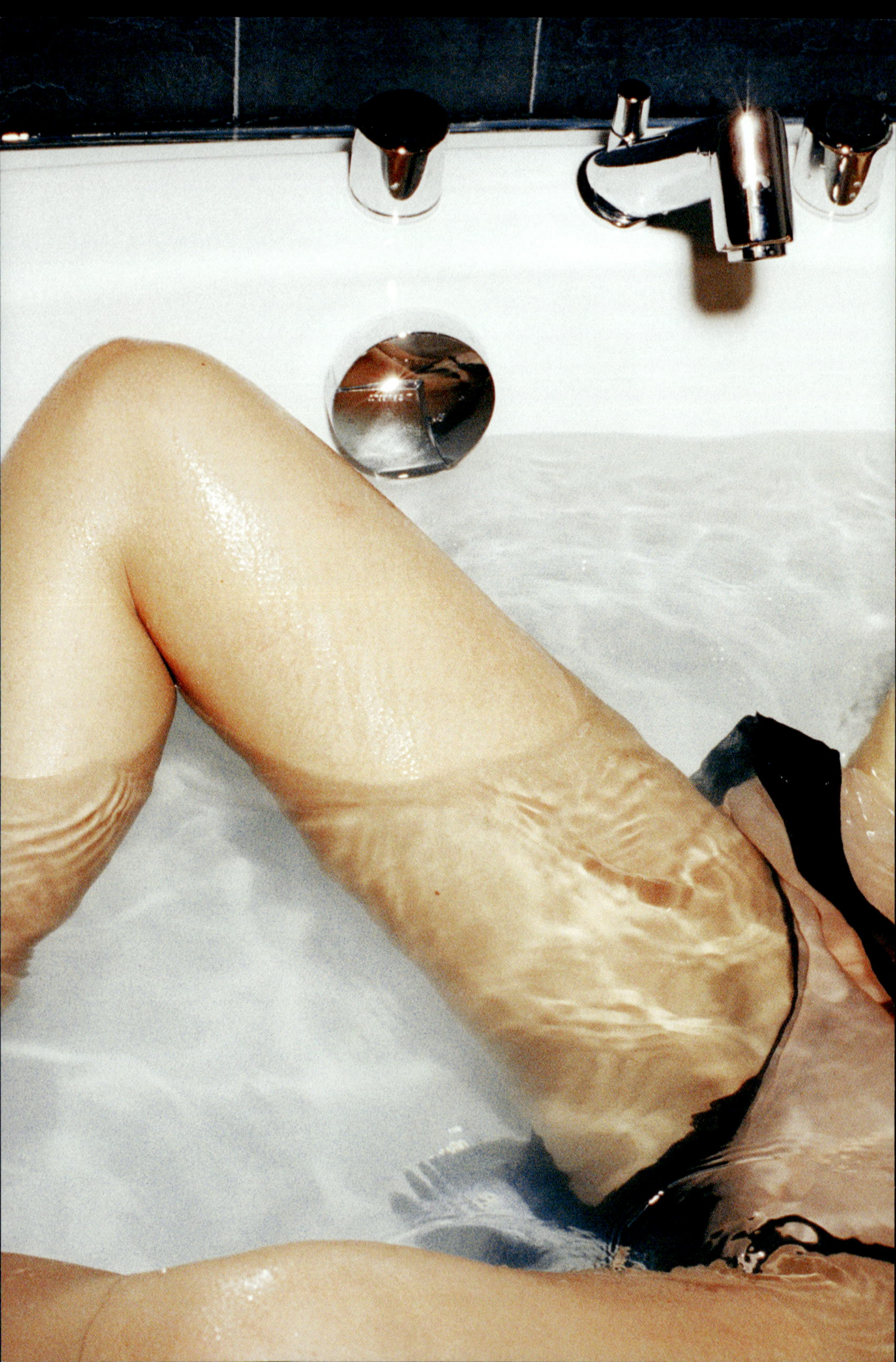

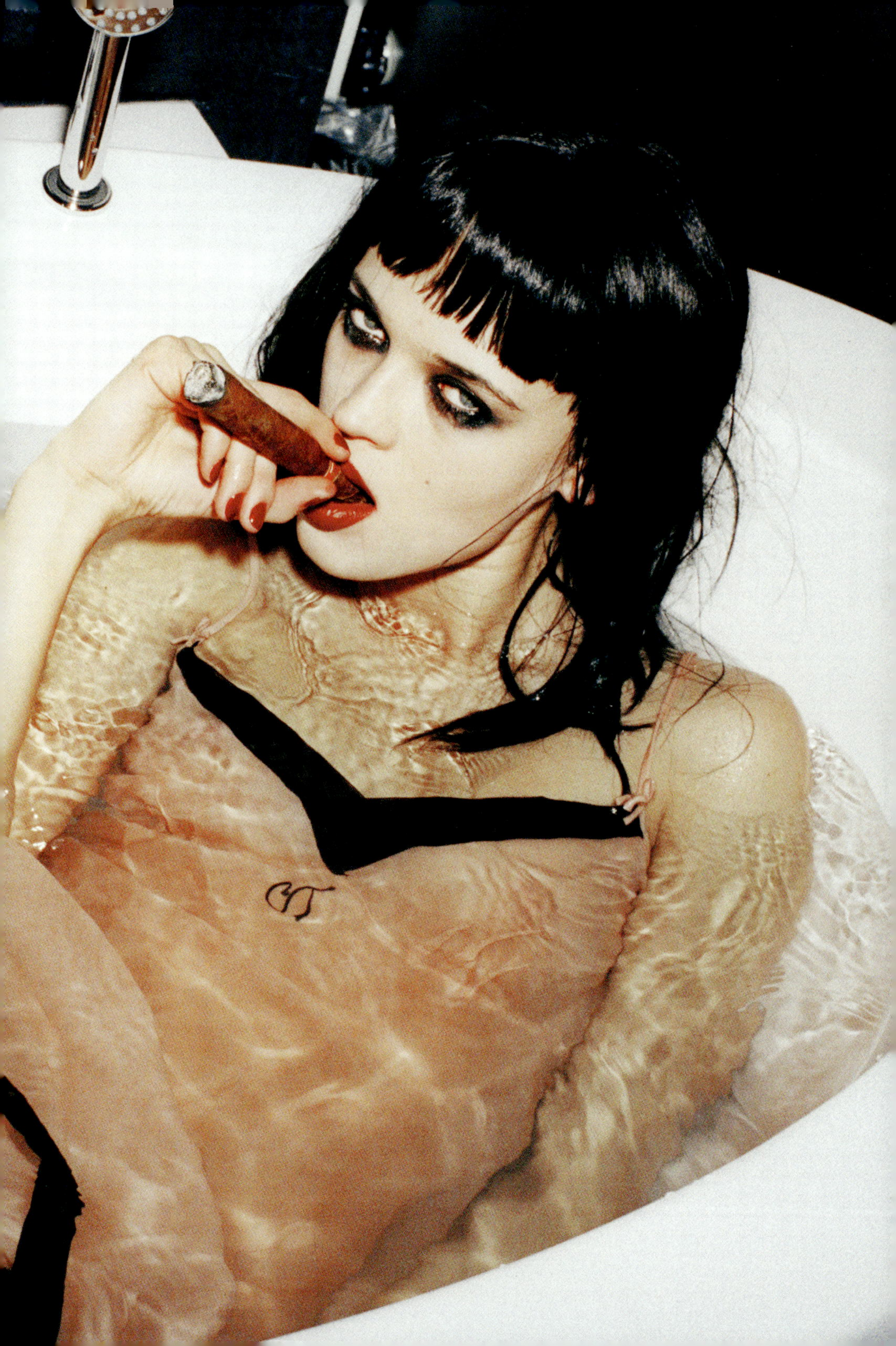

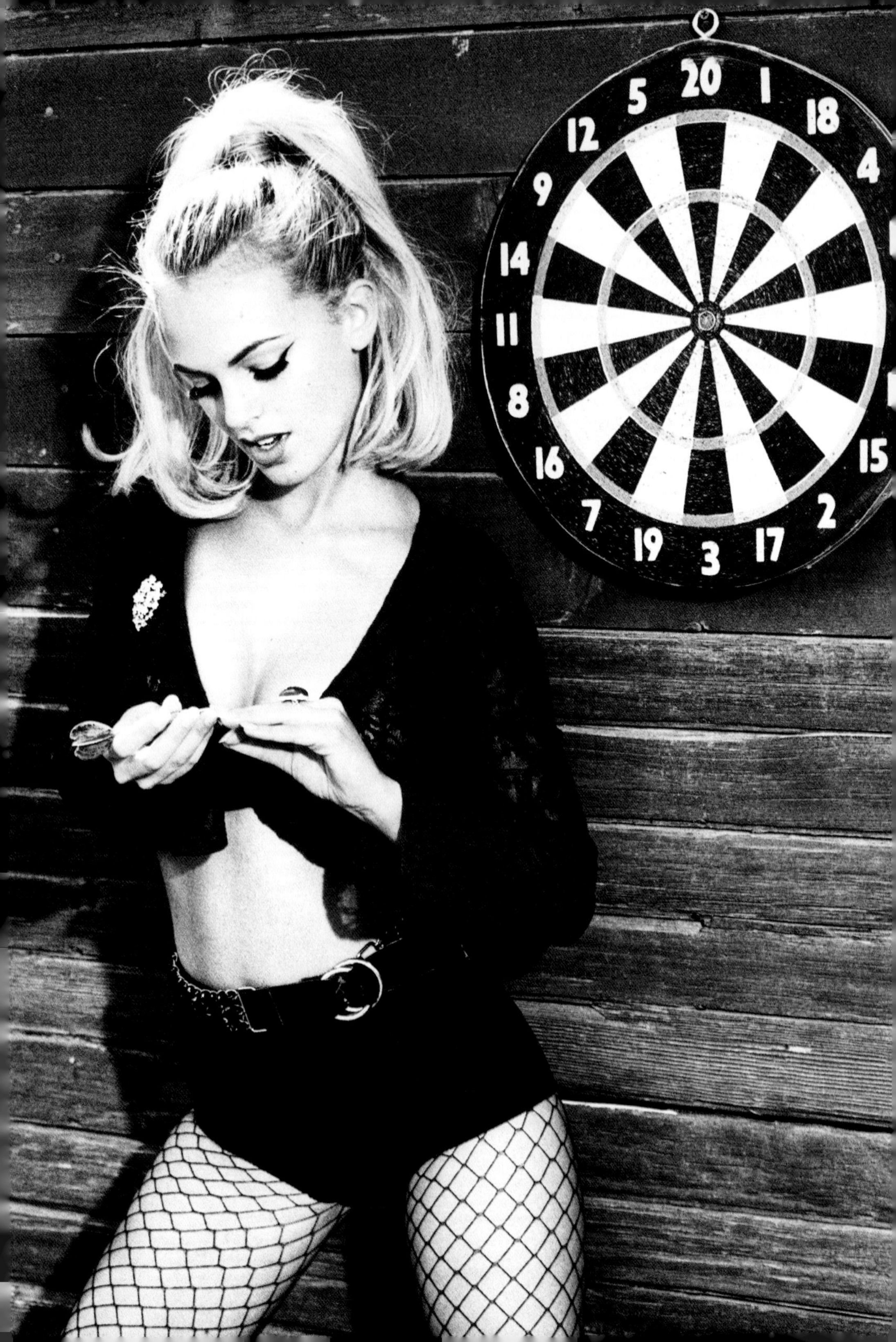

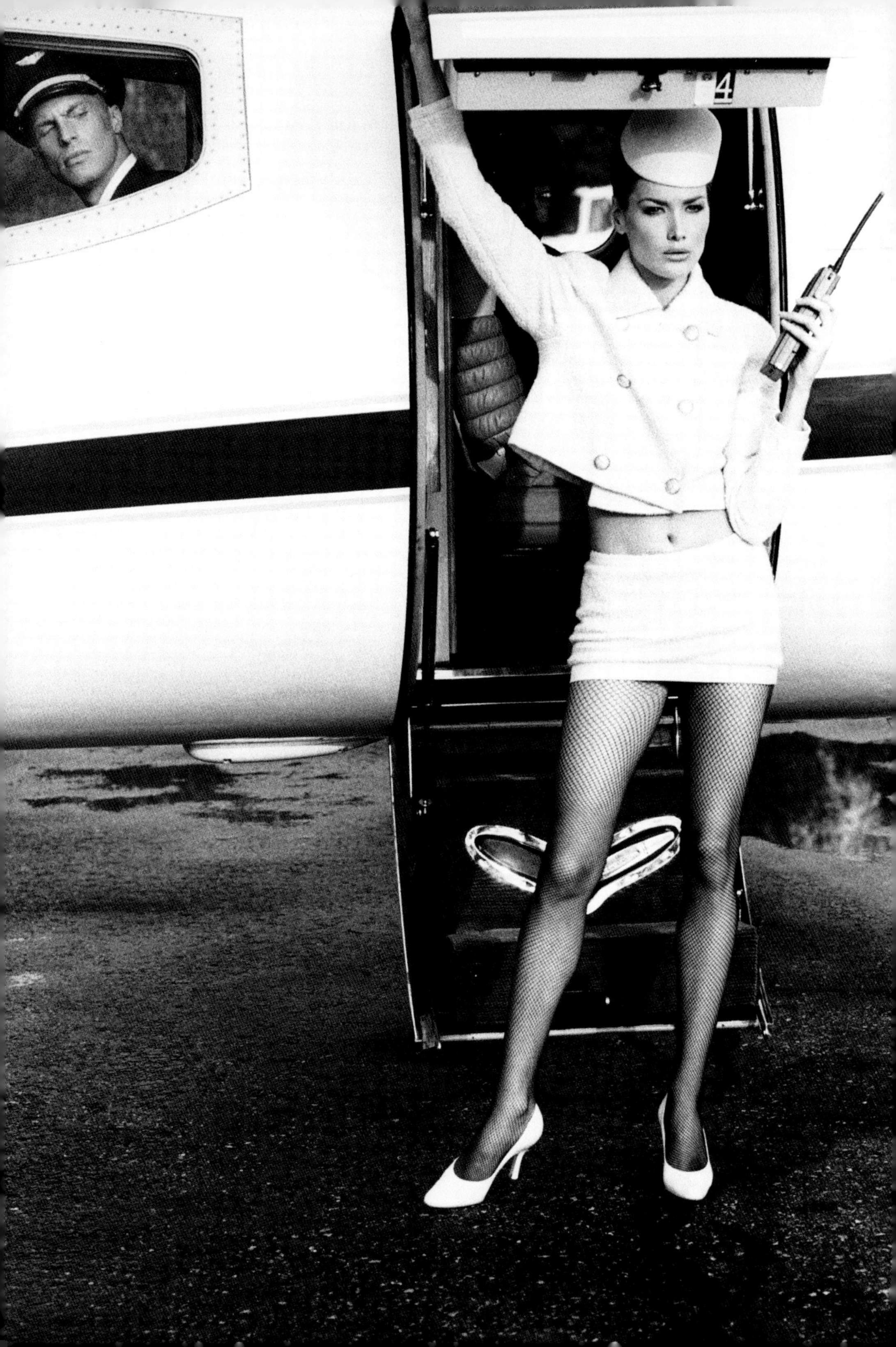

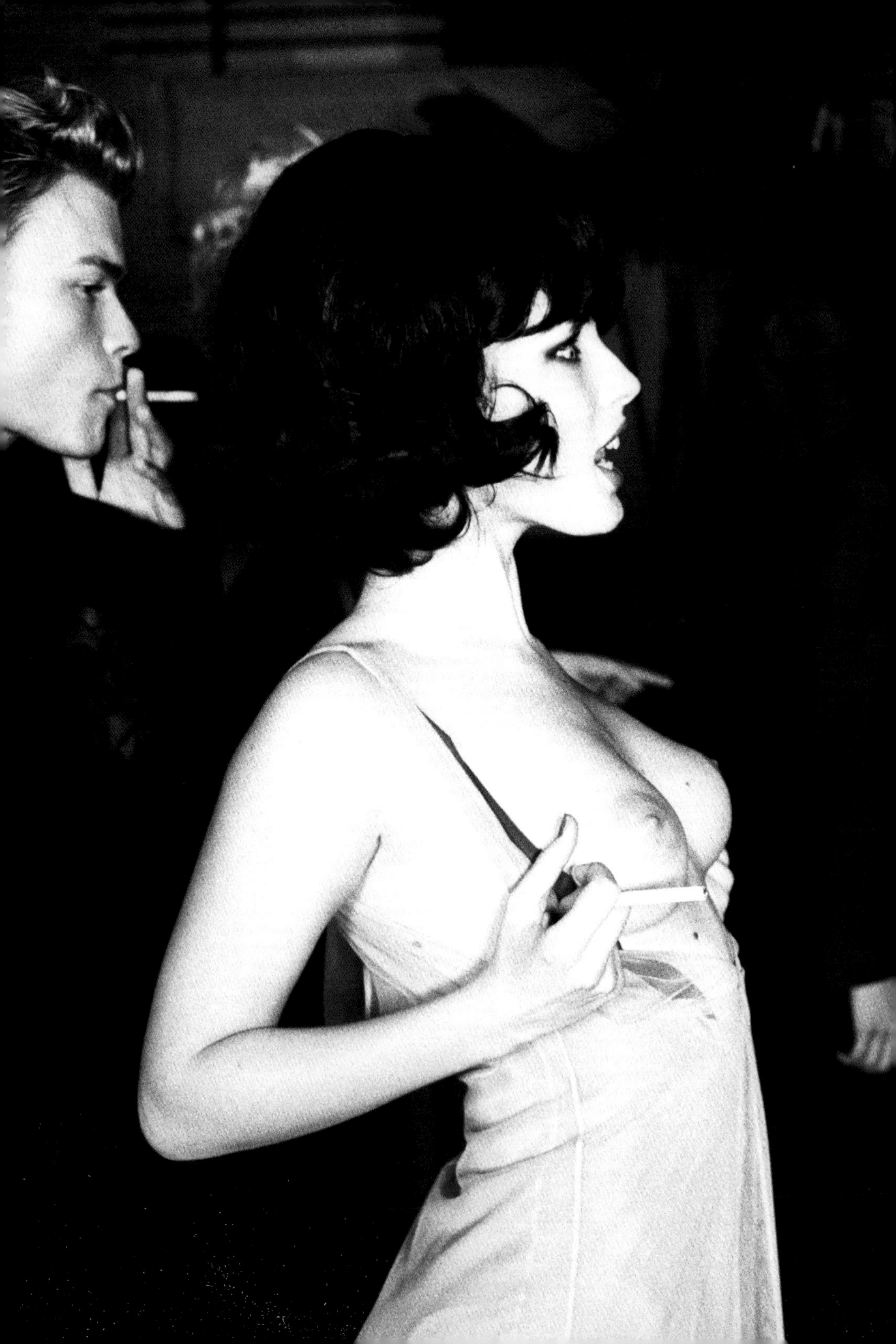

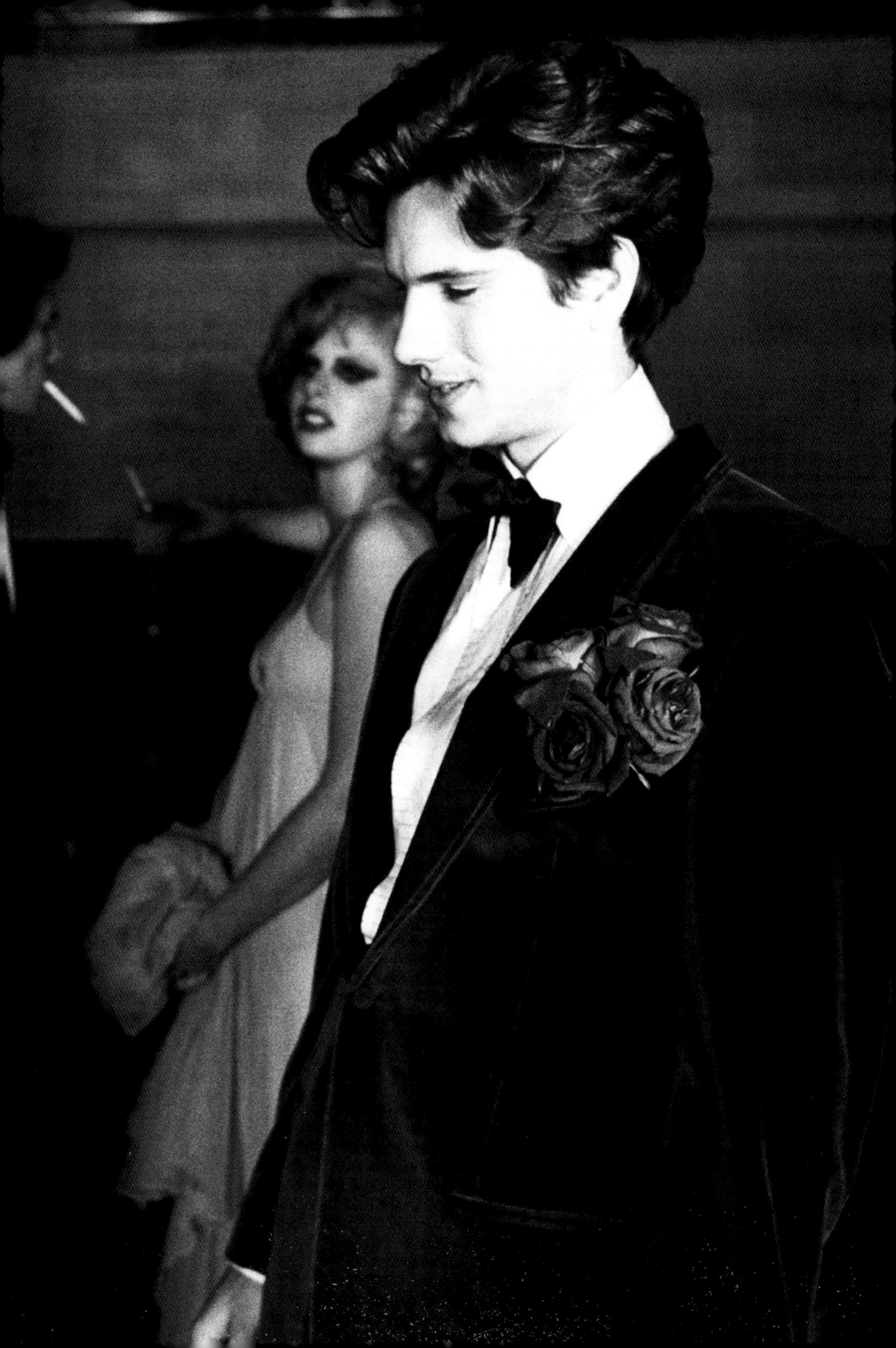

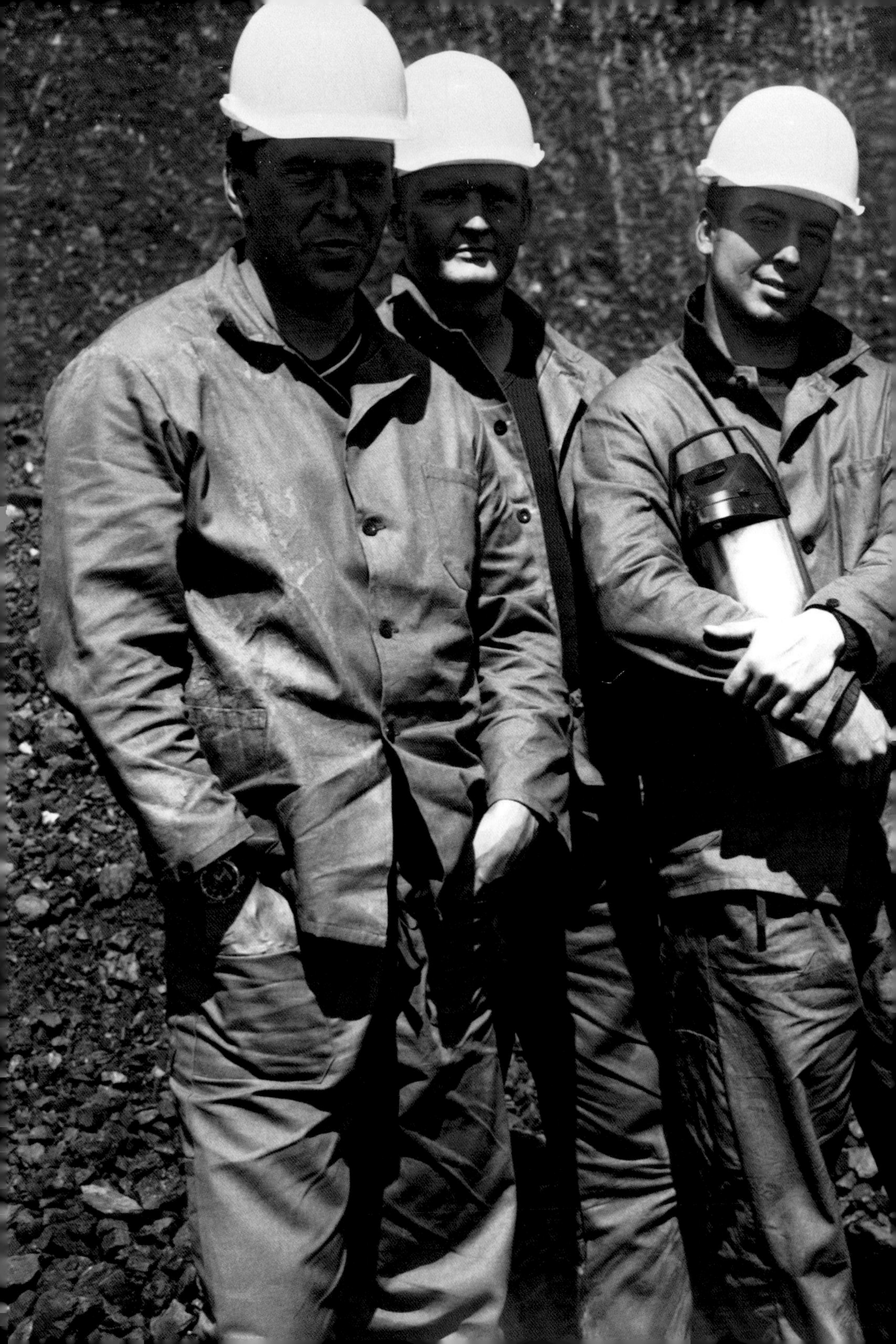

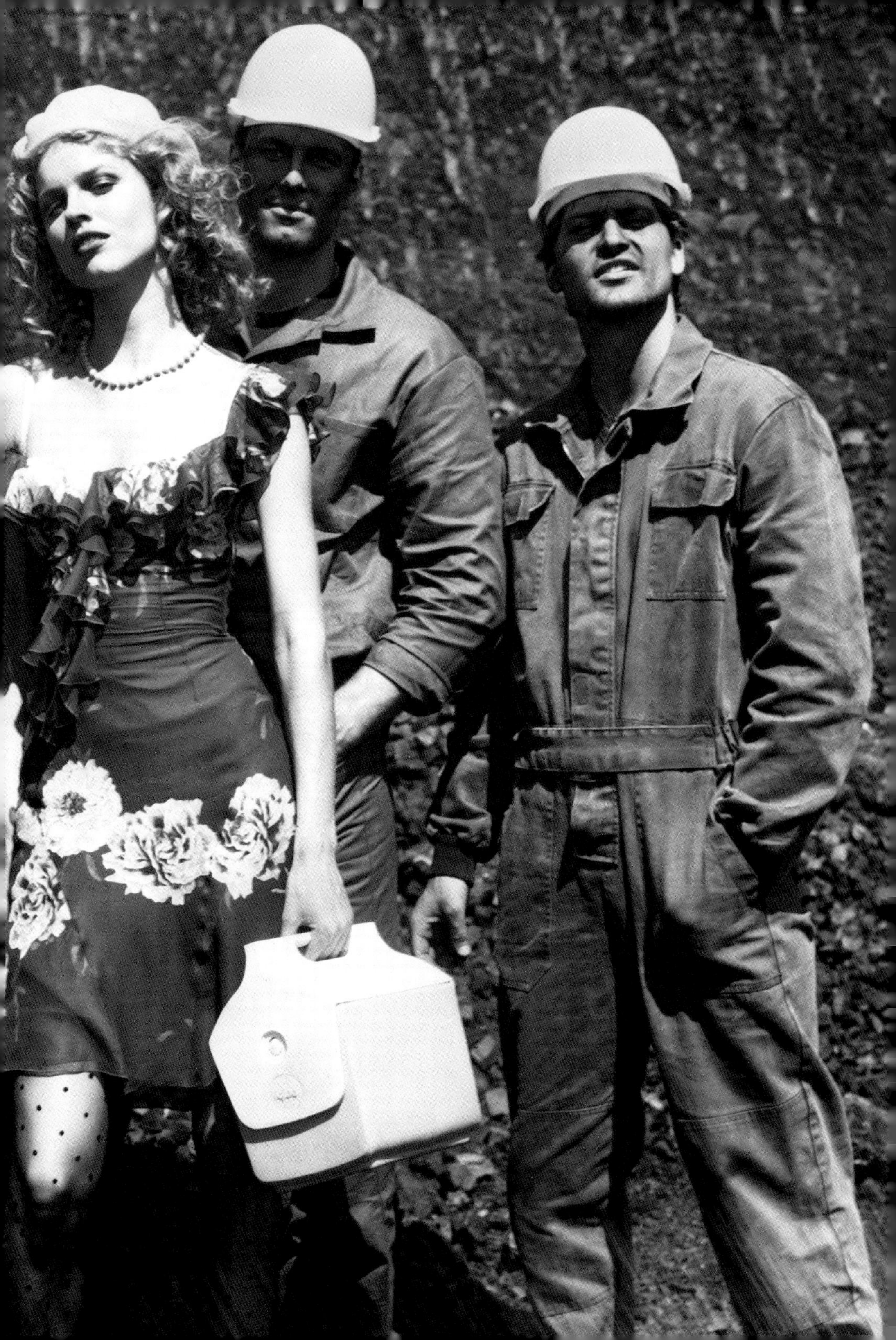

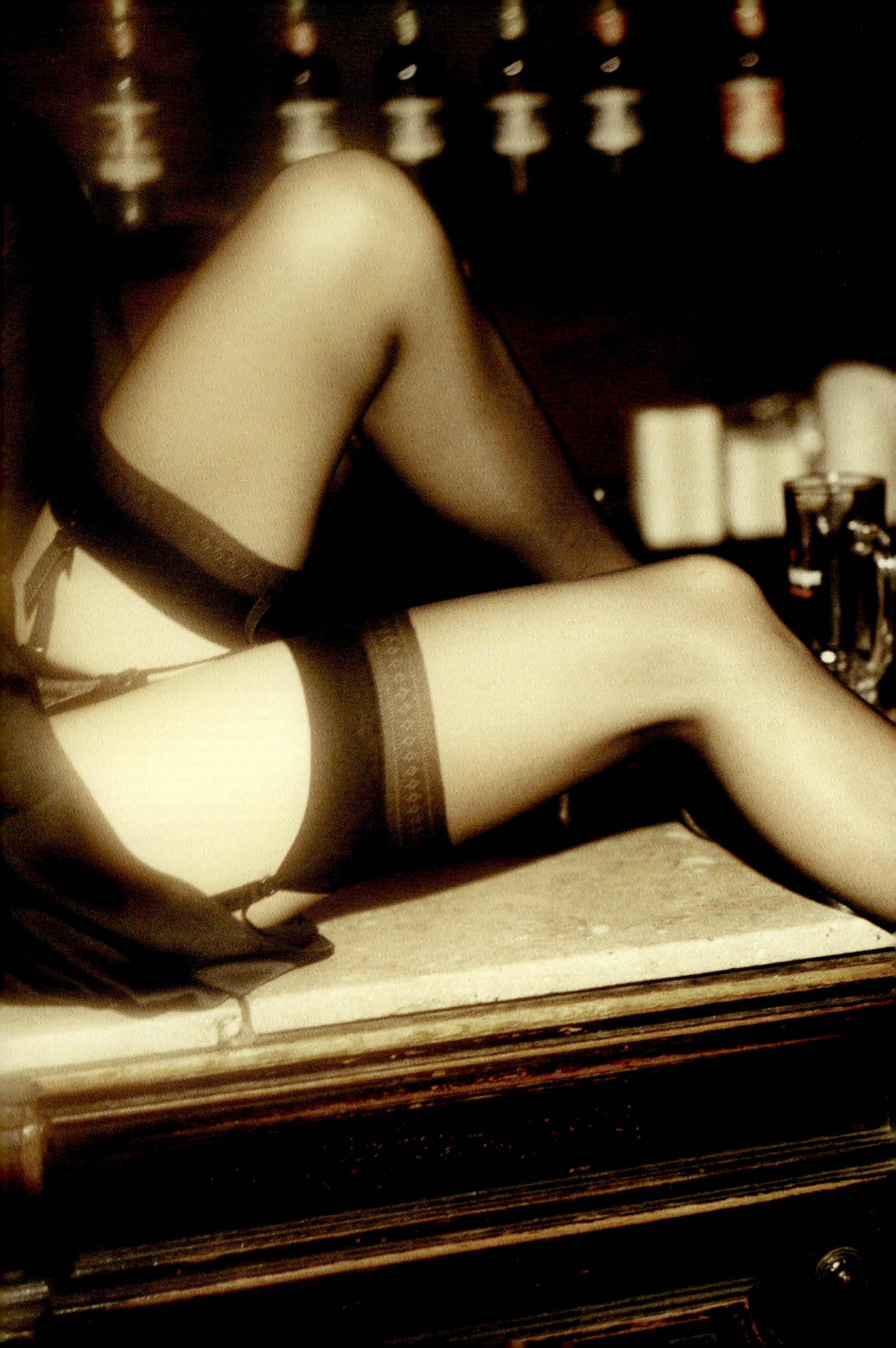

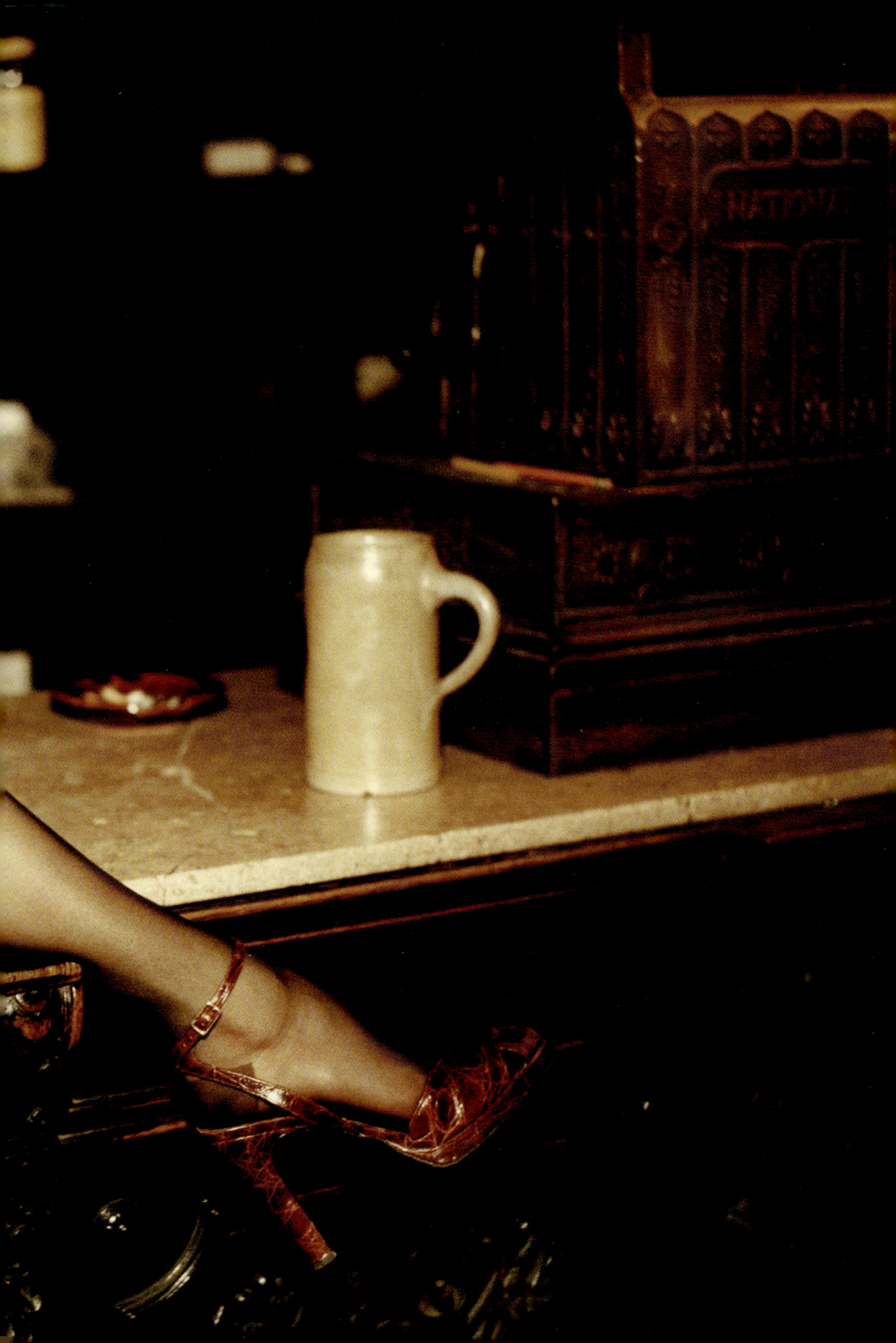

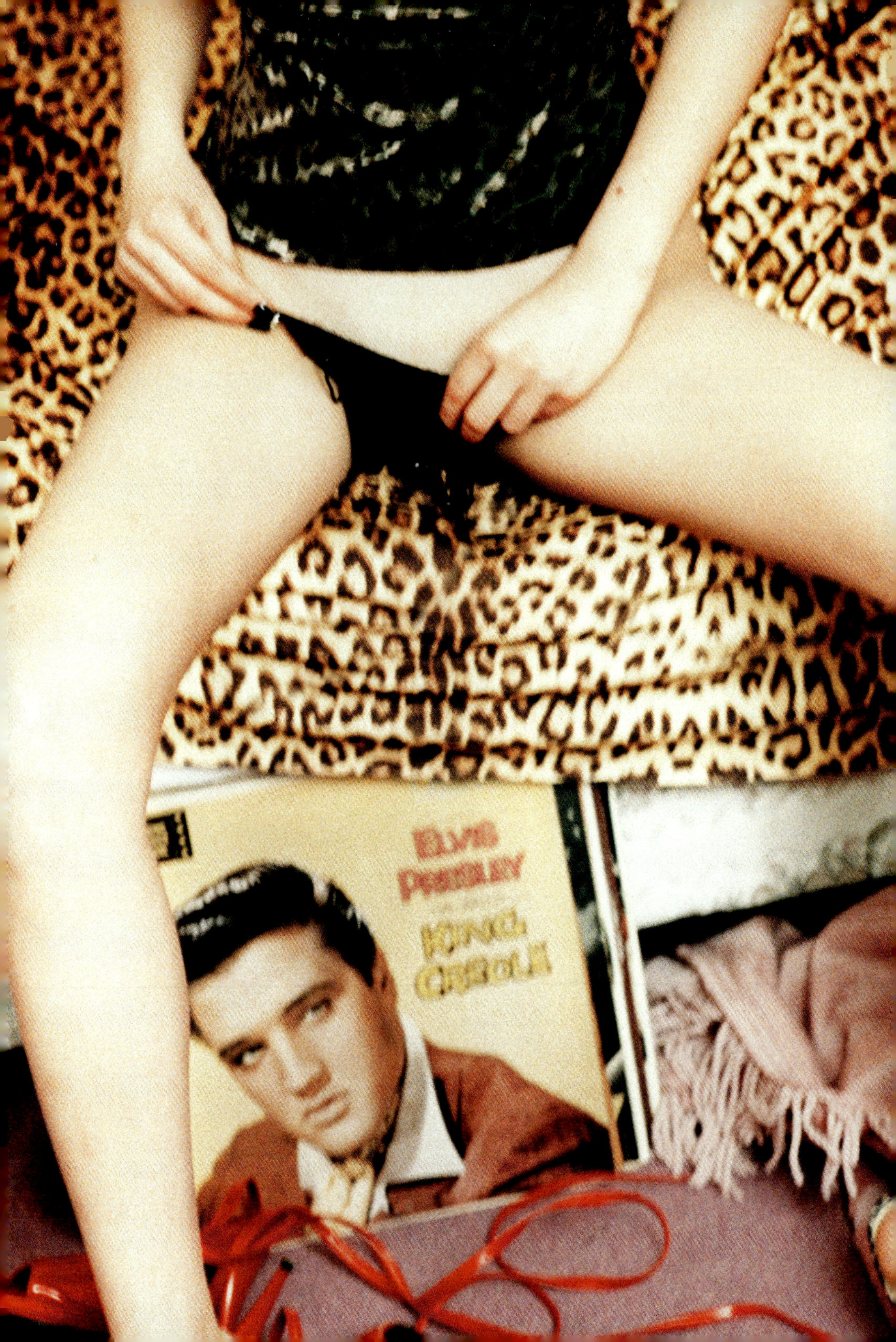

ELVIS PRESLEY
KING CREOLA

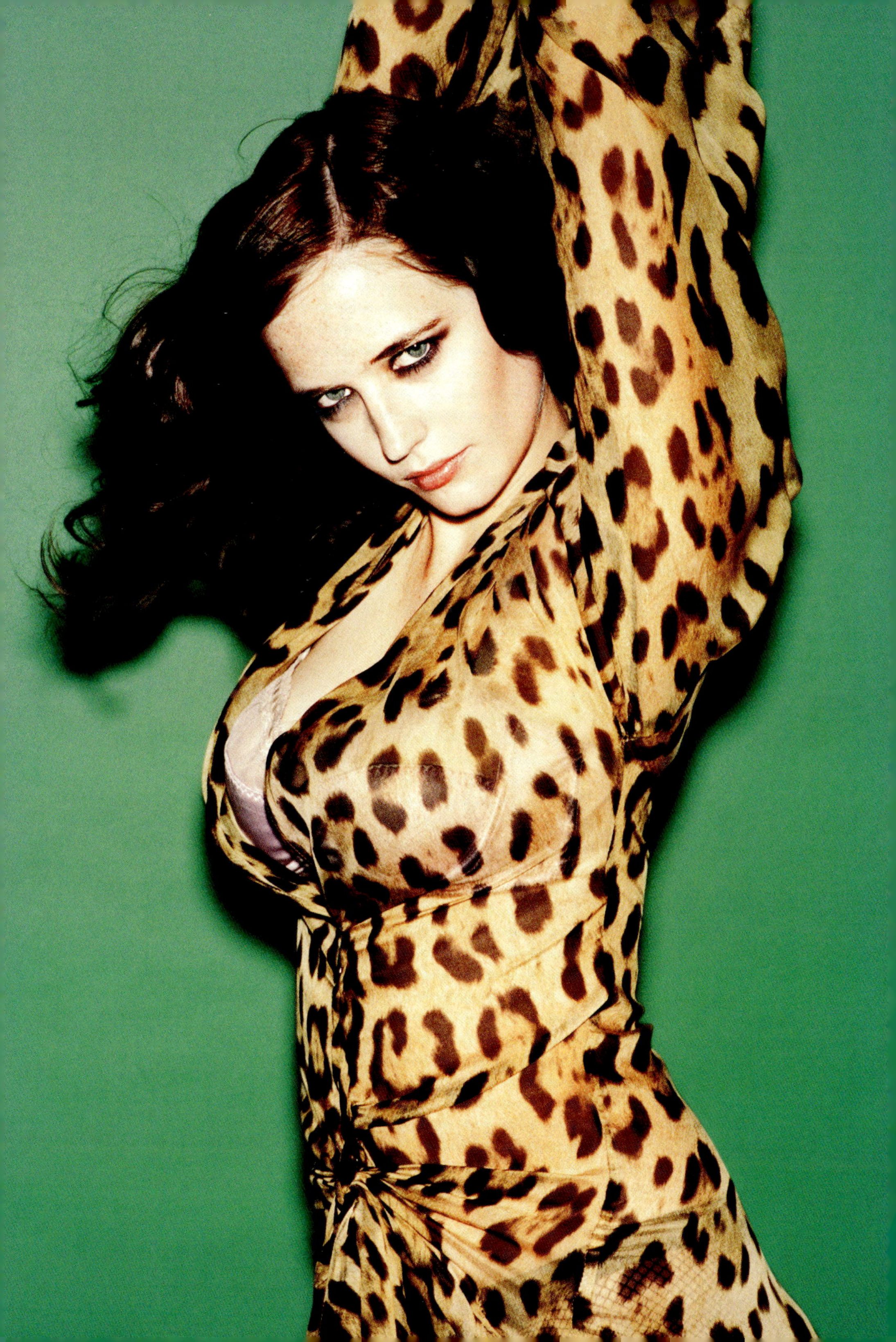

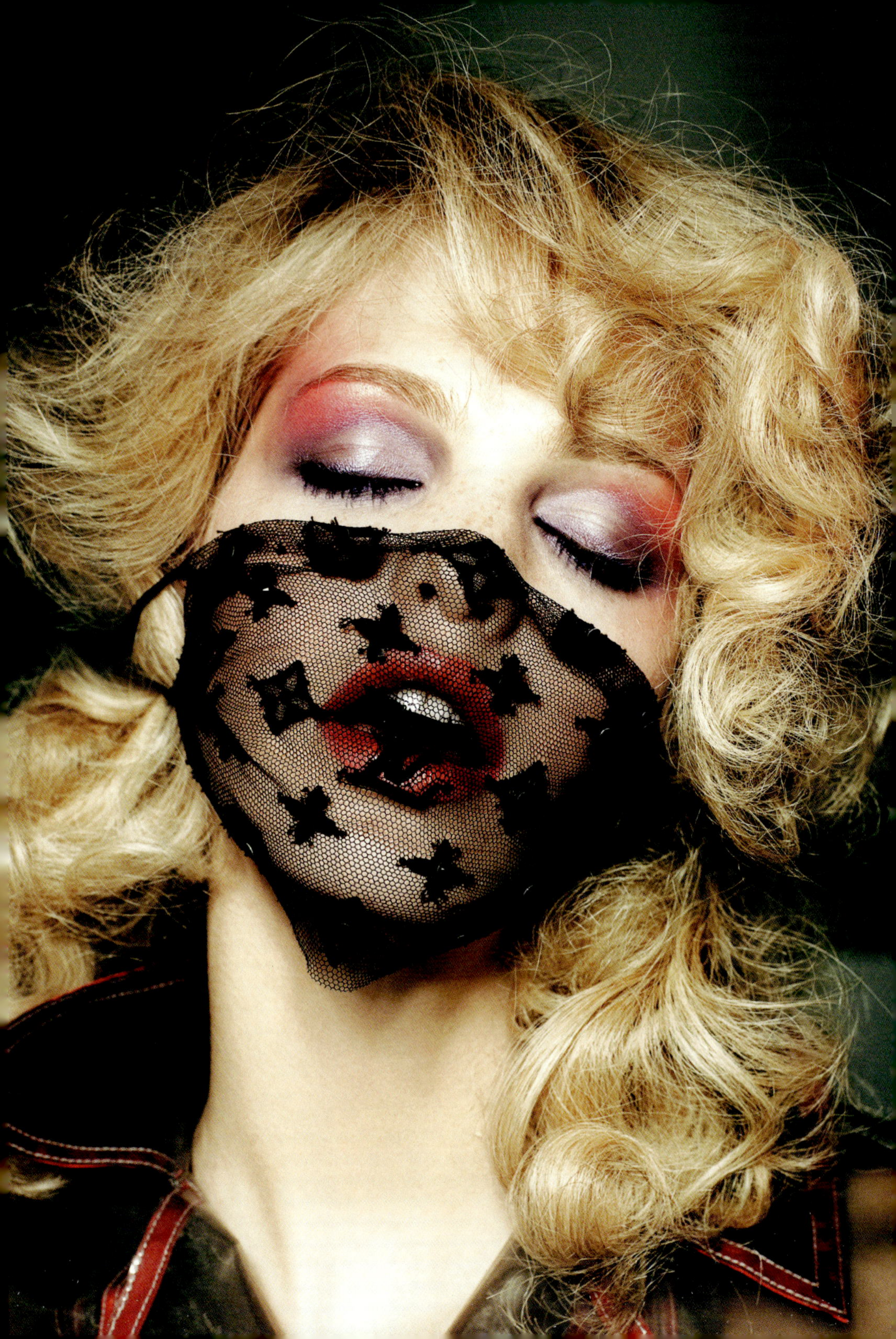

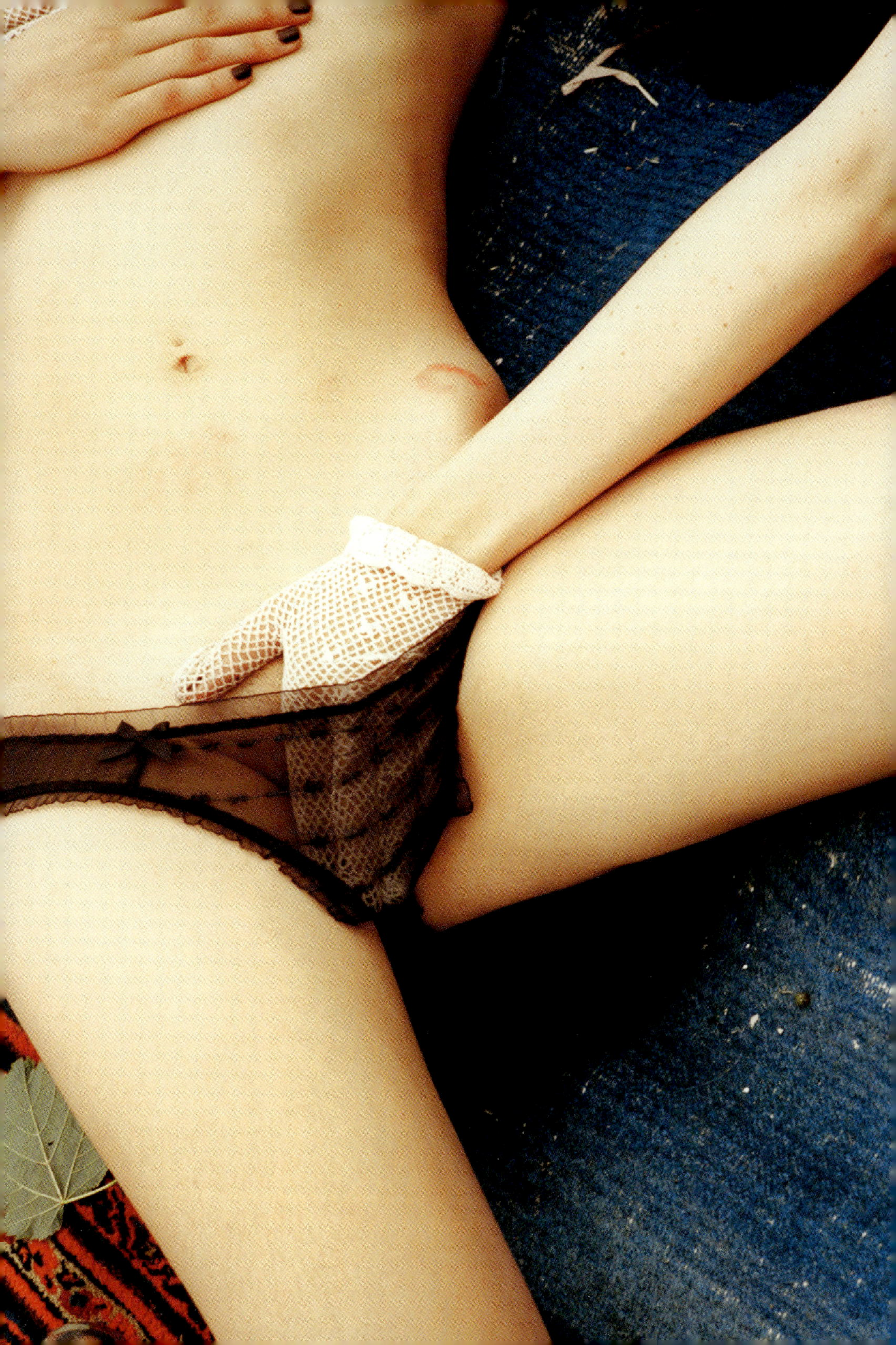

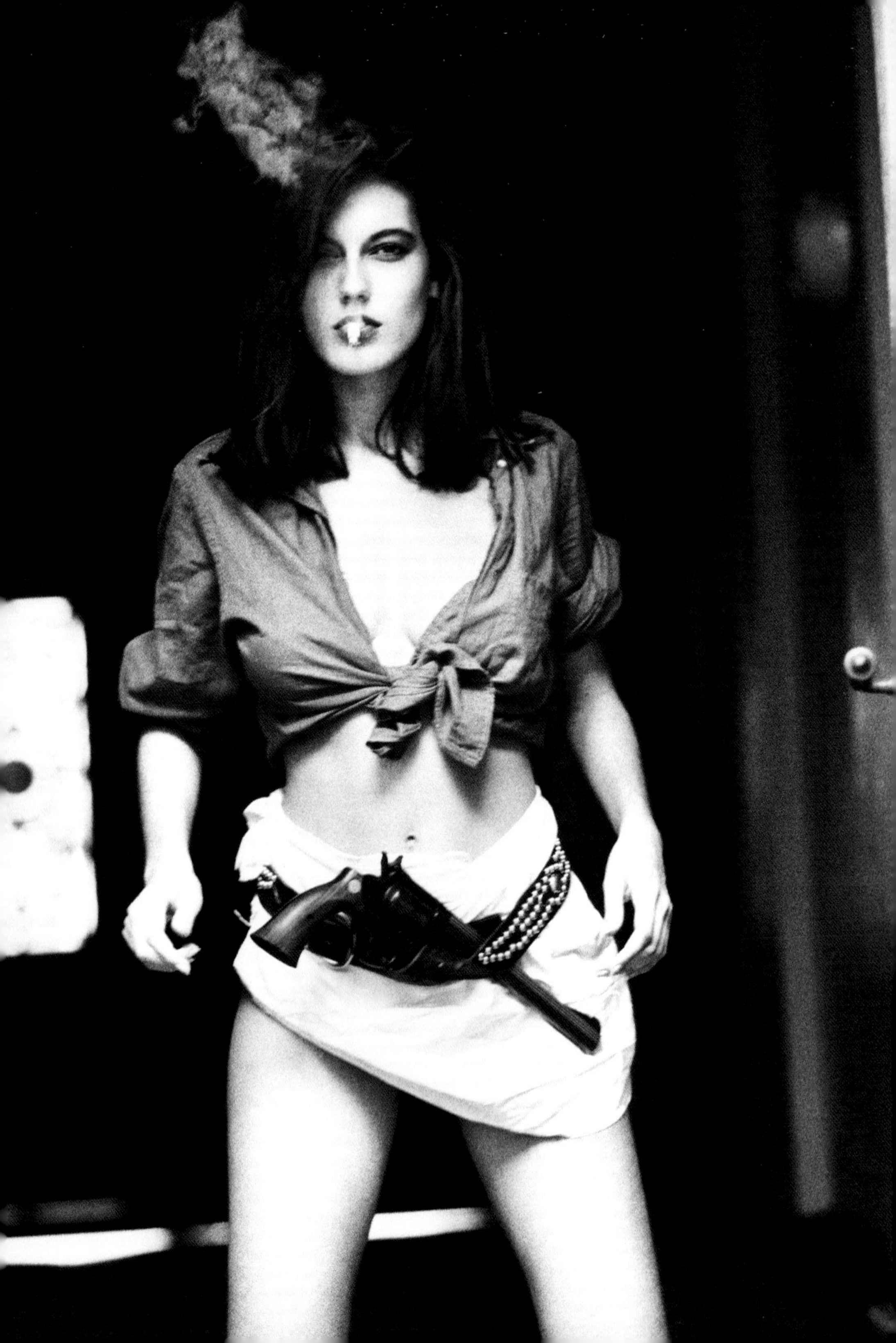

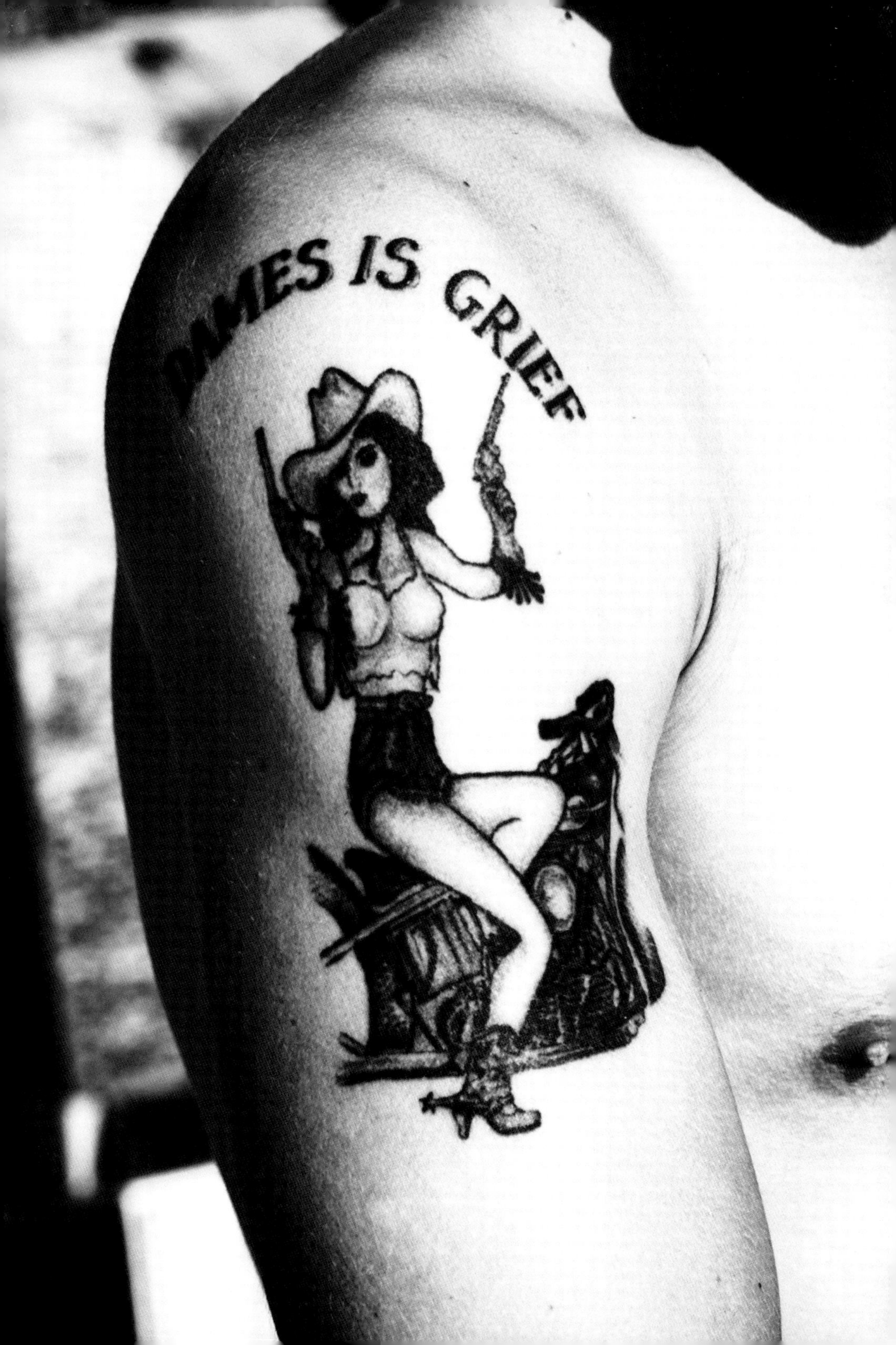
DAMES IS GRIEF

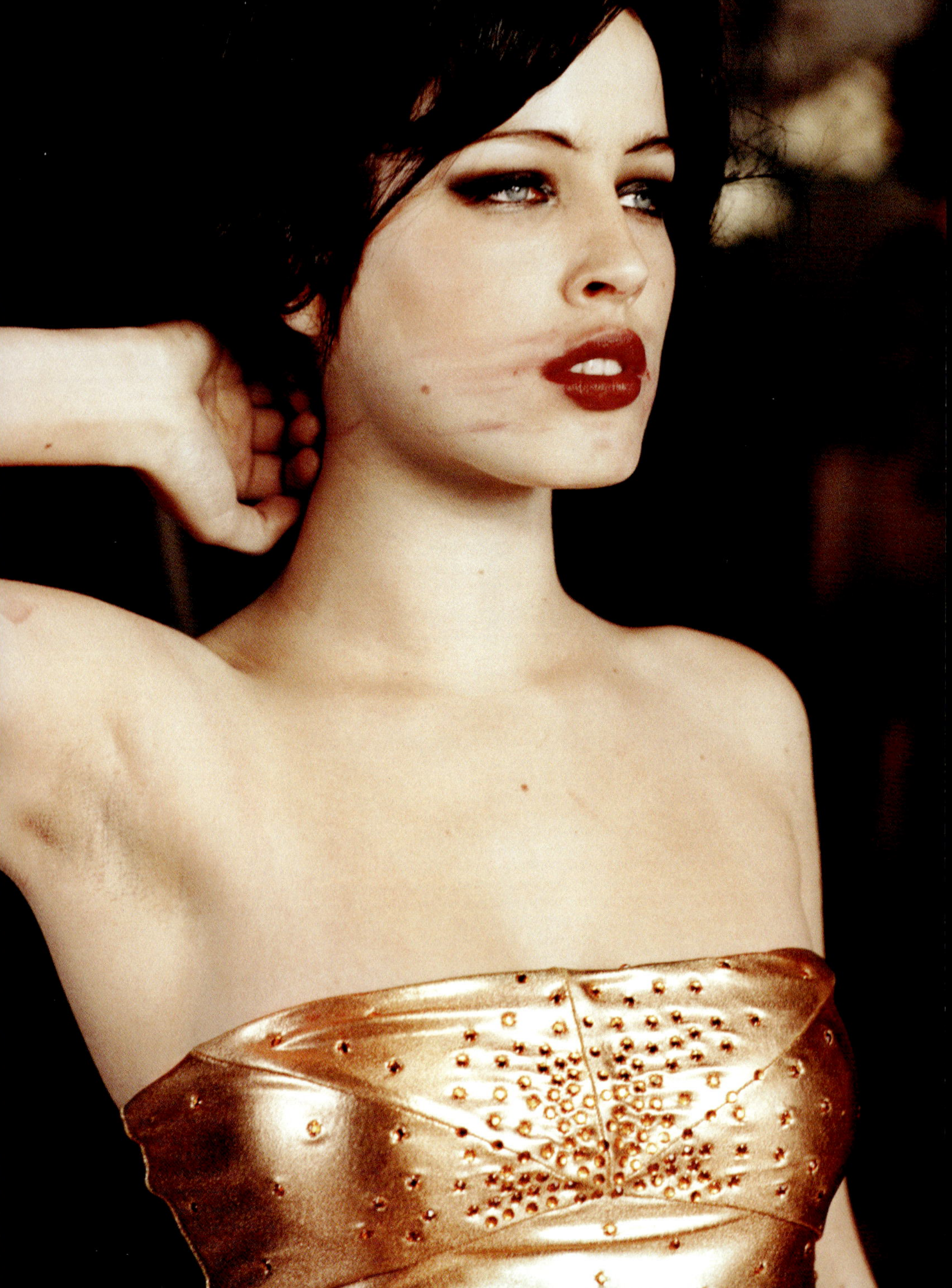

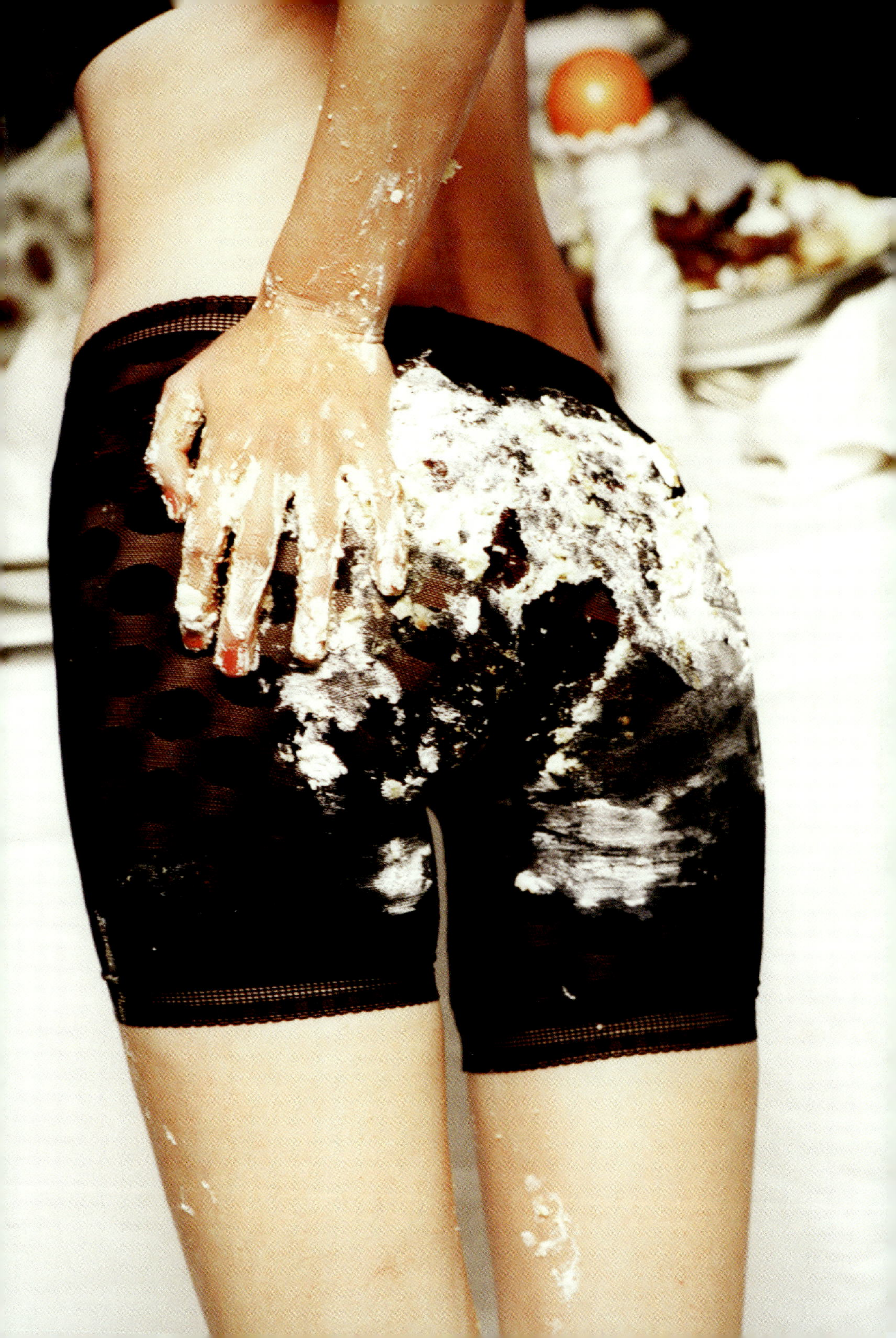

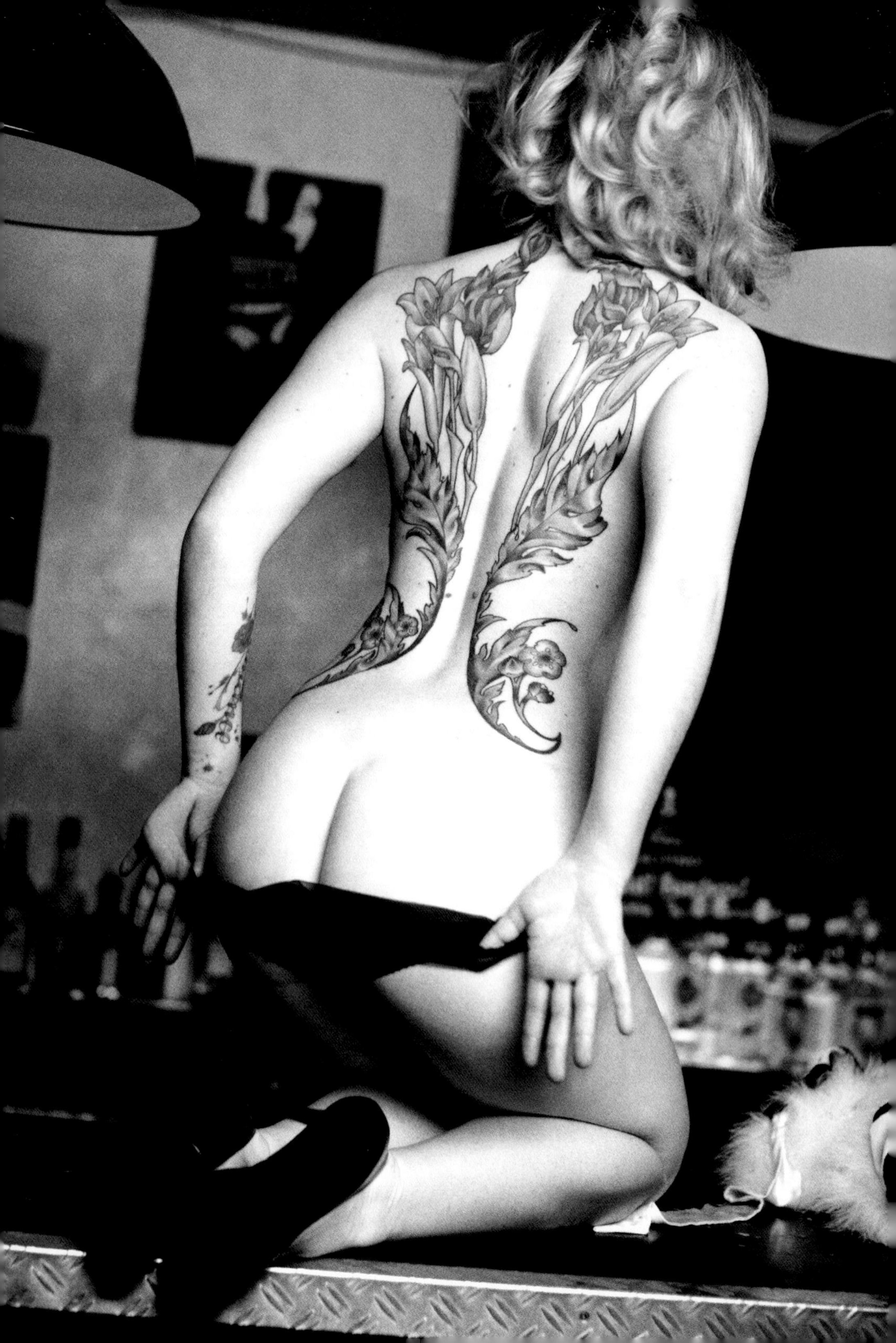

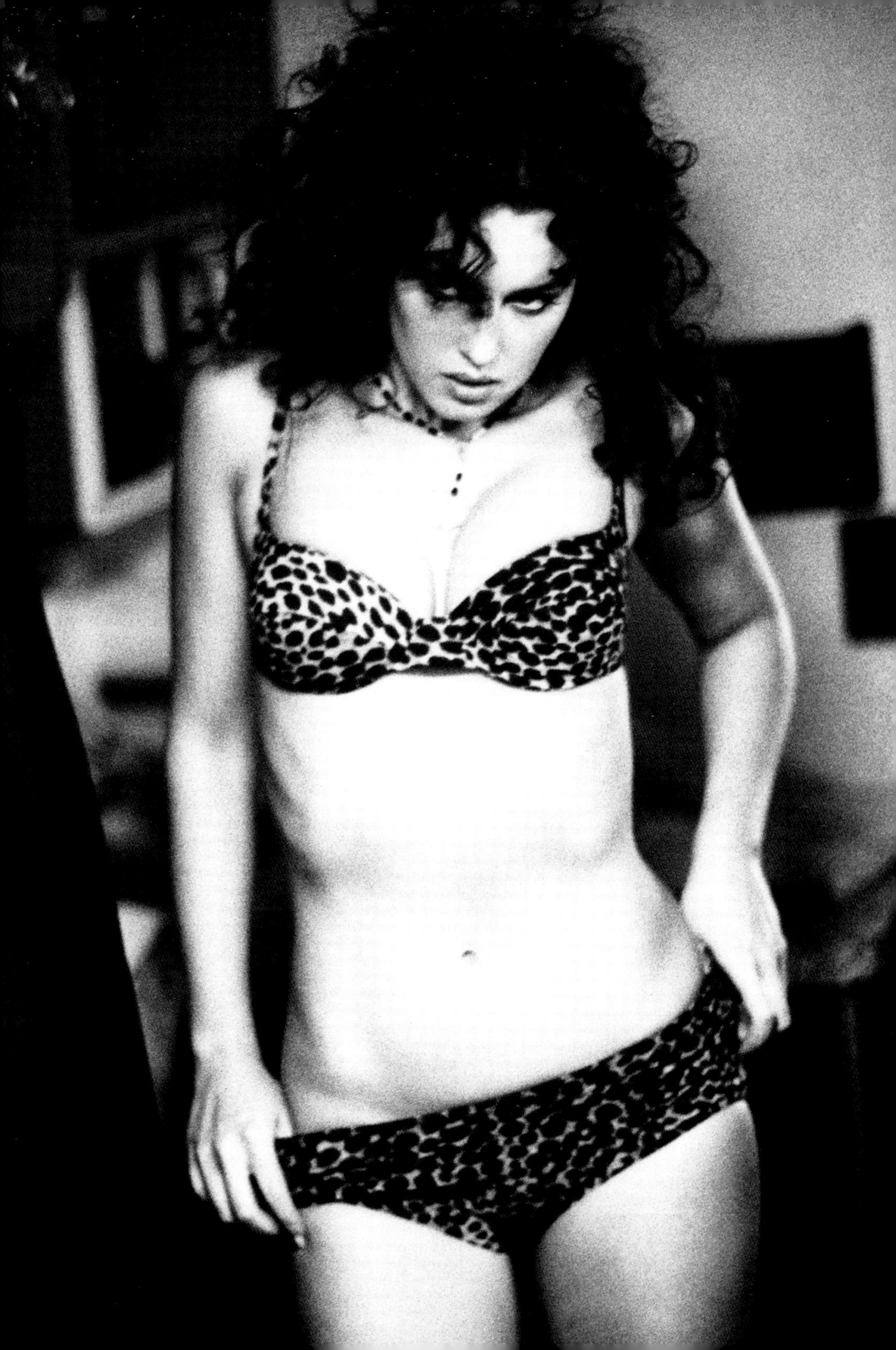

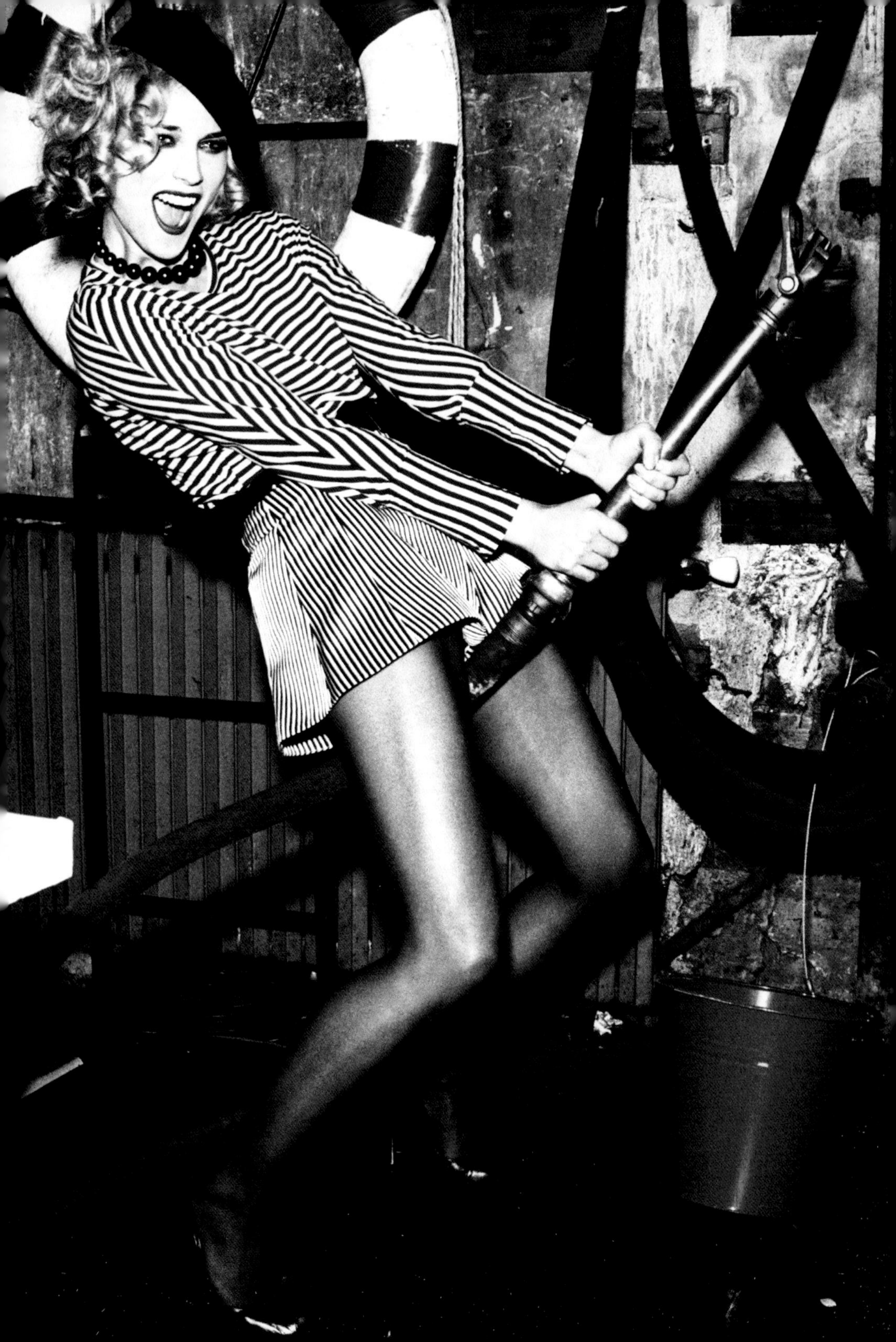

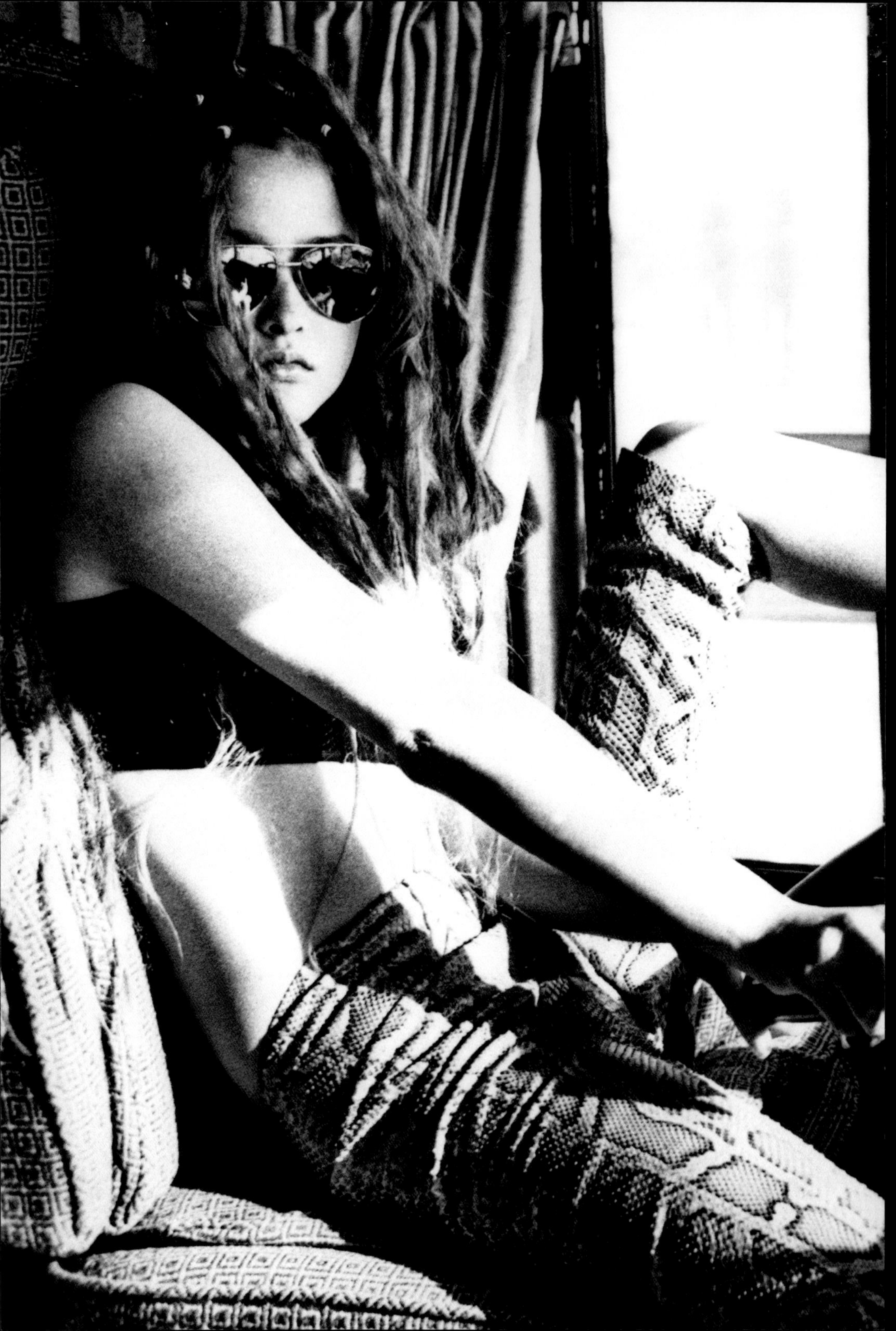

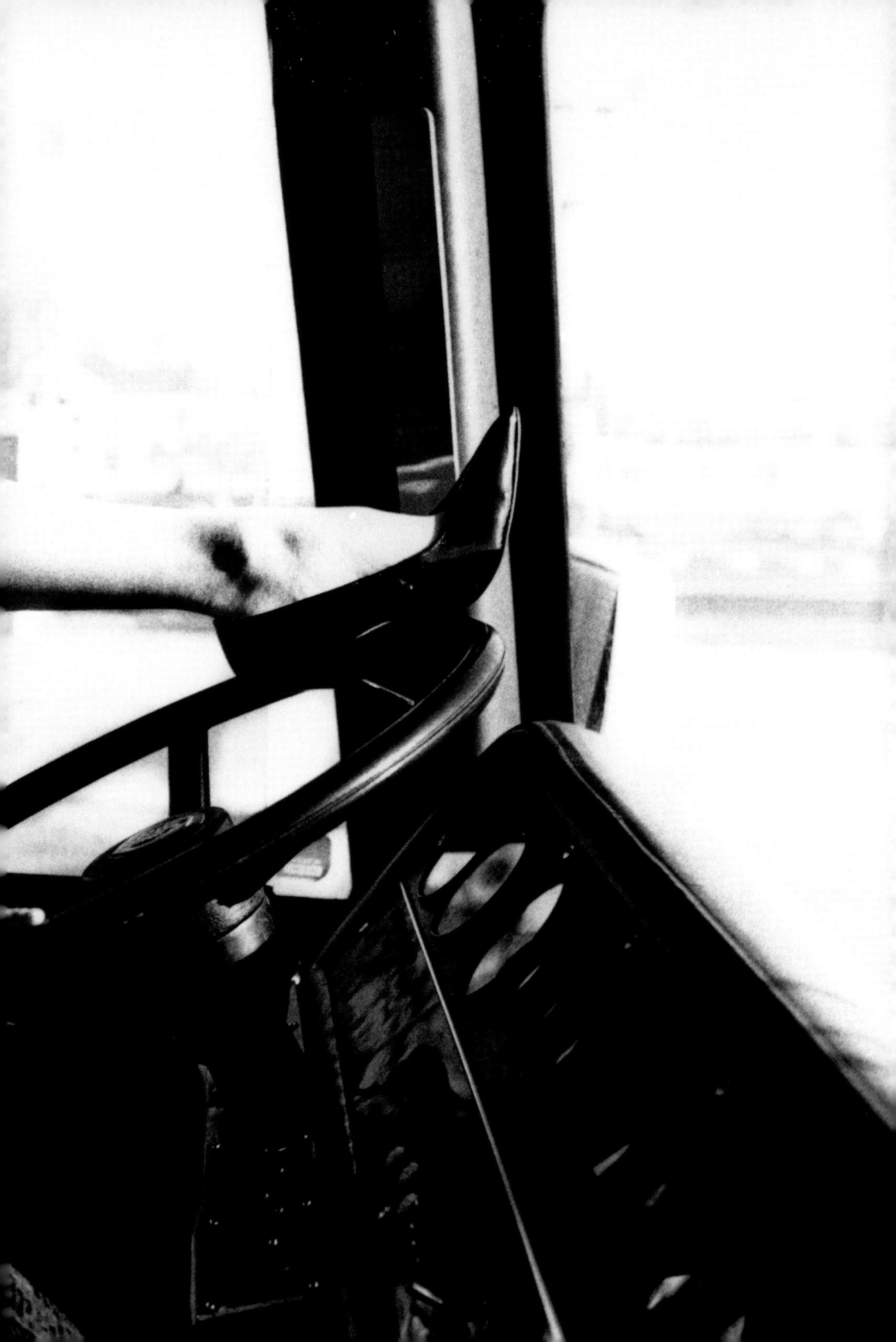

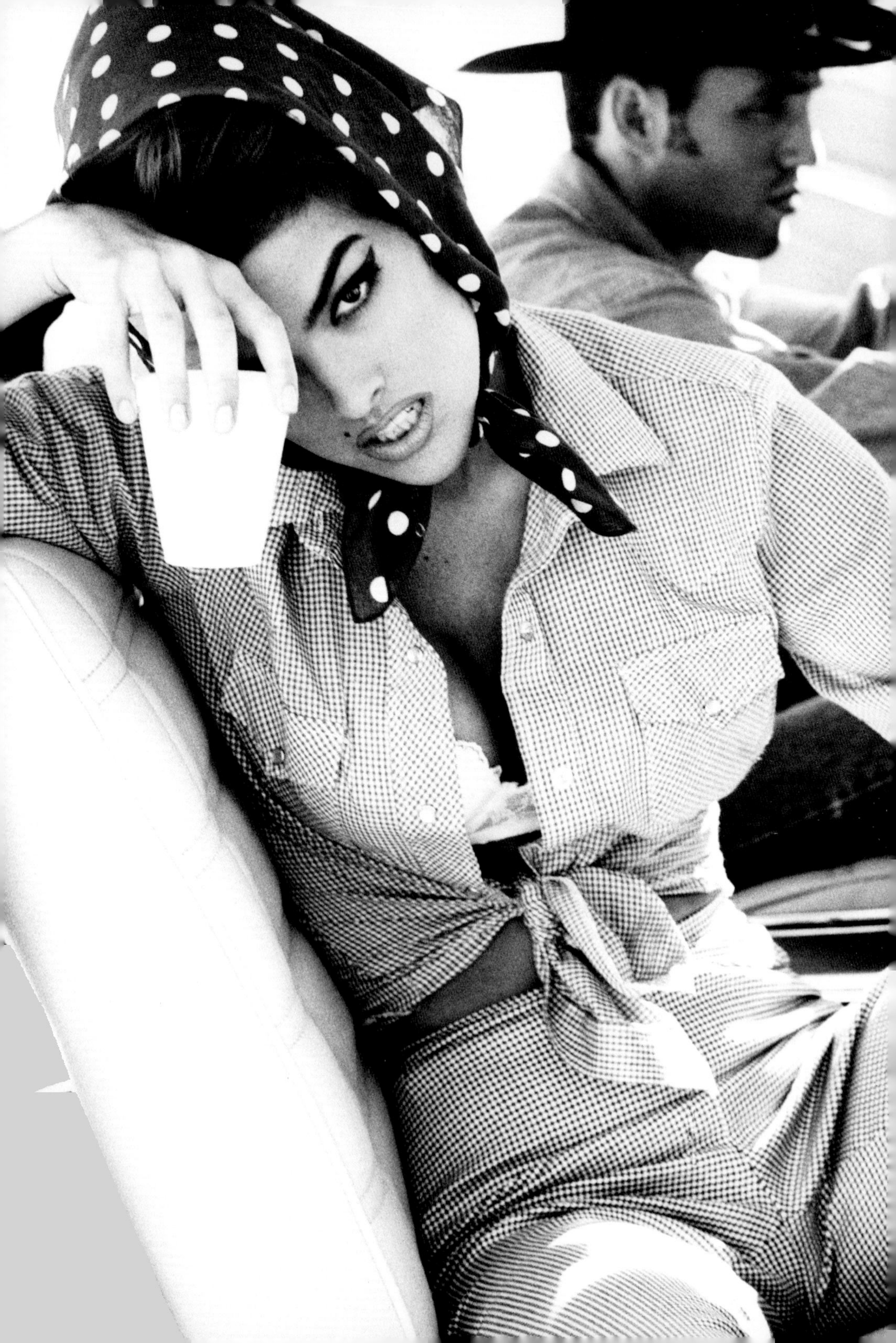

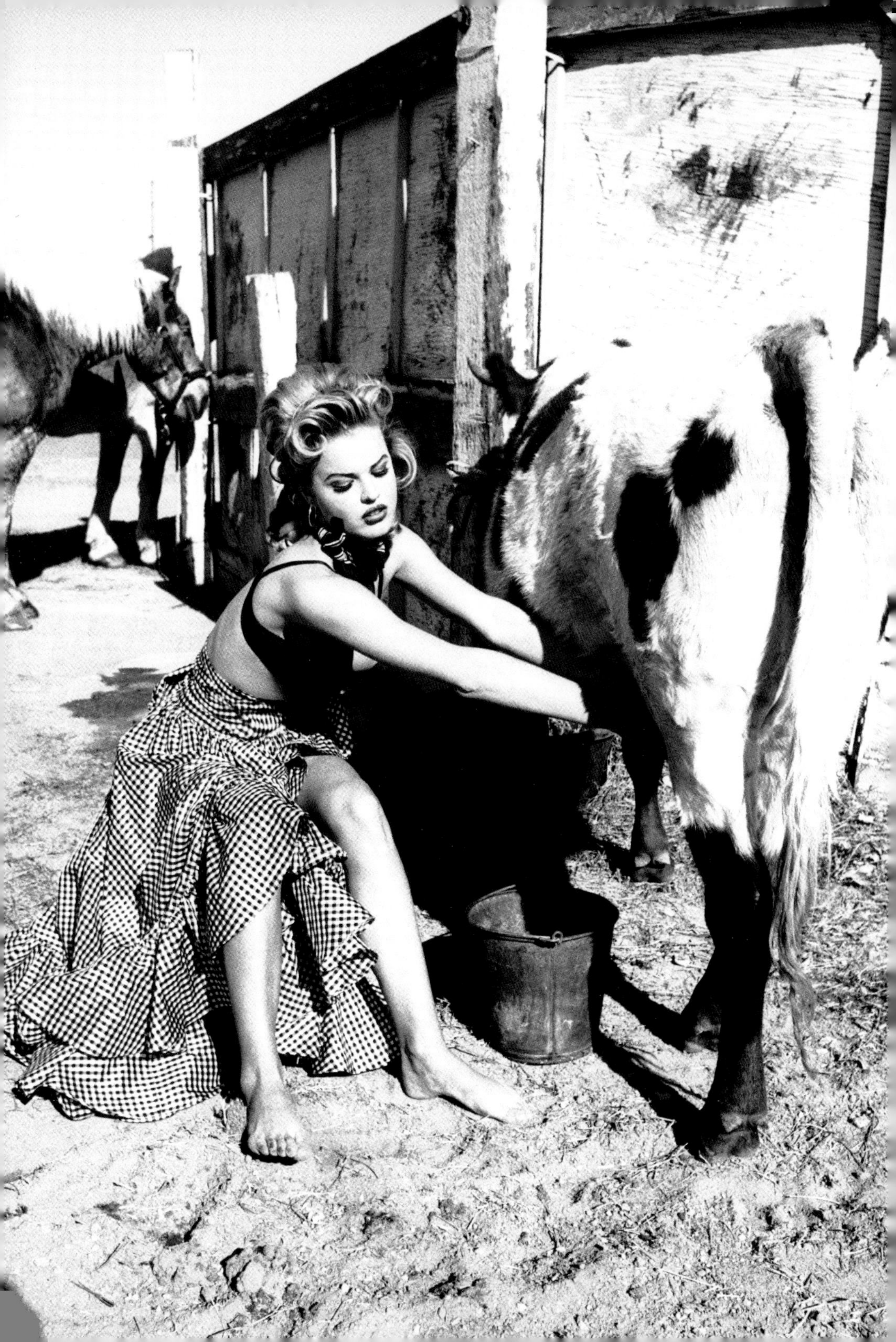

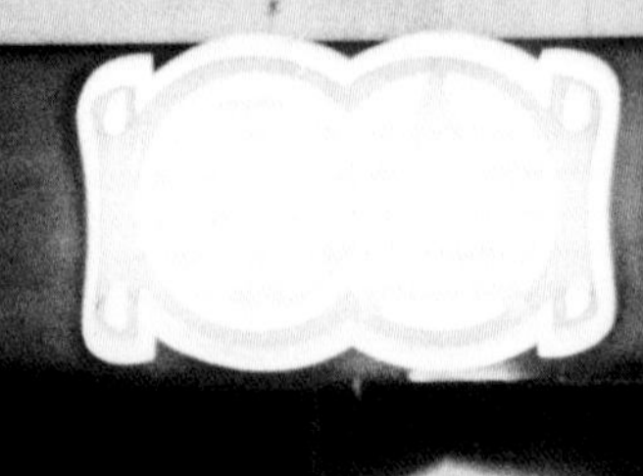

HACKER
Das Bi
zur
...unser Schlager
KORN
perri

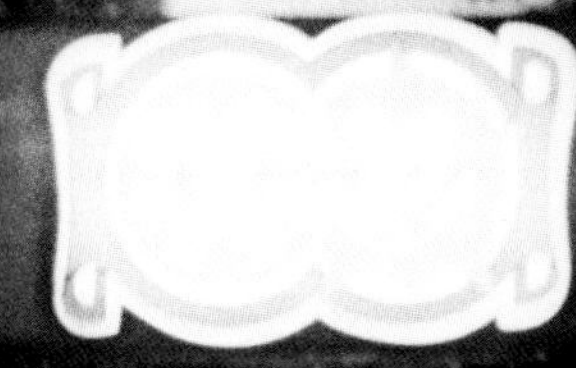
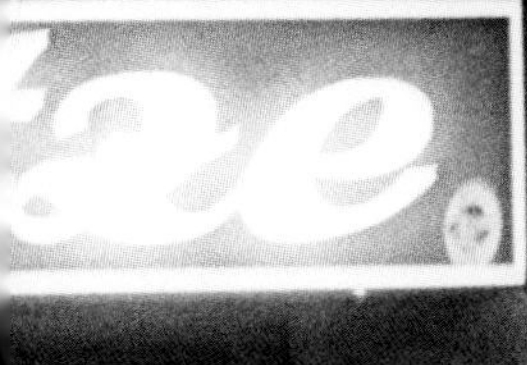
SCHORR
HEN
s Leben
ee
S
NON
BO
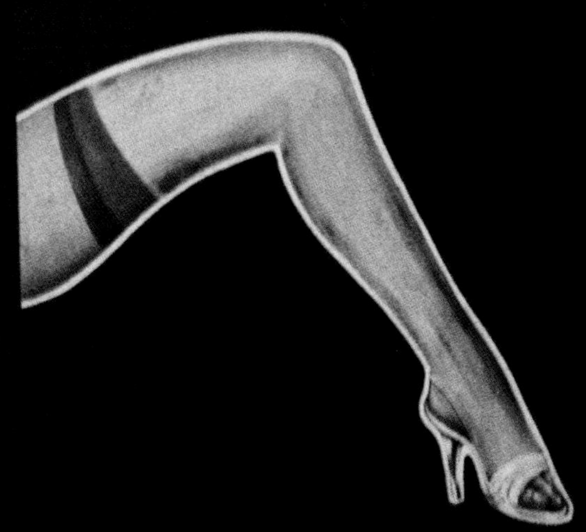

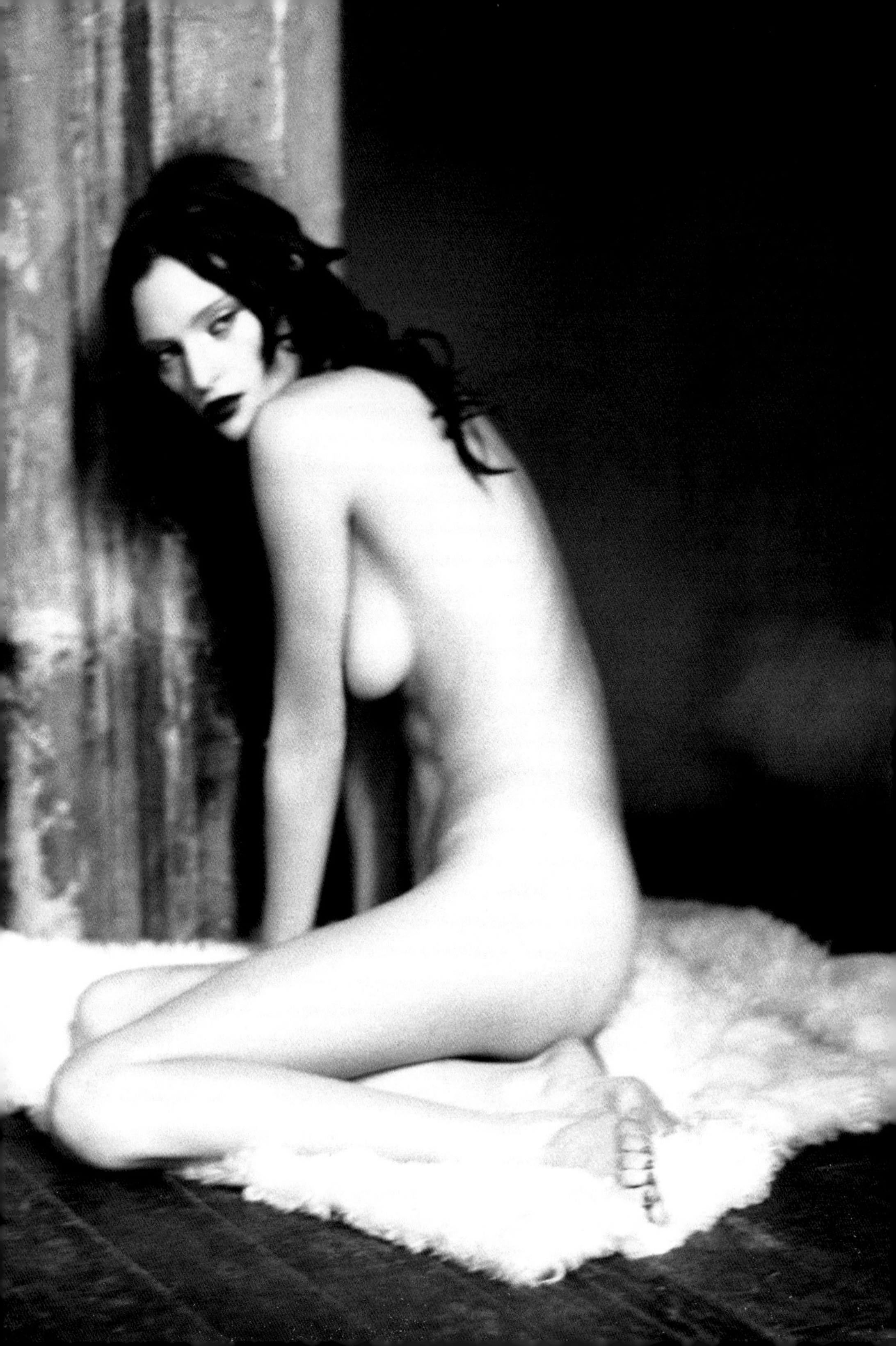

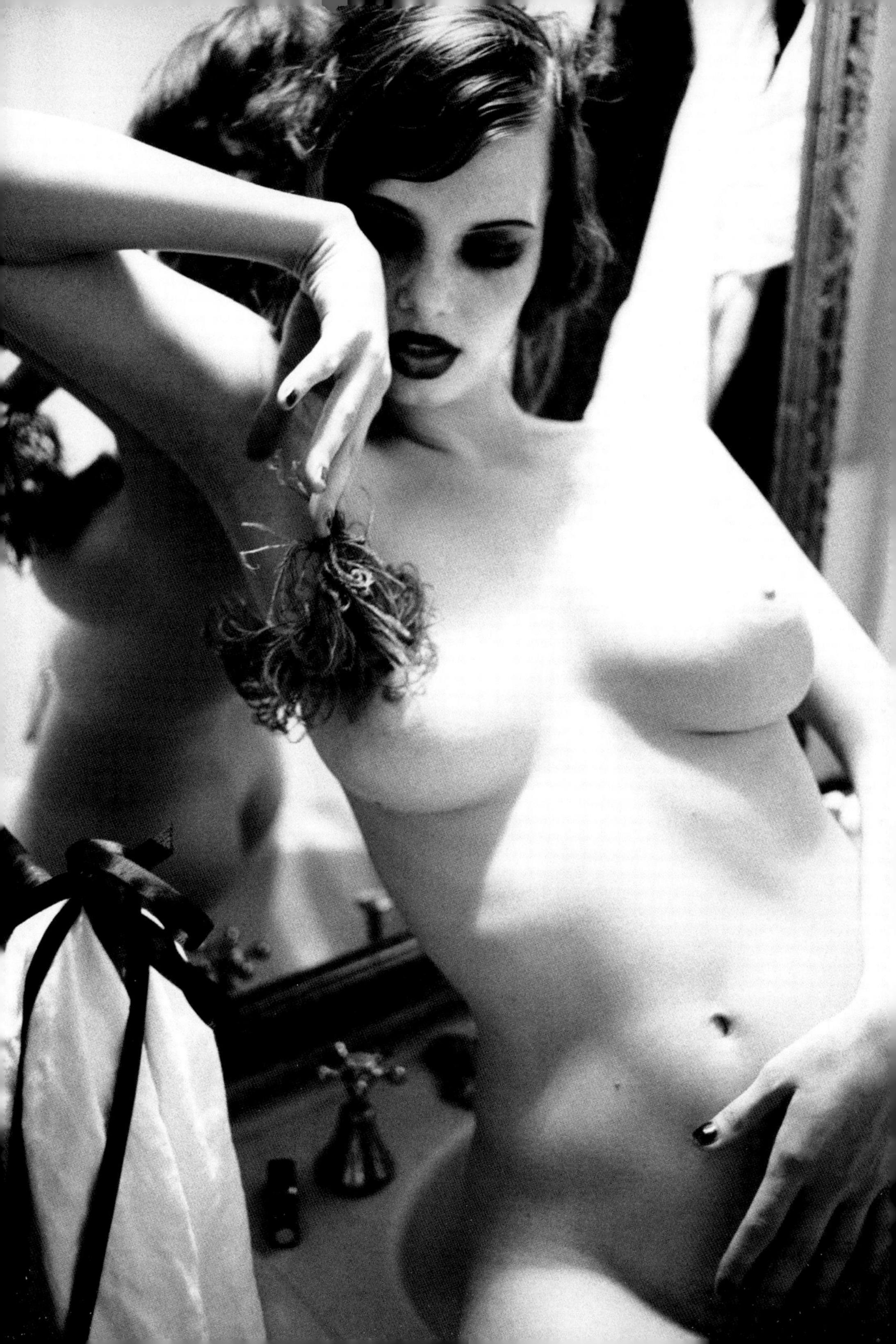

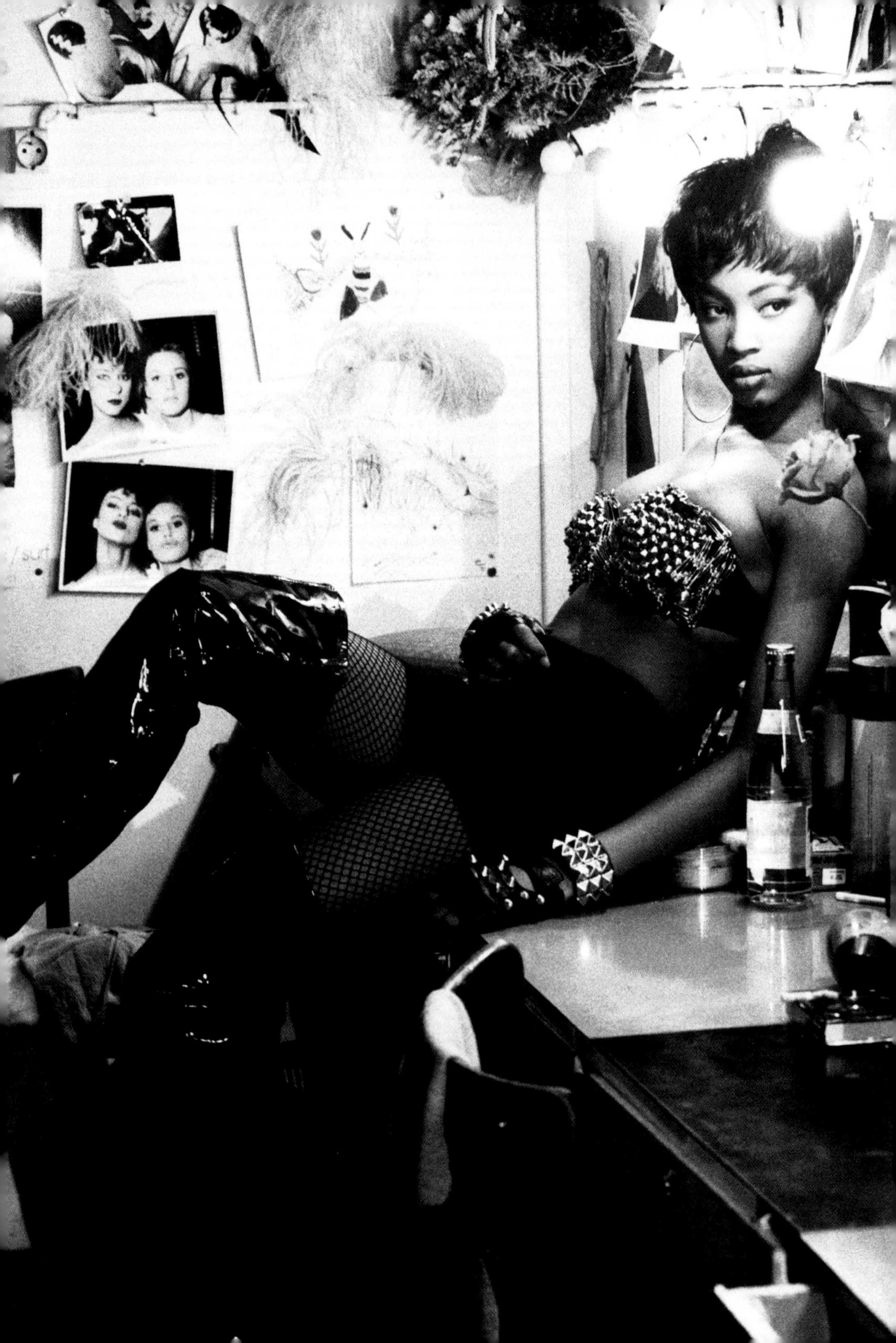

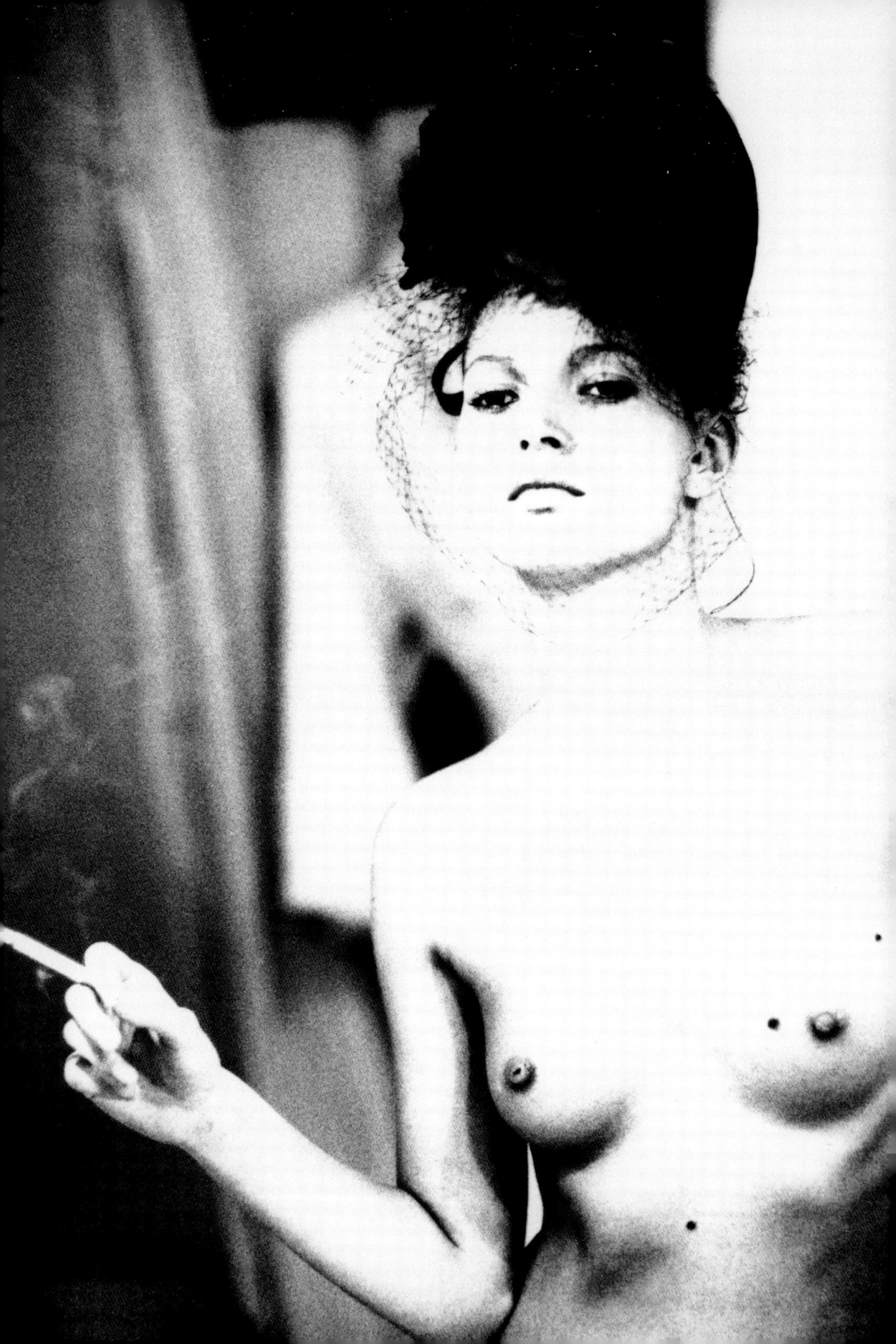

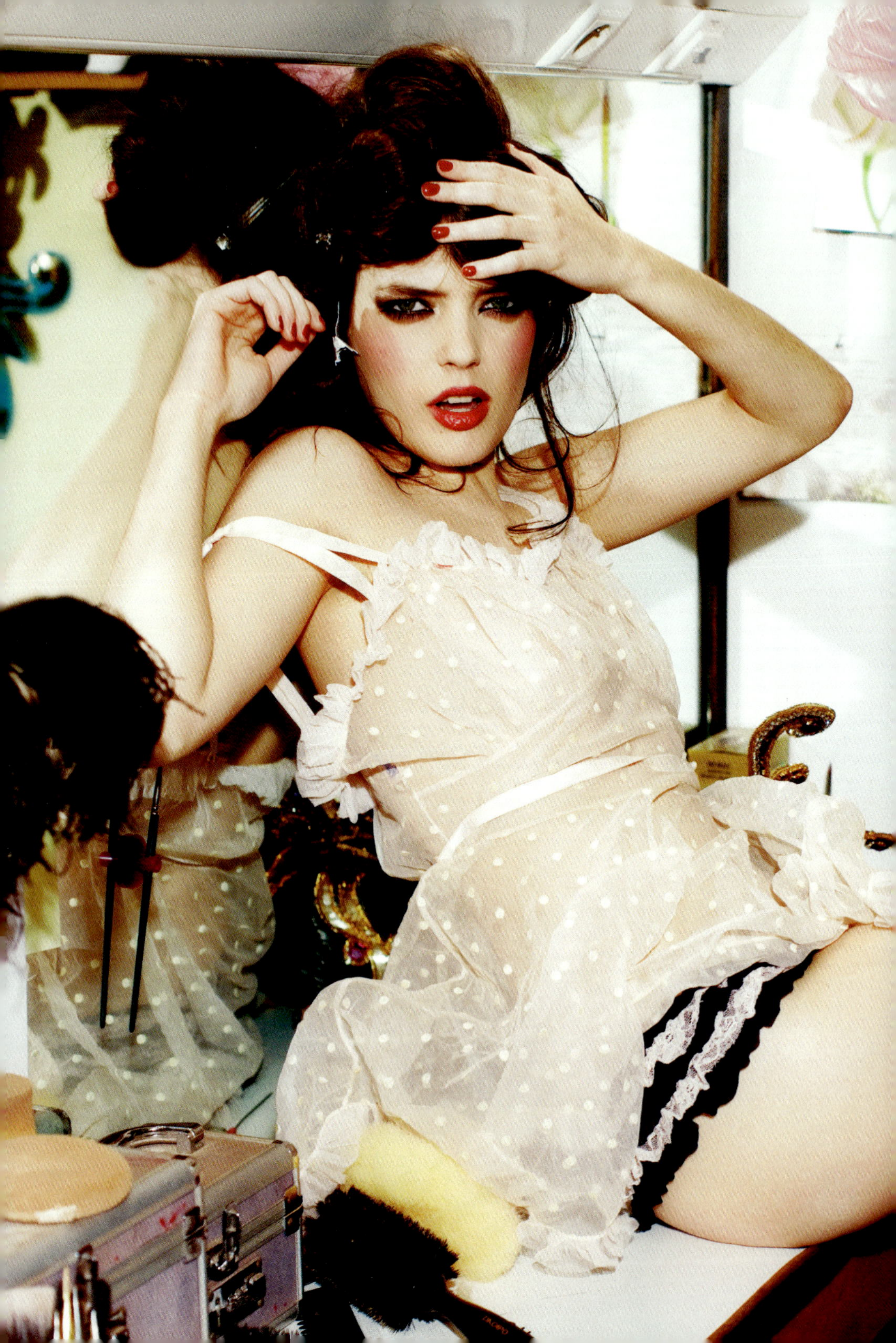

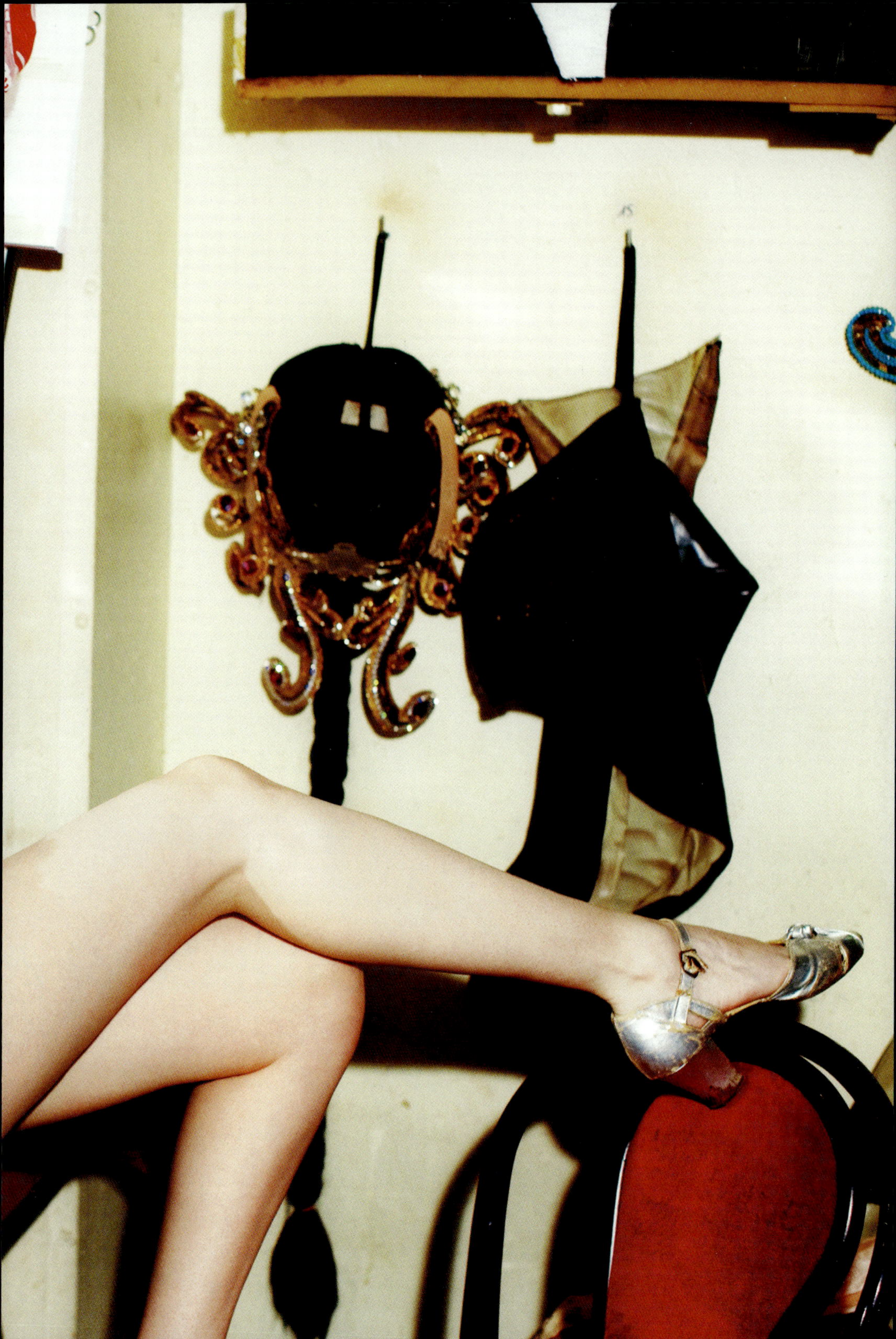

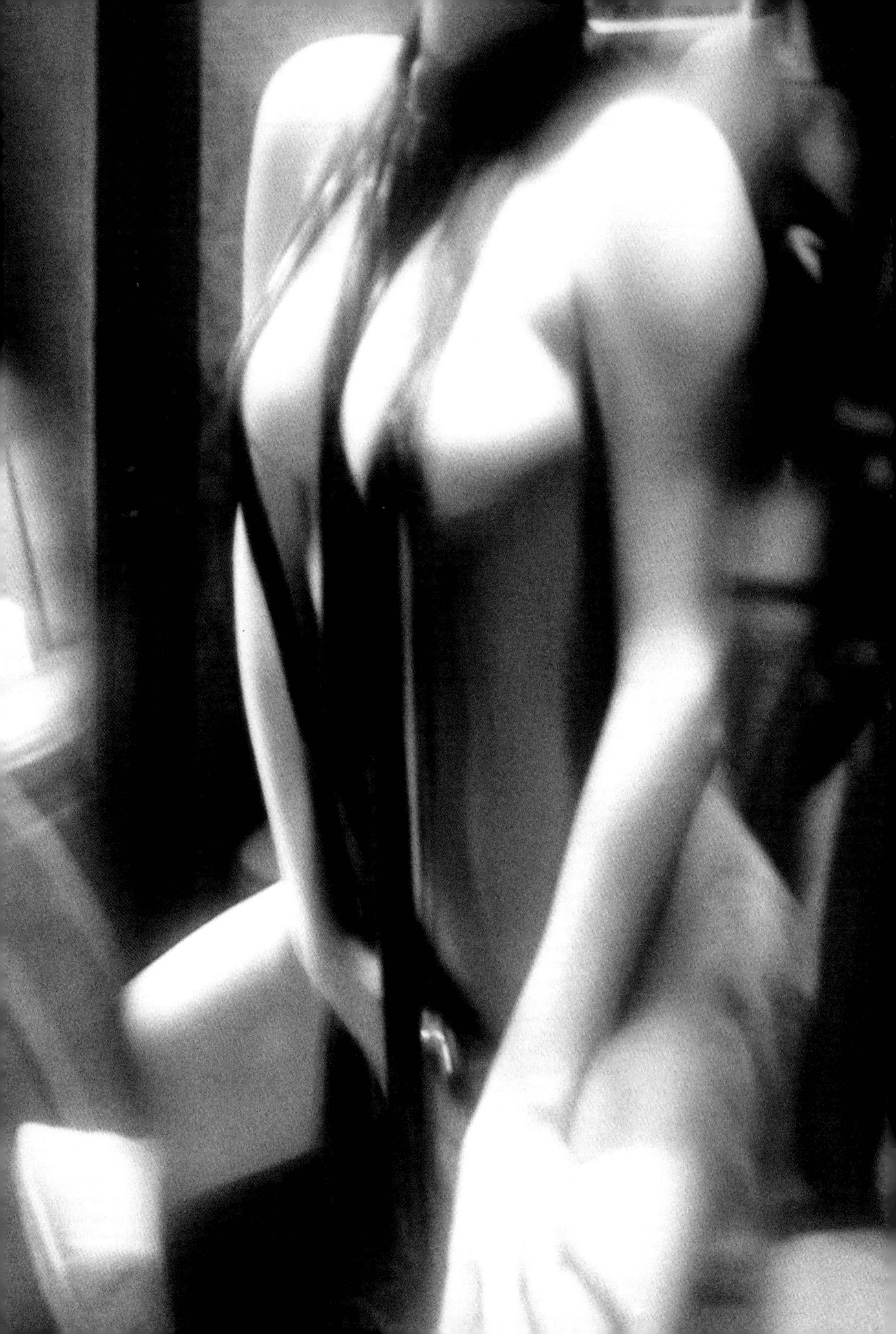

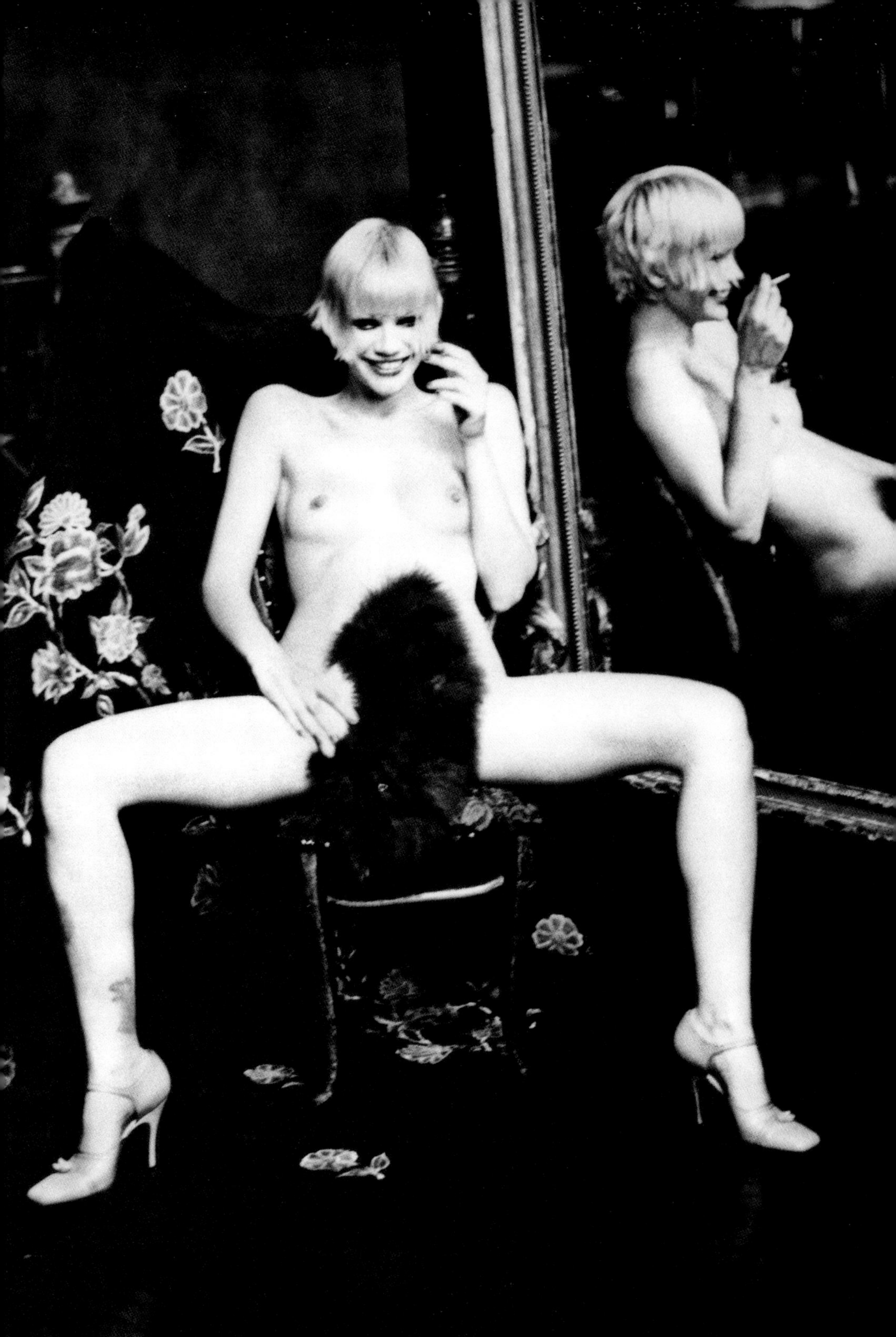

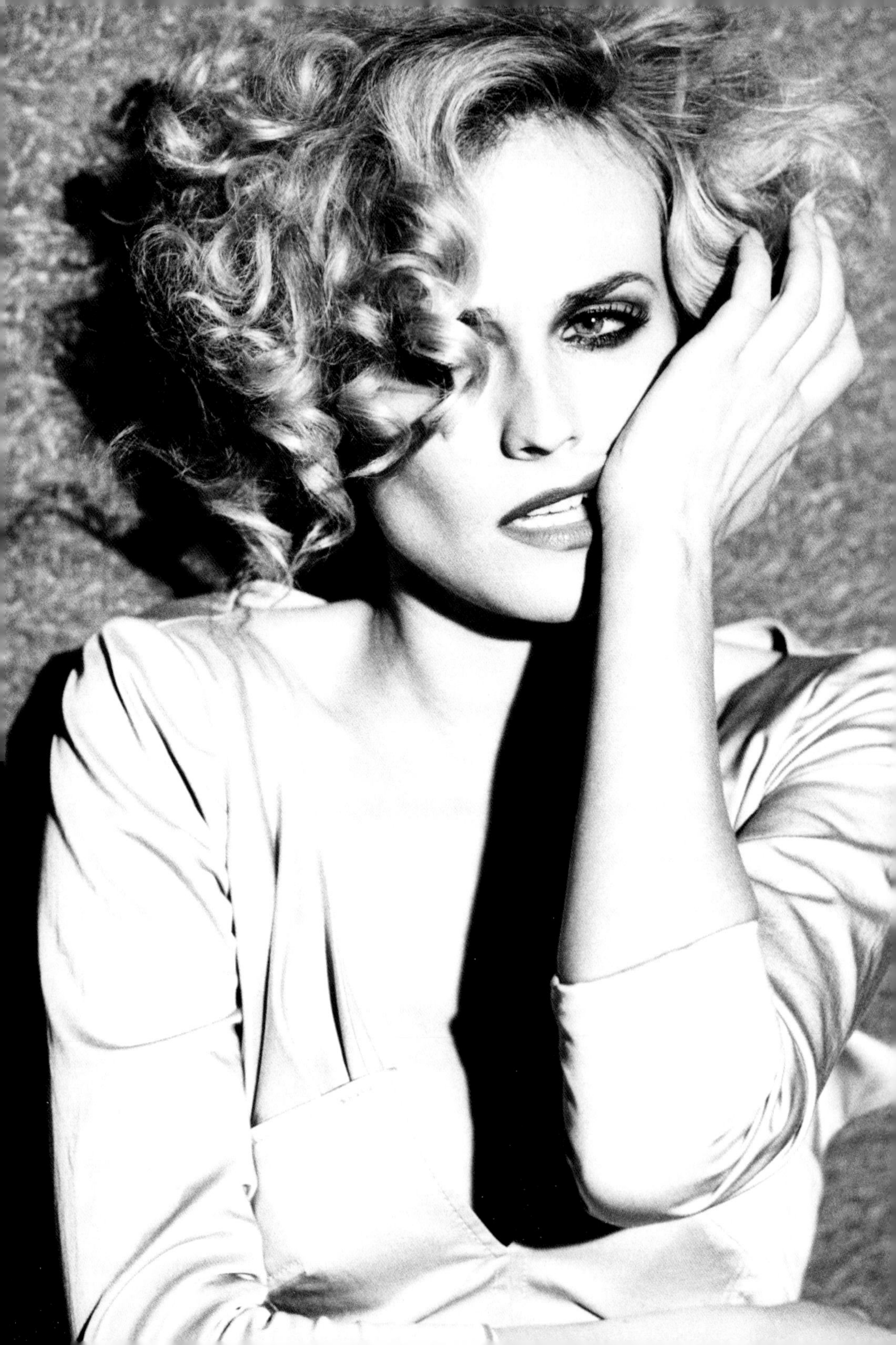

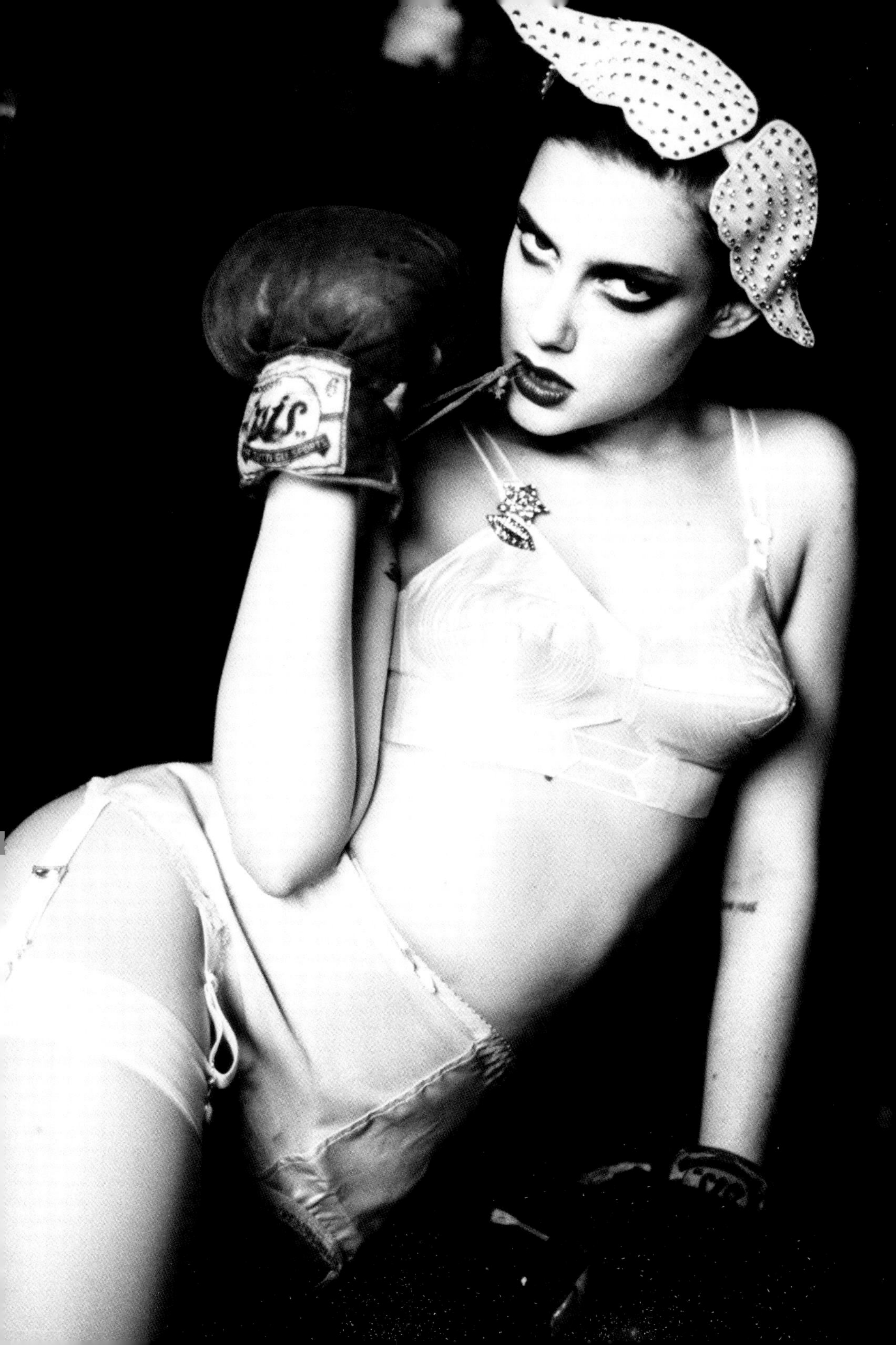

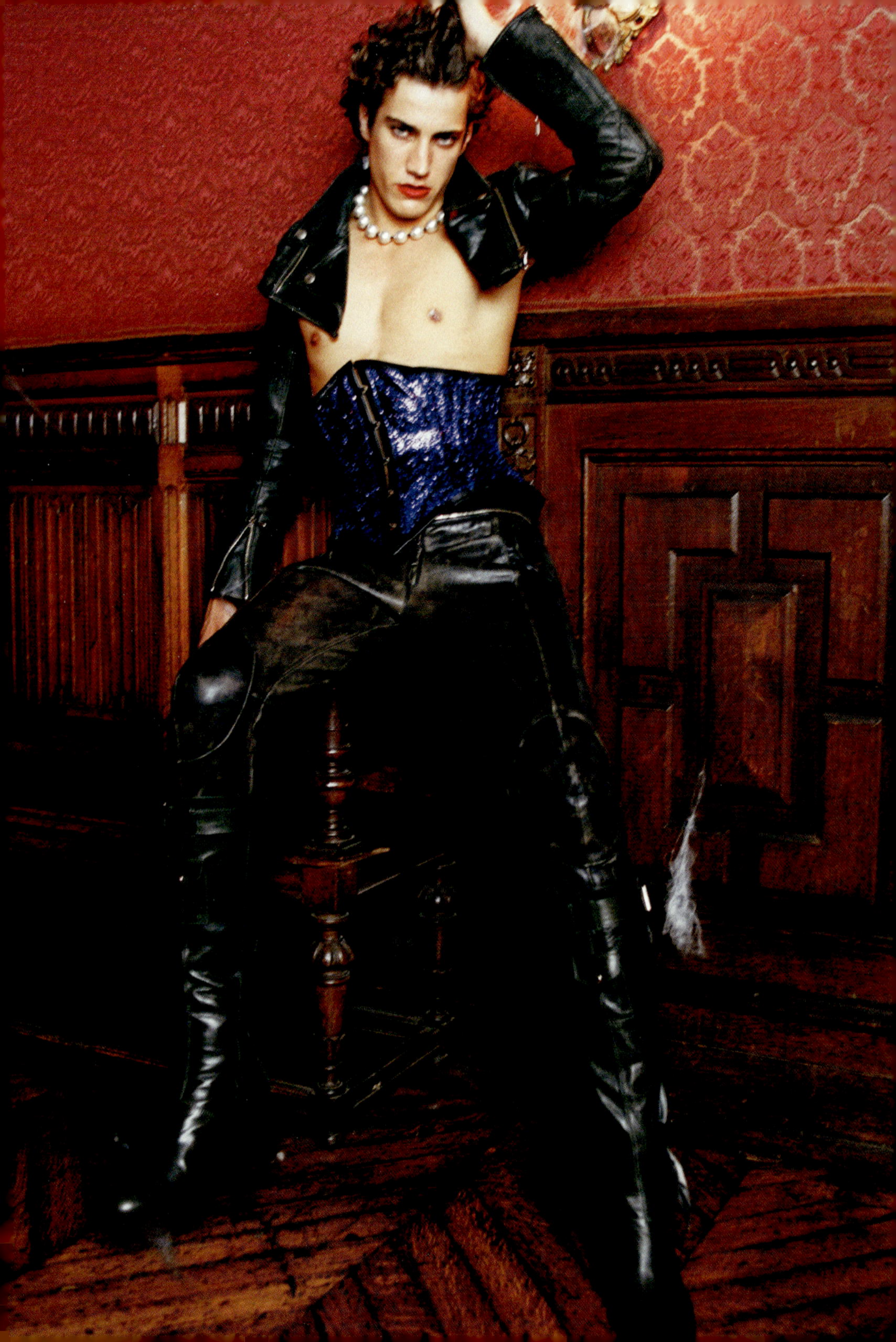

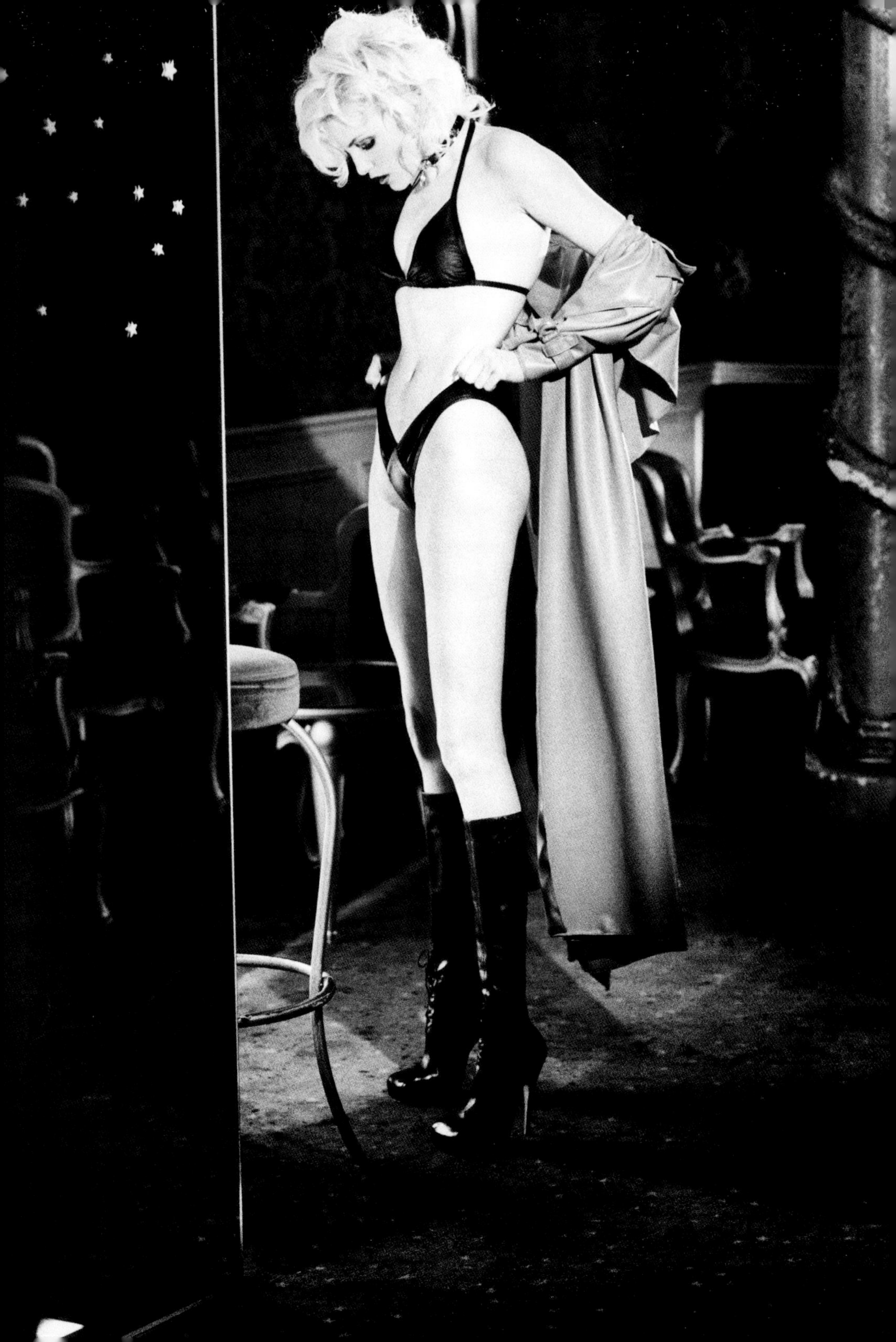

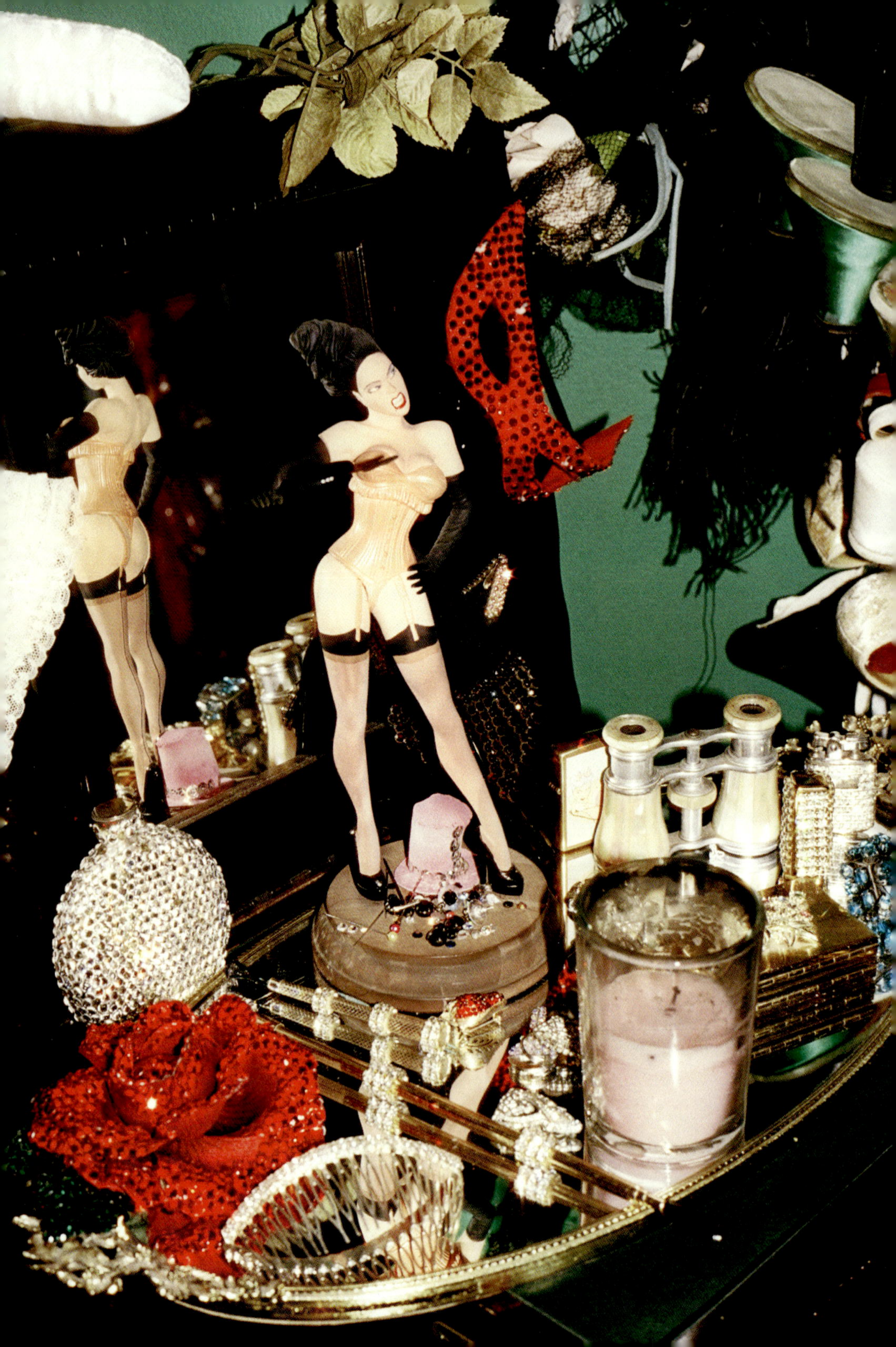

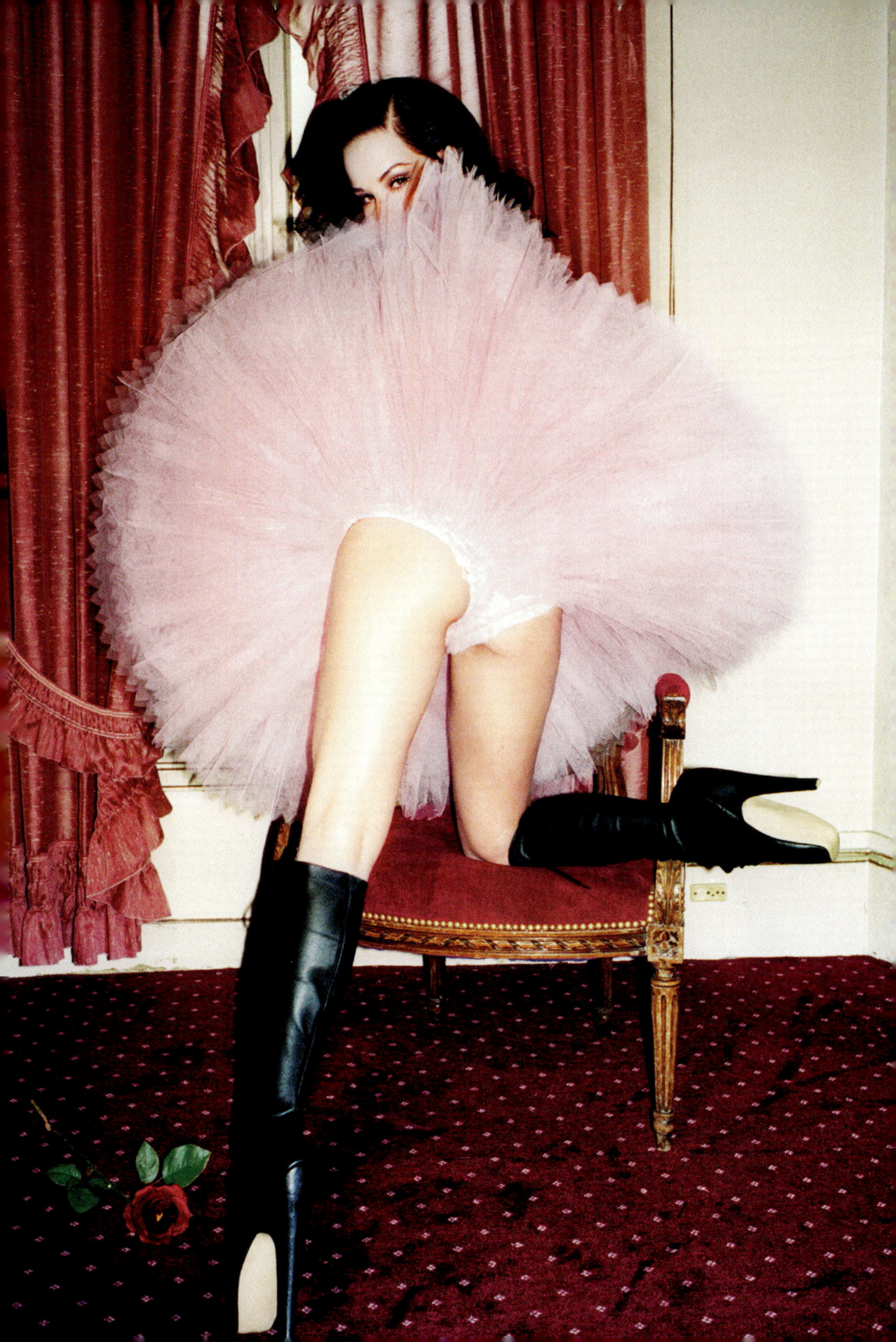

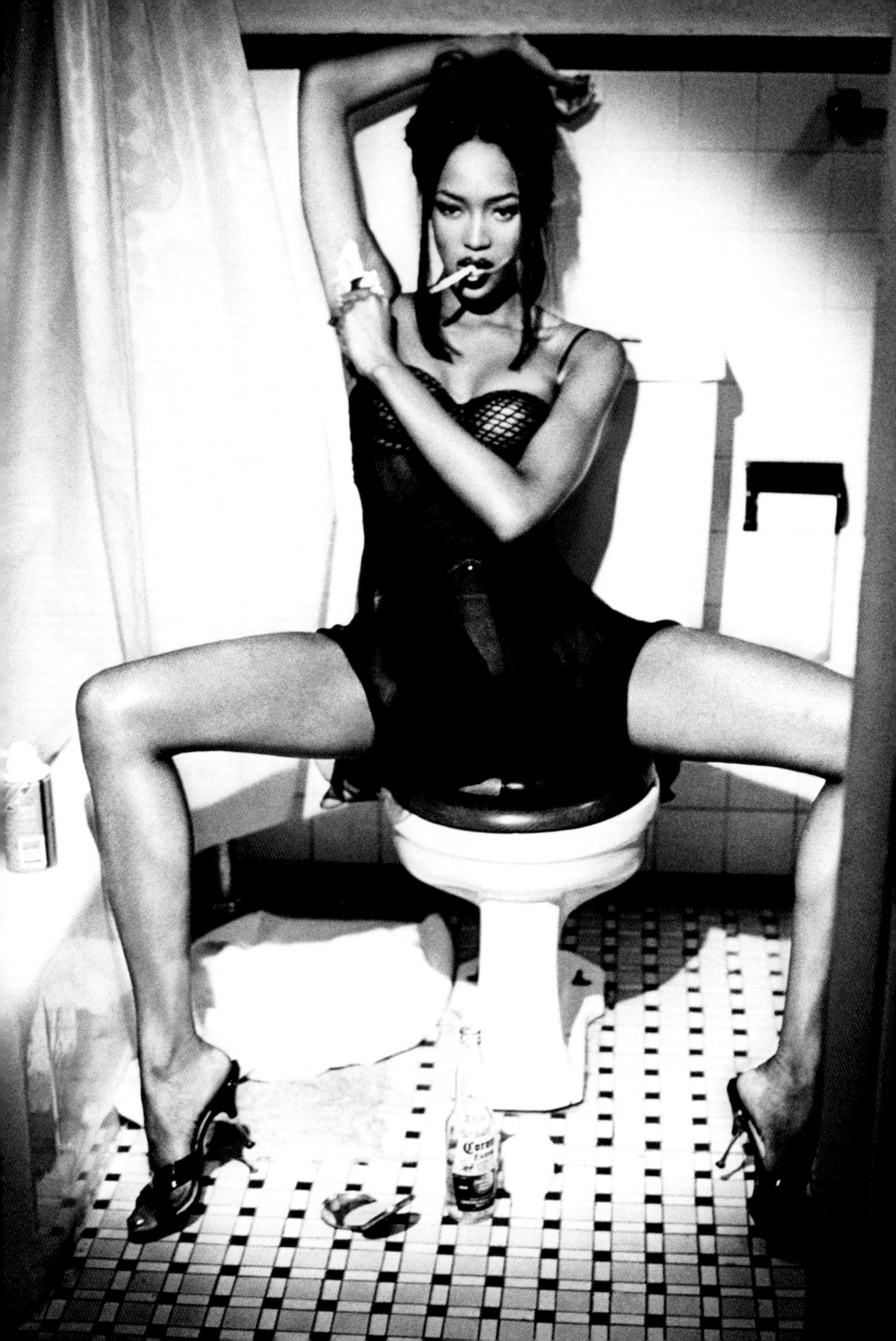

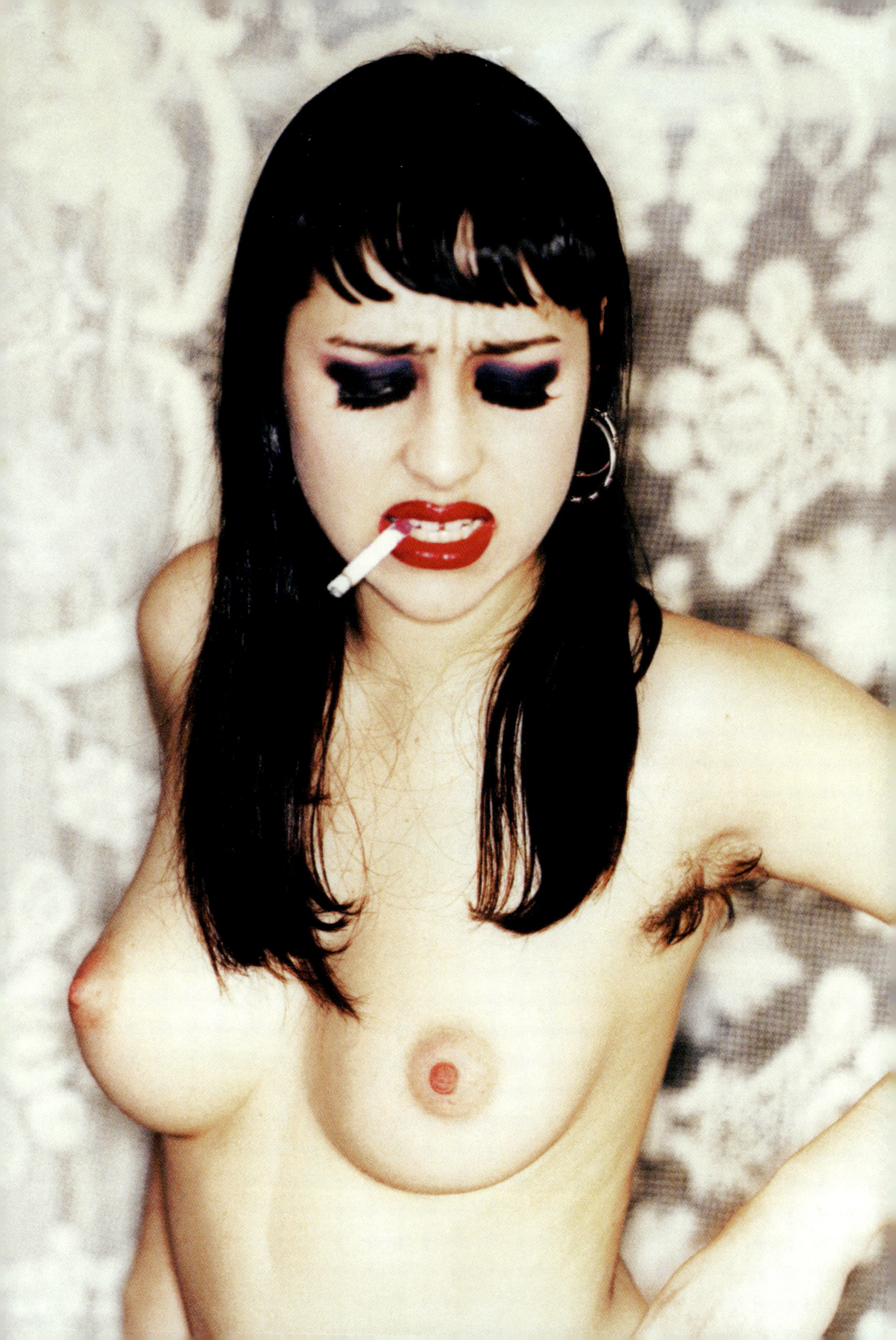

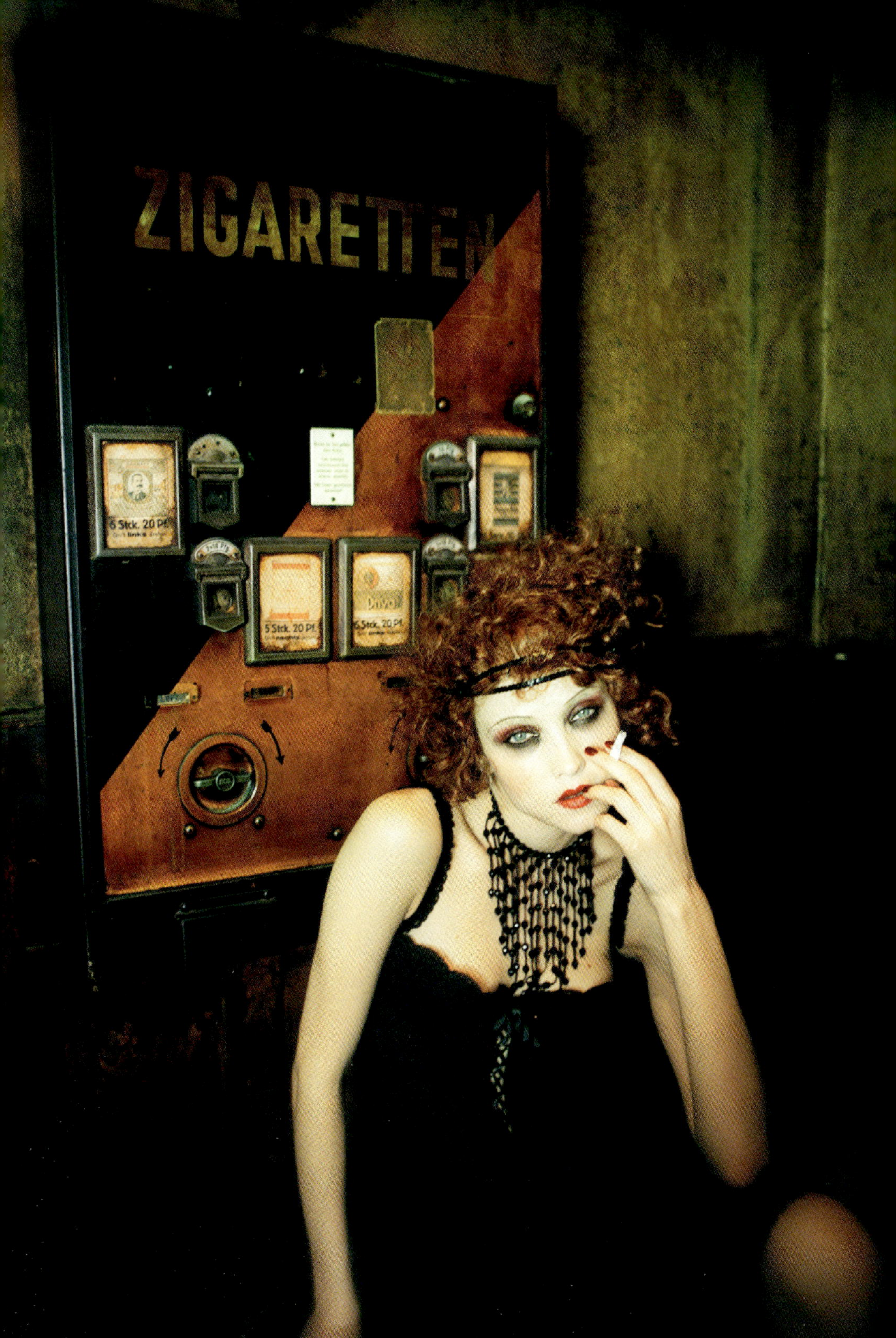
ZIGARETTEN
6 Stck. 20 Pf.
5 Stck. 20 Pf.
6 Stck. 20 Pf.

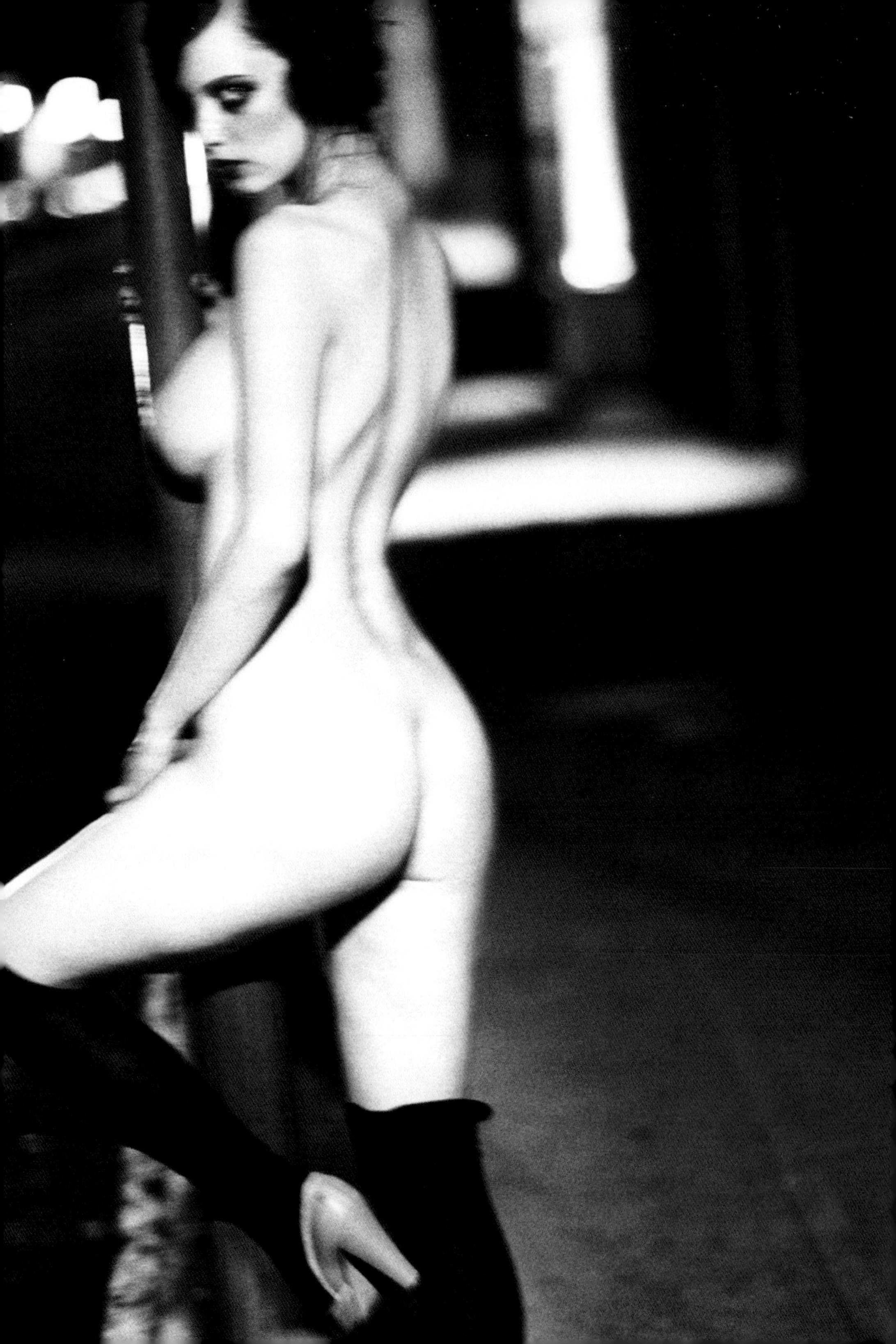

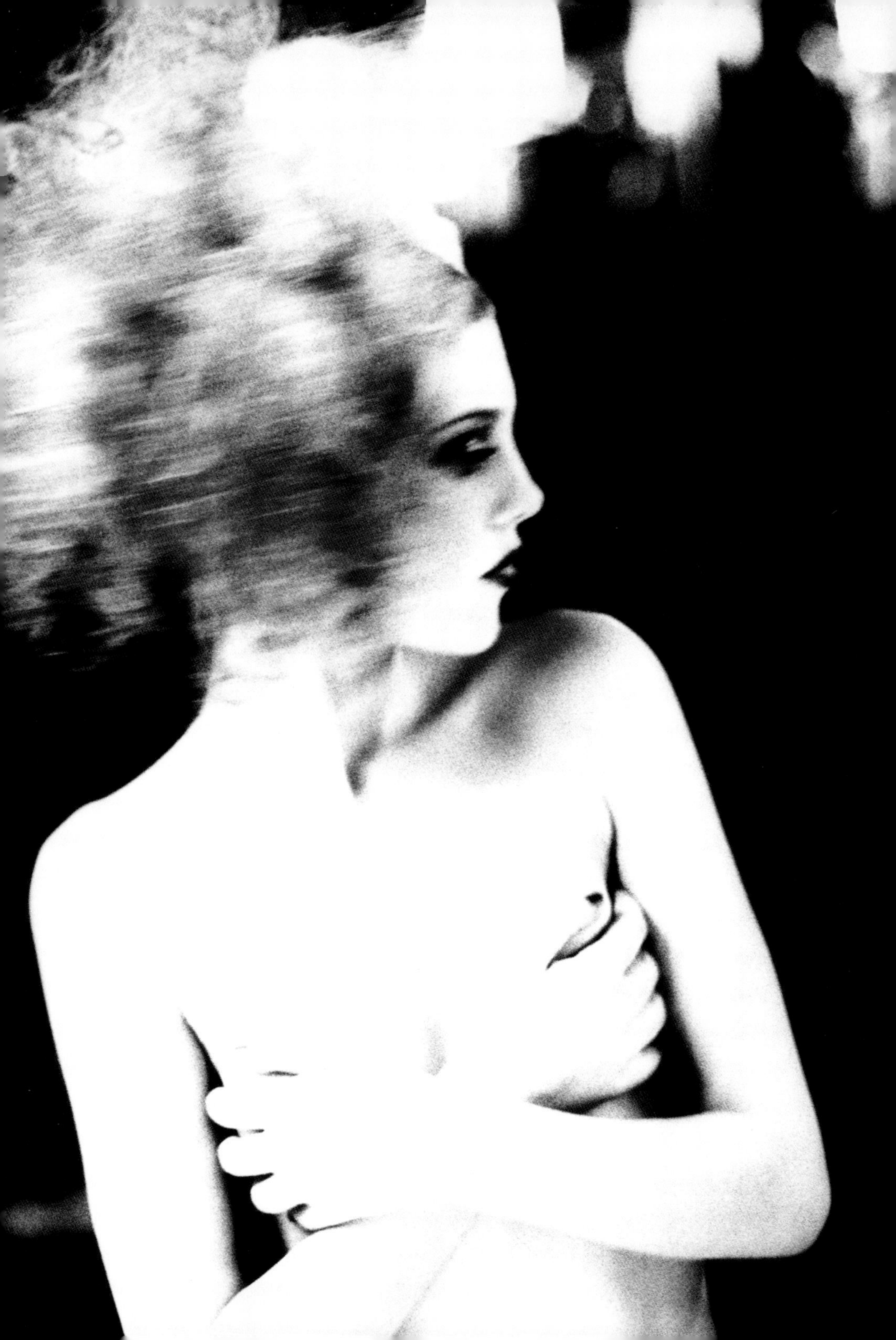

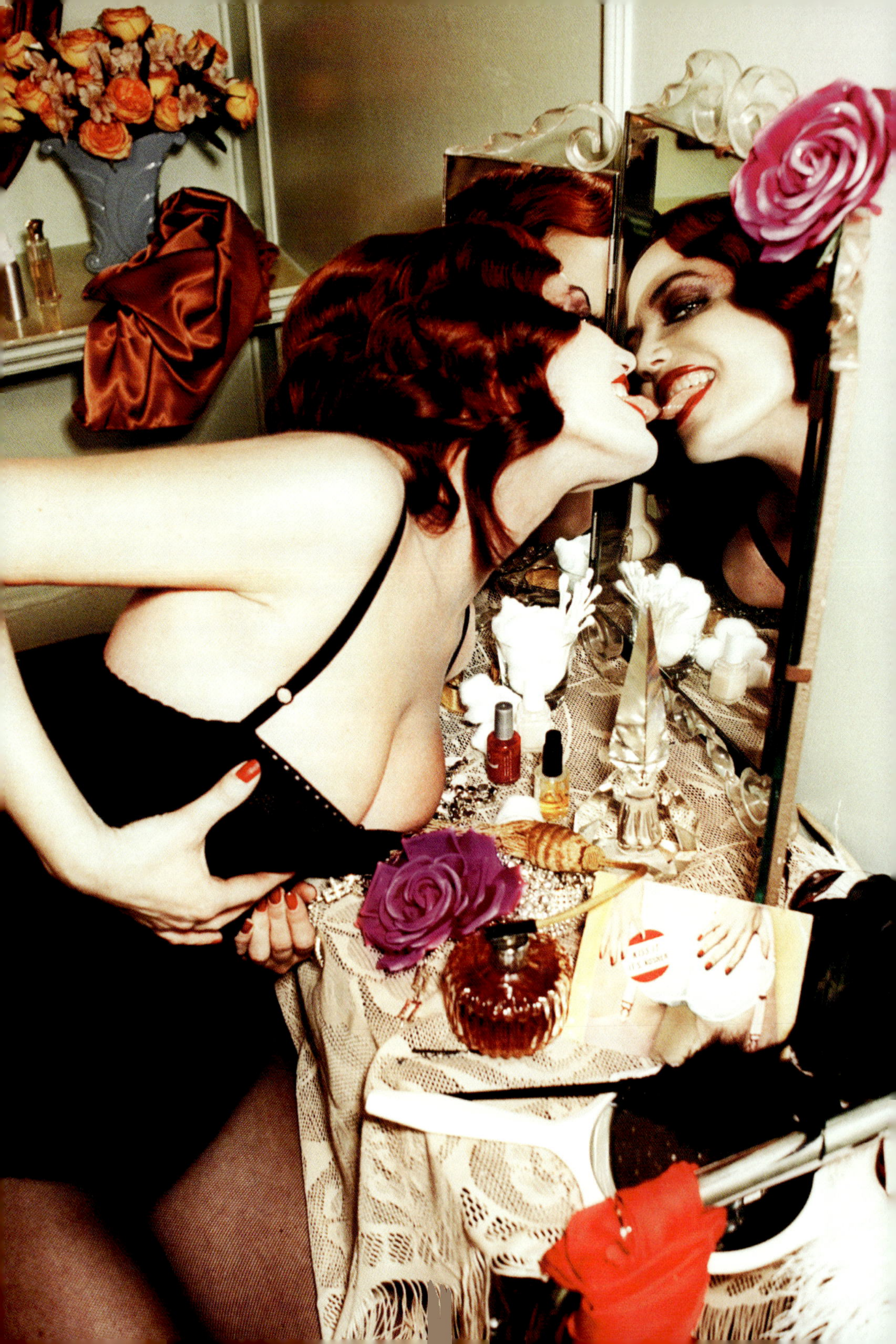

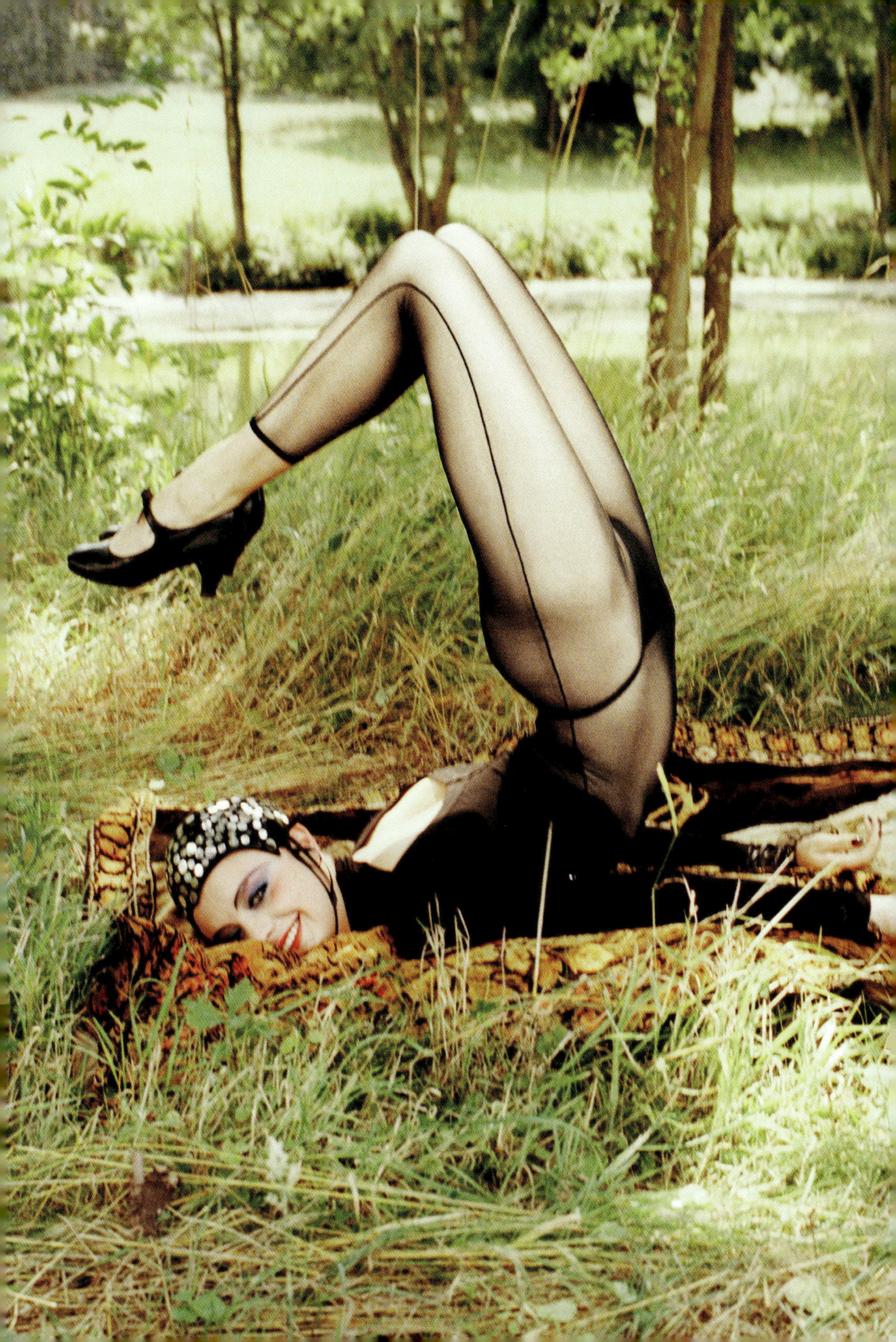

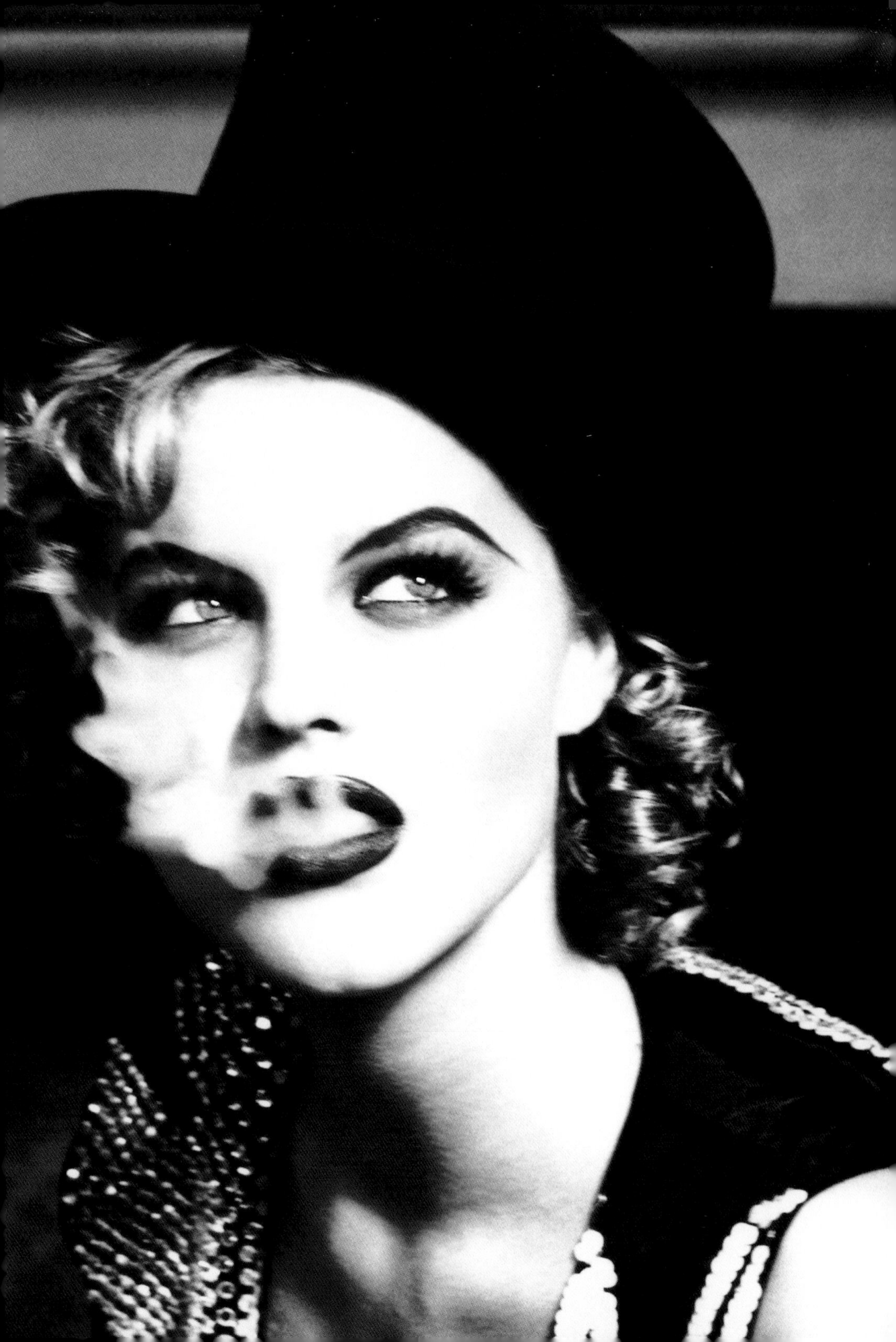

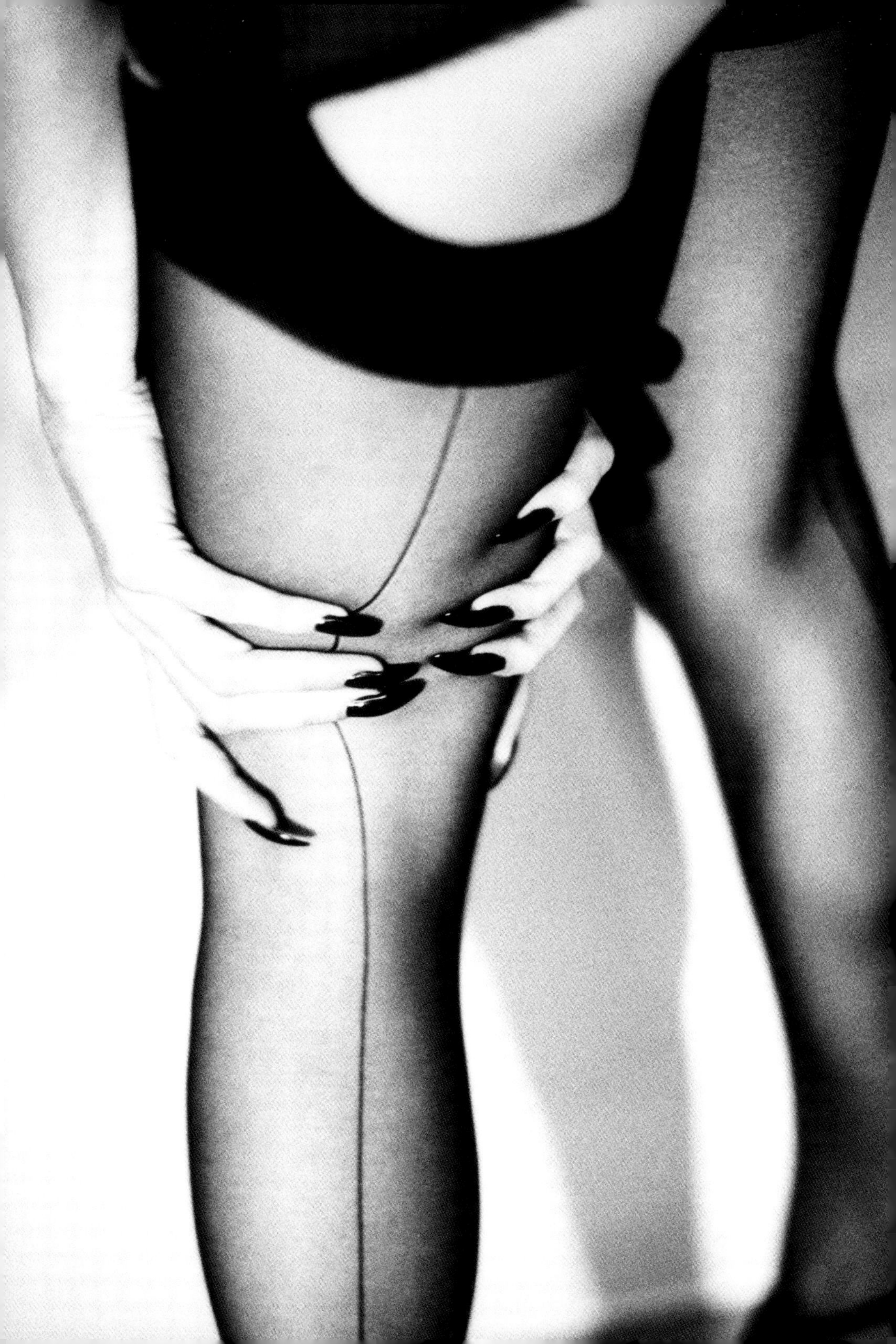

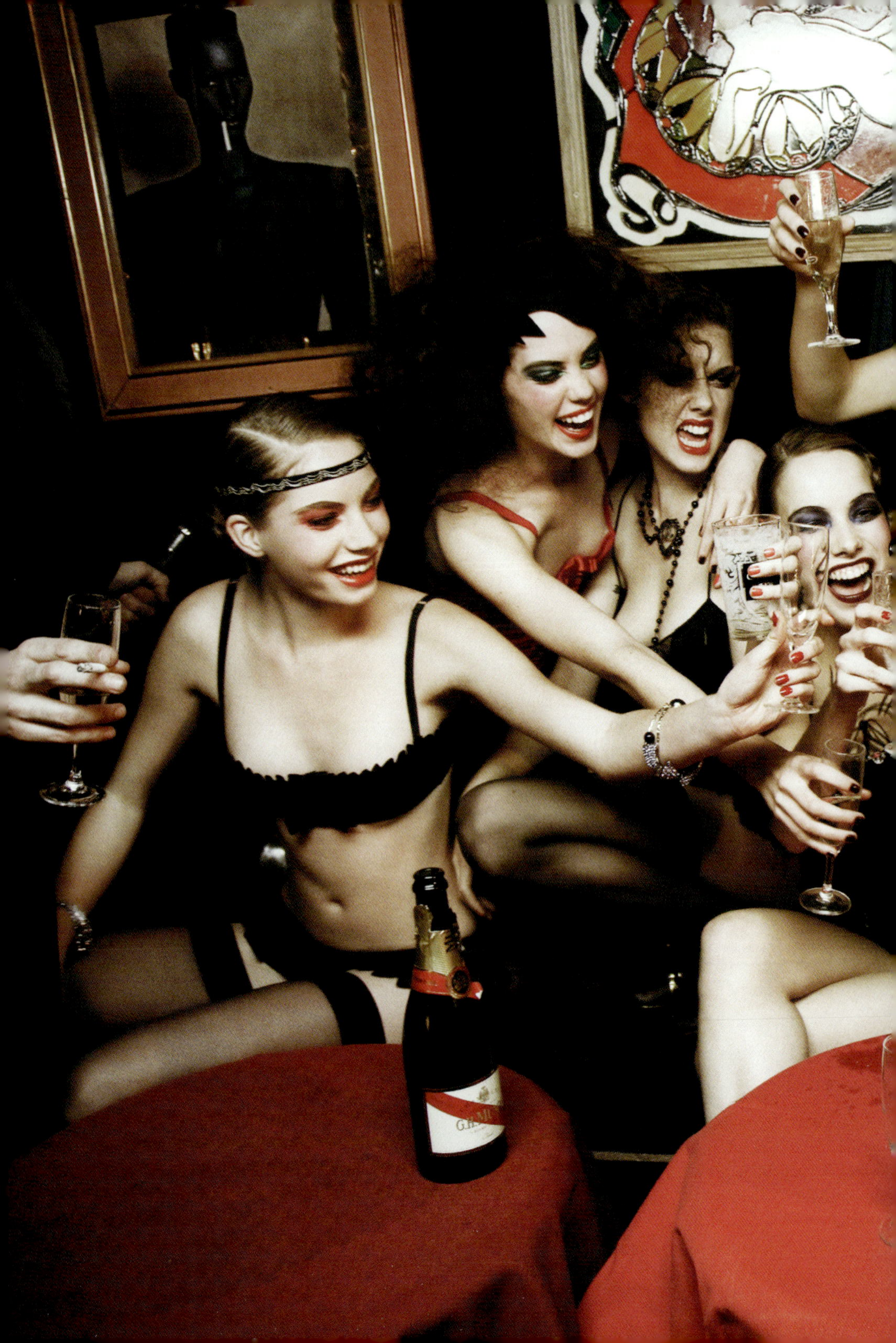

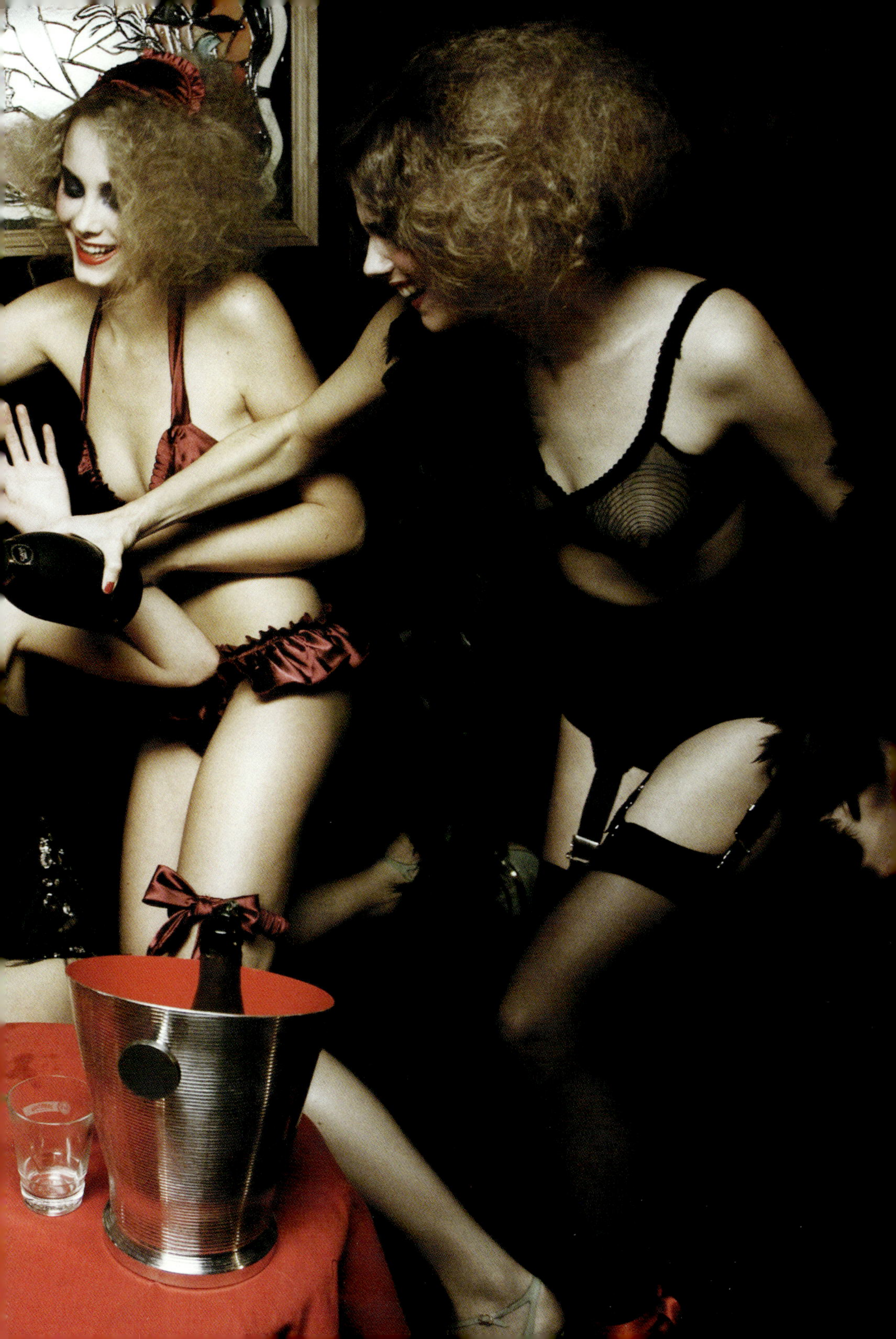

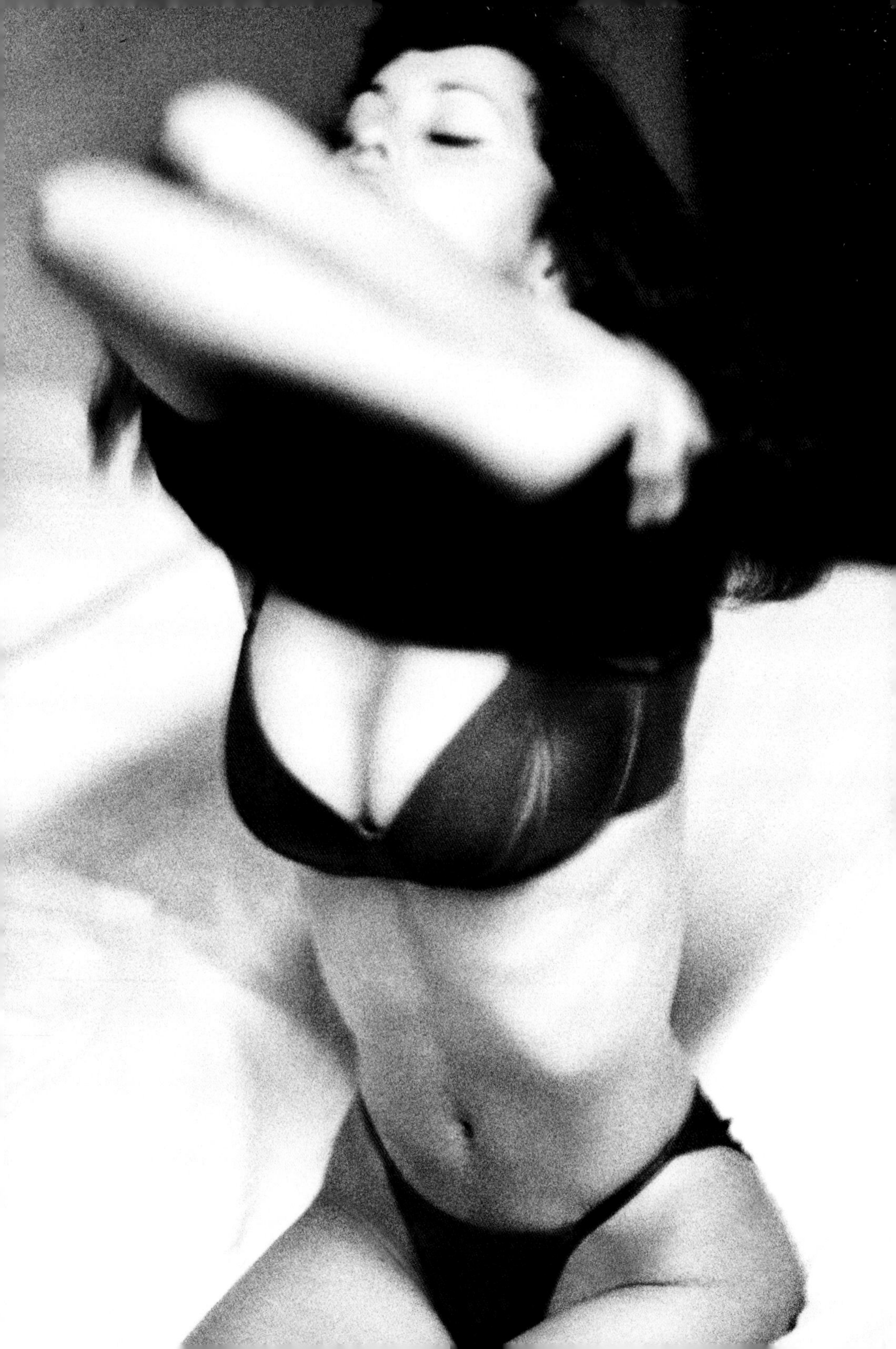

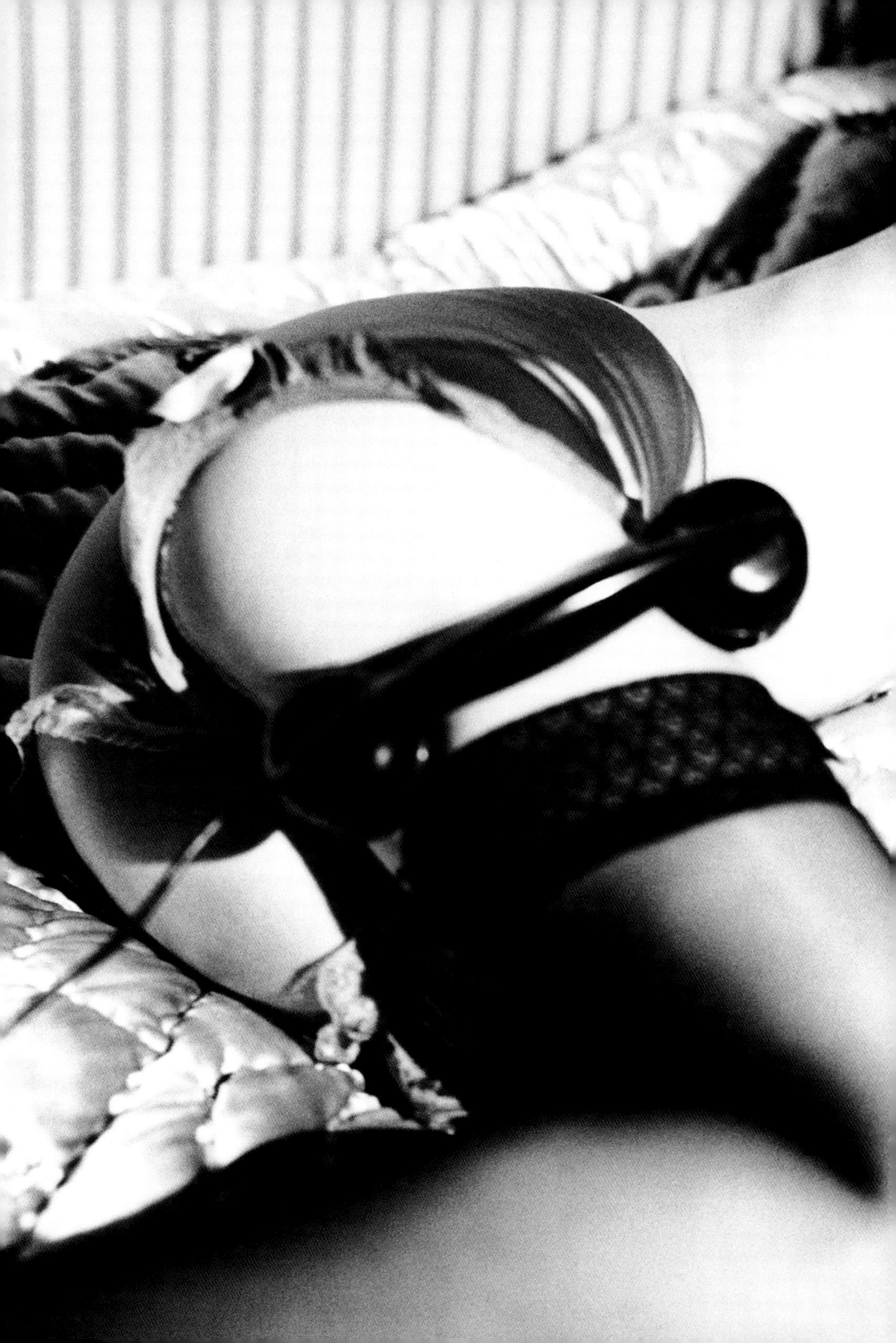

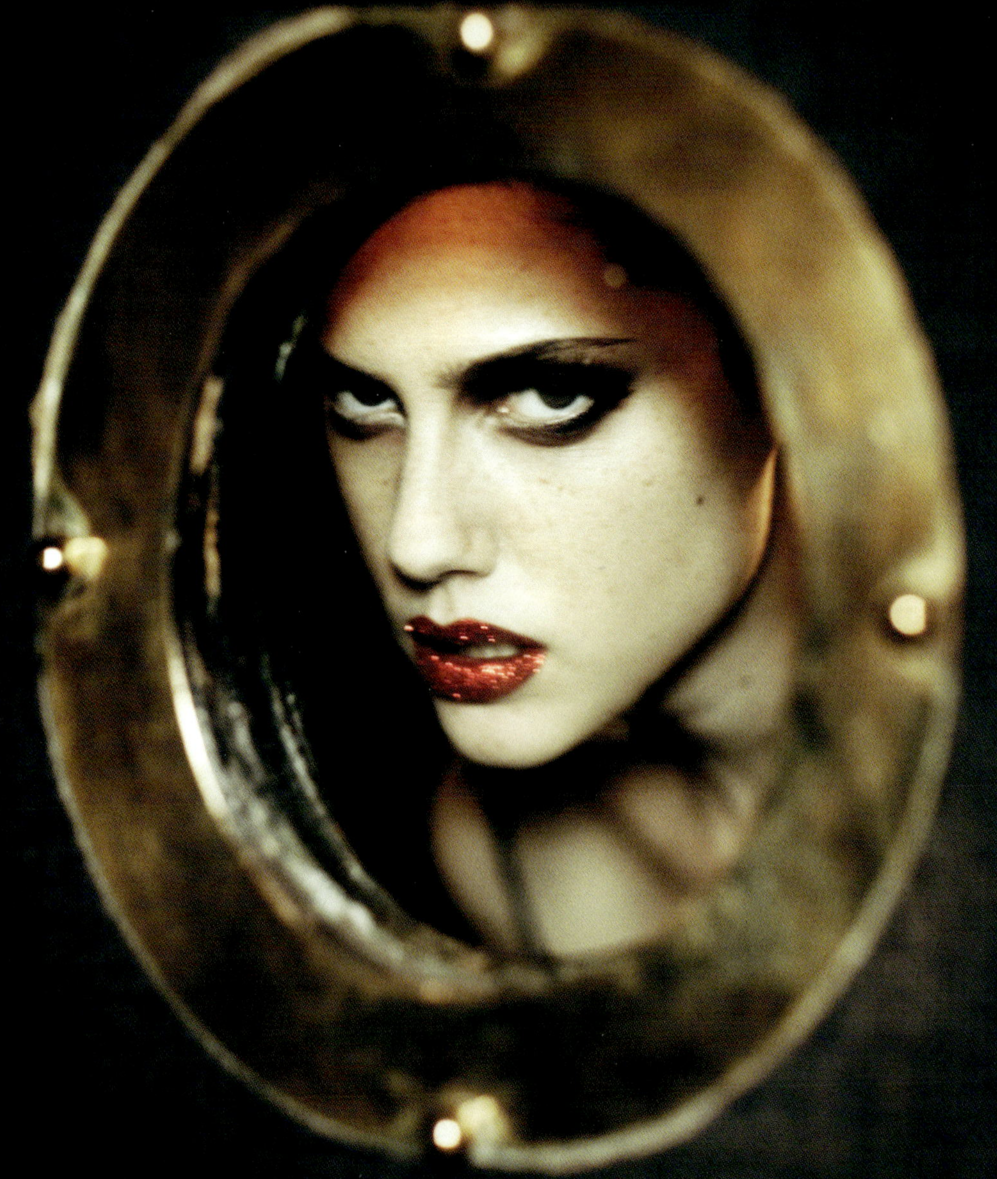
PRIVE

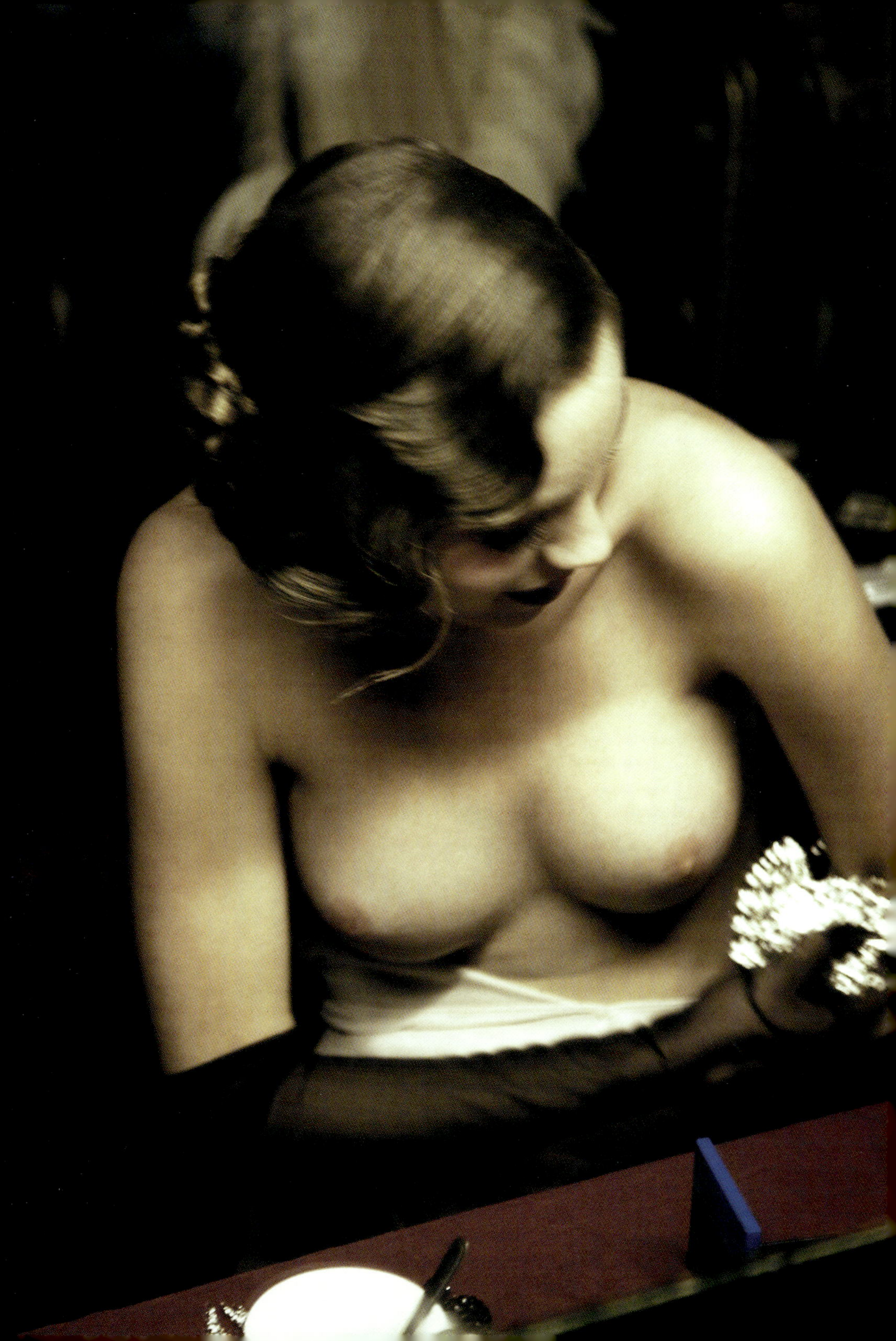

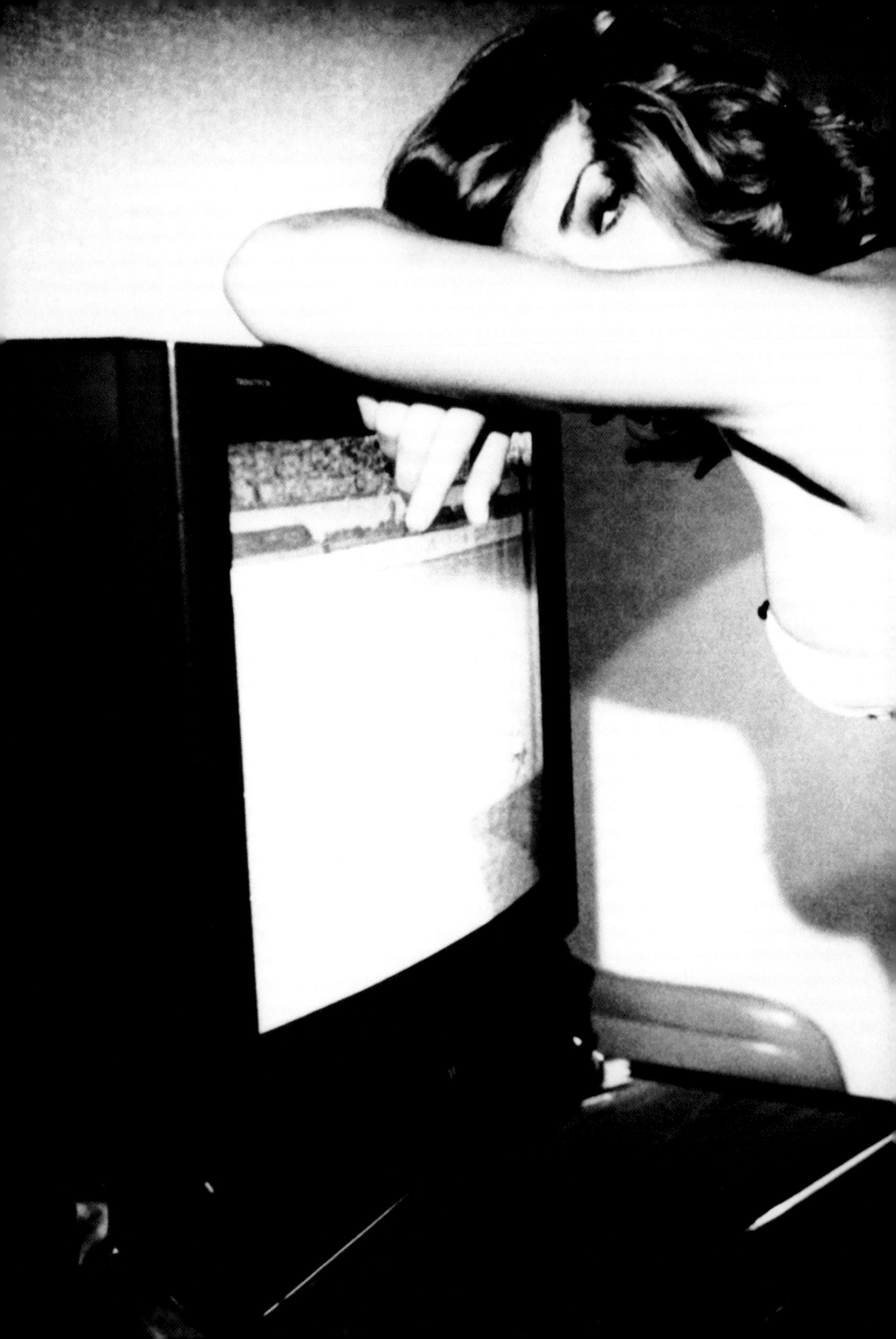

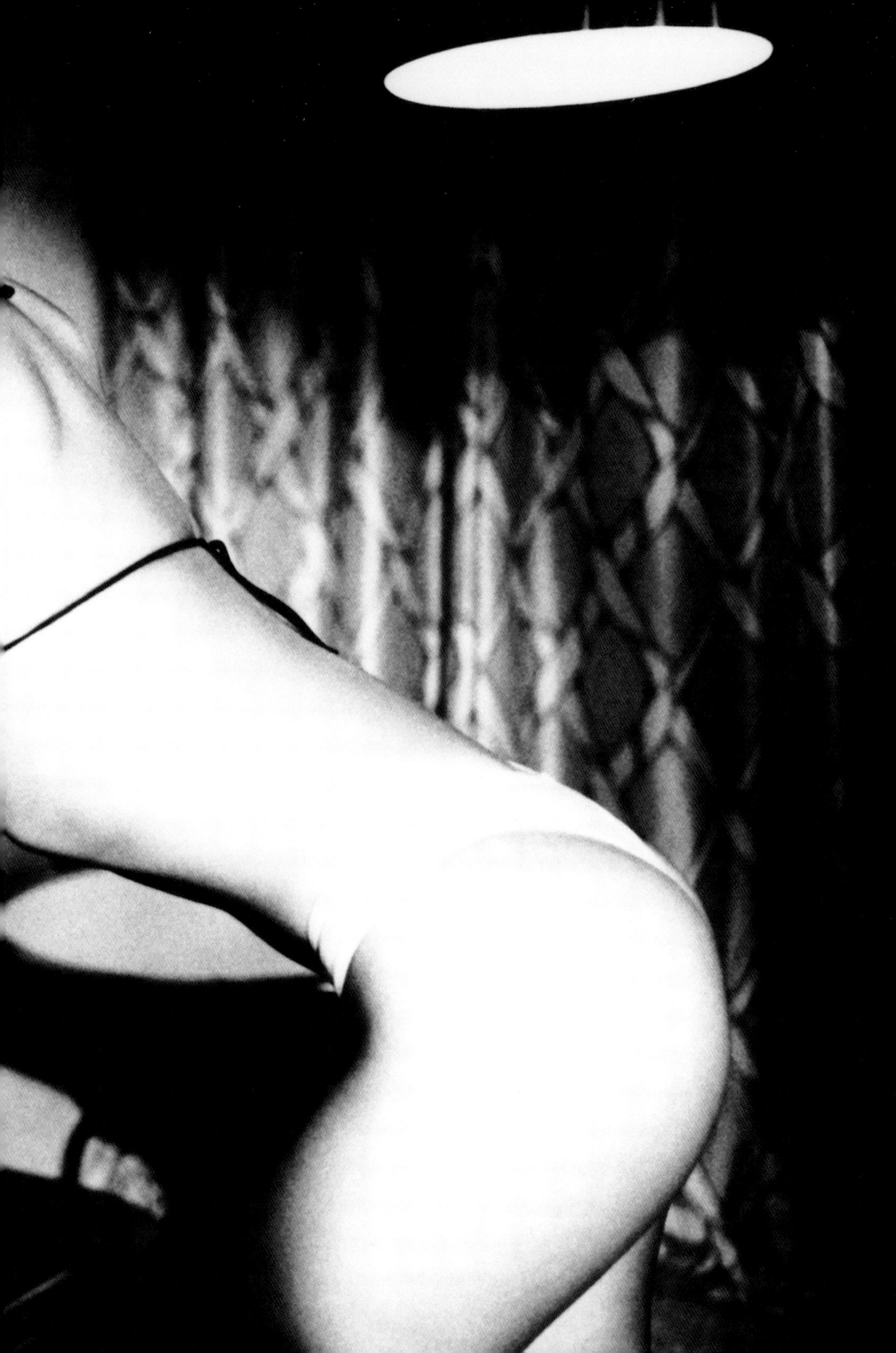

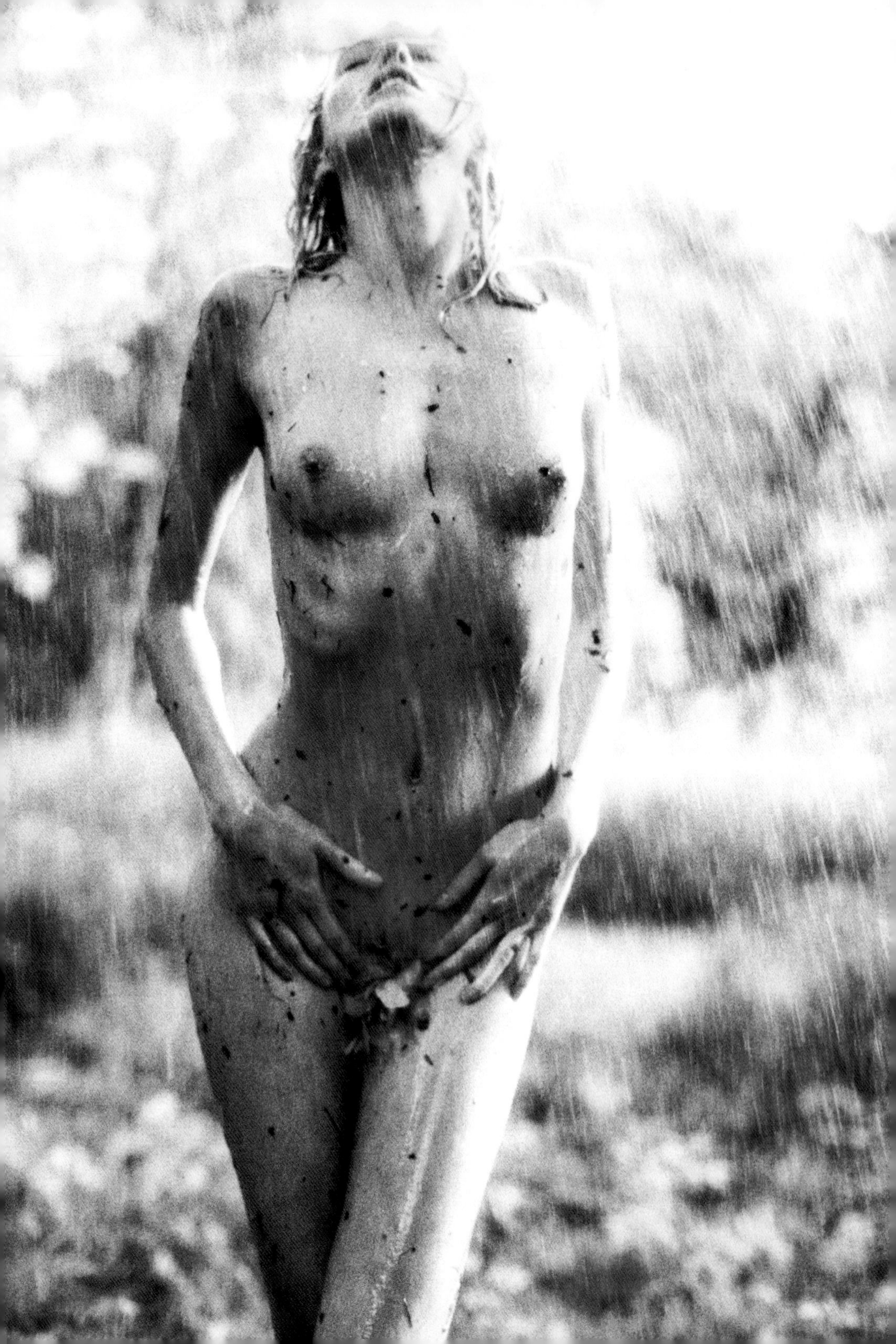

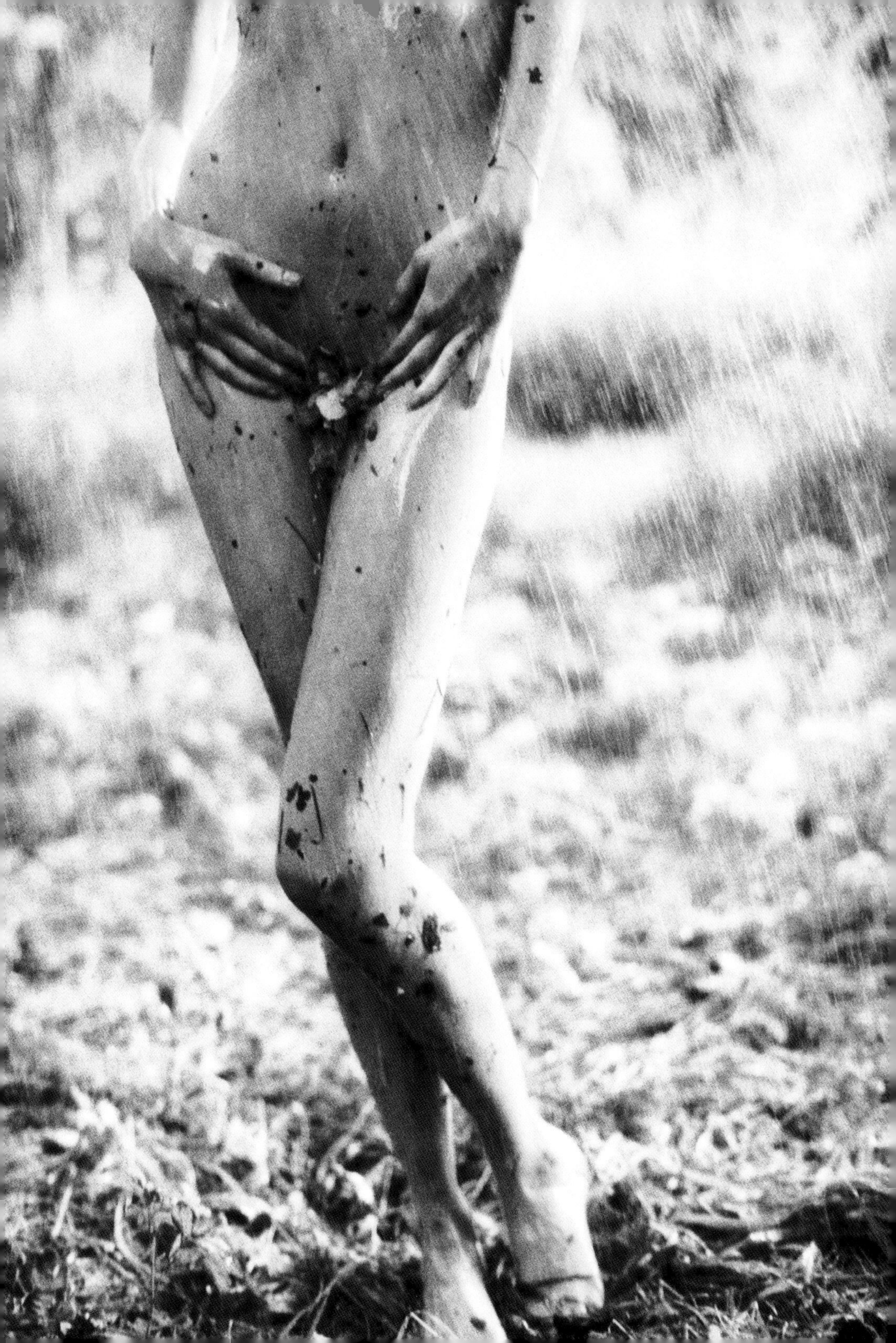

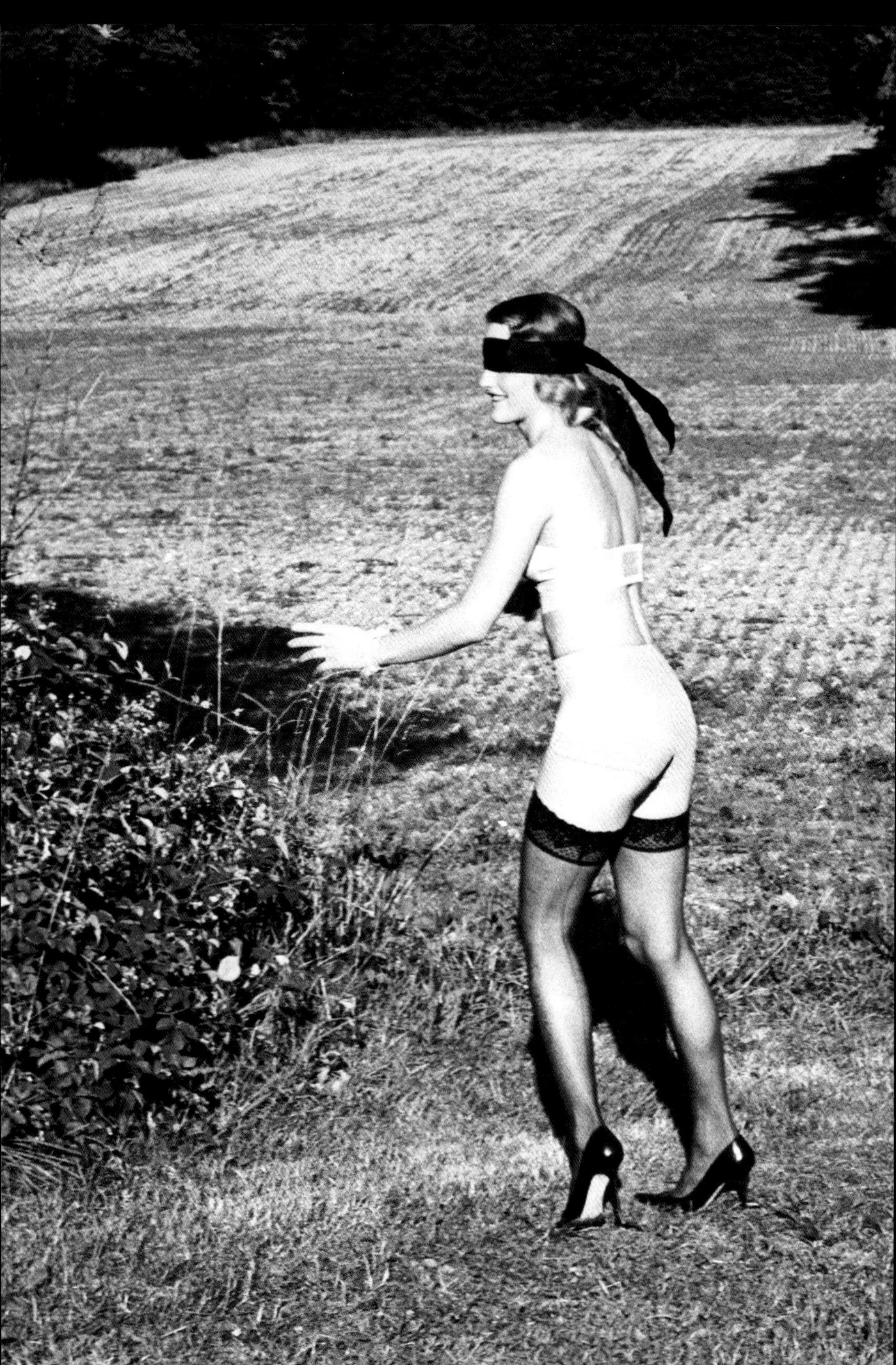

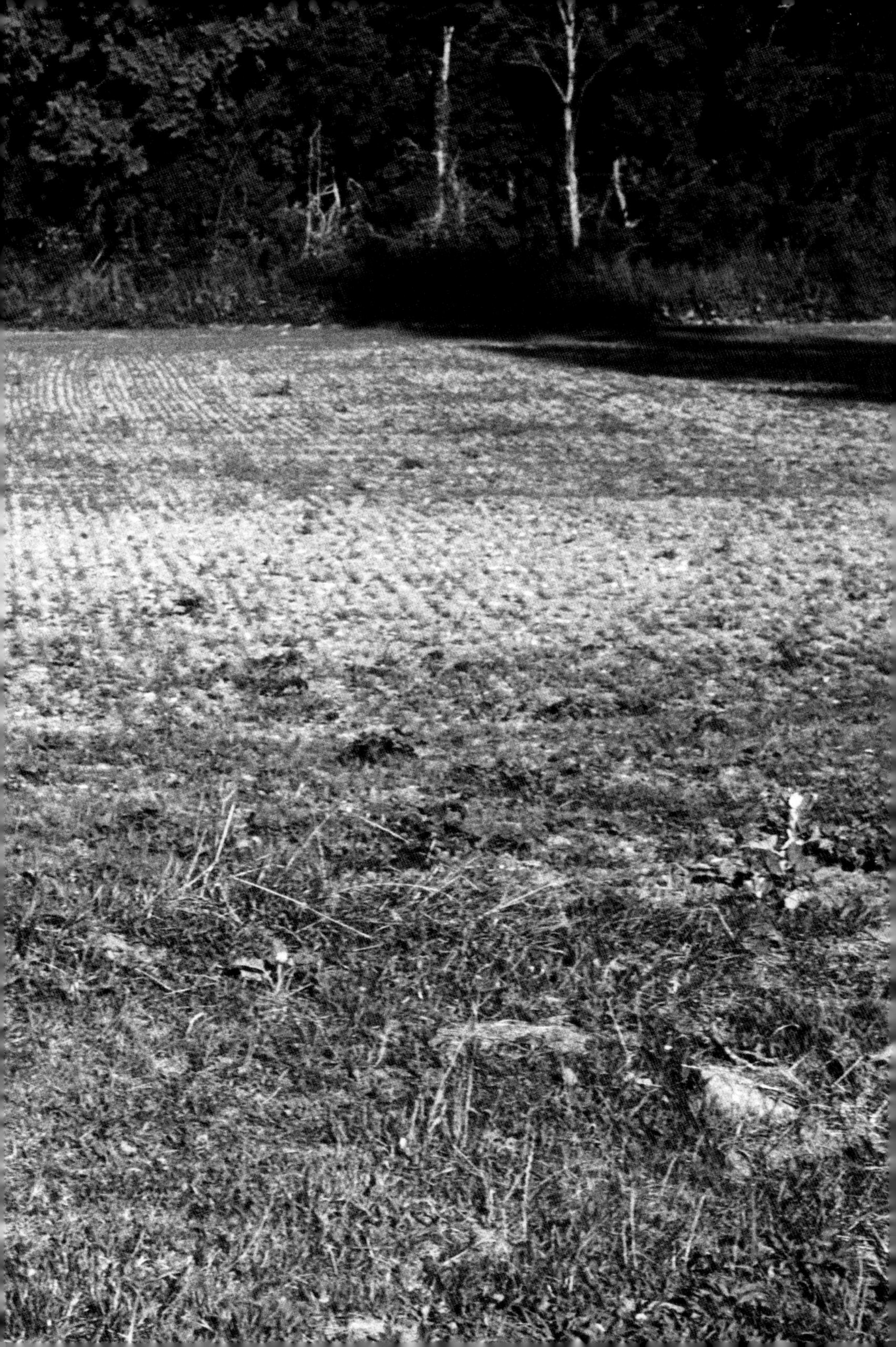

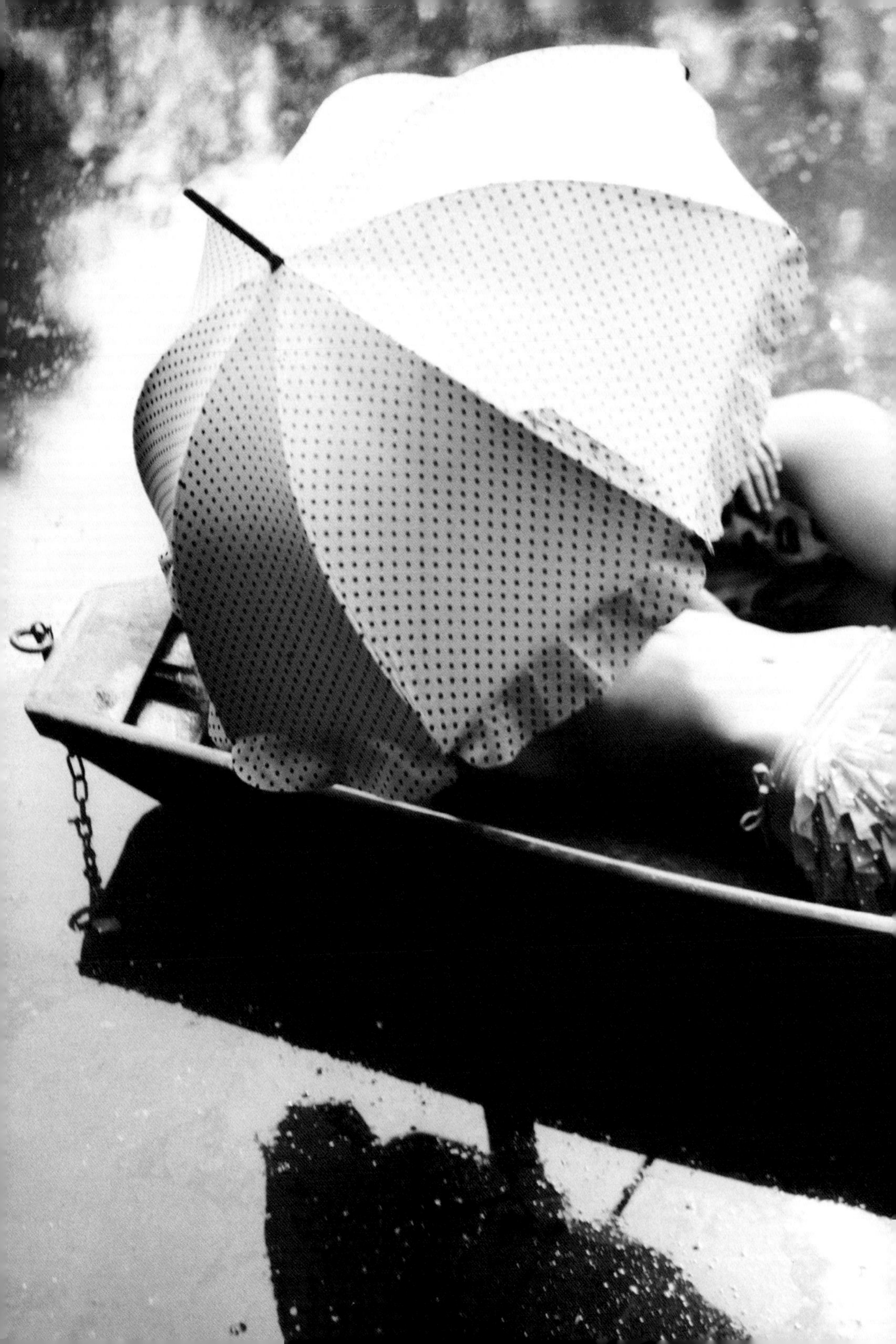

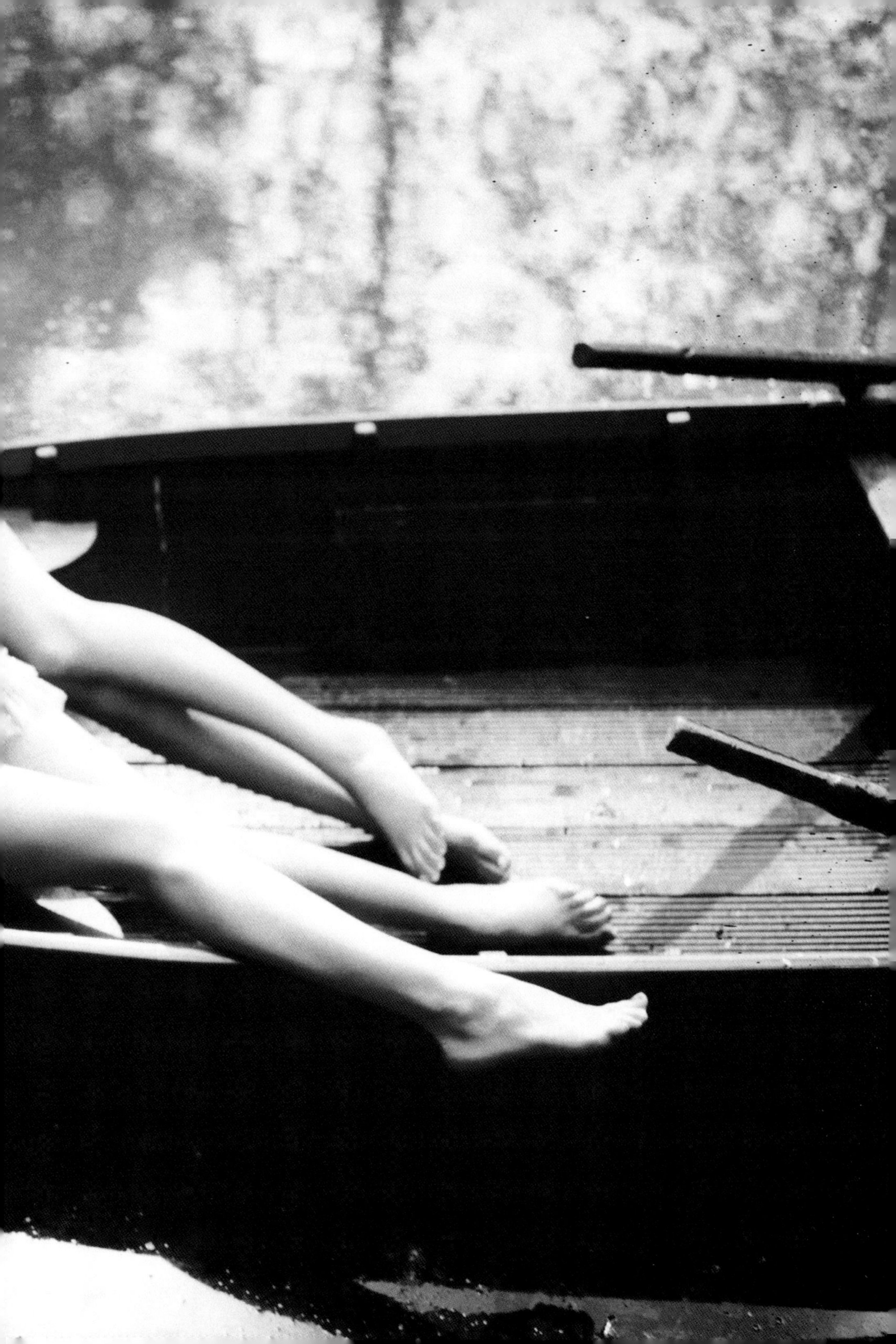

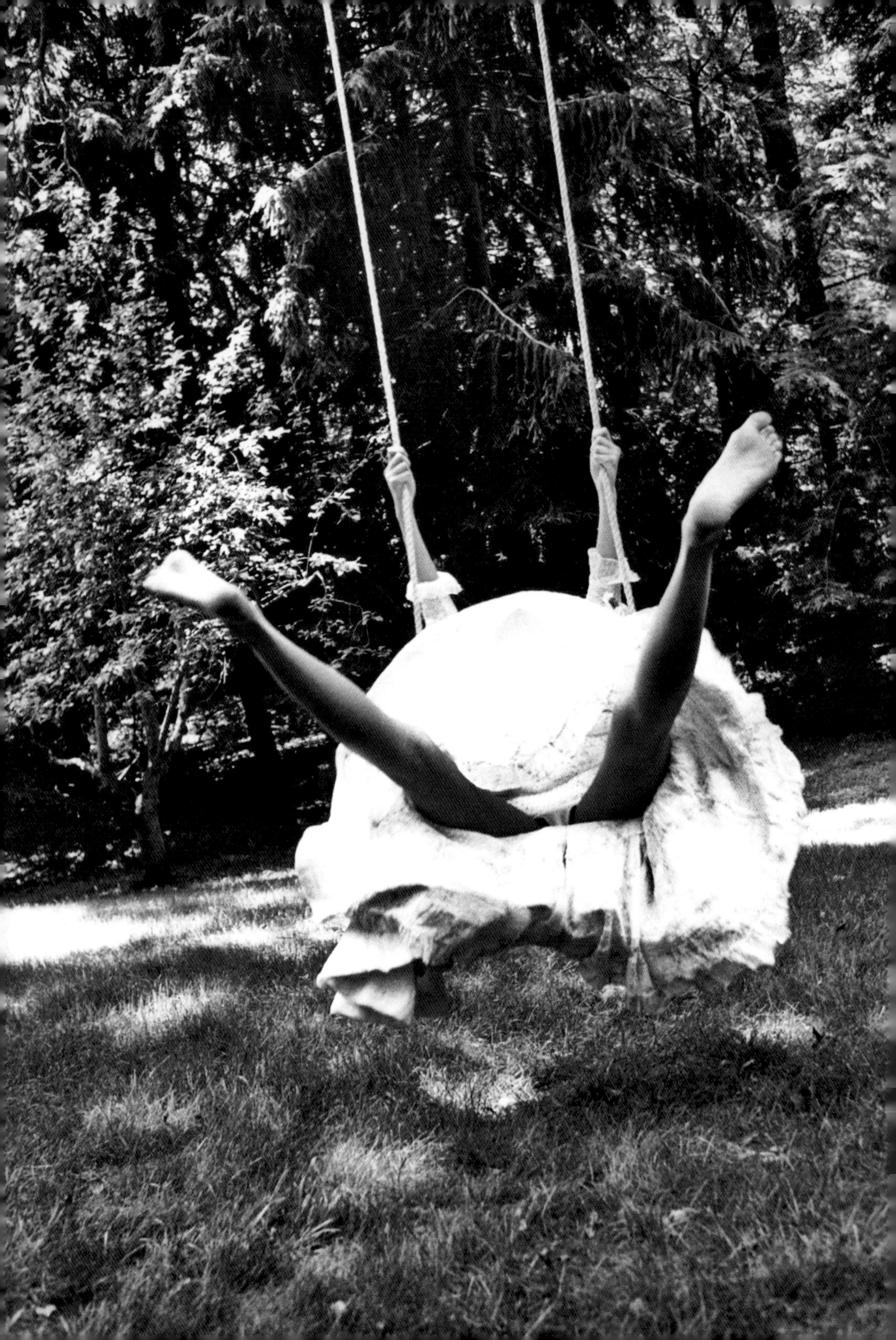

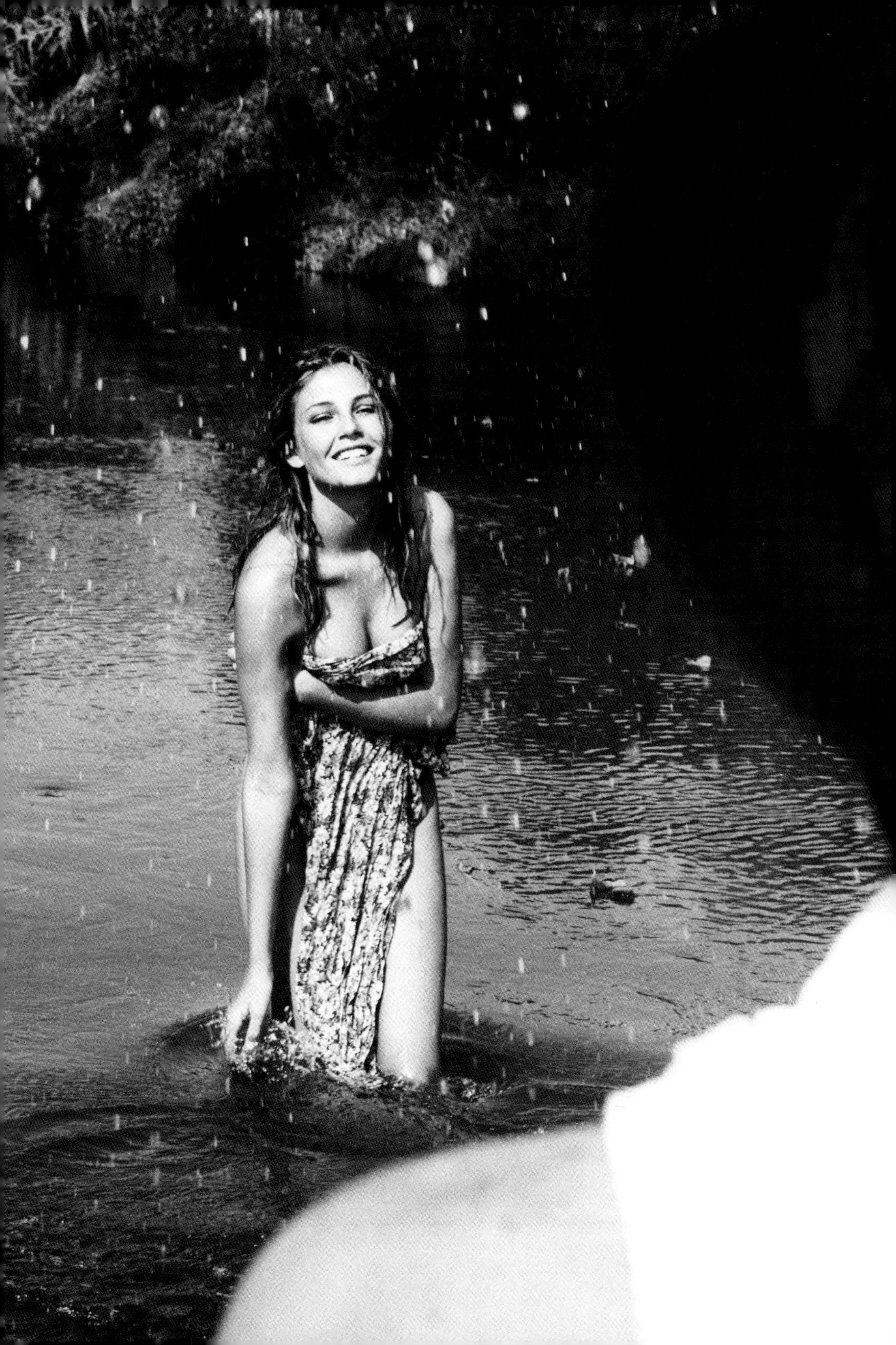

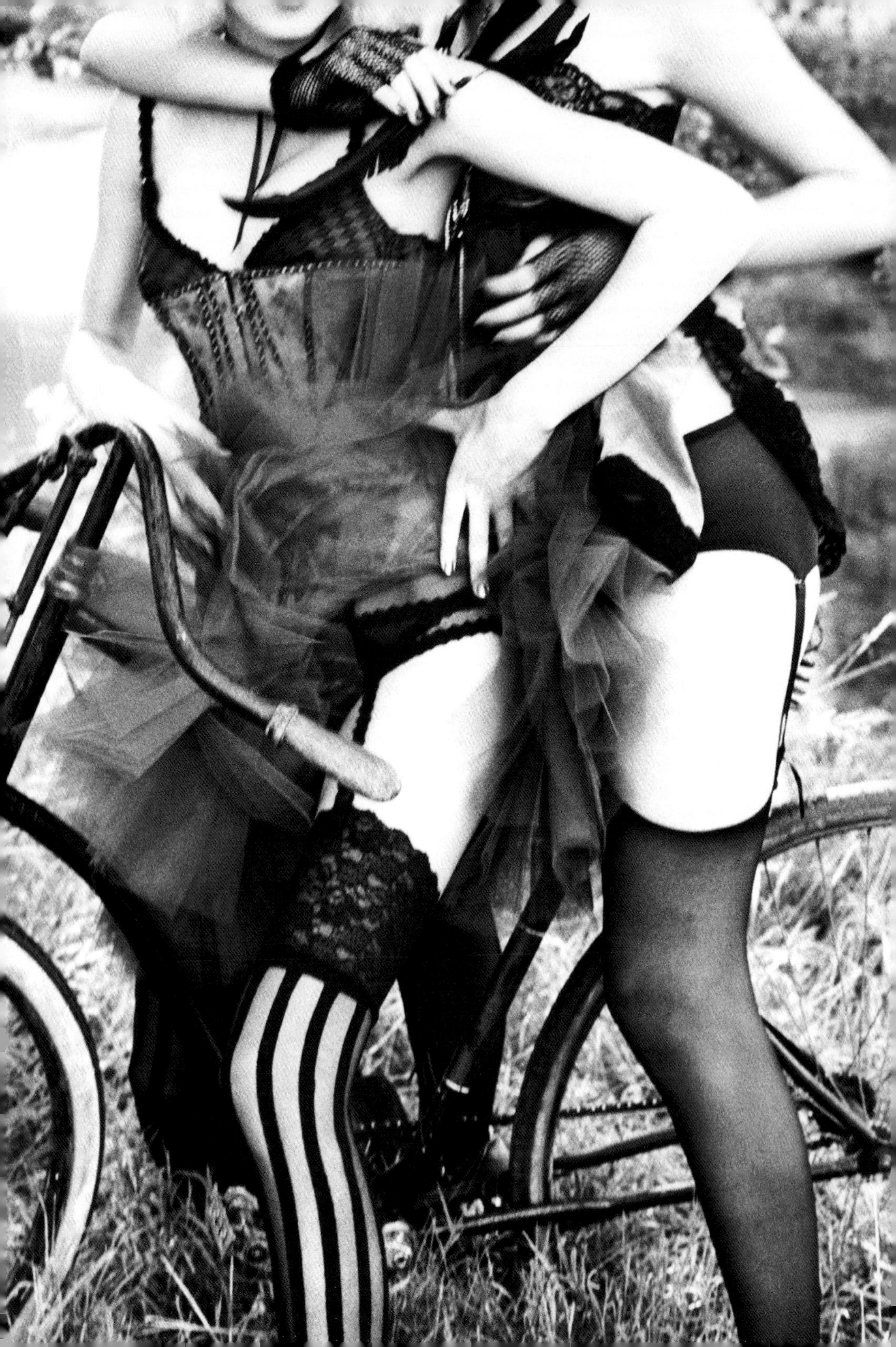

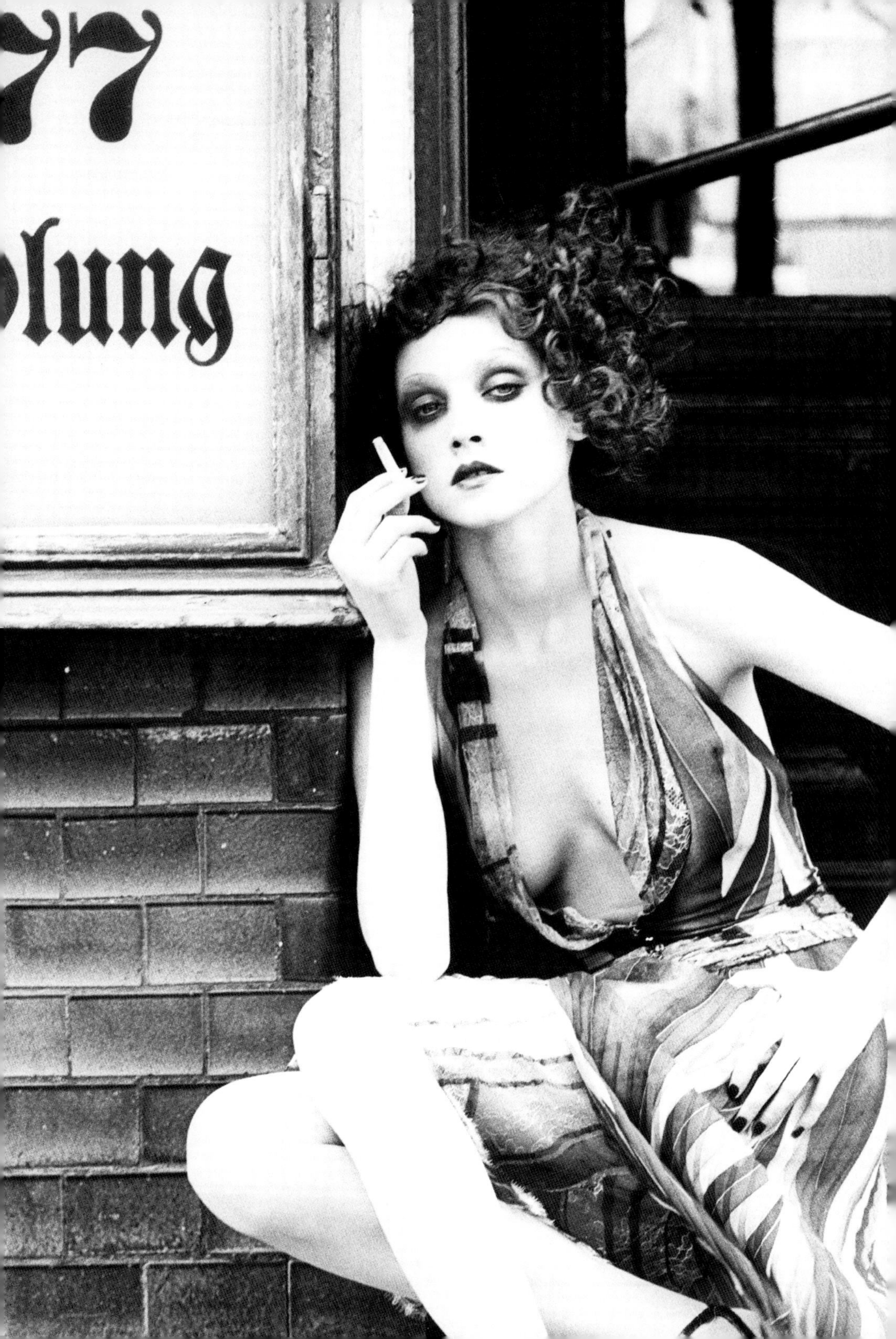
77
olung

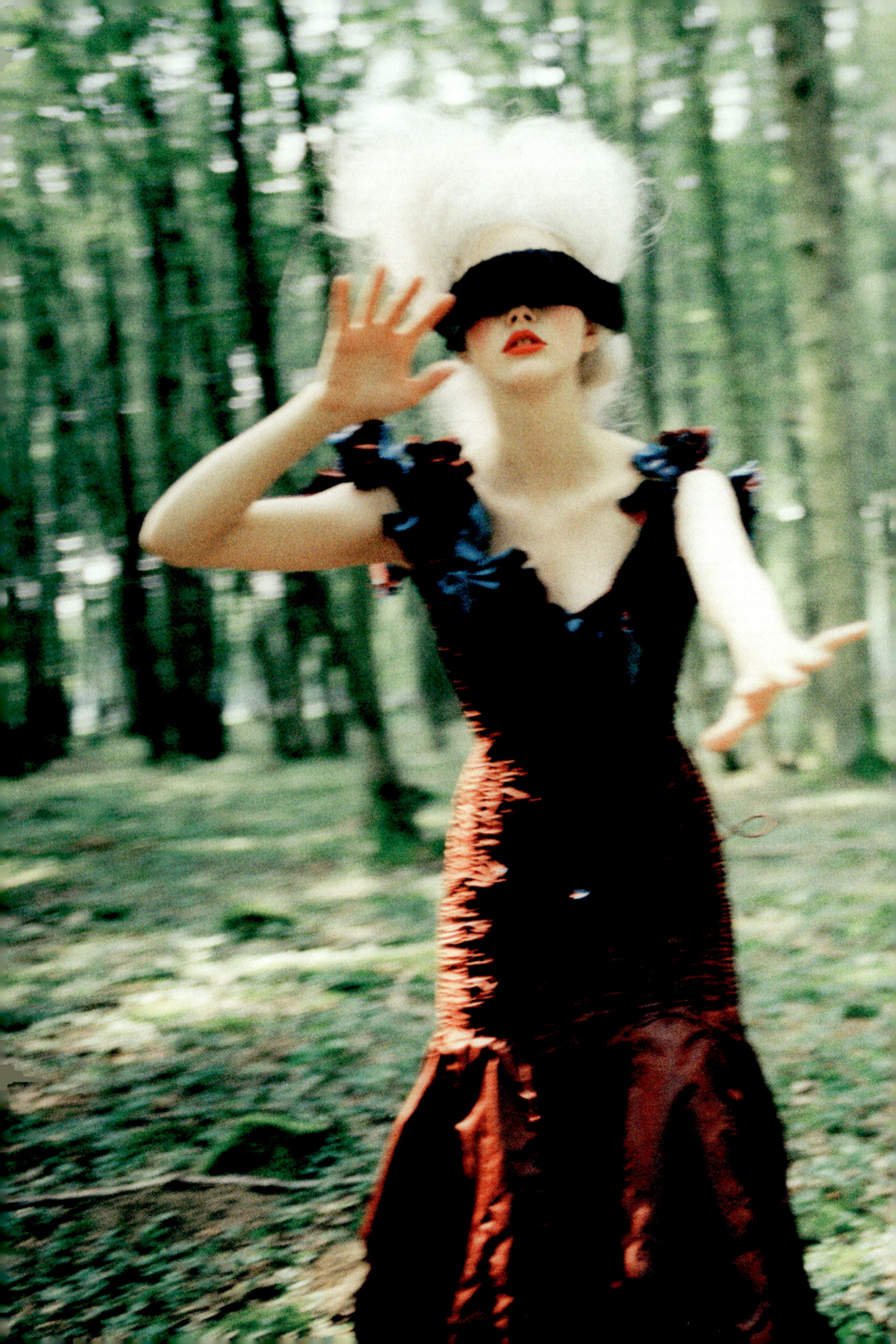

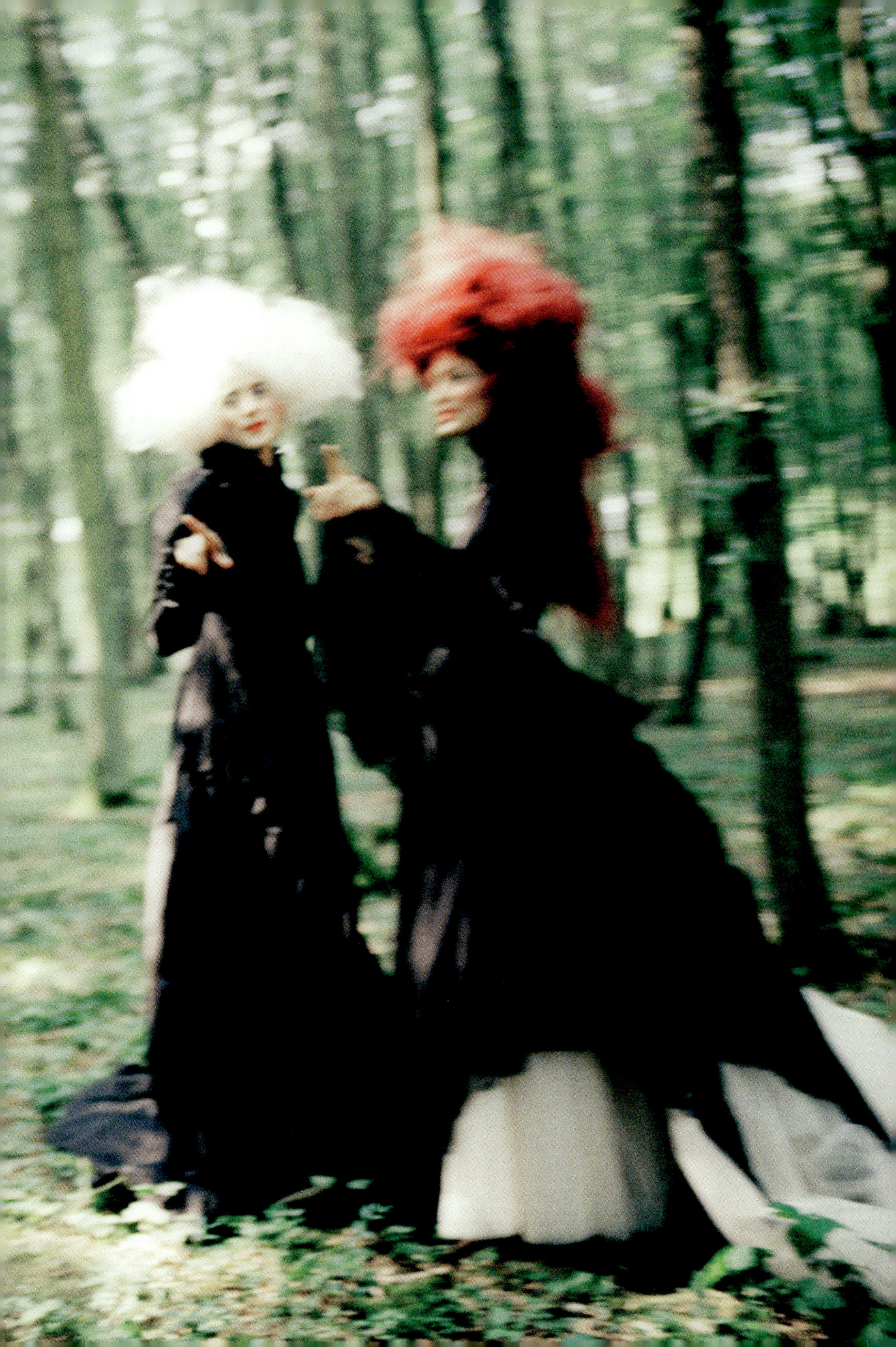

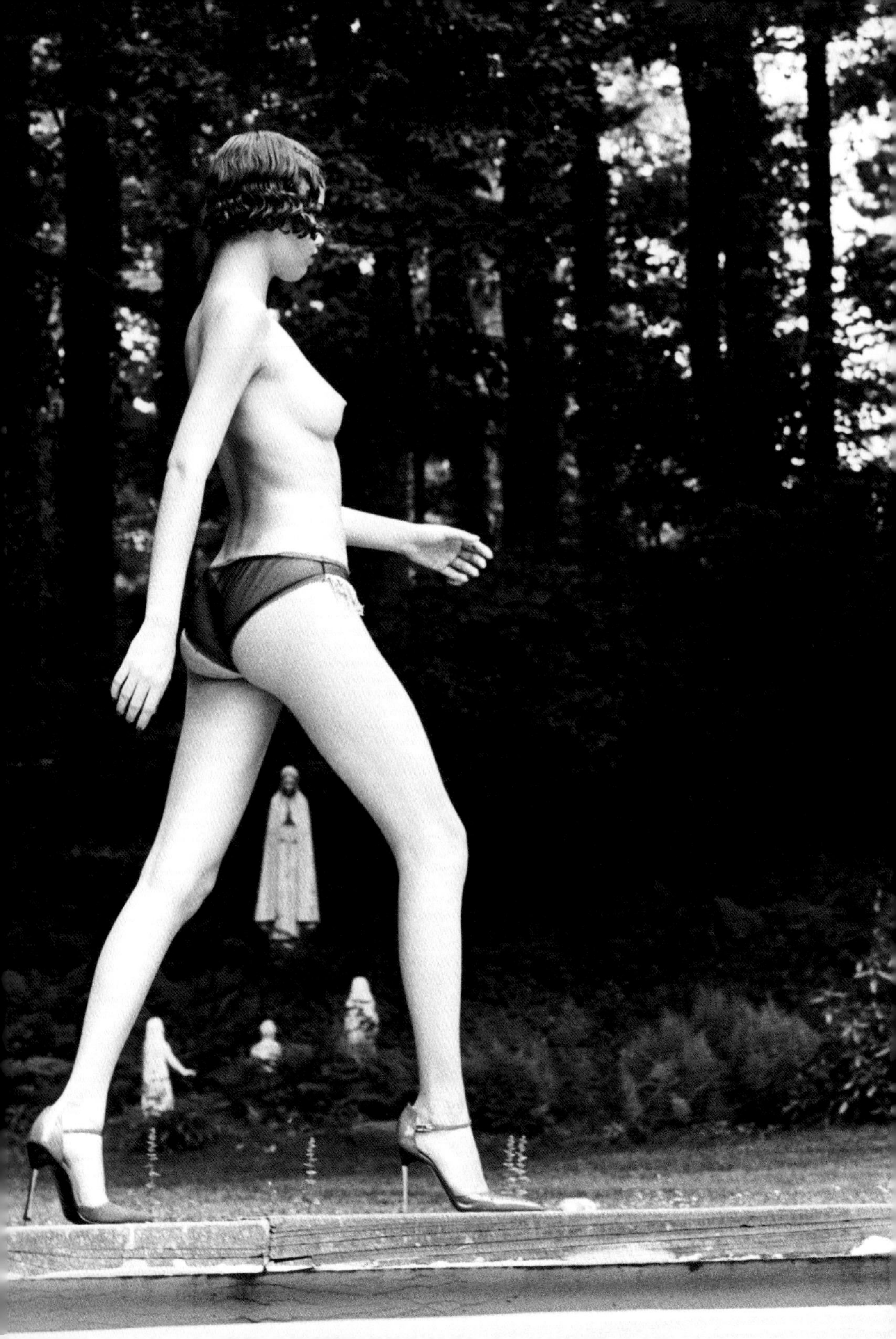

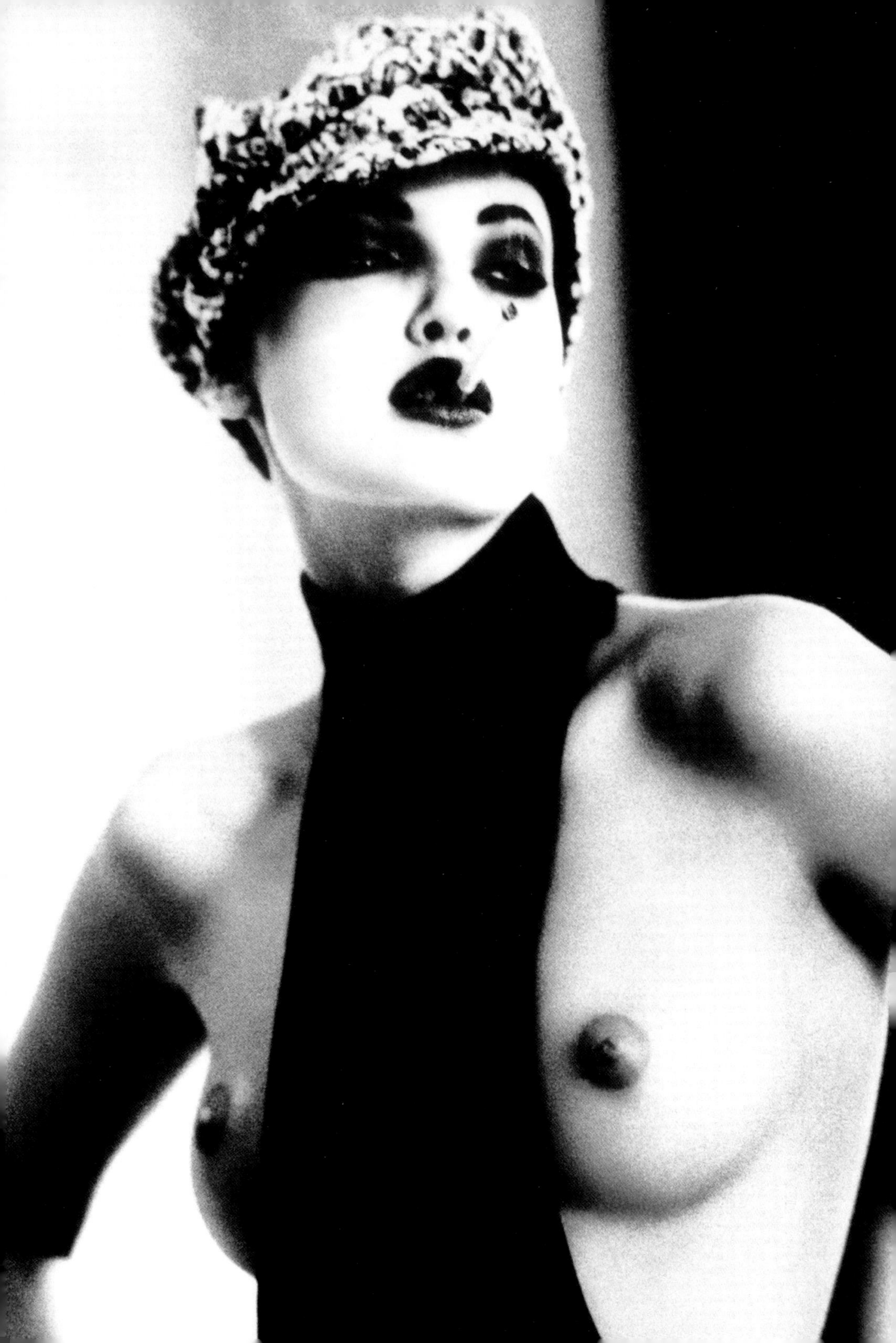

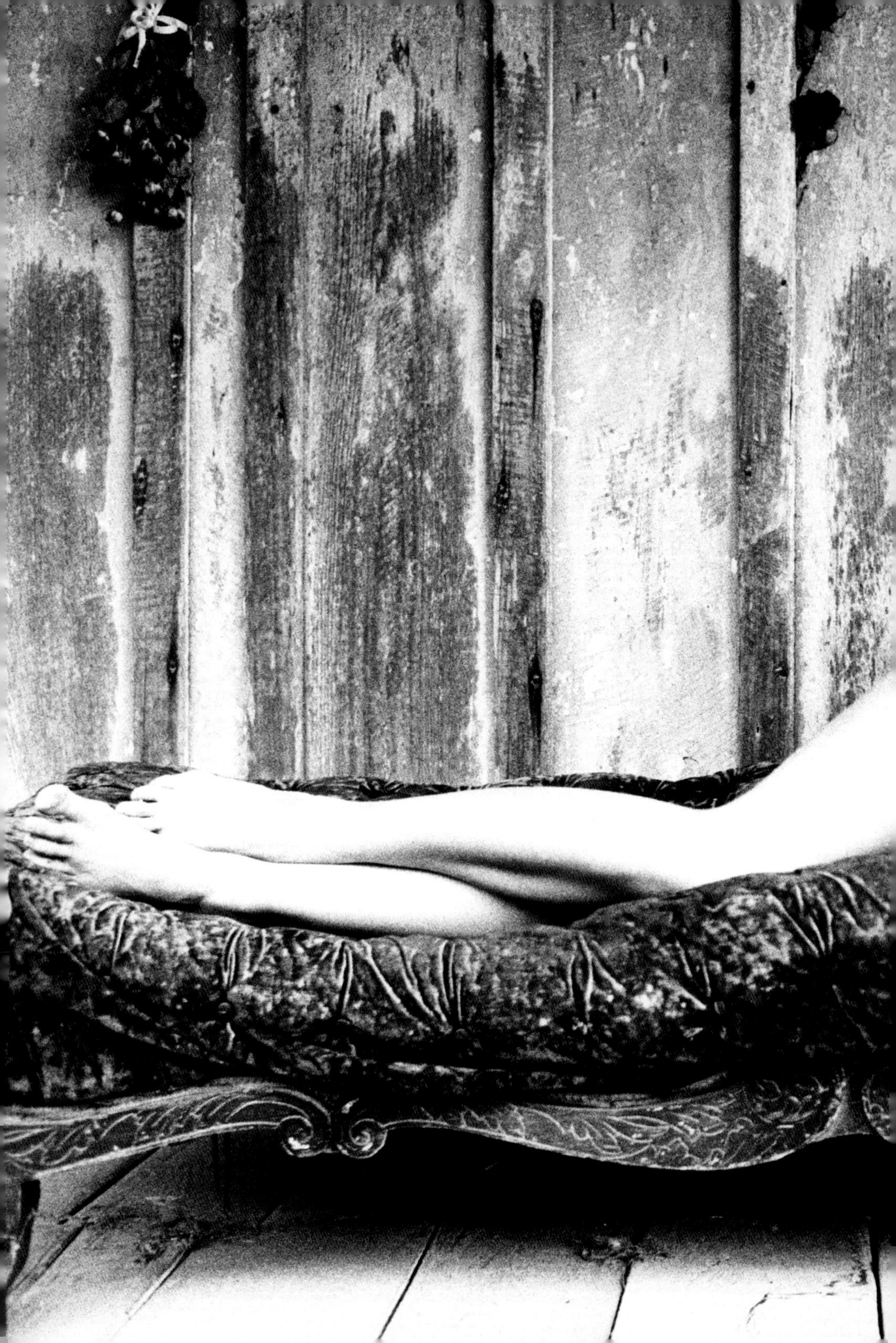

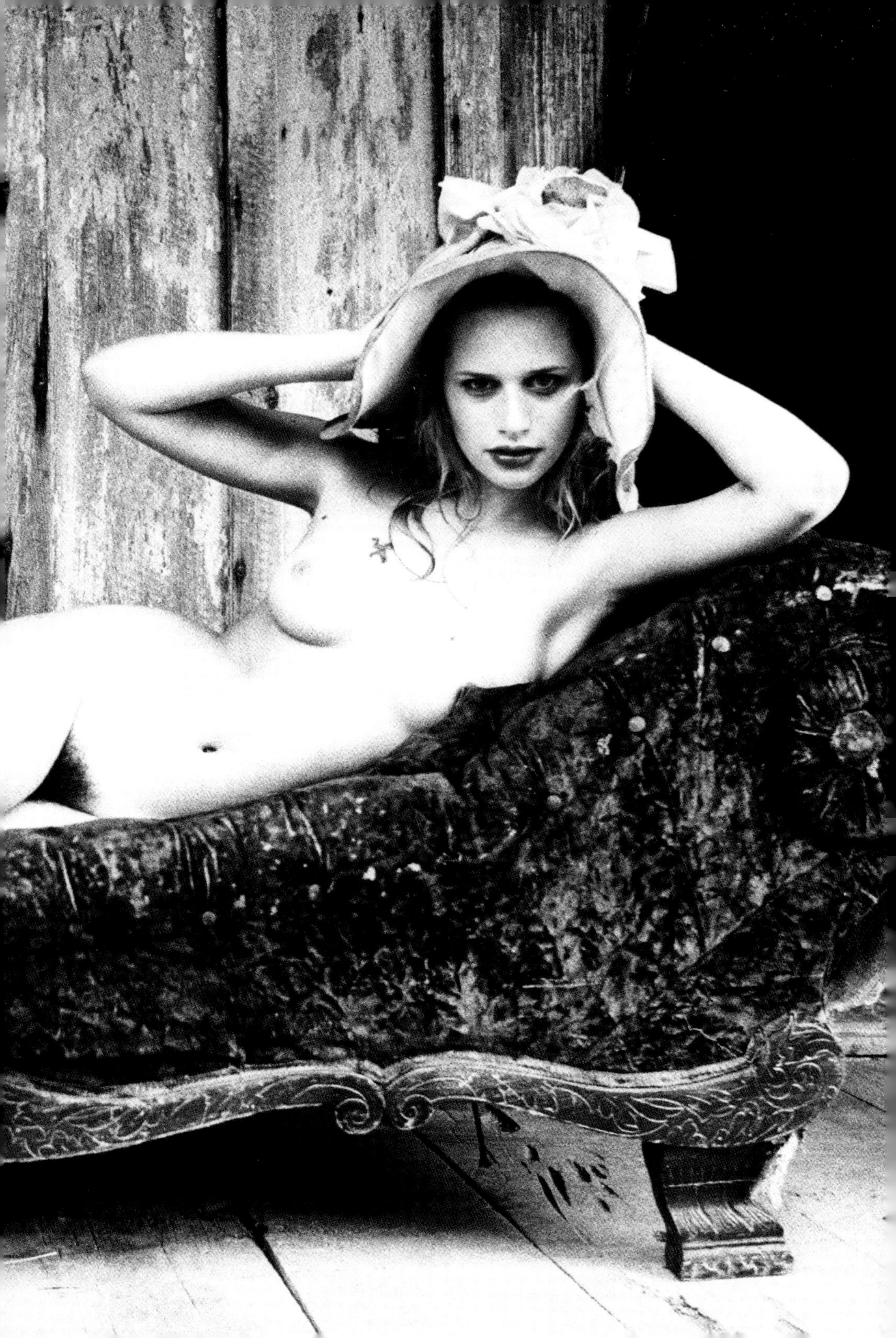

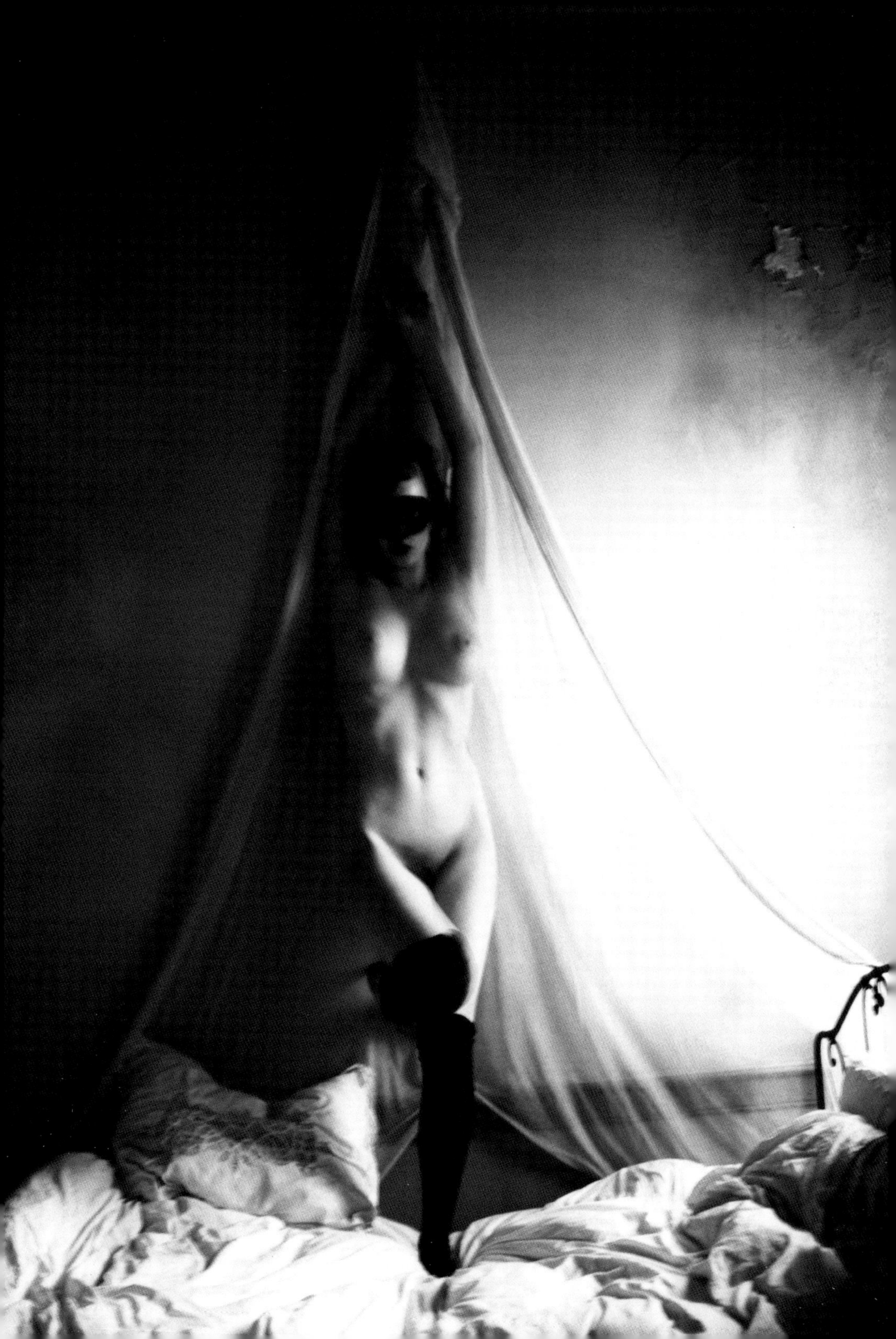

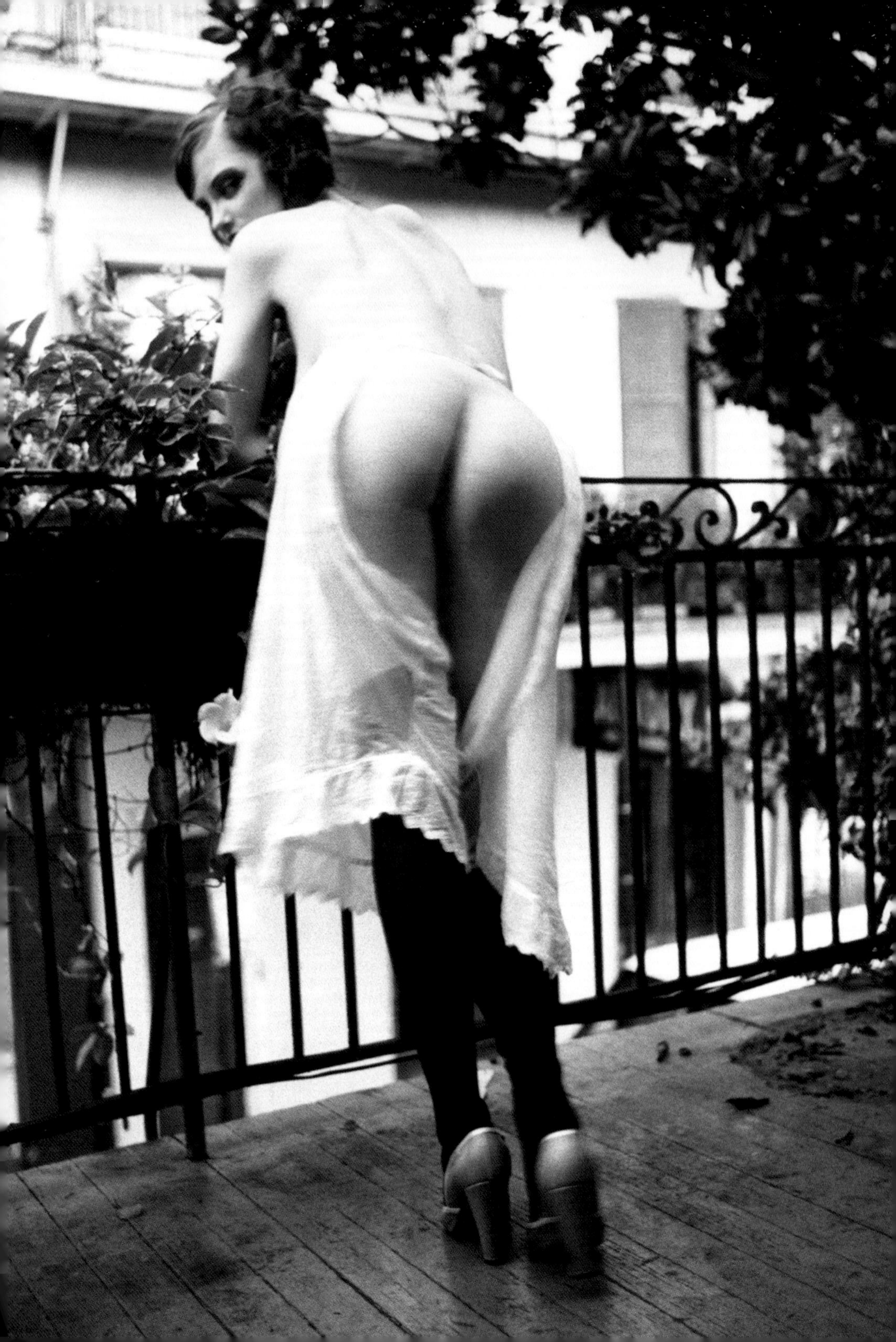

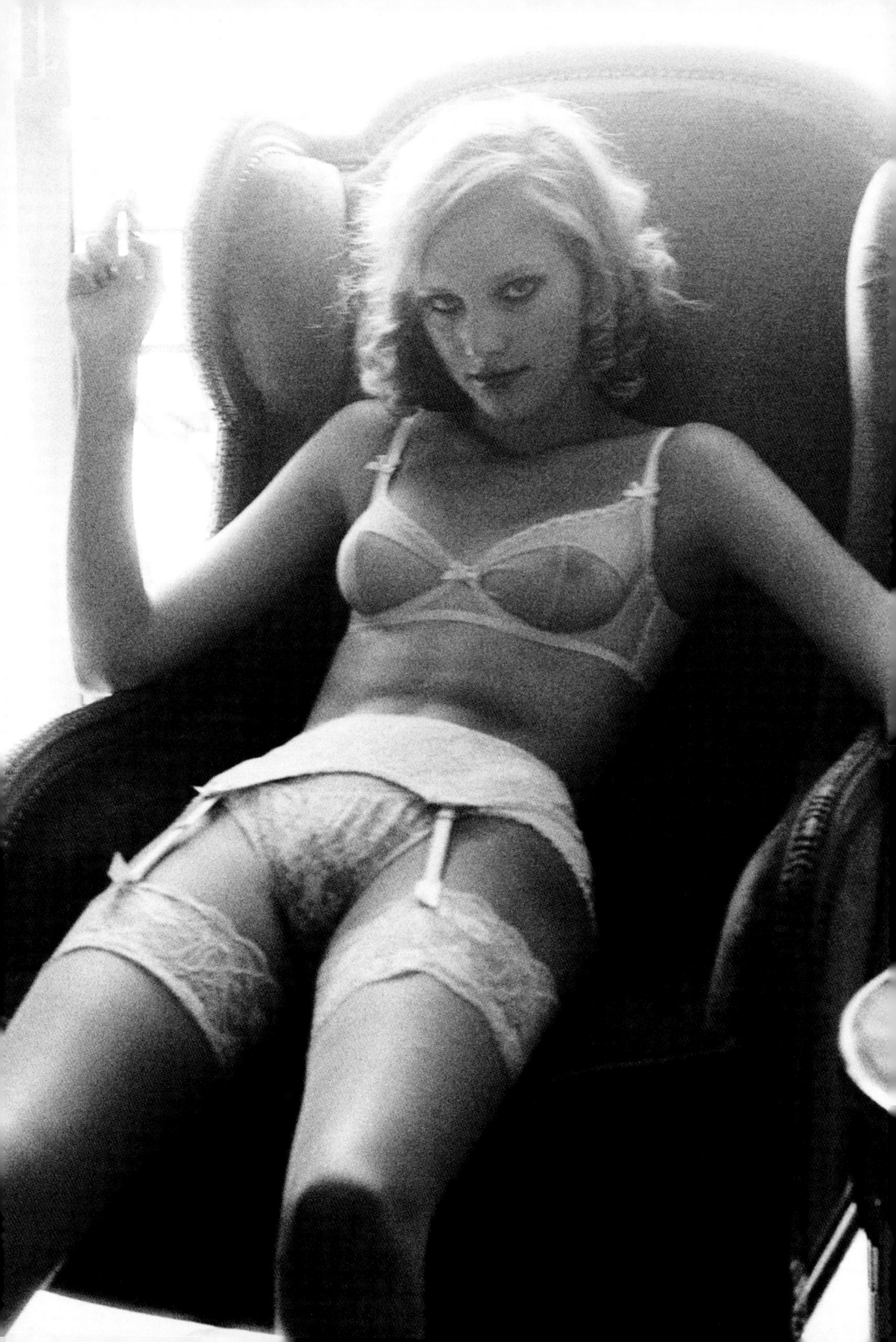

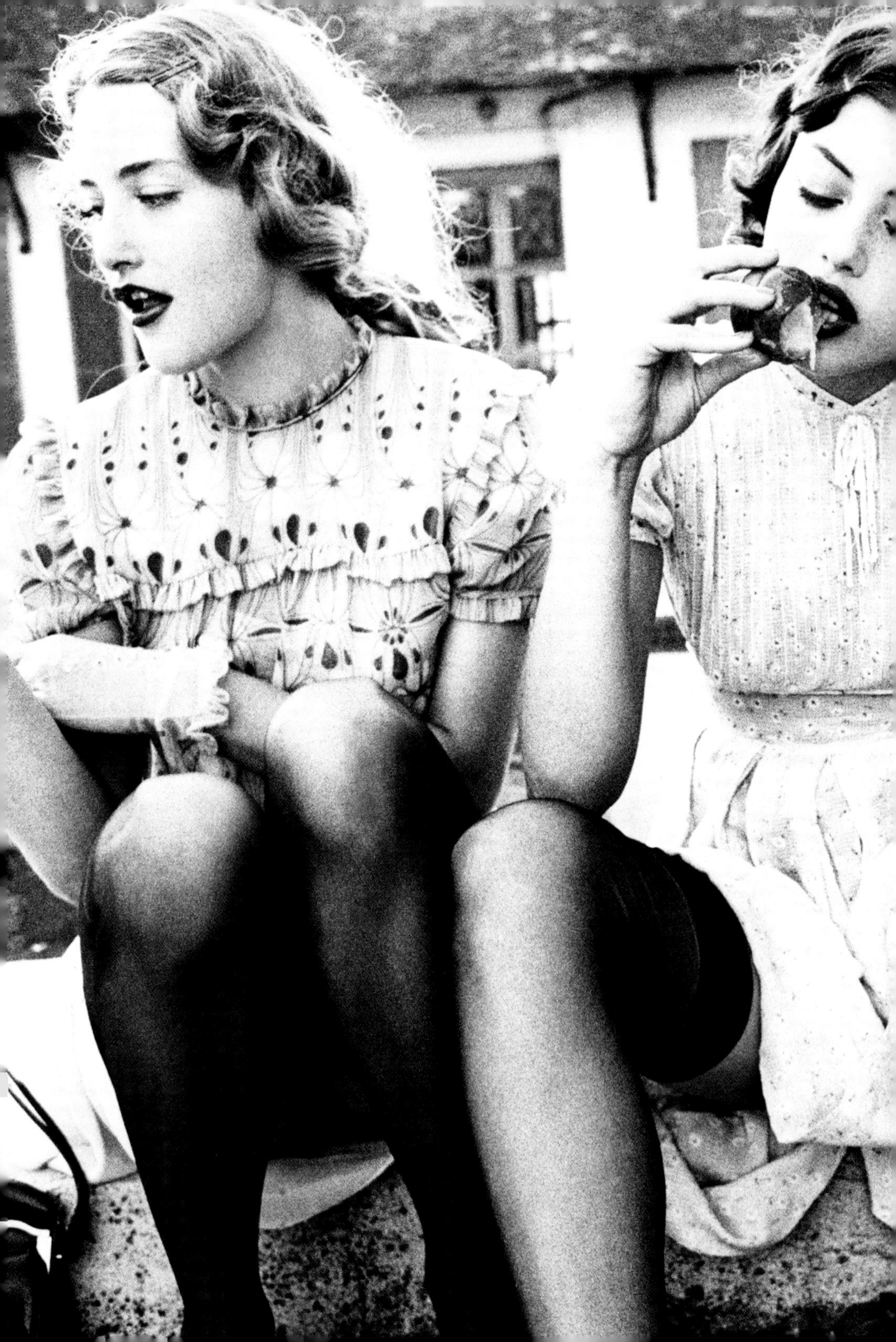

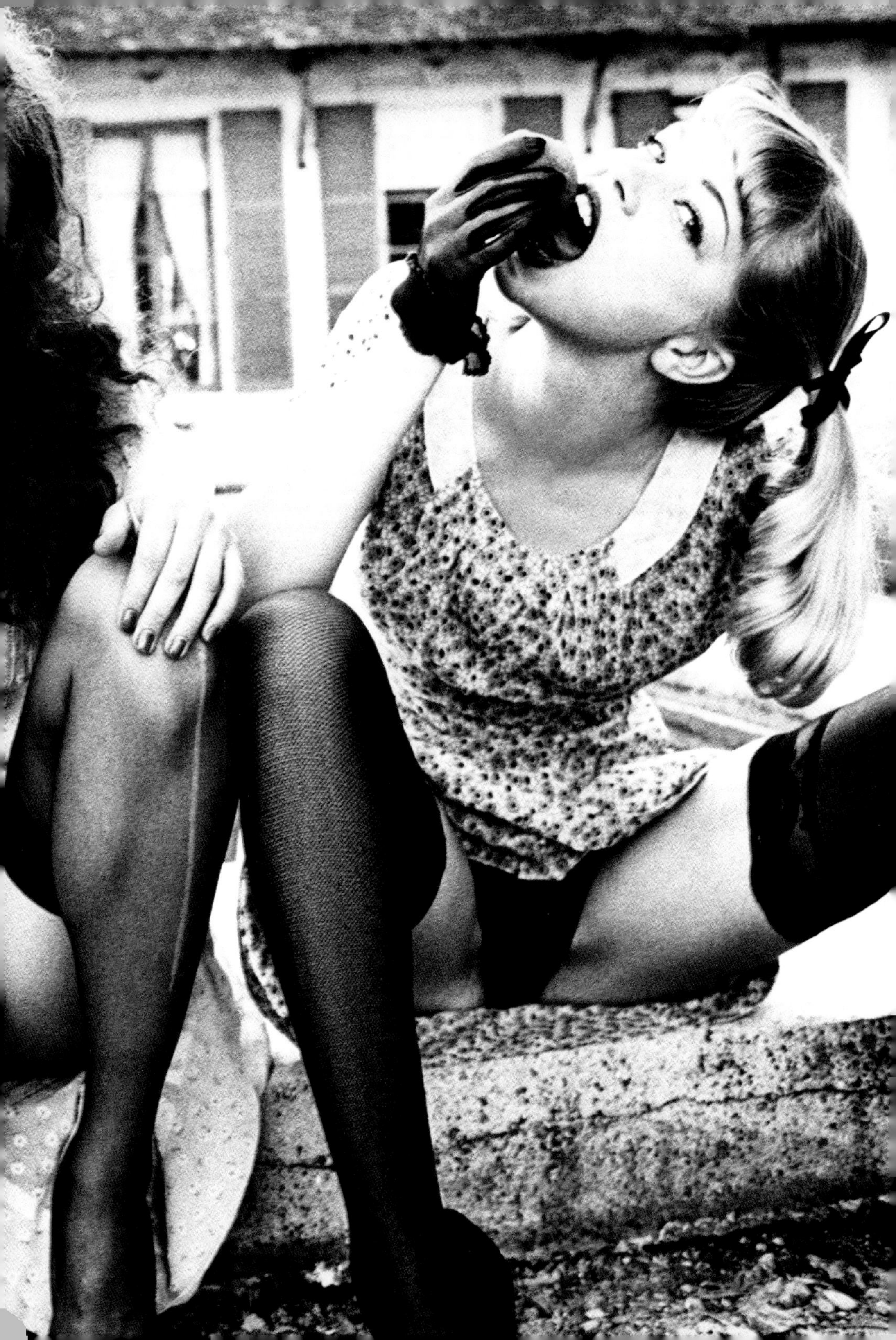

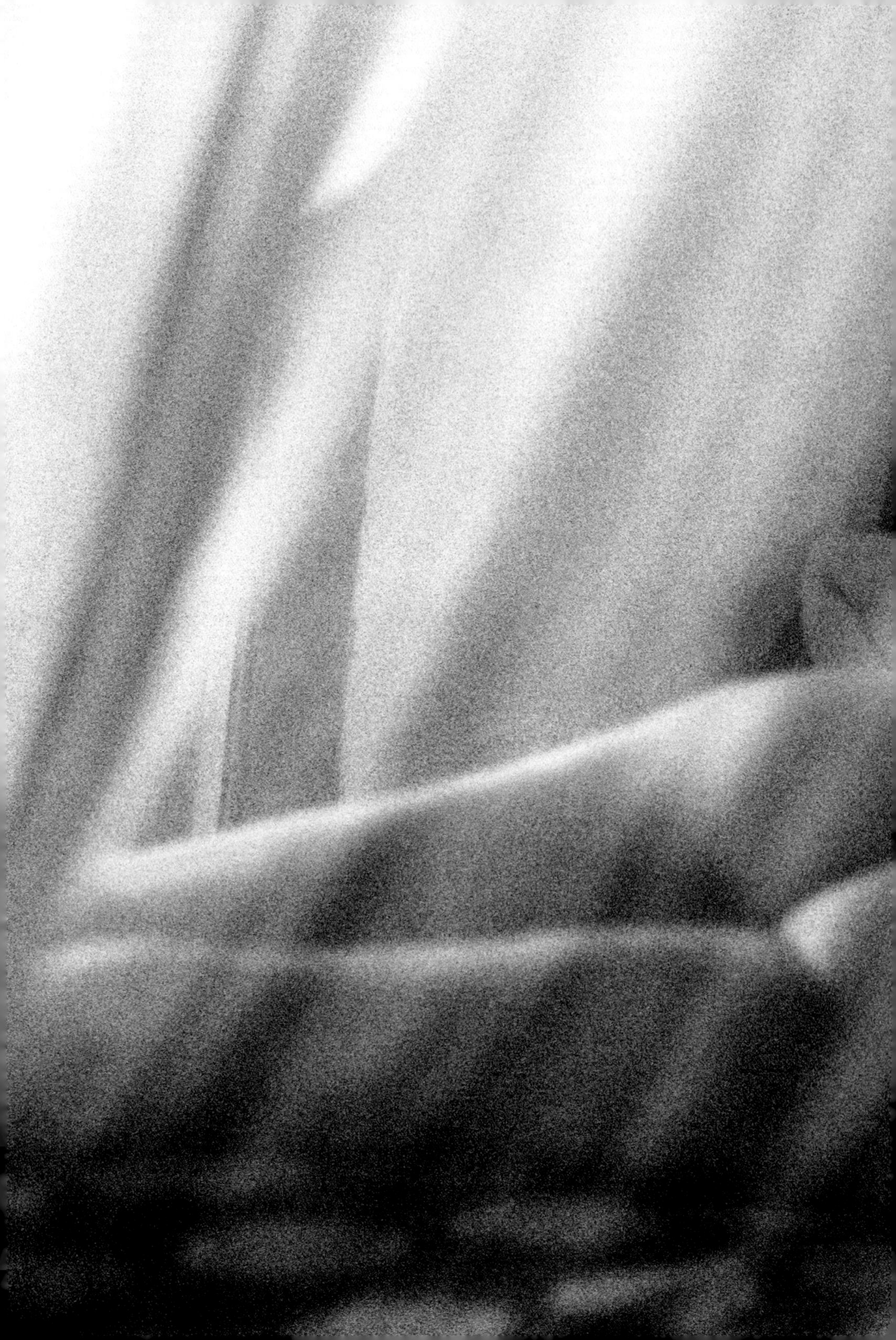

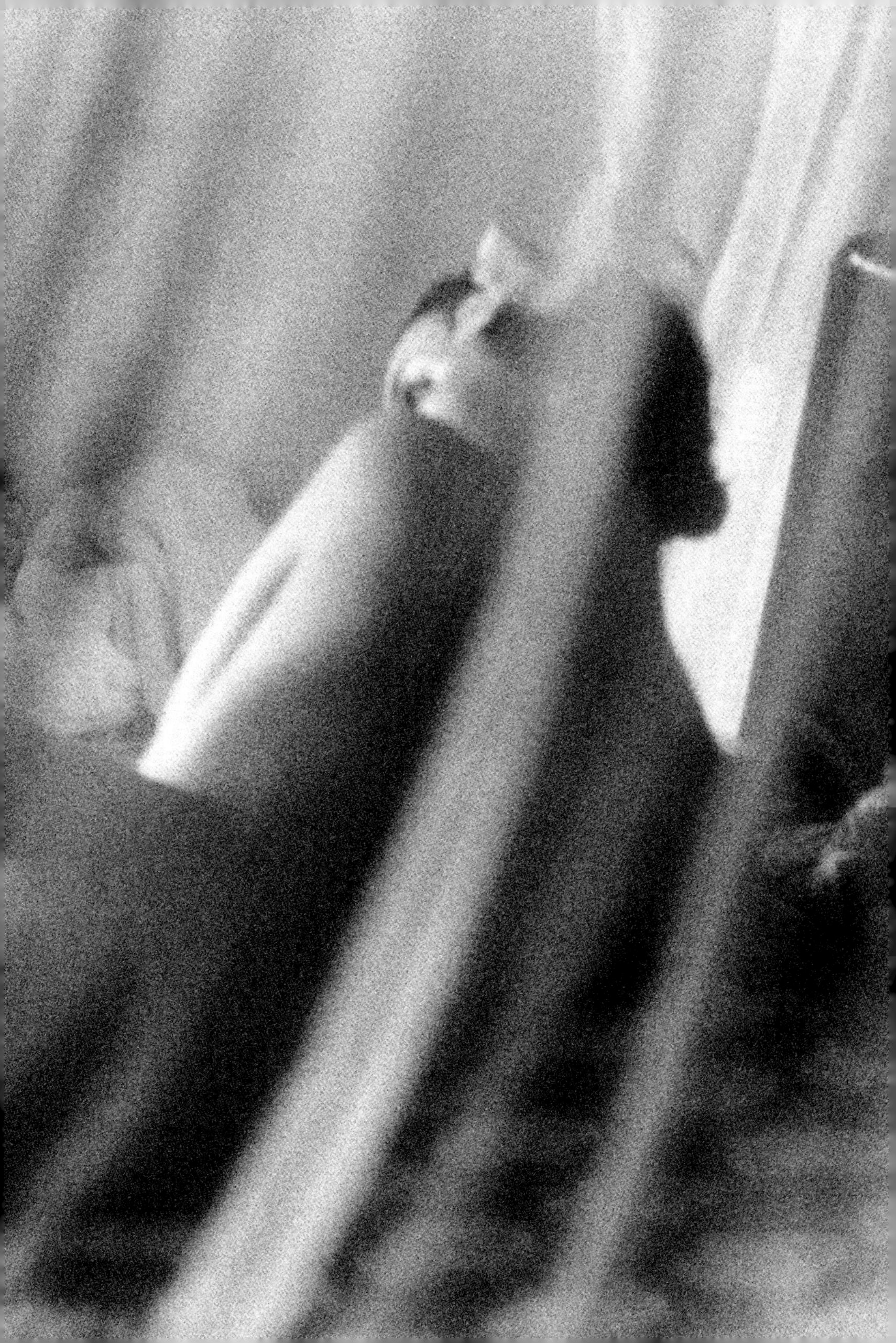

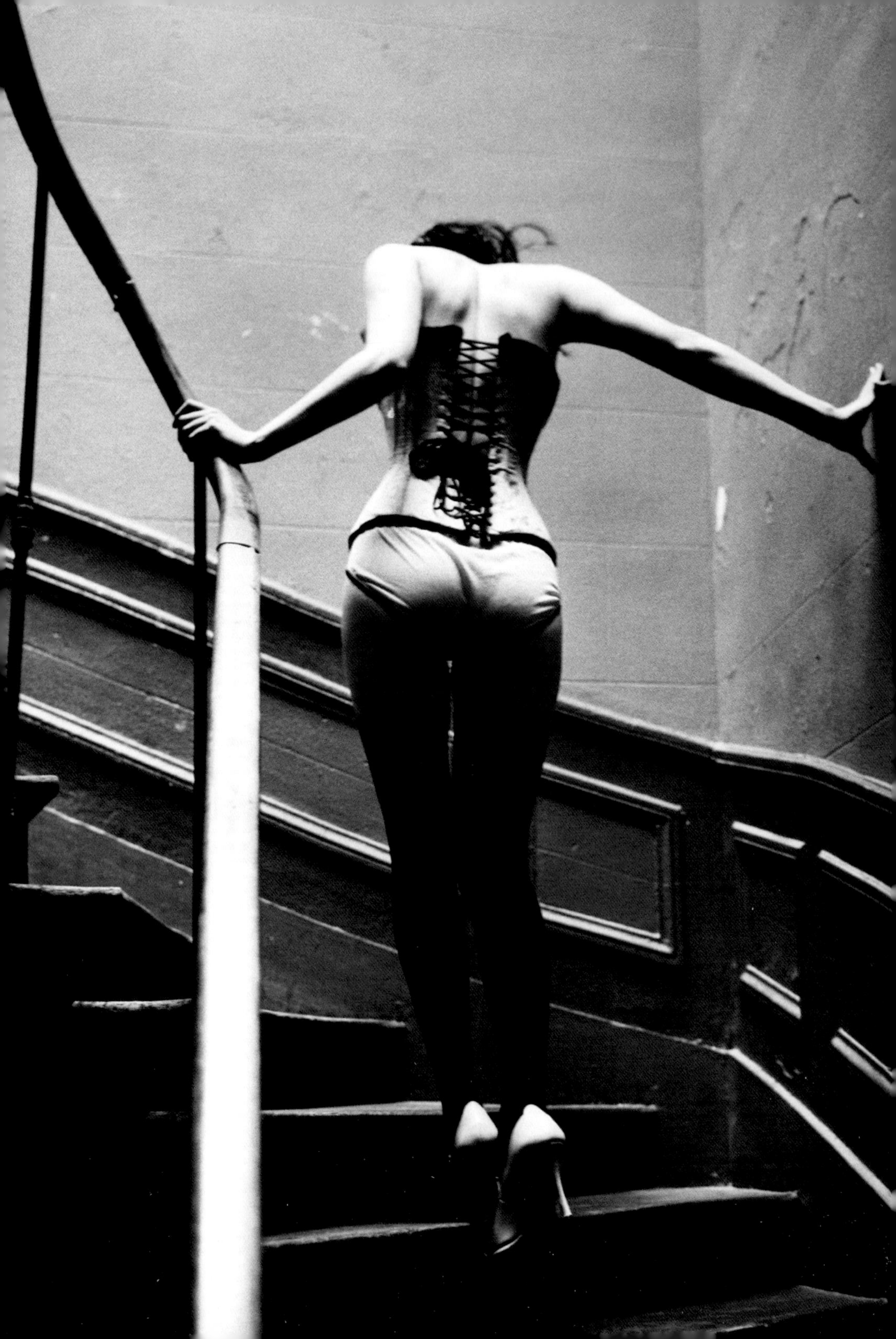

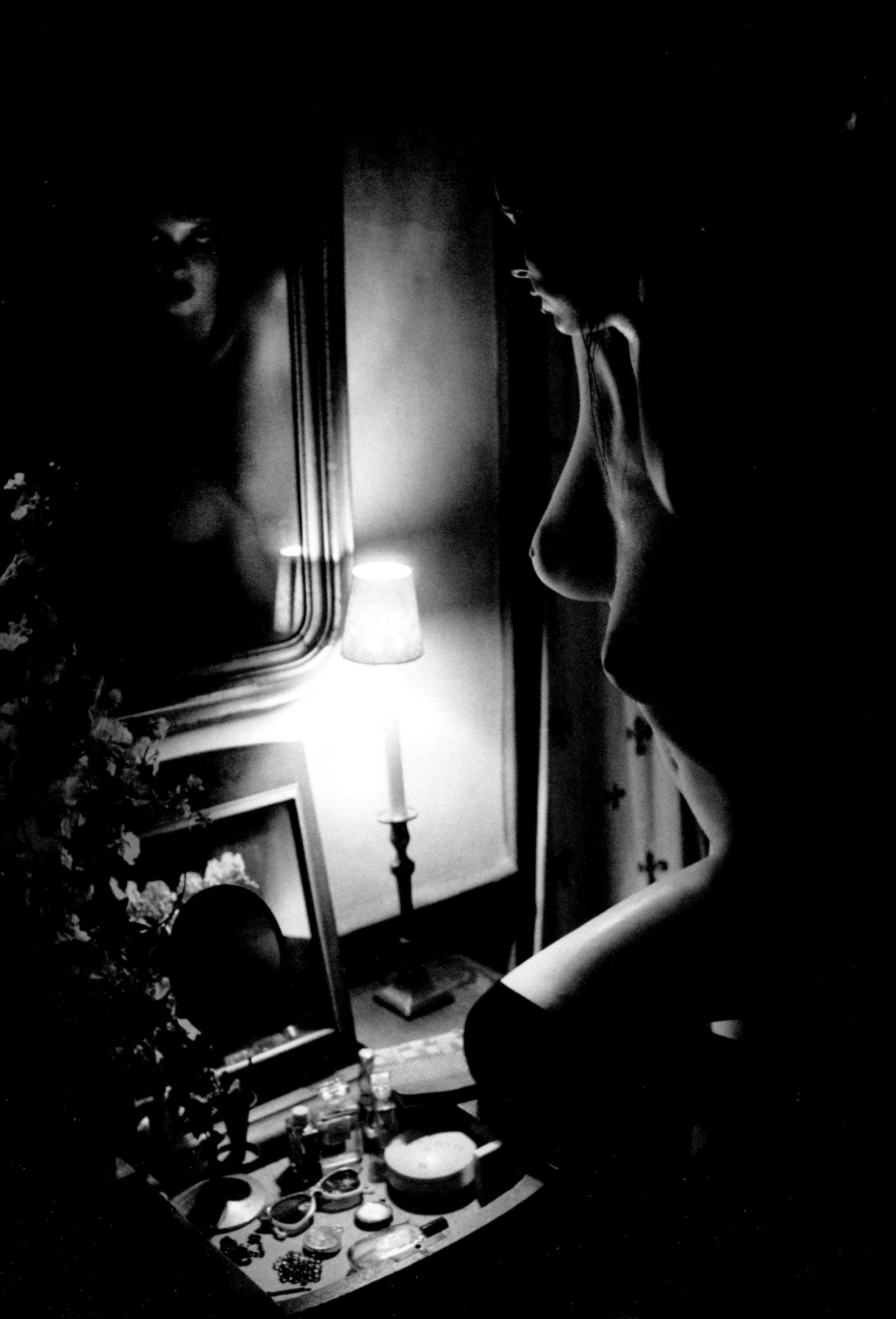

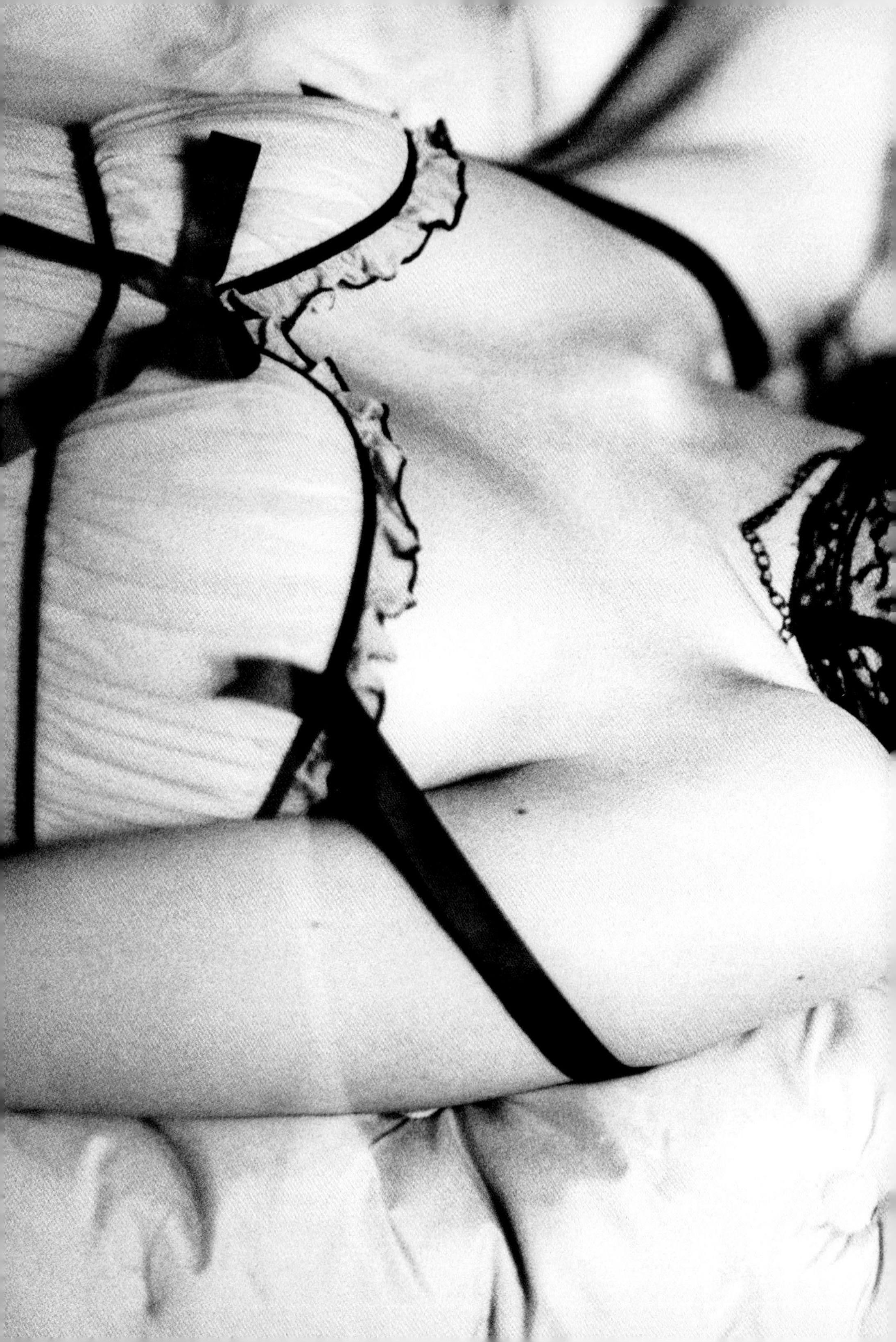

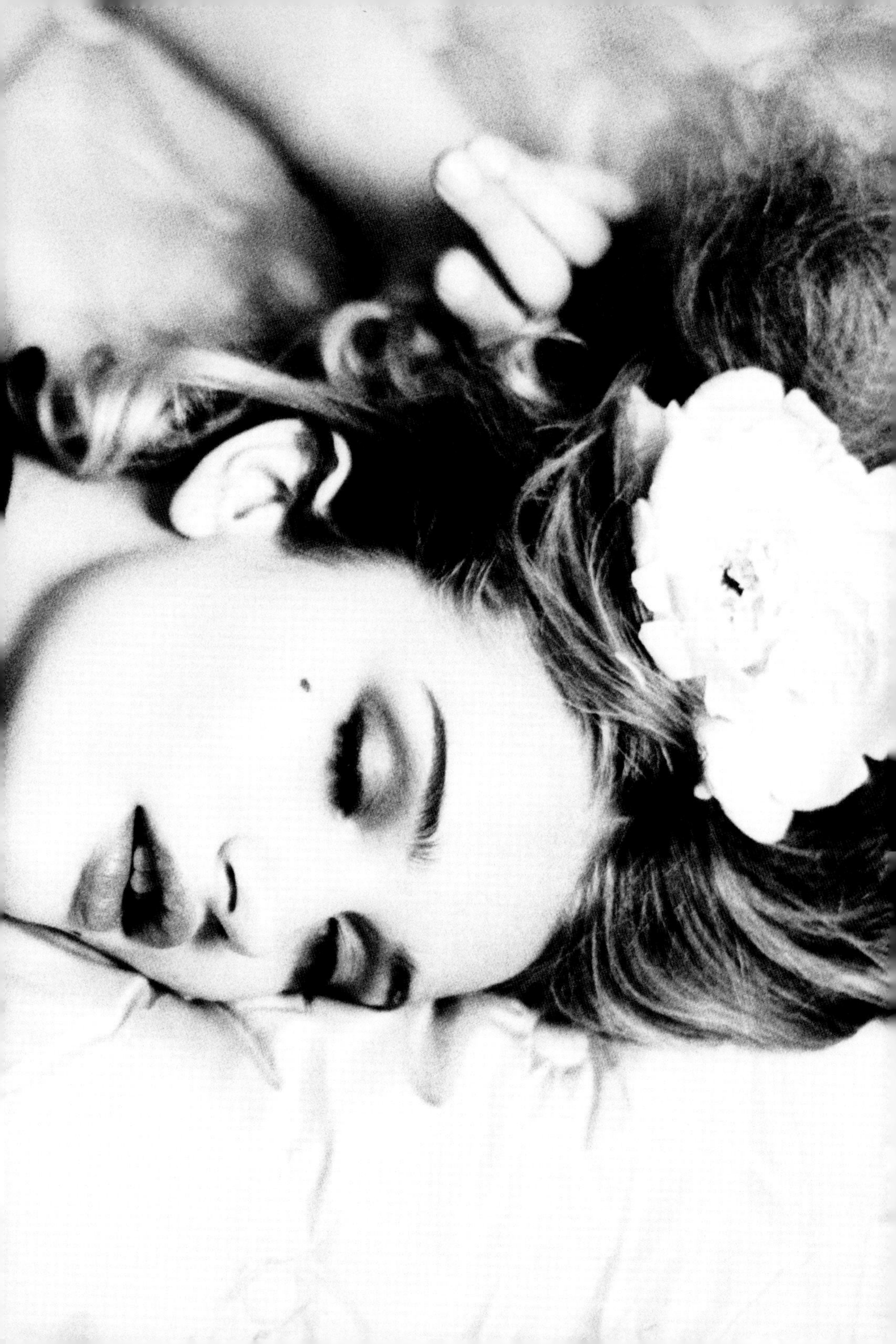

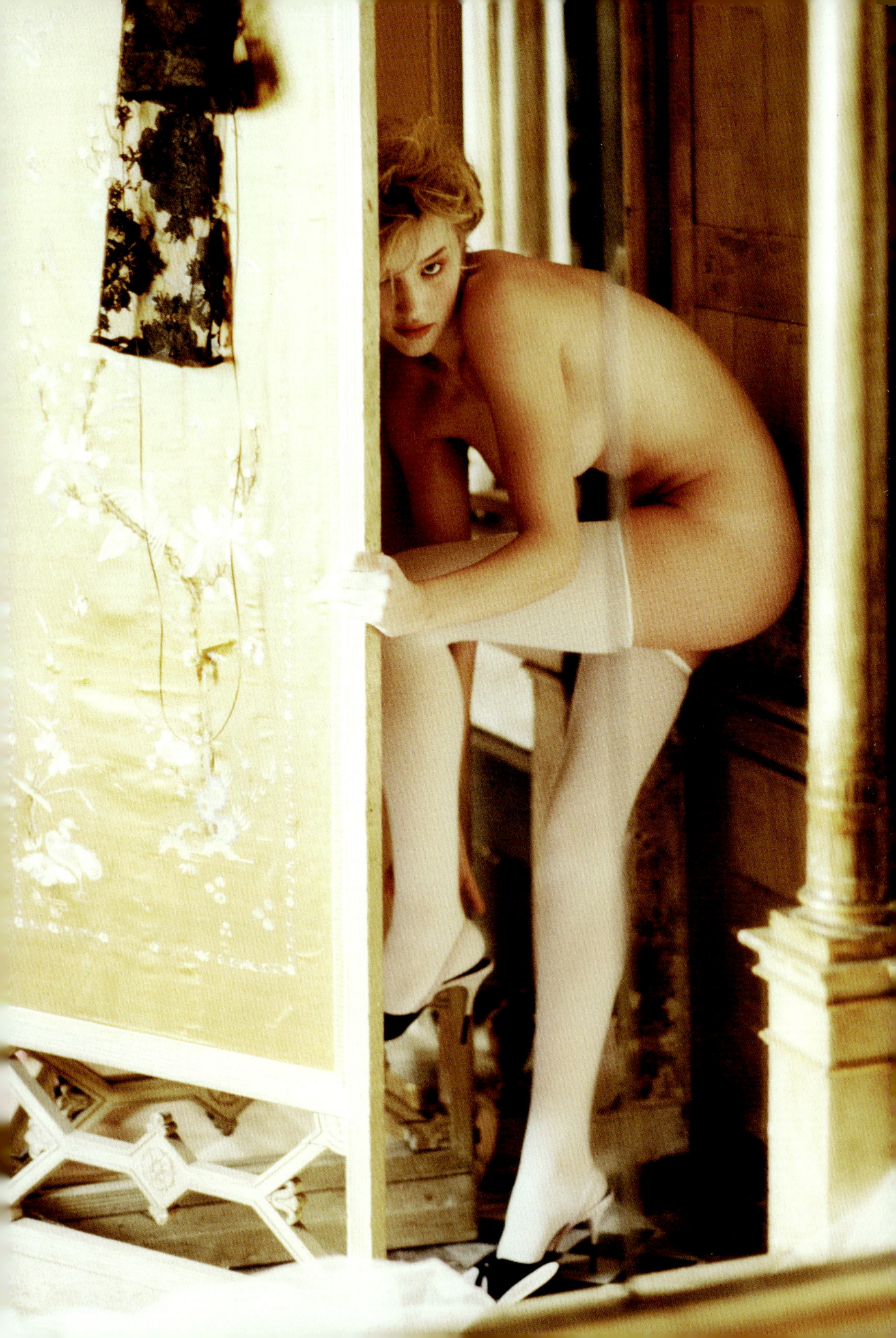

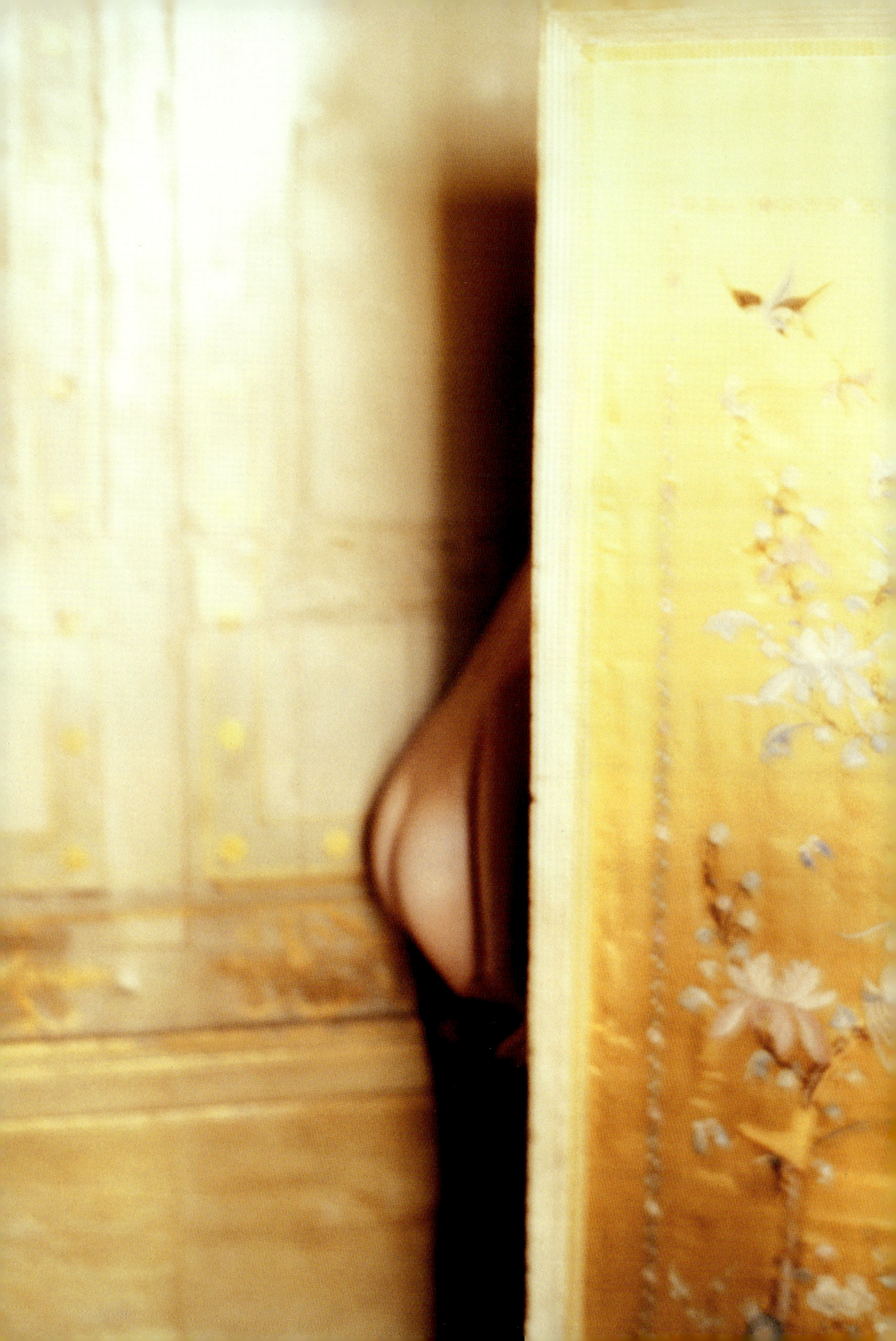

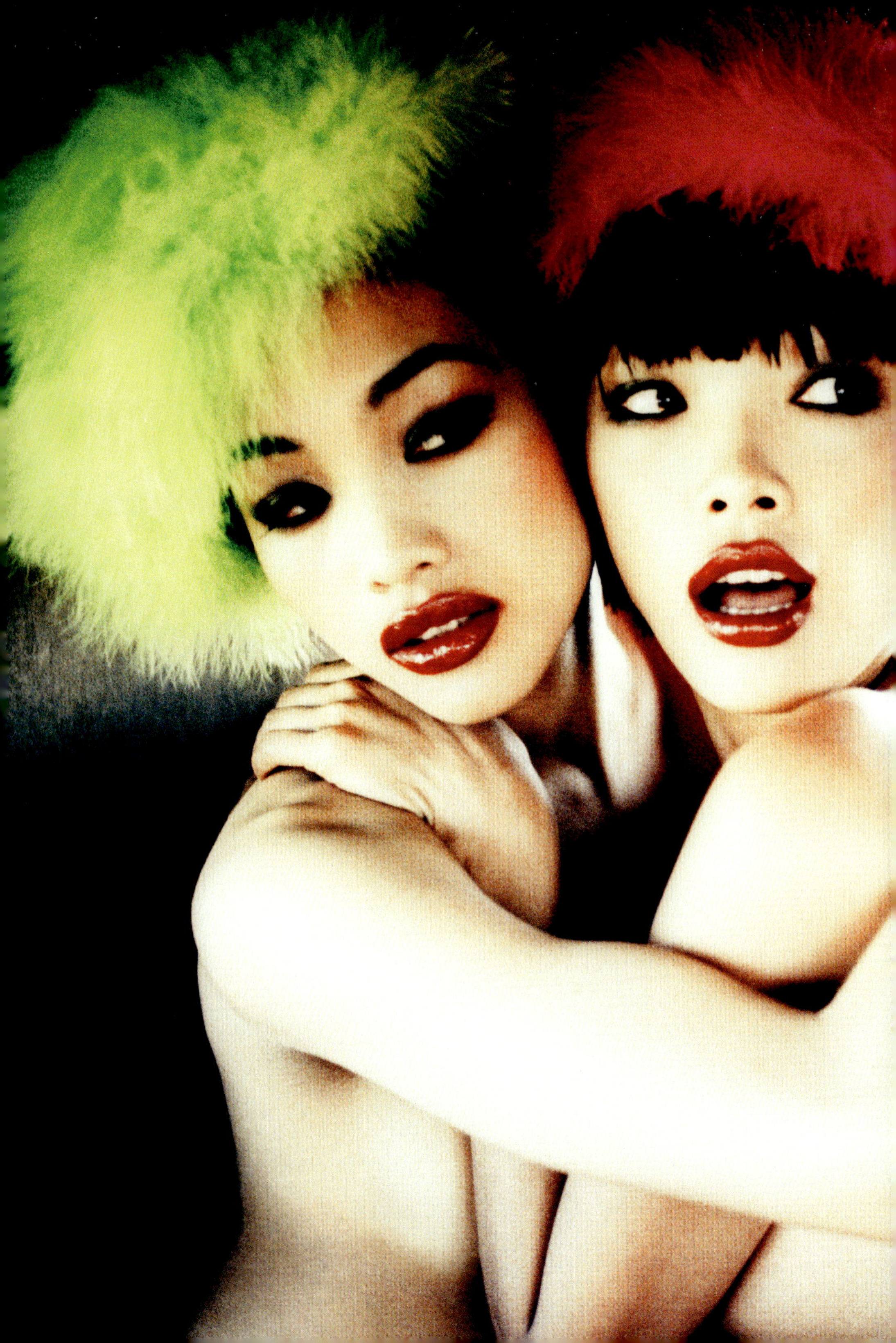

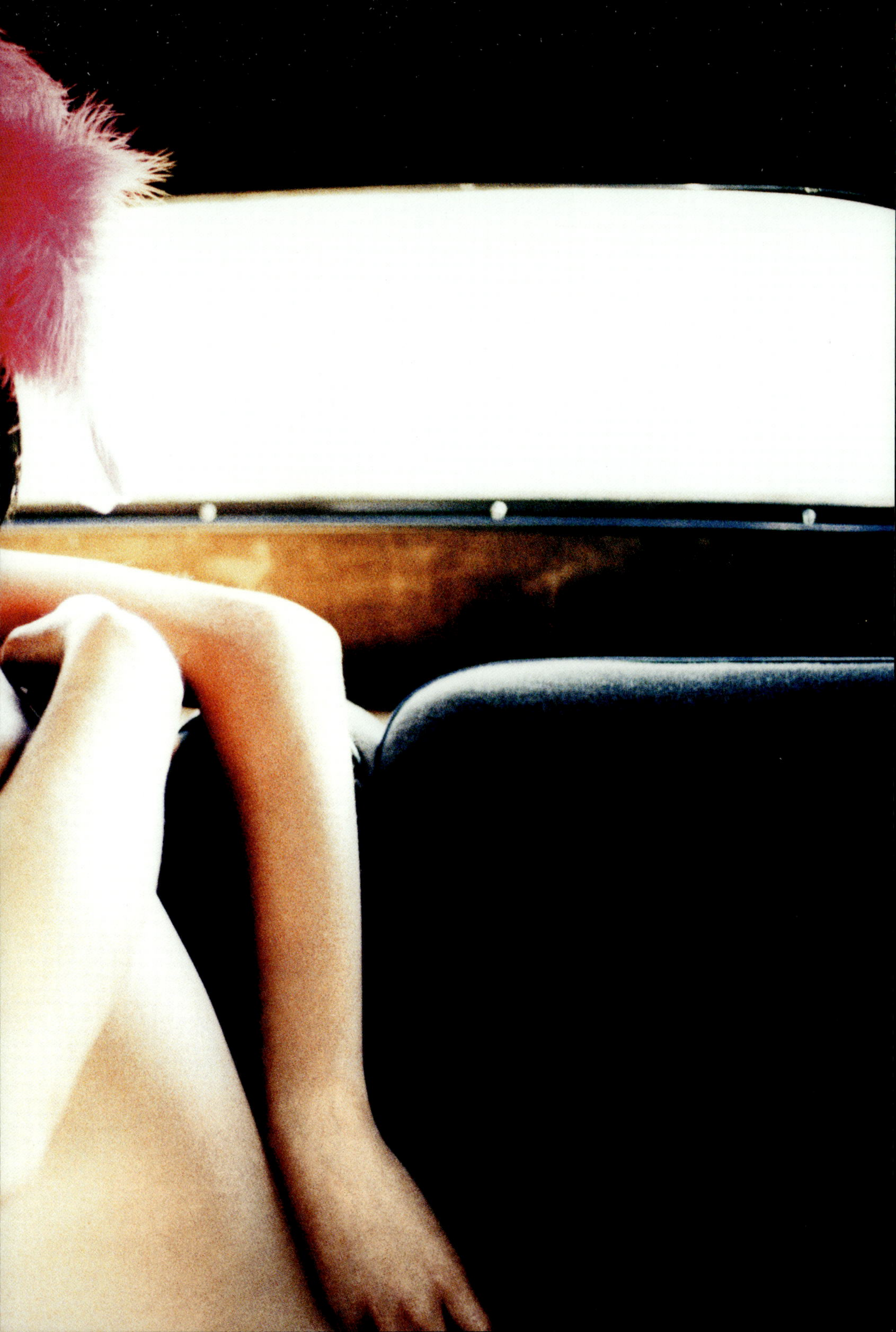

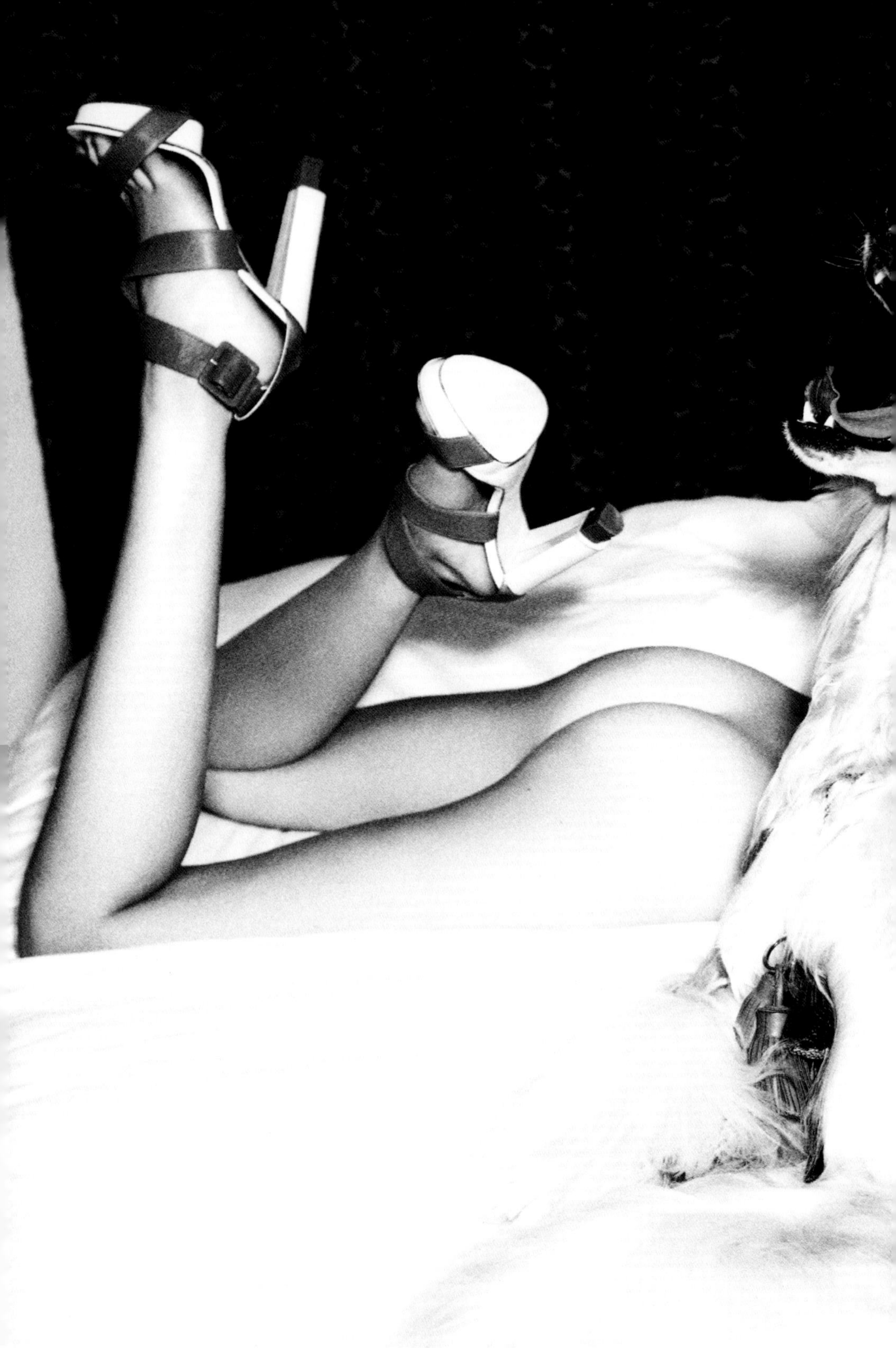

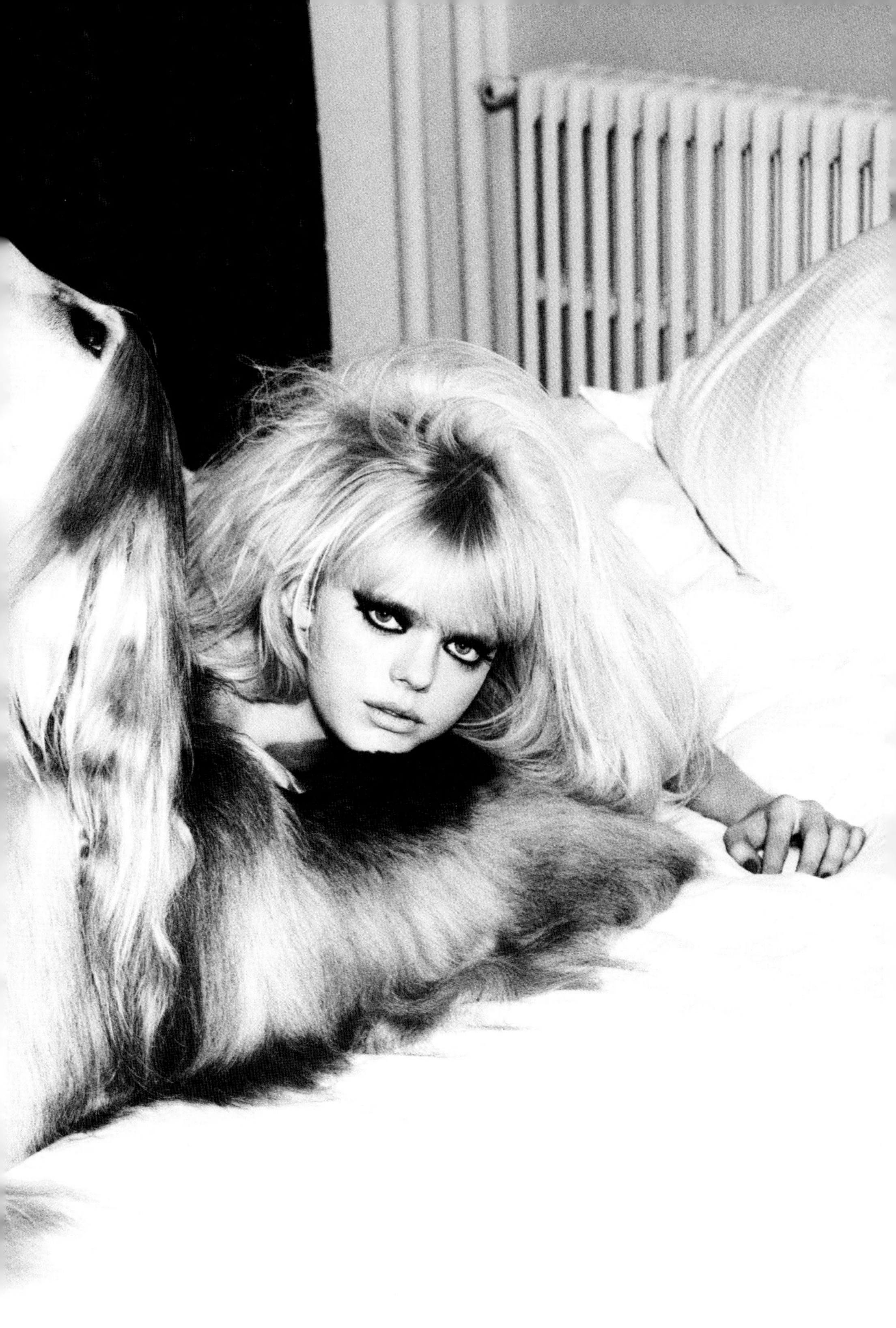

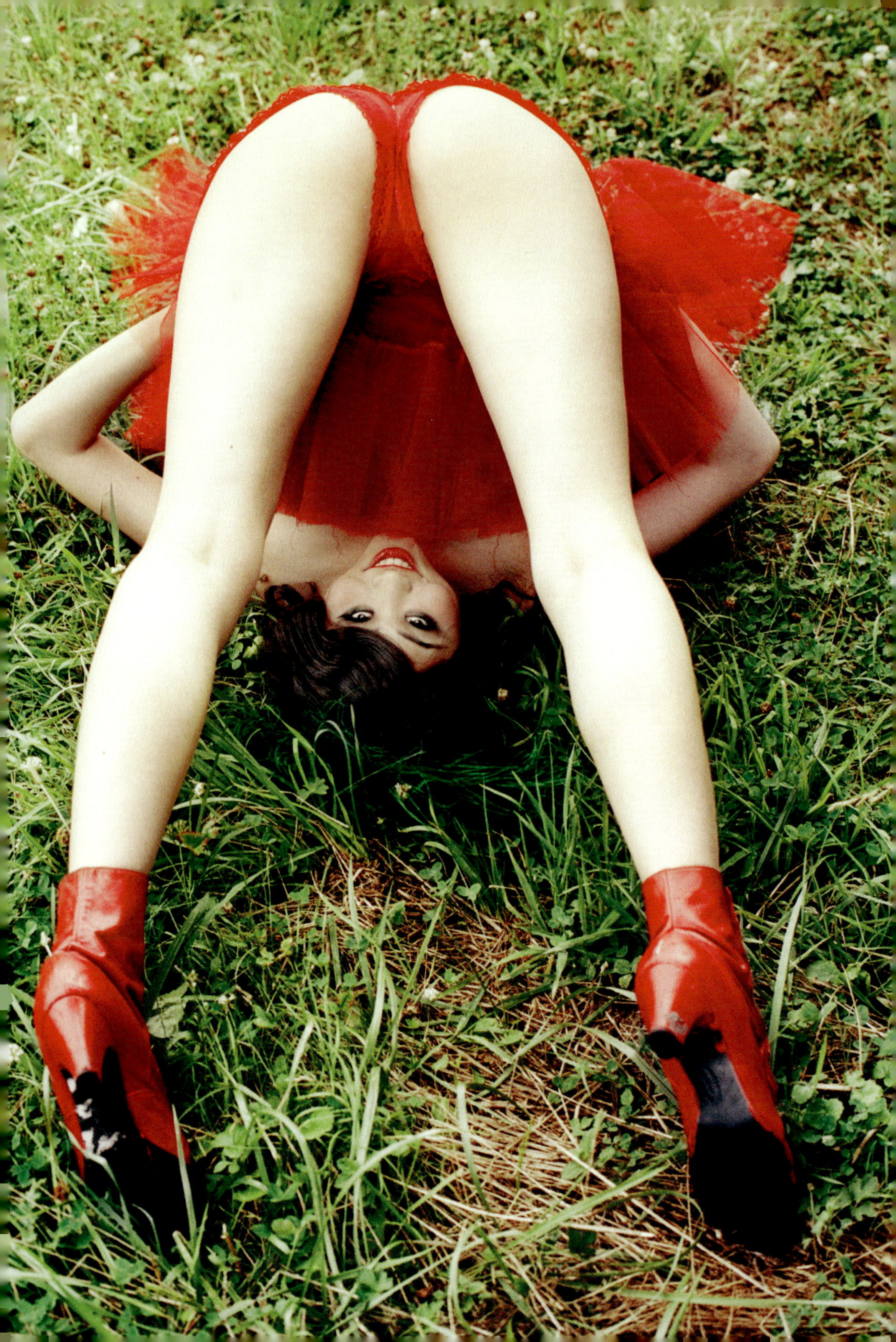

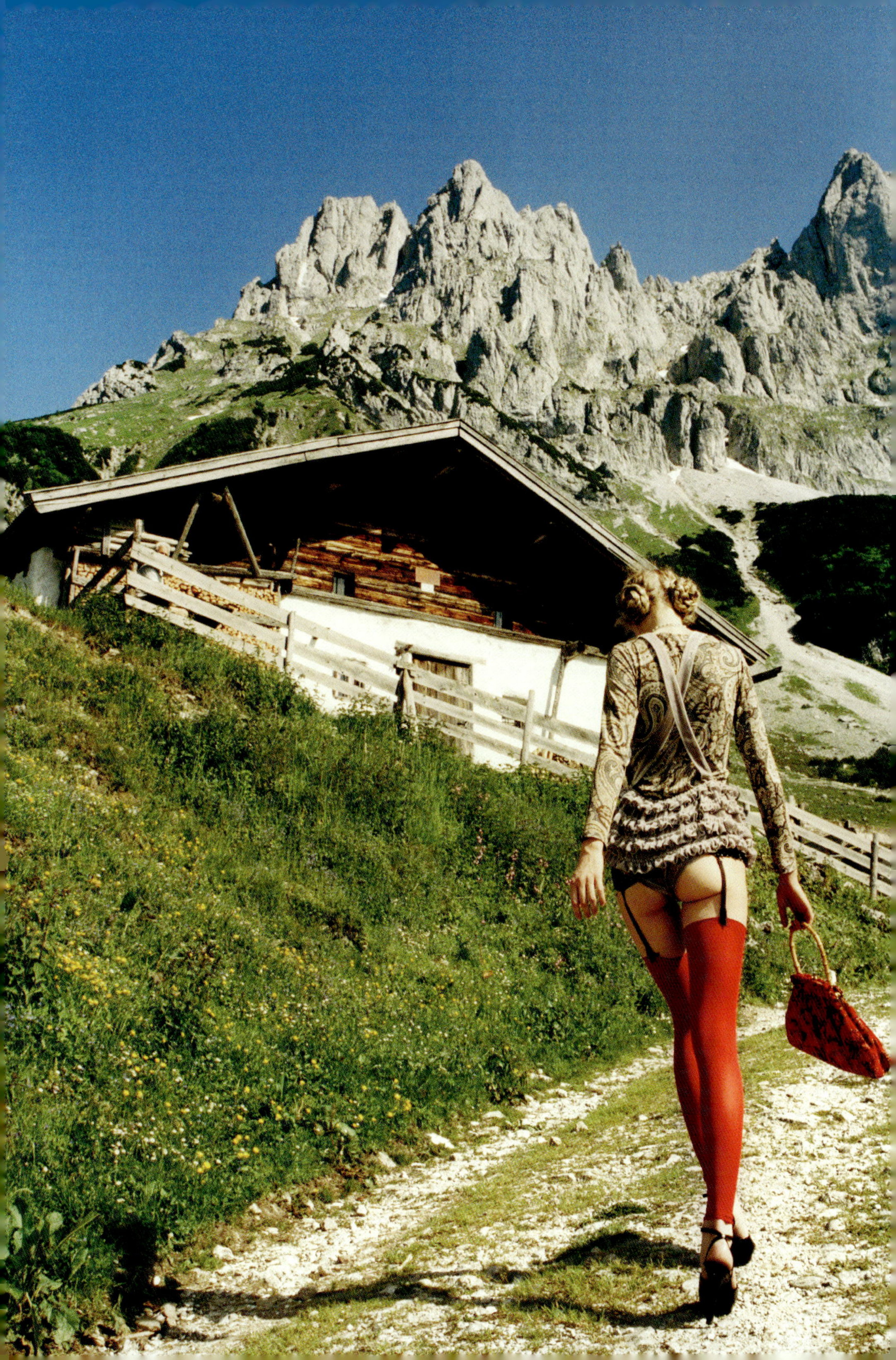

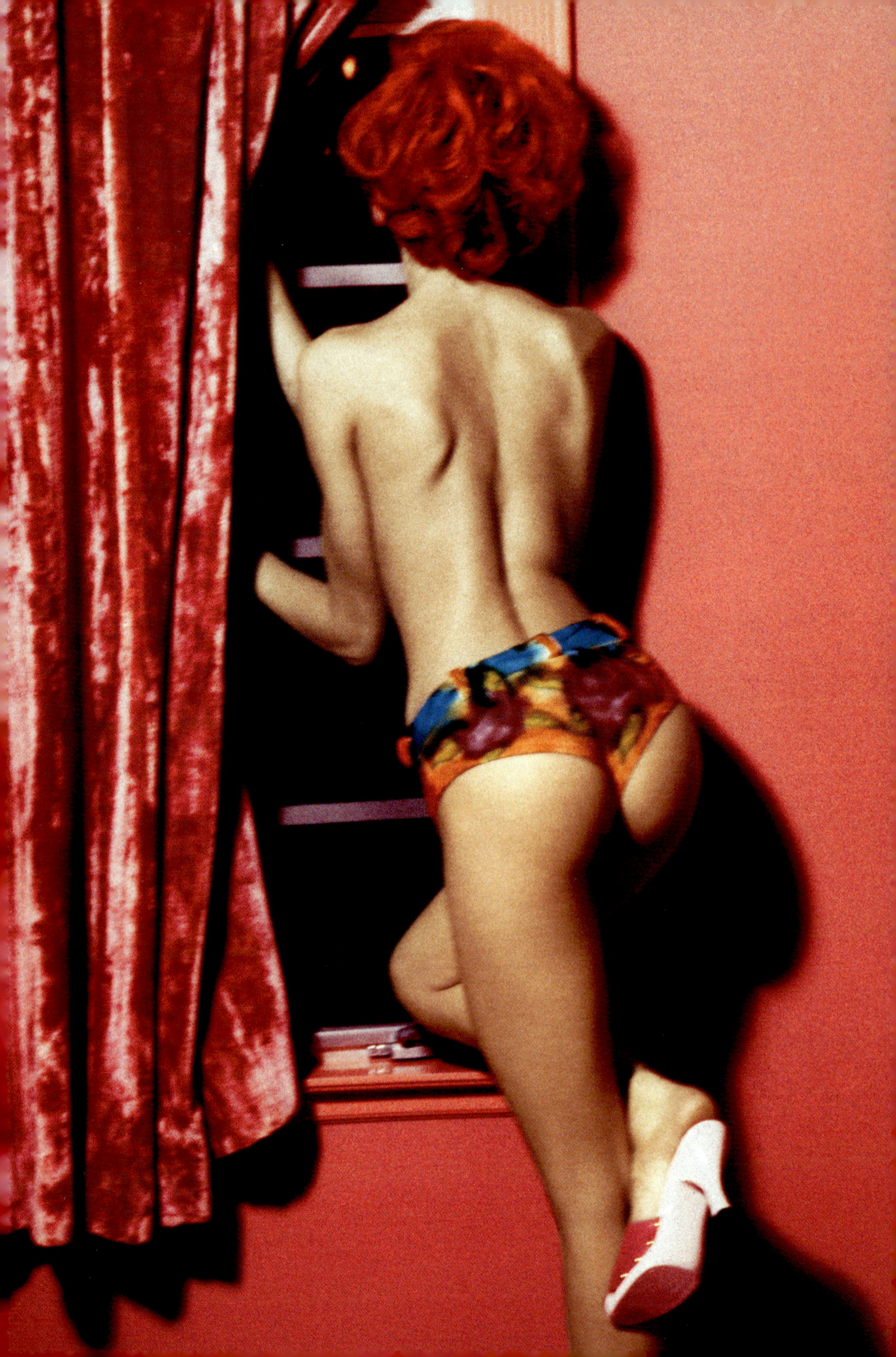

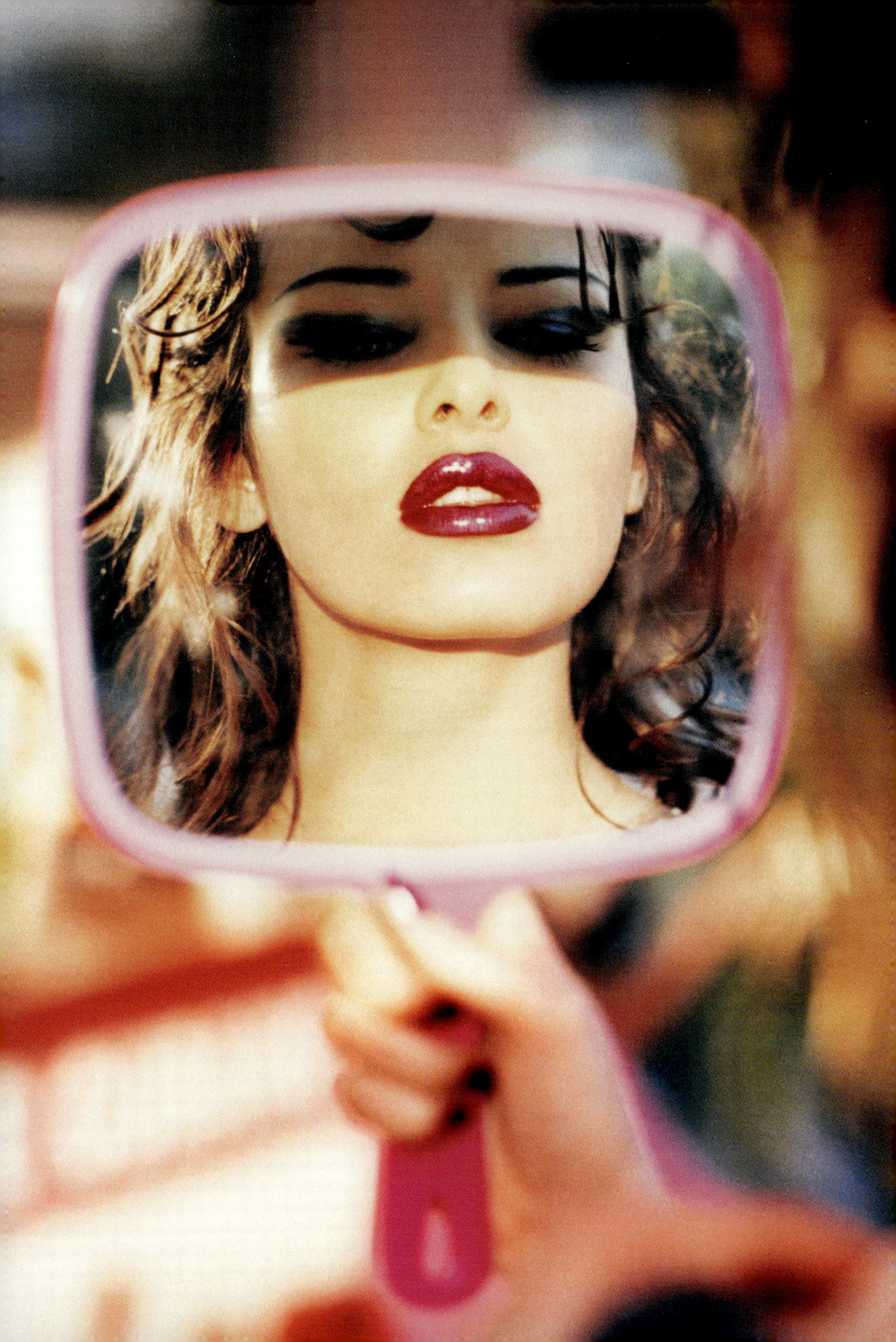

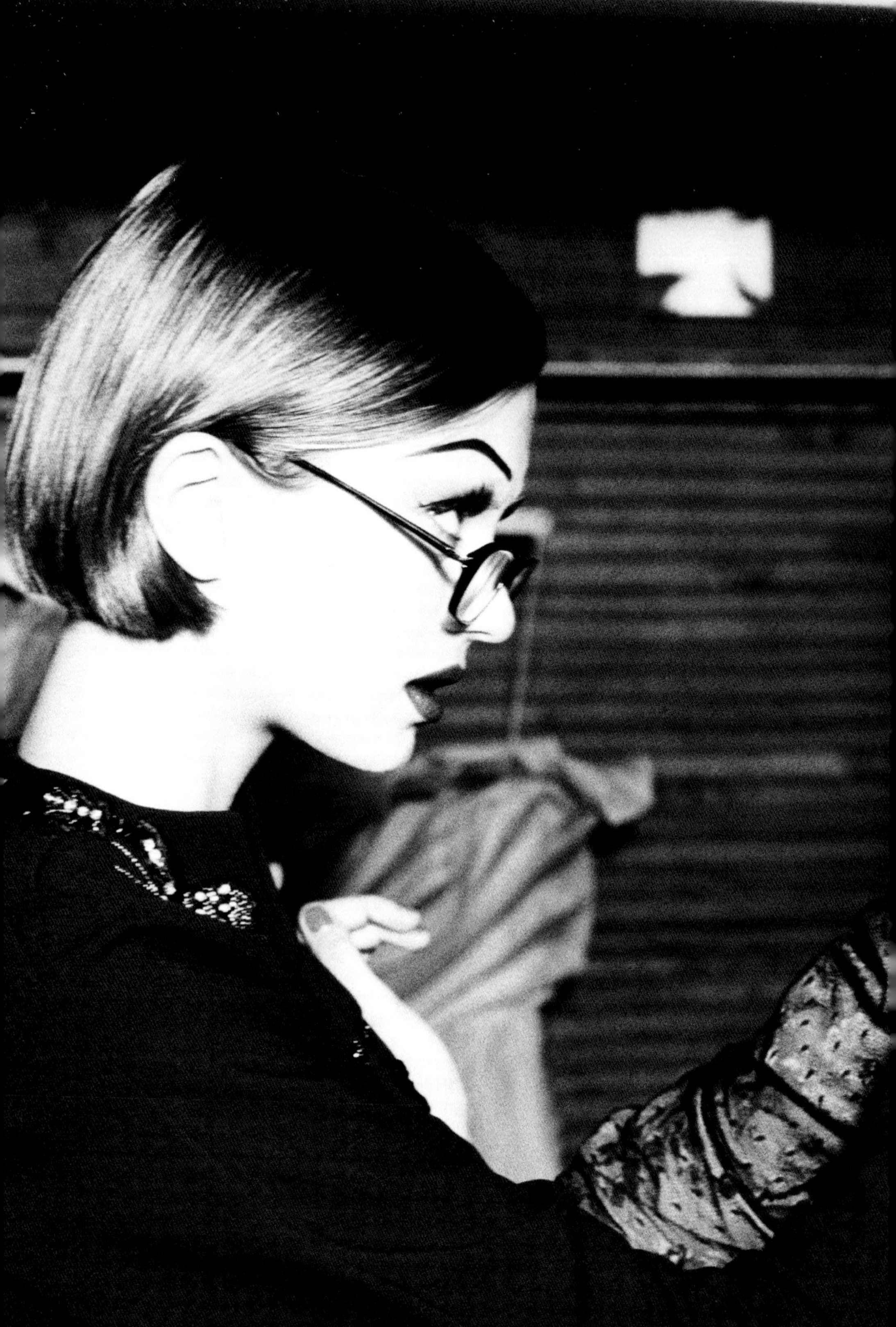

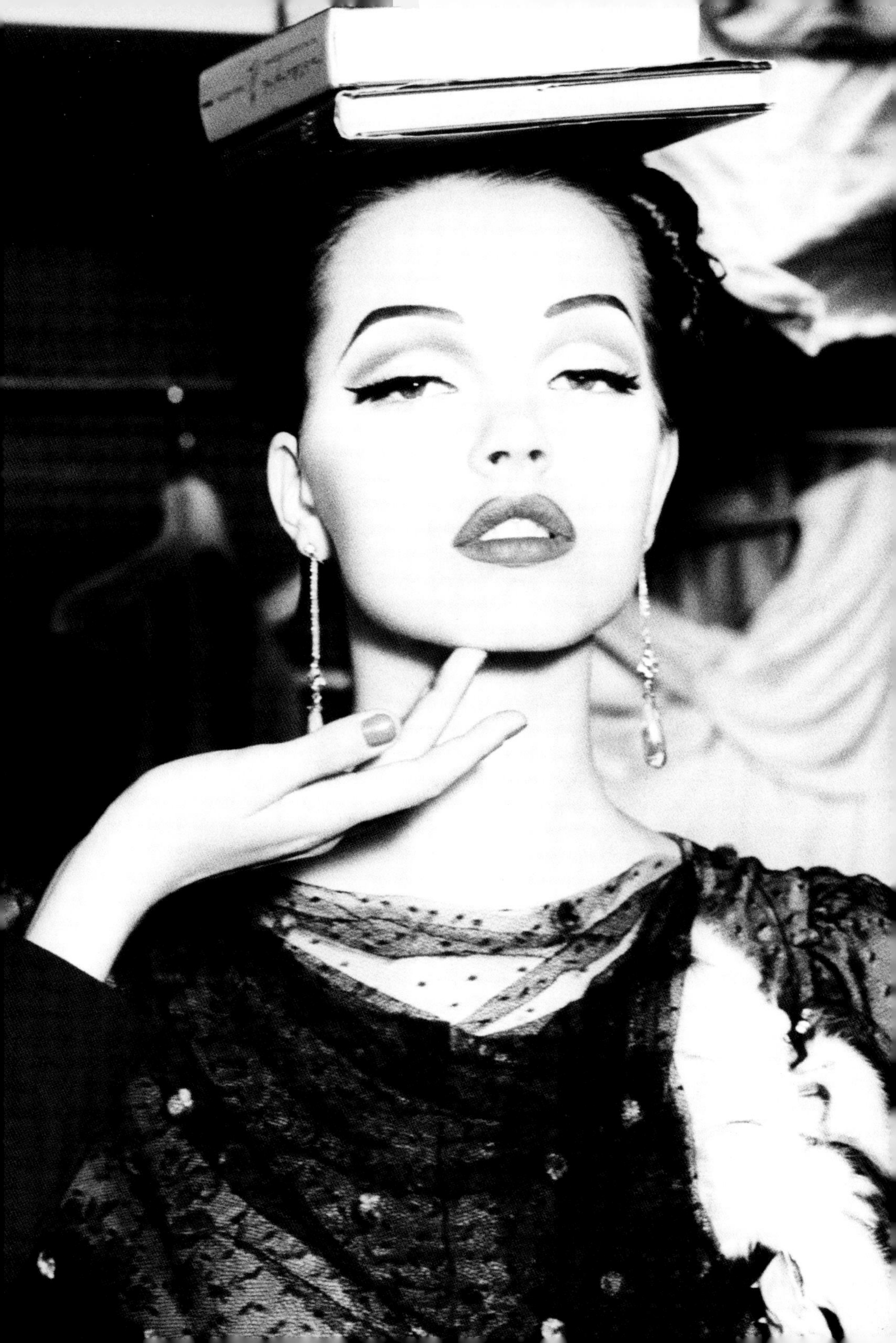

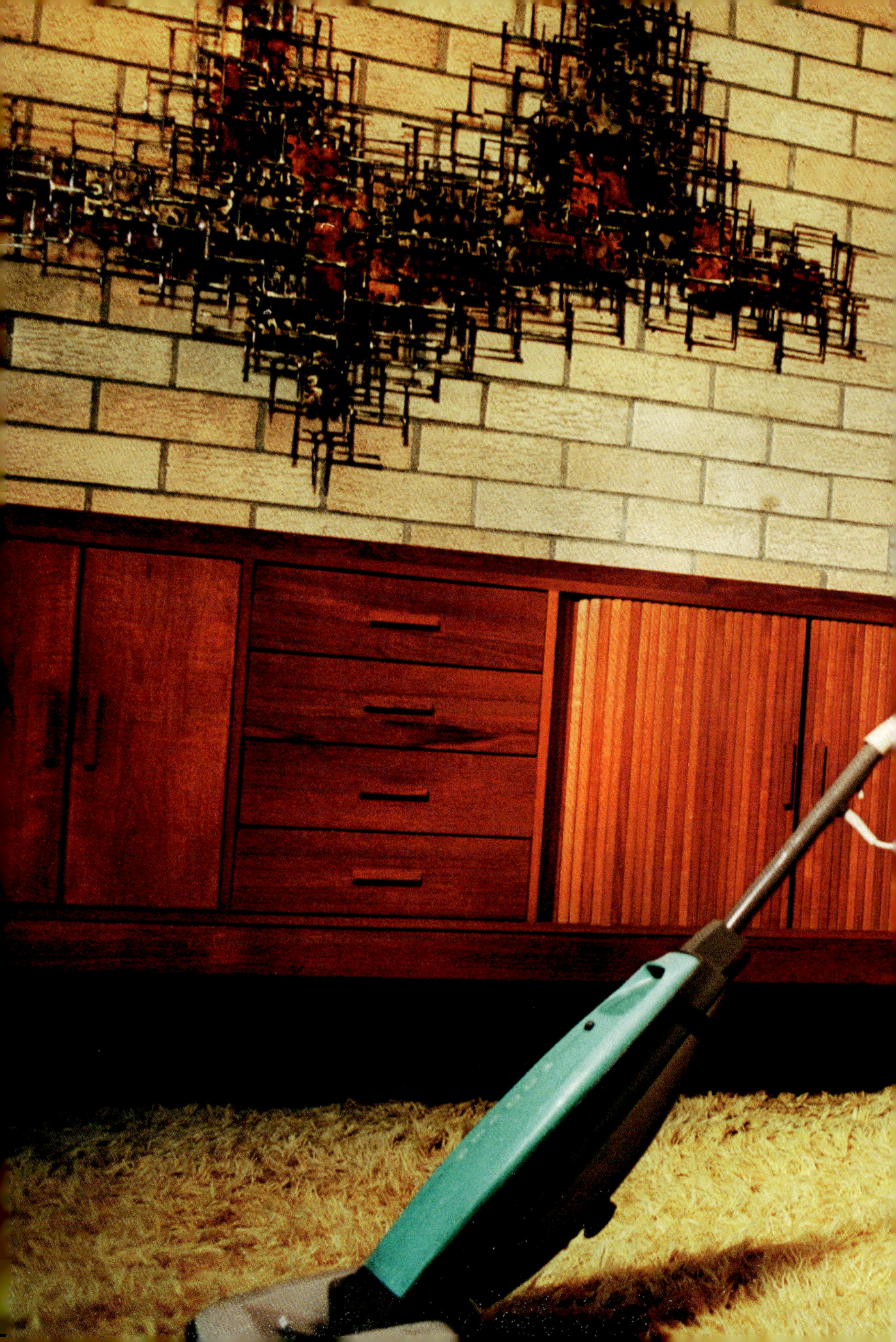

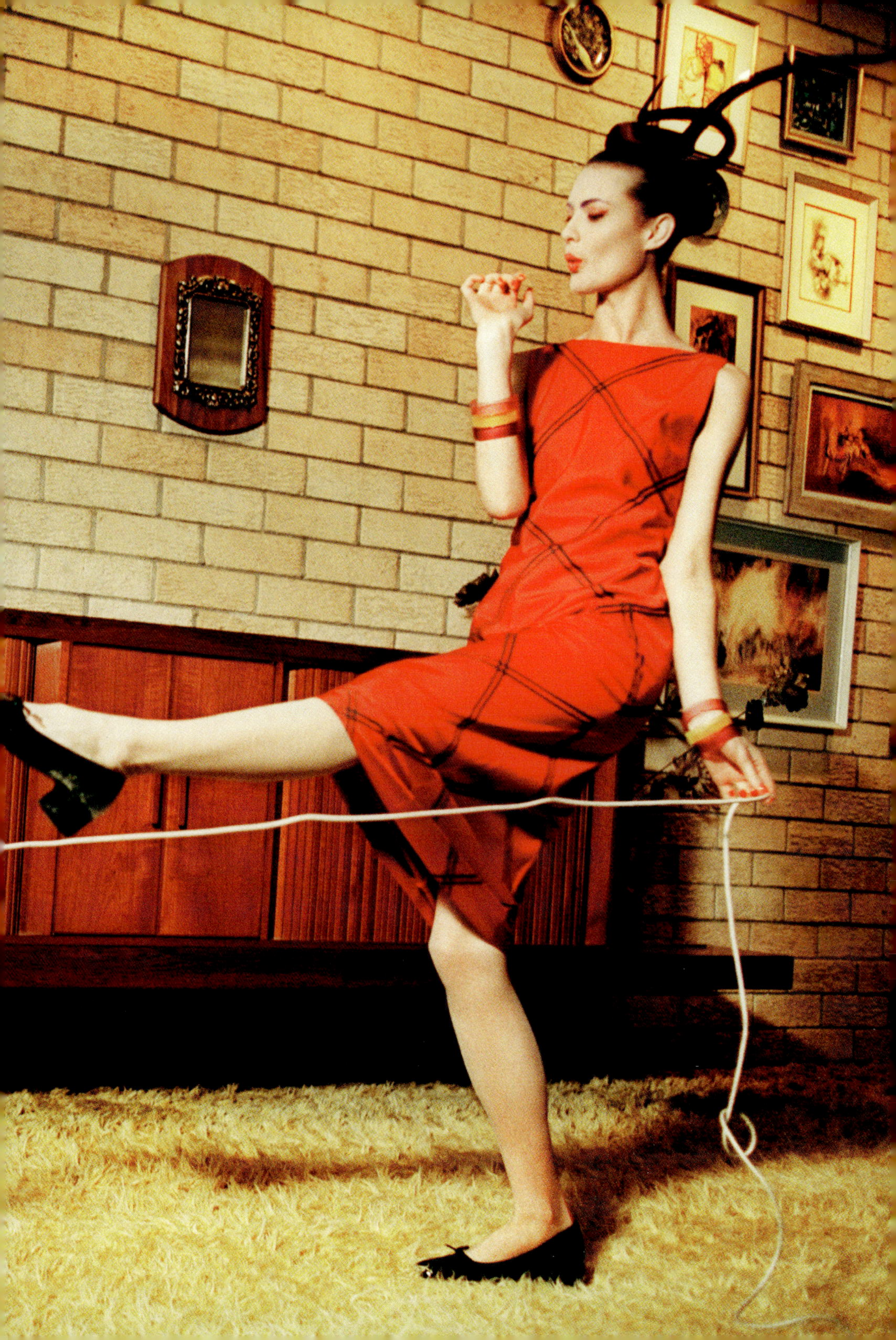

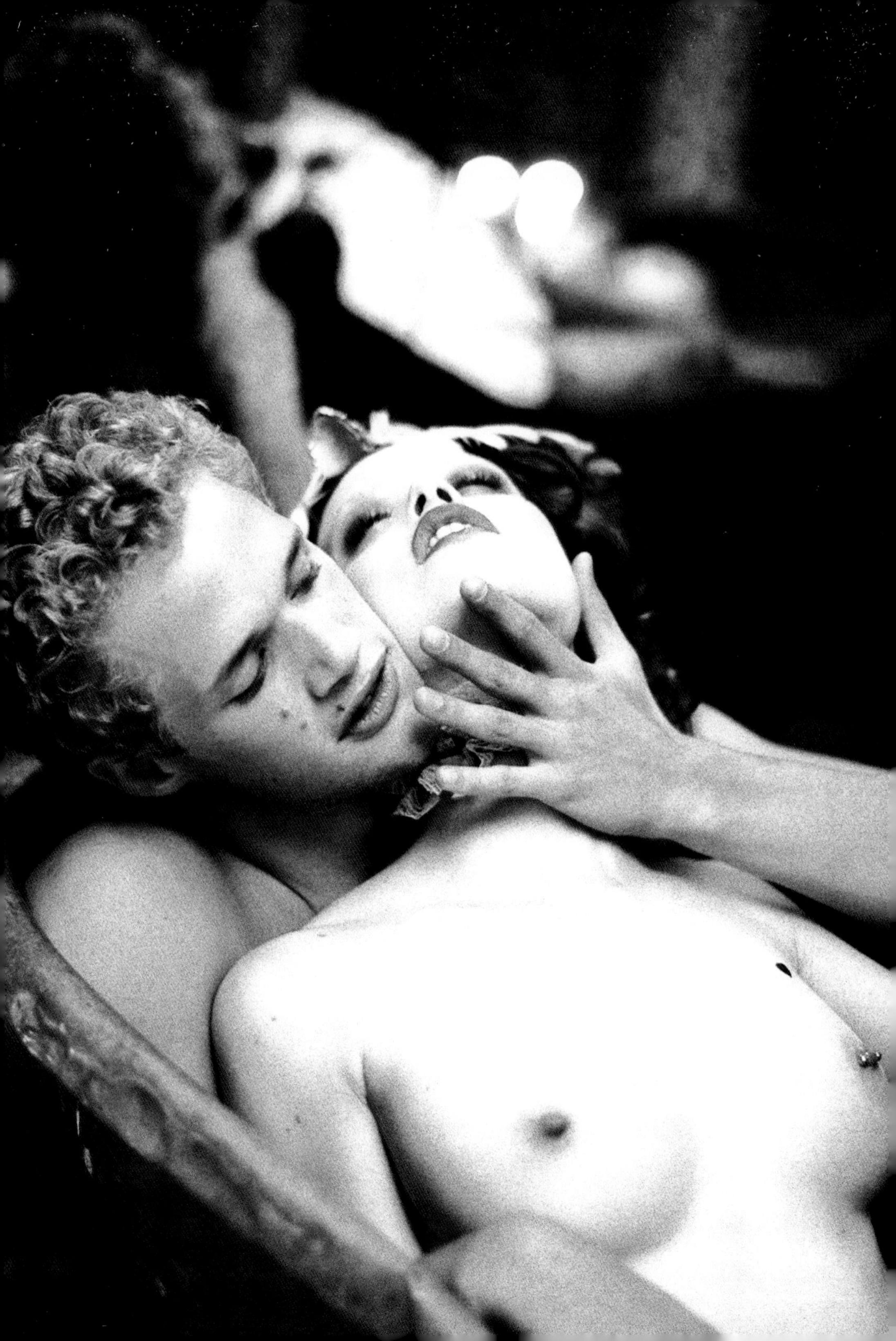

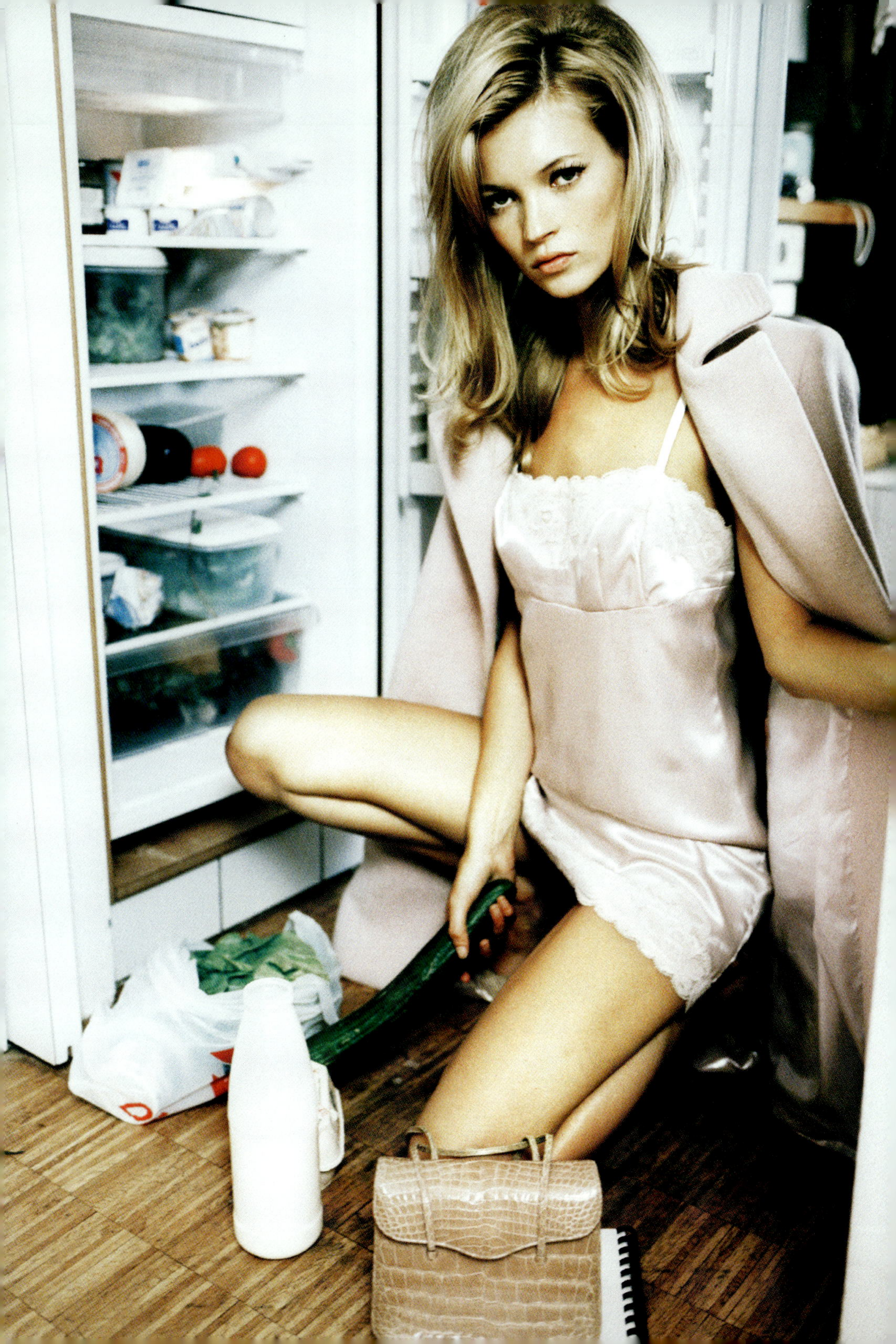

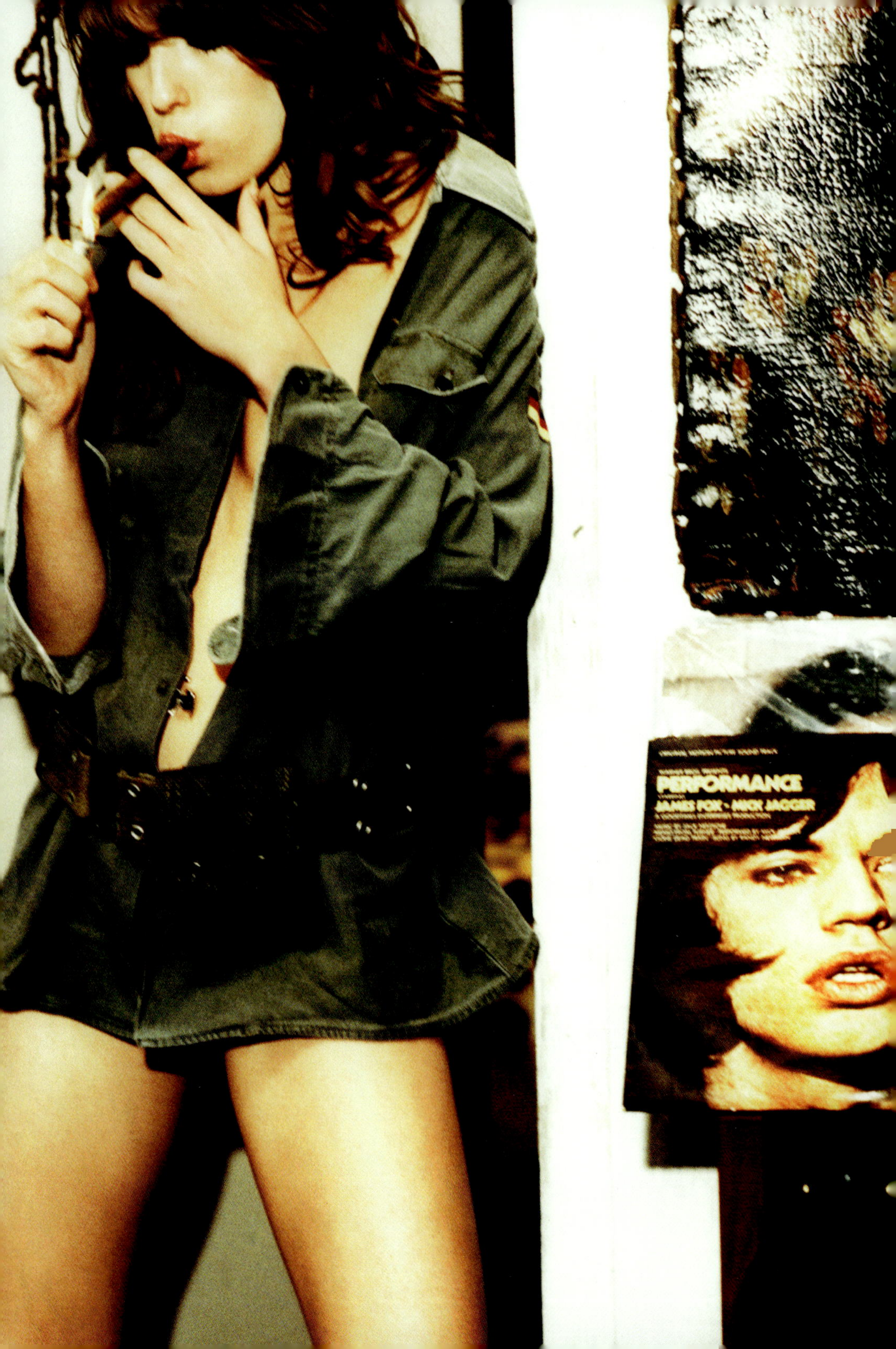
ORIGINAL MOTION PICTURE SOUND TRACK
WARNER BROS. PRESENTS
PERFORMANCE
STARRING JAMES FOX · MICK JAGGER
A GOODTIMES ENTERPRISES PRODUCTION

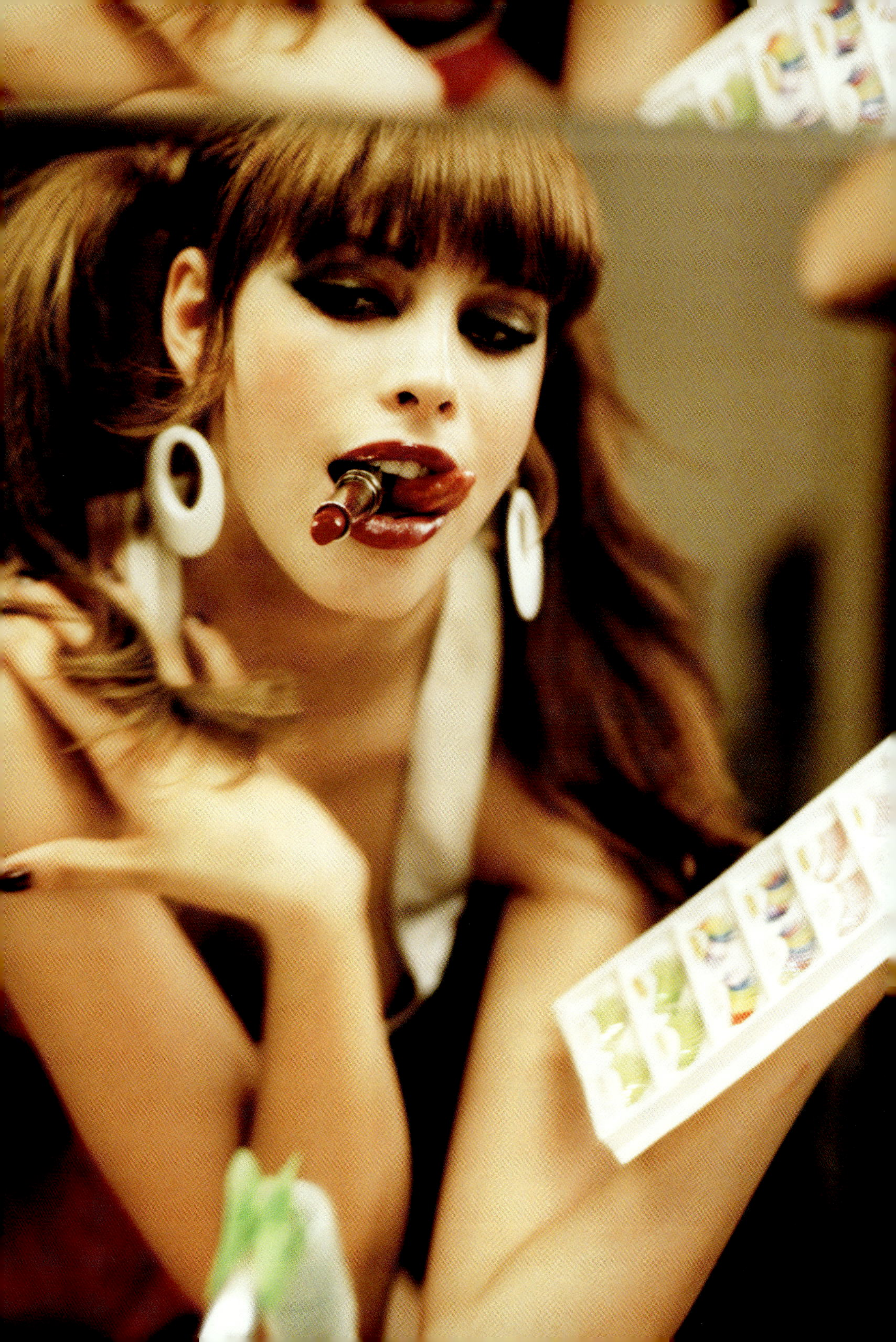

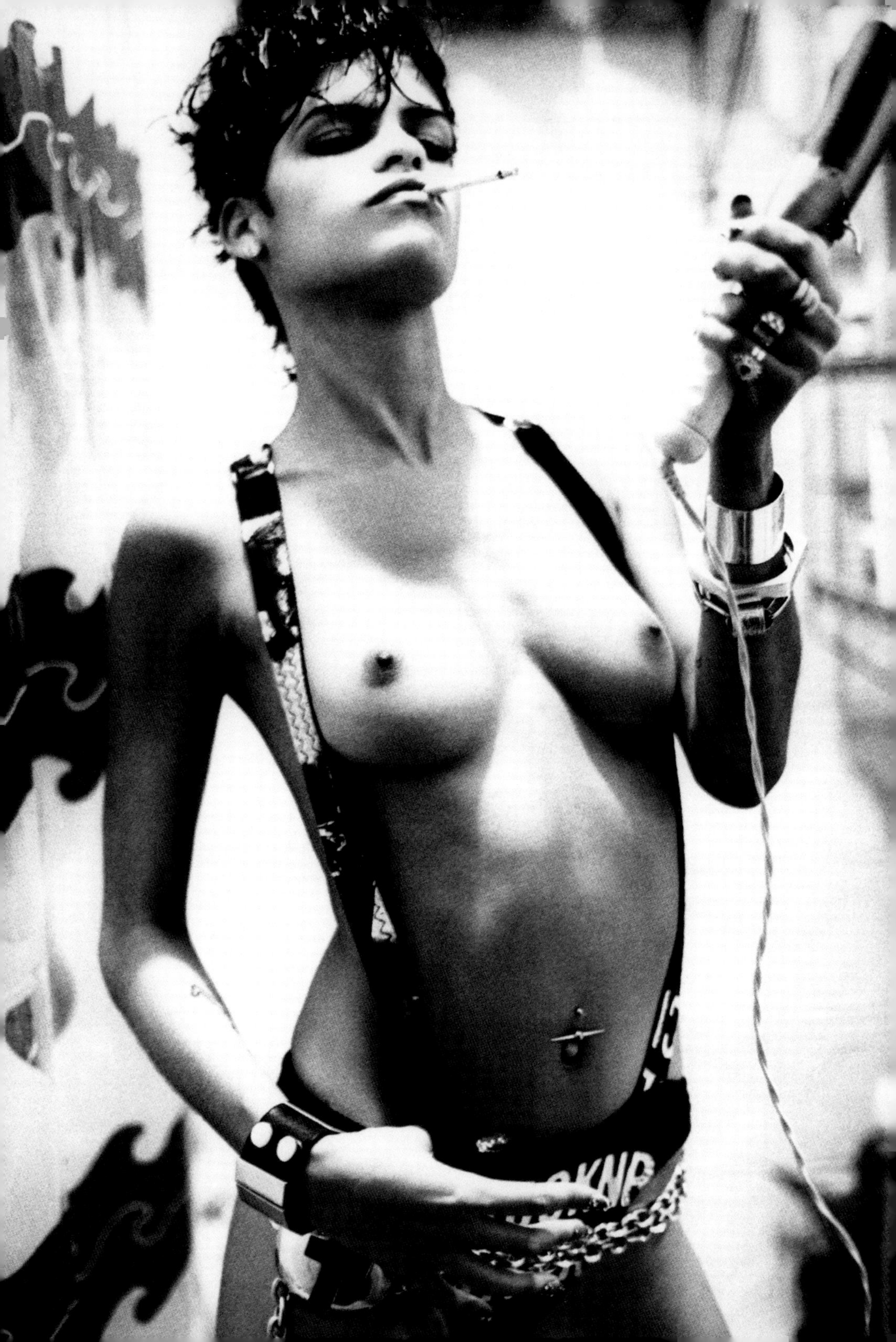

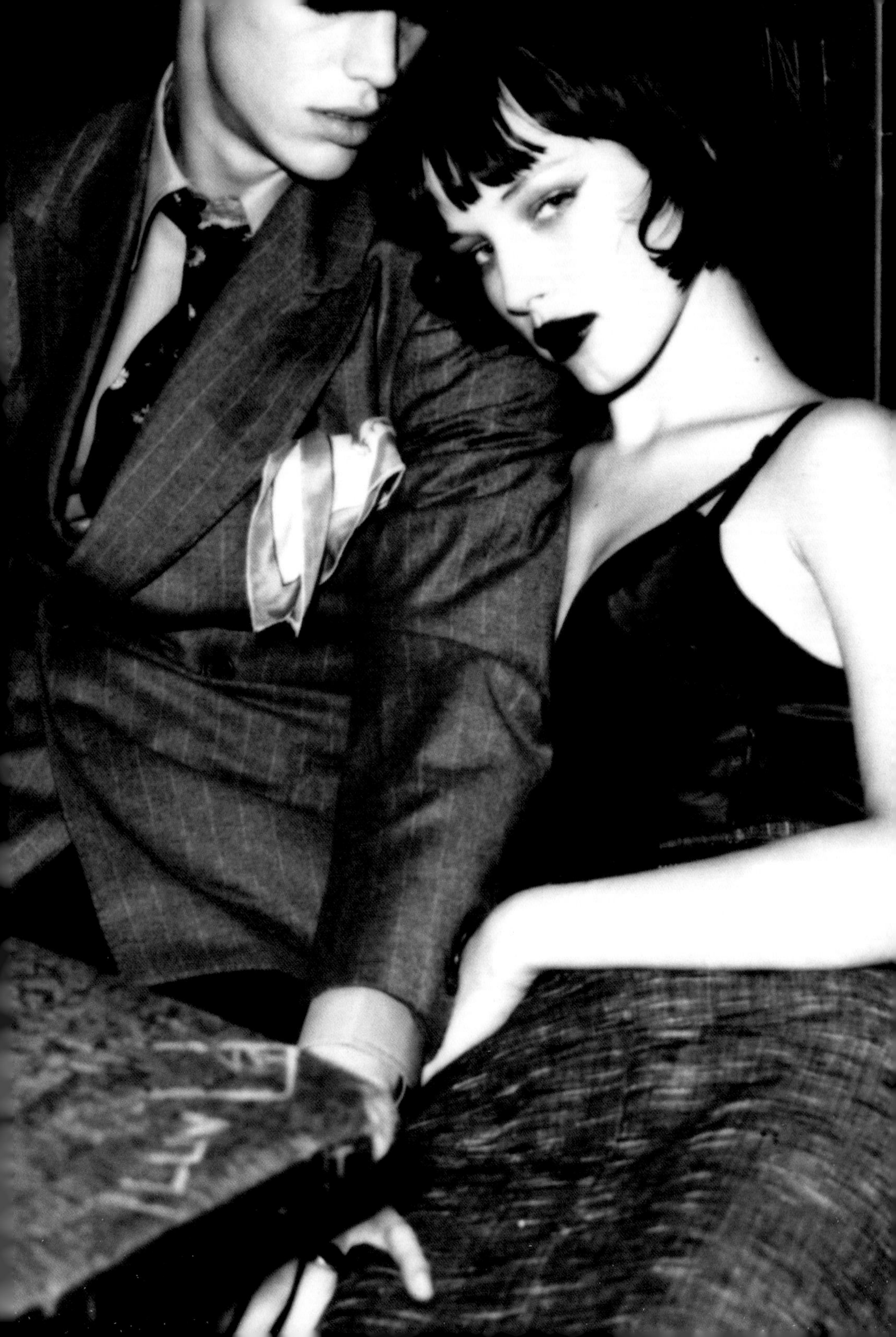

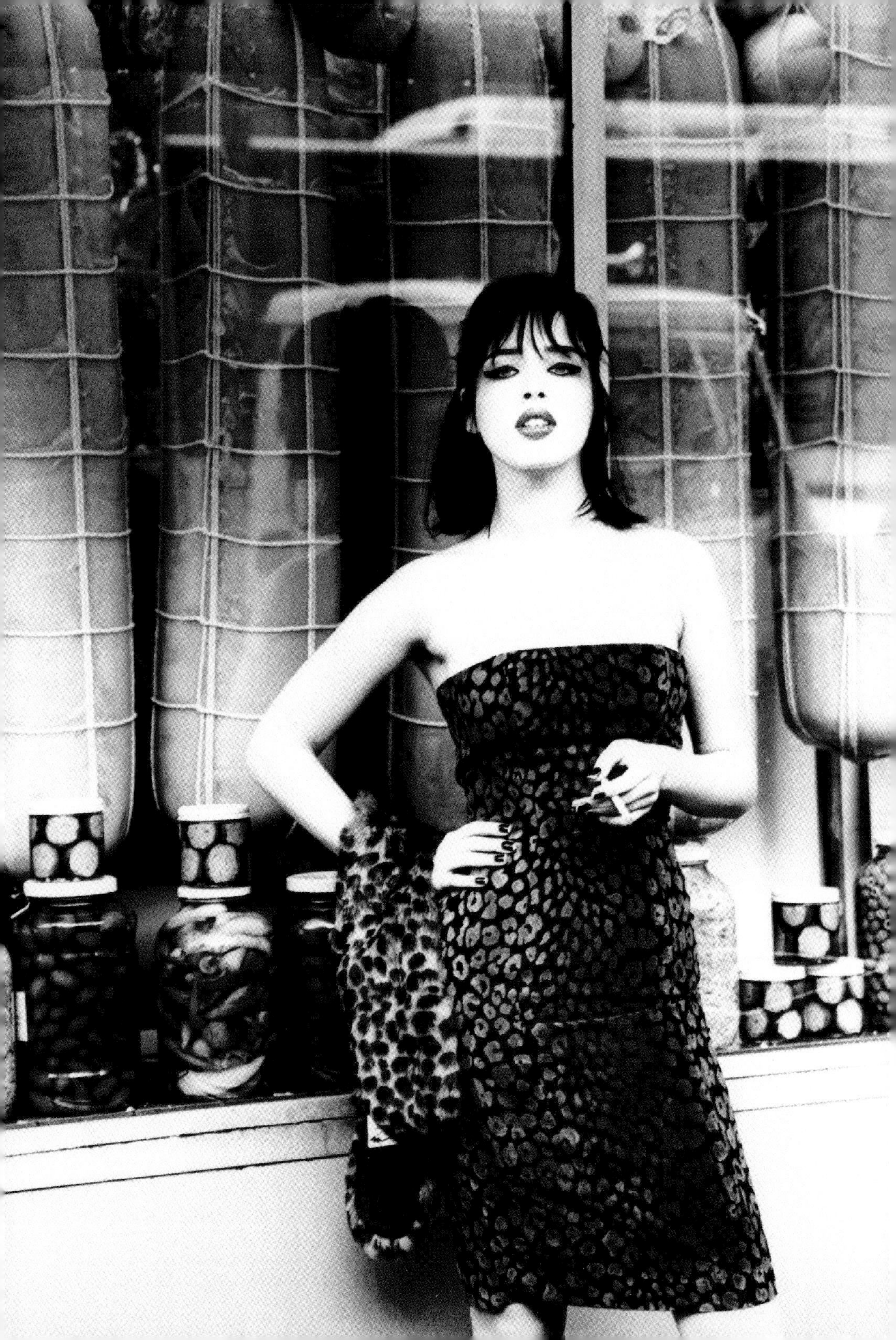

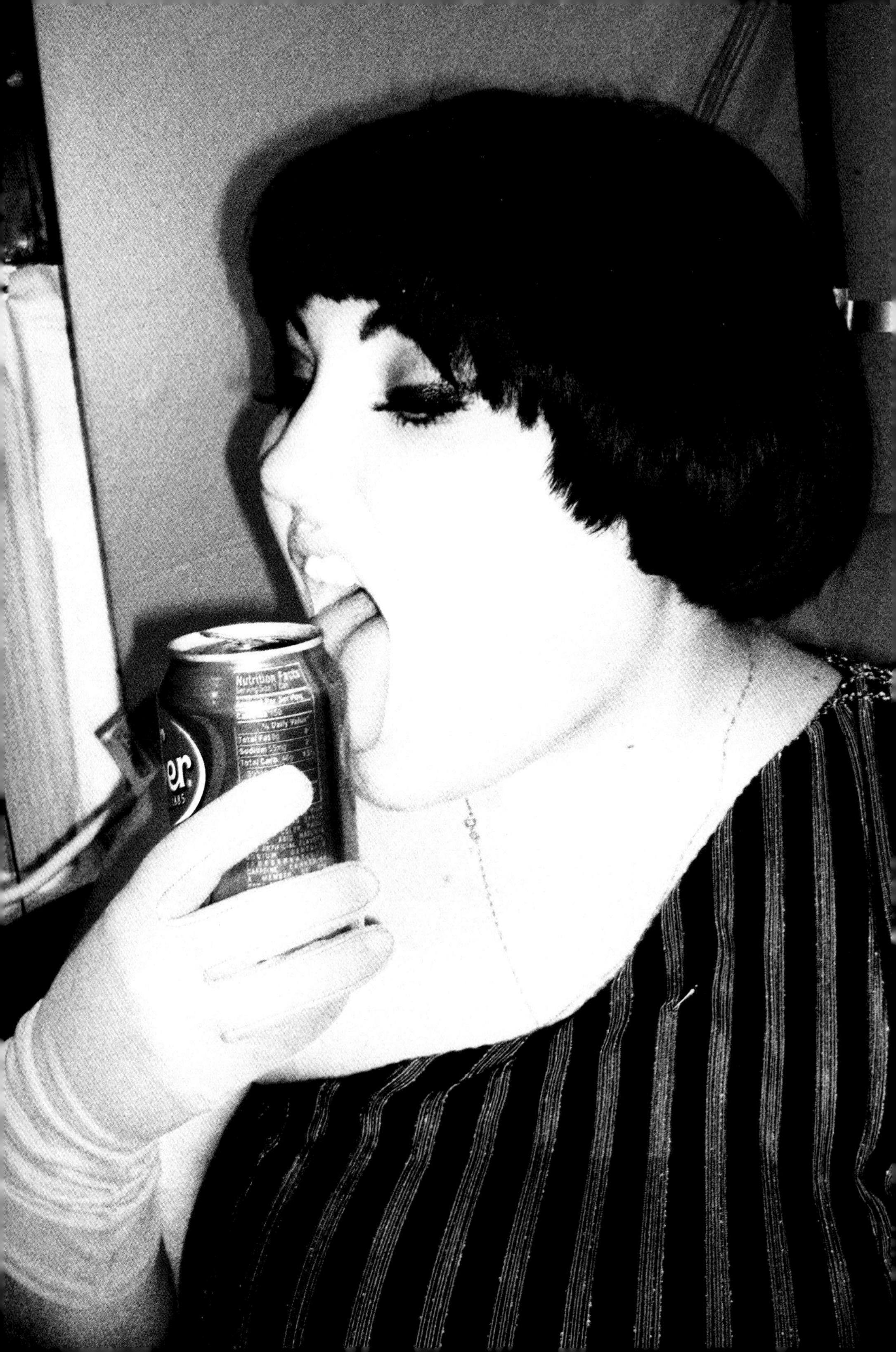
er.
Nutrition Facts

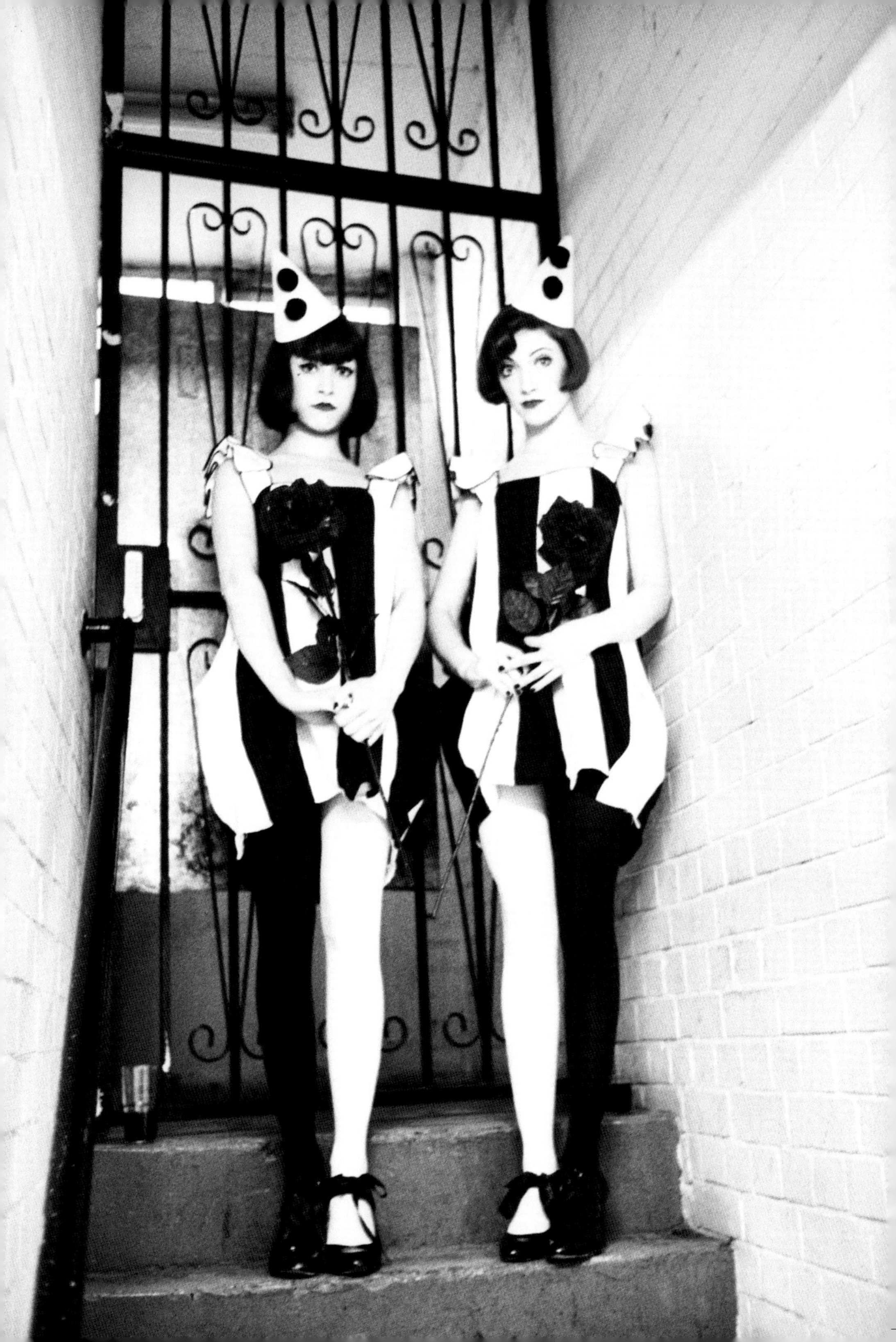

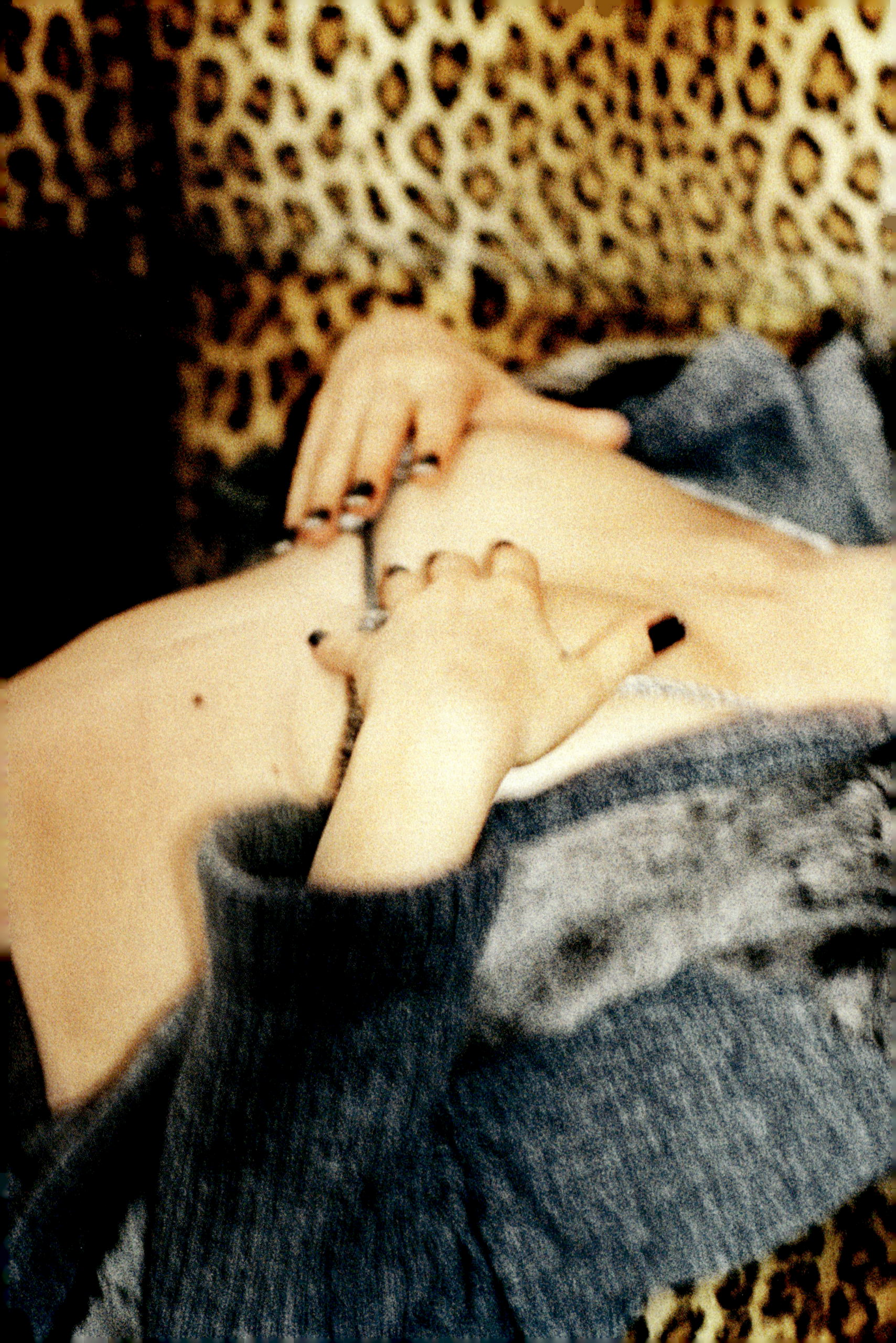

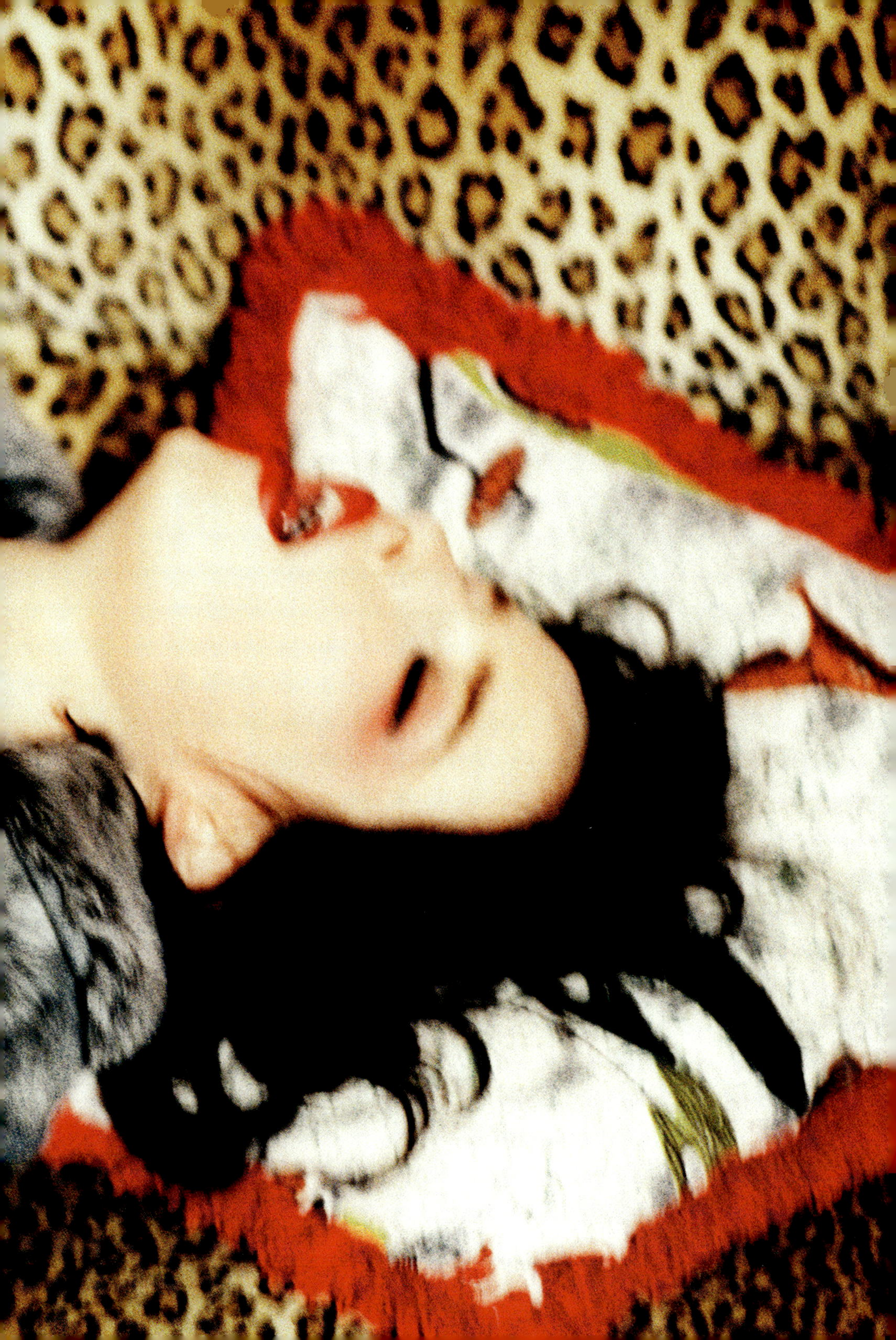

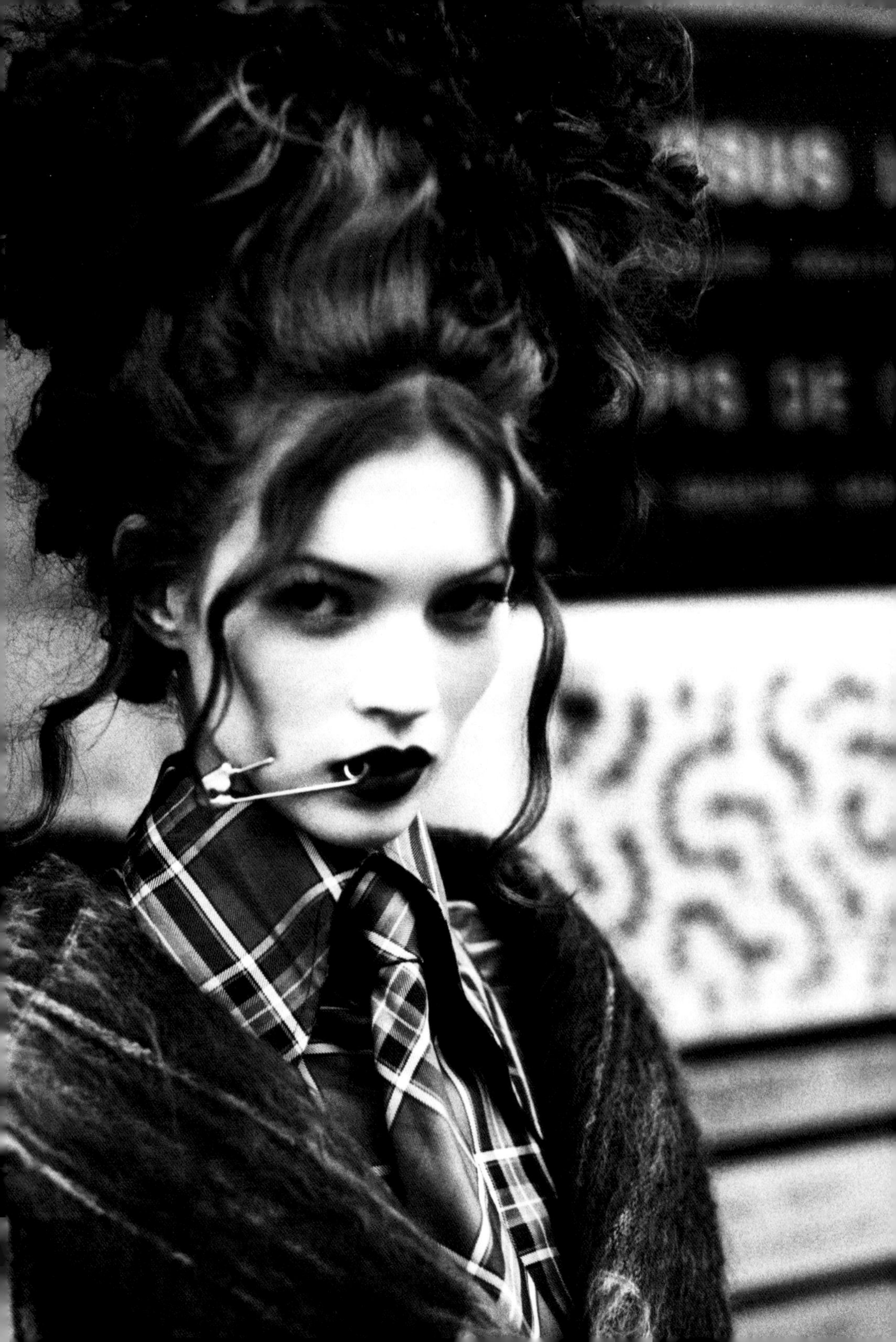

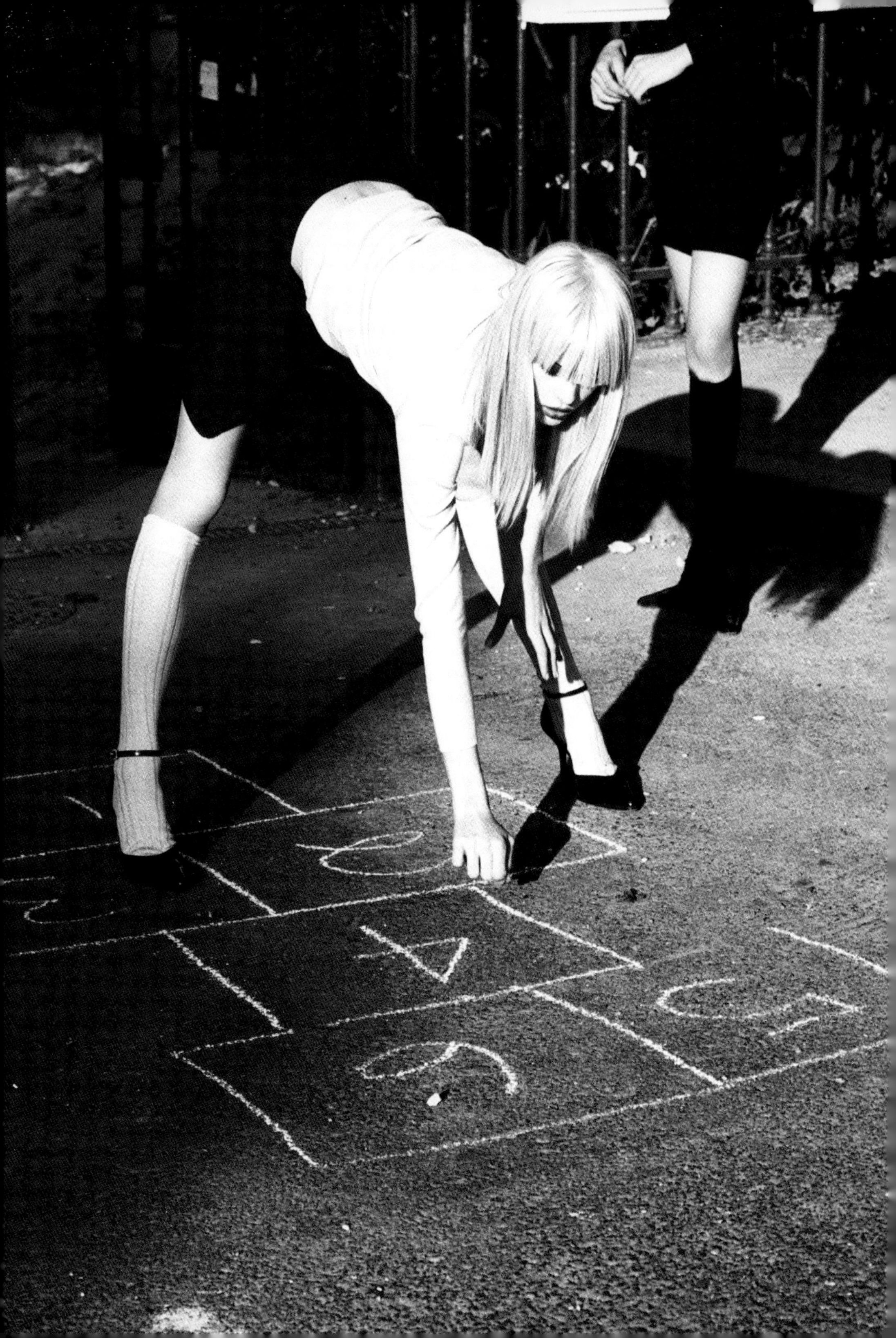

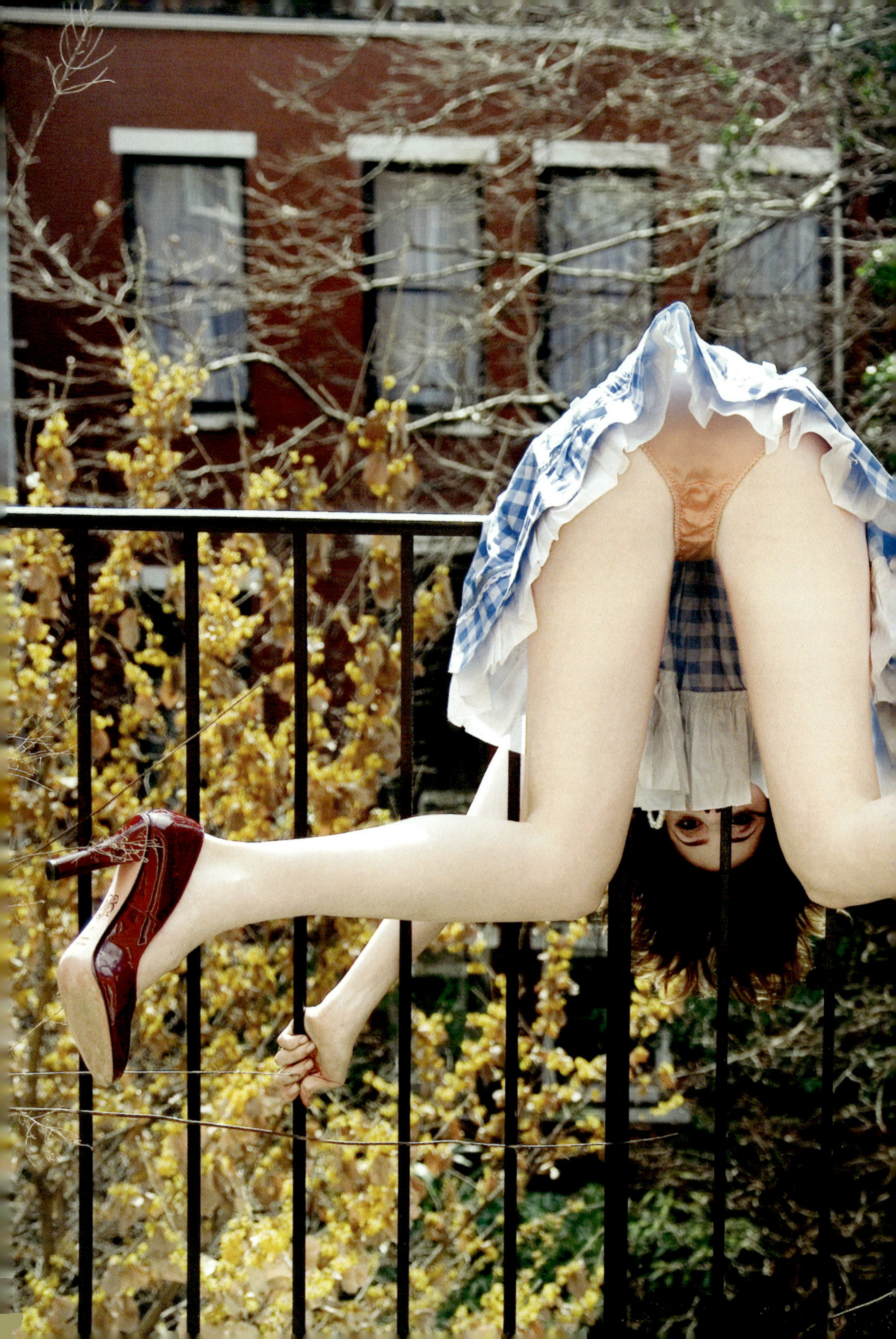

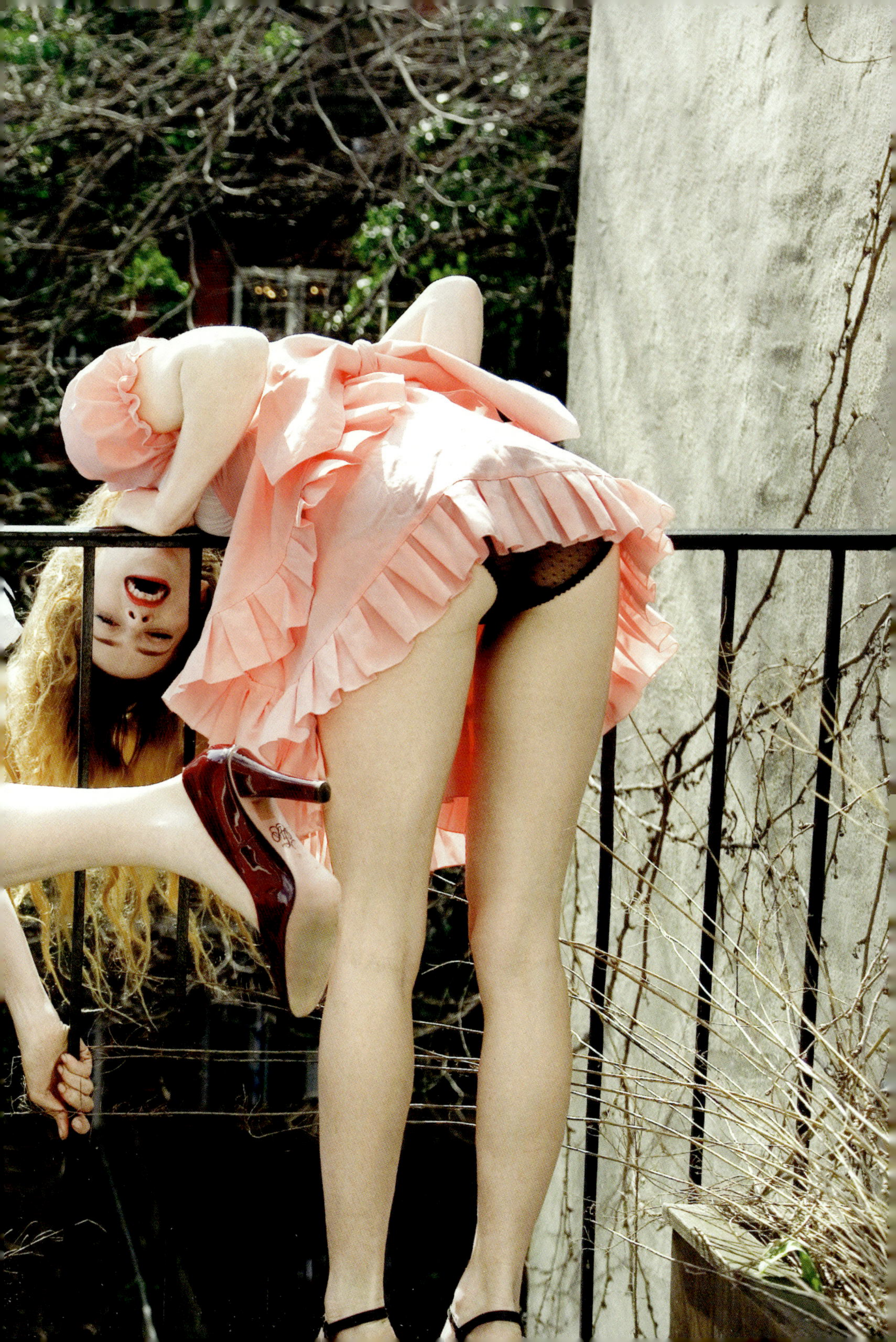

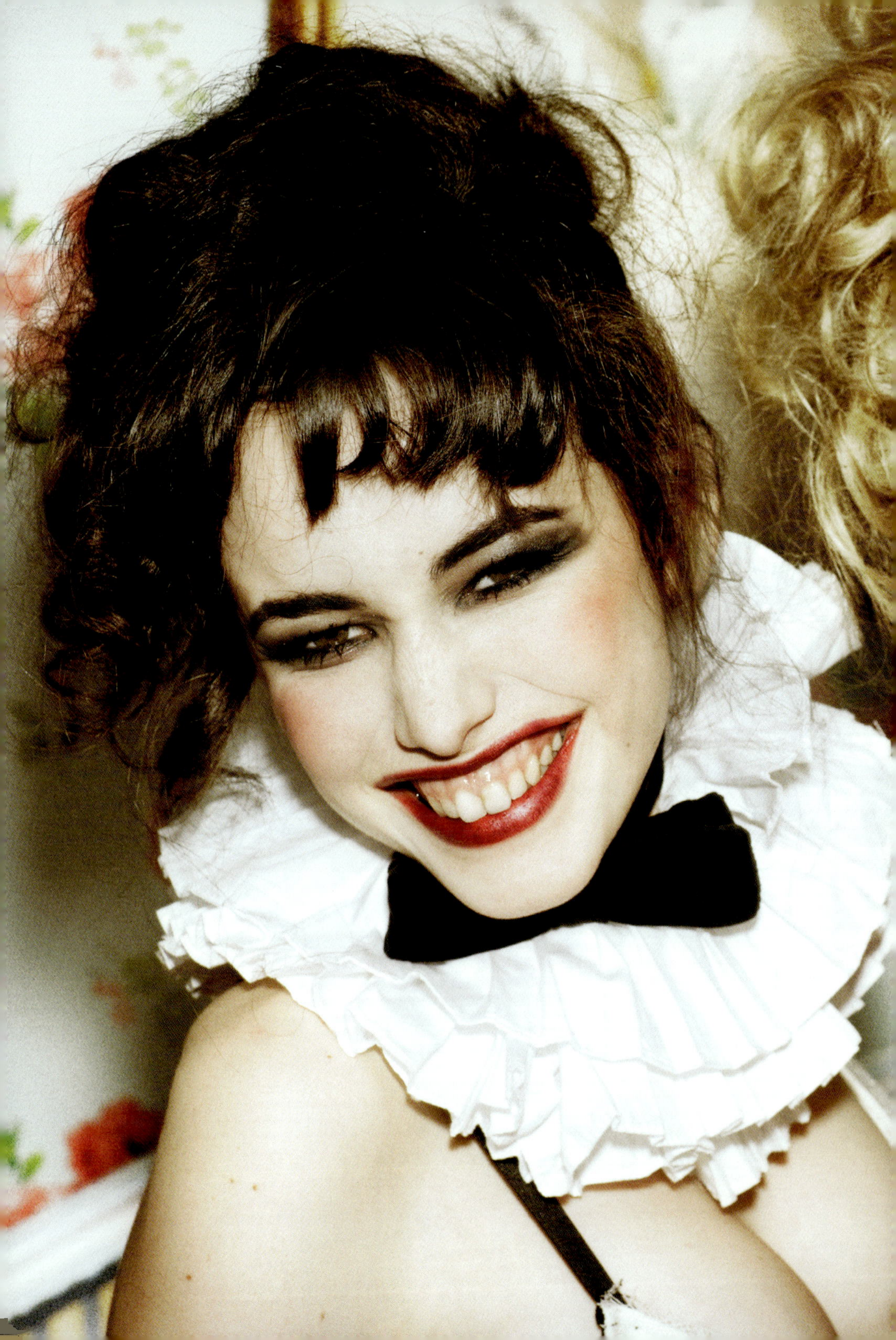

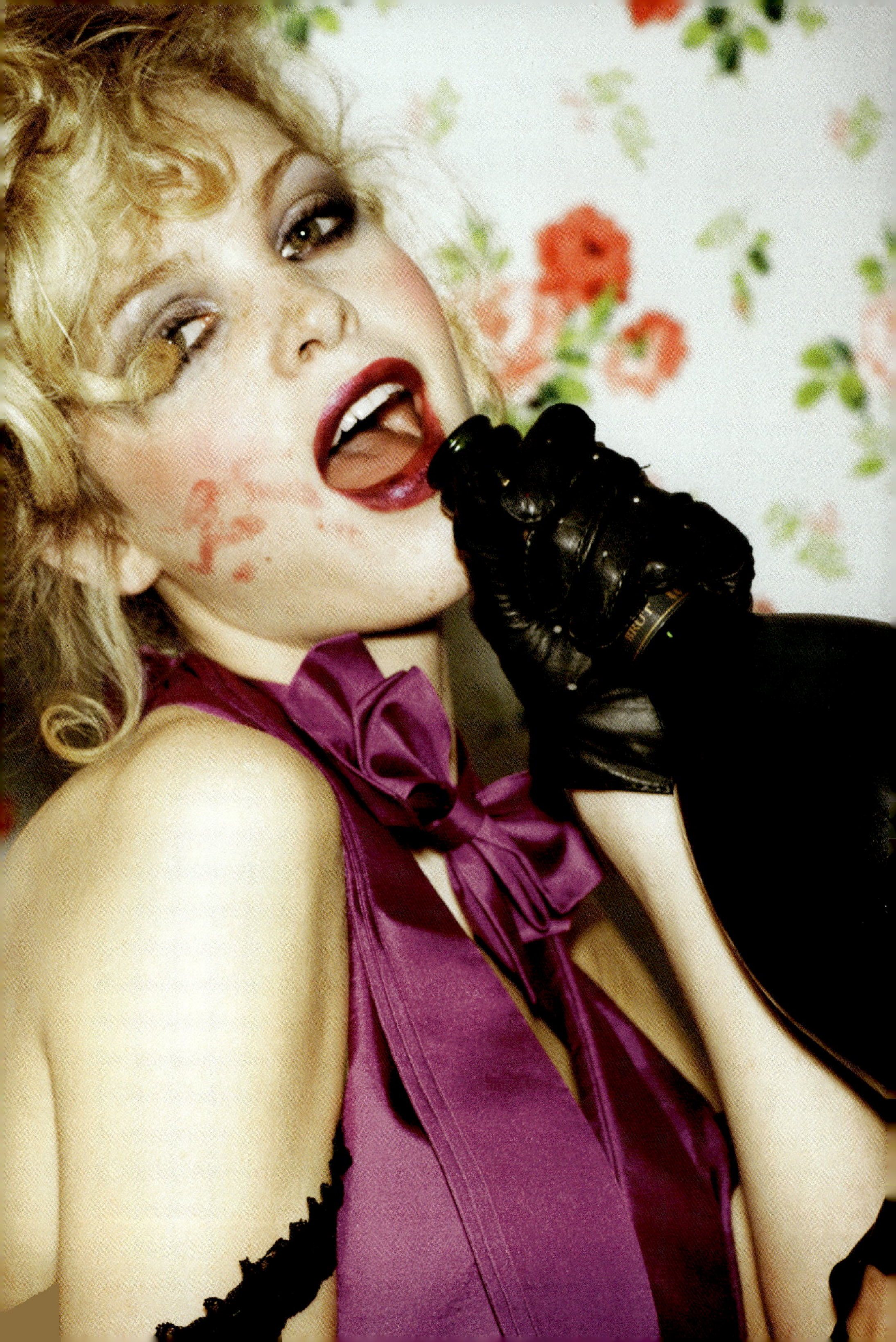

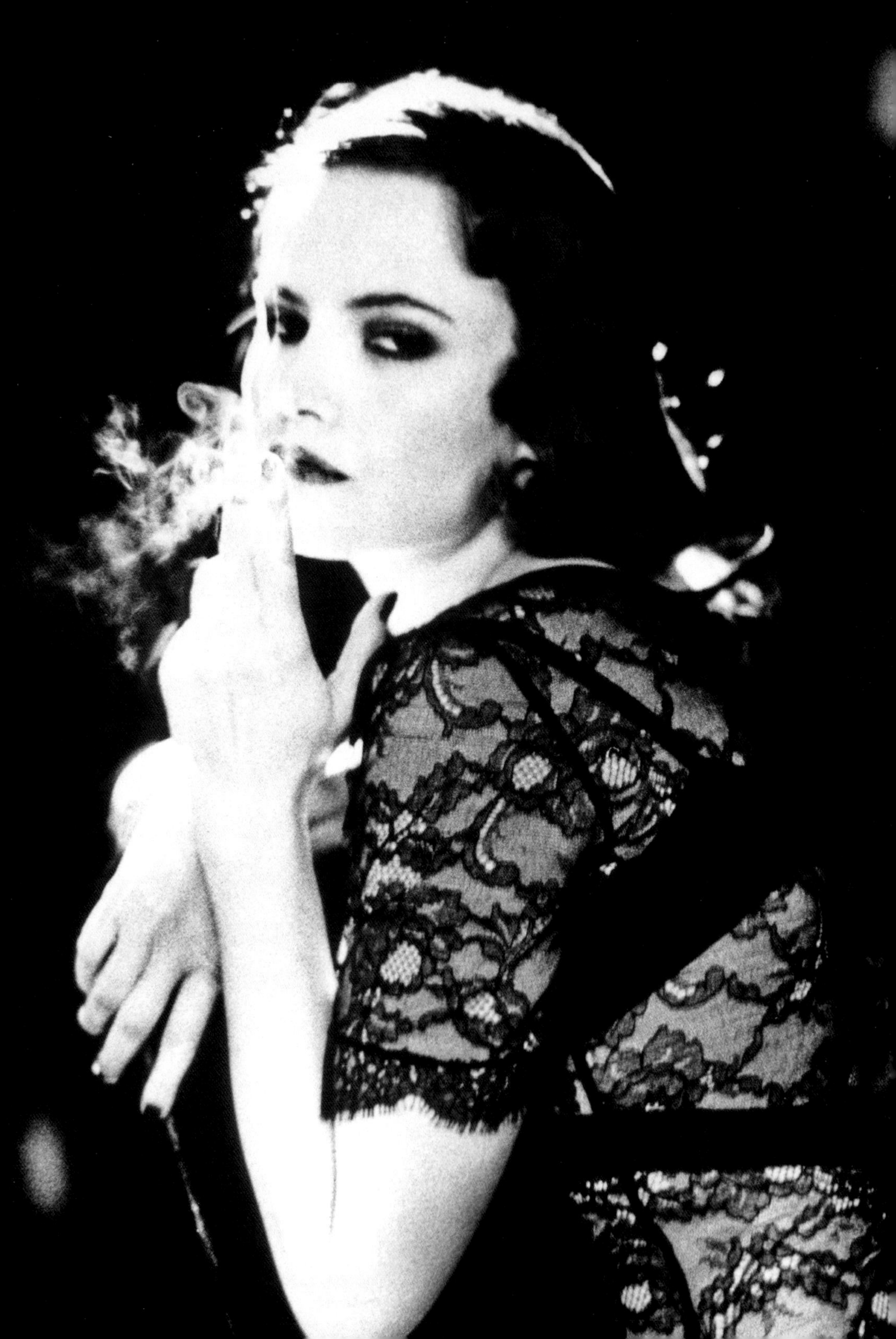

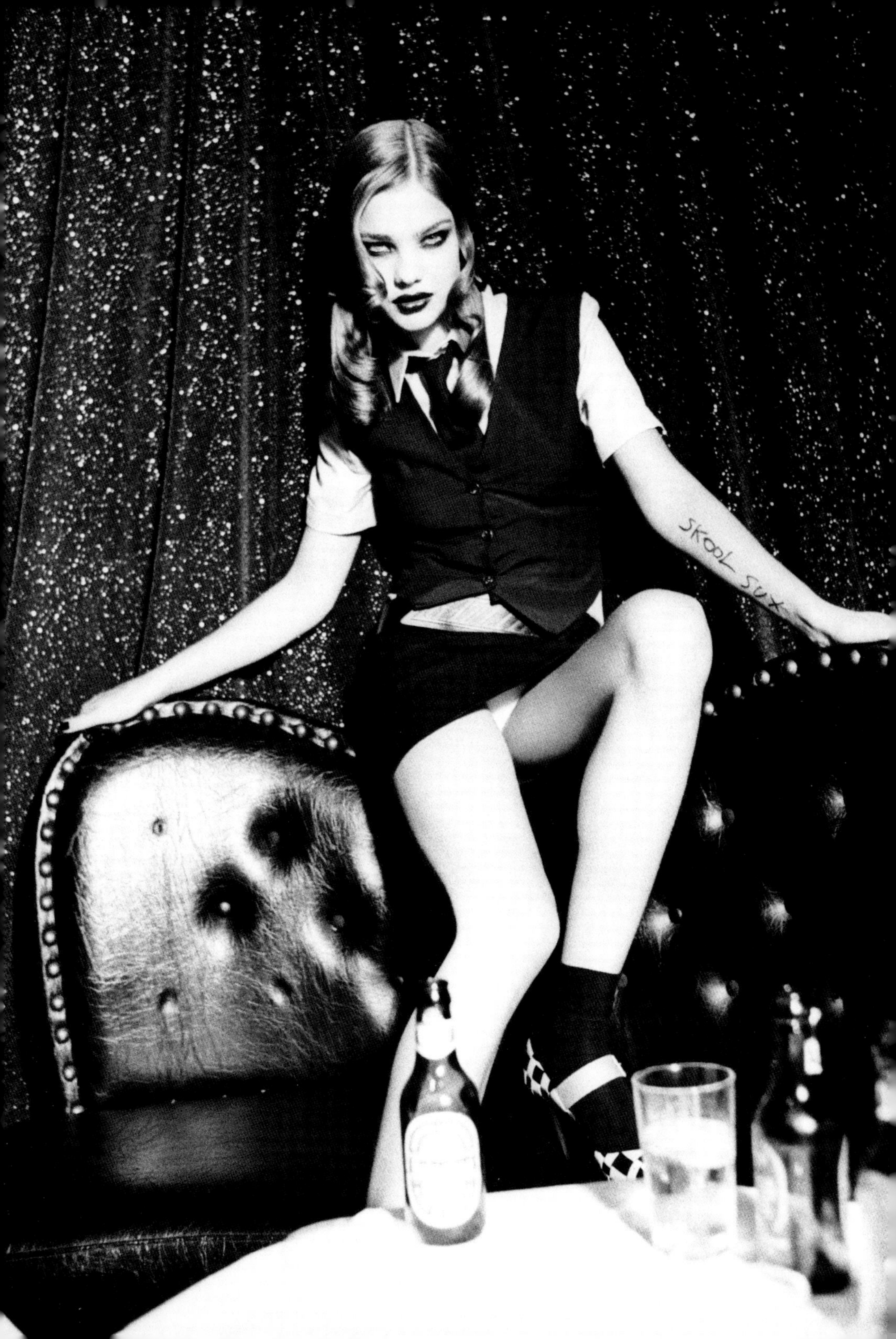
skool sux

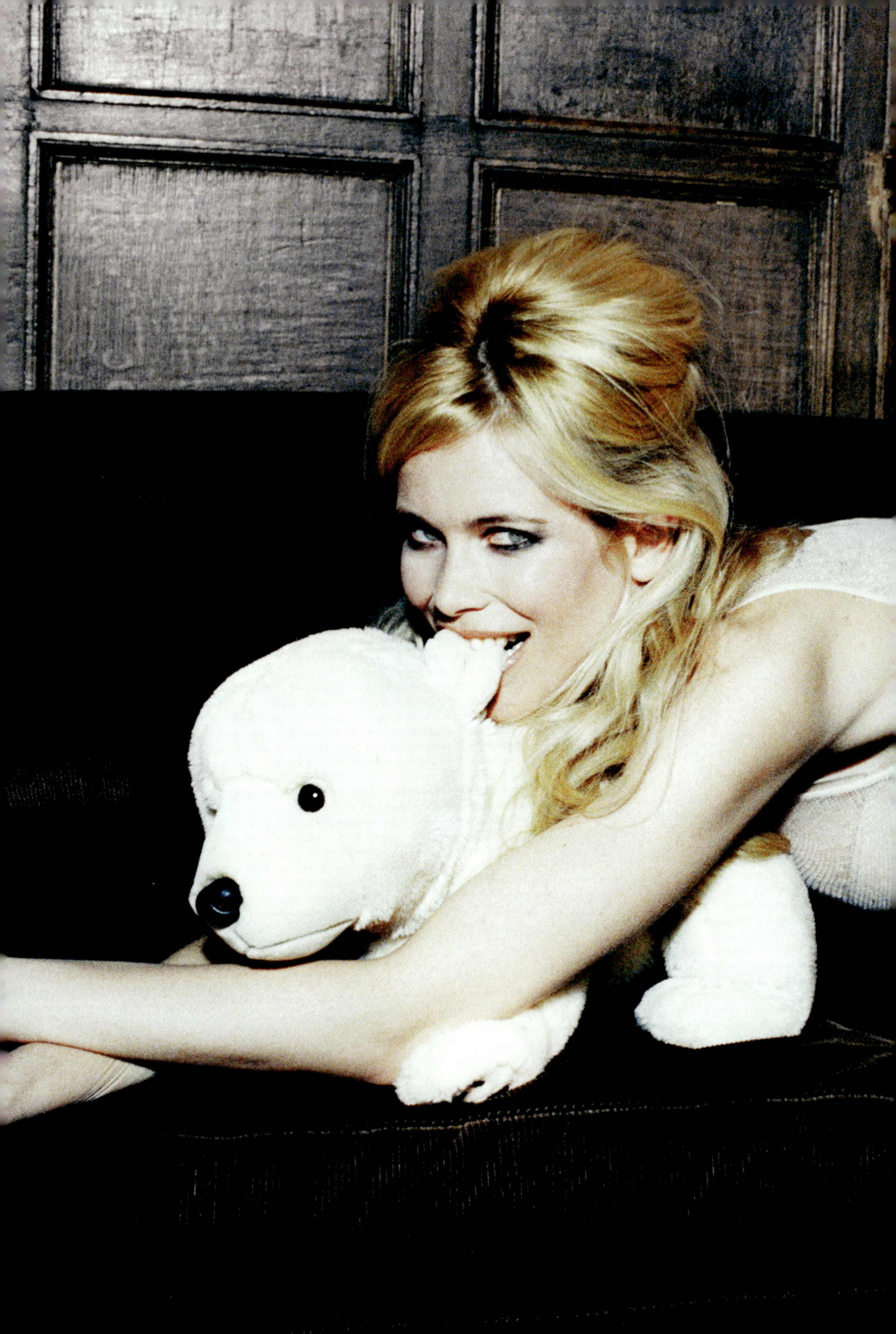

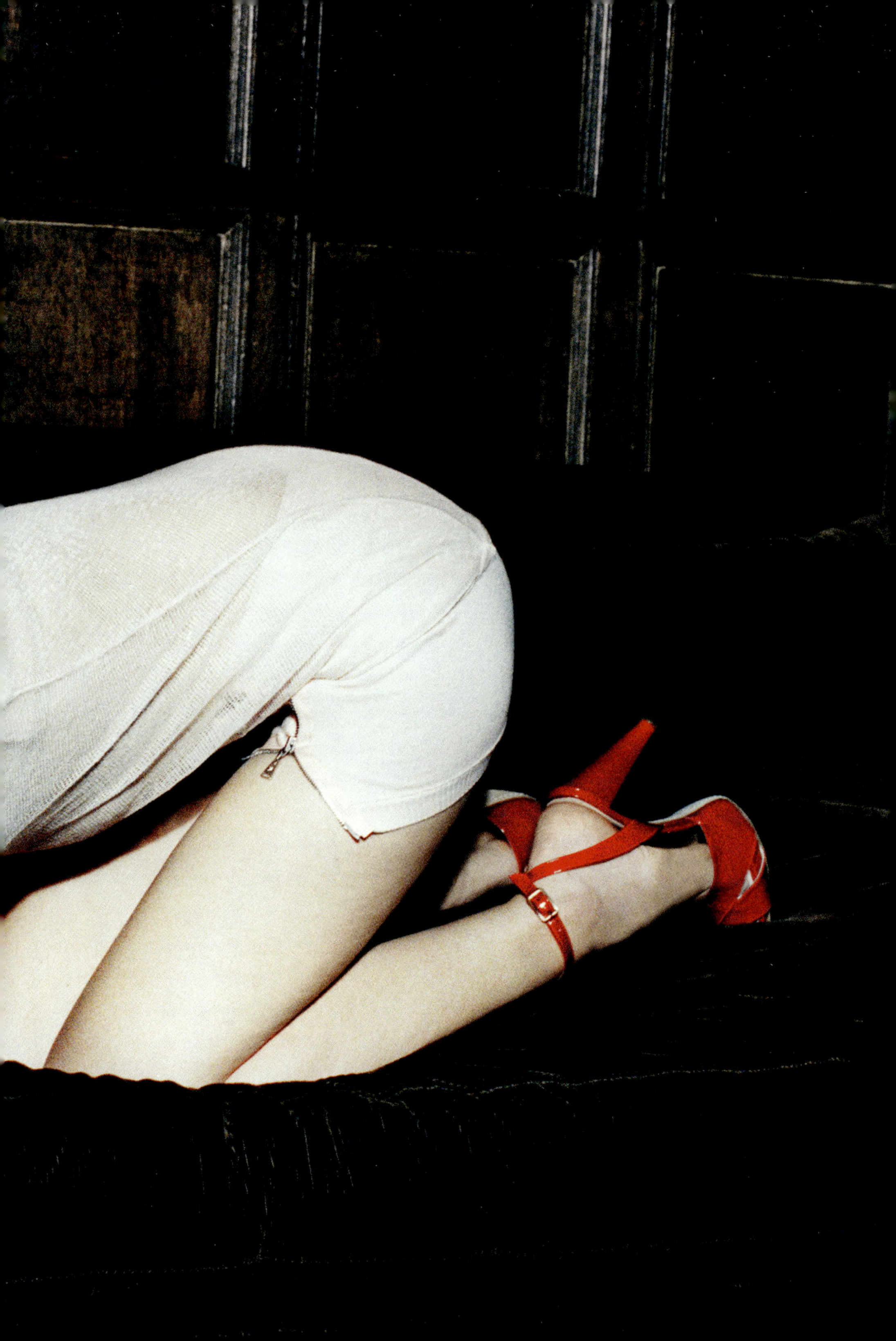

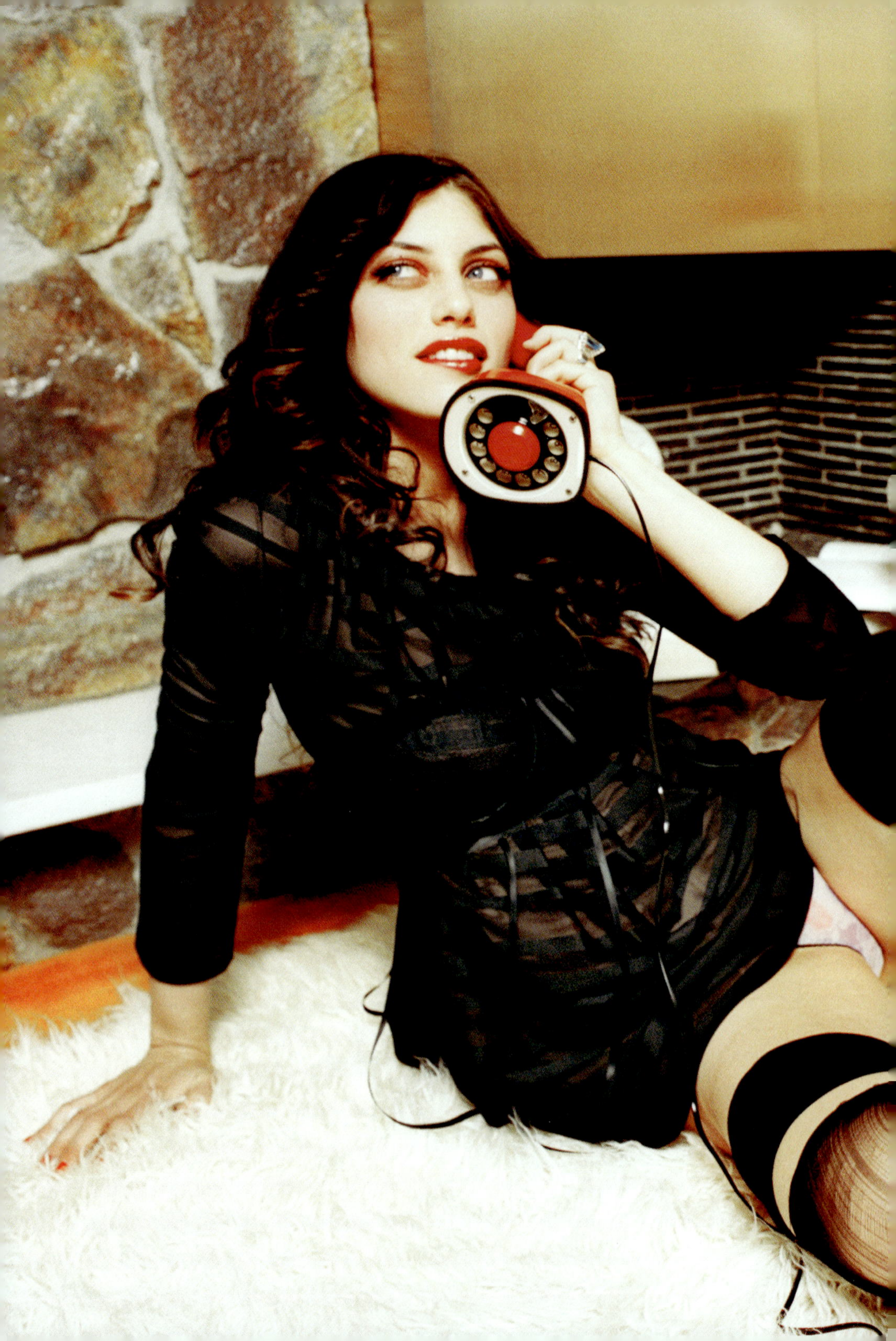

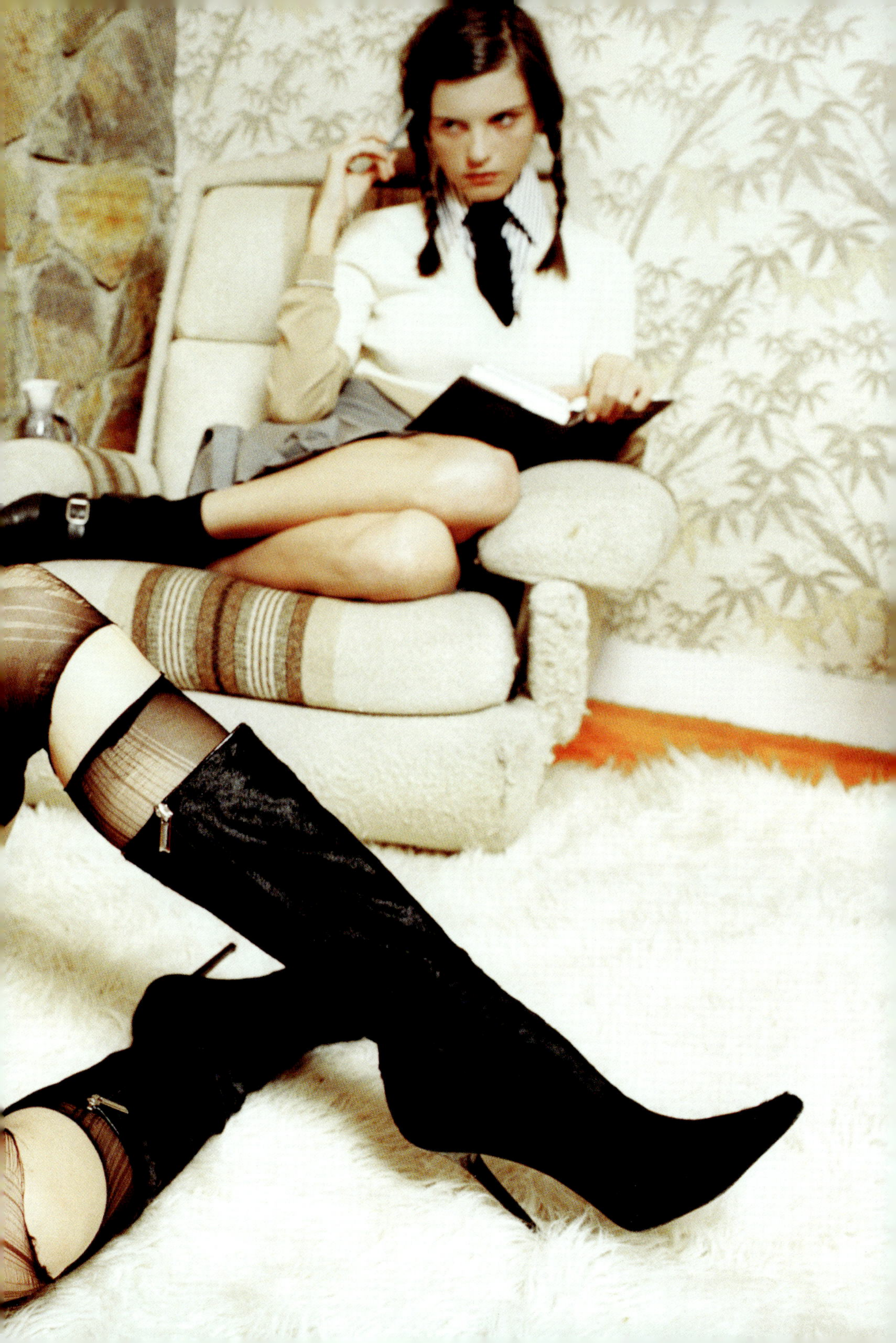

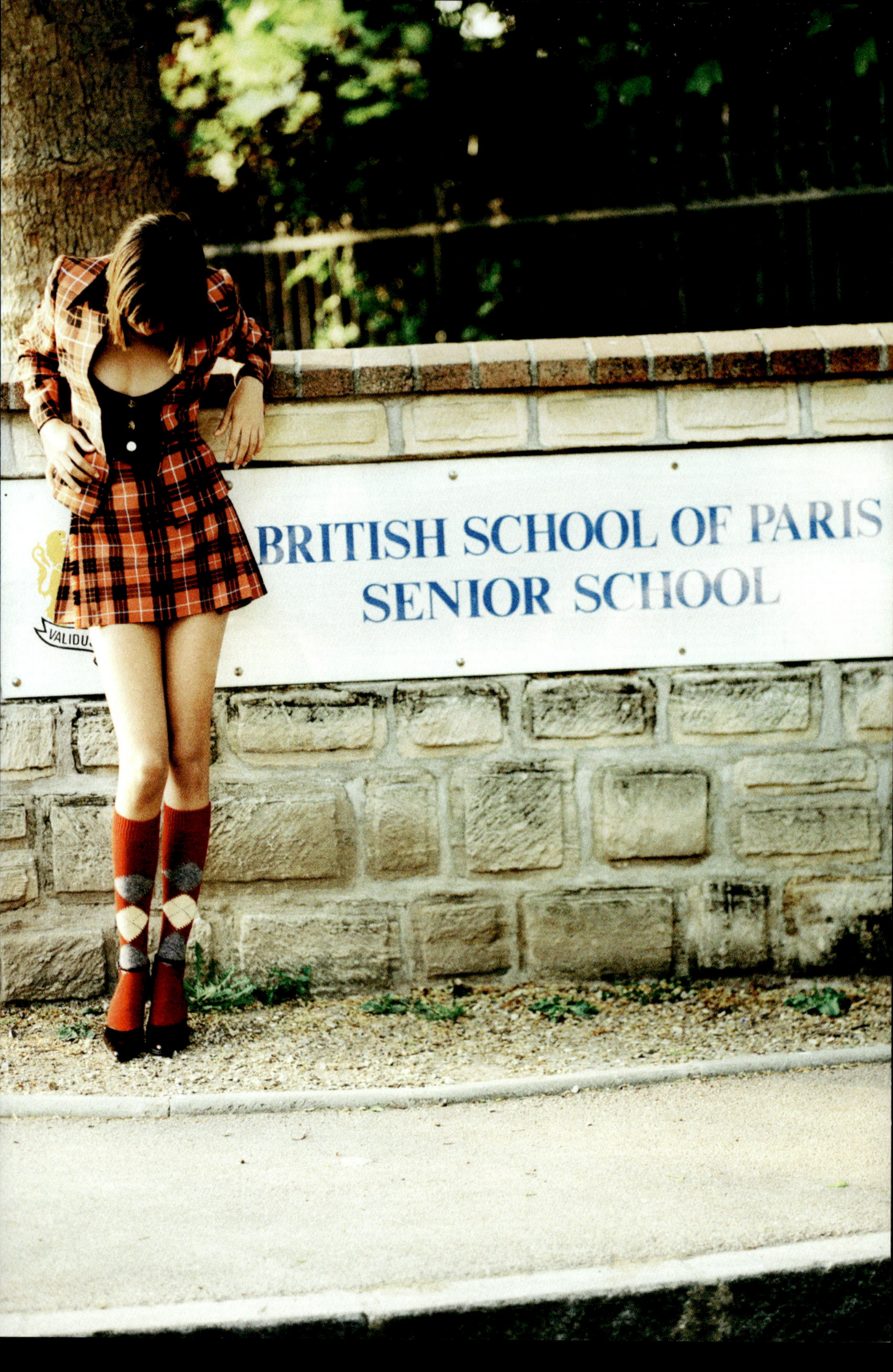

VALIDUS
BRITISH SCHOOL OF PARIS
SENIOR SCHOOL

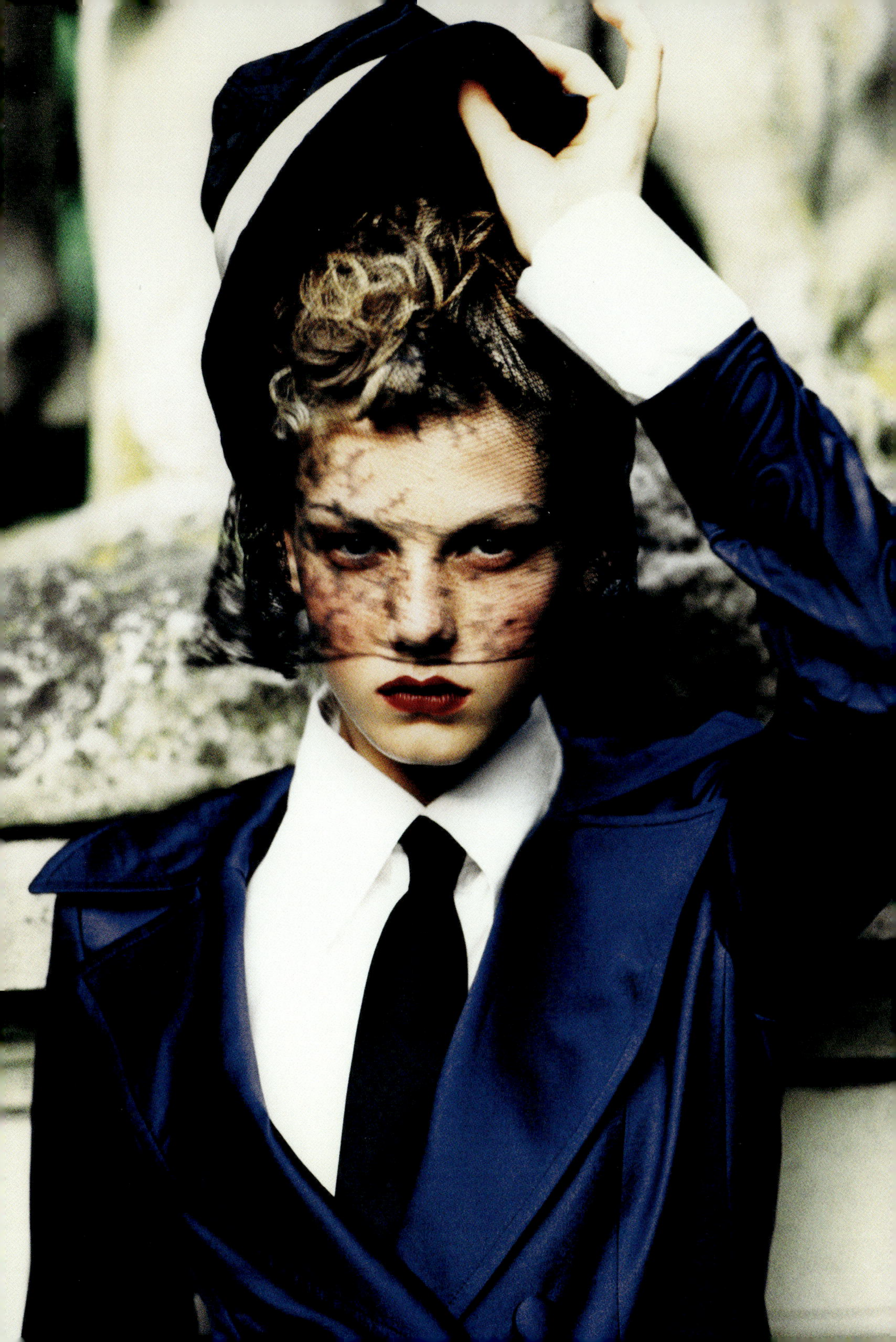

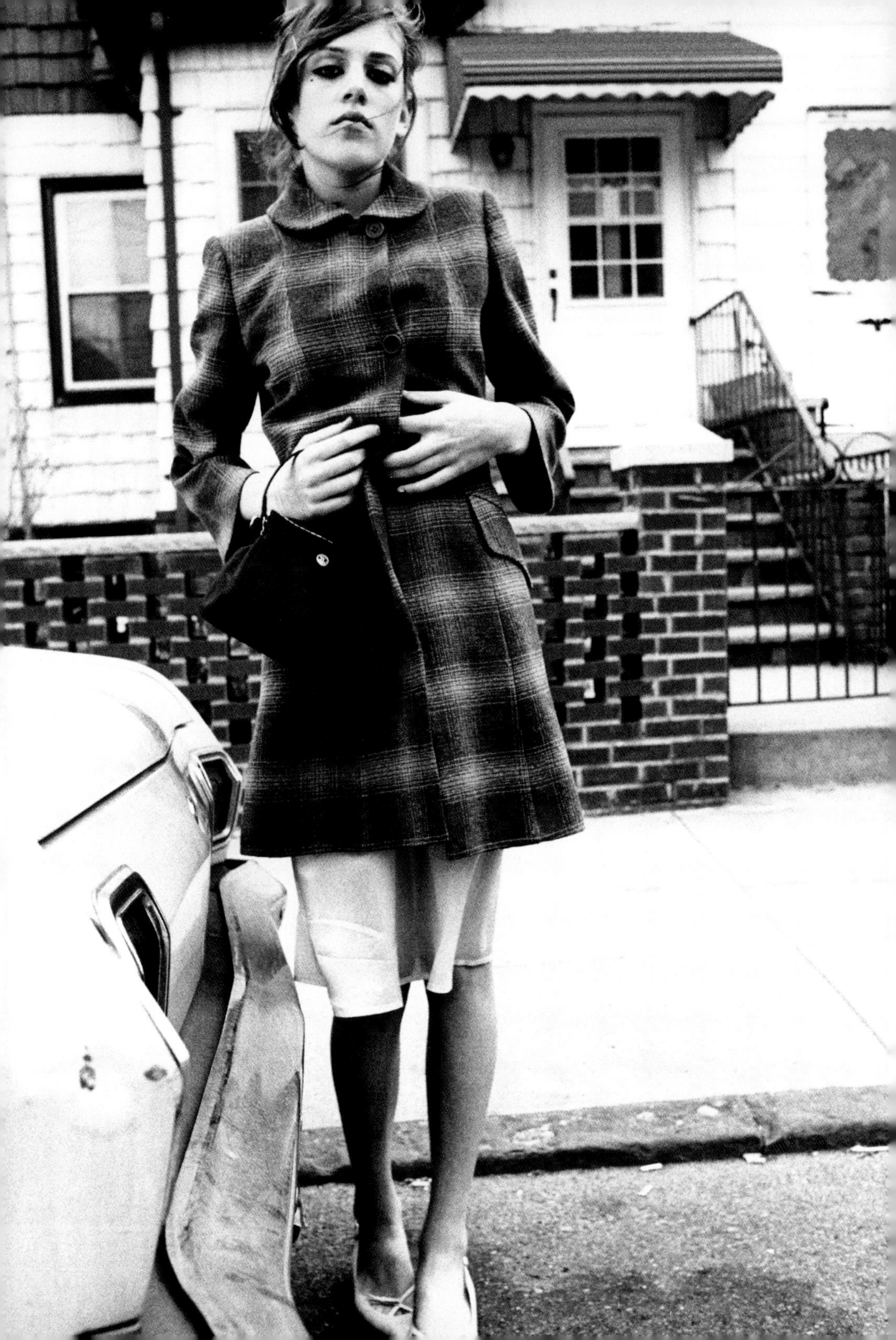

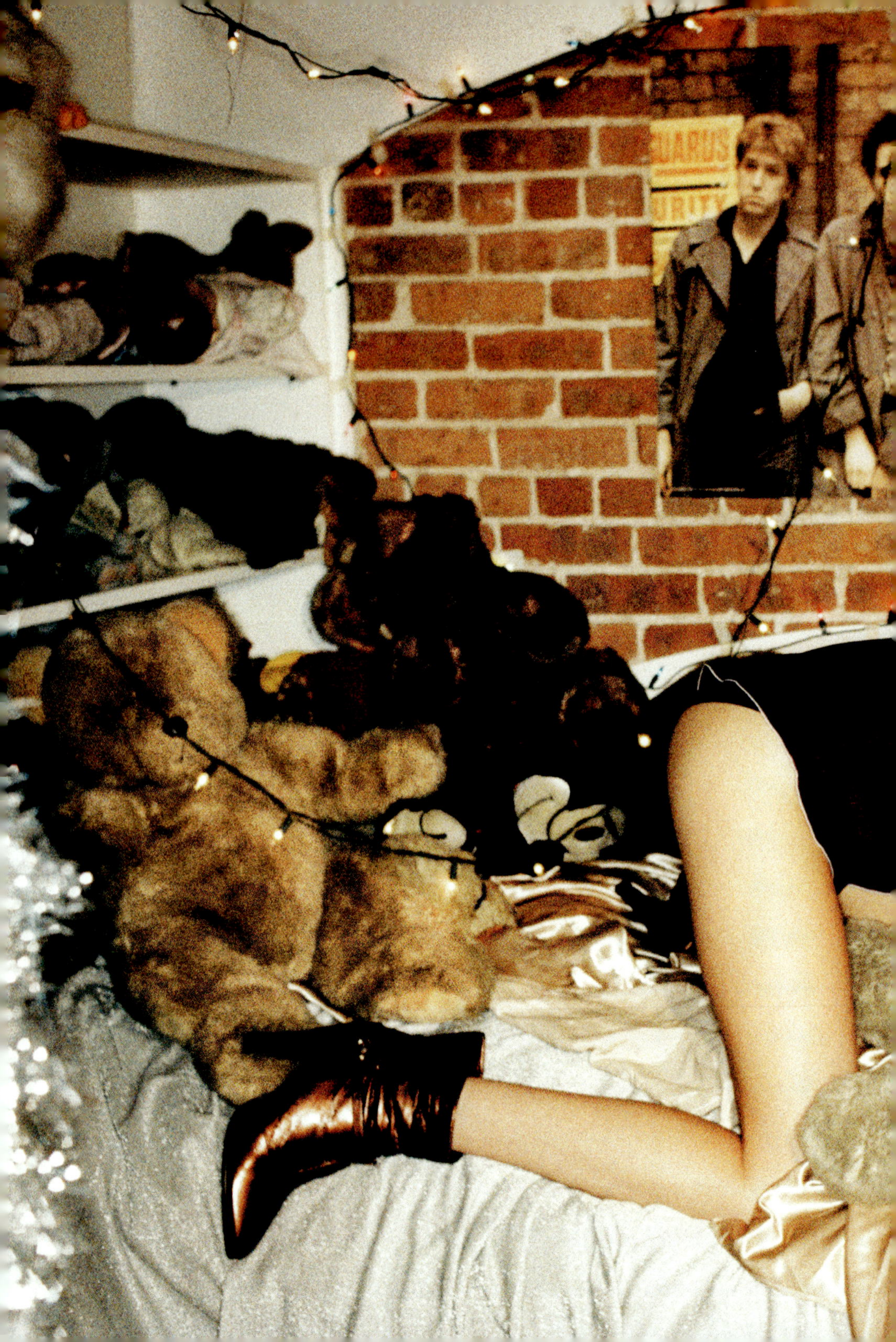

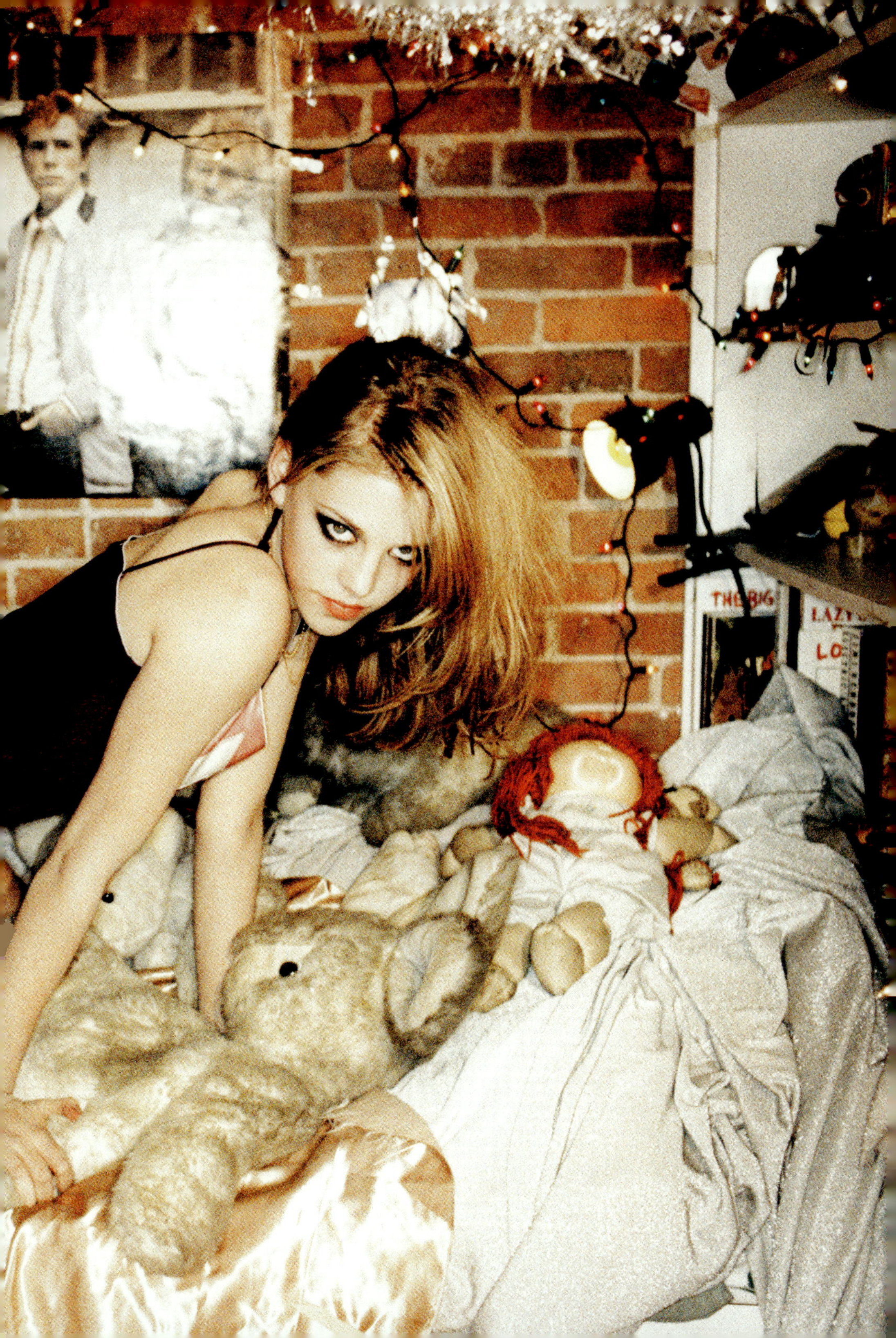

THE BIG
LAZY
LO

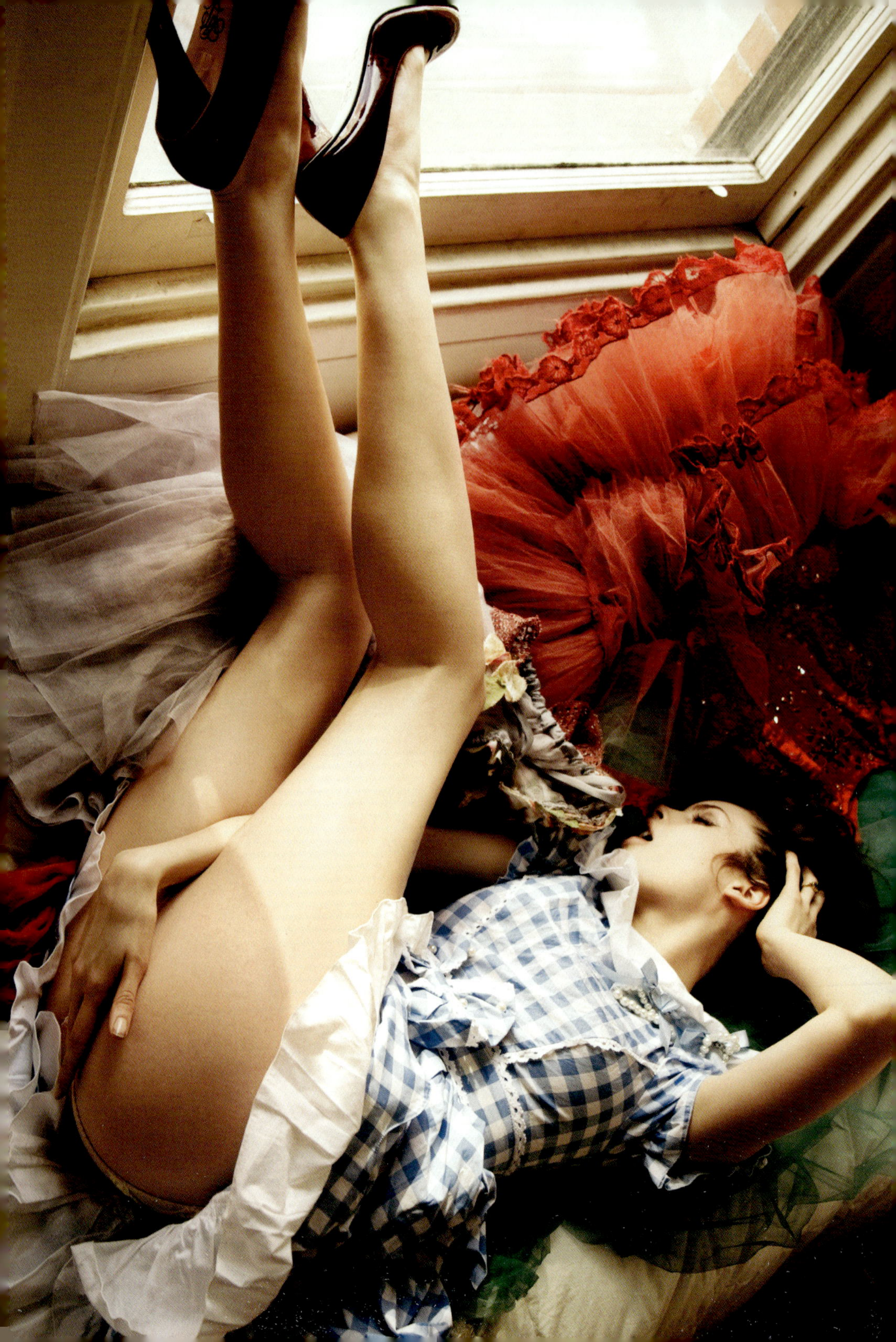

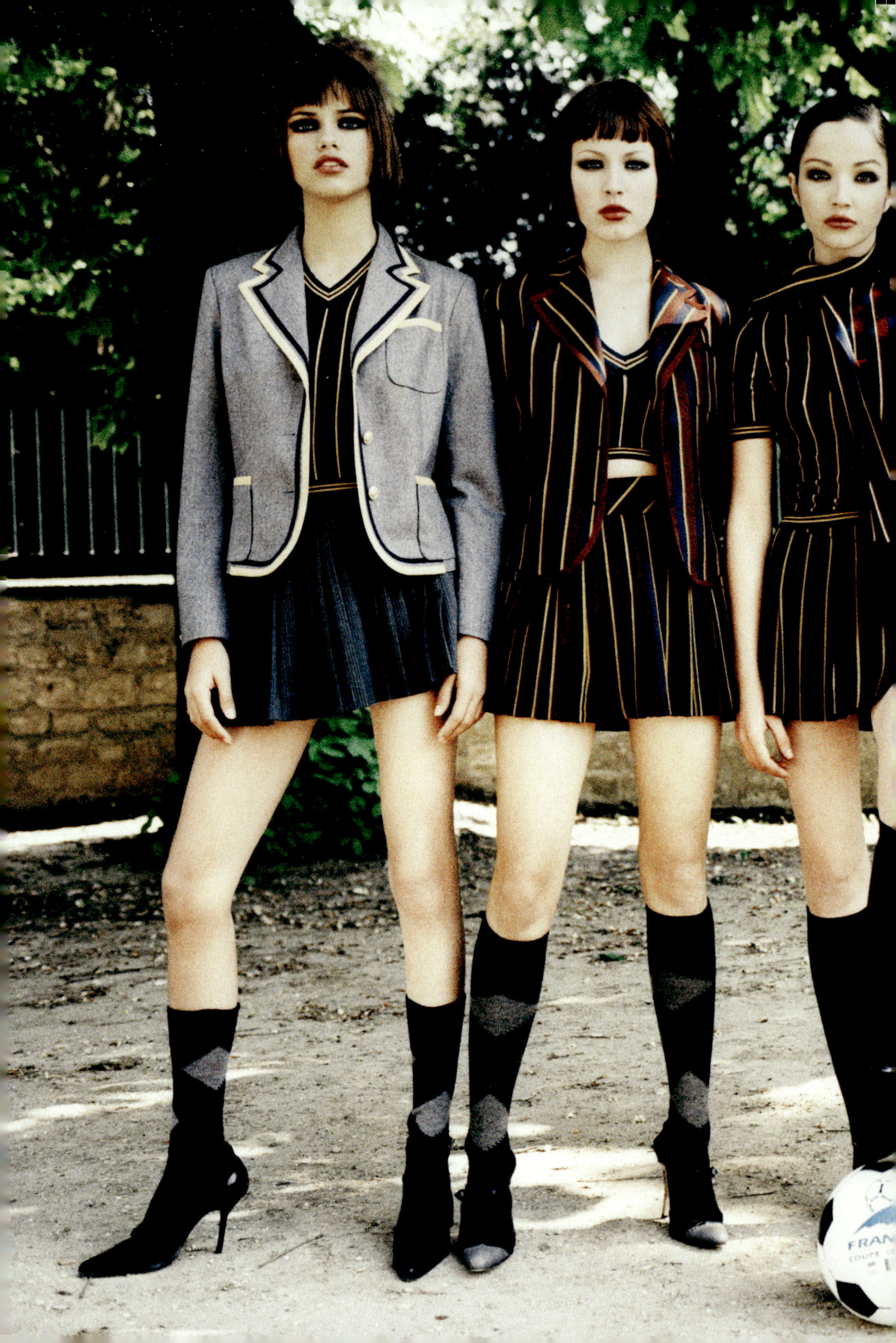

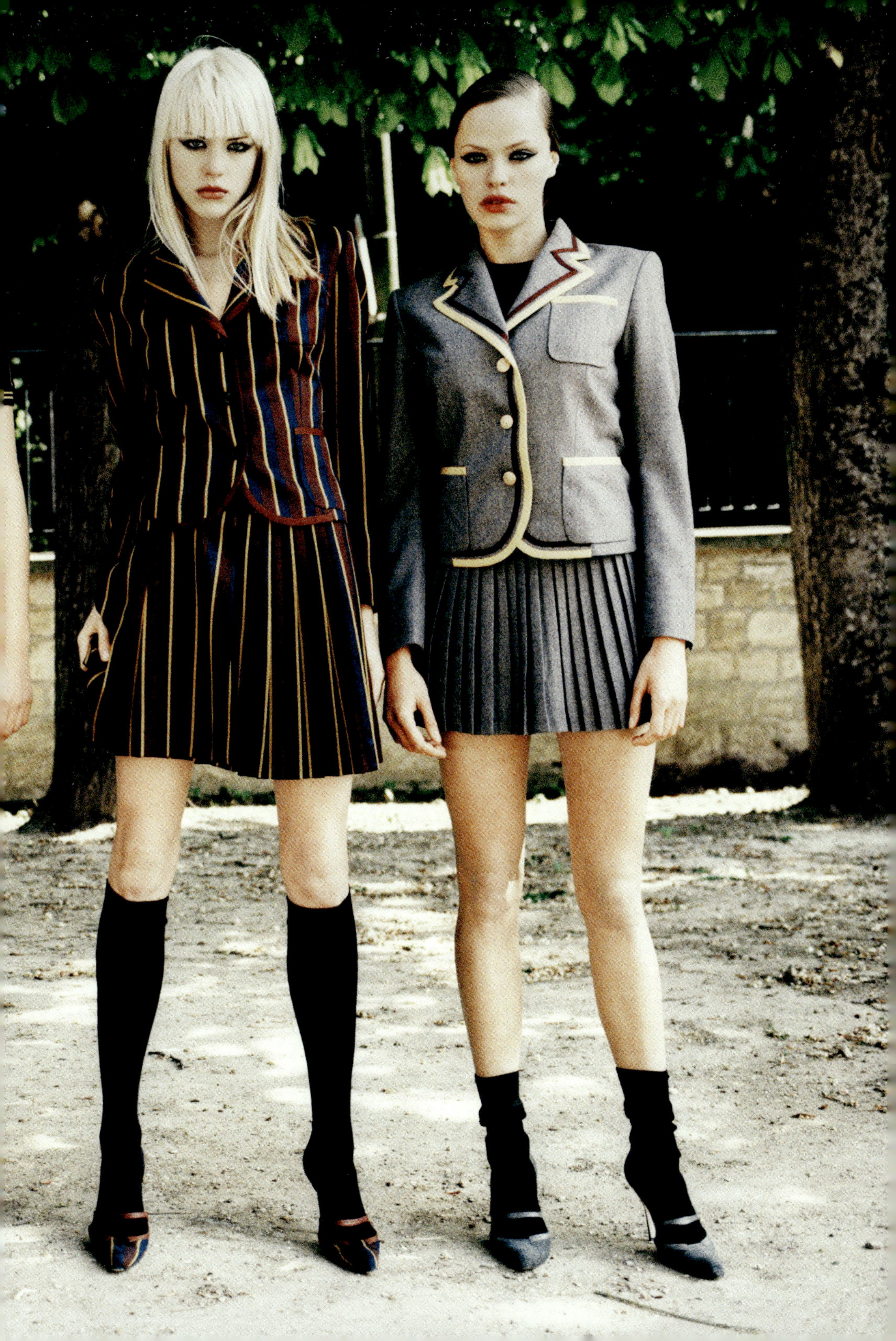

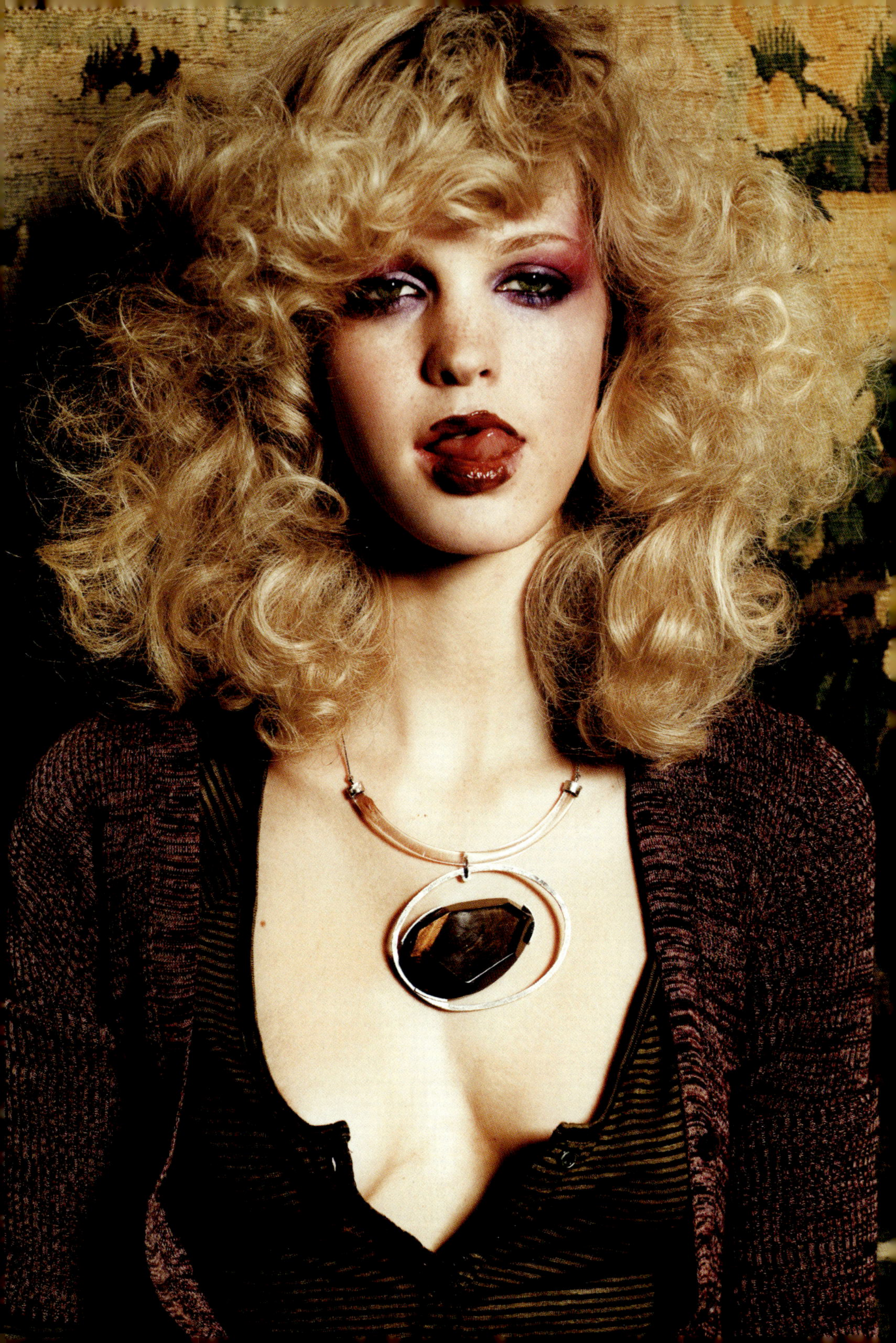

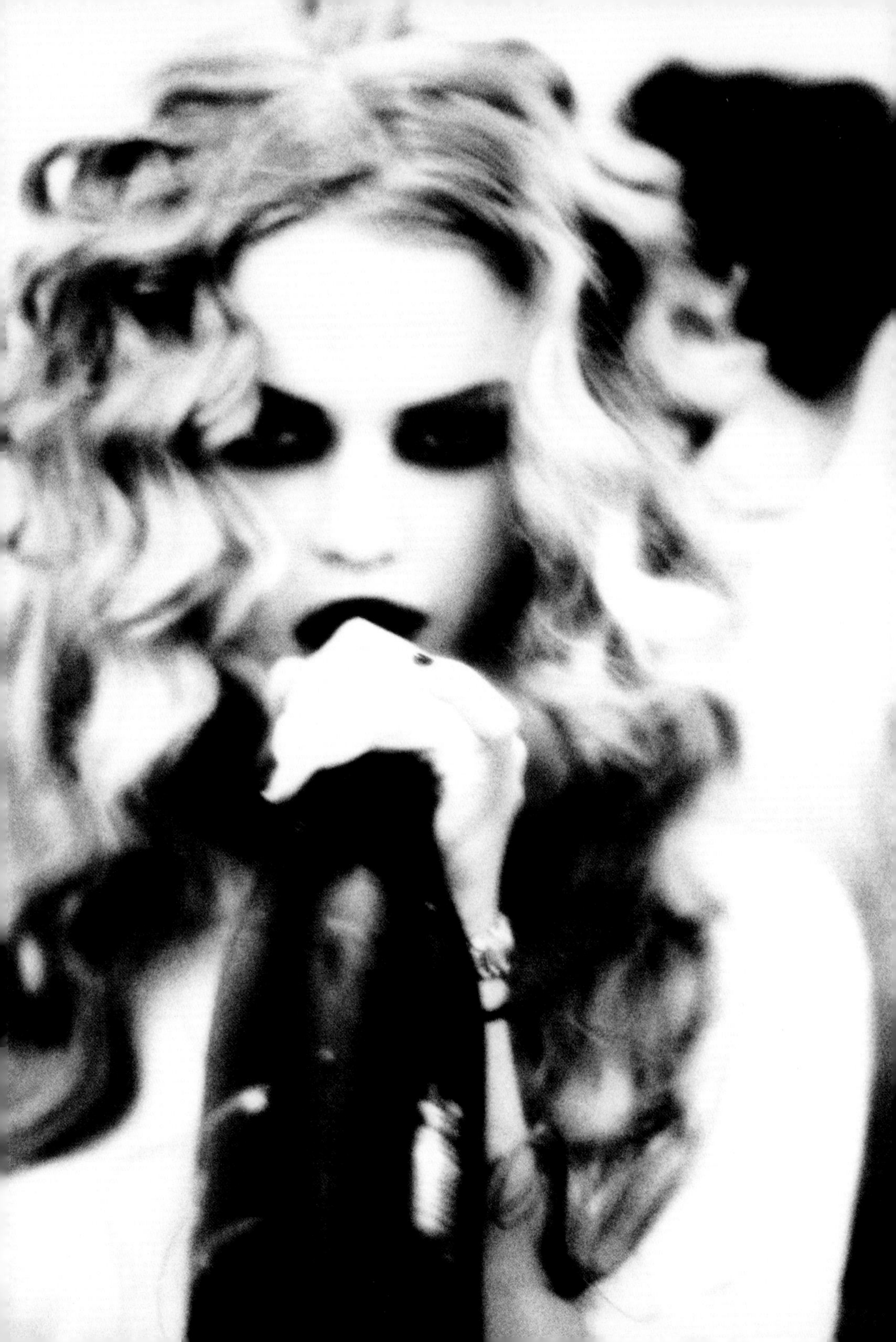

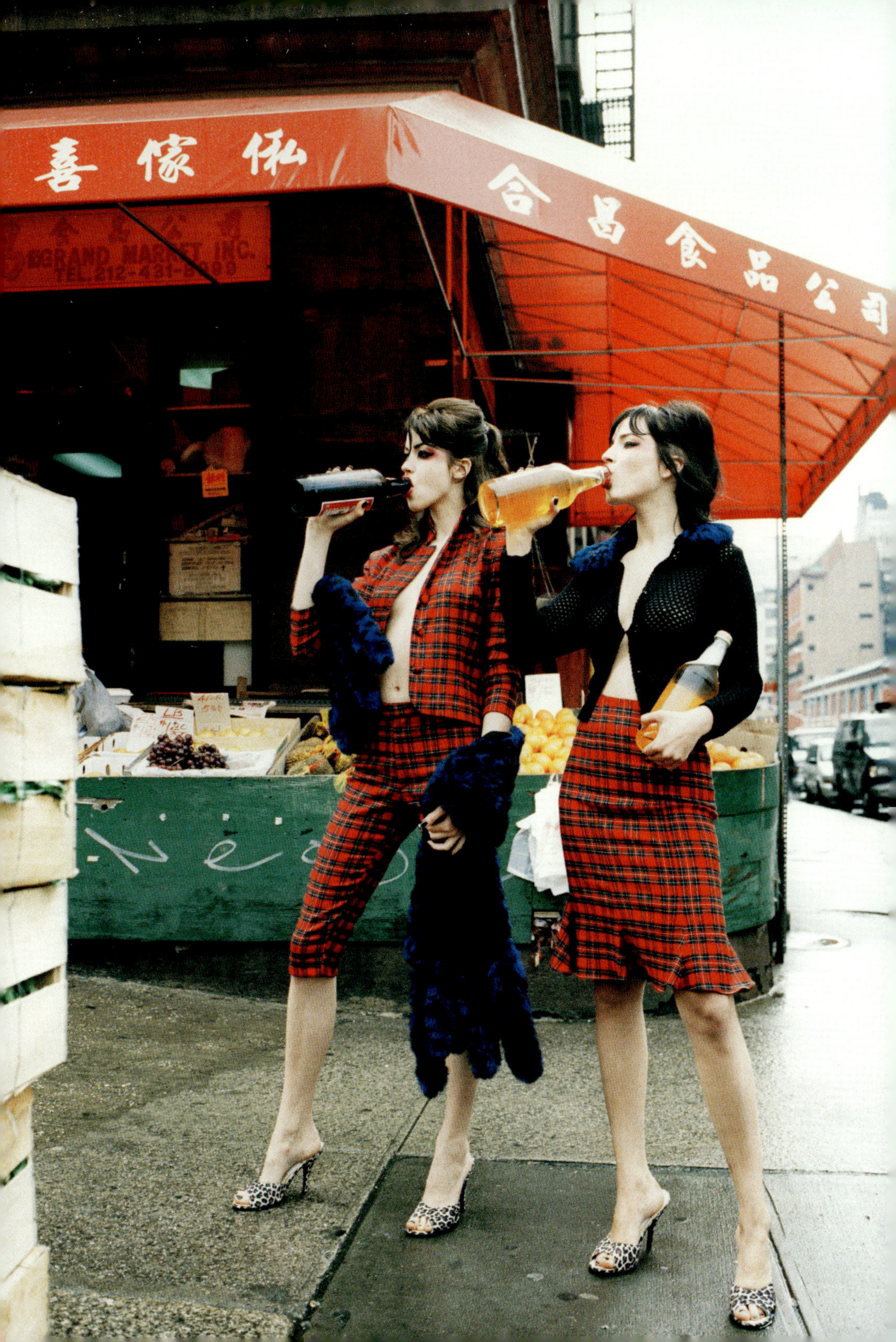
喜傢俬
合昌食品公司
金昌公司
GRAND MARKET INC.
TEL 212-431-????
LB

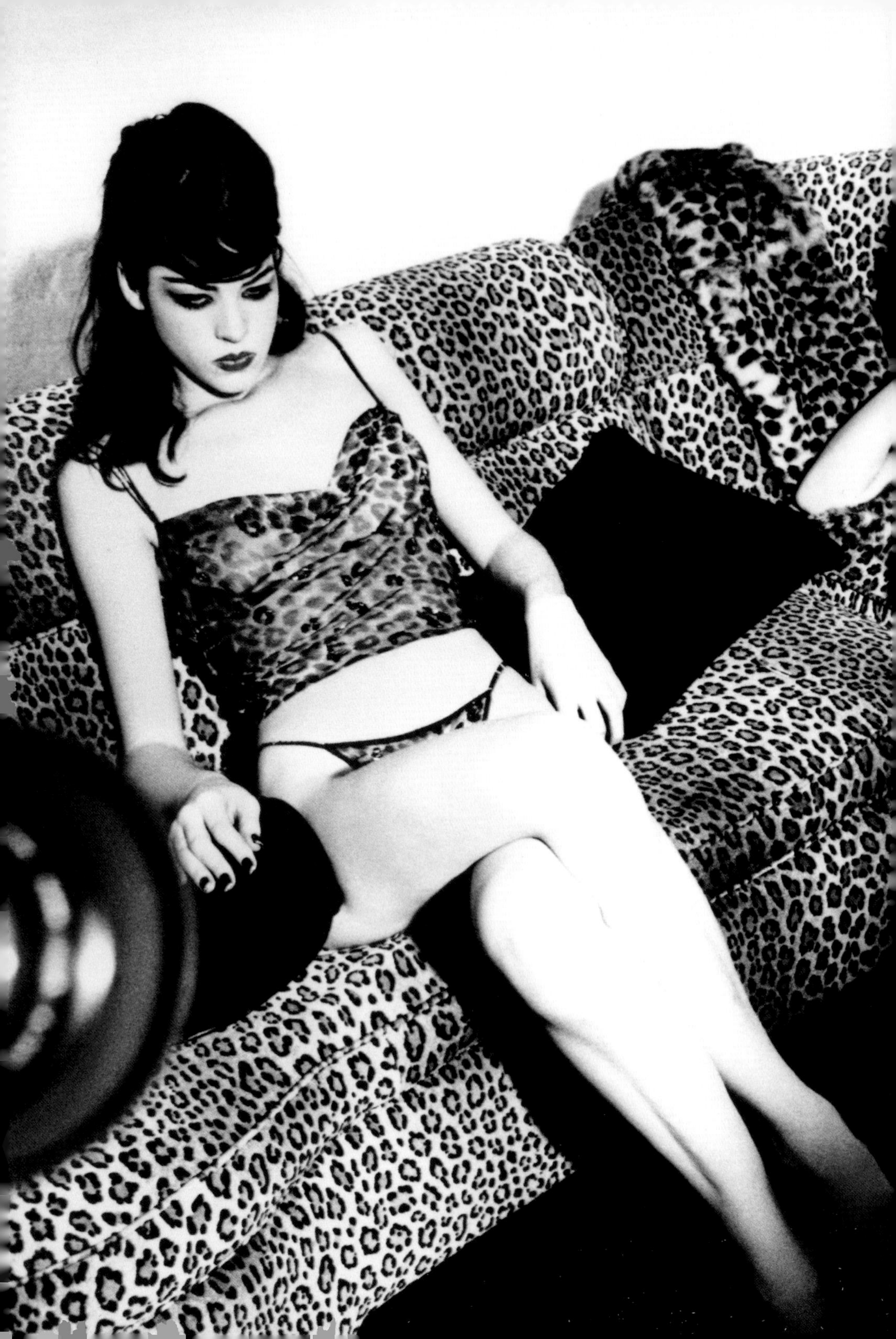

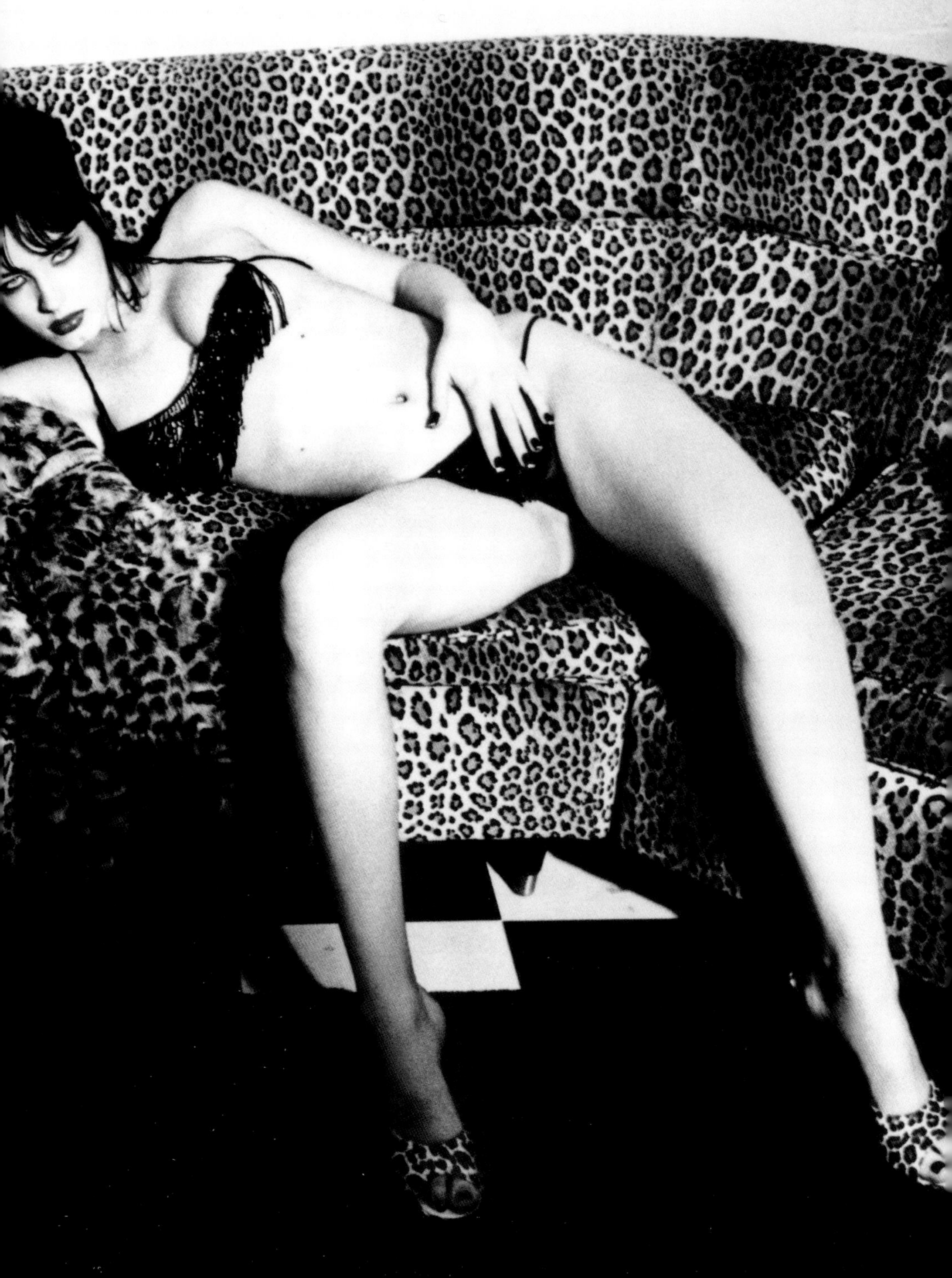

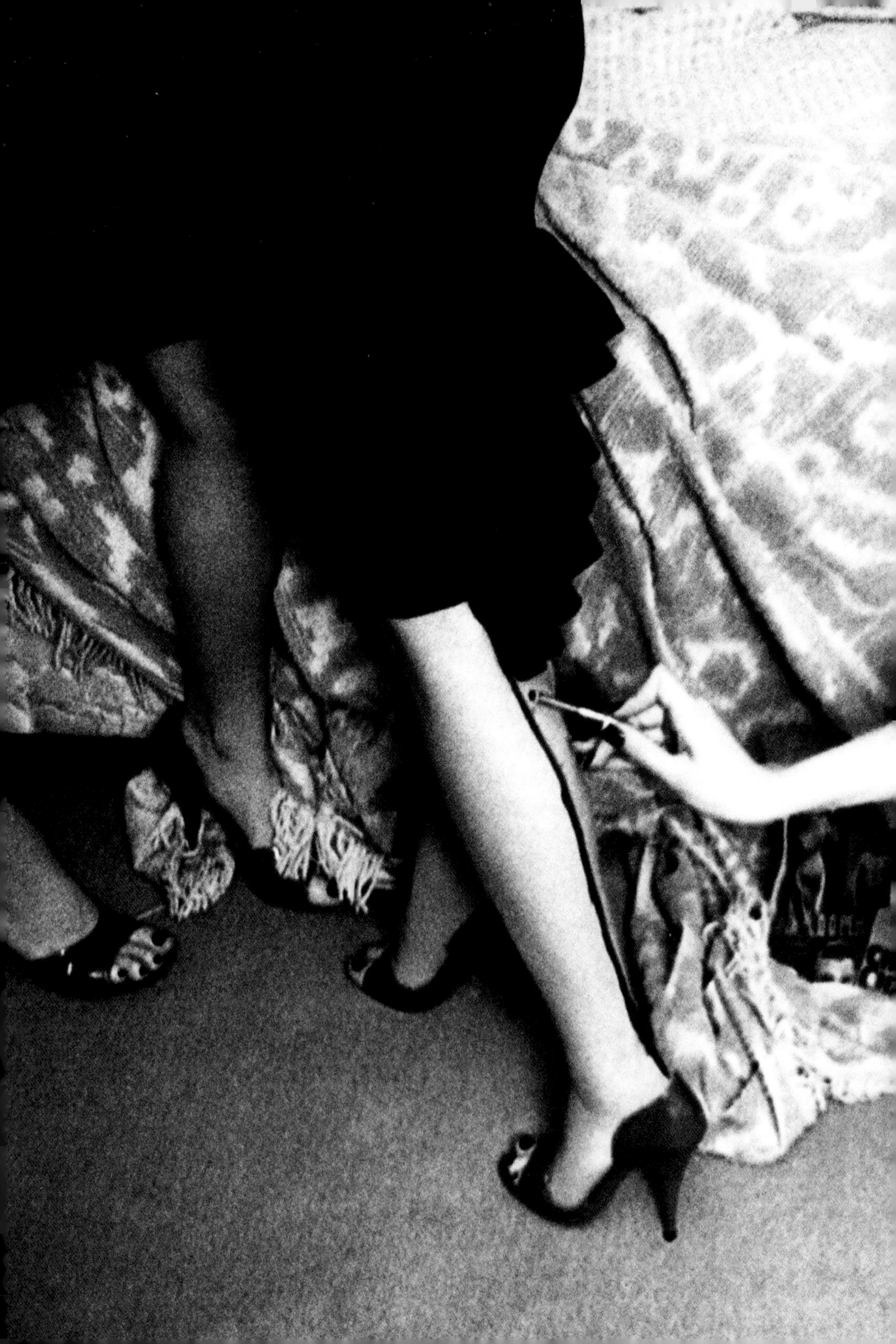

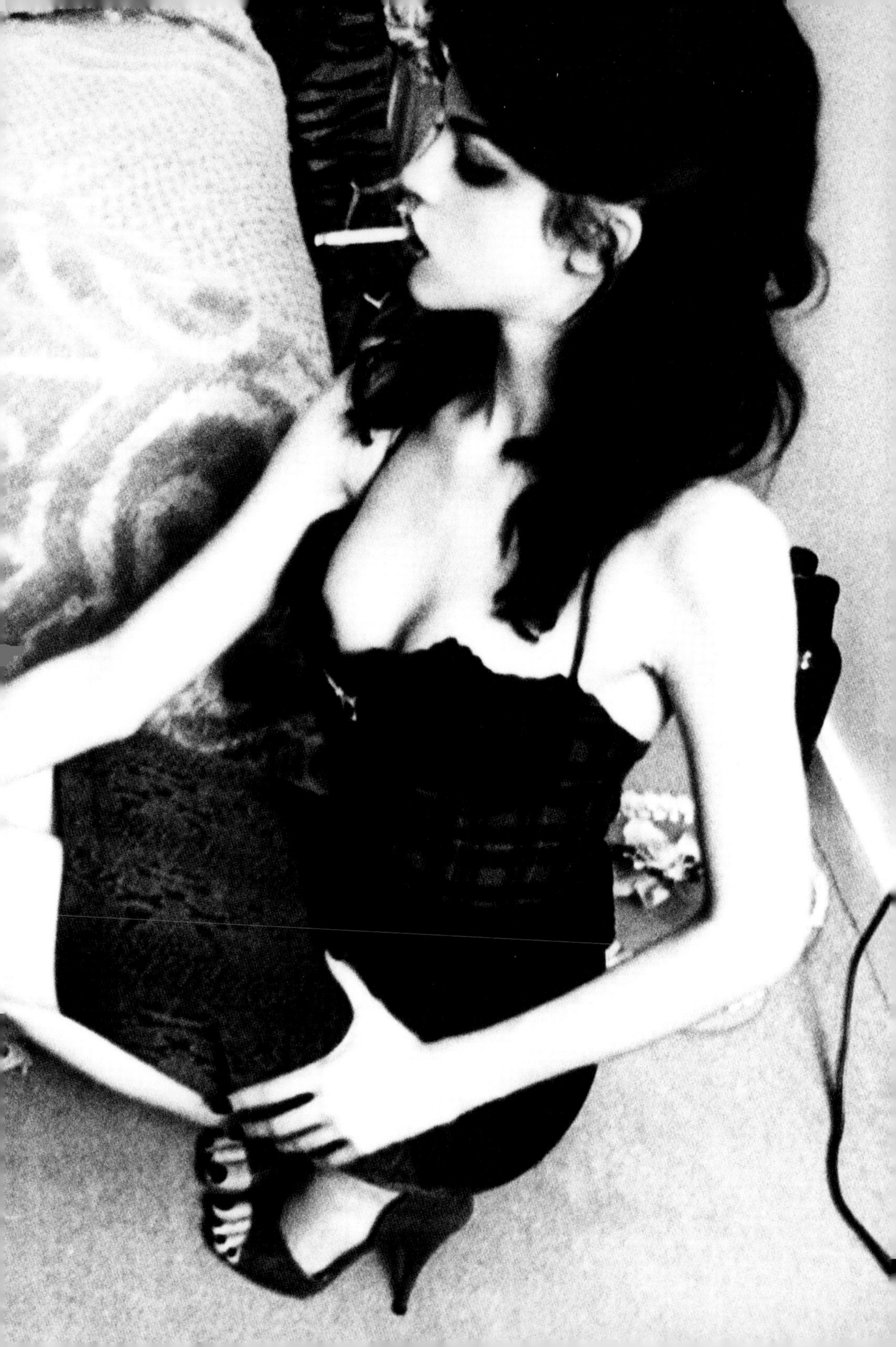

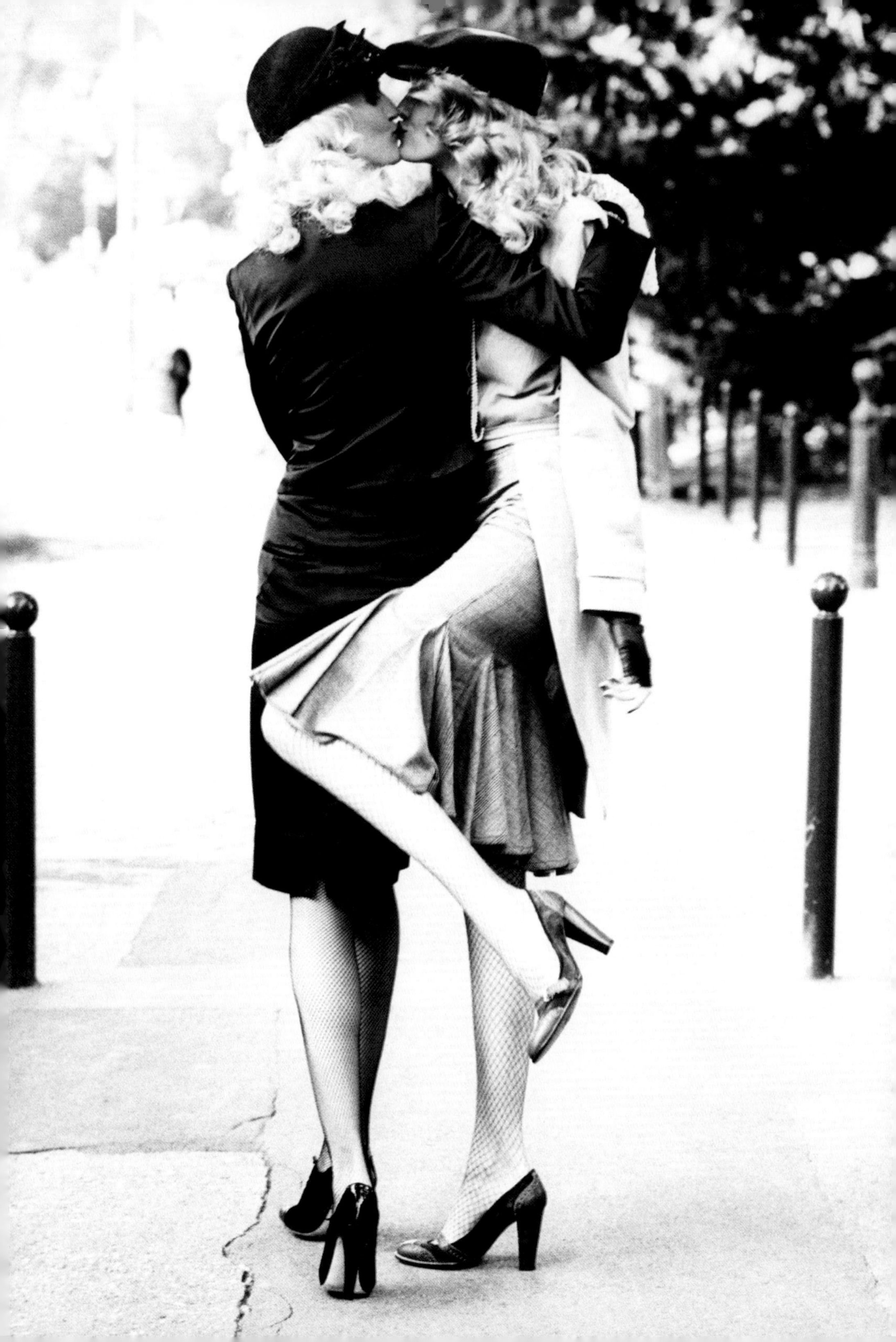

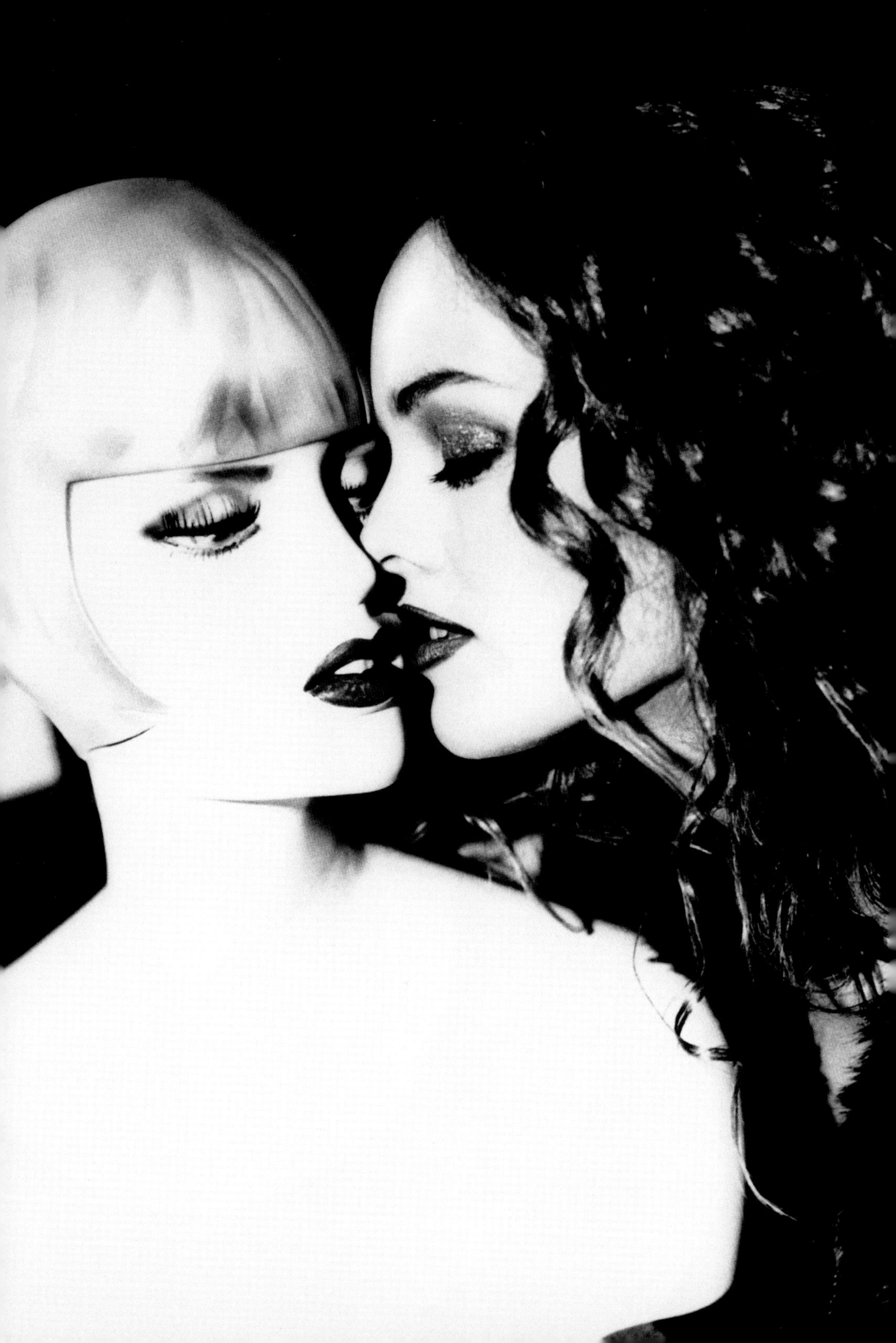

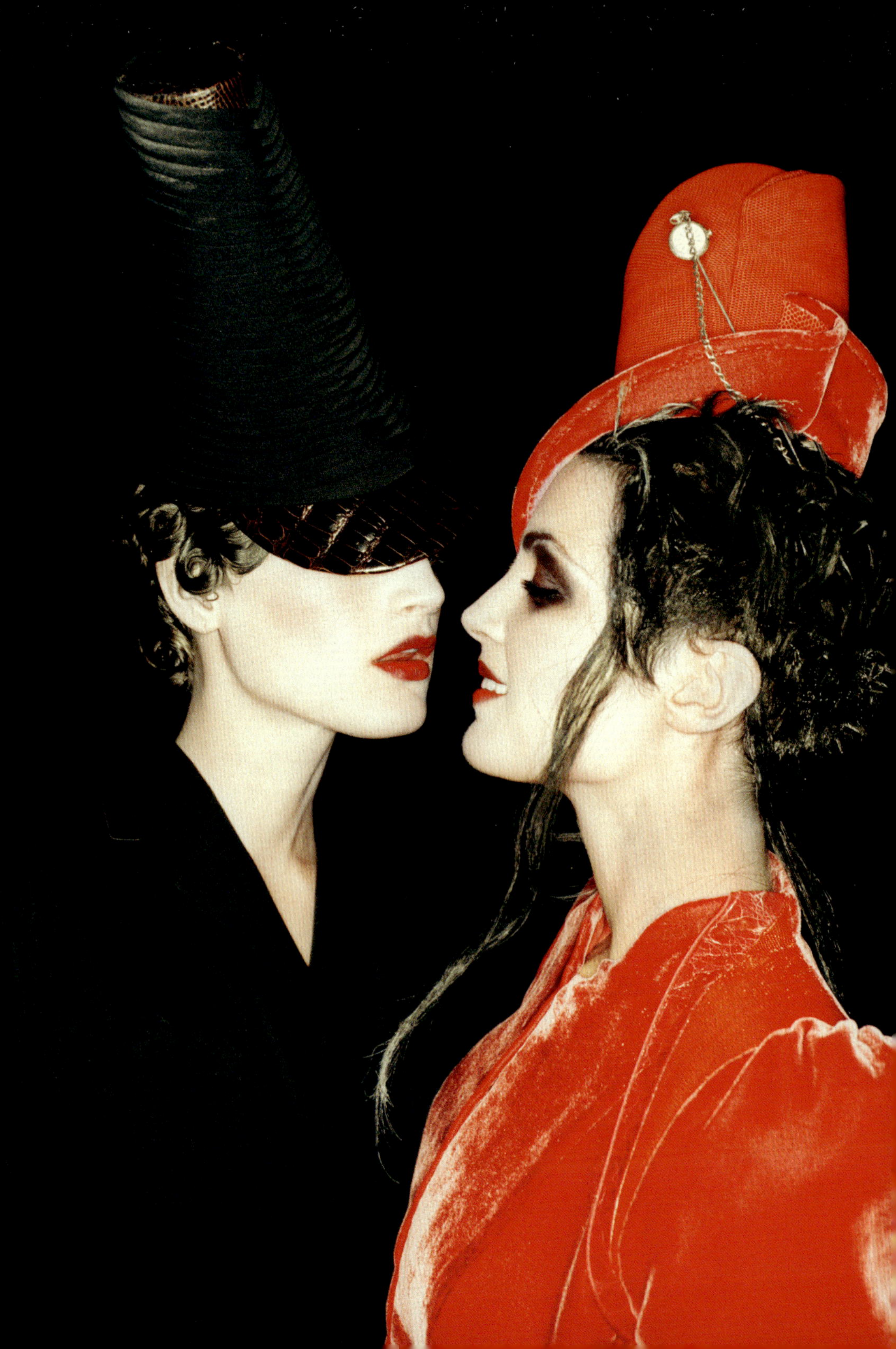

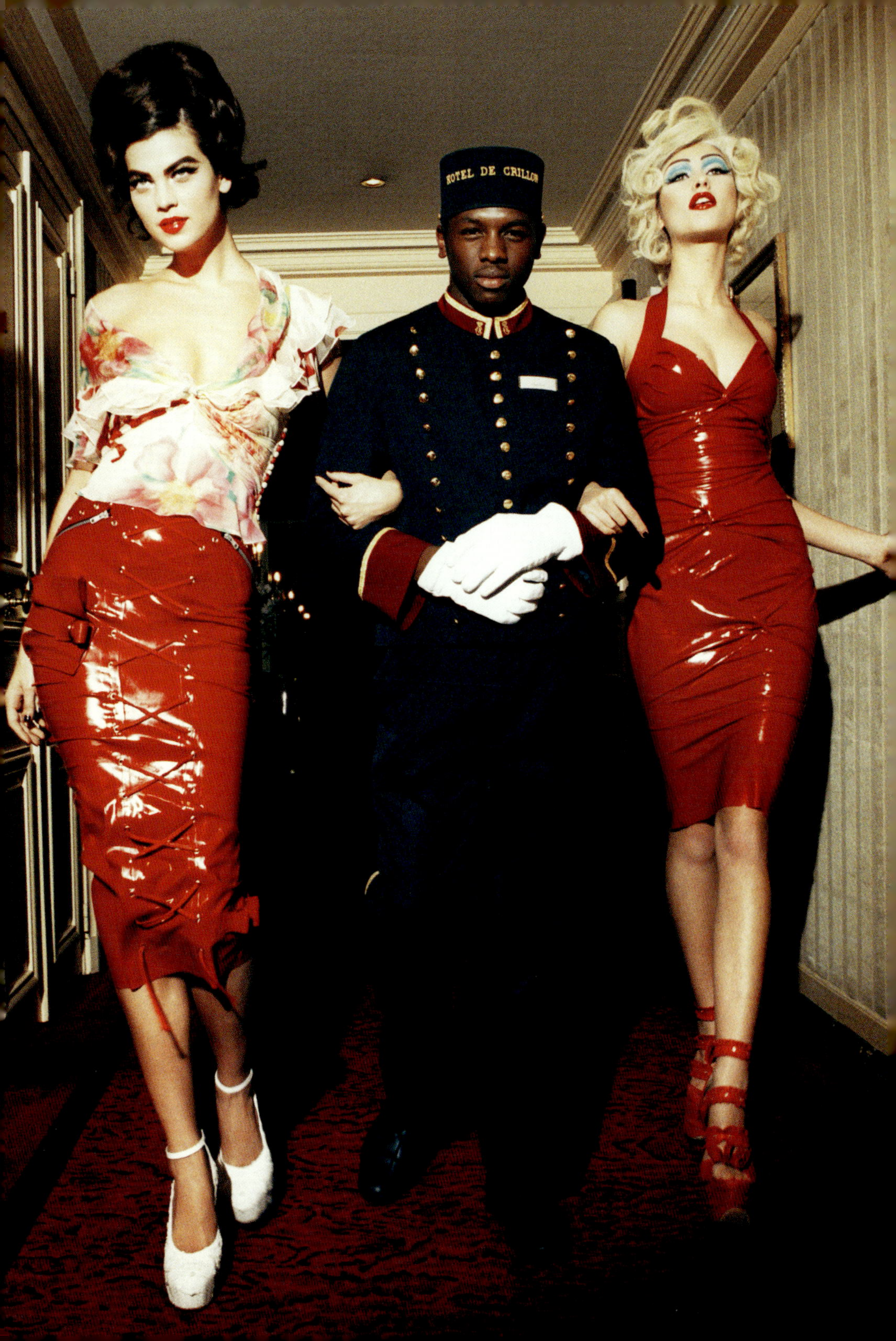
HOTEL DE CRILLON

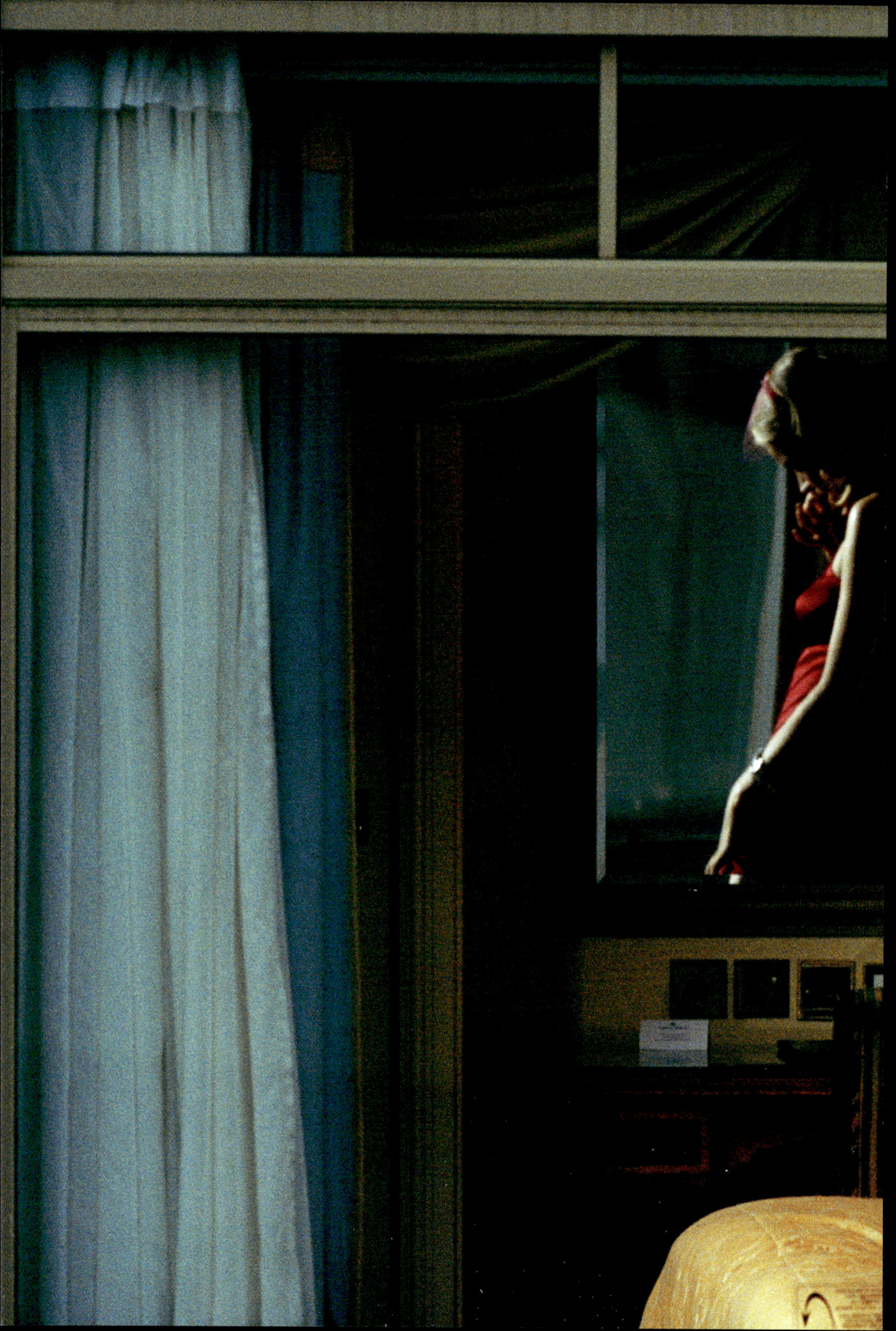

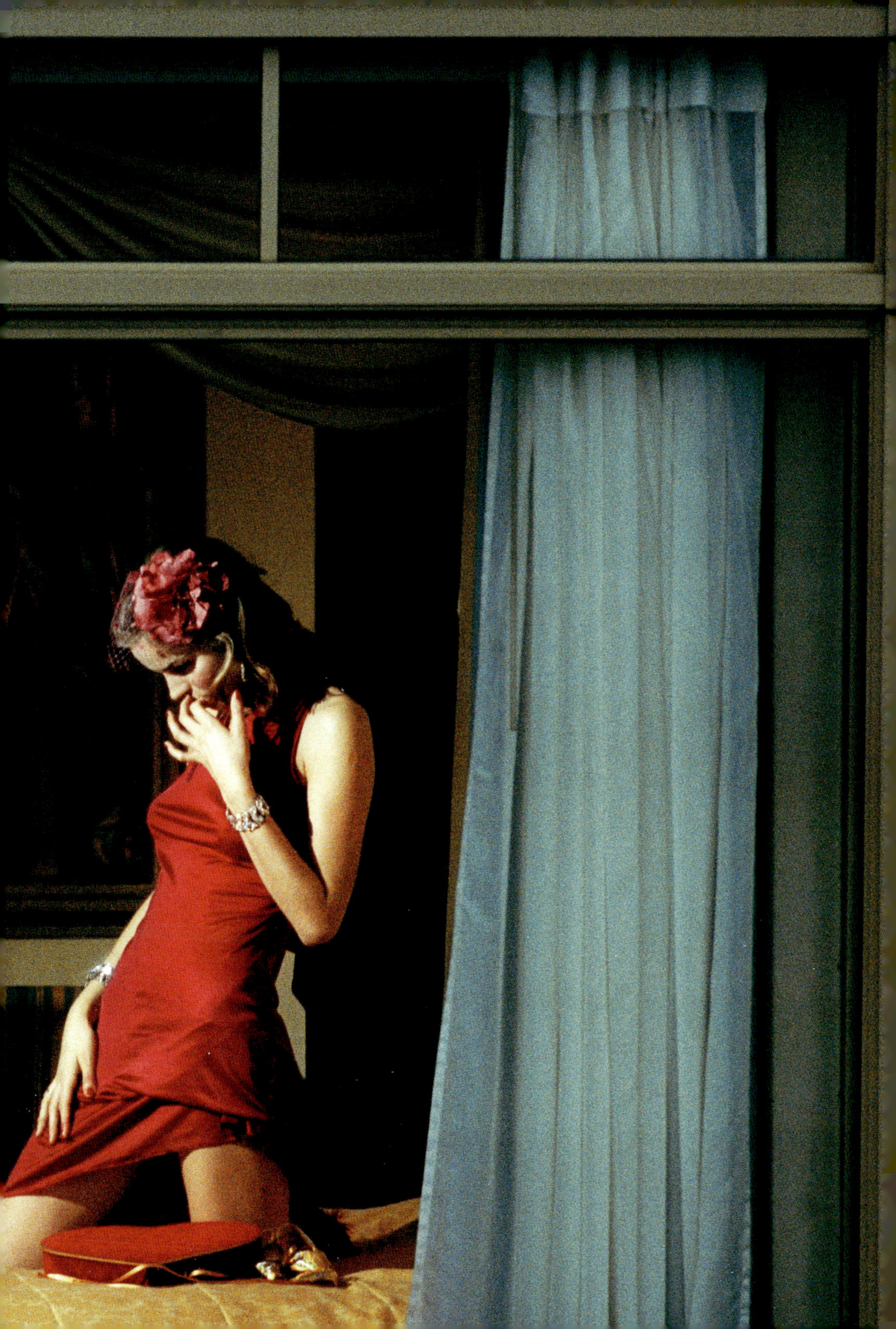

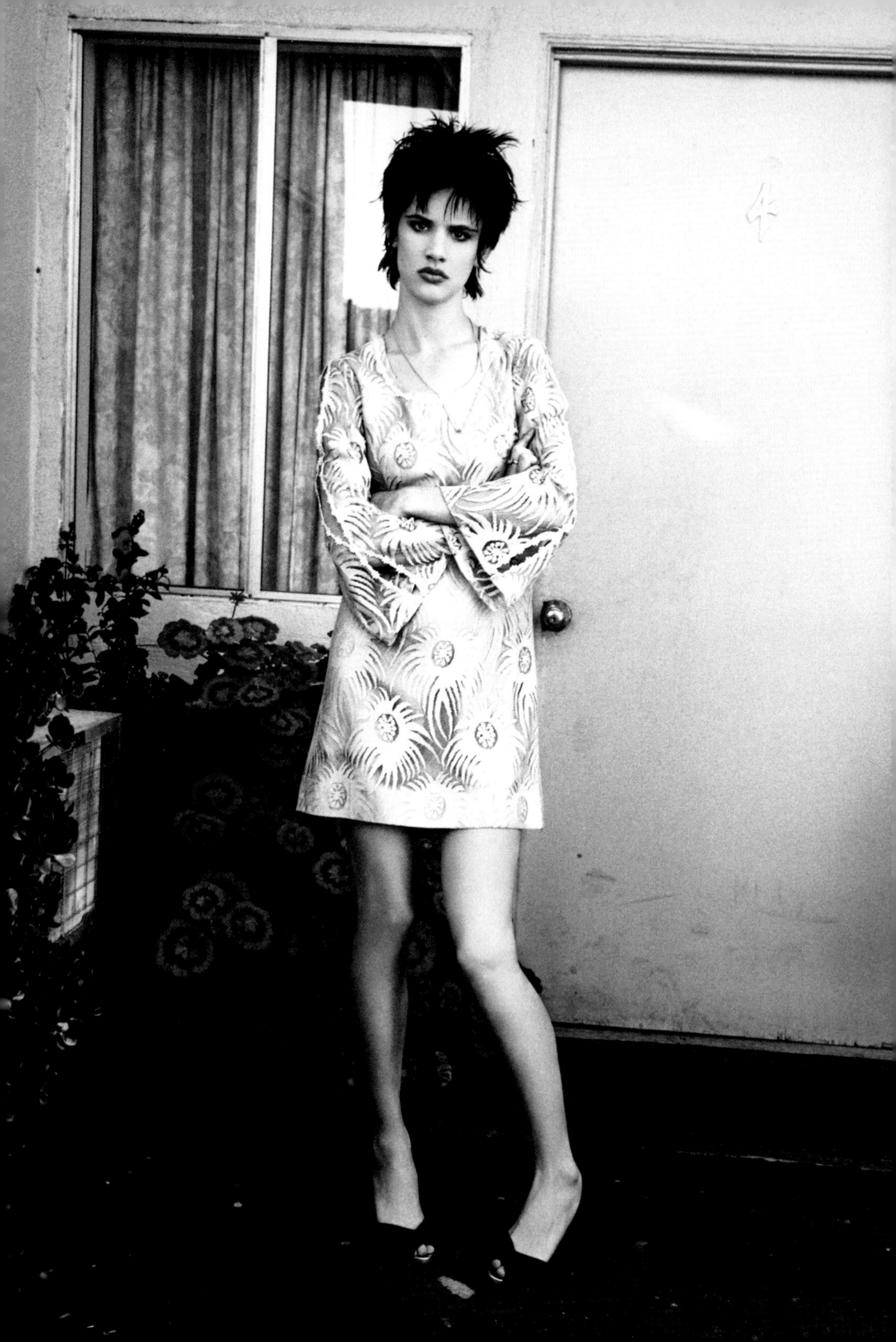

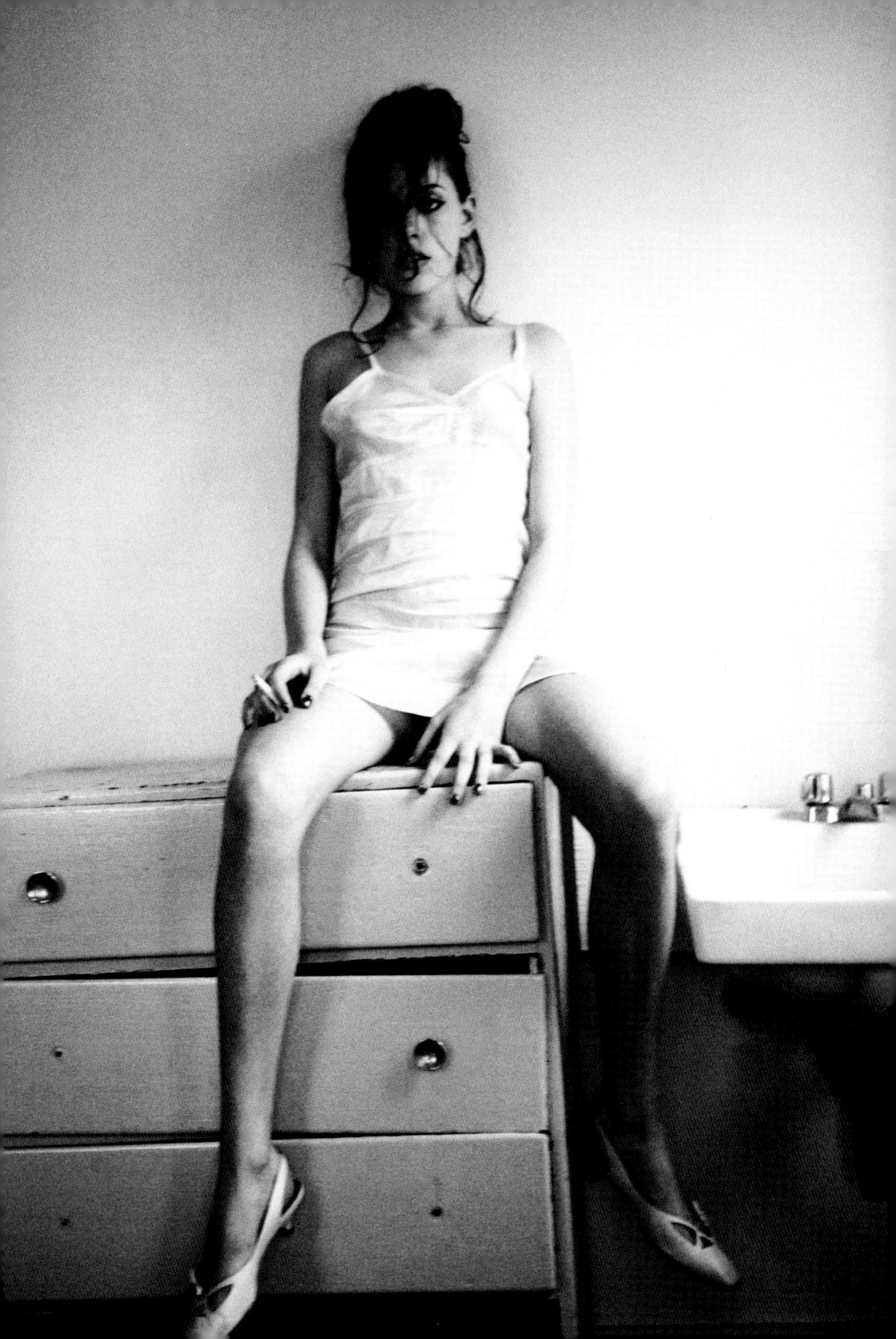

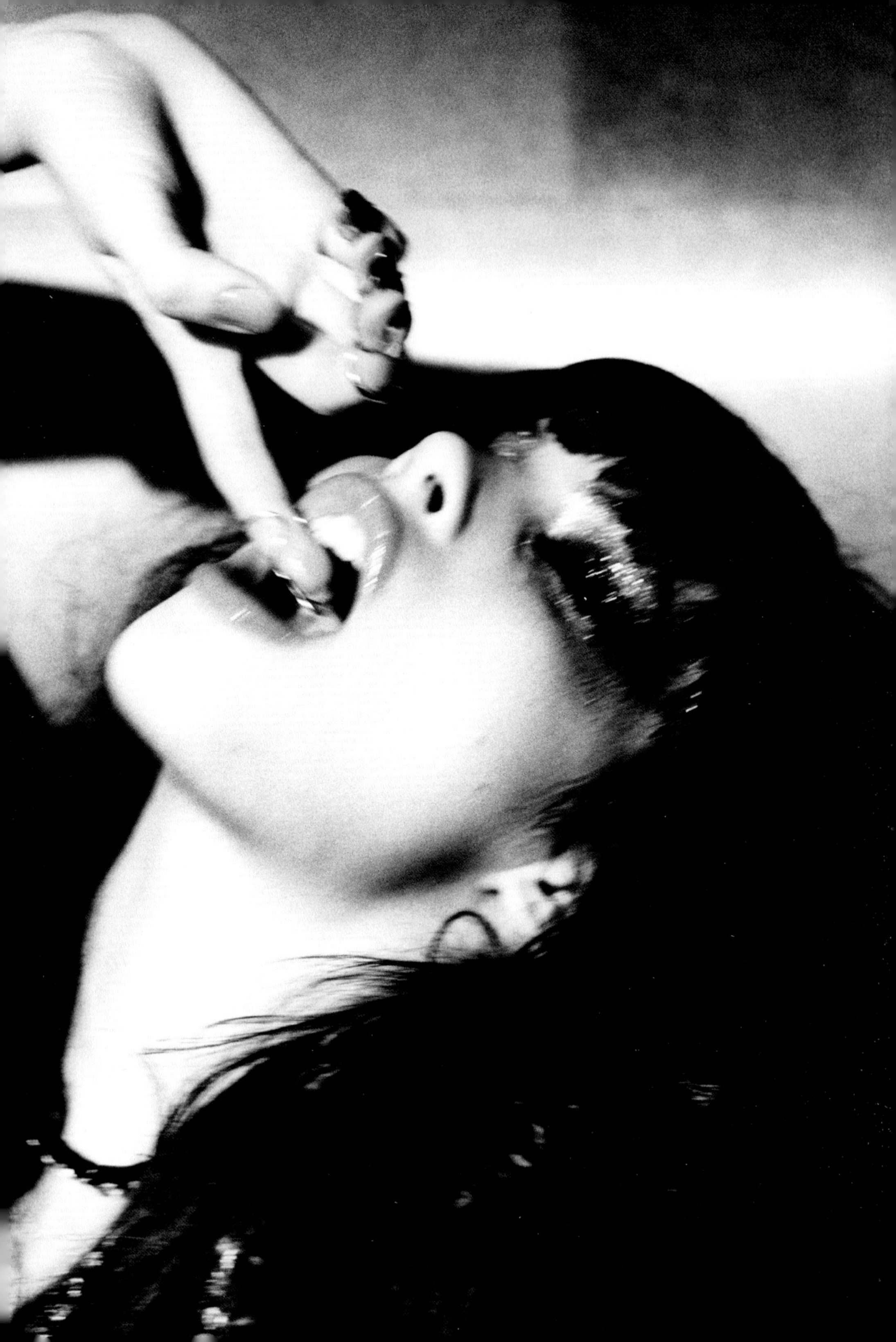

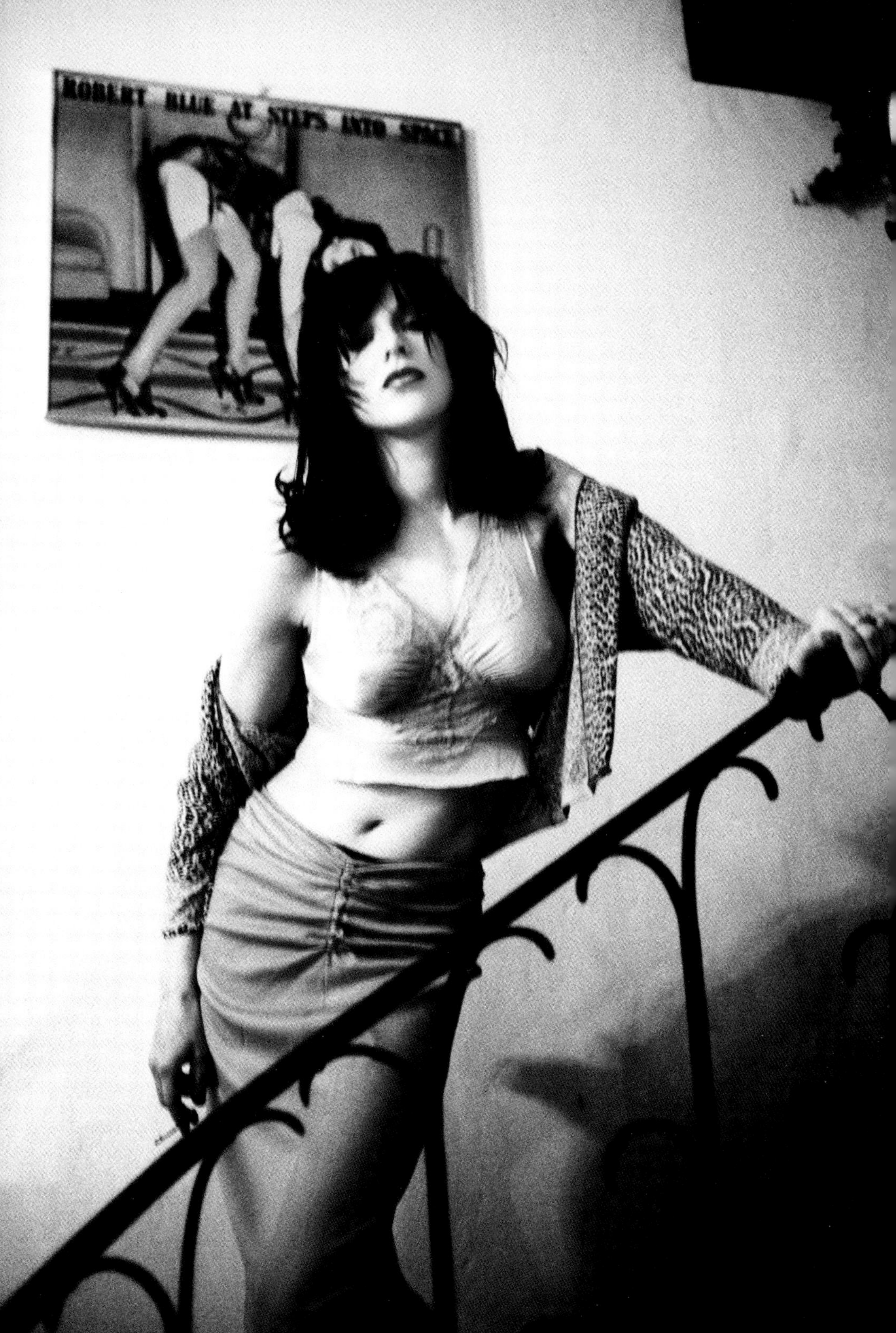

ROBERT BLUE AT STEPS INTO SPACE

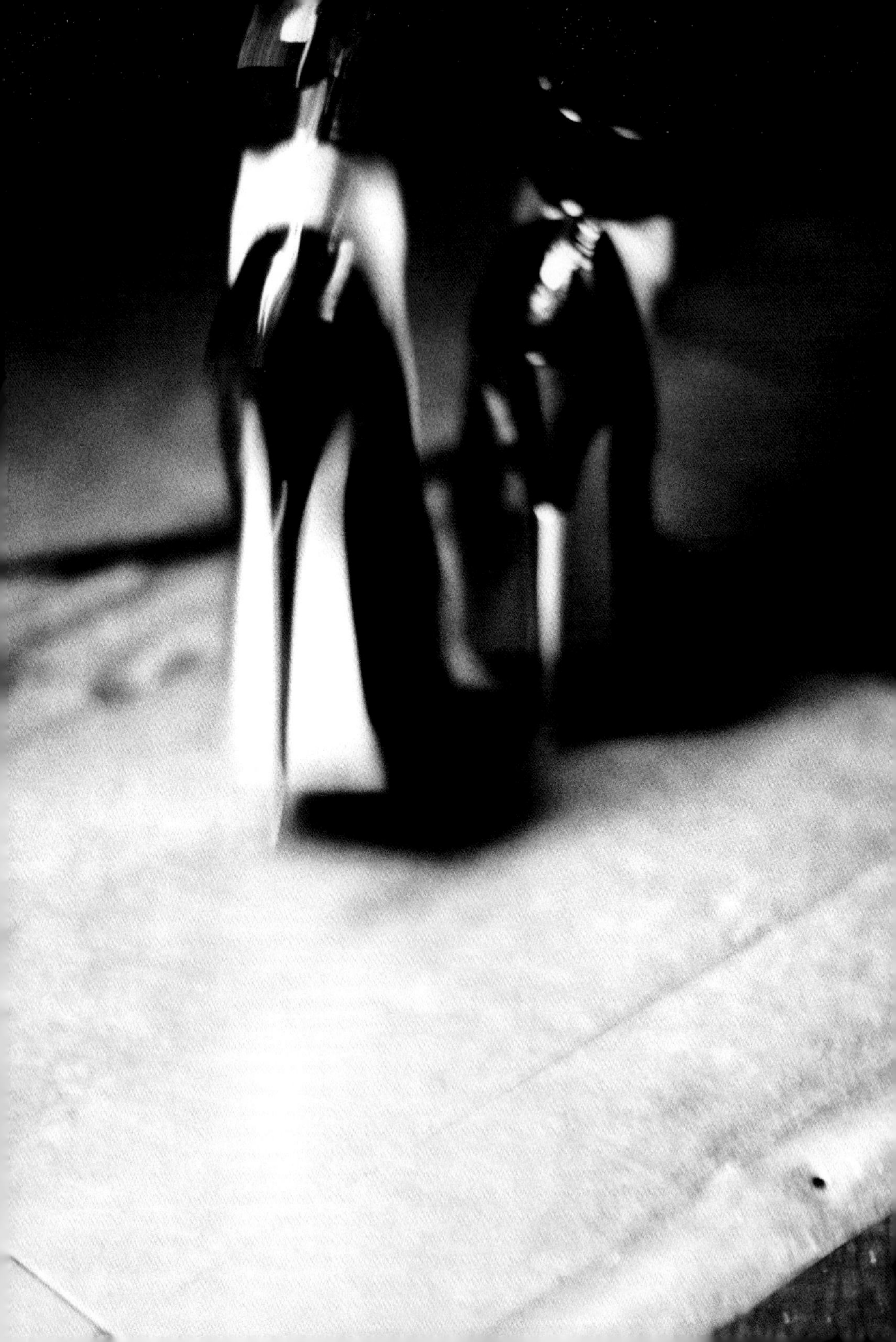

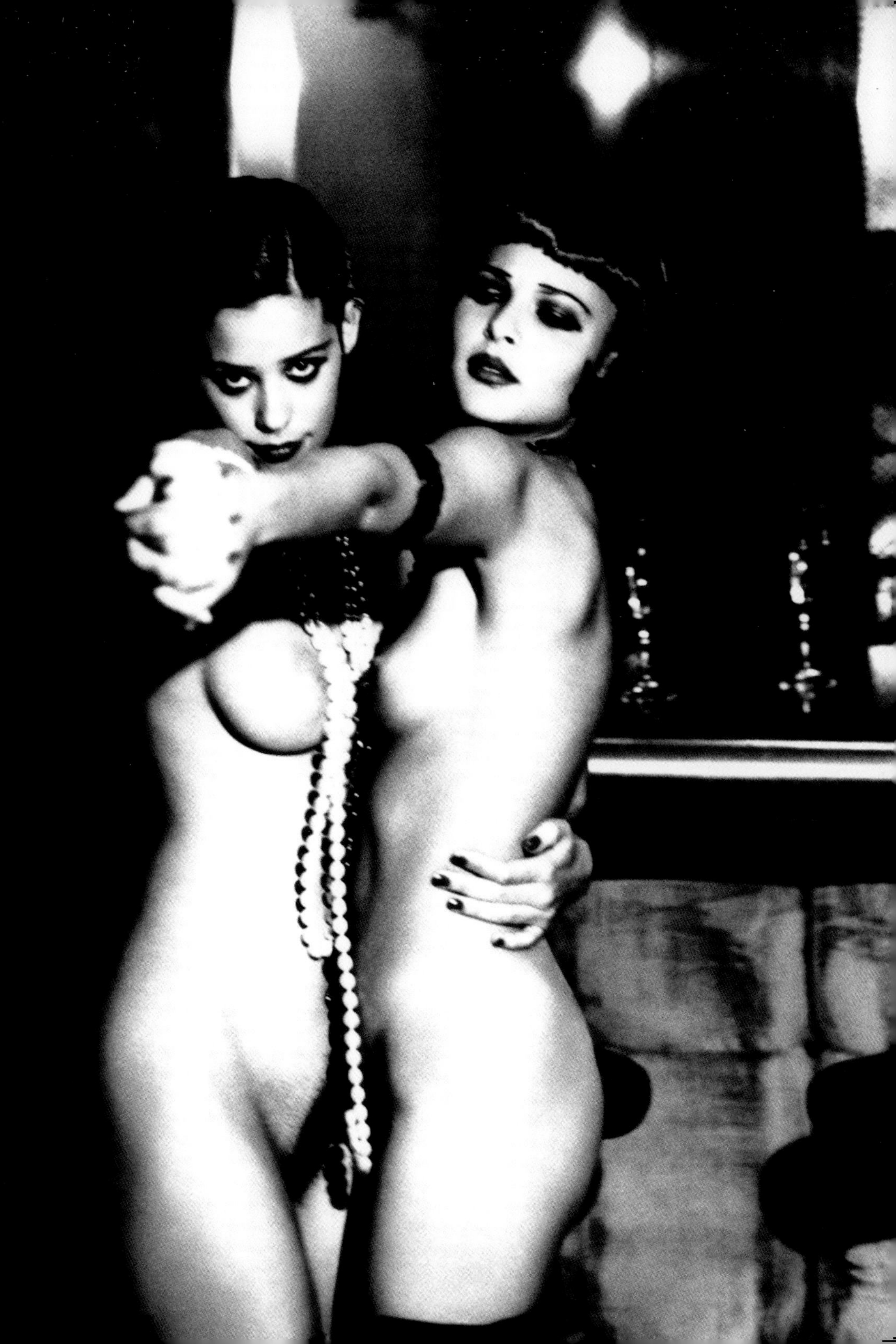

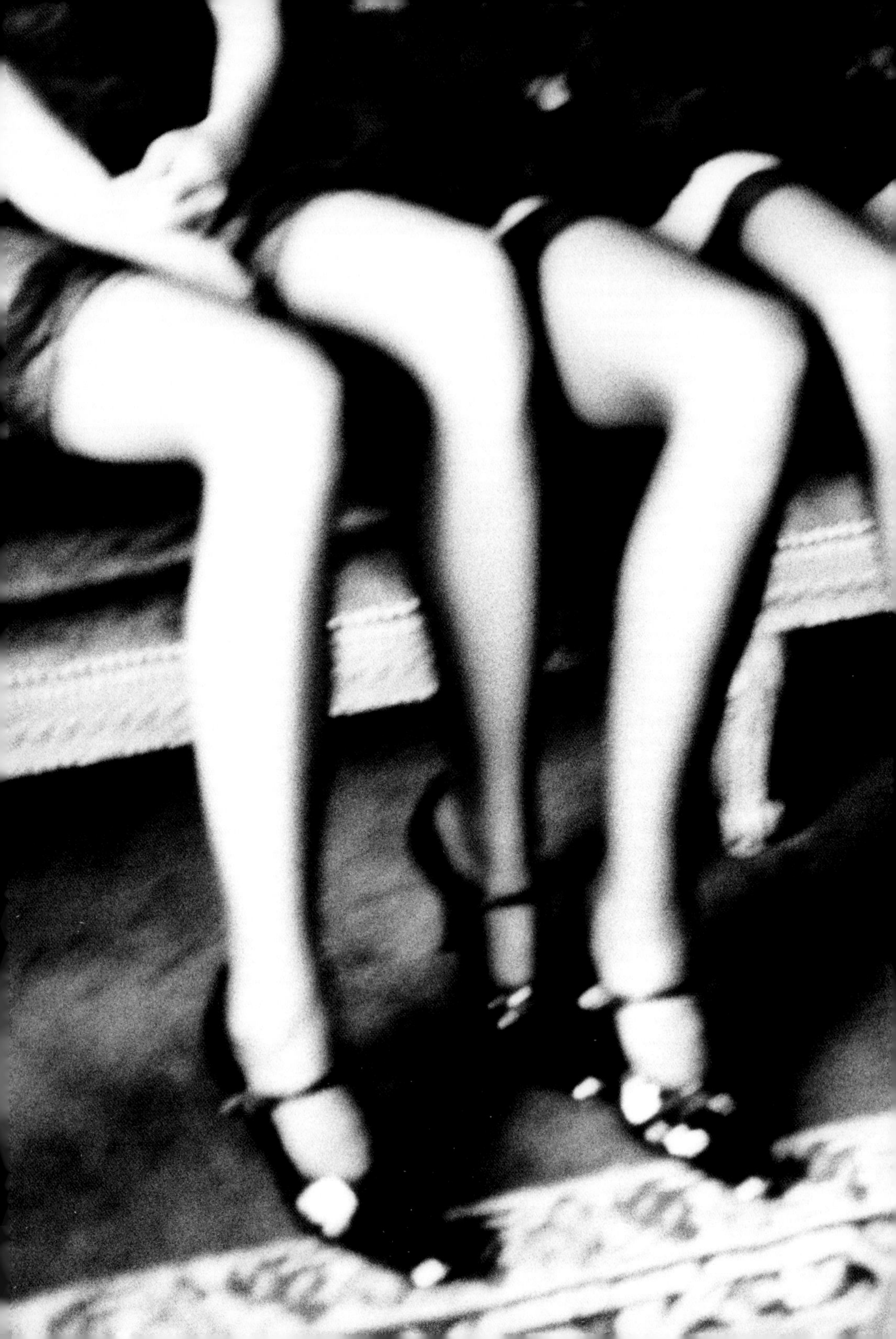

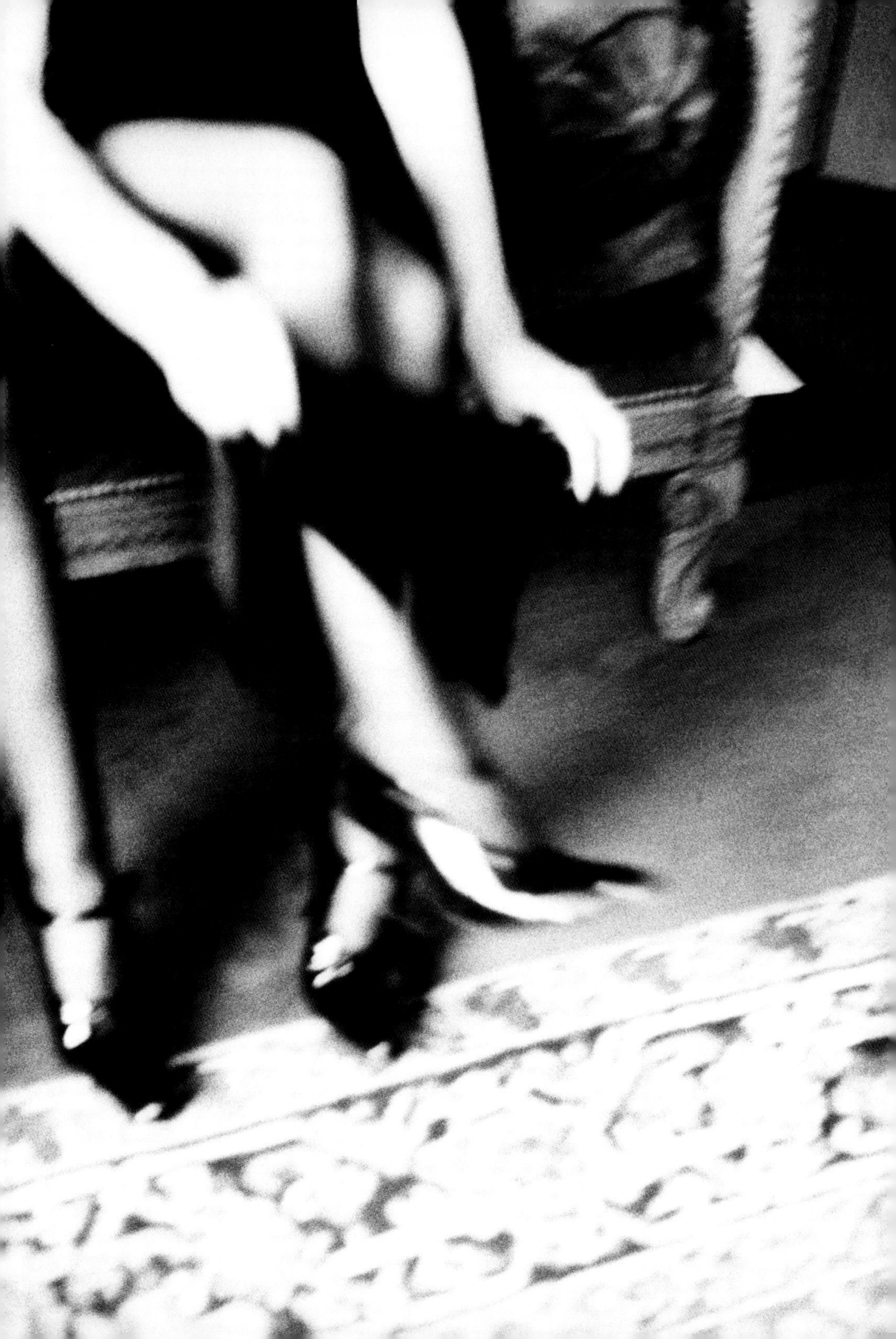

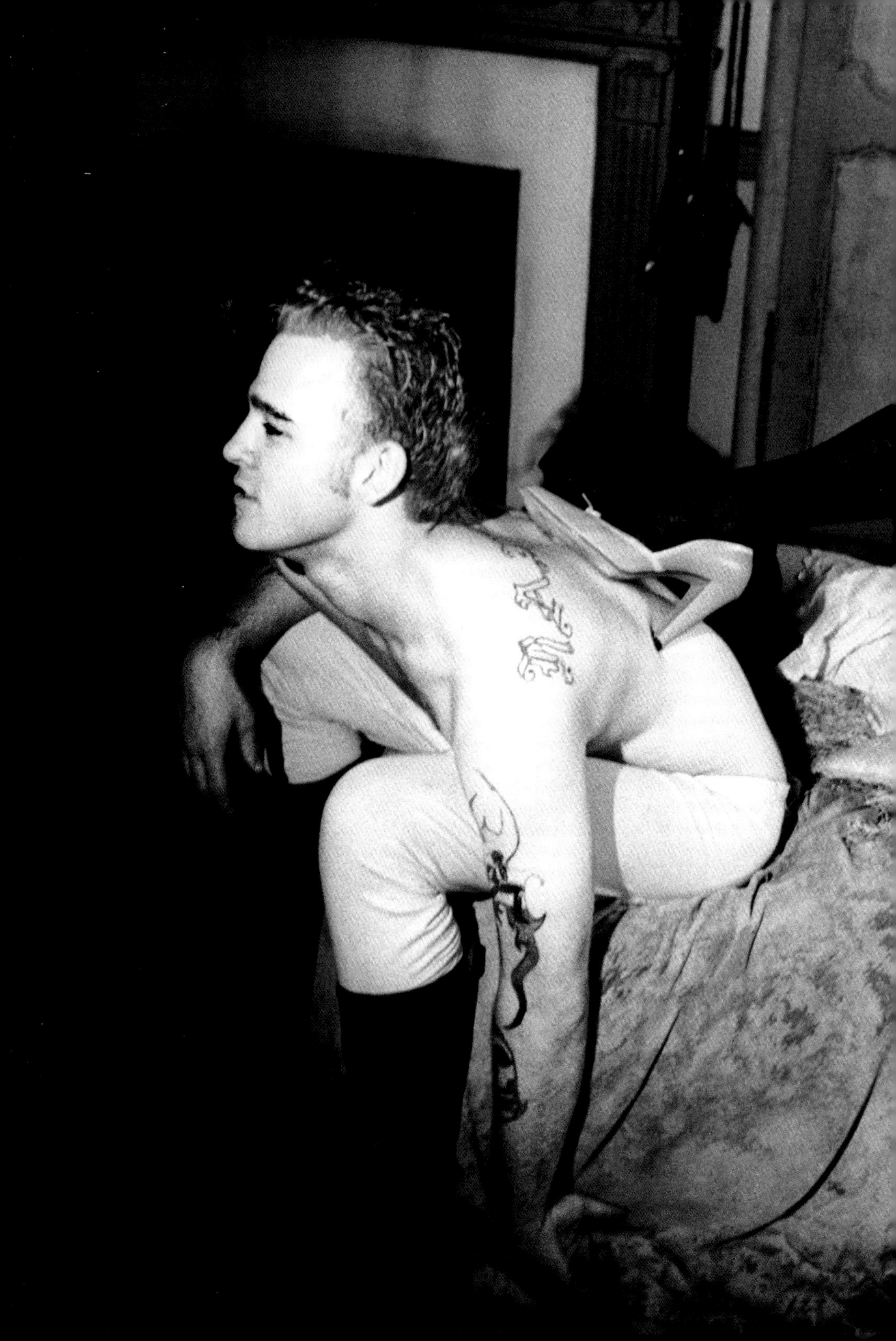

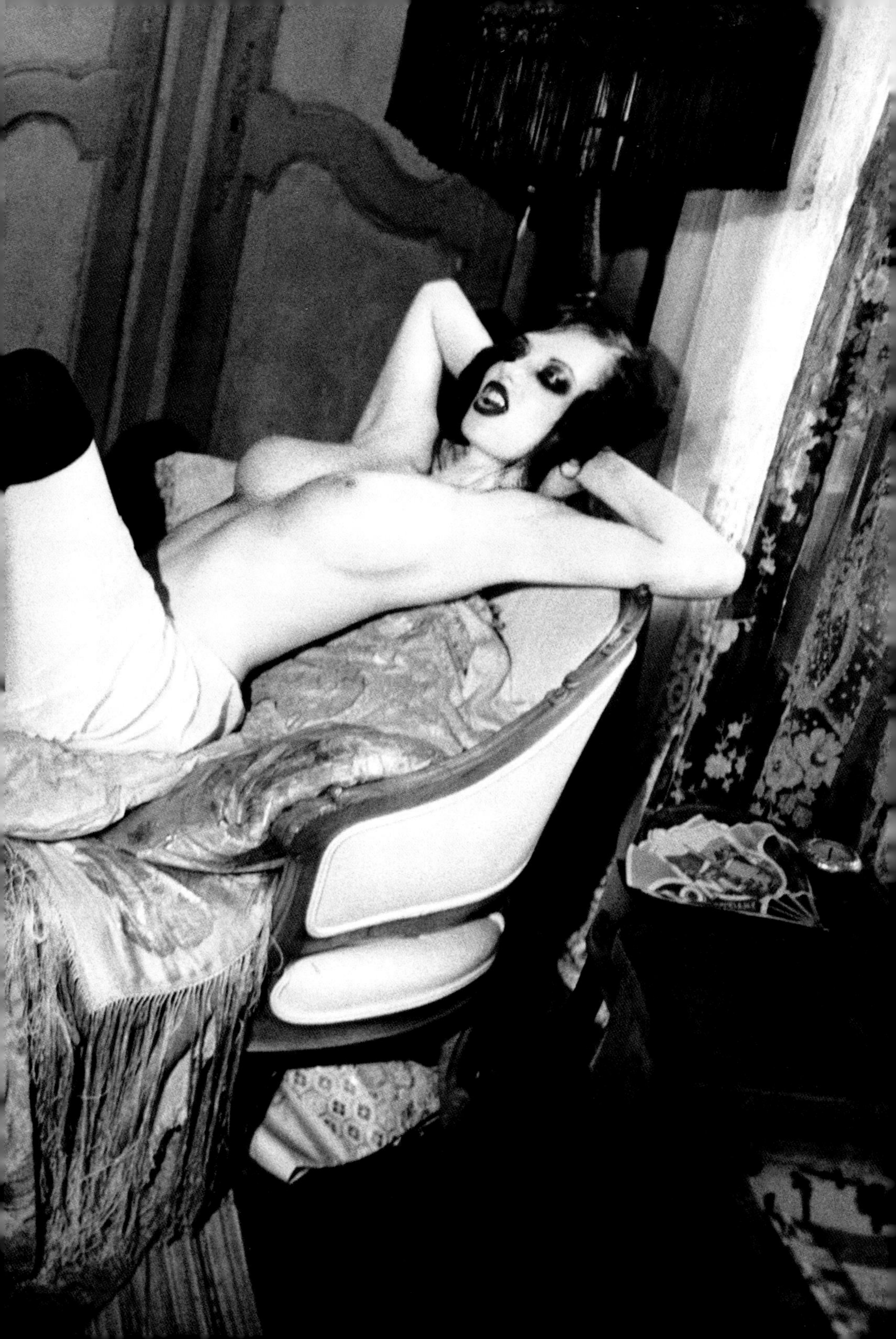

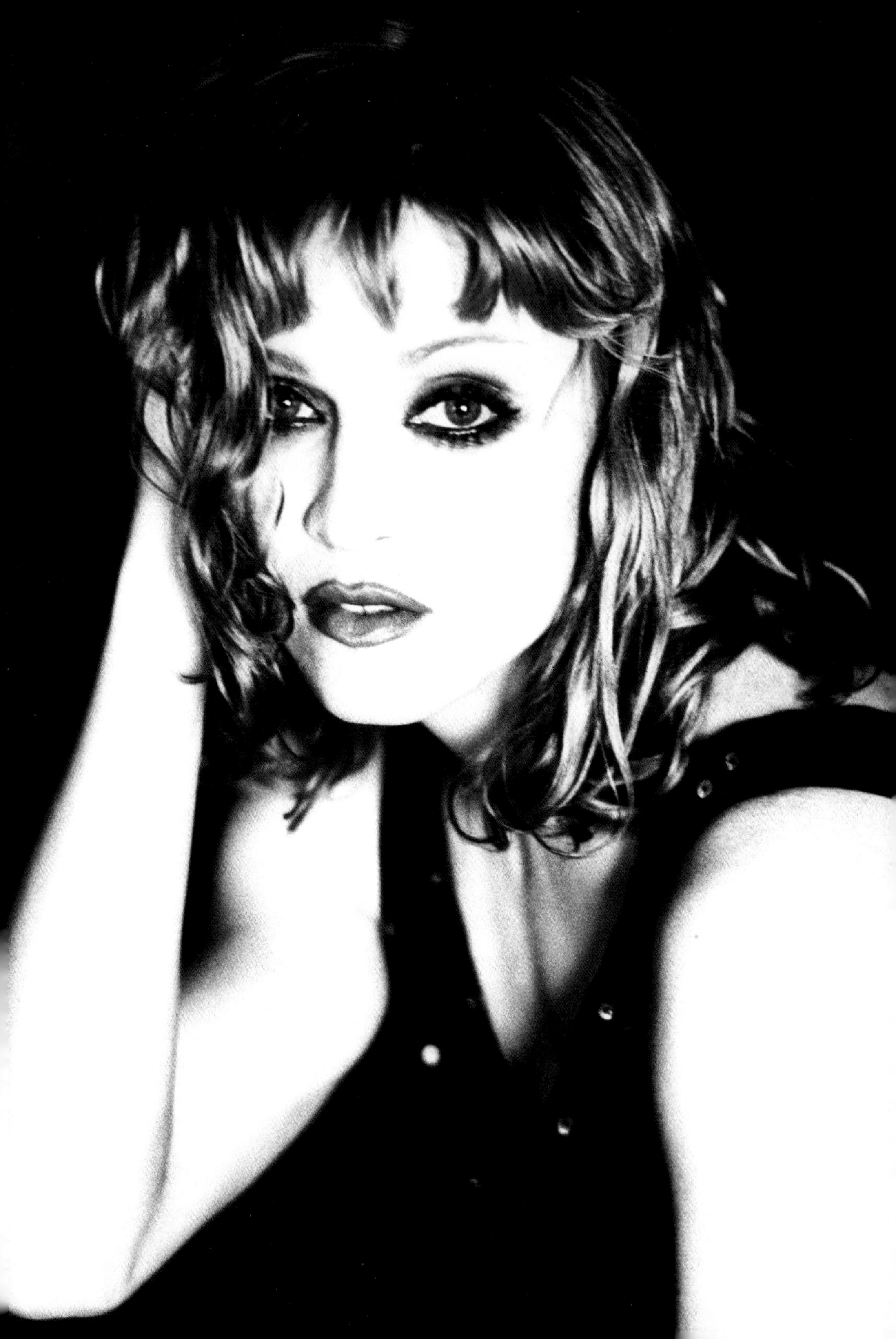

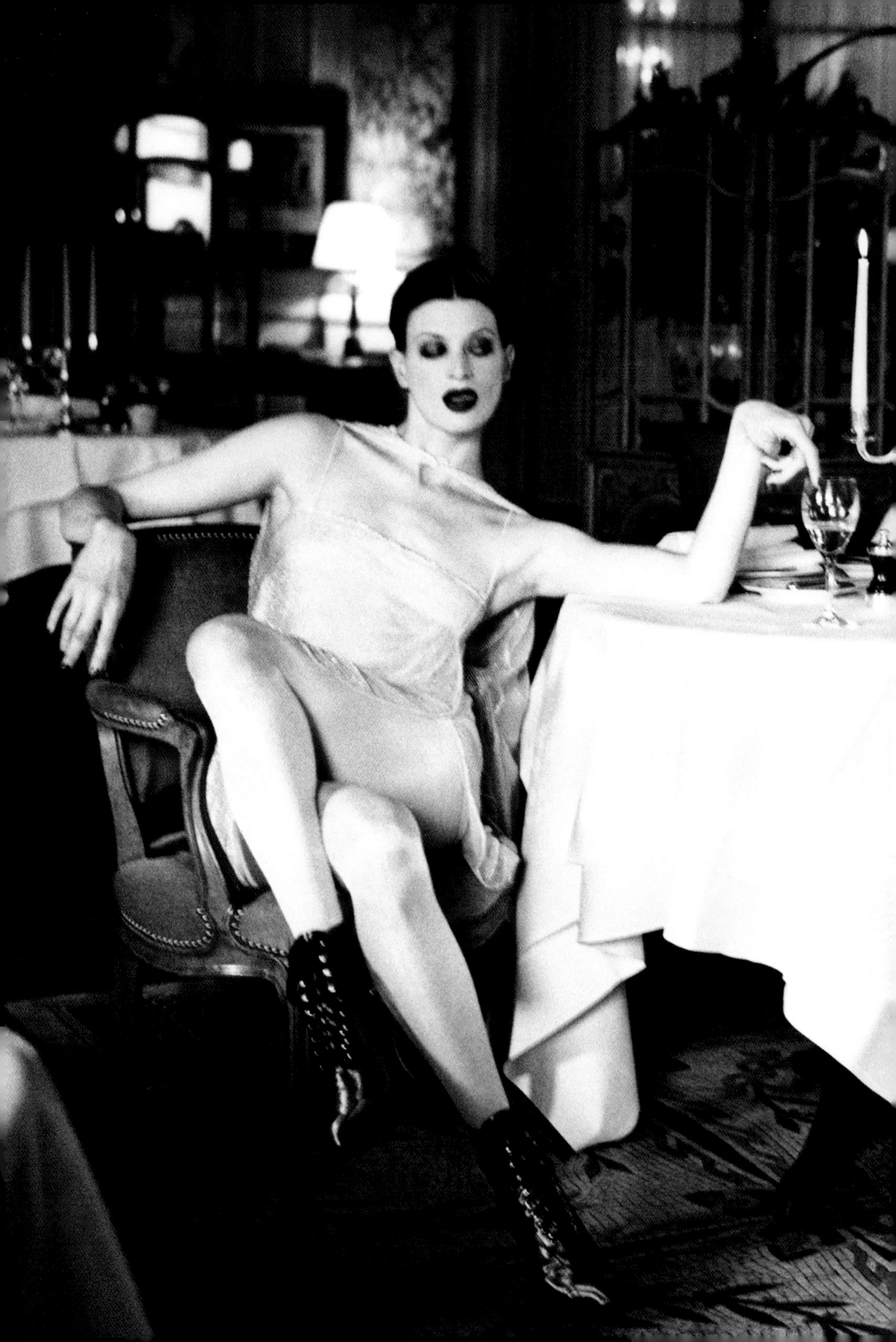

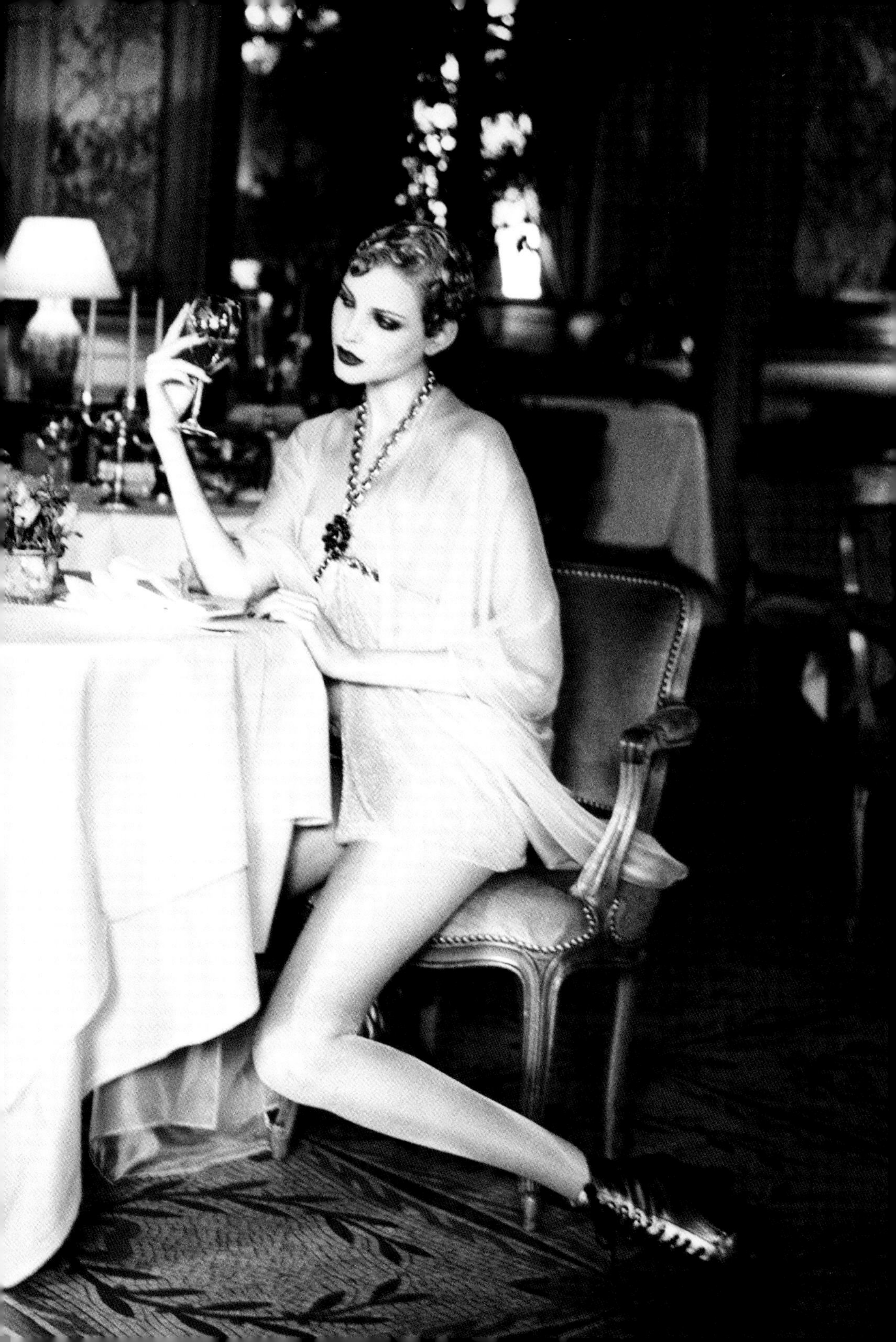

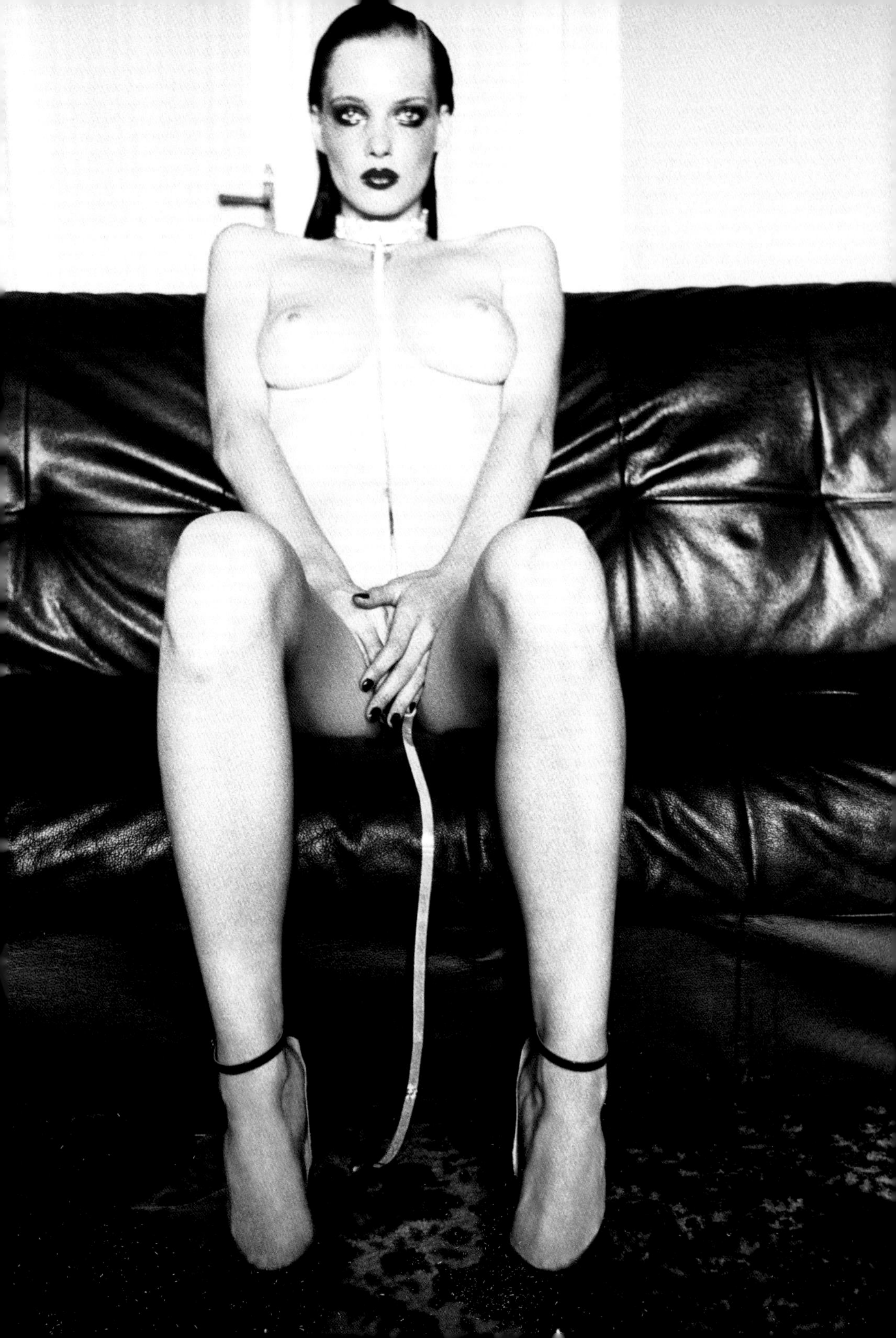

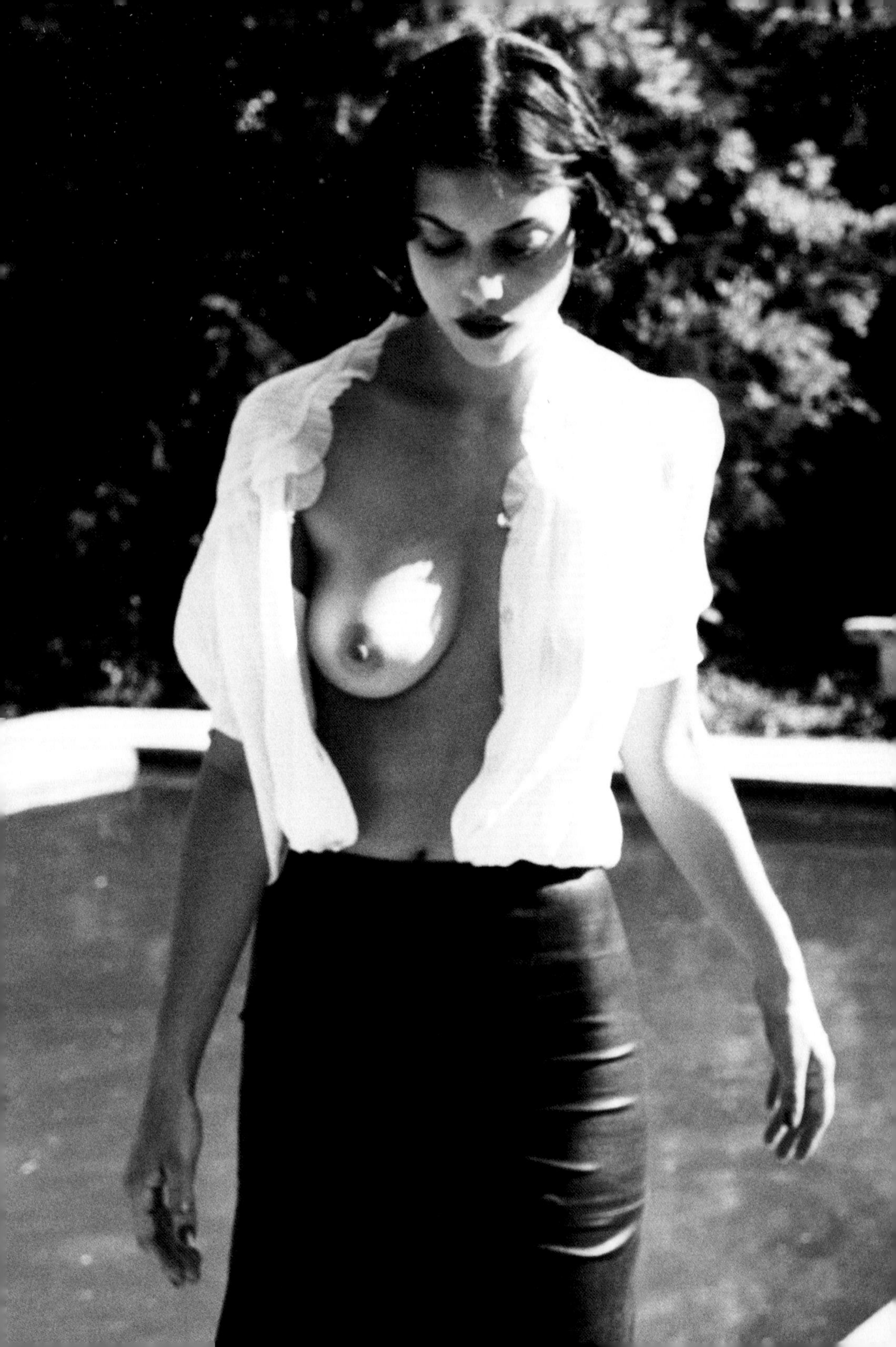

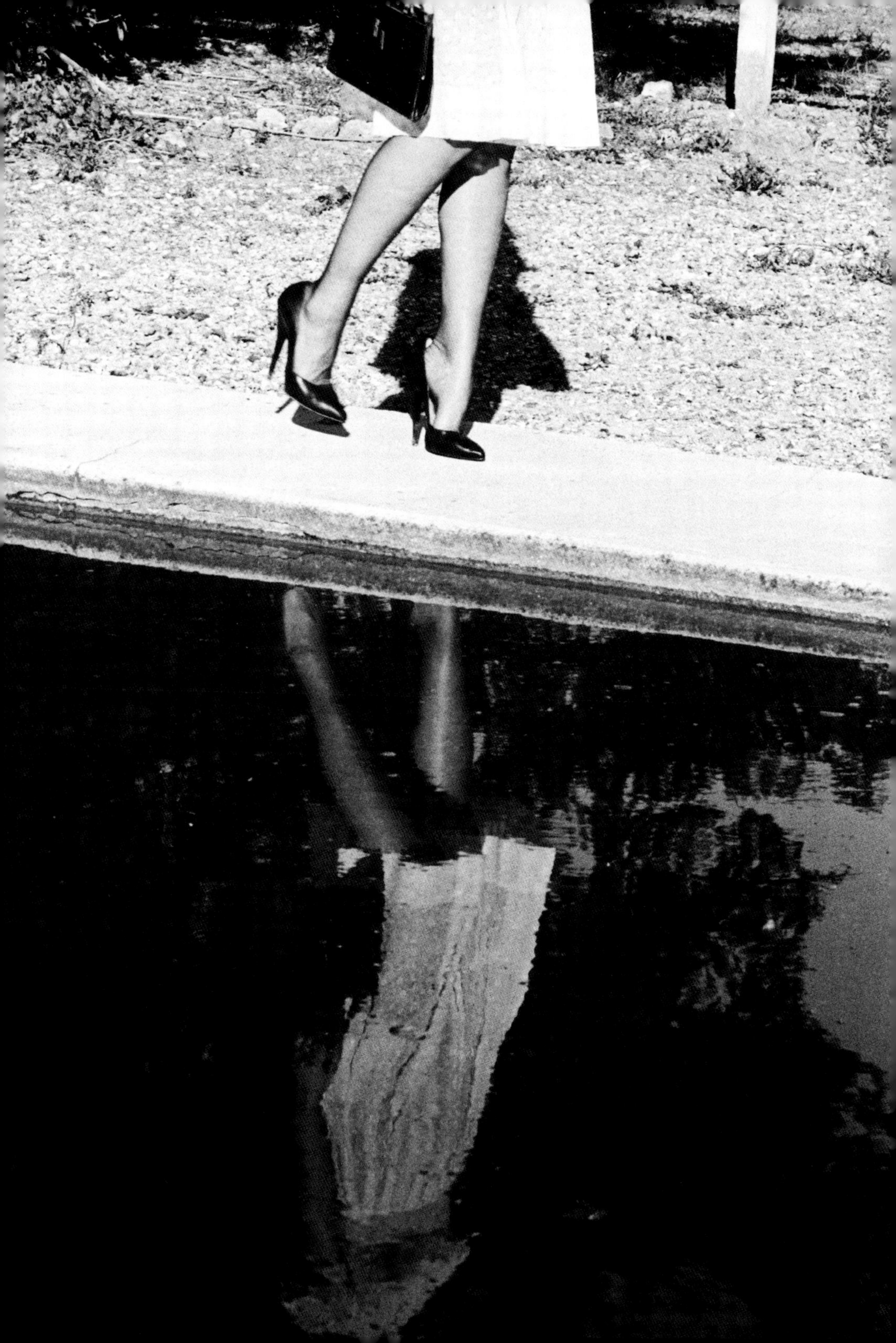

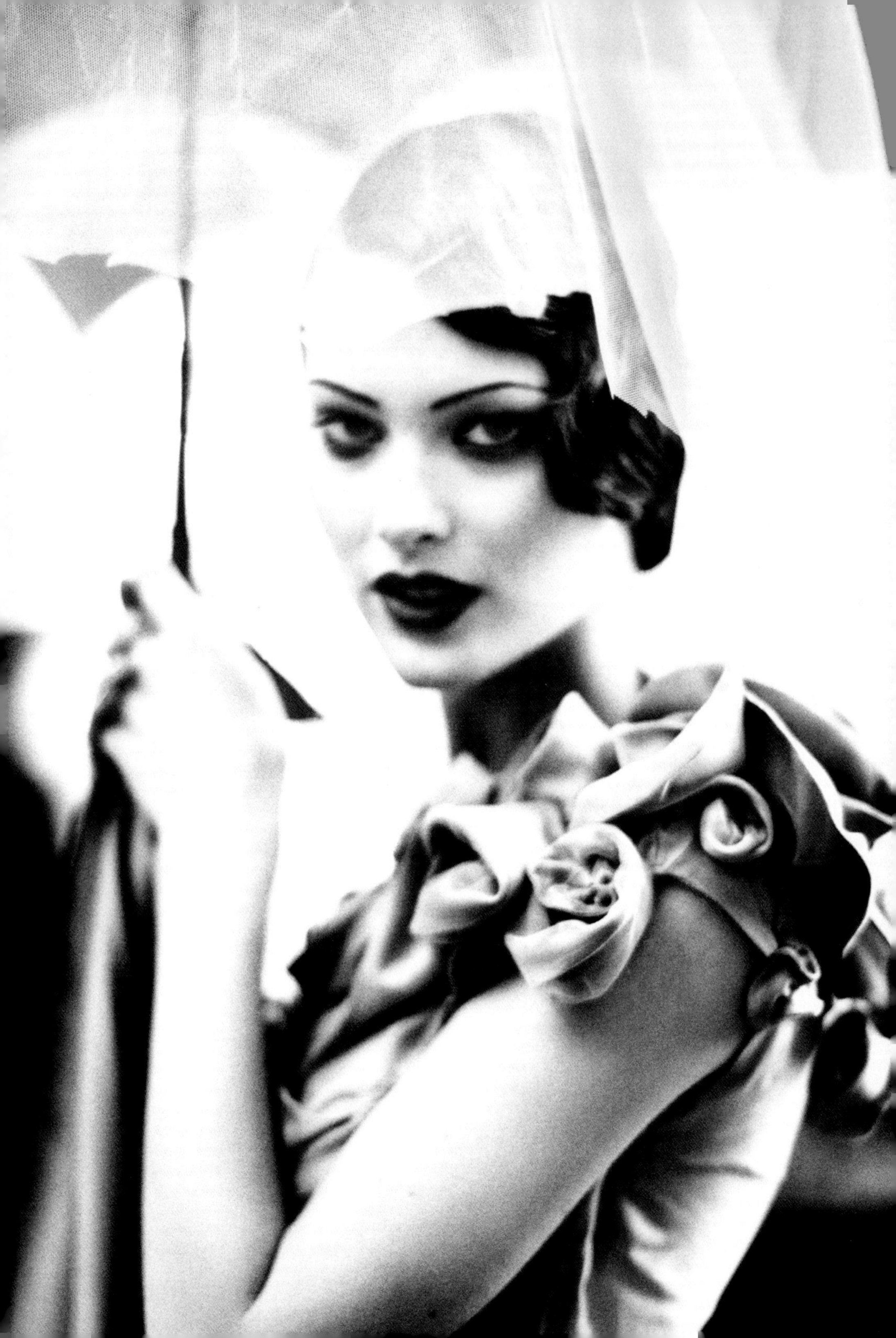

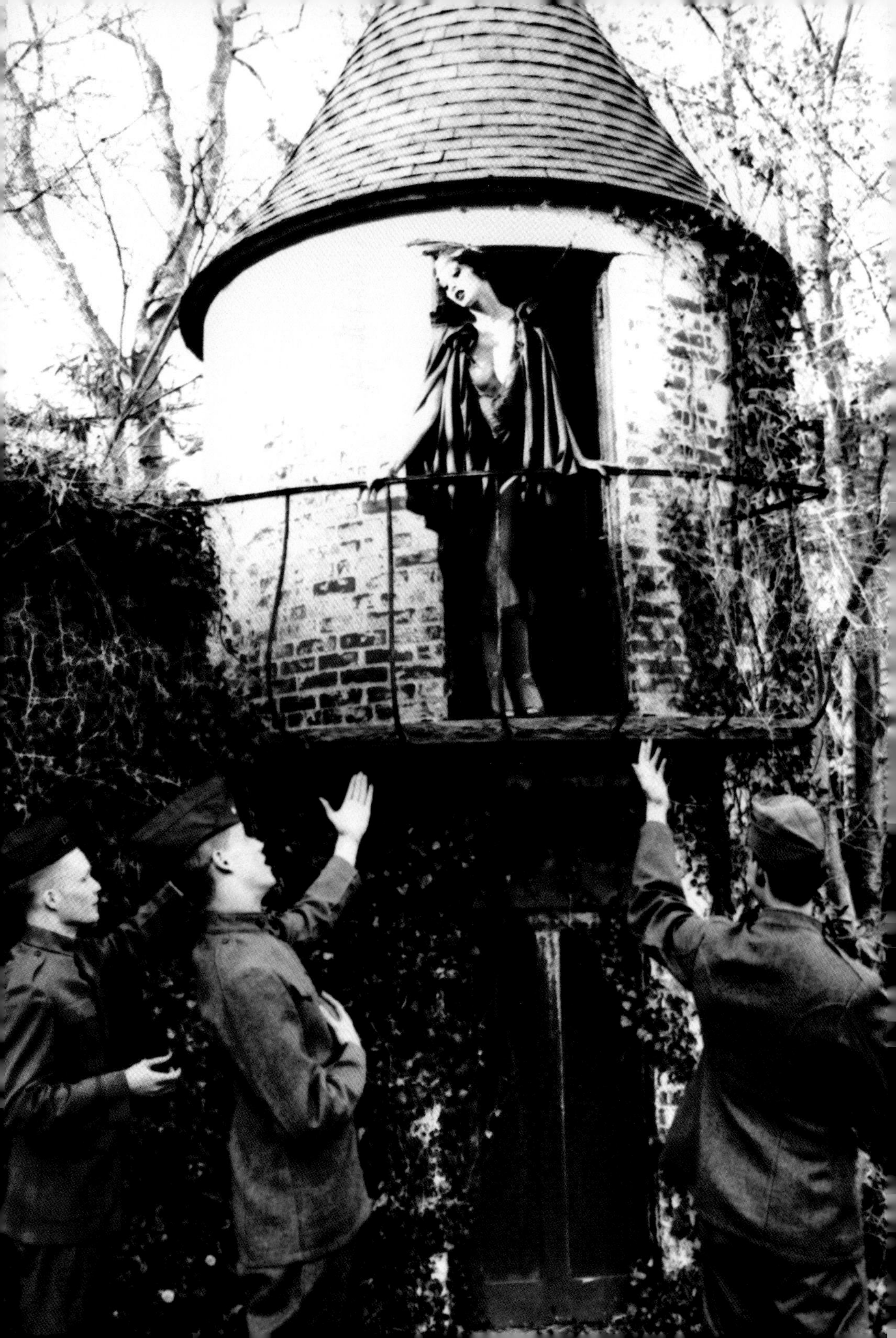

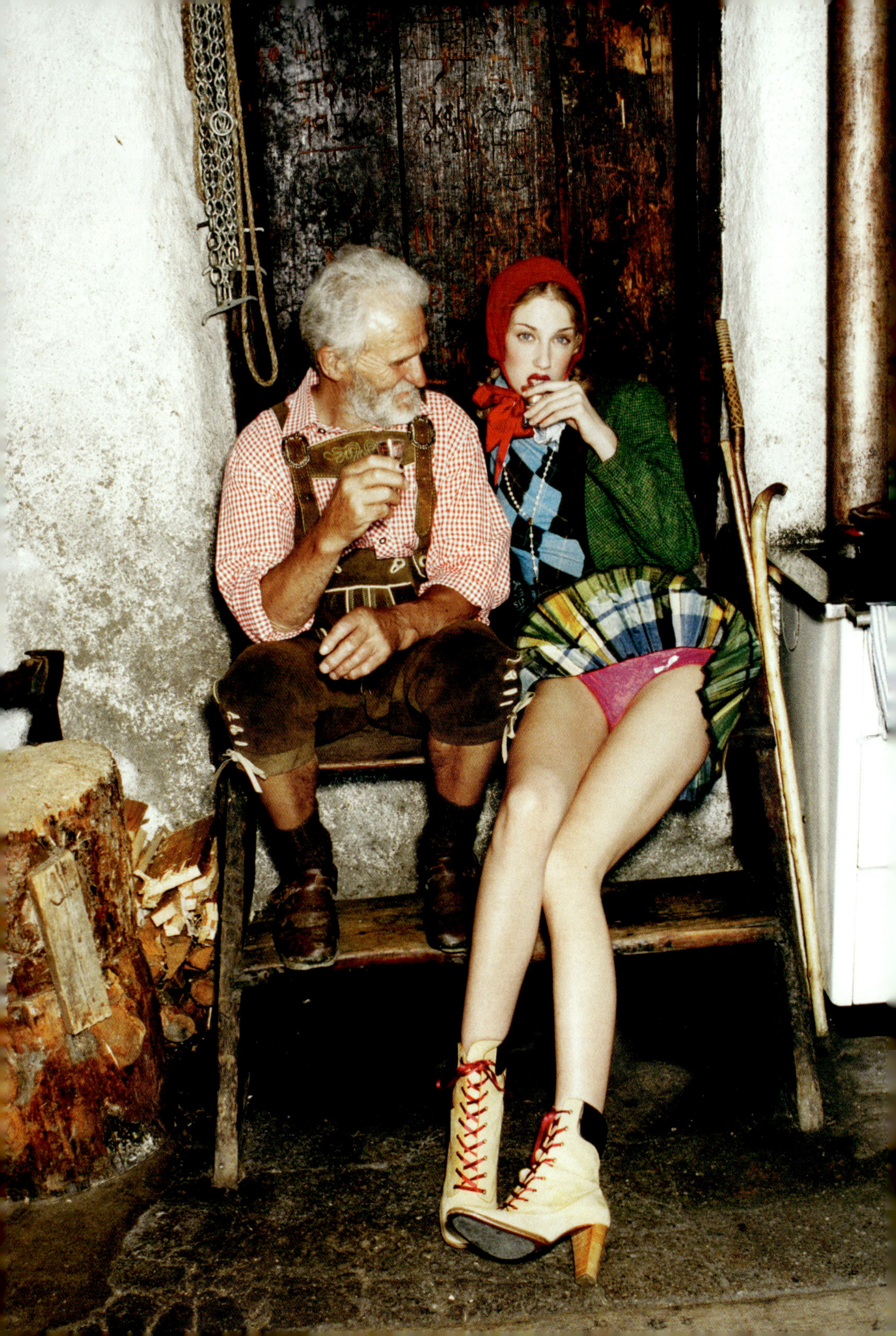

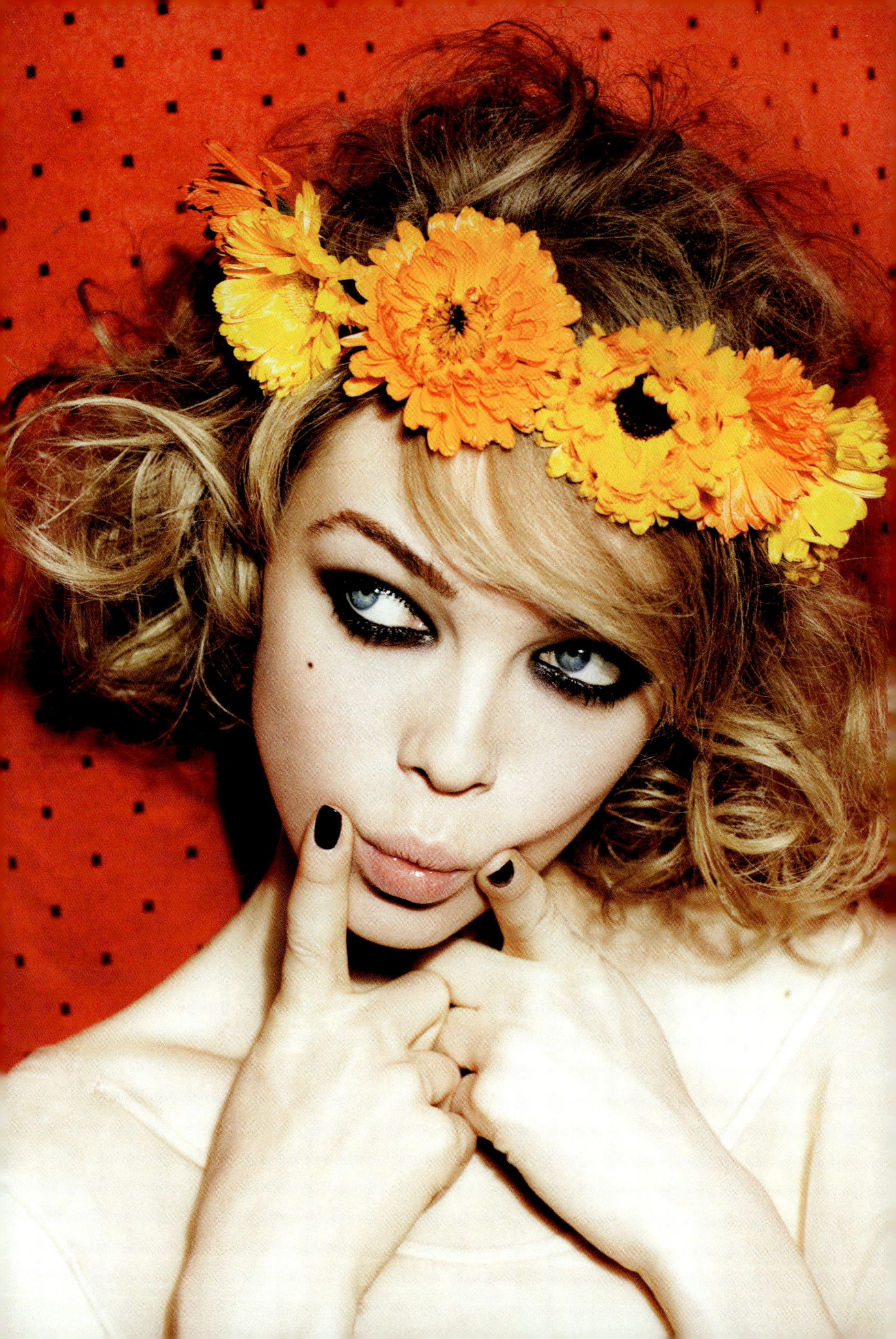

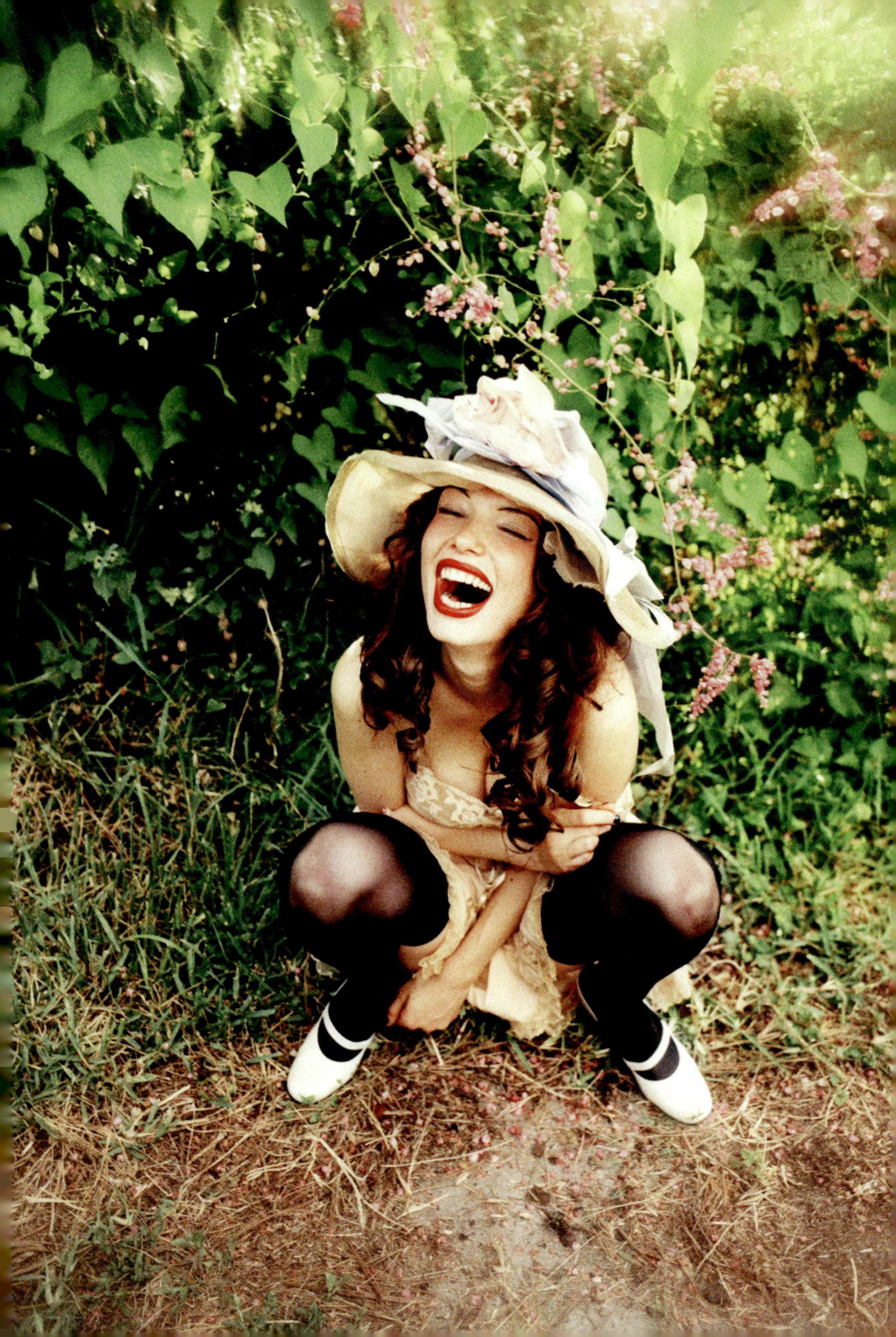

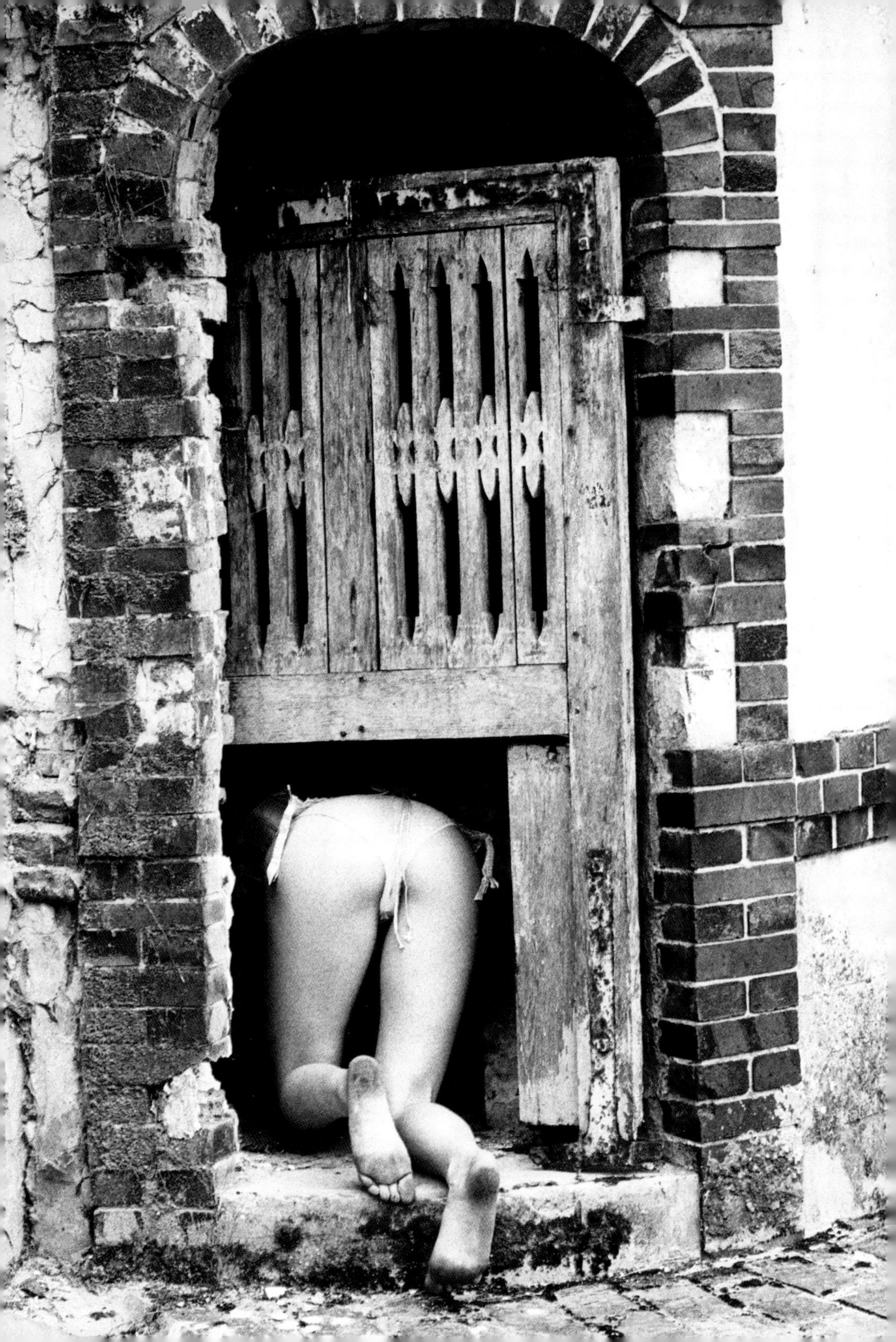

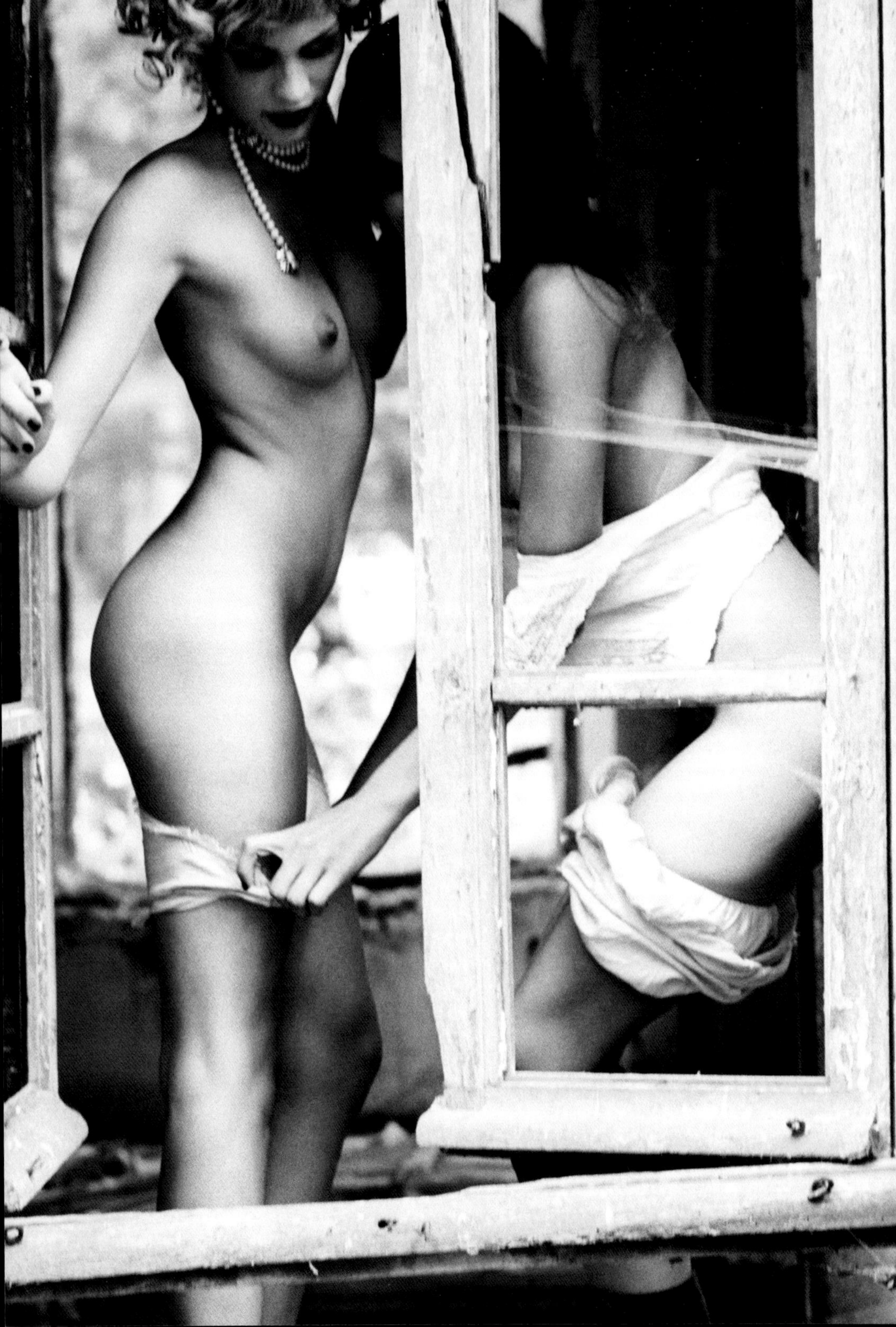

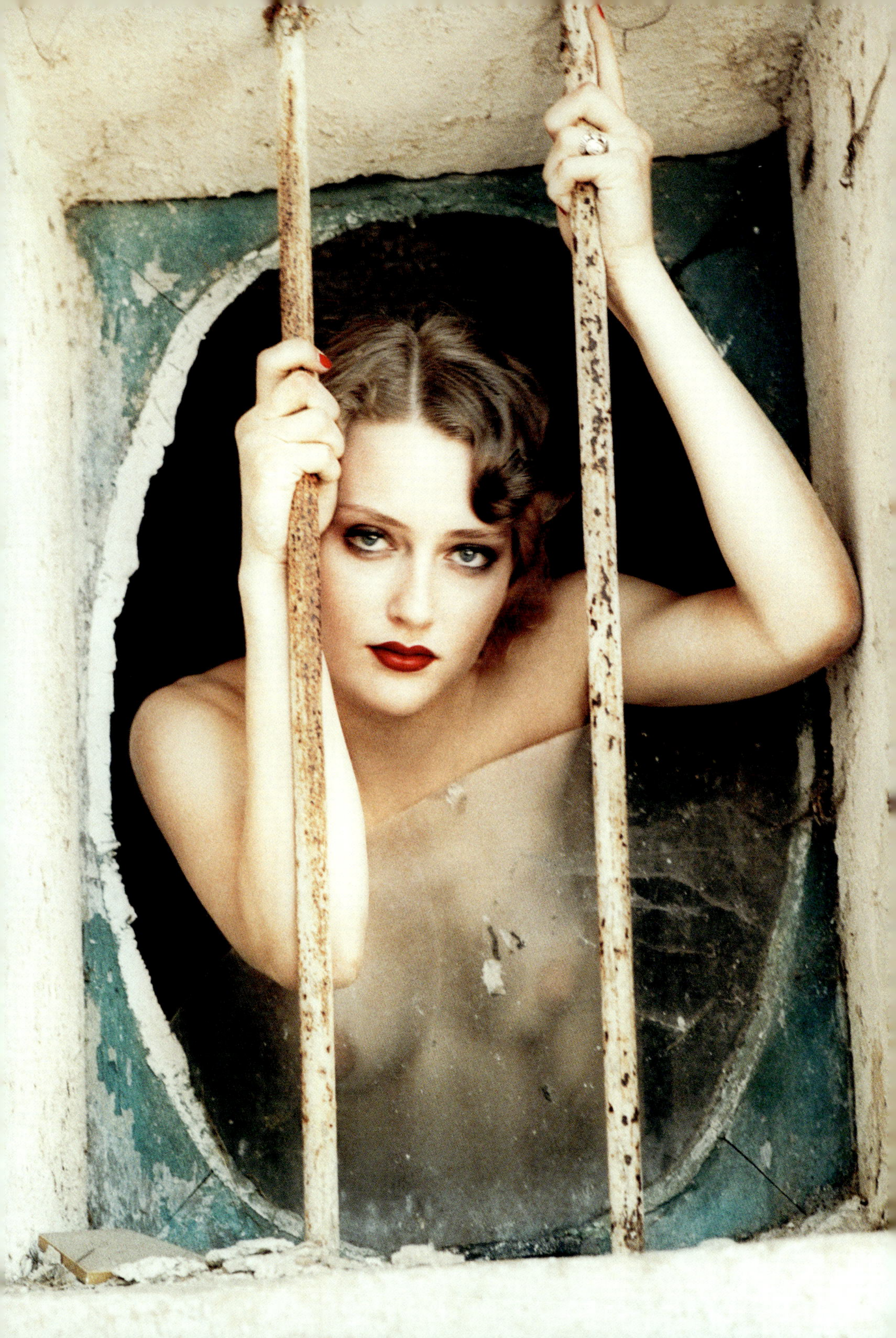

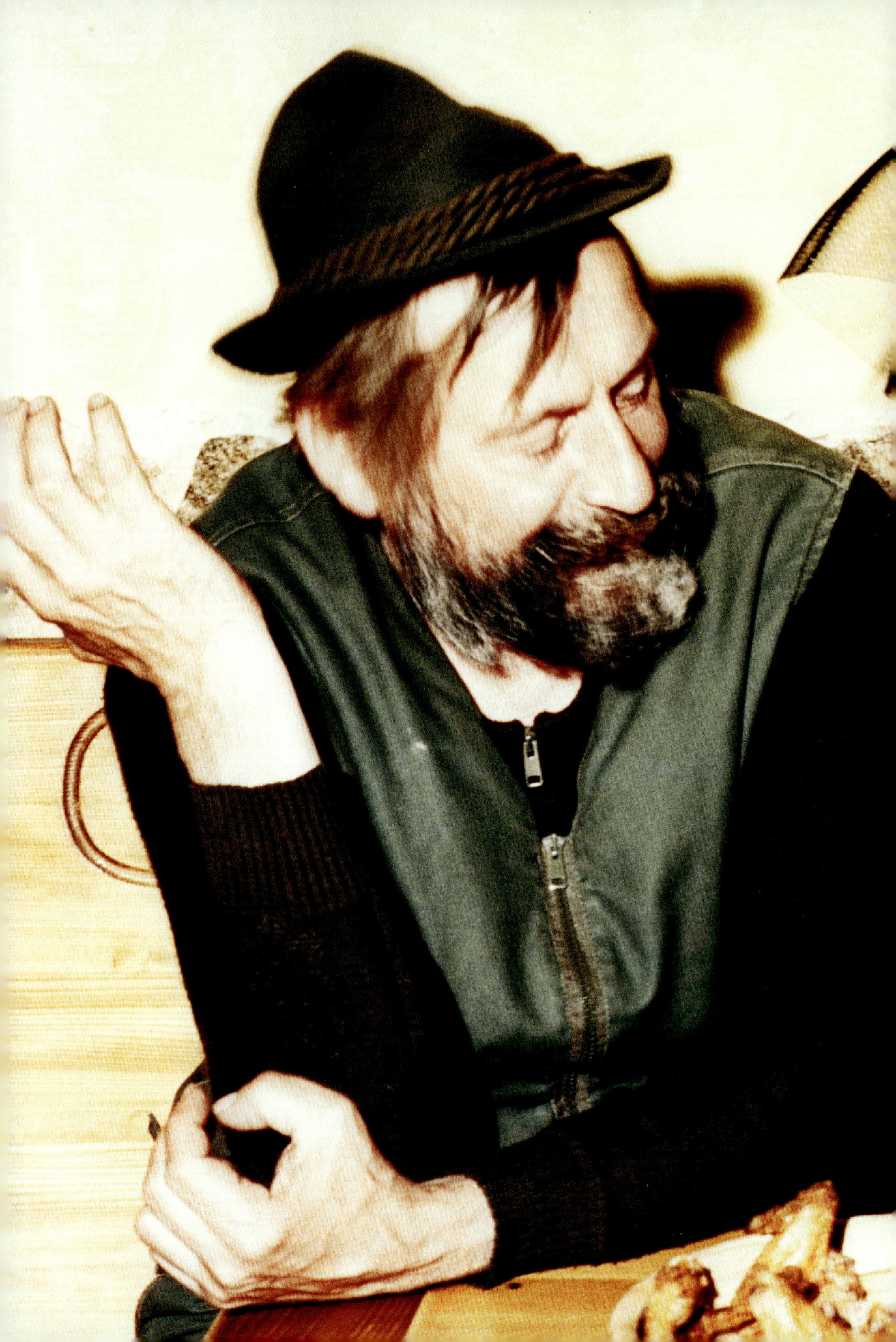

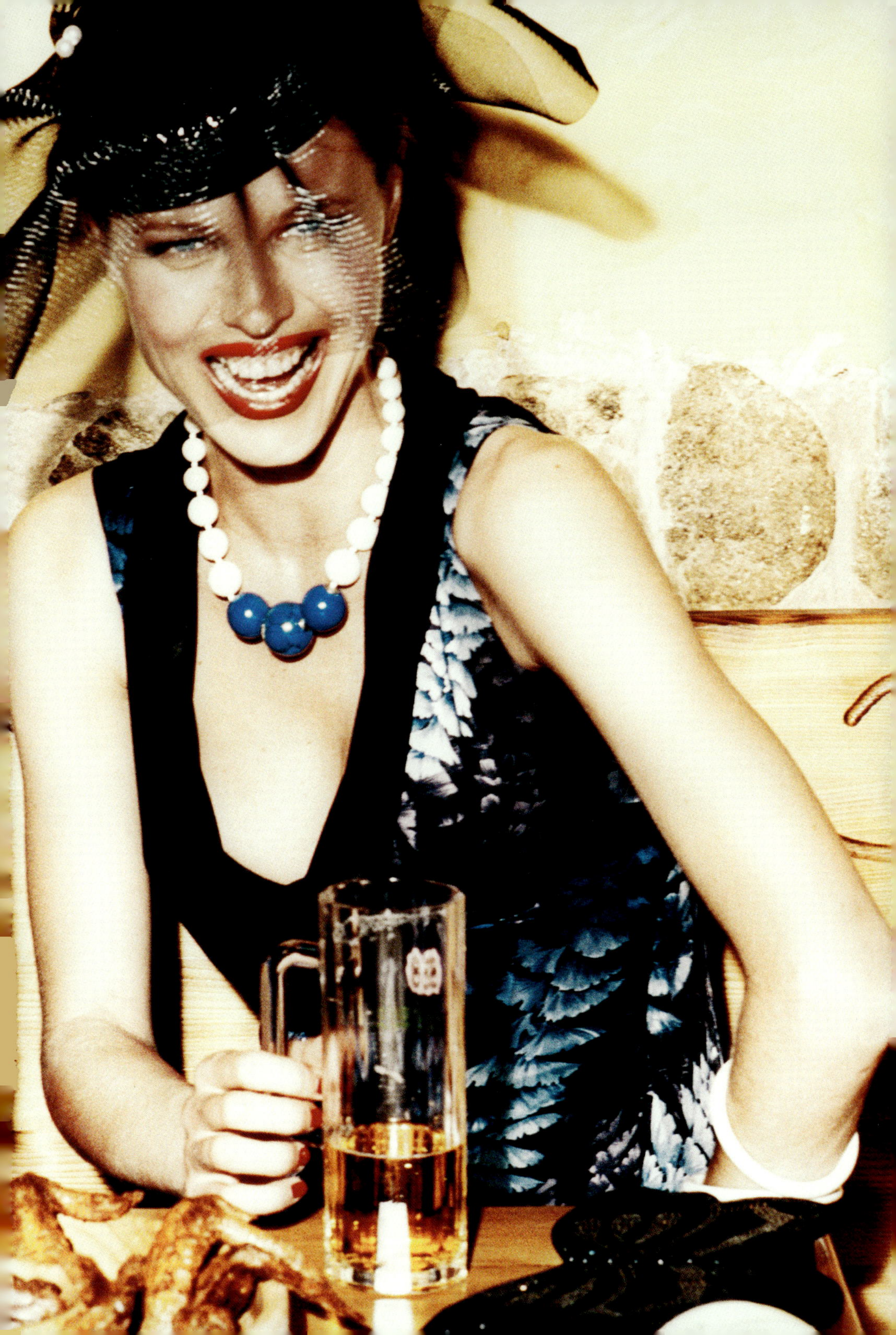

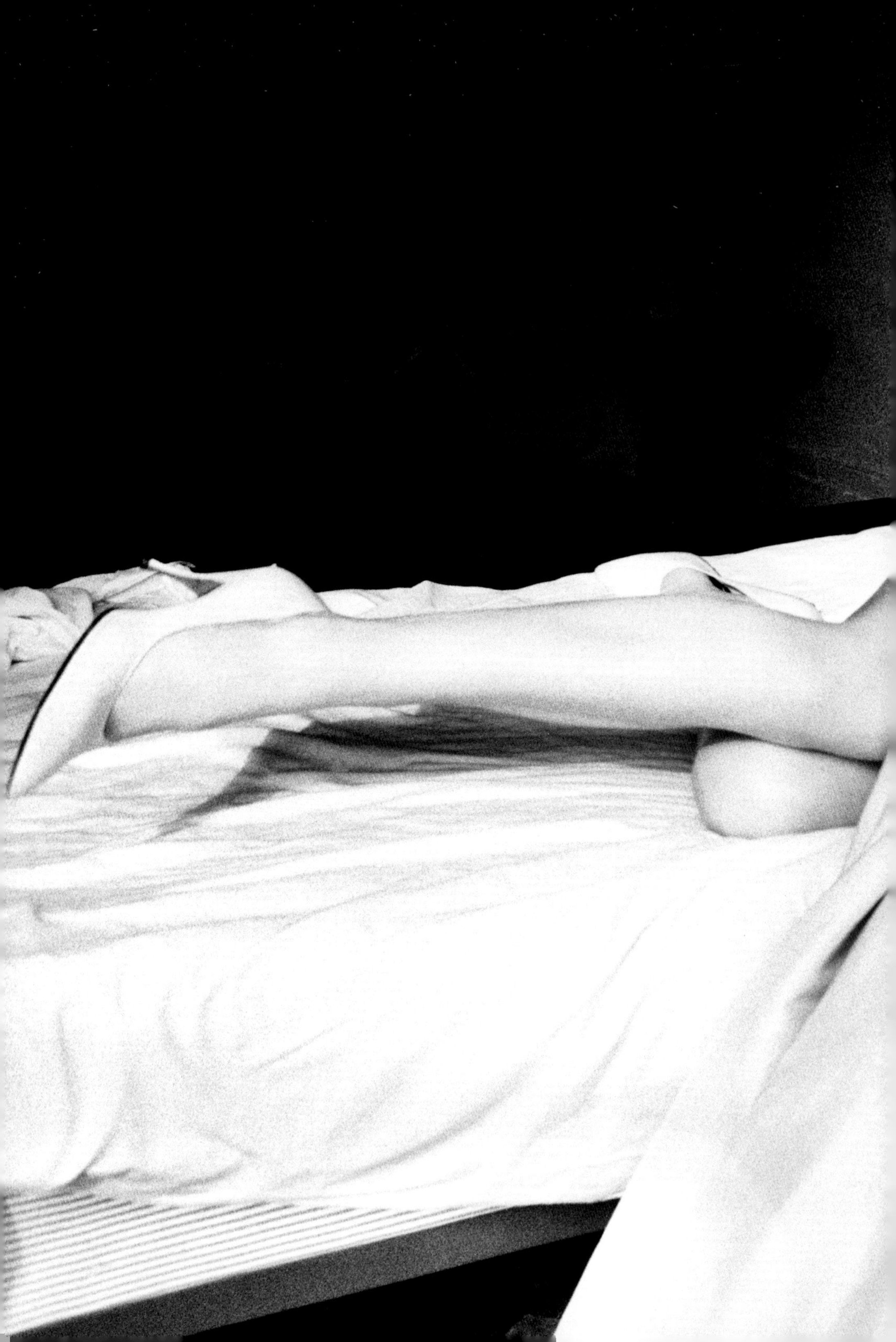

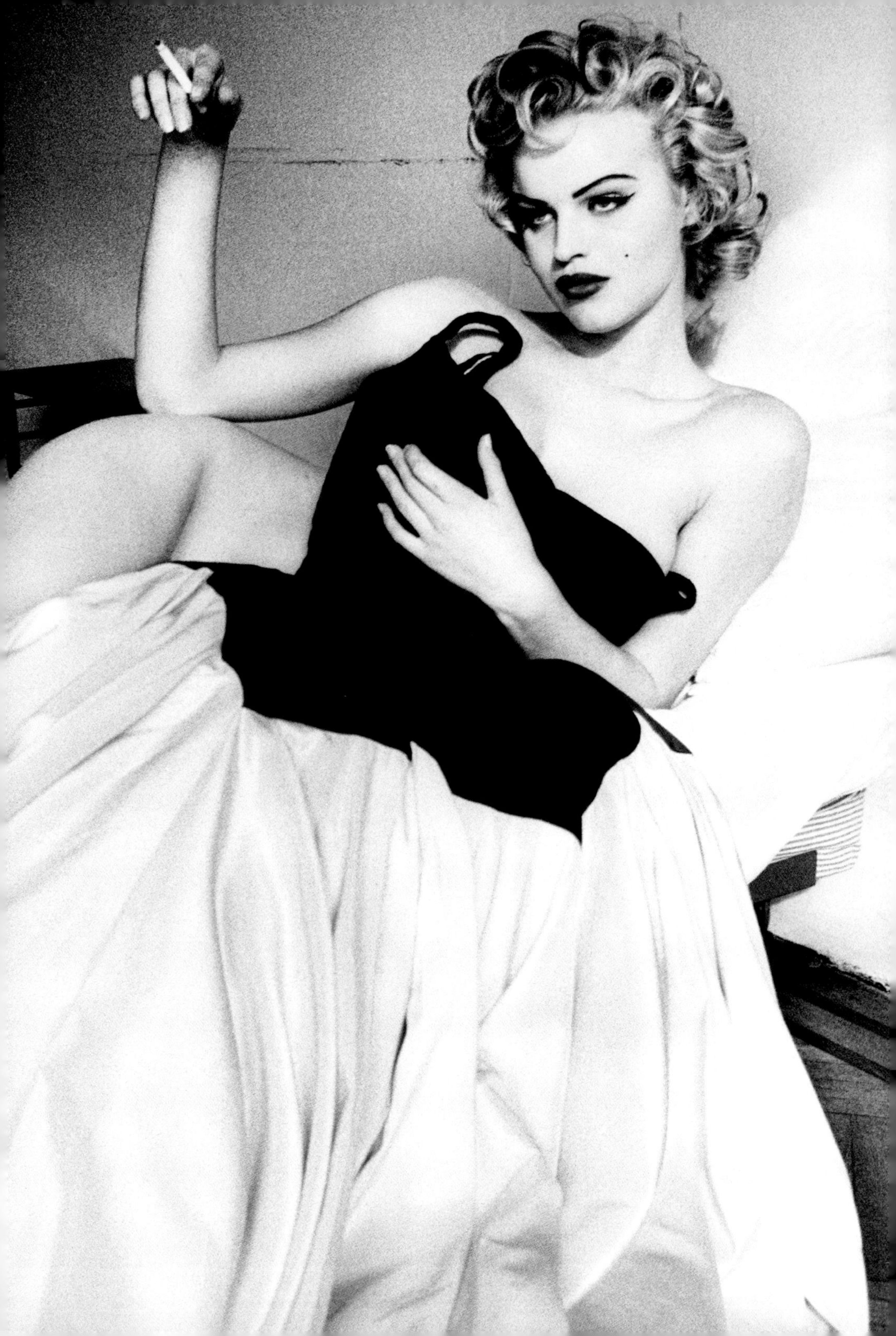

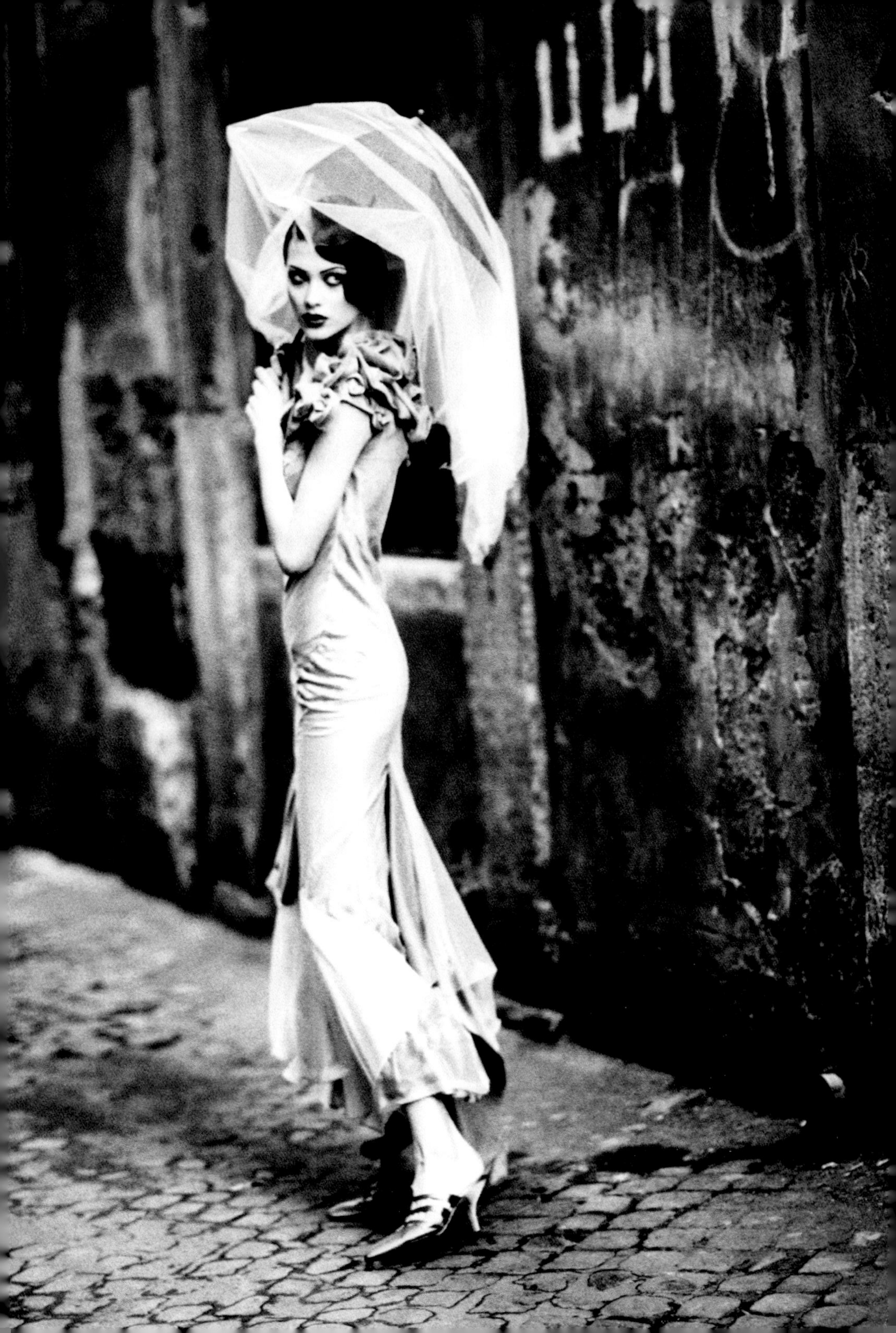

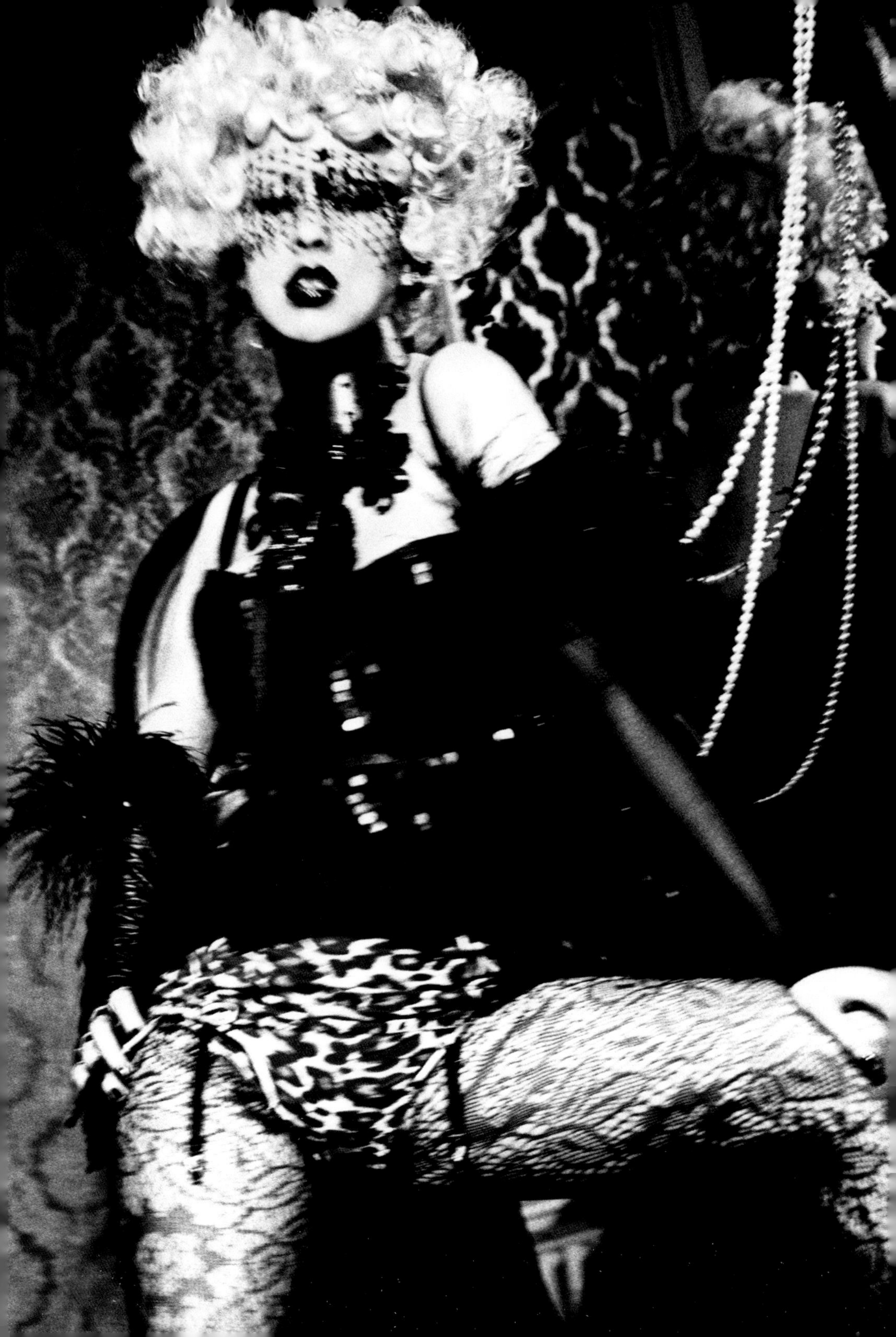

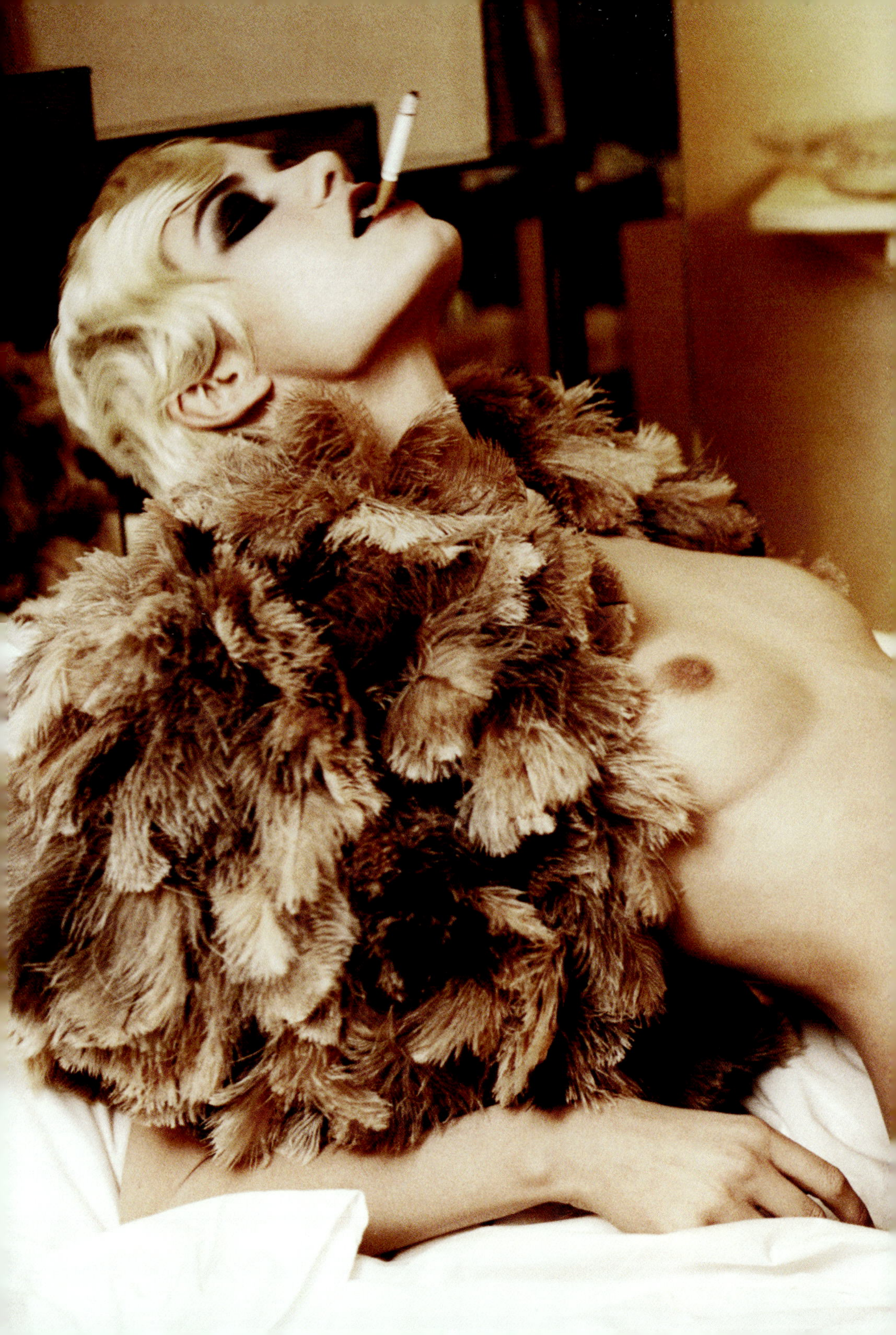

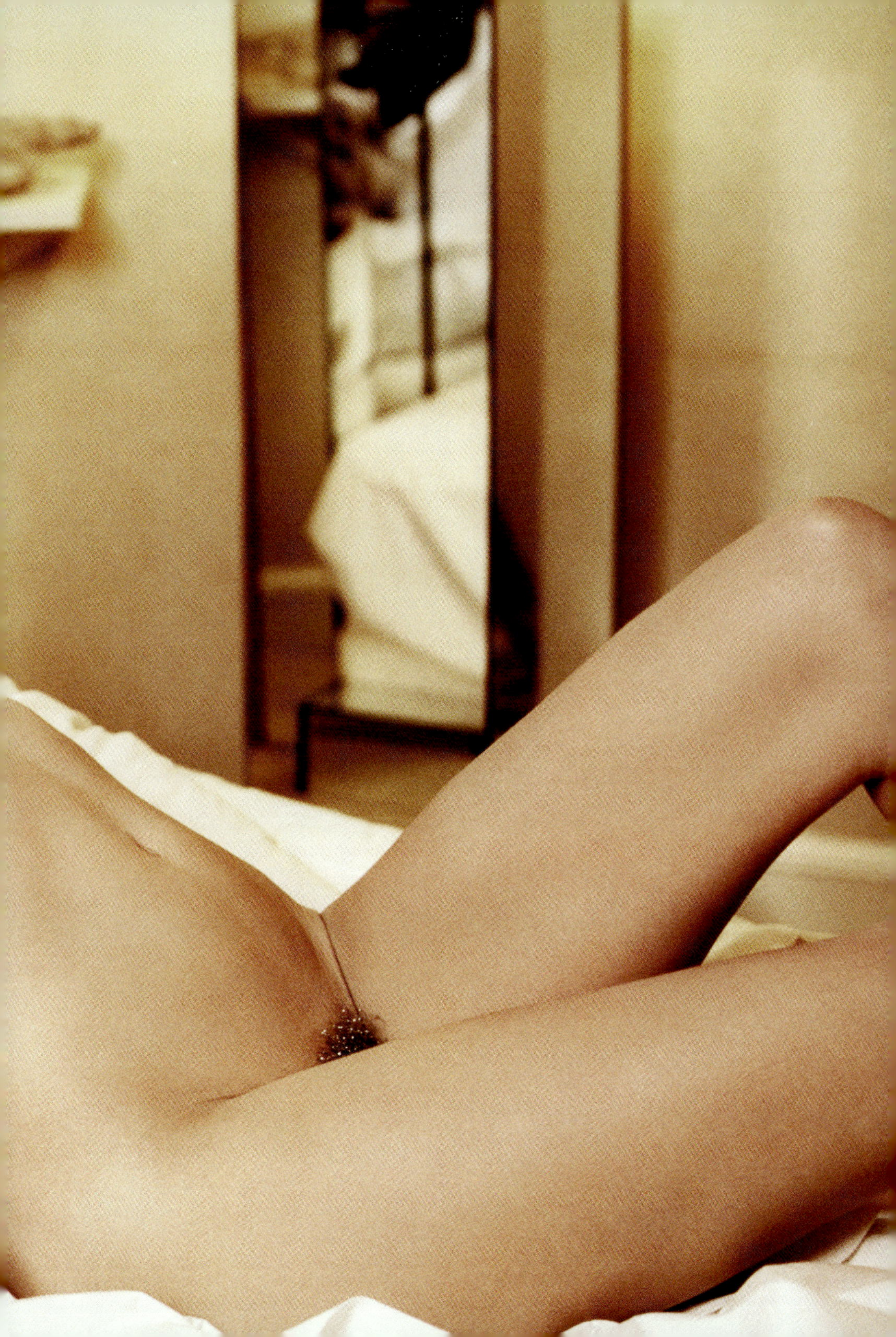

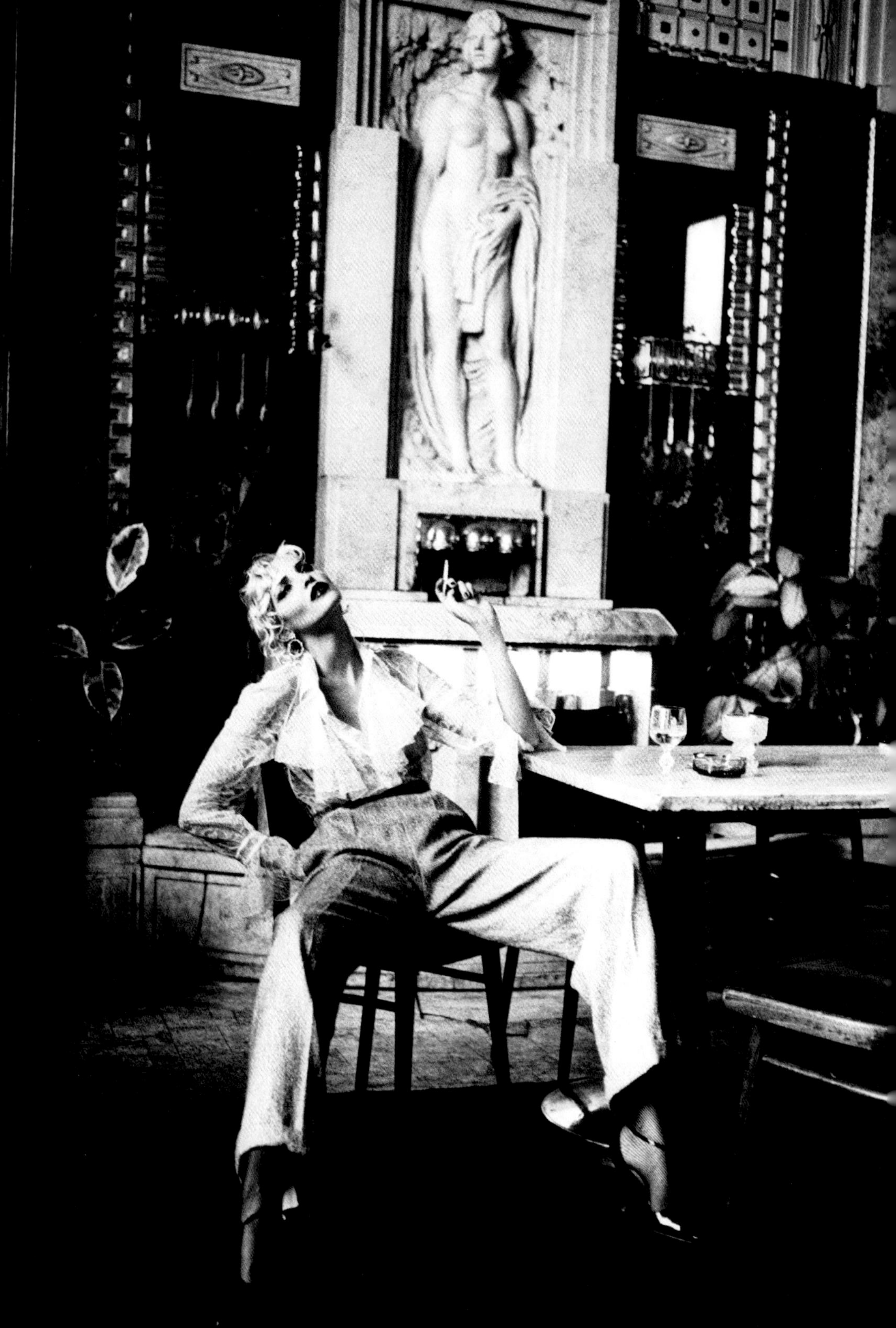

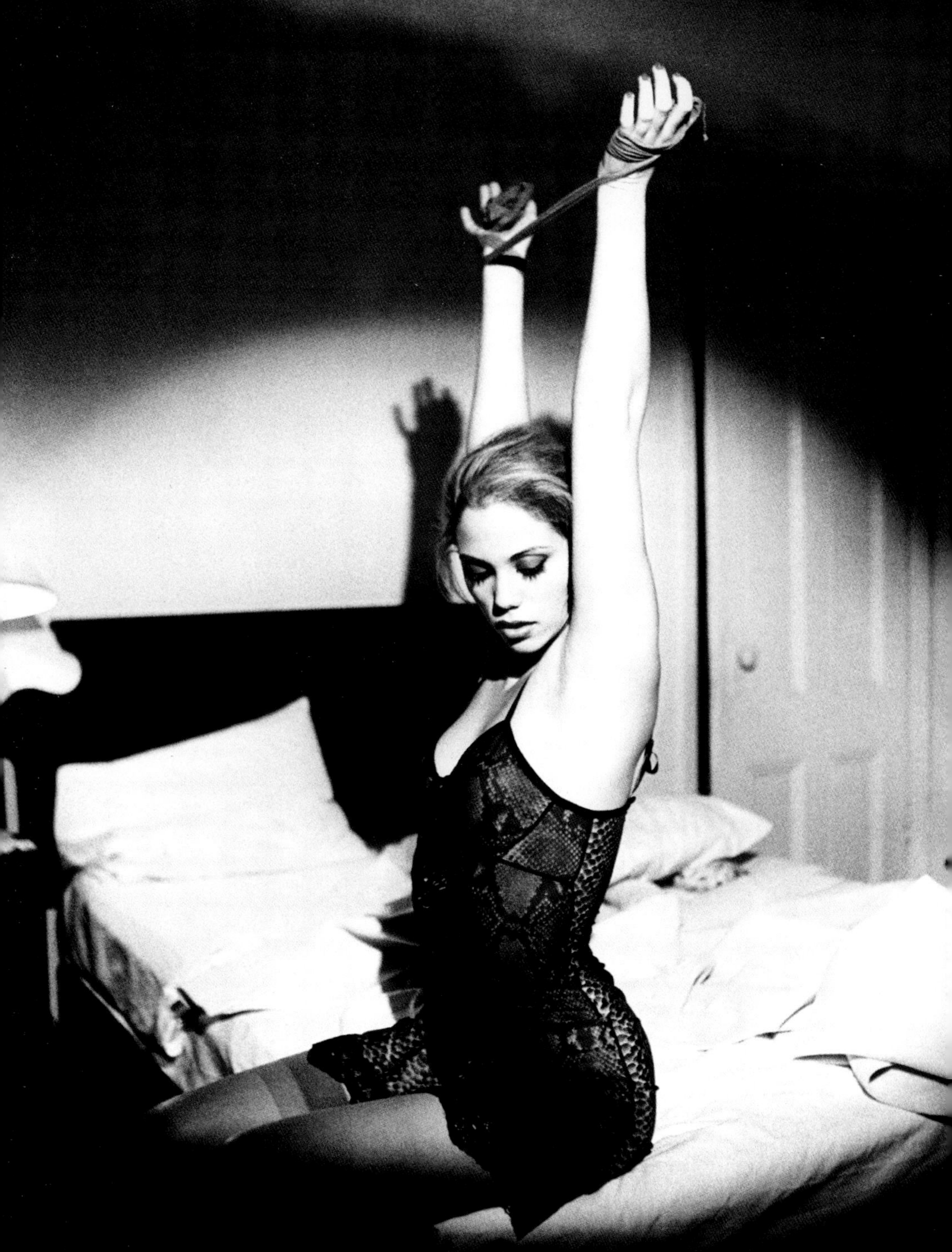

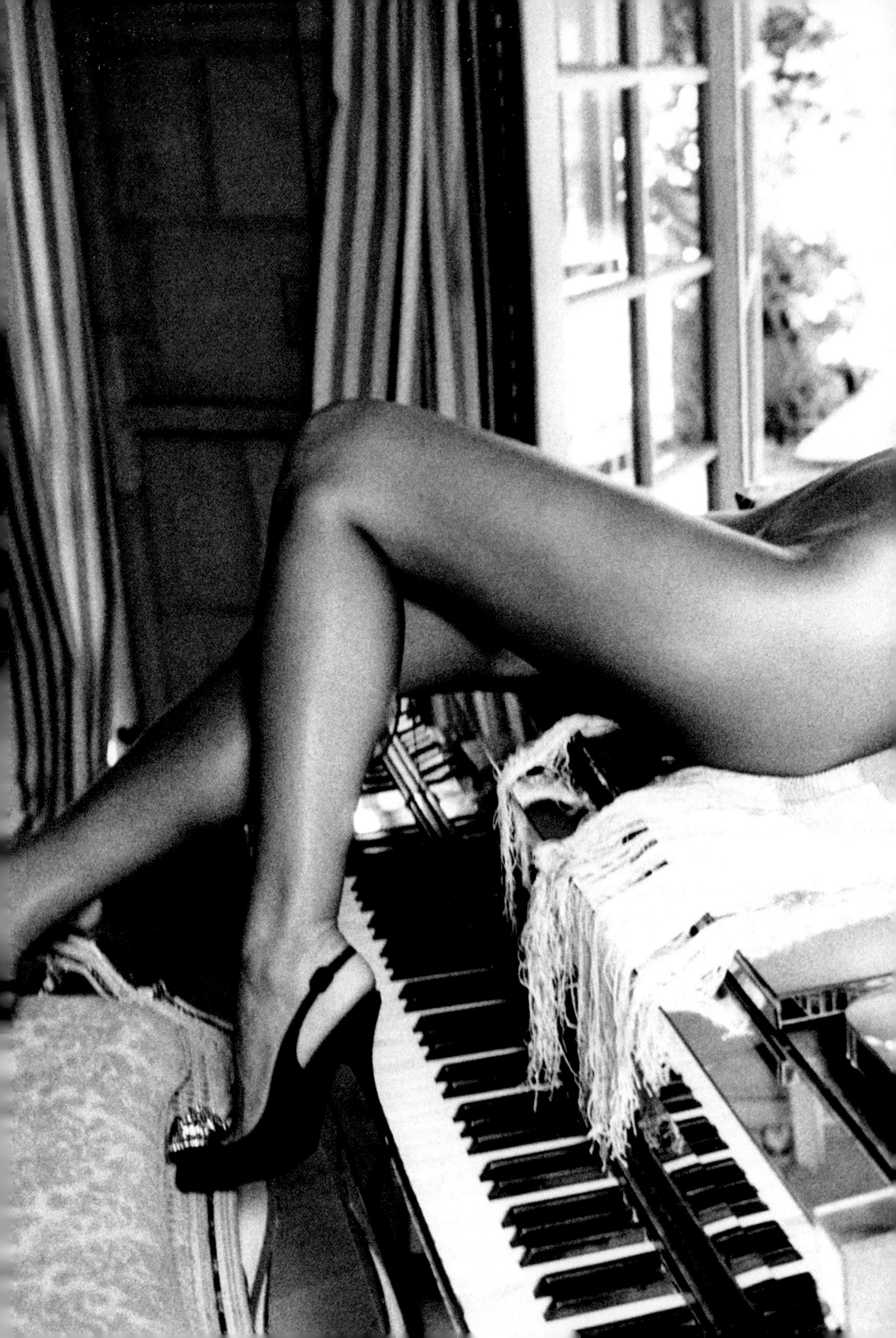

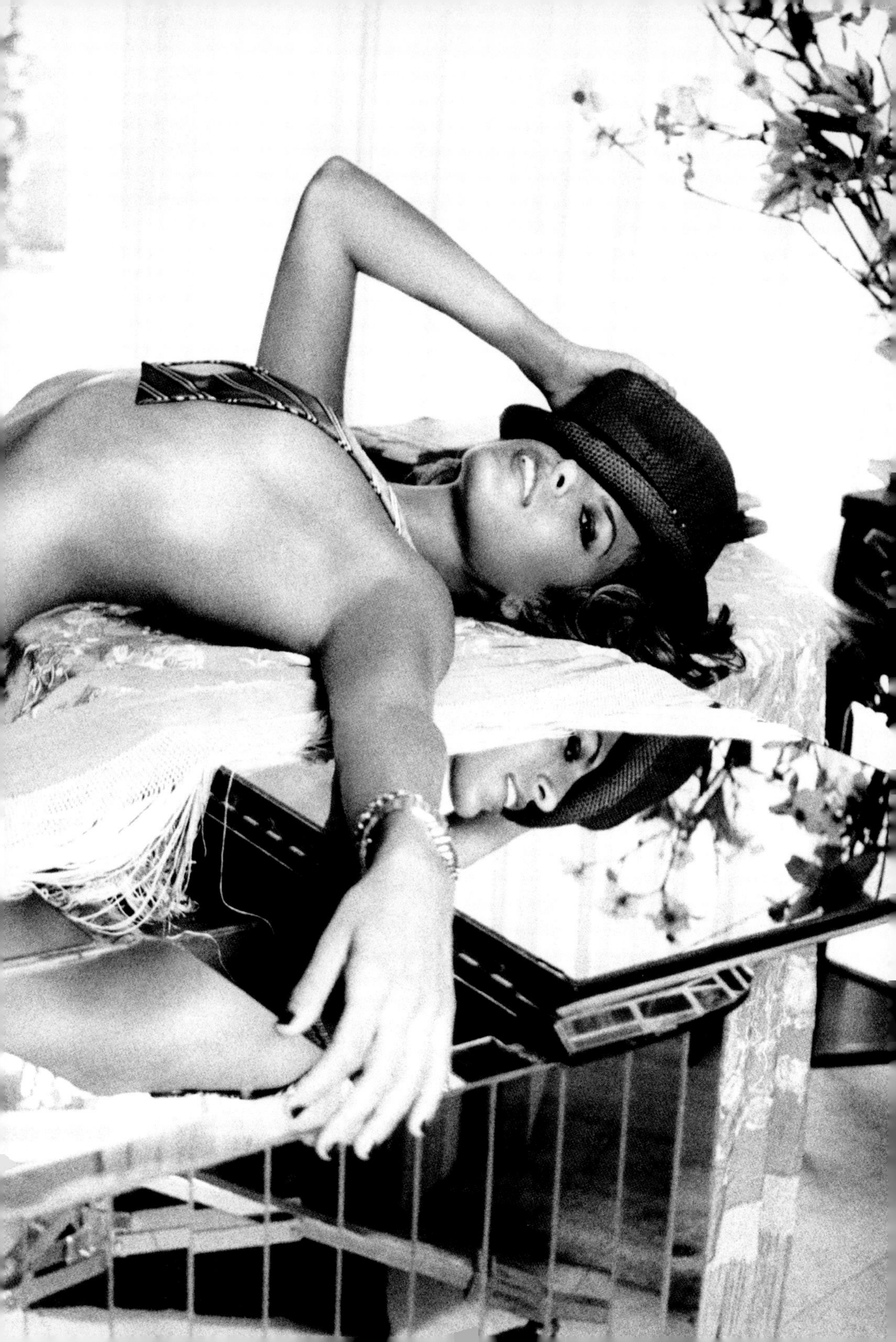

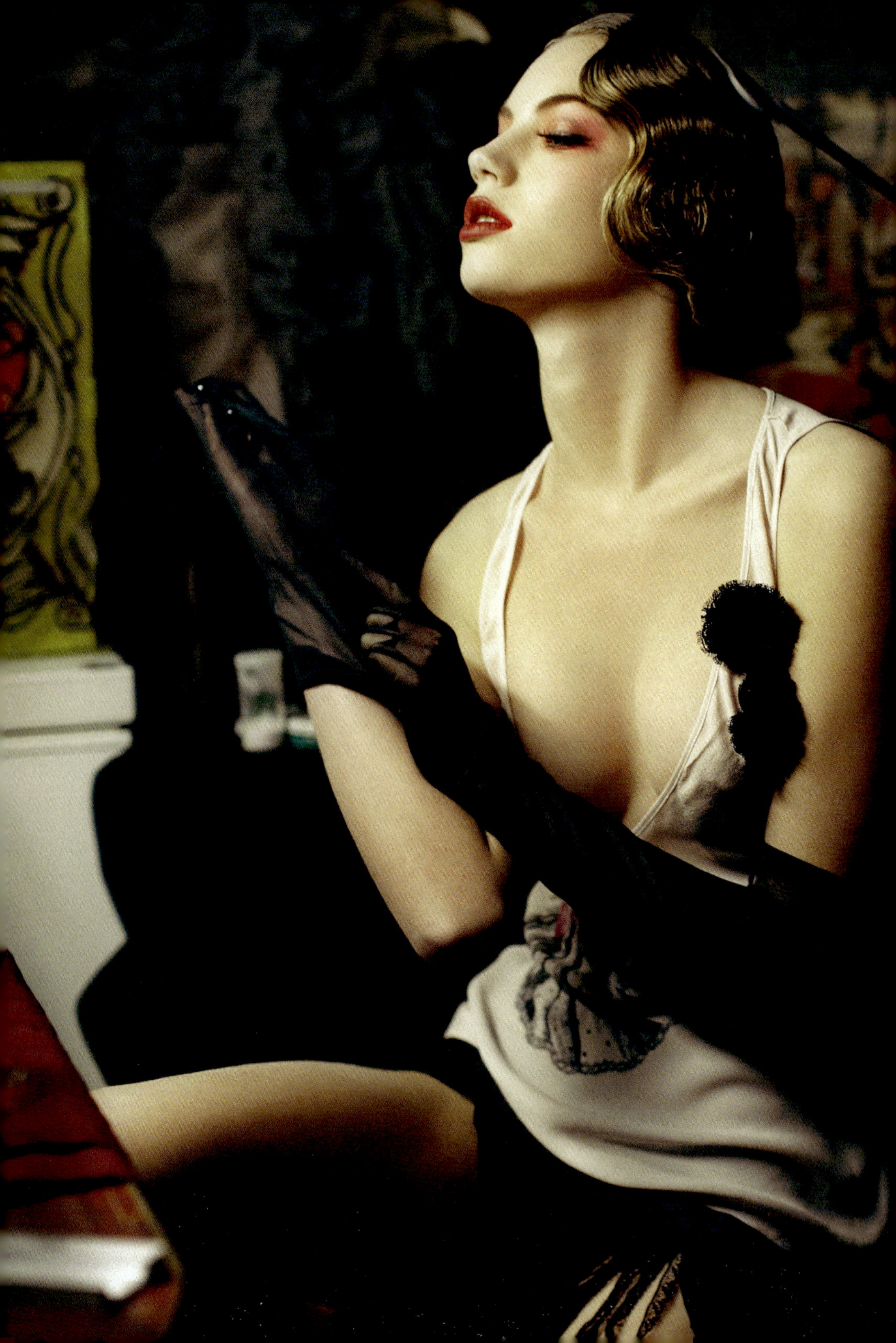

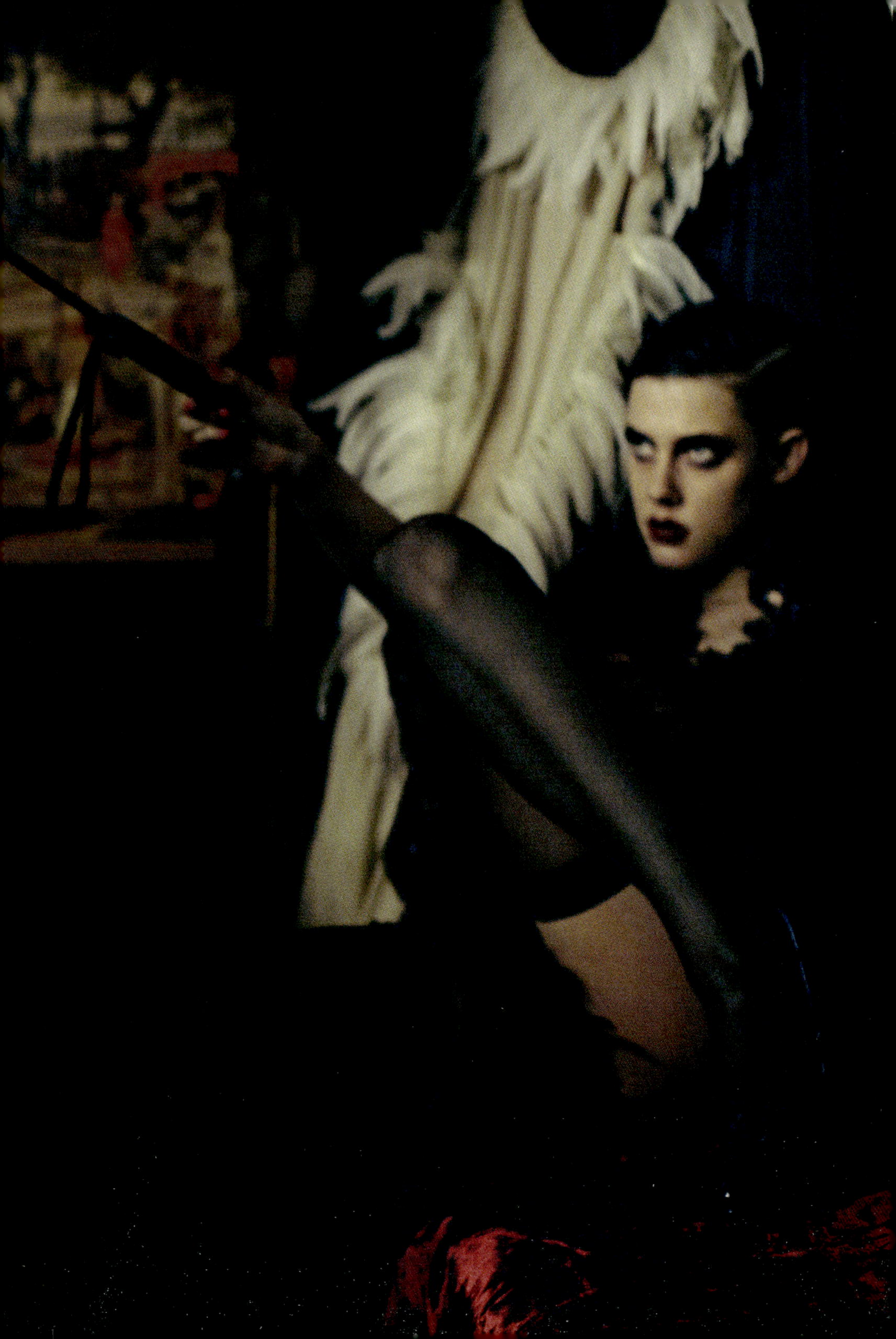

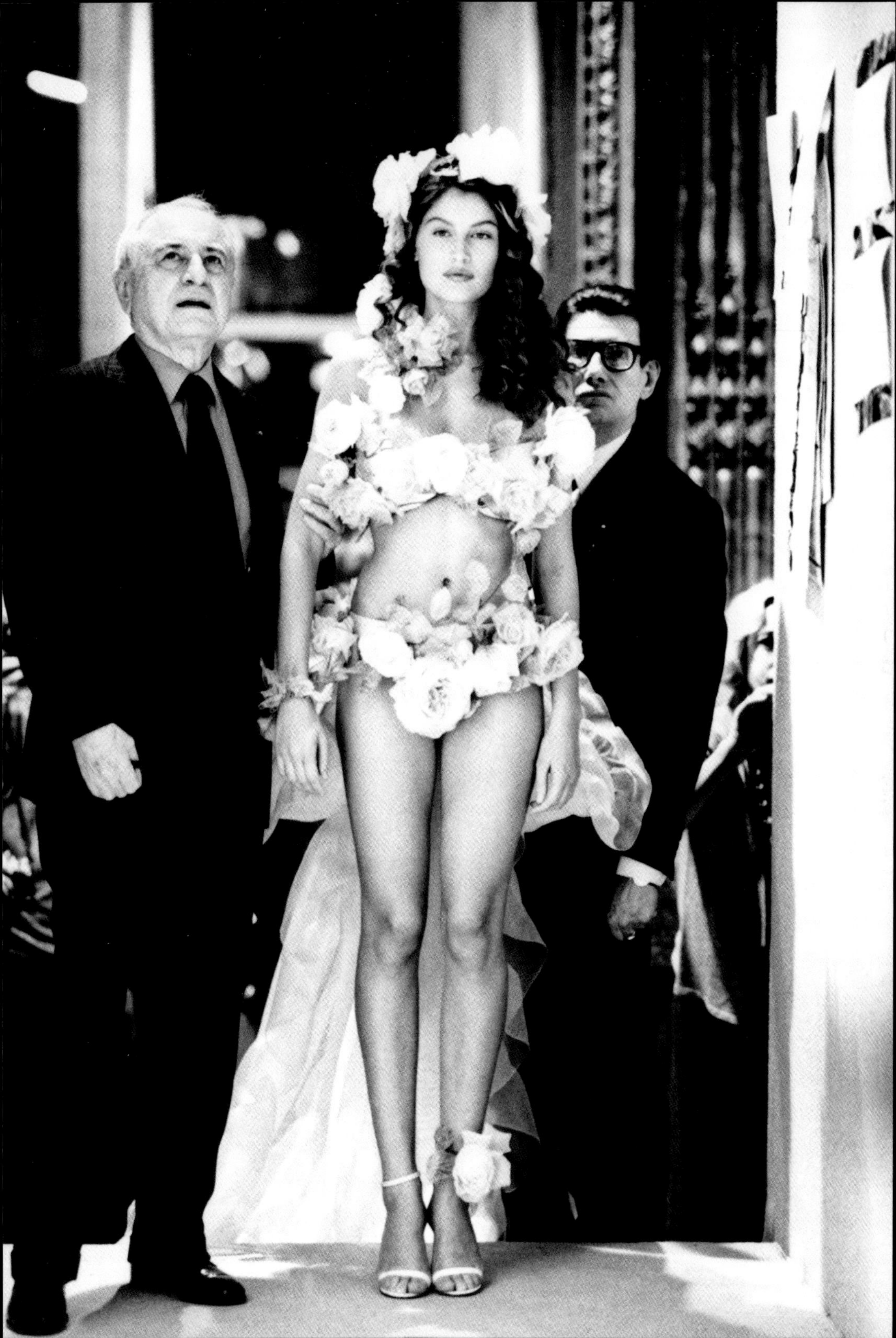

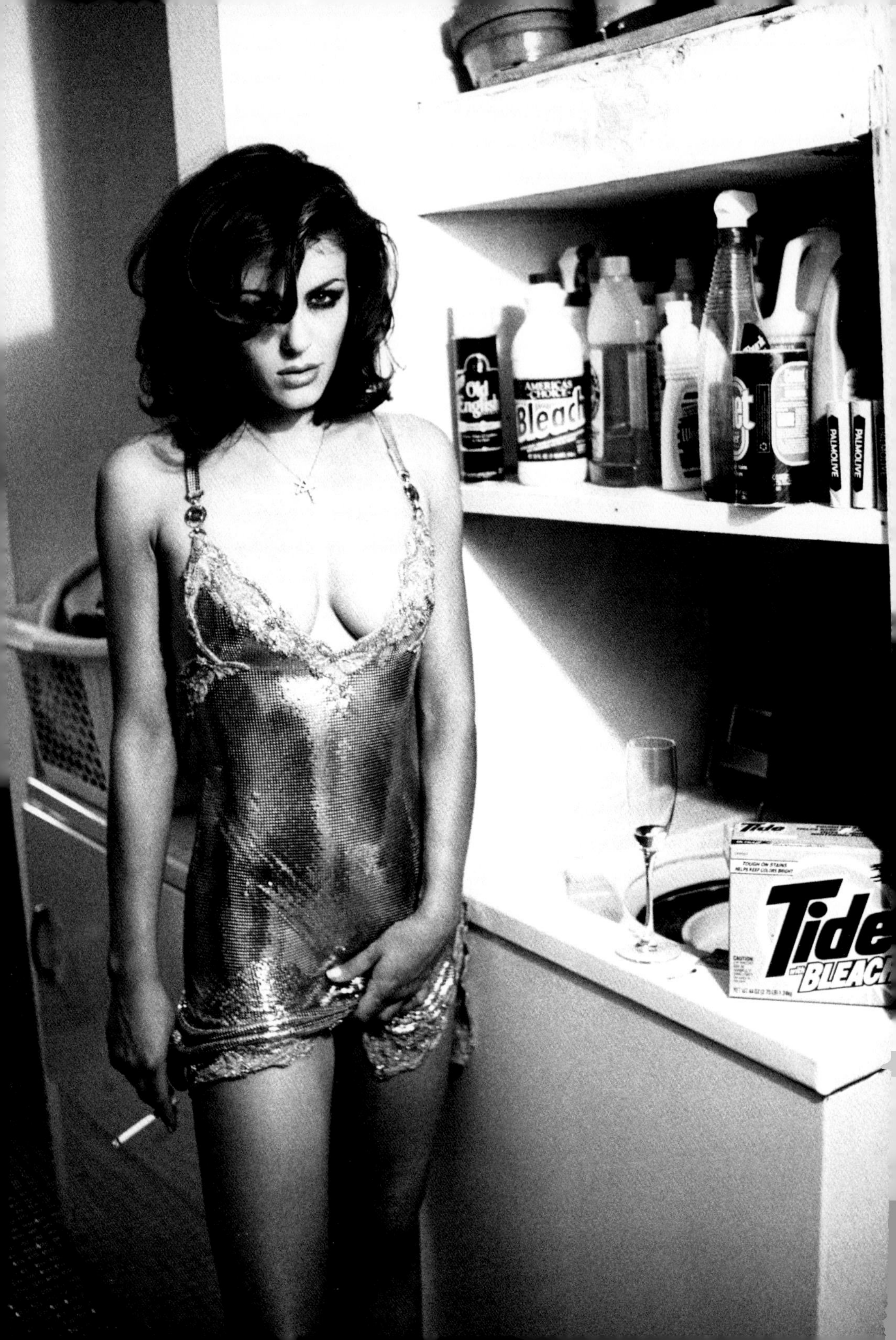
Old English
AMERICAN CHOICE
Bleach
PALMOLIVE
PALMOLIVE
Tide
TOUGH ON STAINS
HELPS KEEP COLORS BRIGHT
CAUTION
Tide
WITH BLEACH

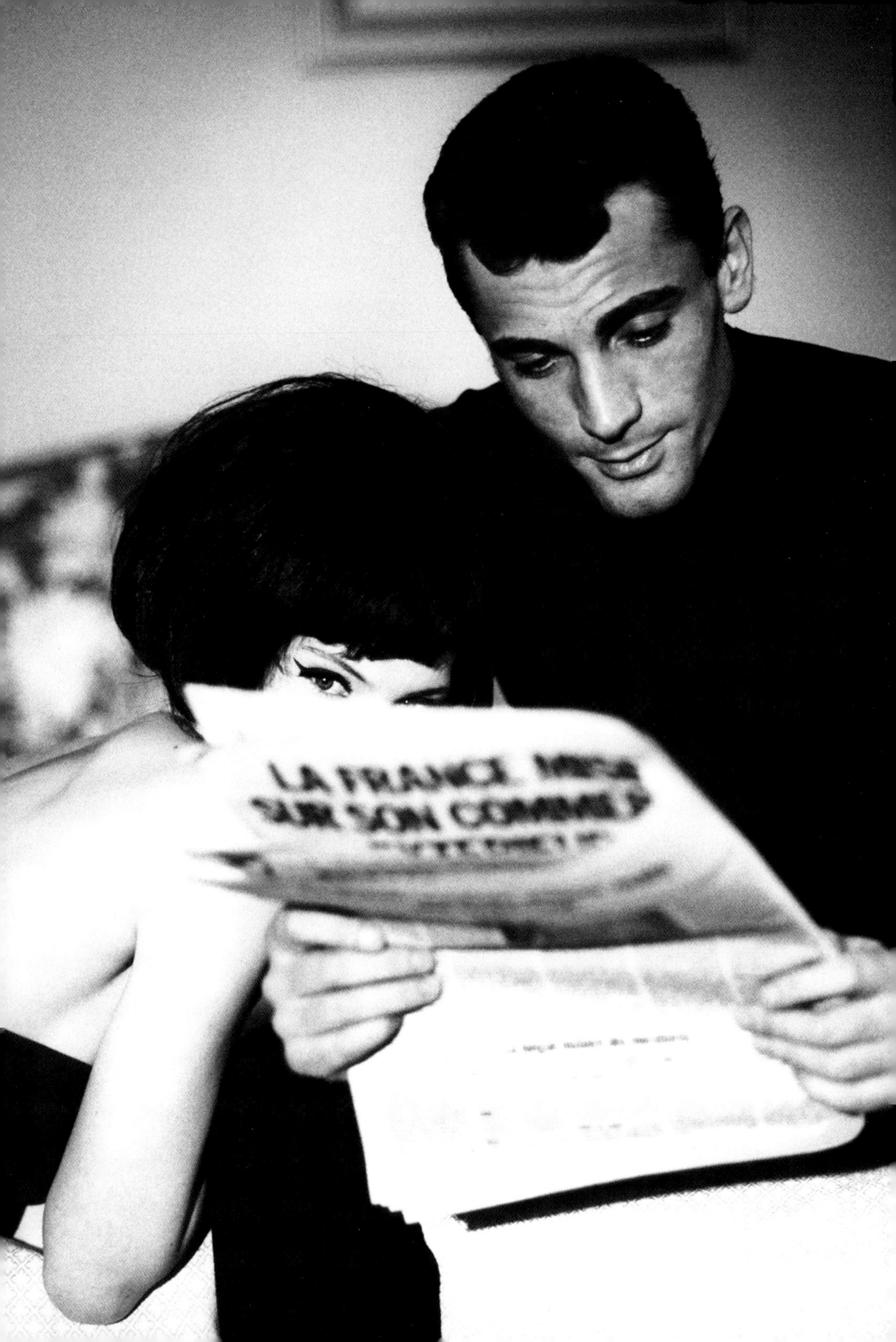
LA FRANCE
SUR SON COMMET

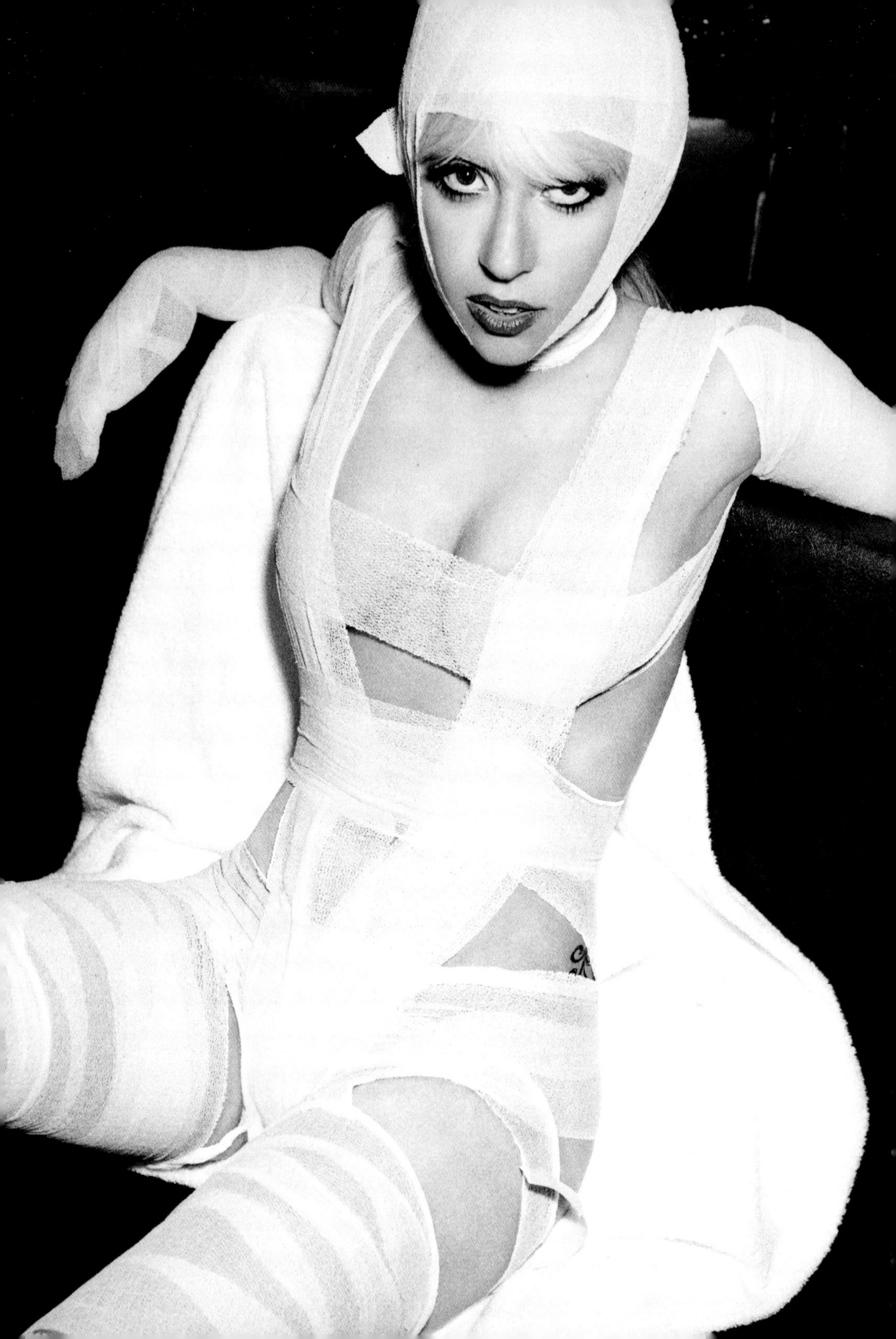

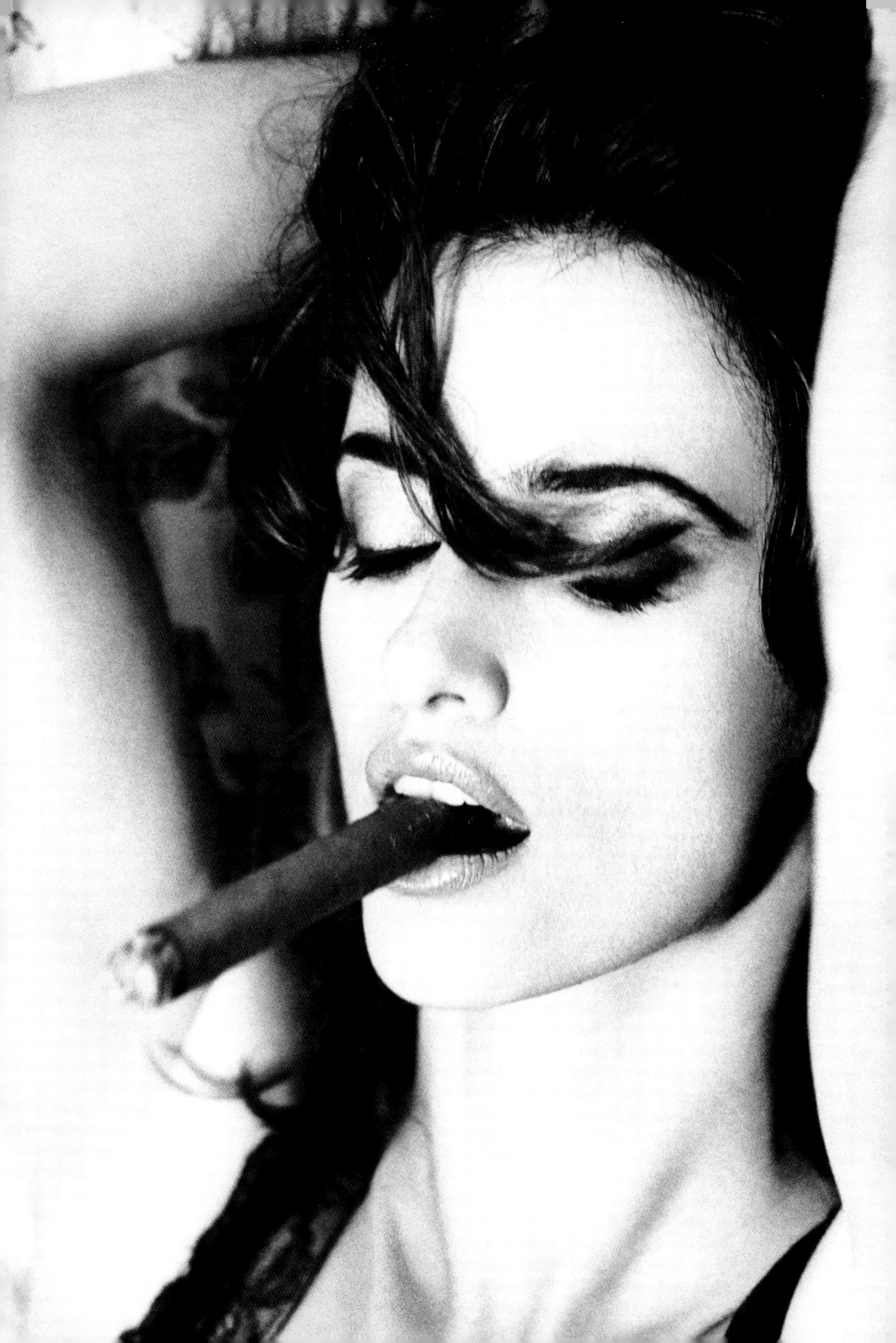

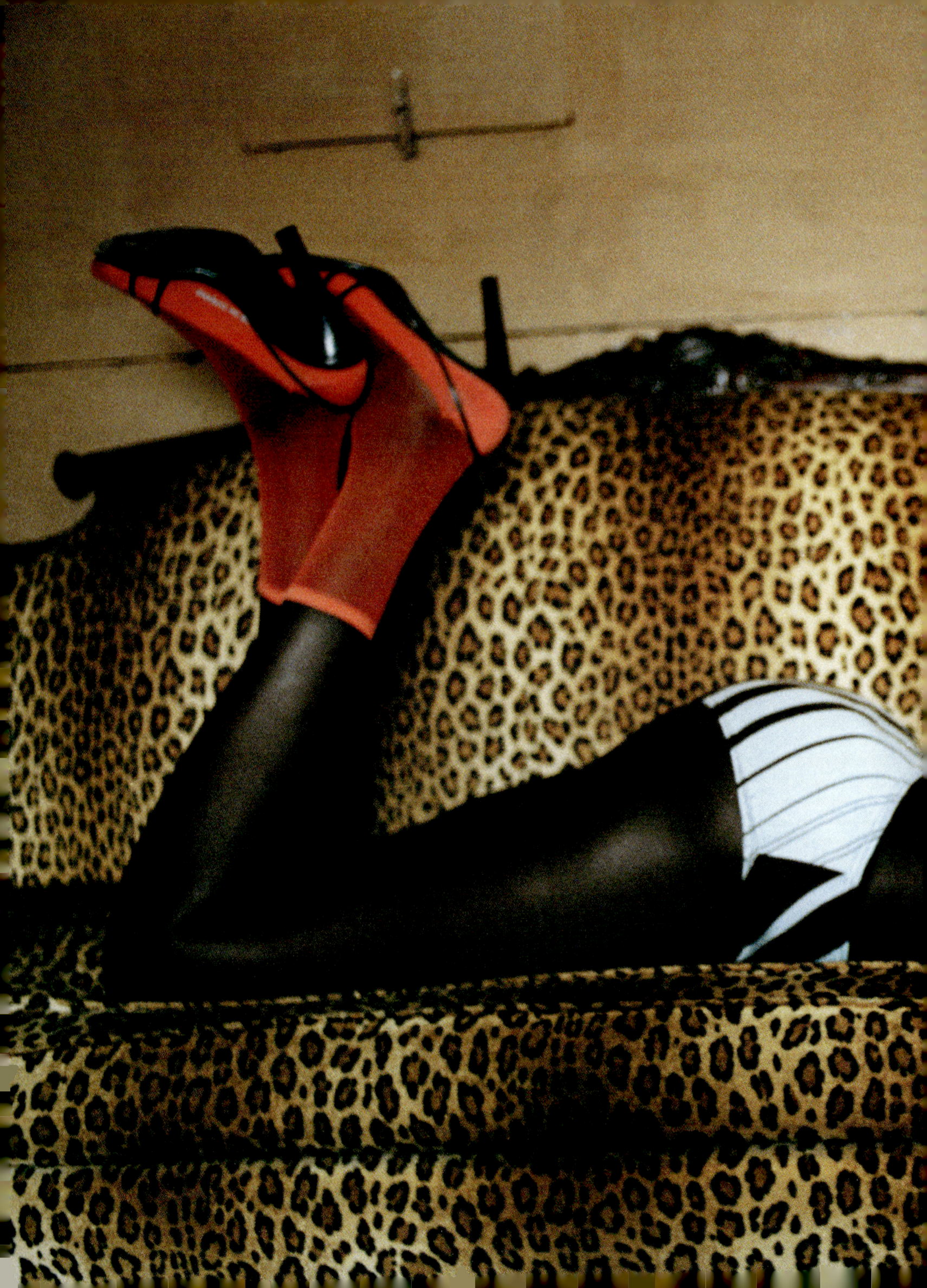

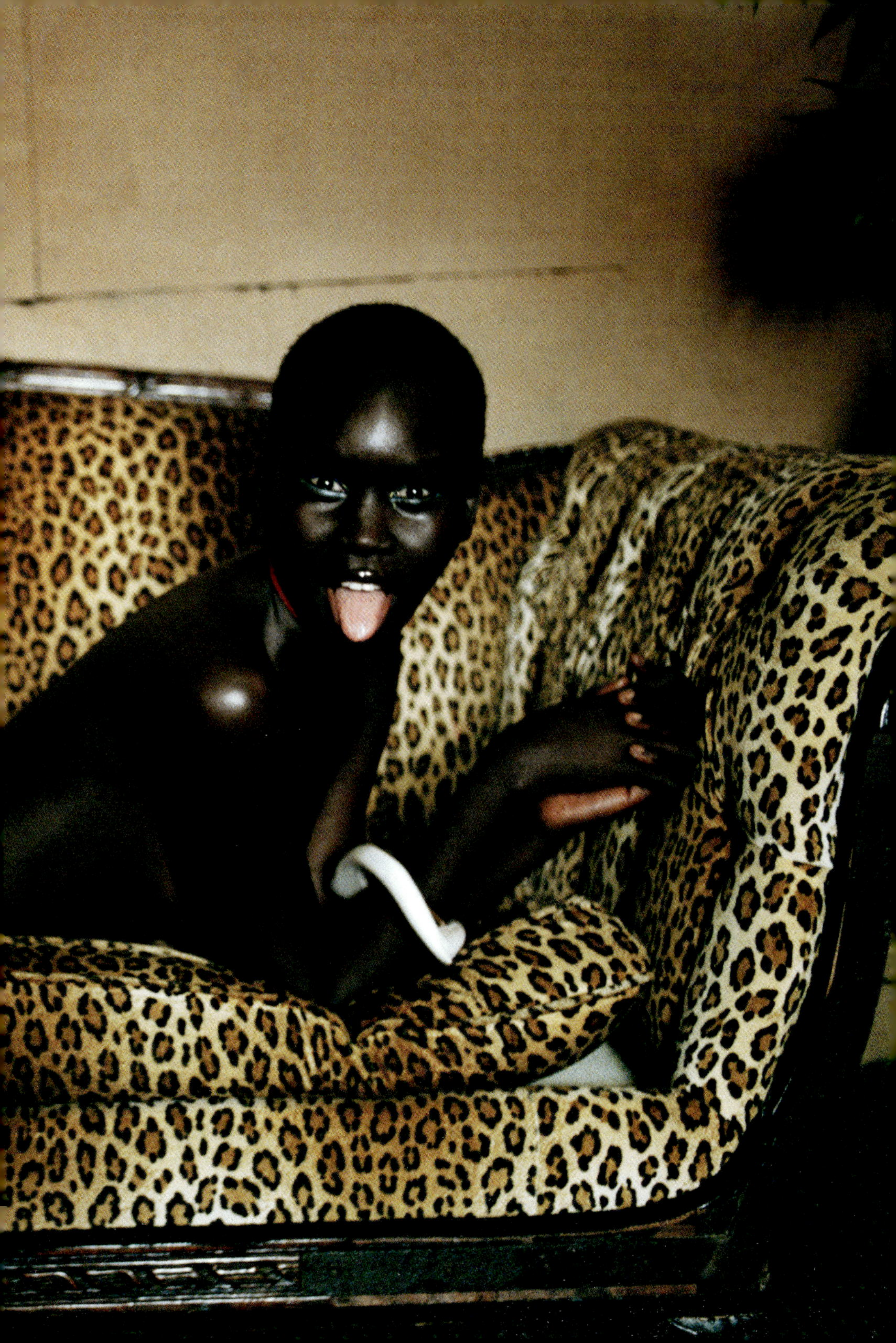

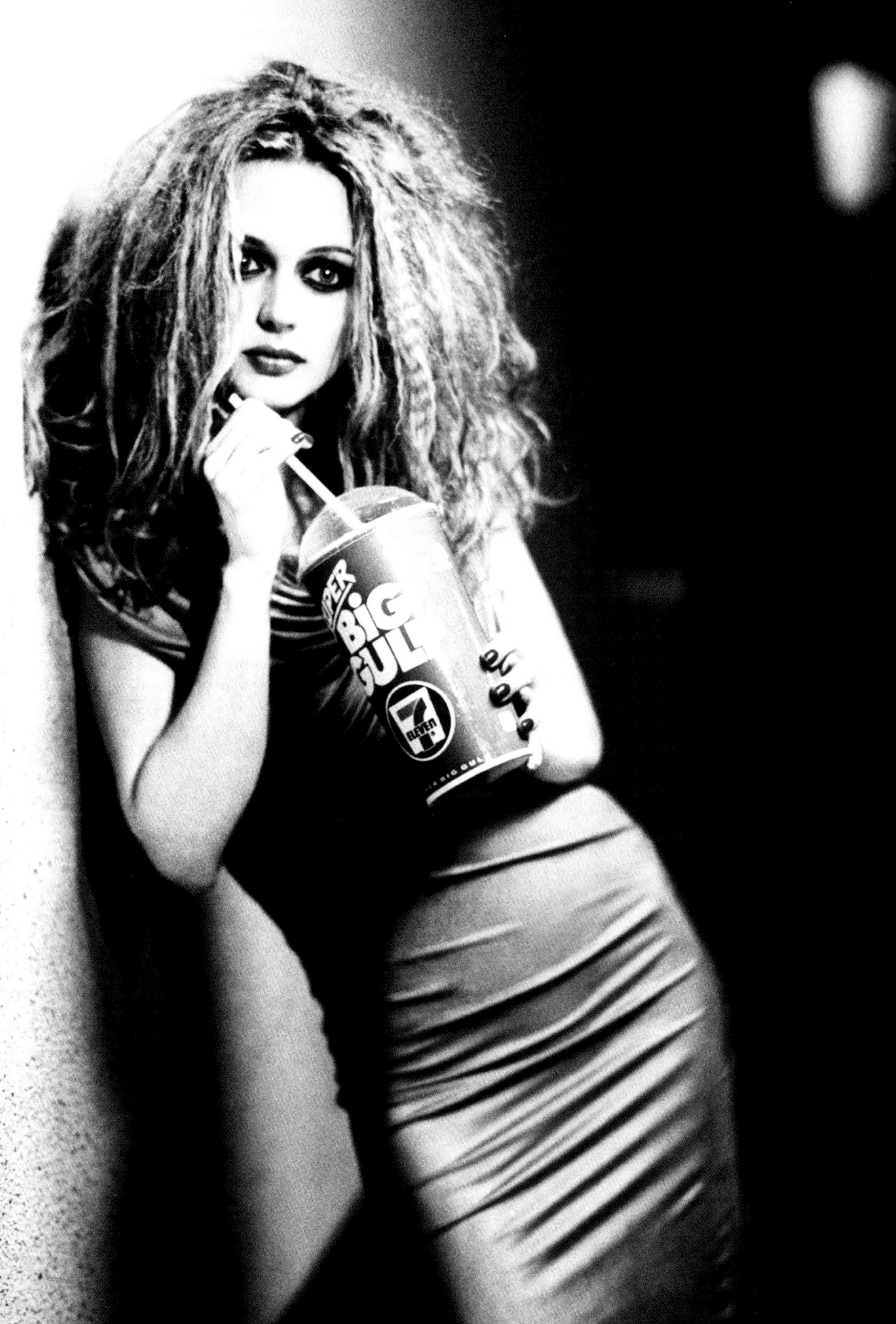

SUPER
BIG
GULP
7-ELEVEN

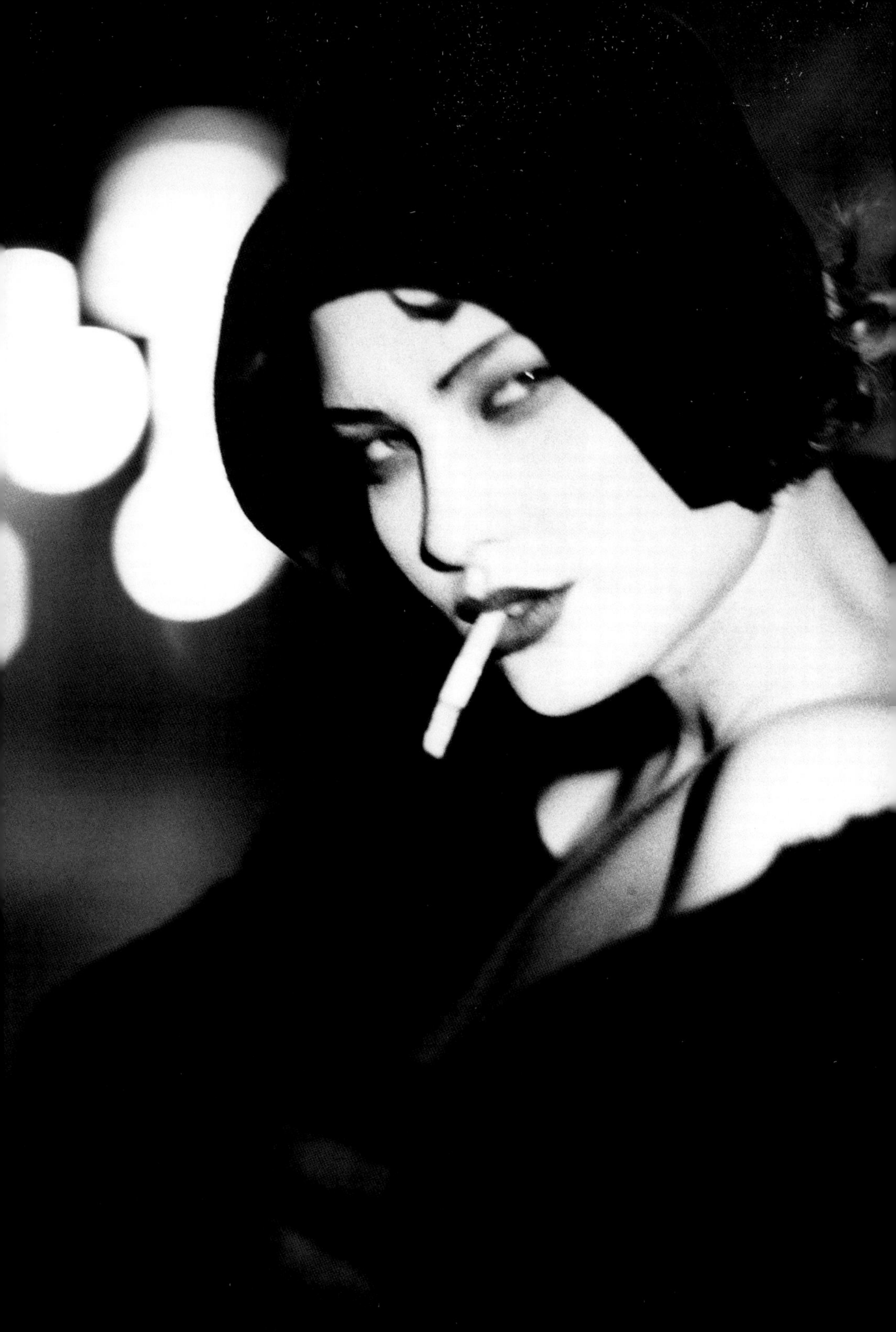

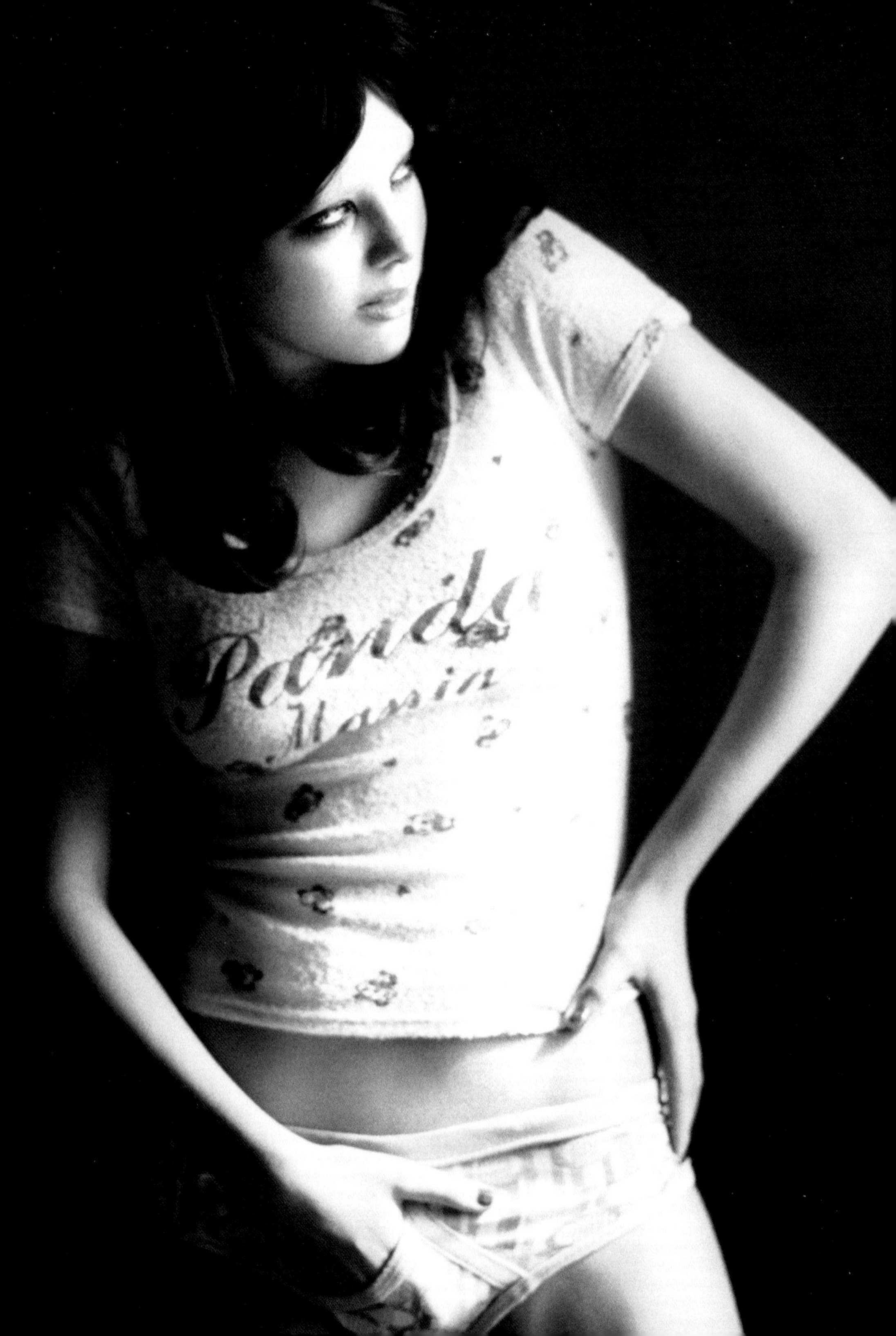

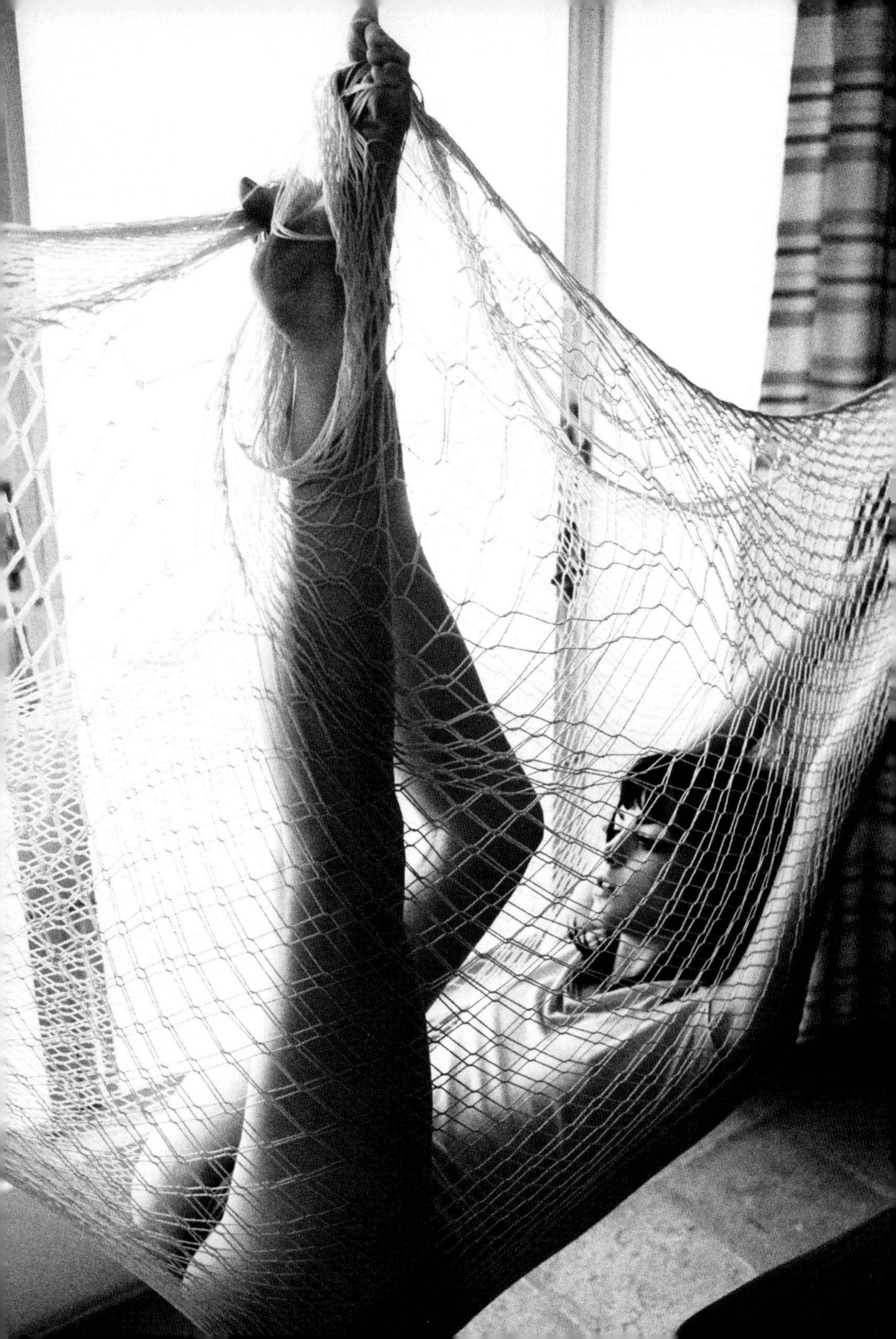

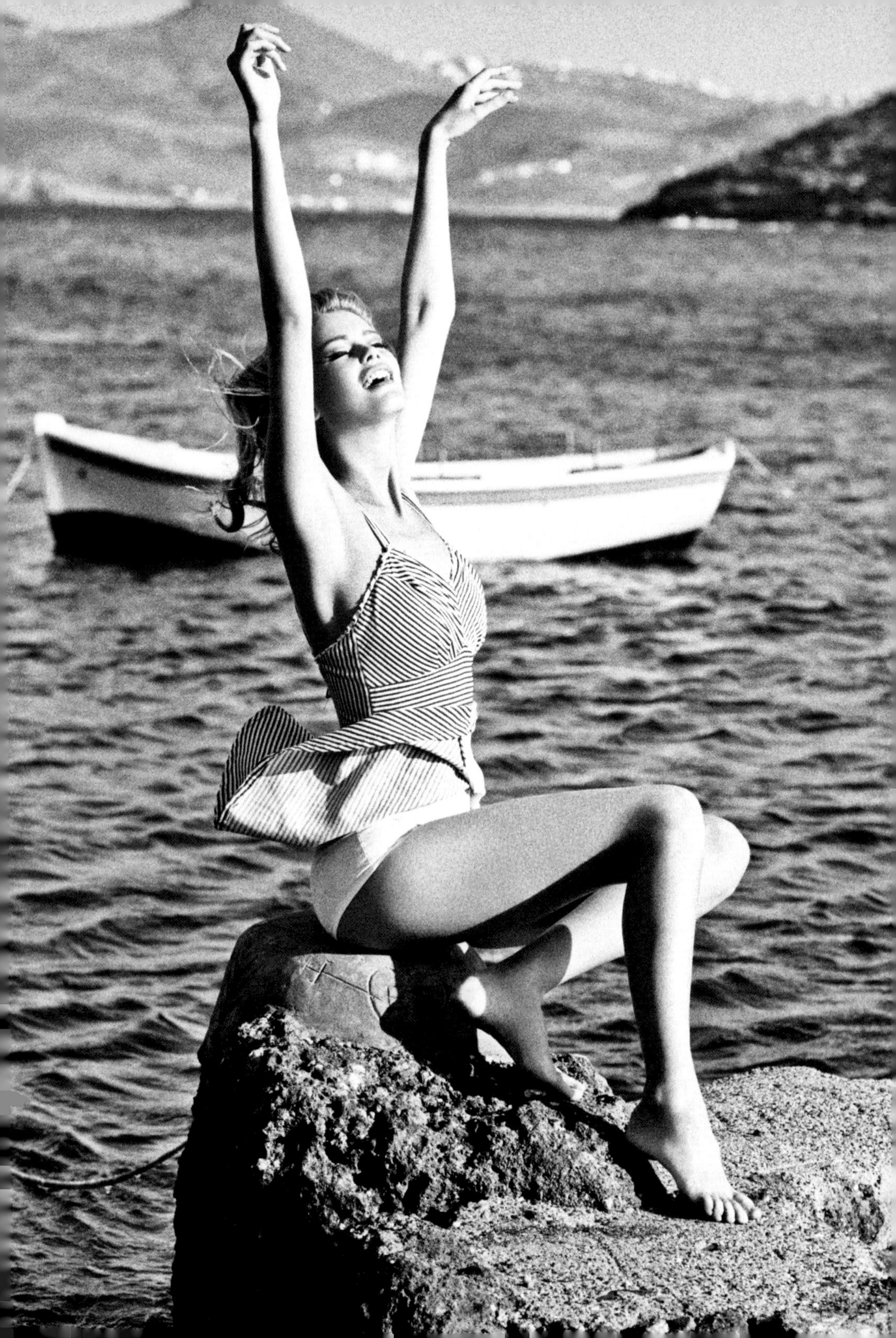

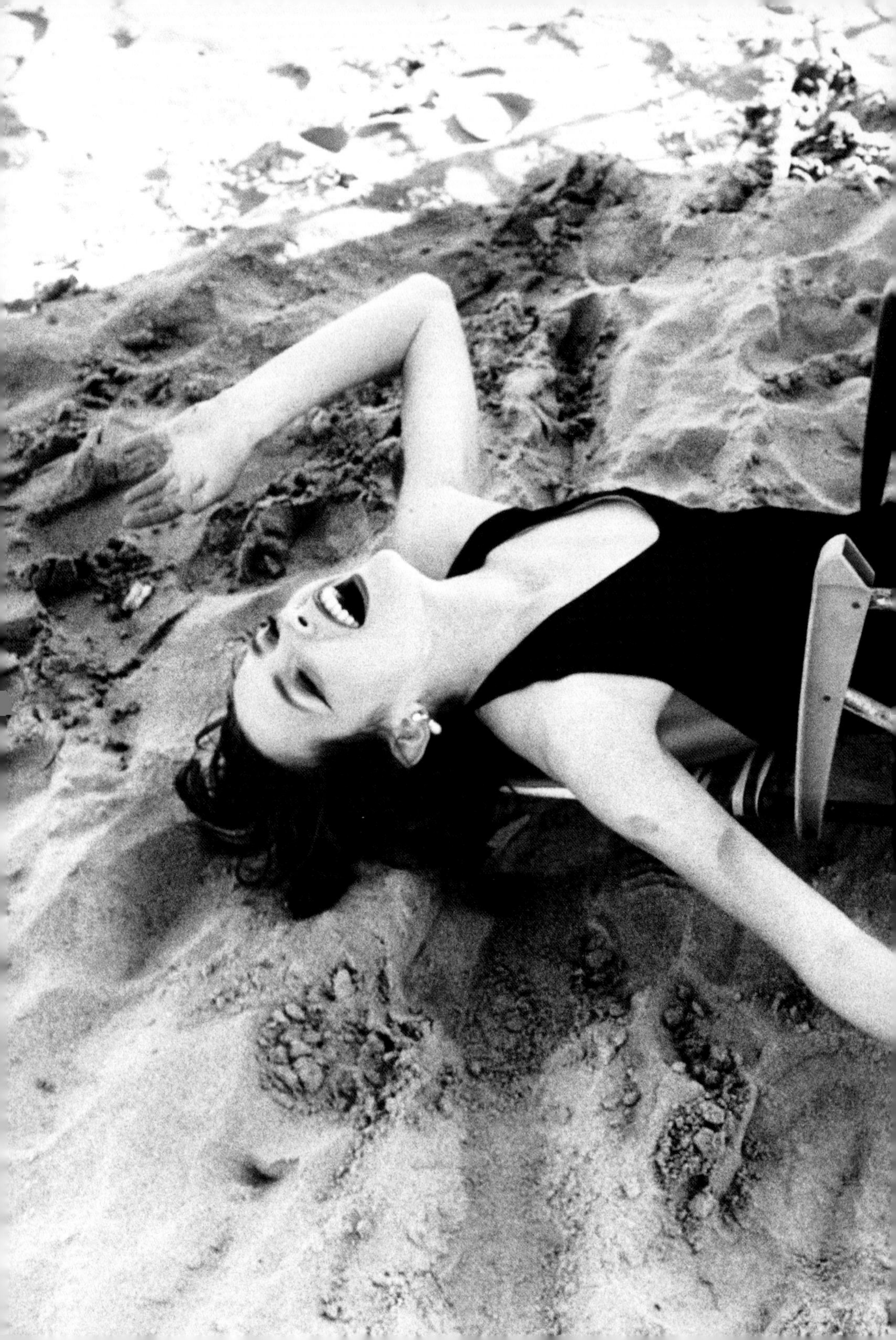

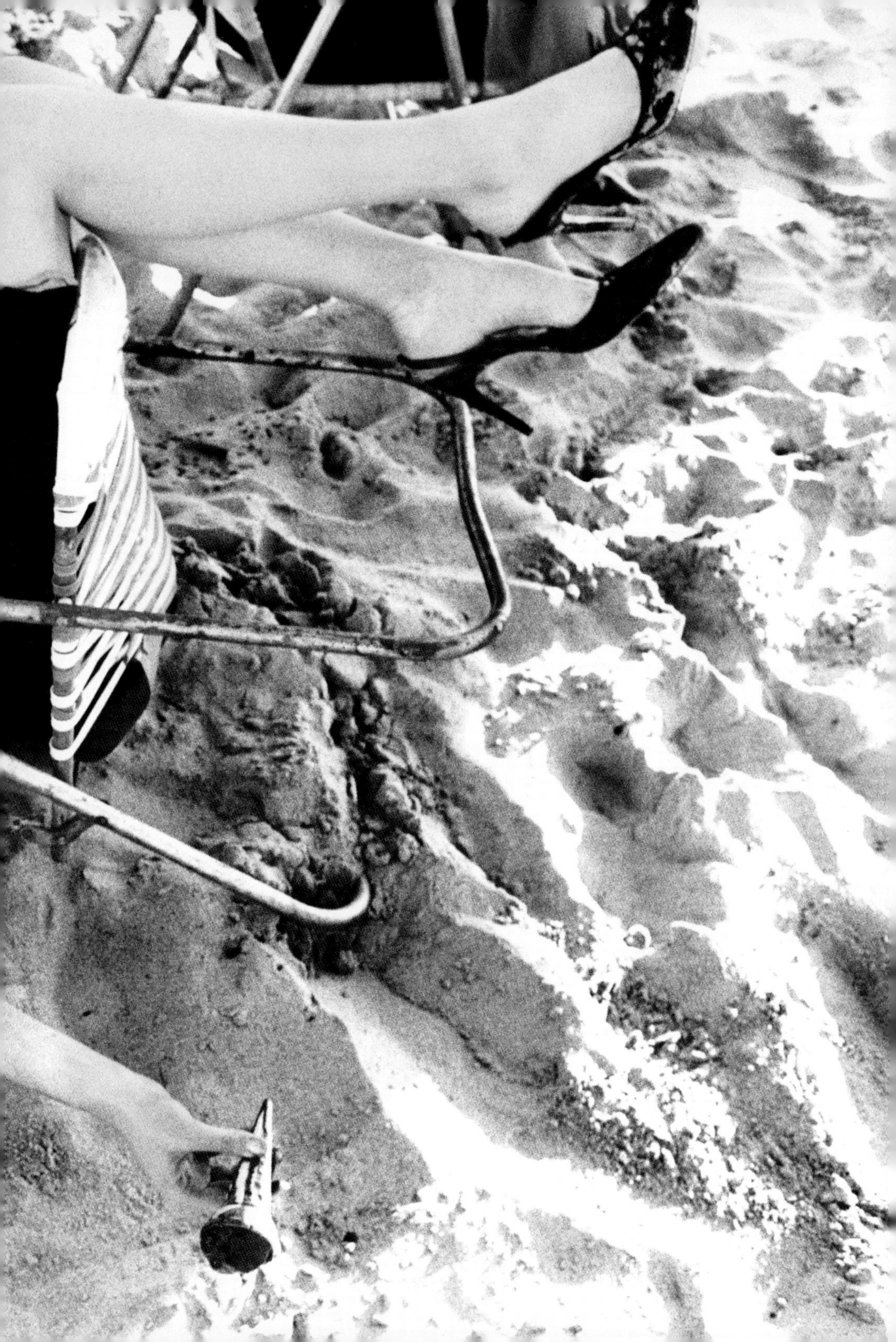

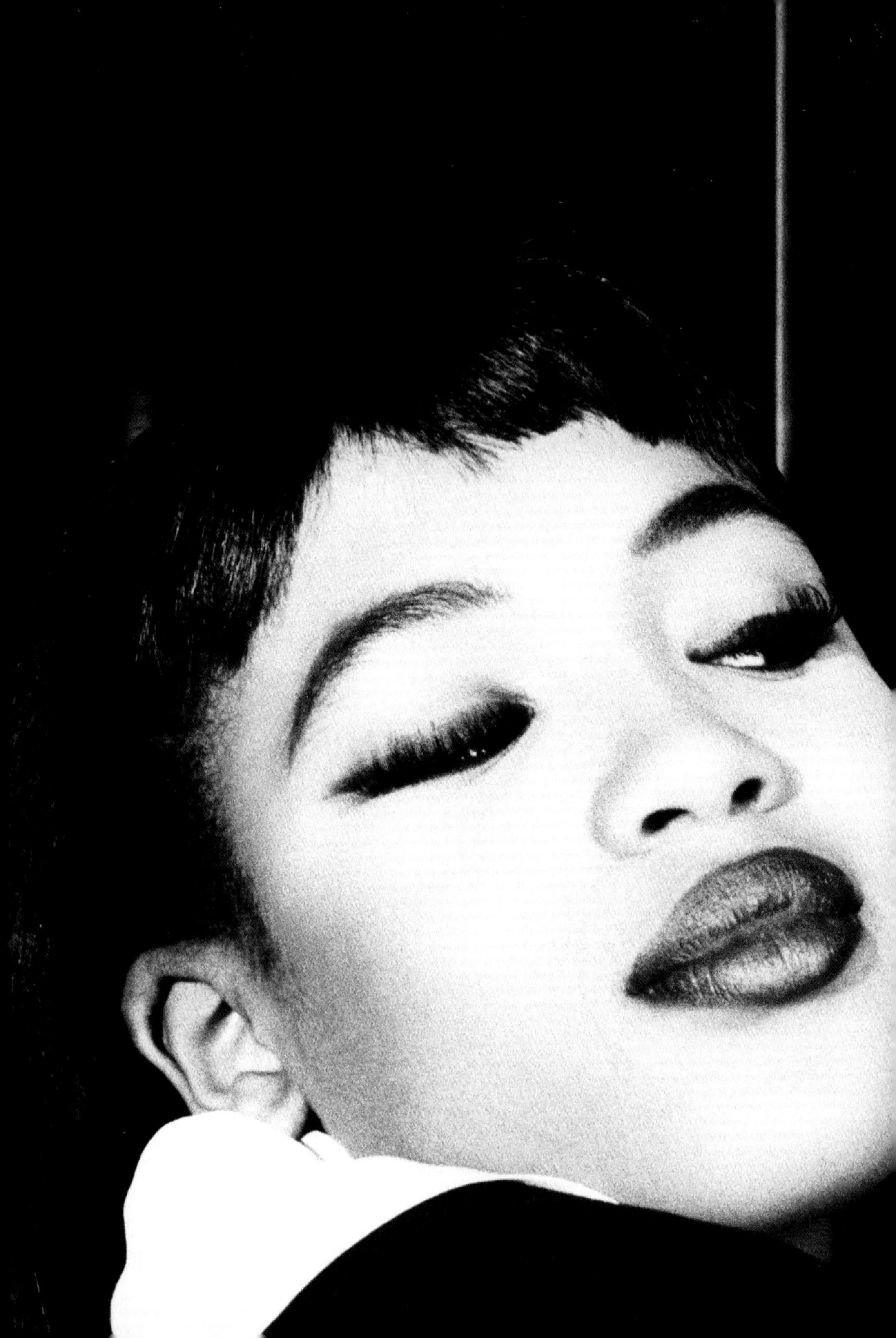

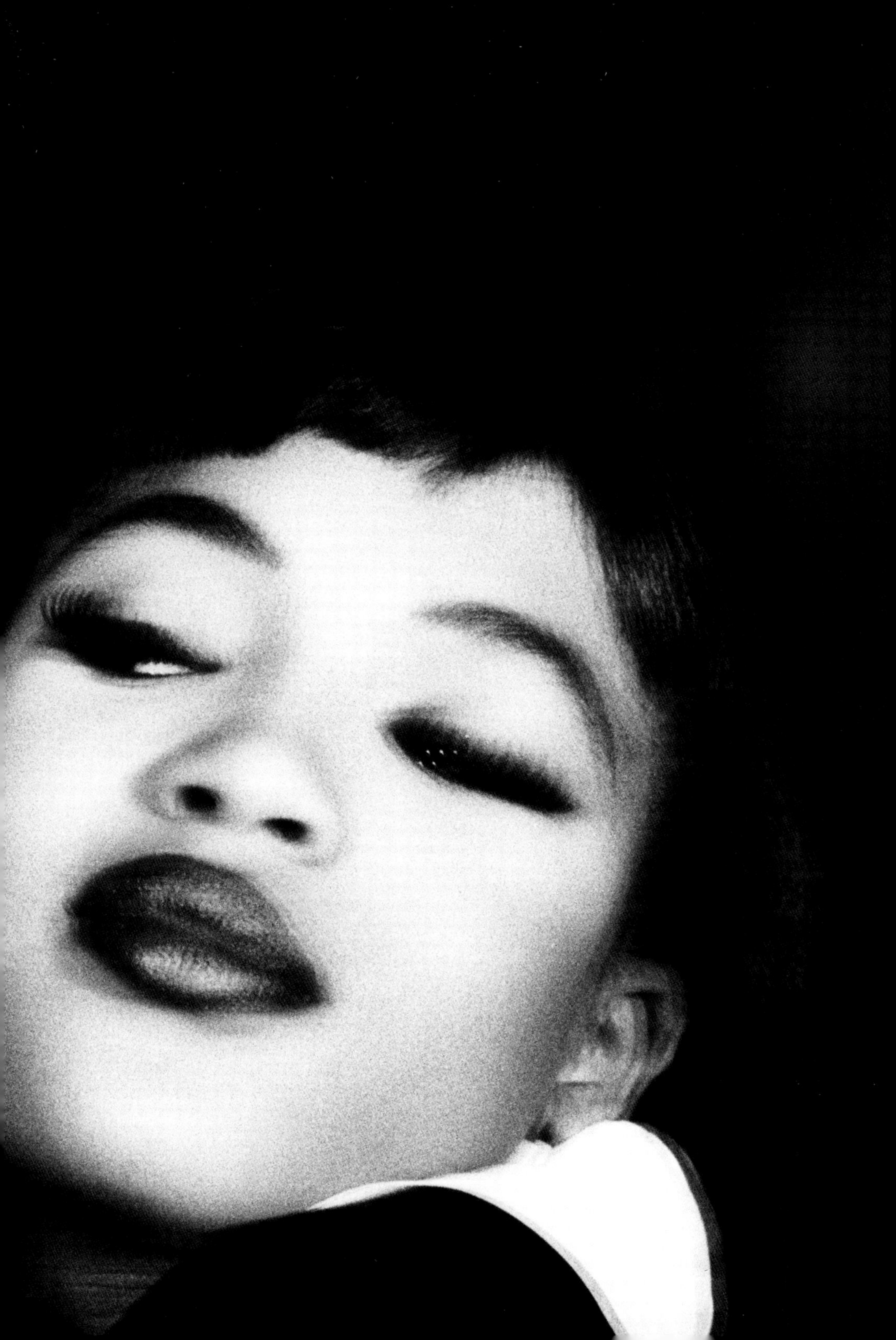

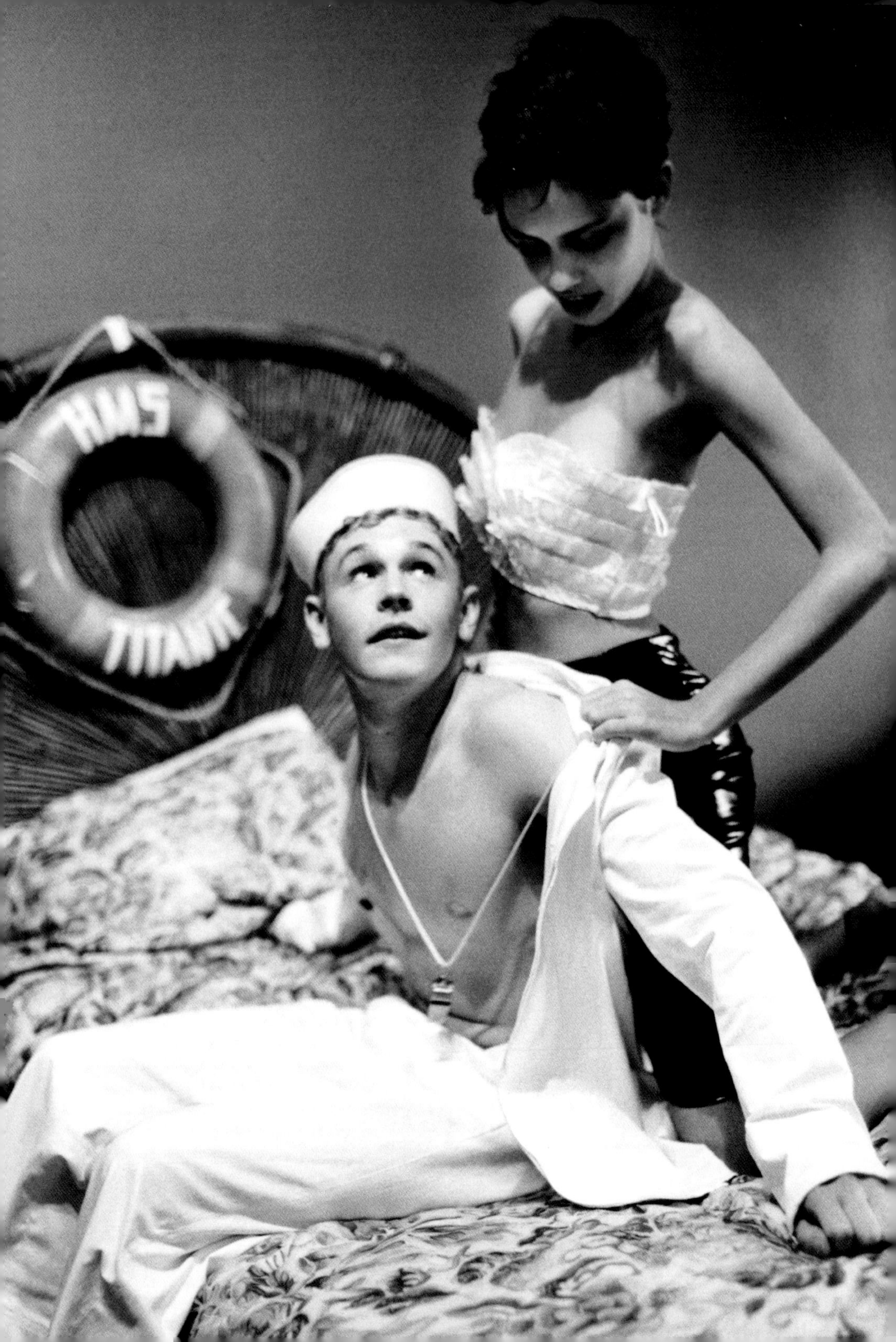

HMS
TITANIC

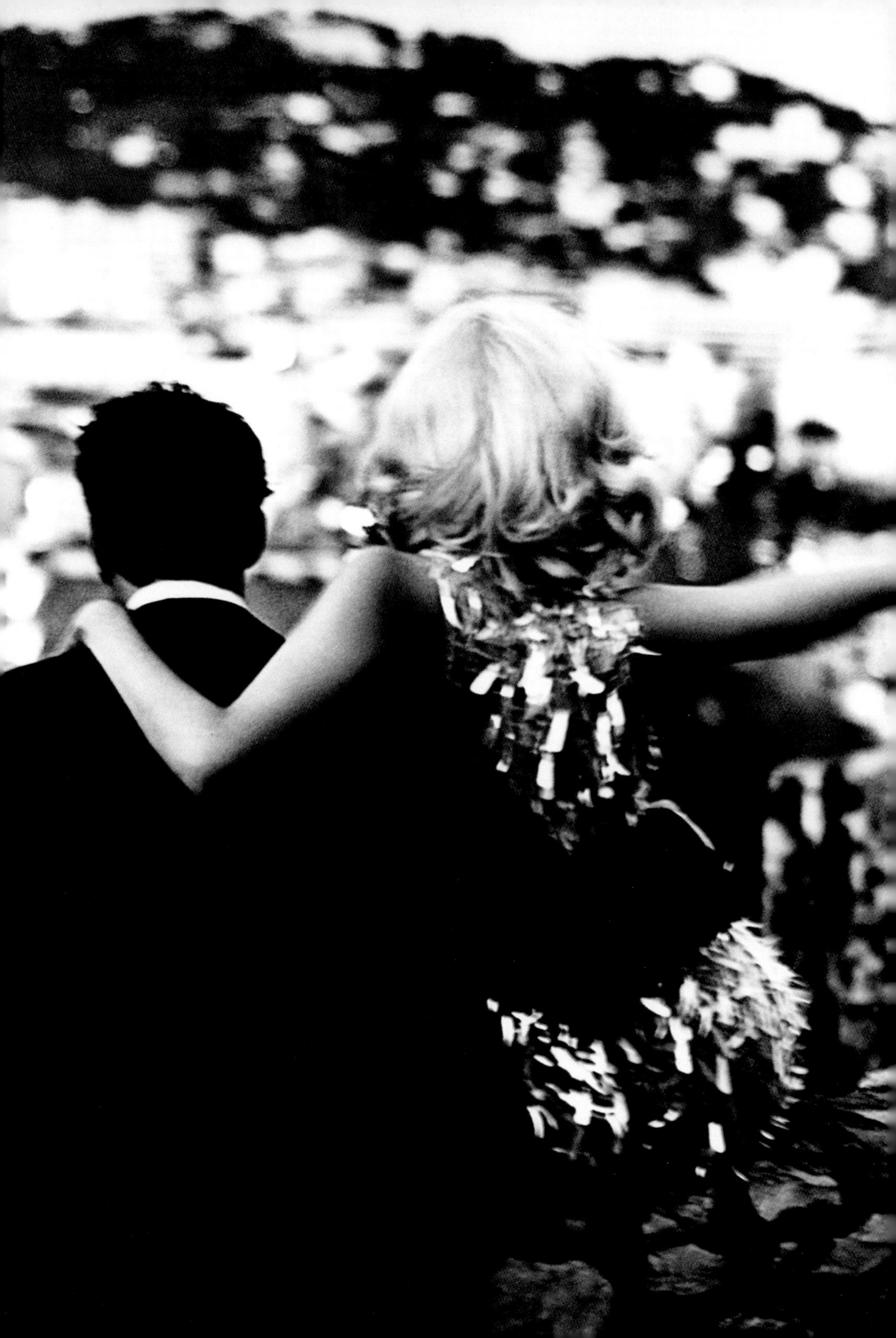

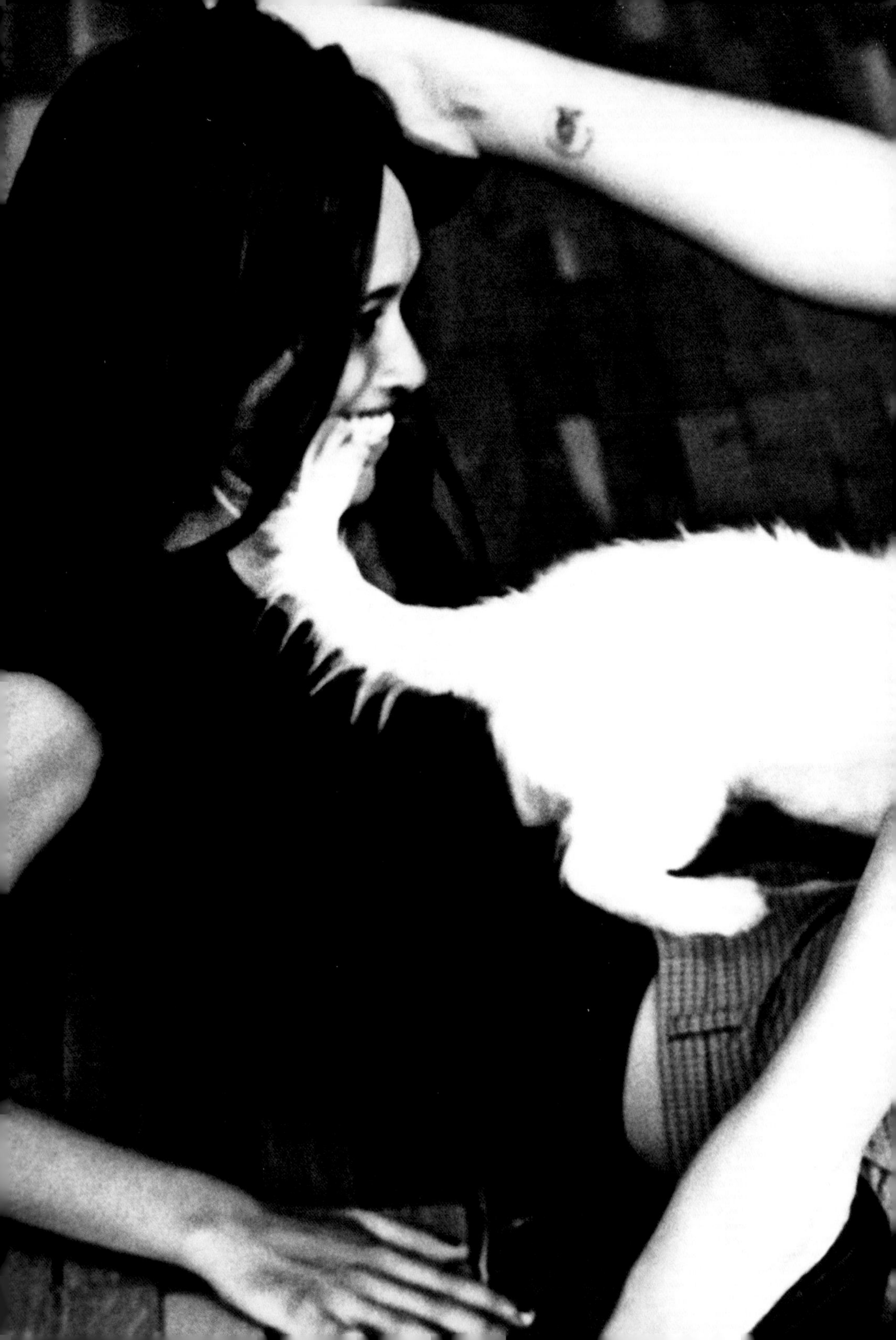

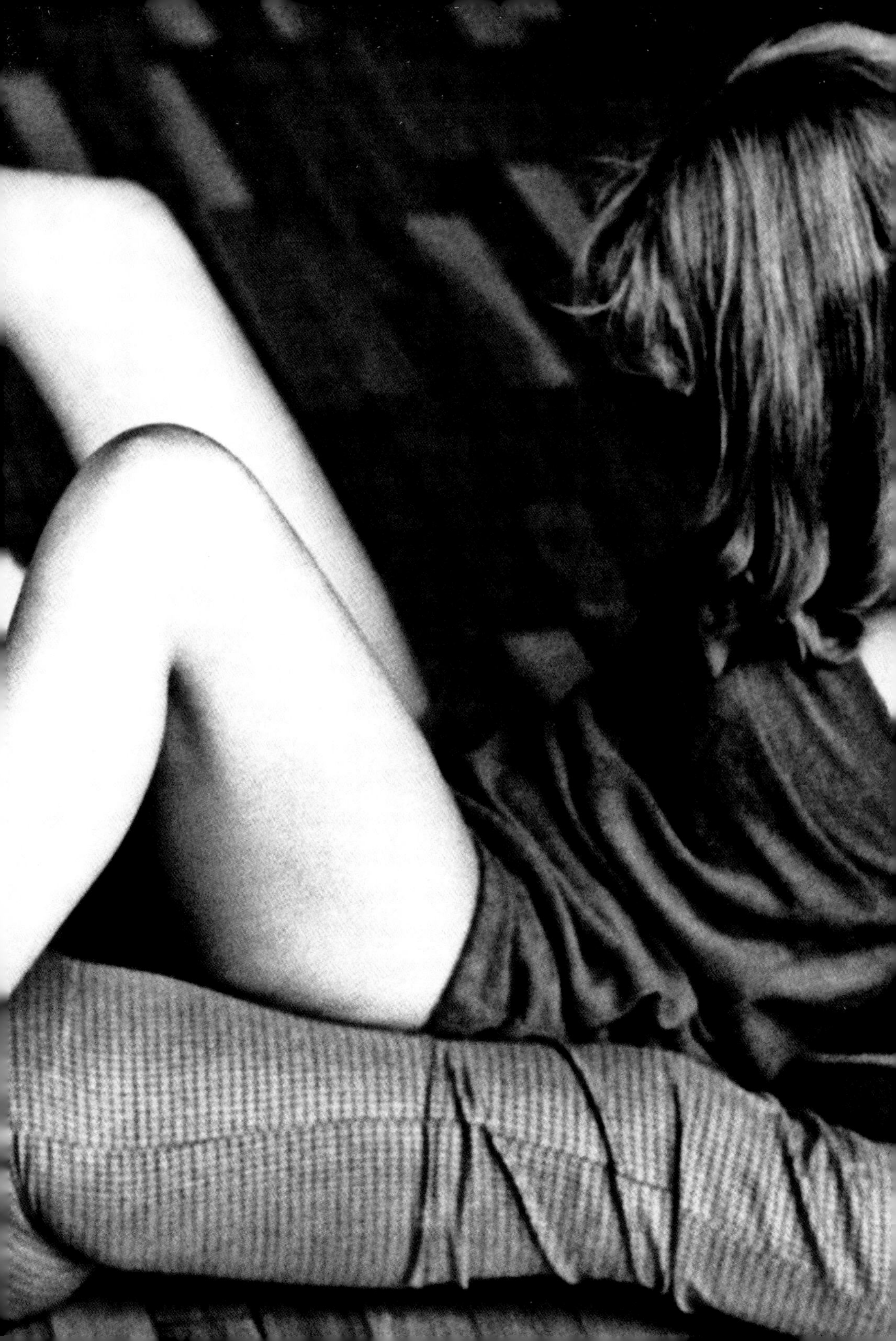

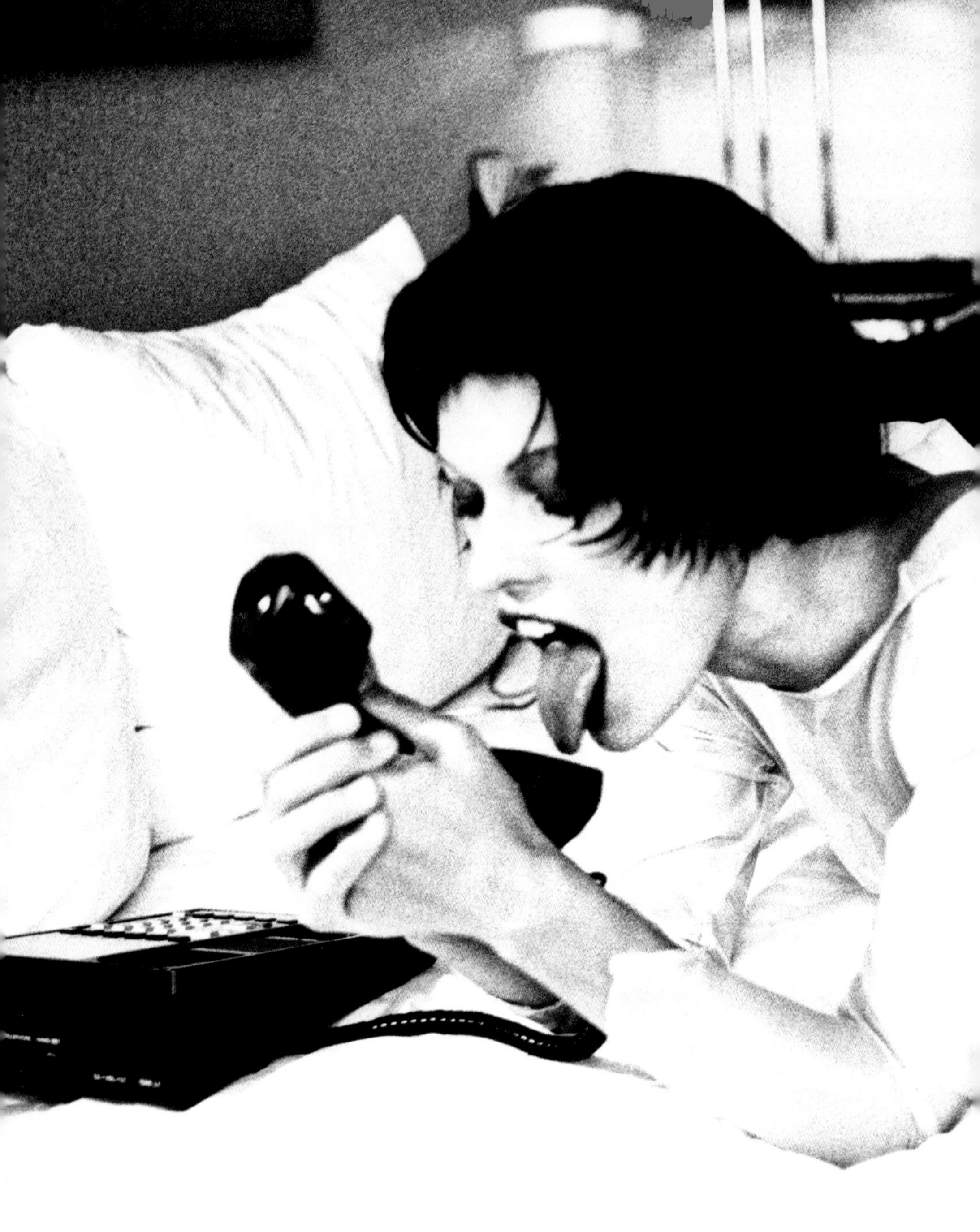

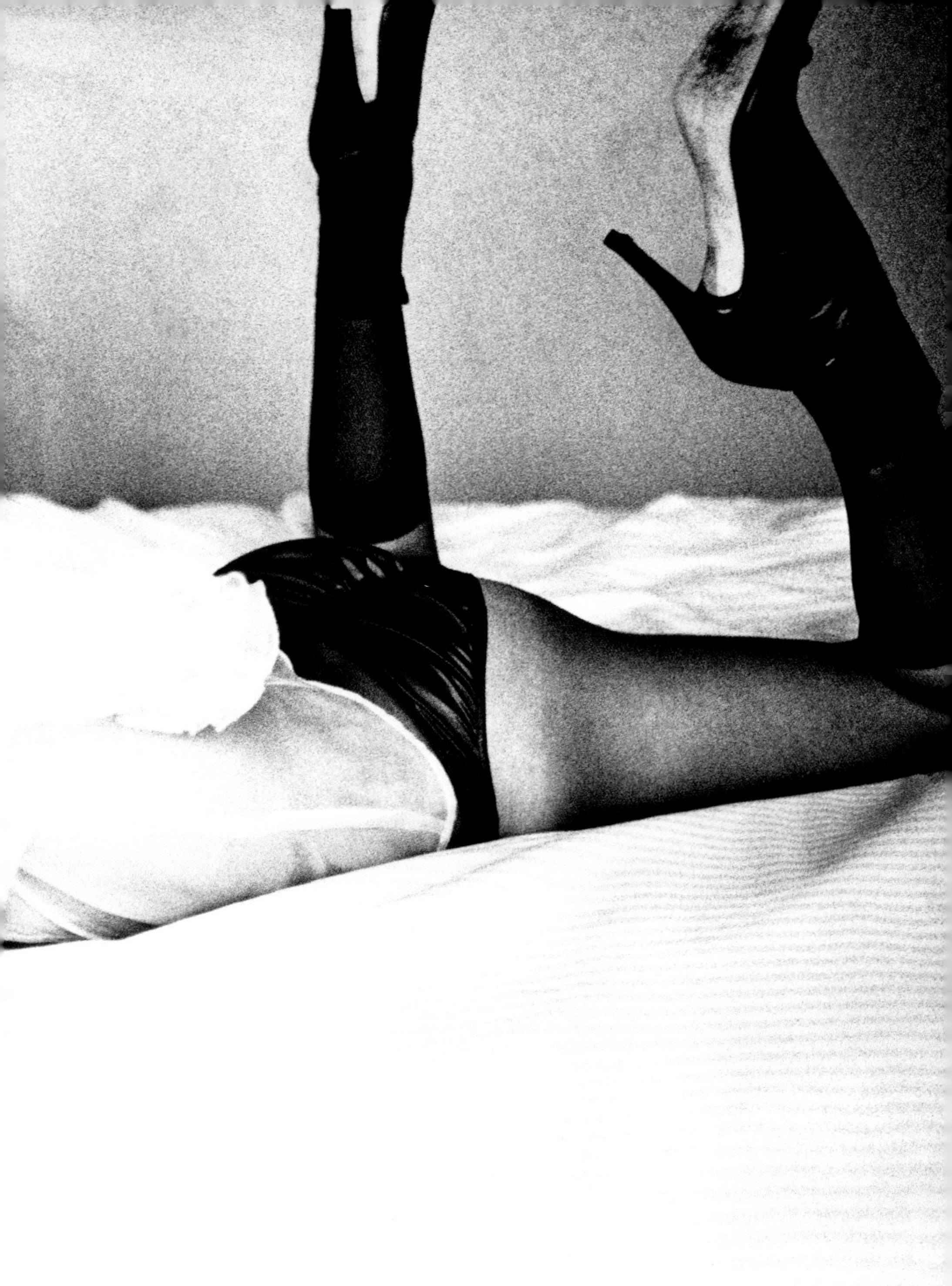

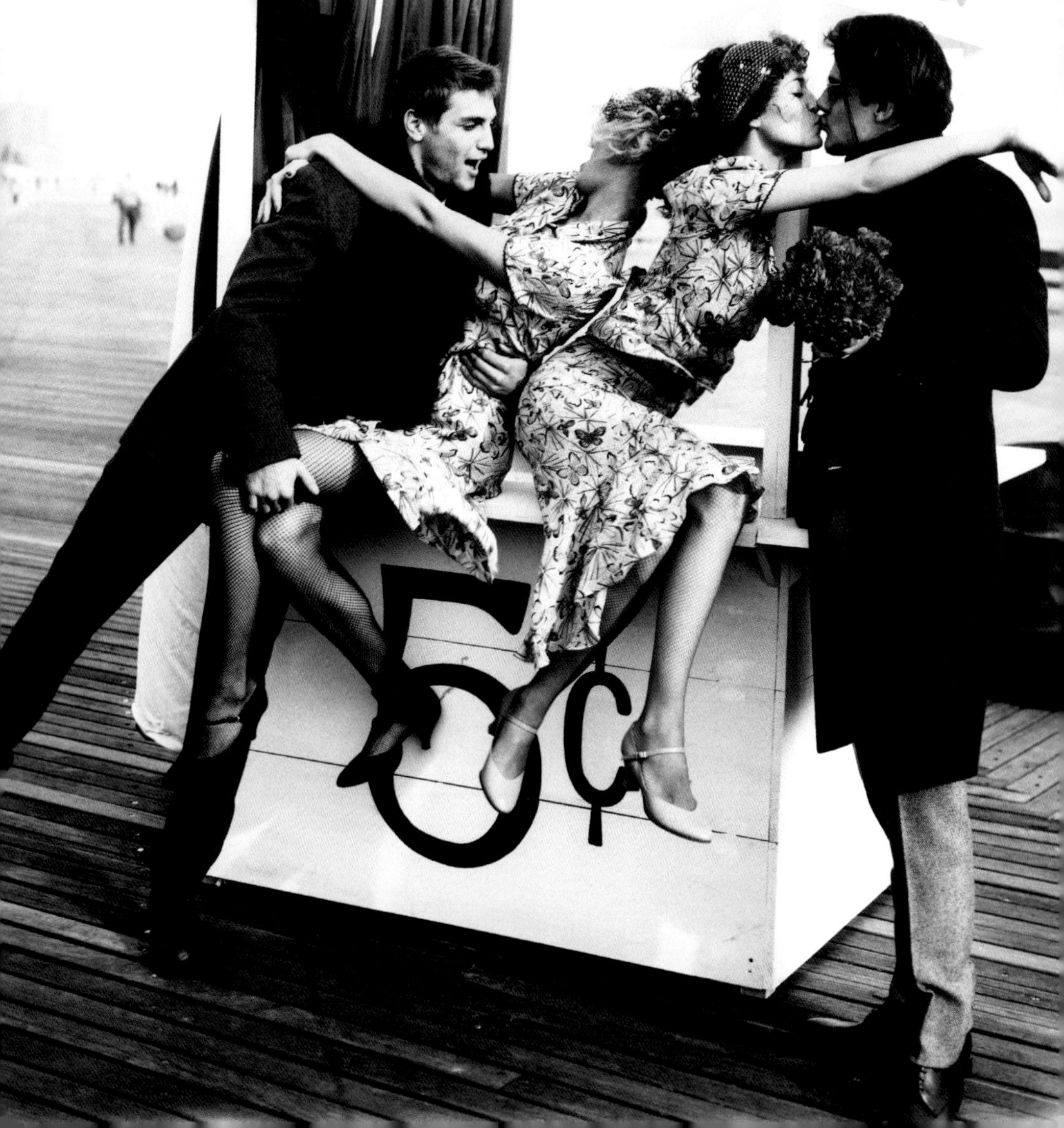

Pucker Up! 5¢ KISSES 5¢
5¢

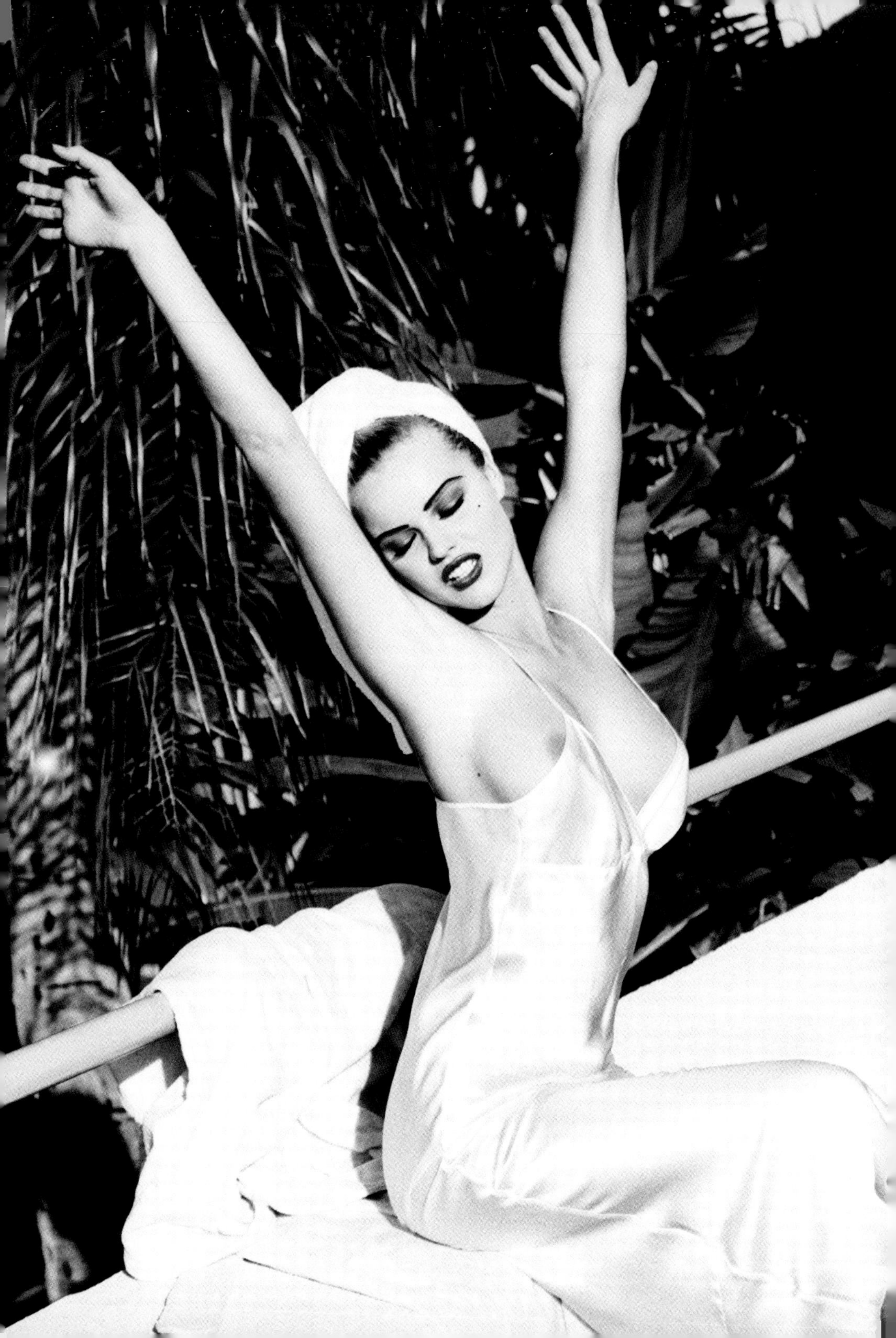

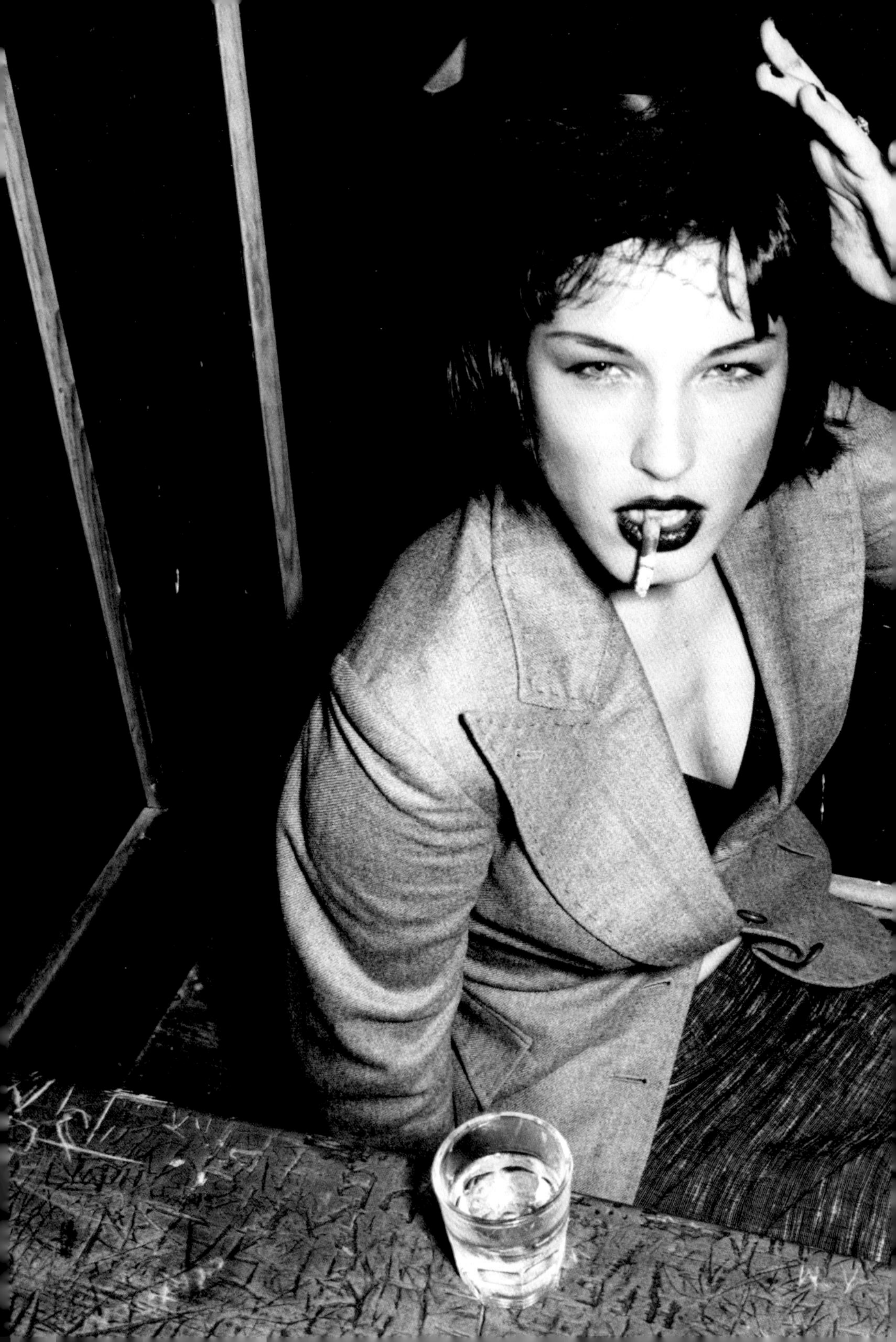

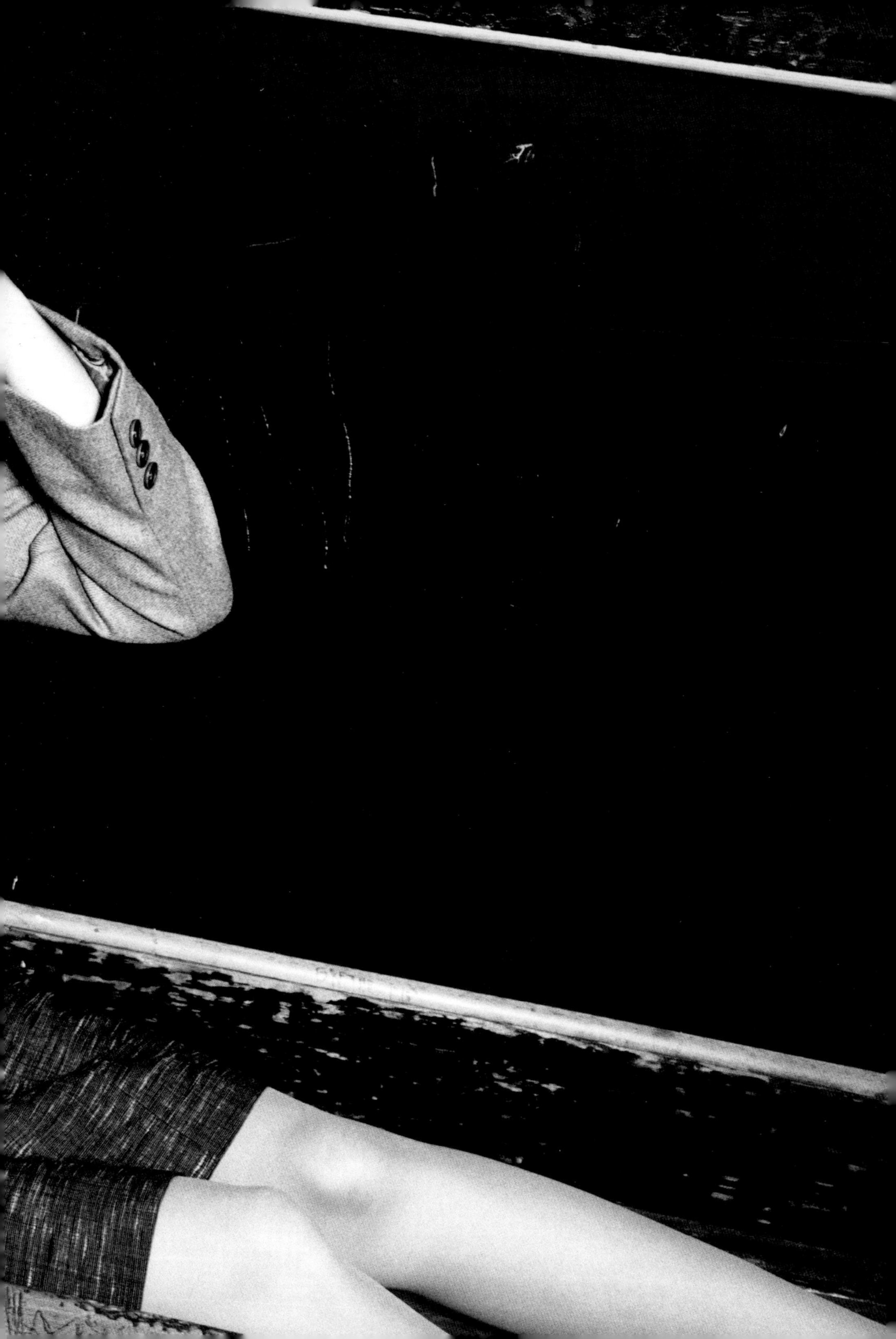

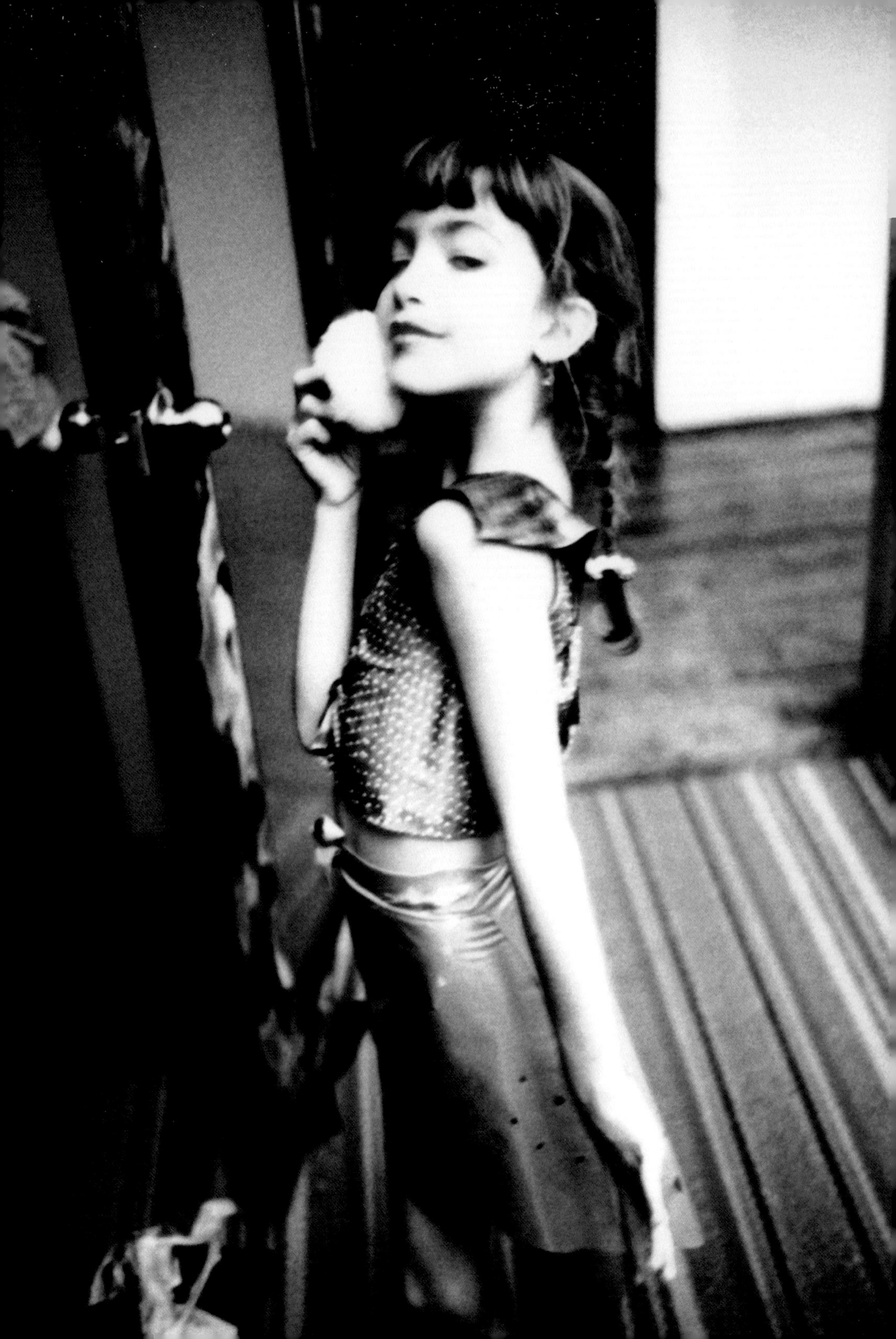

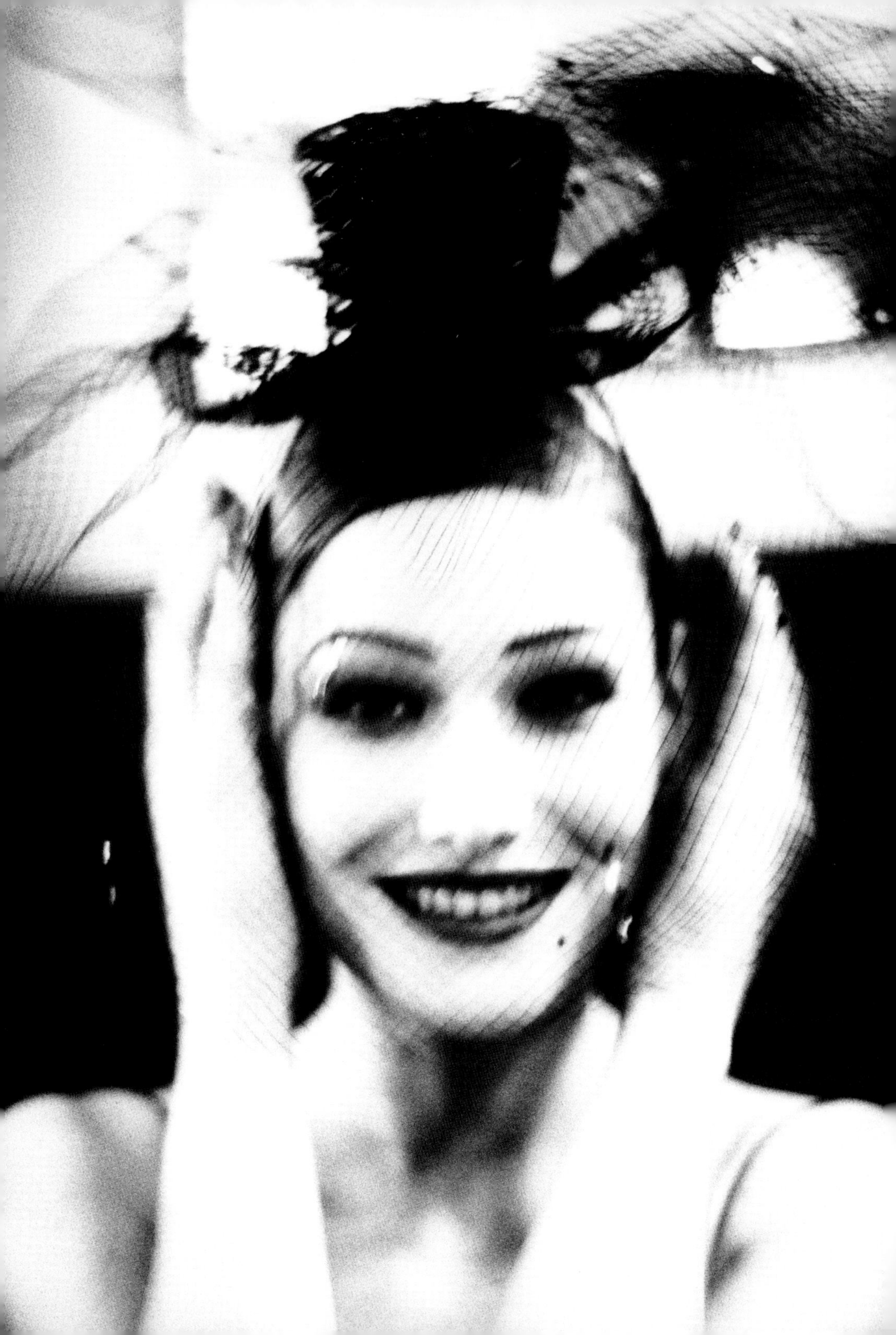

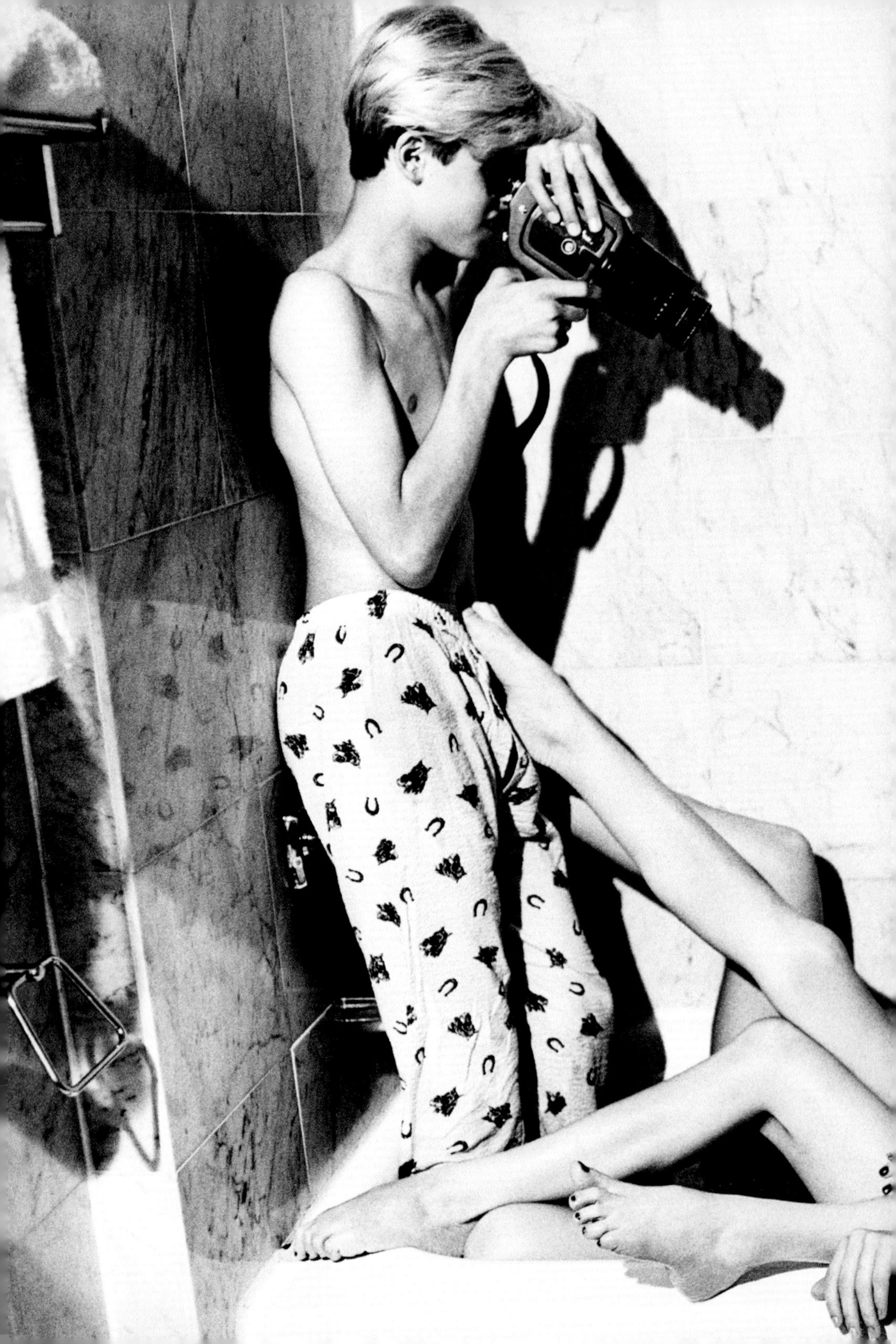

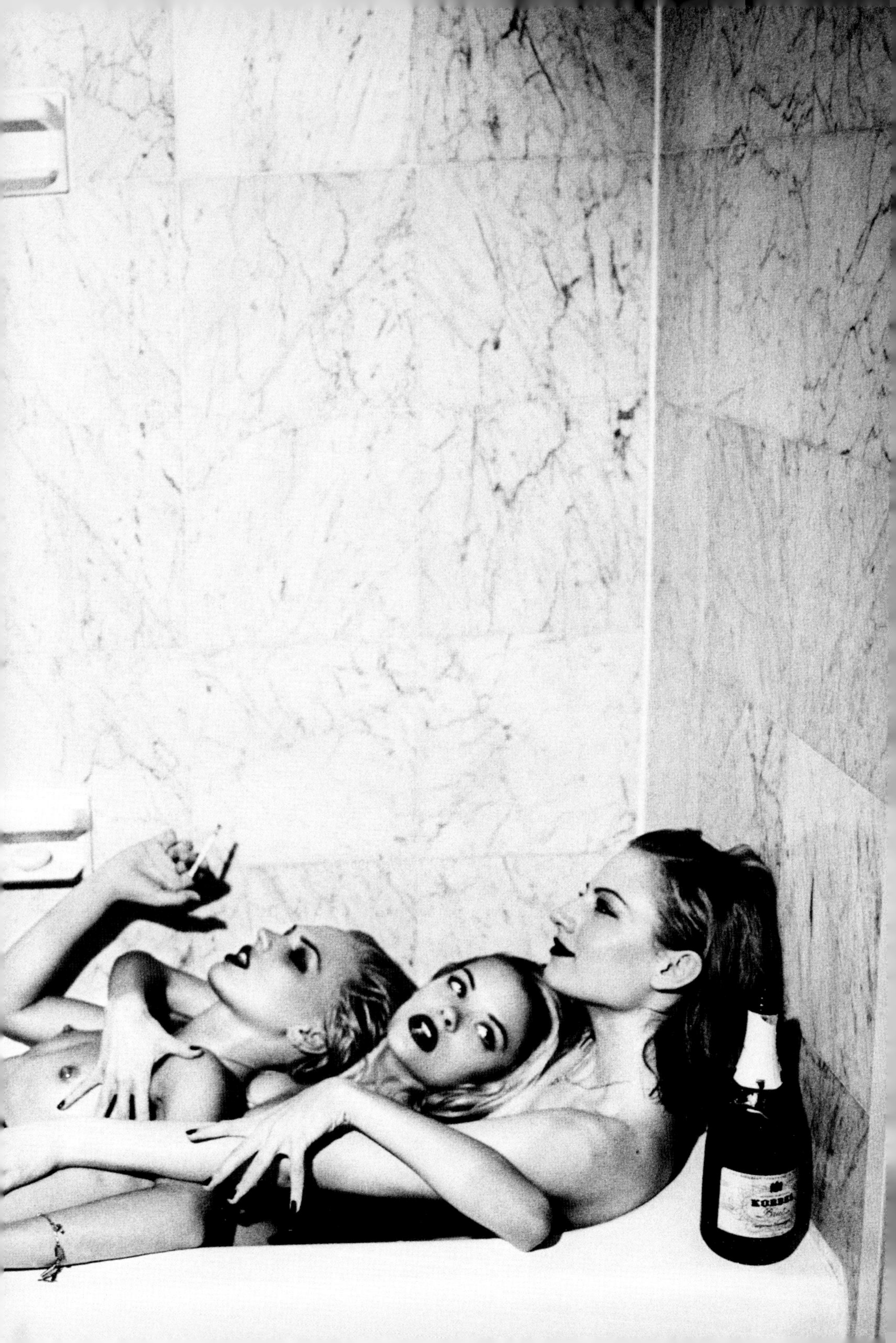

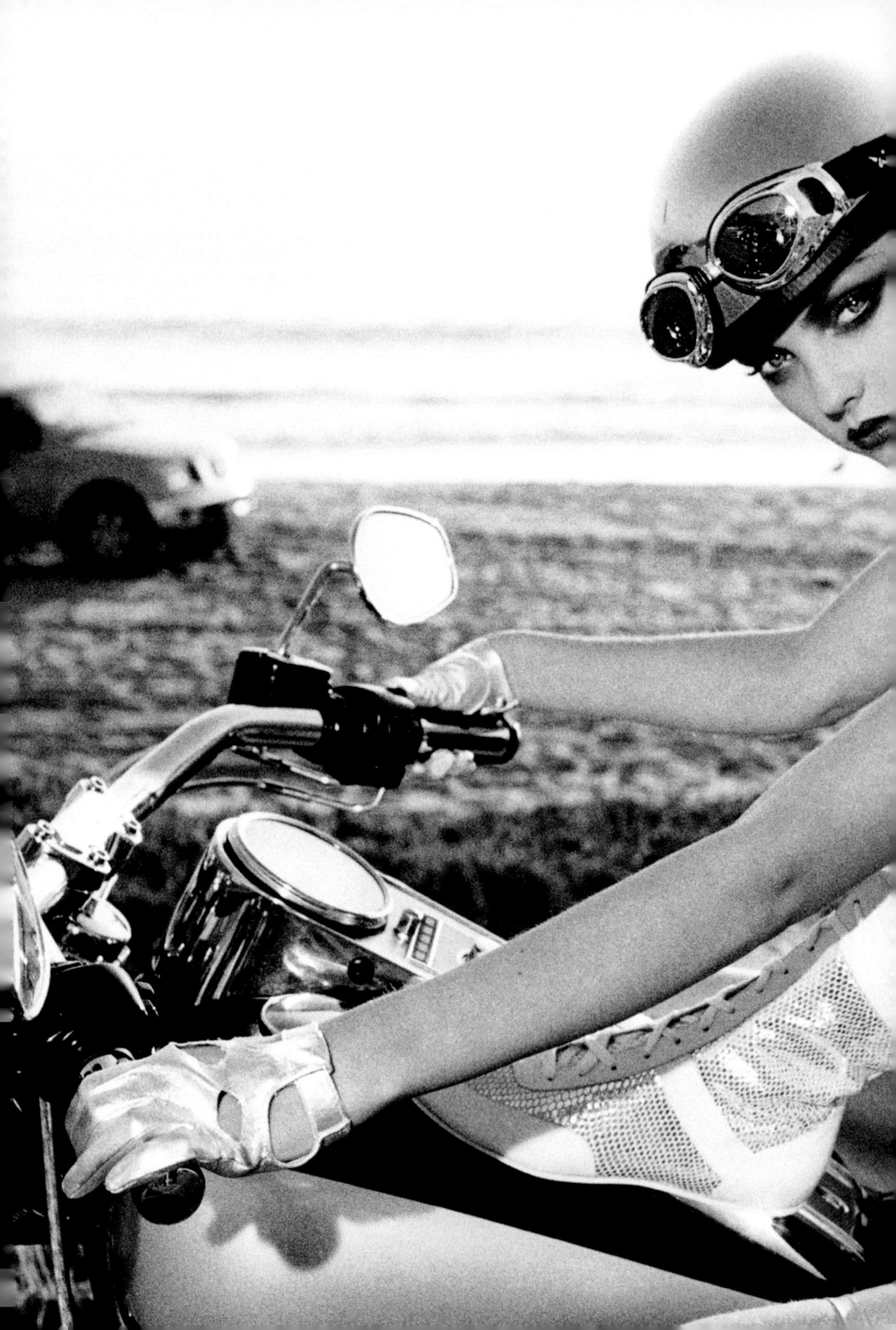

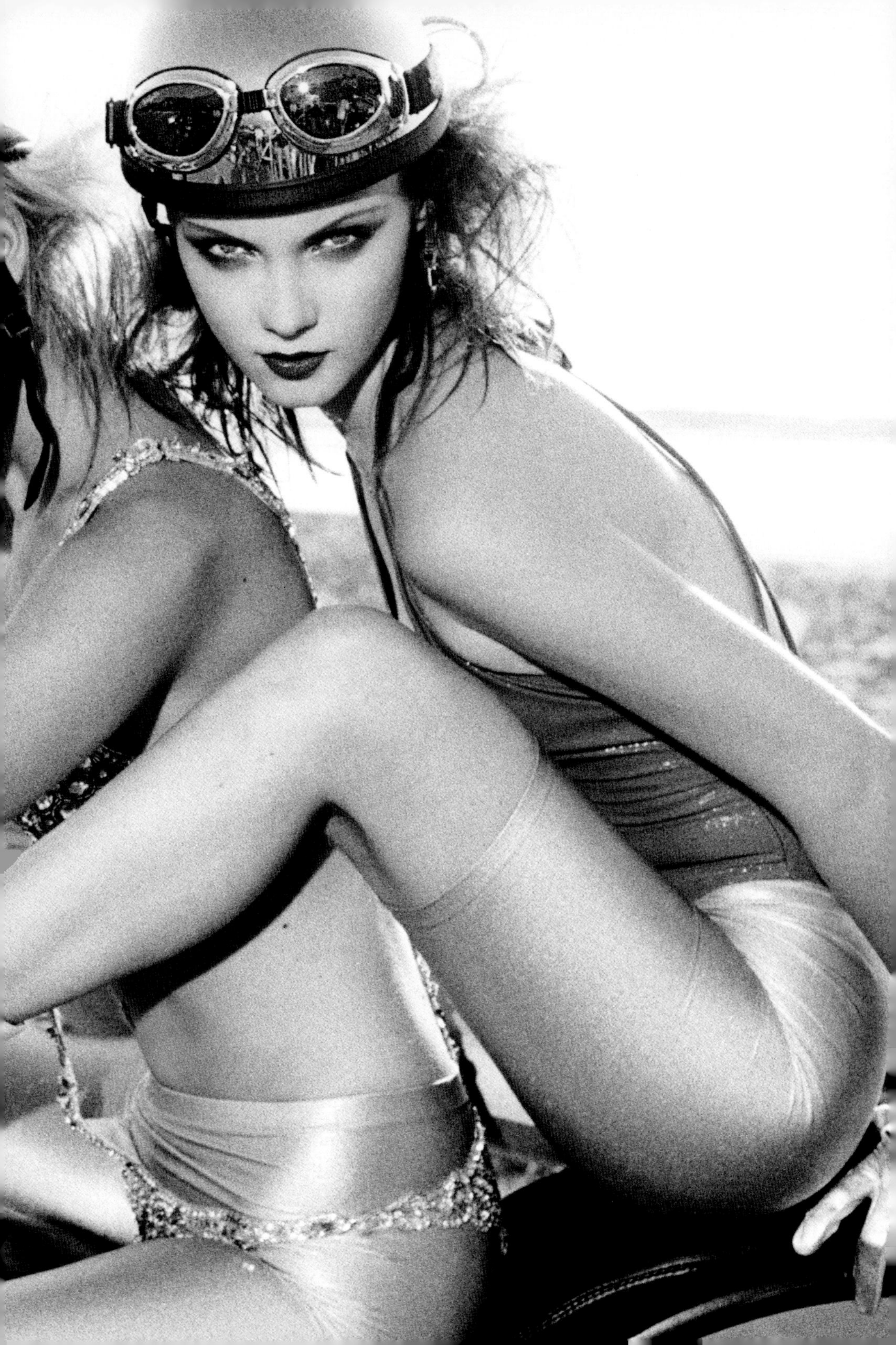

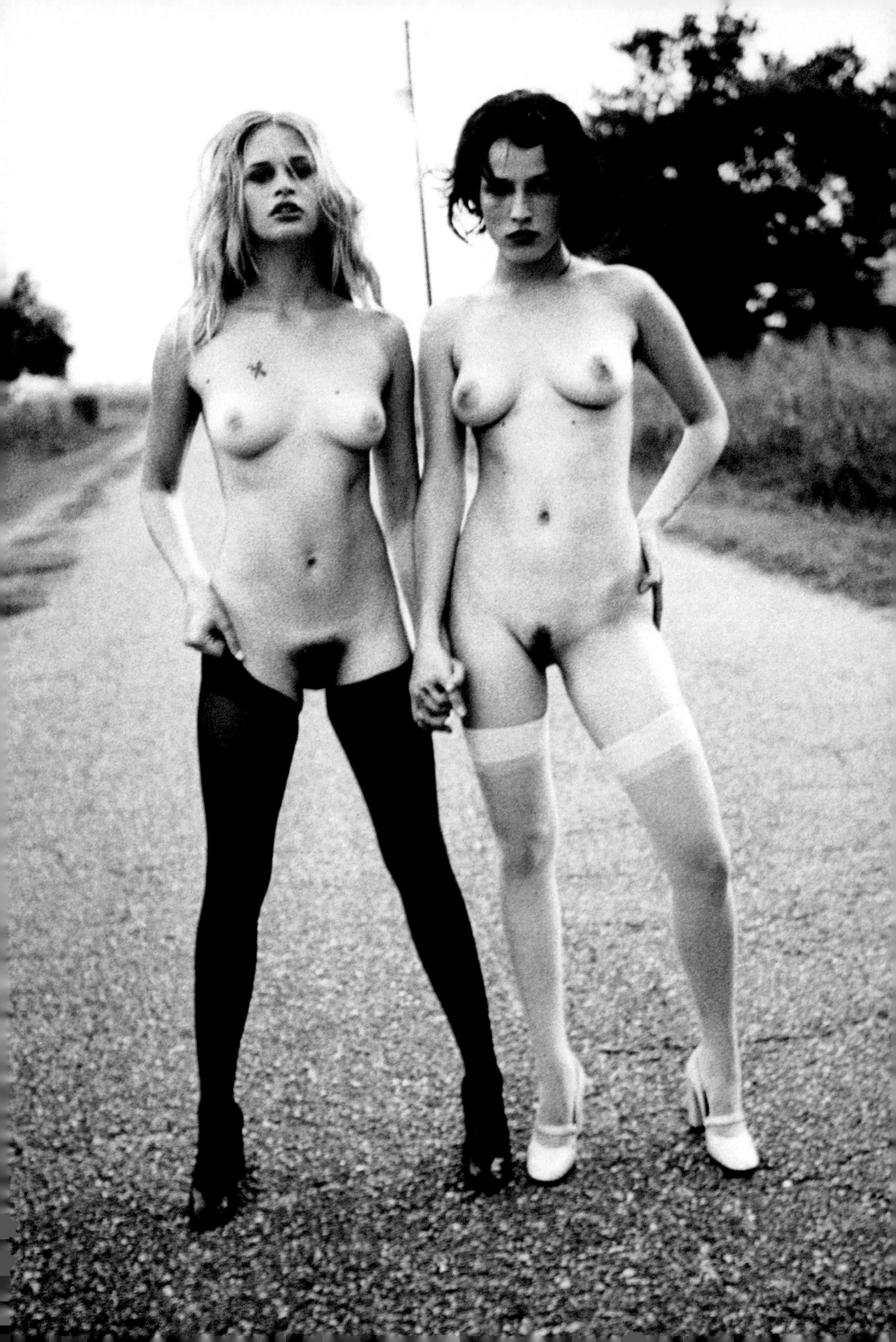

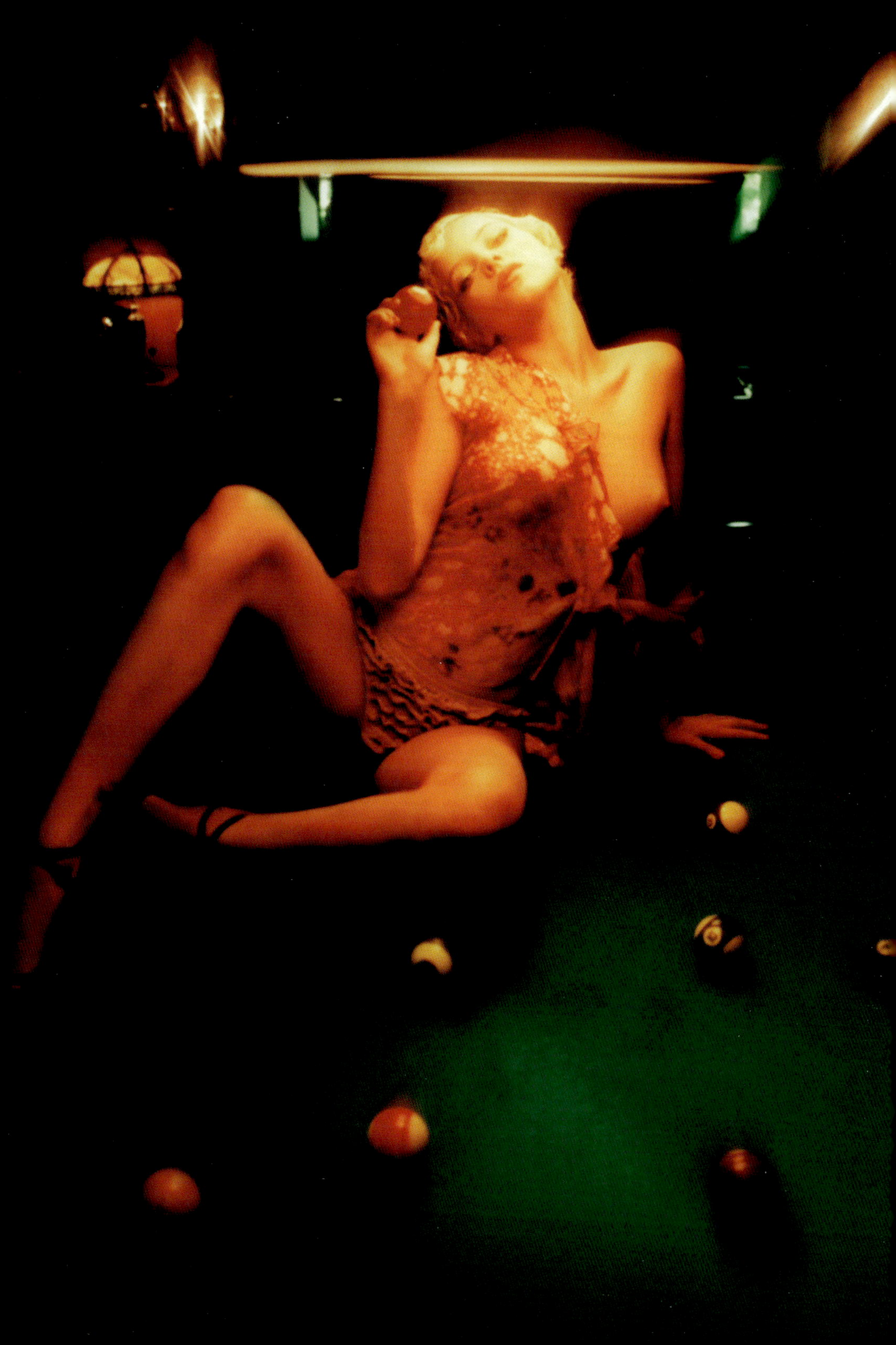

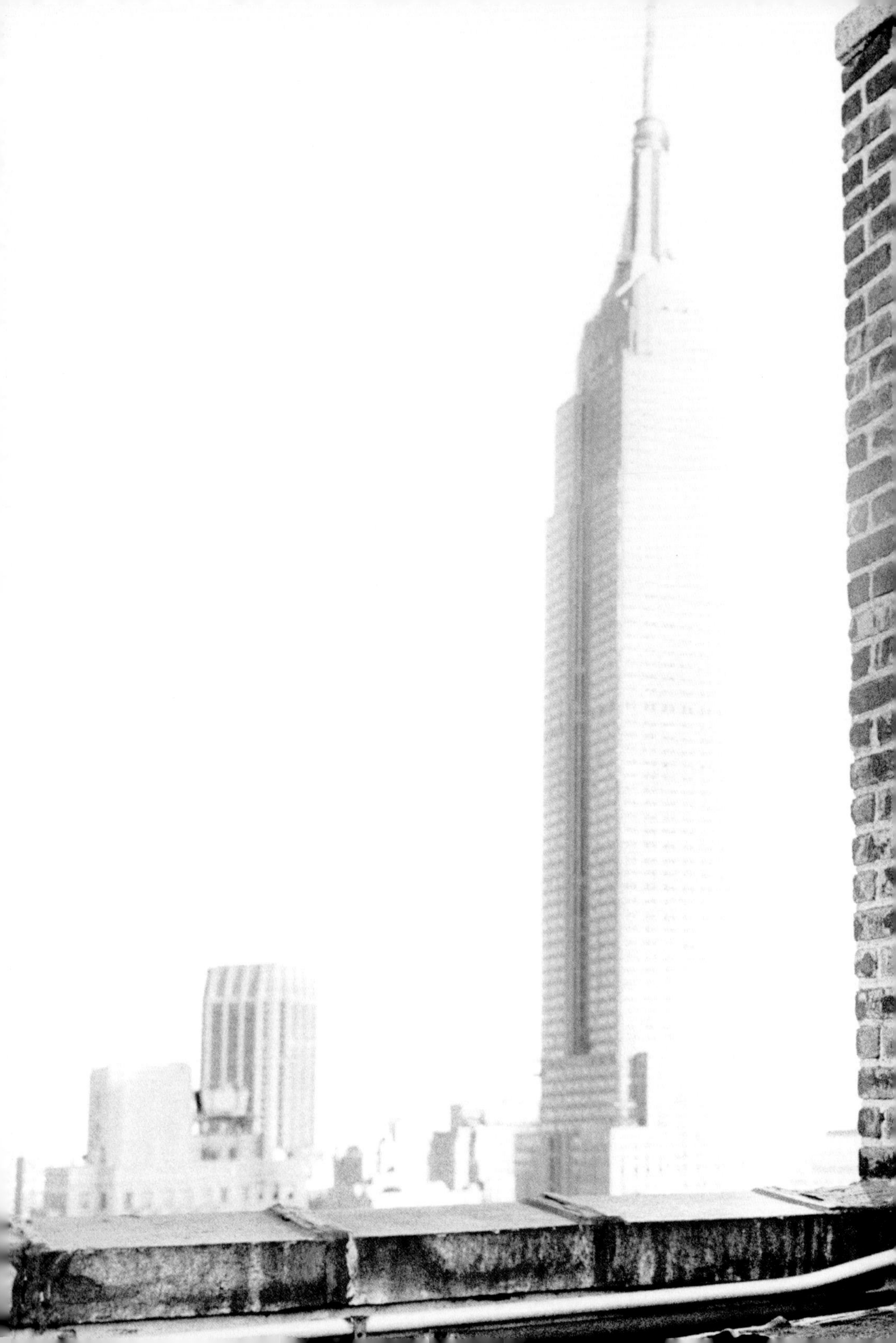

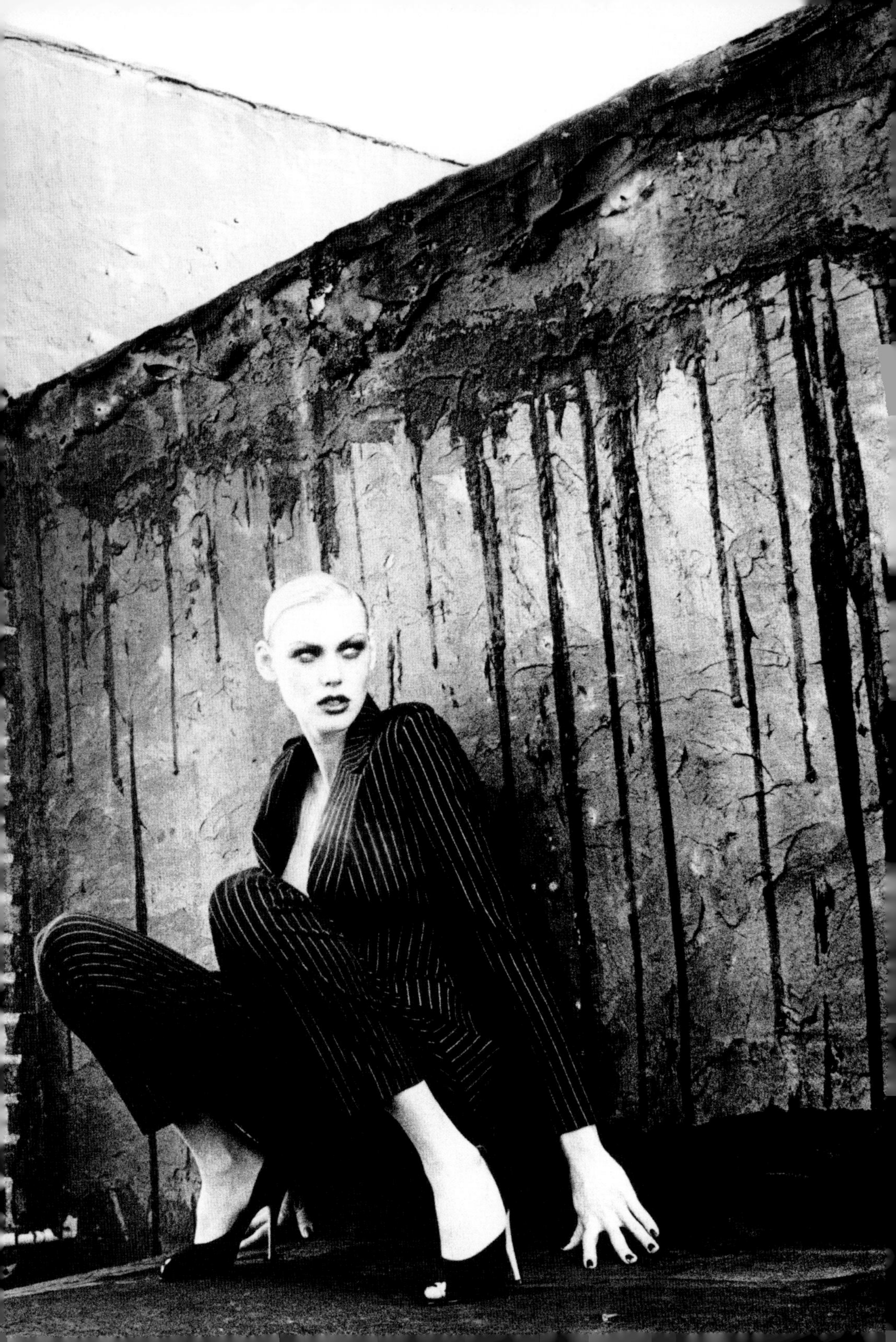

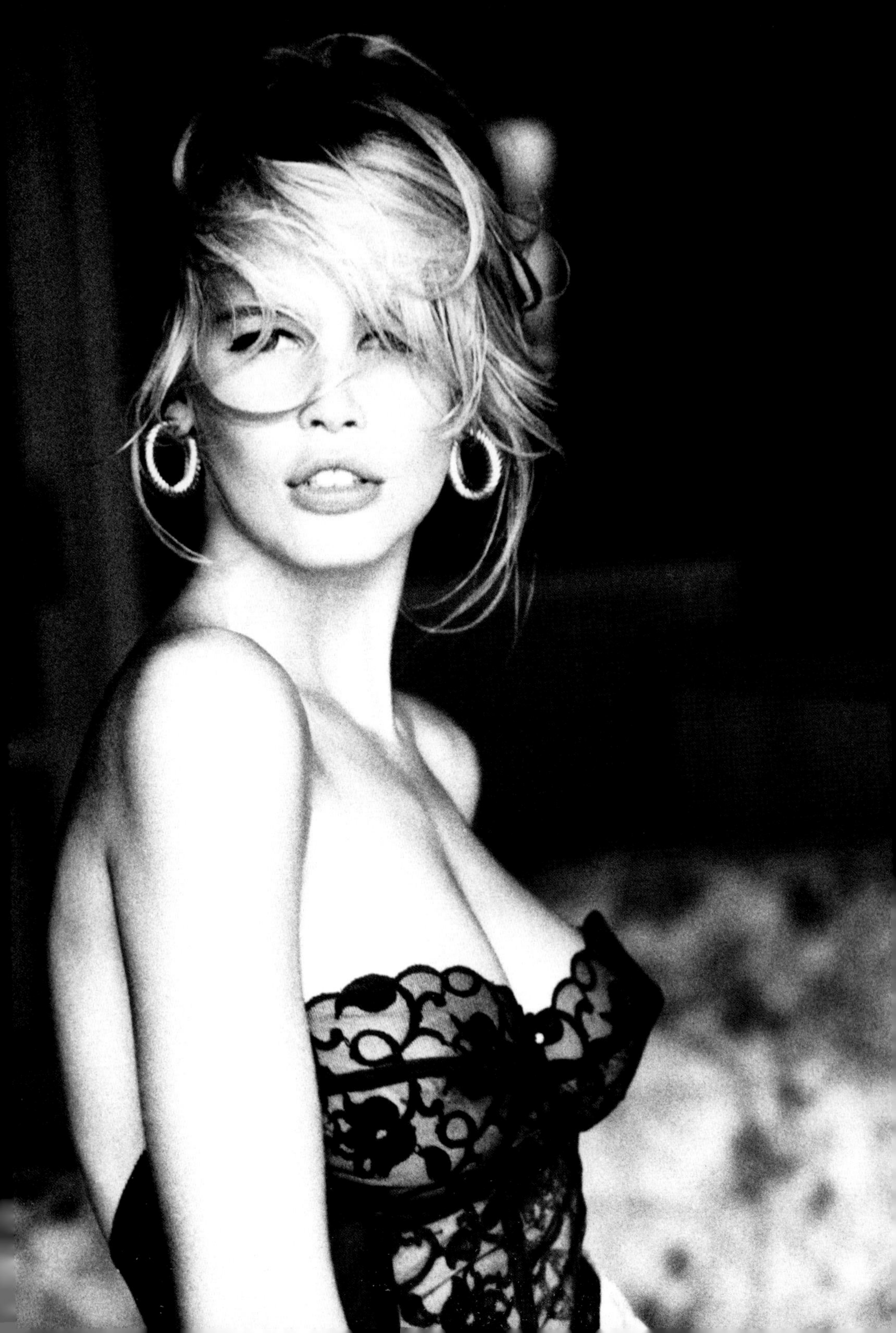

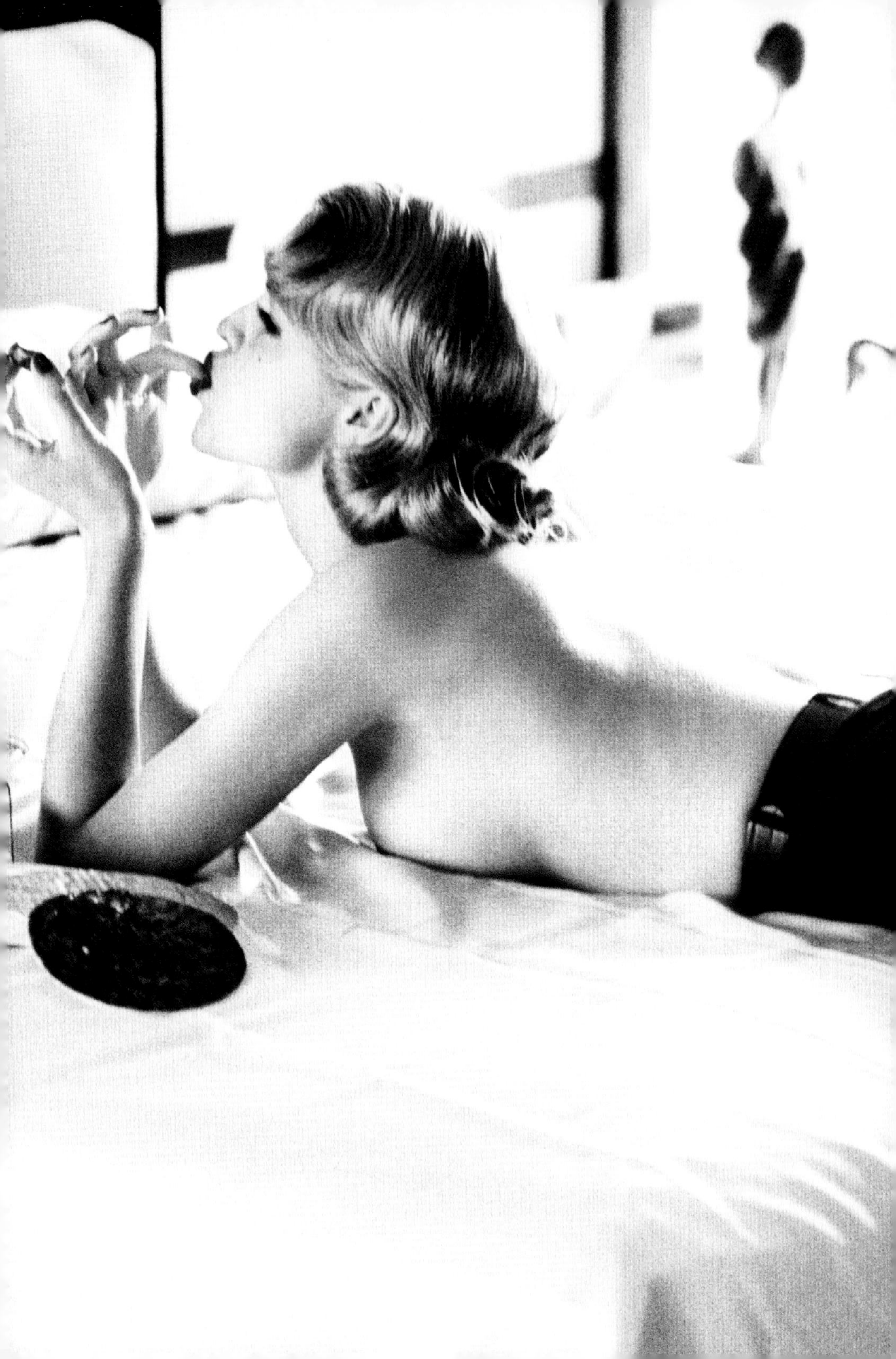

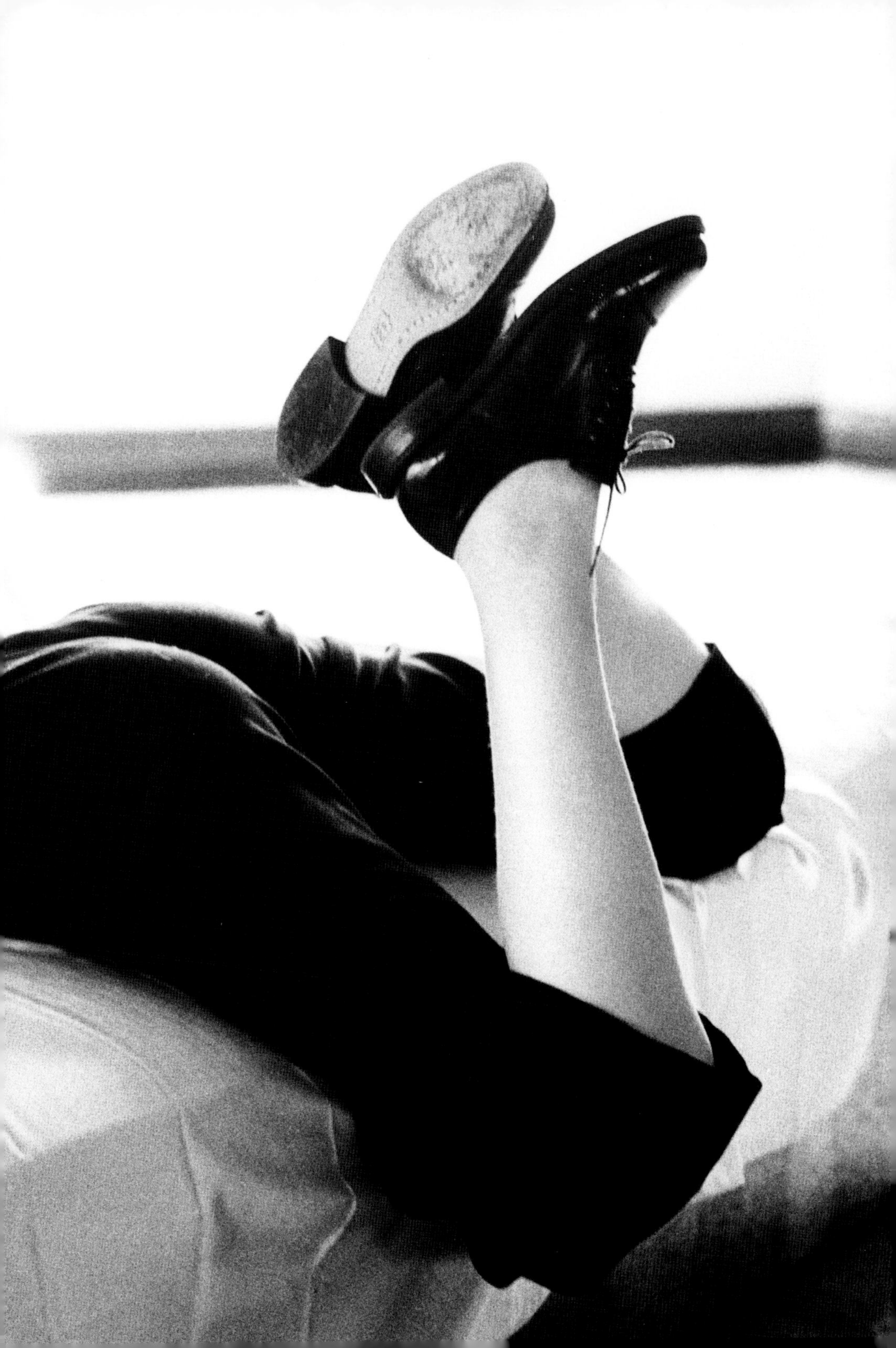

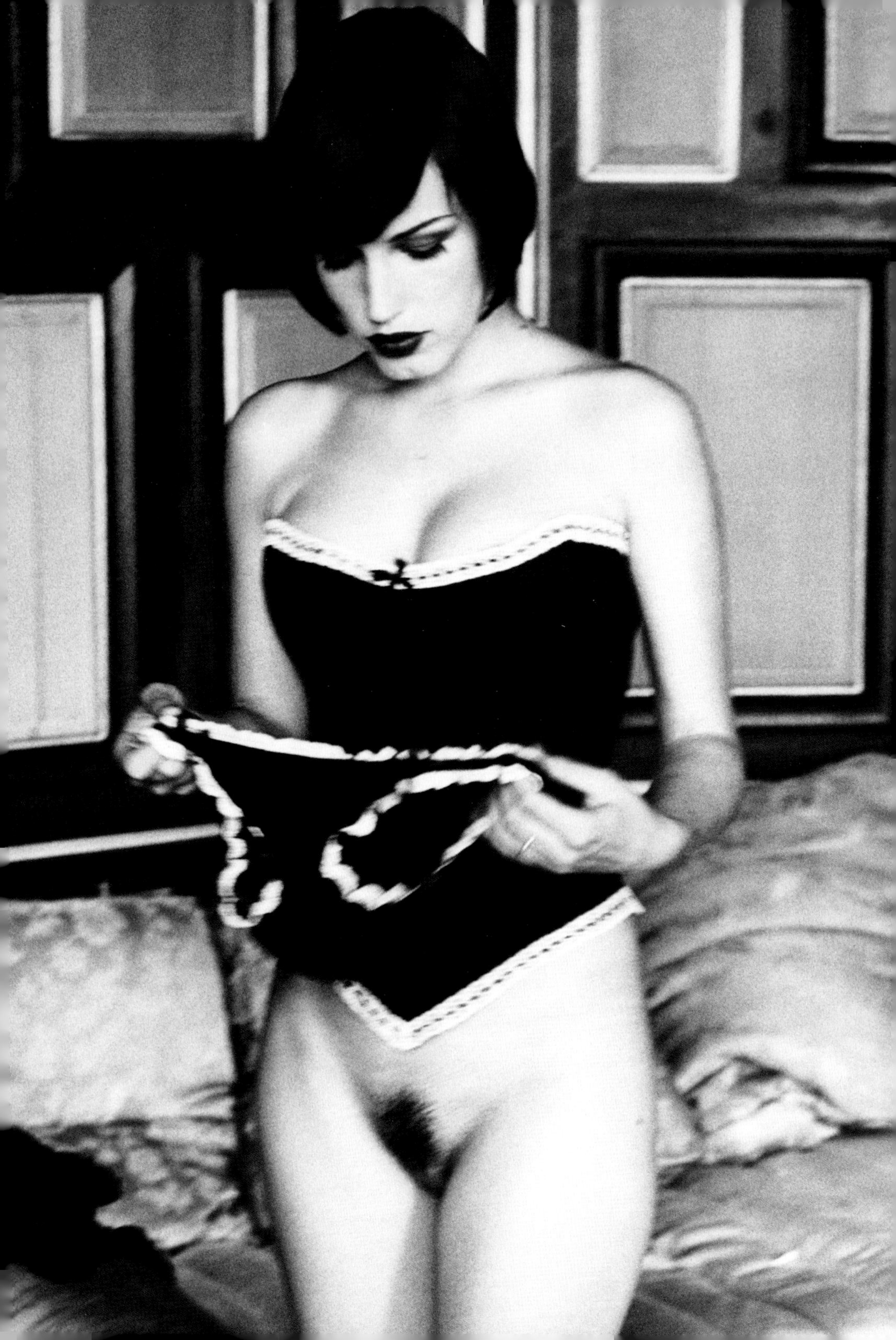

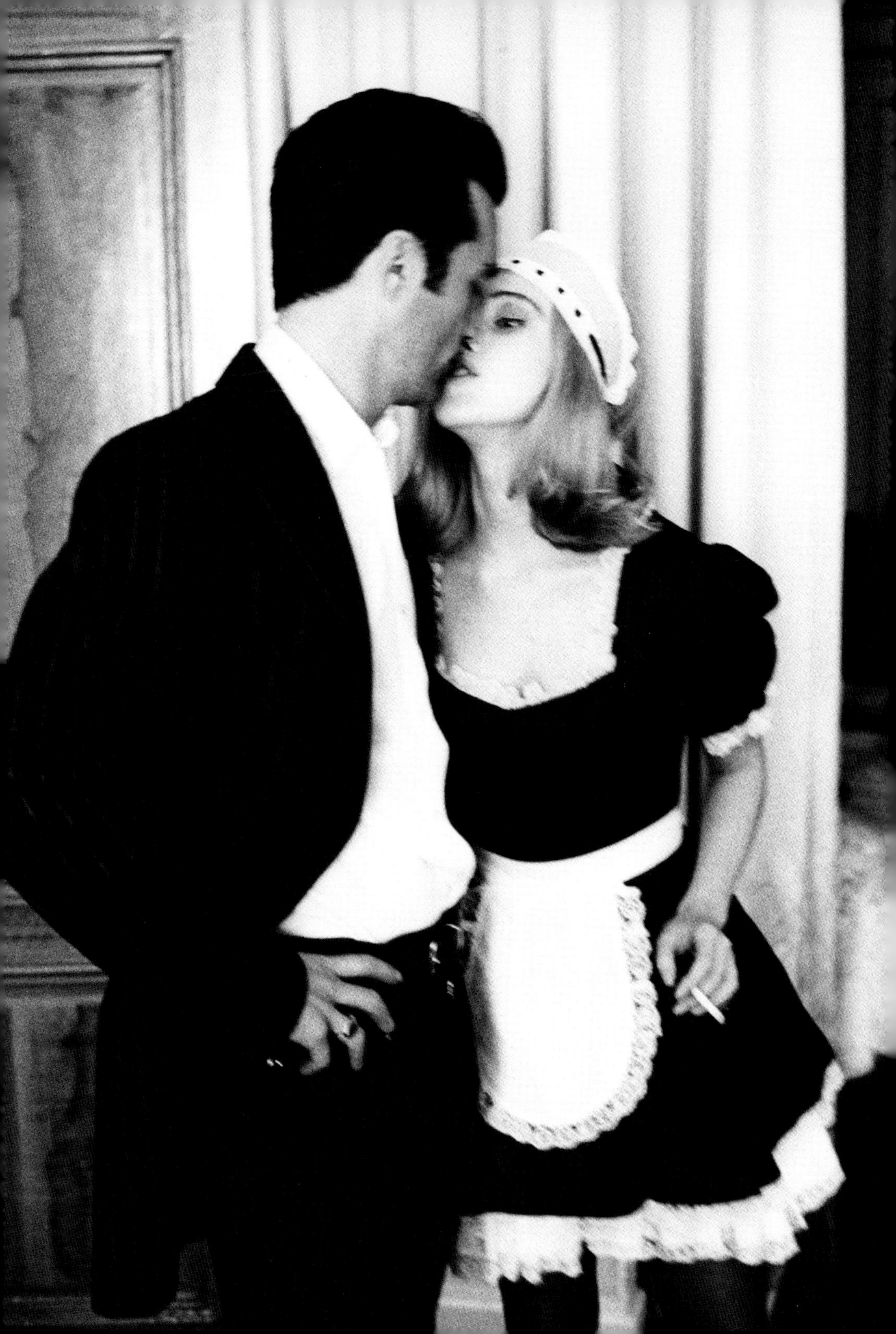

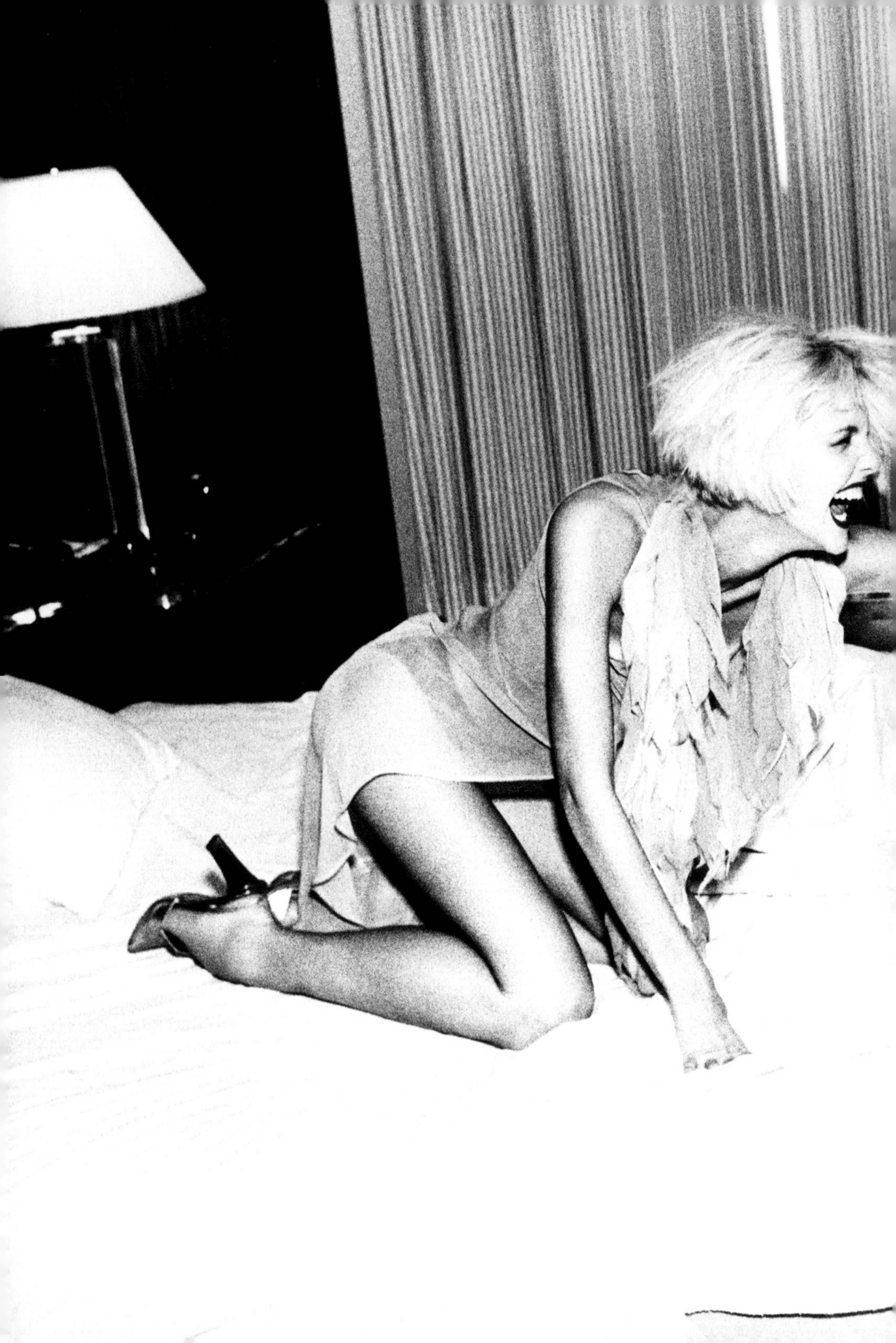

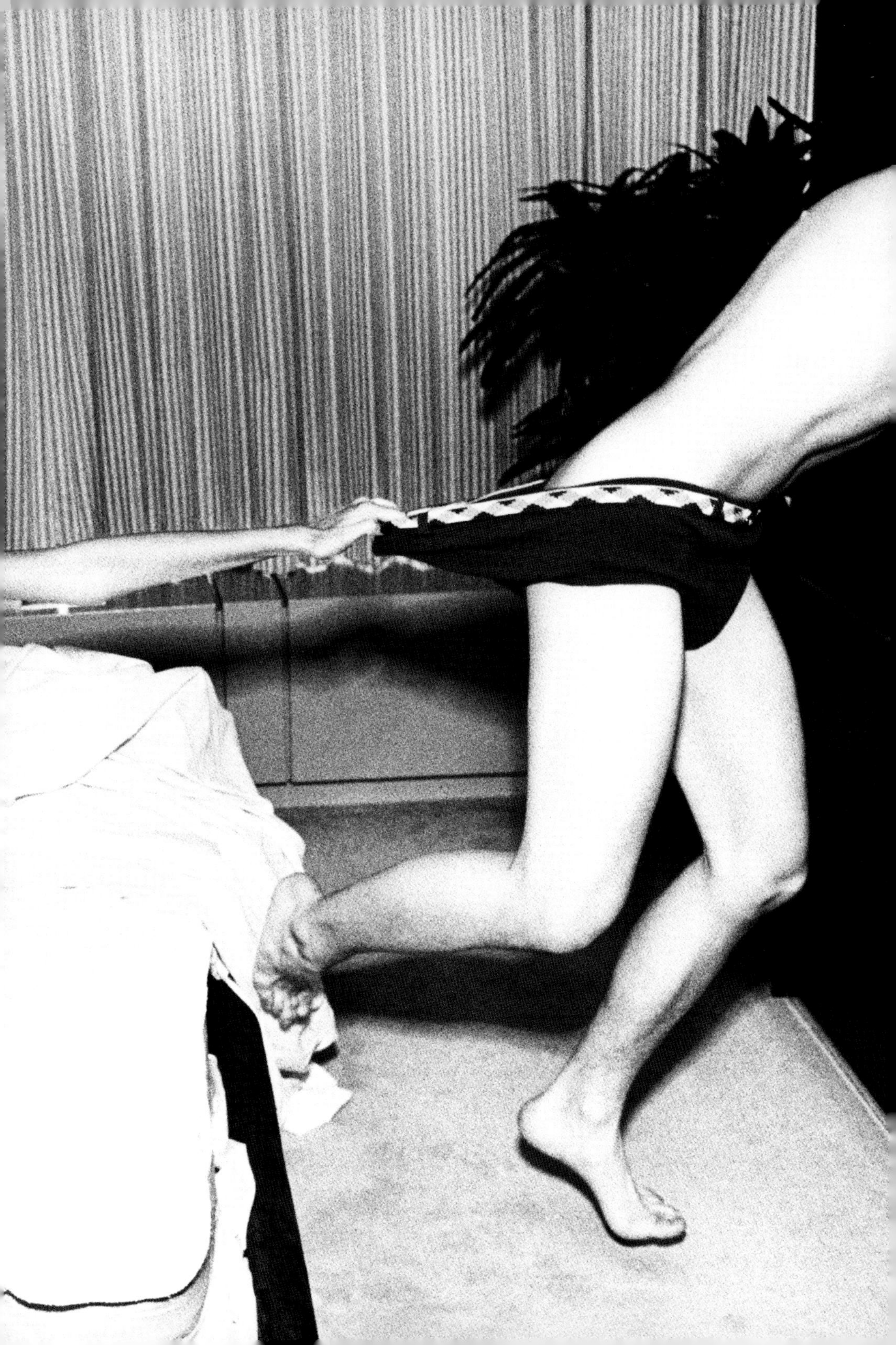

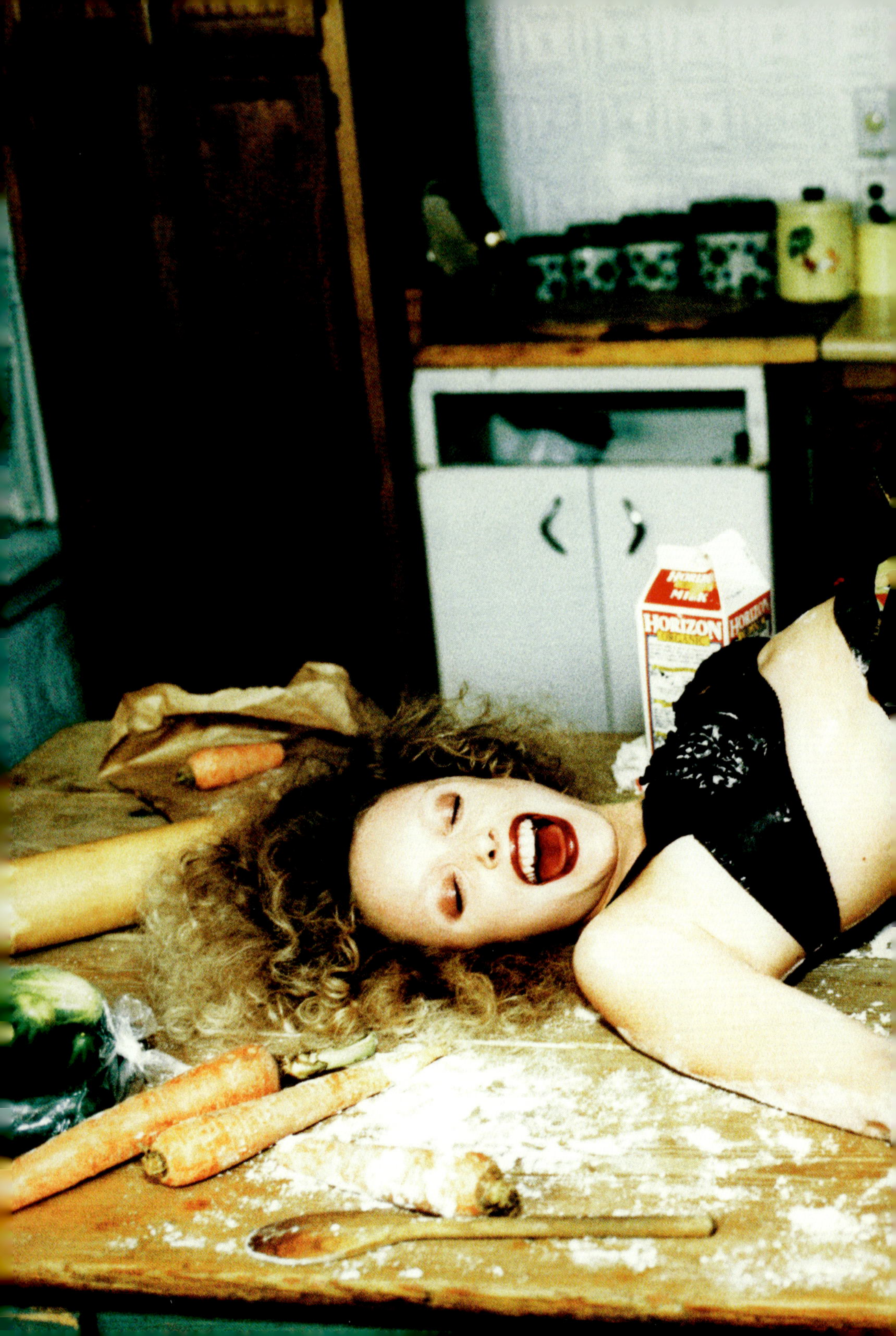

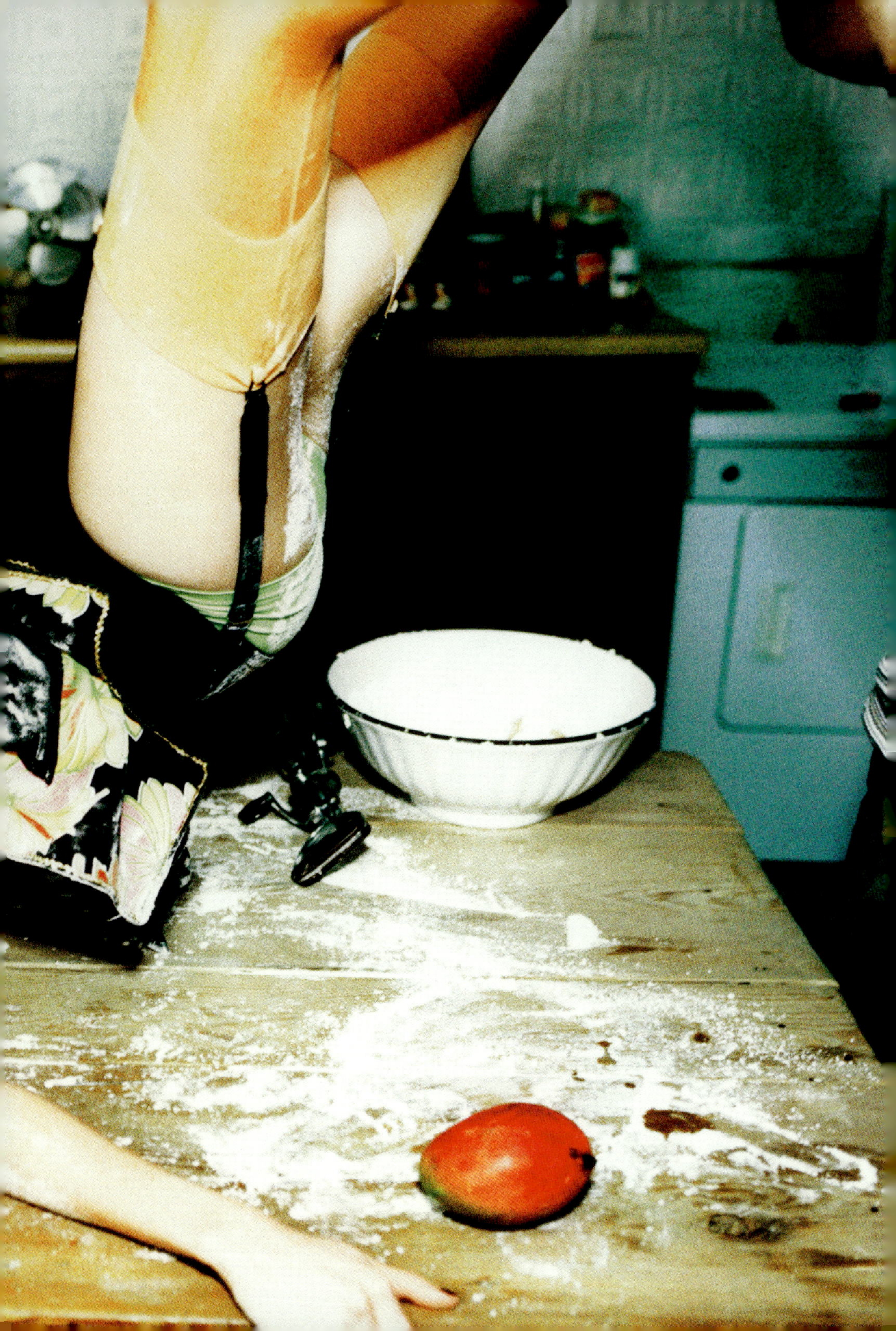

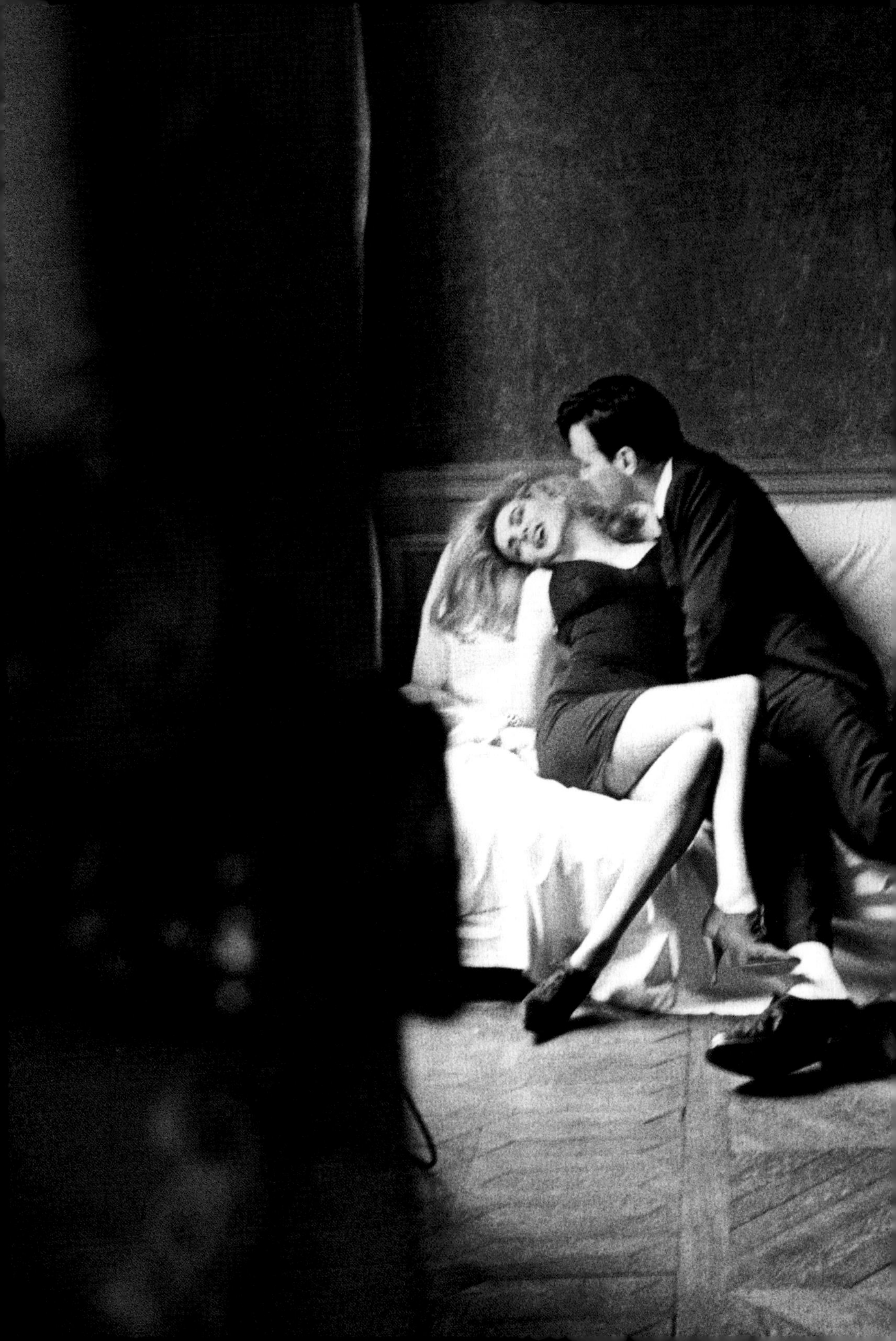

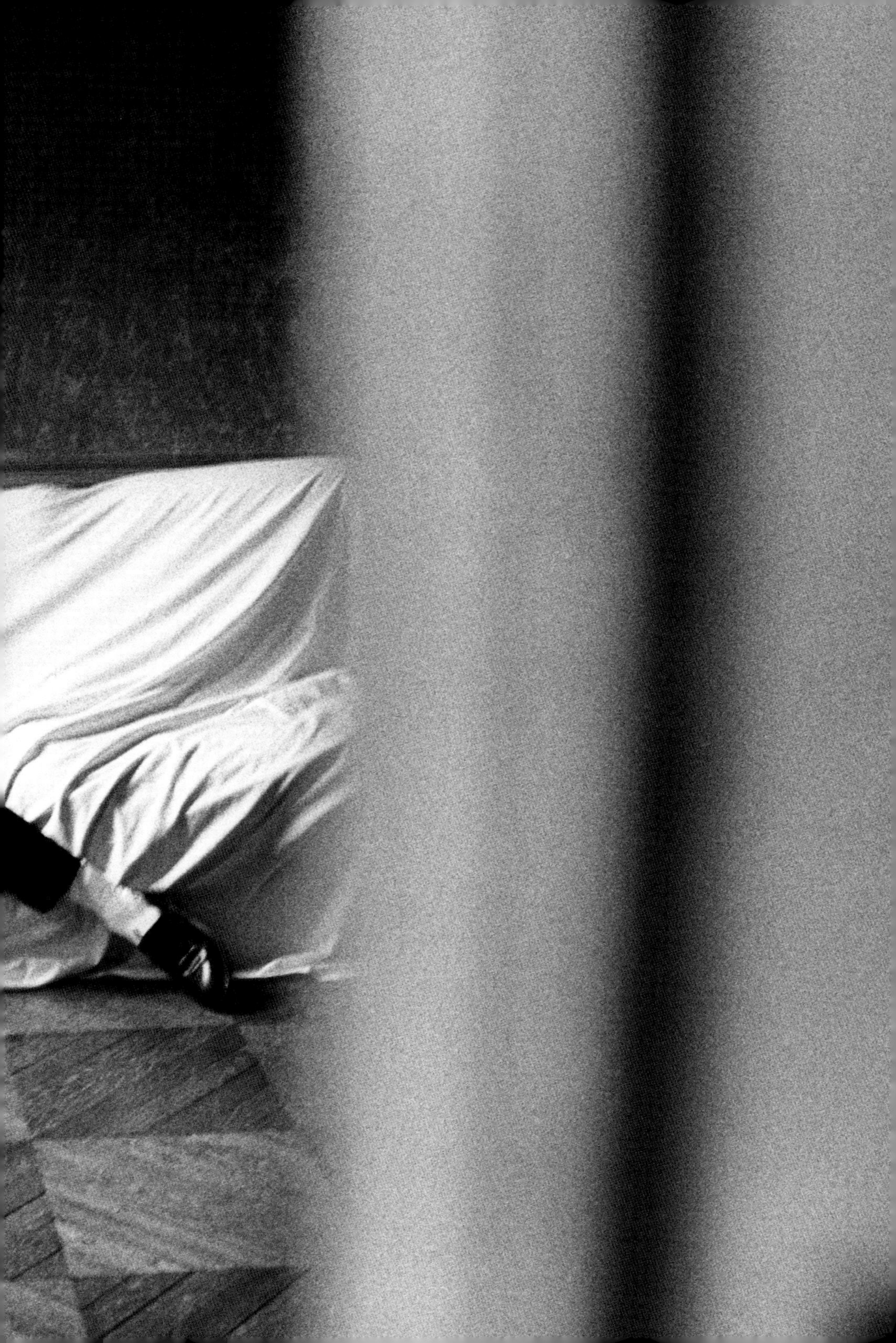

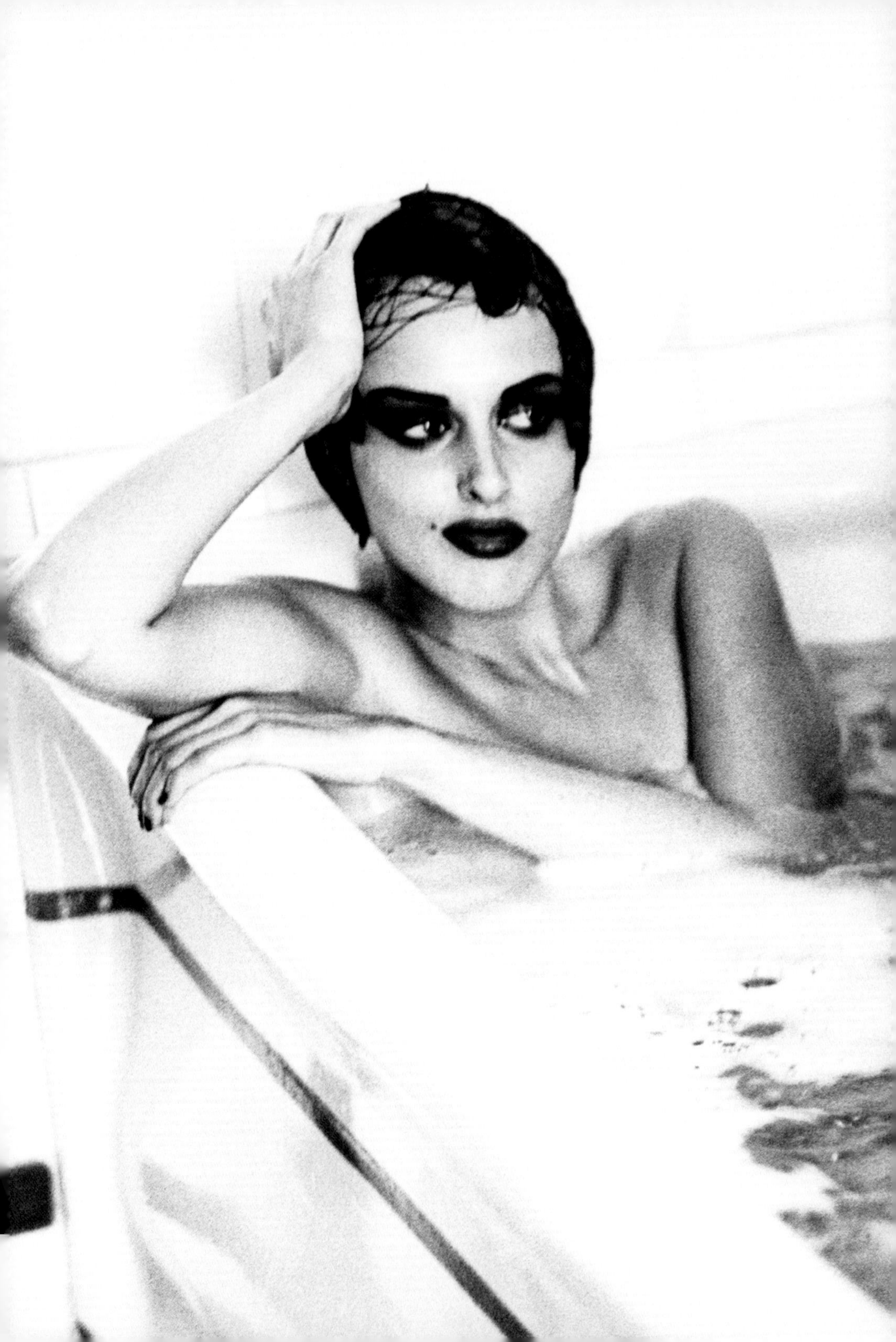

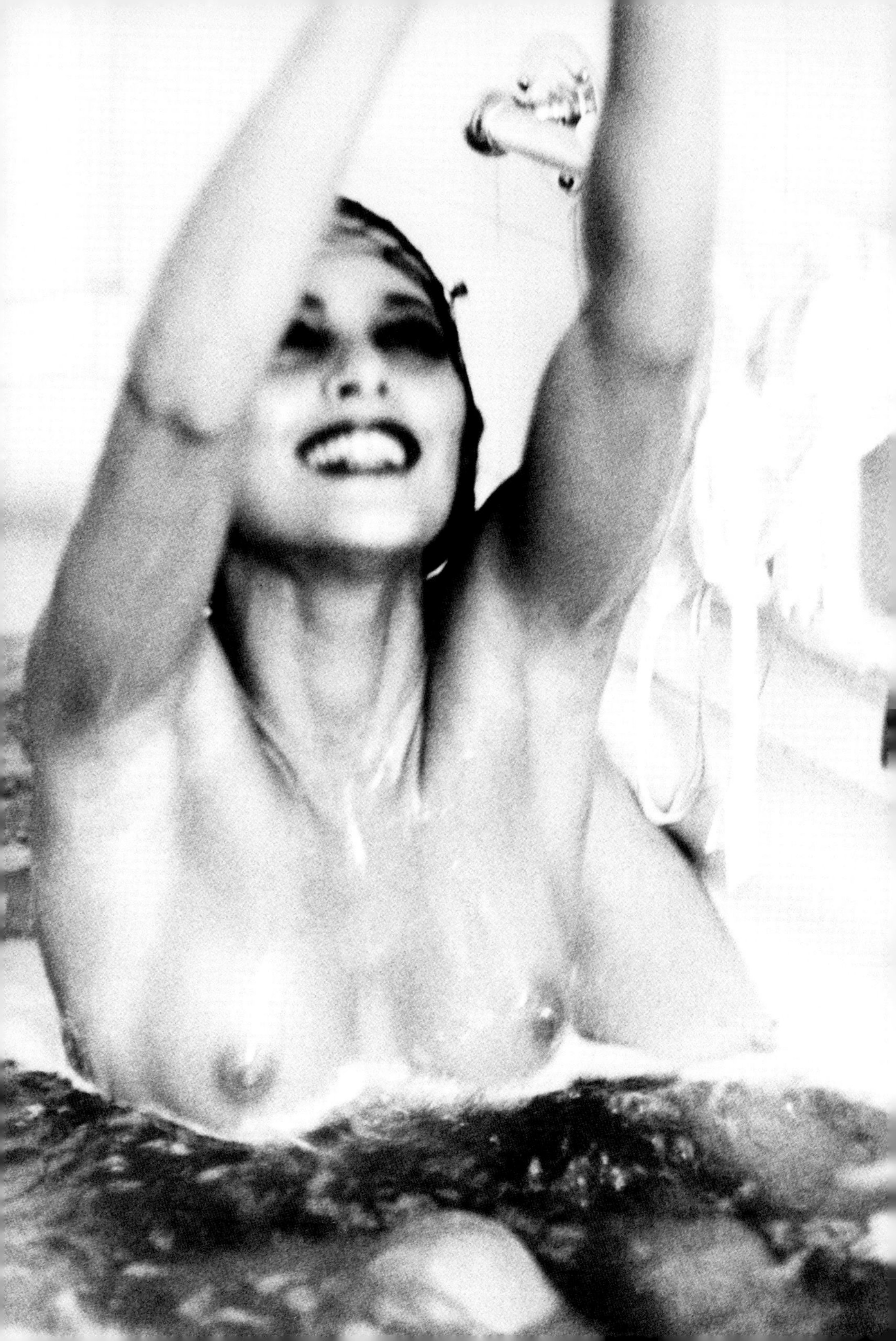

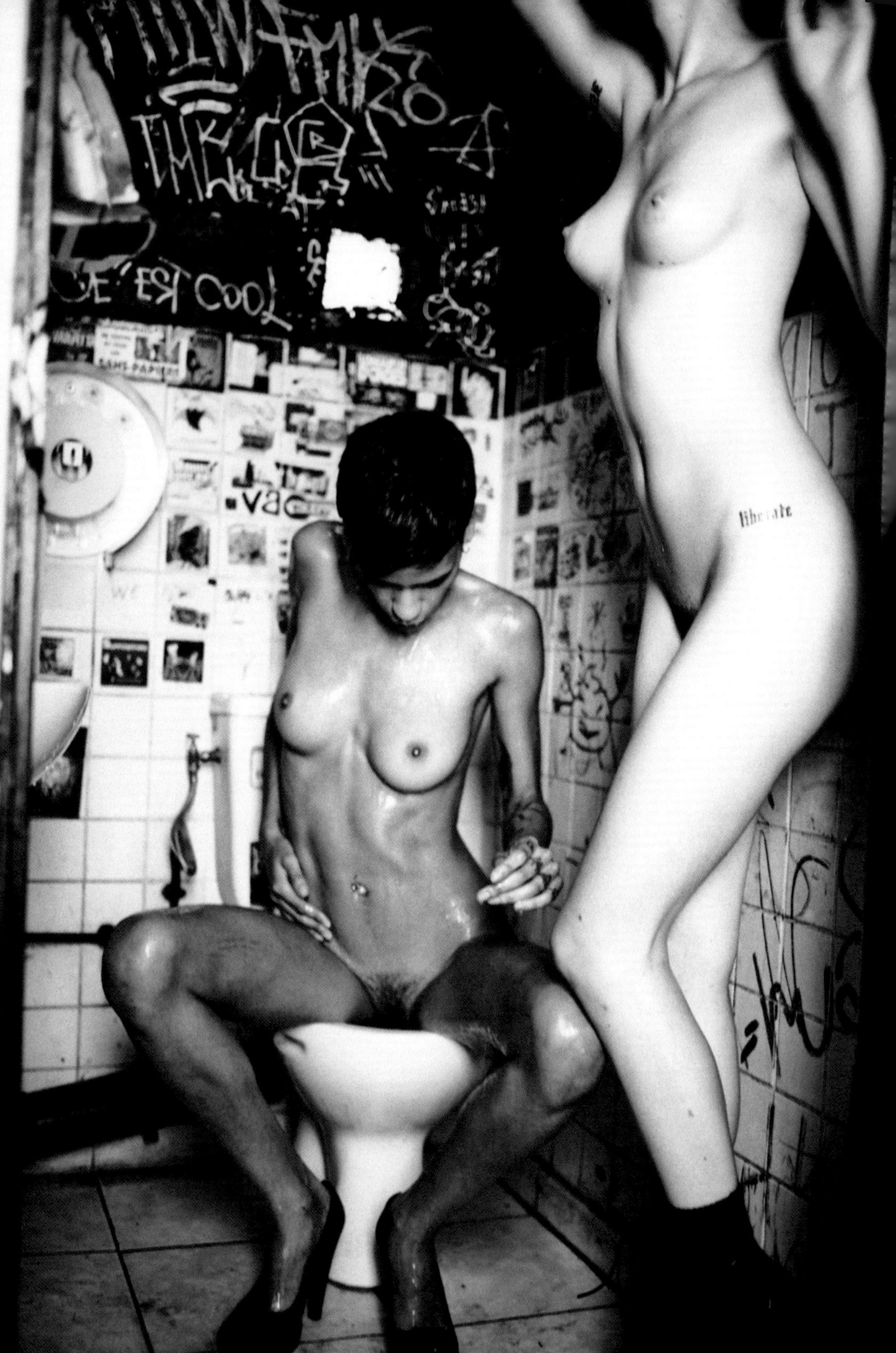

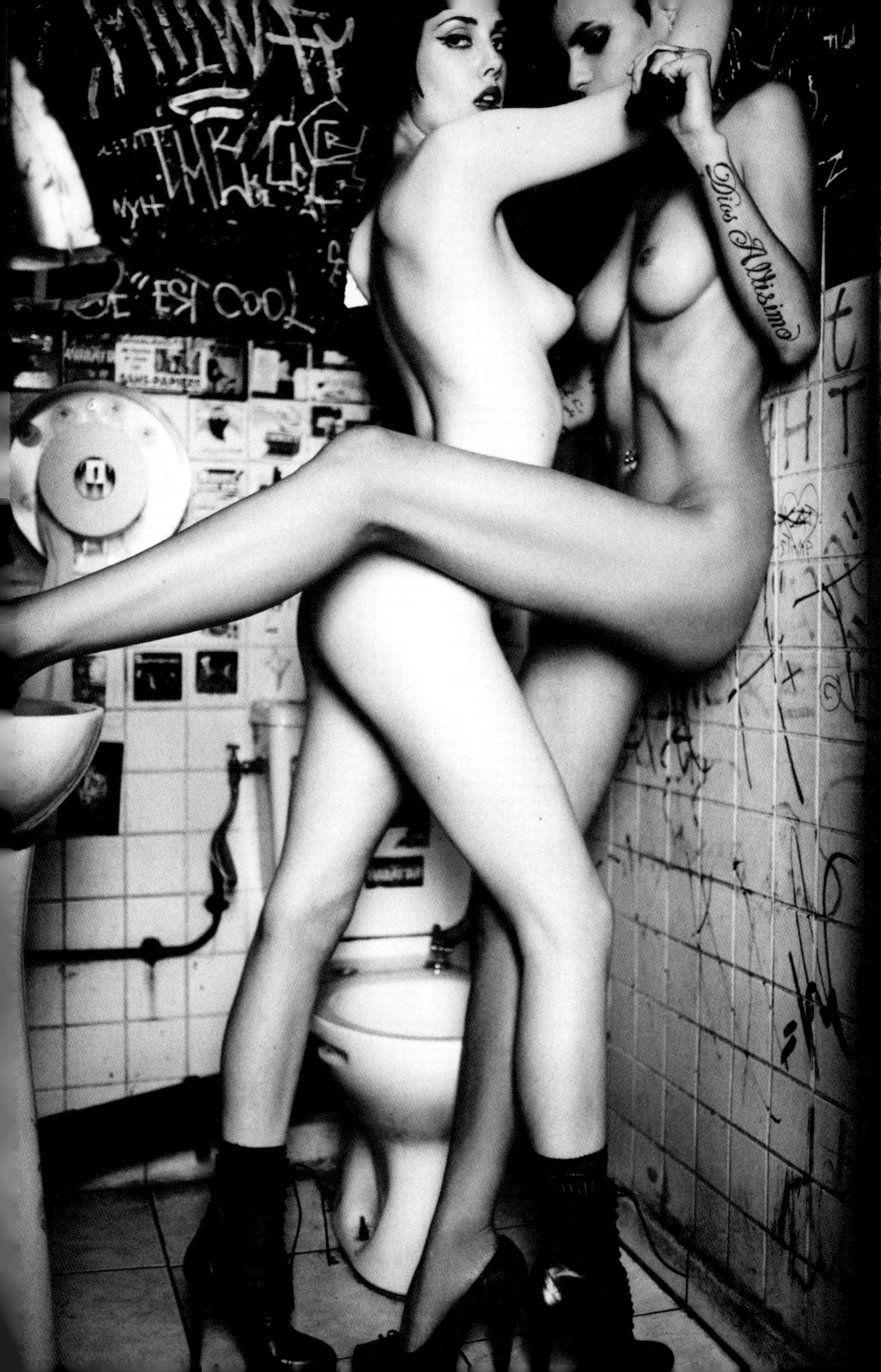
EST COOL
Dios Altisimo

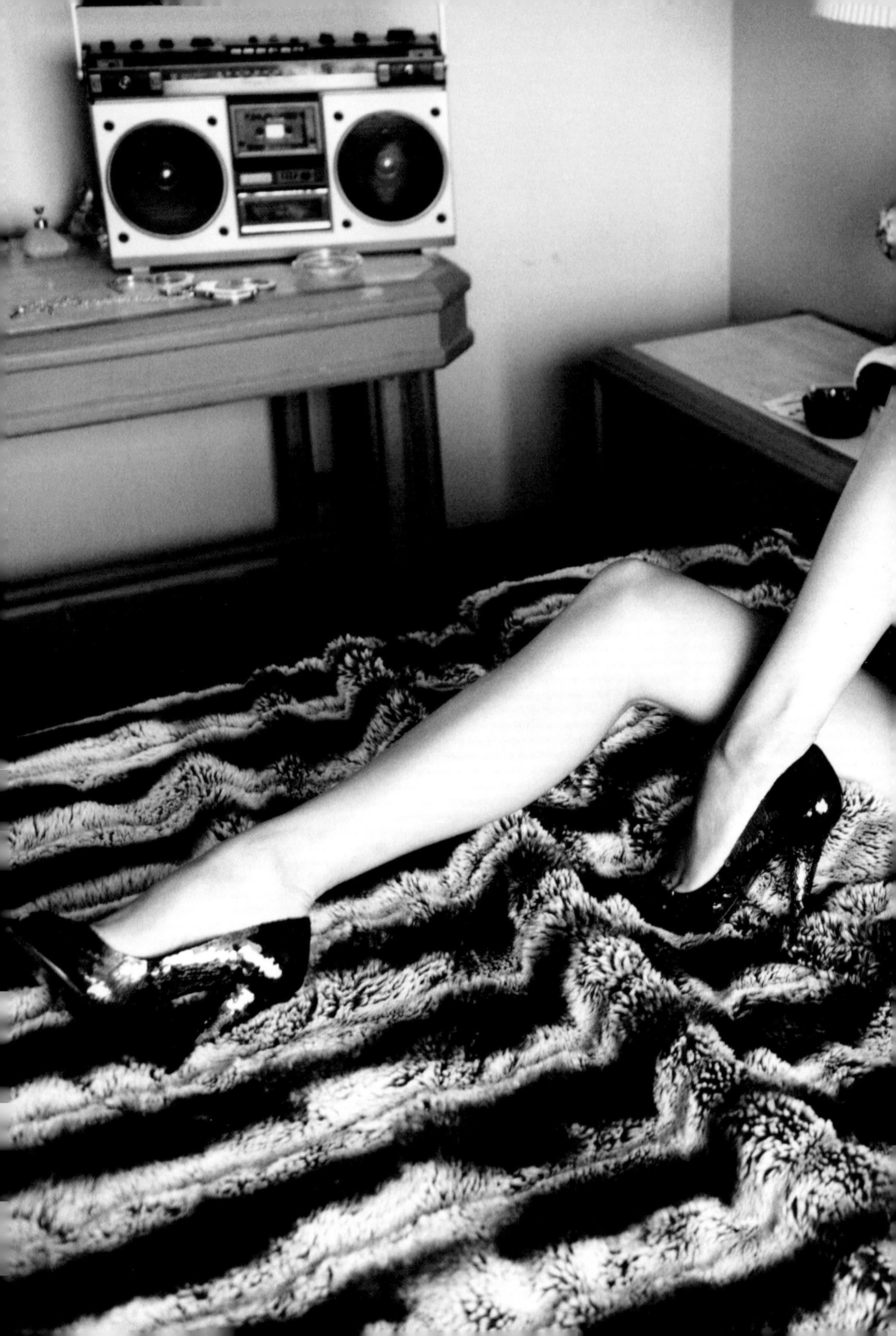

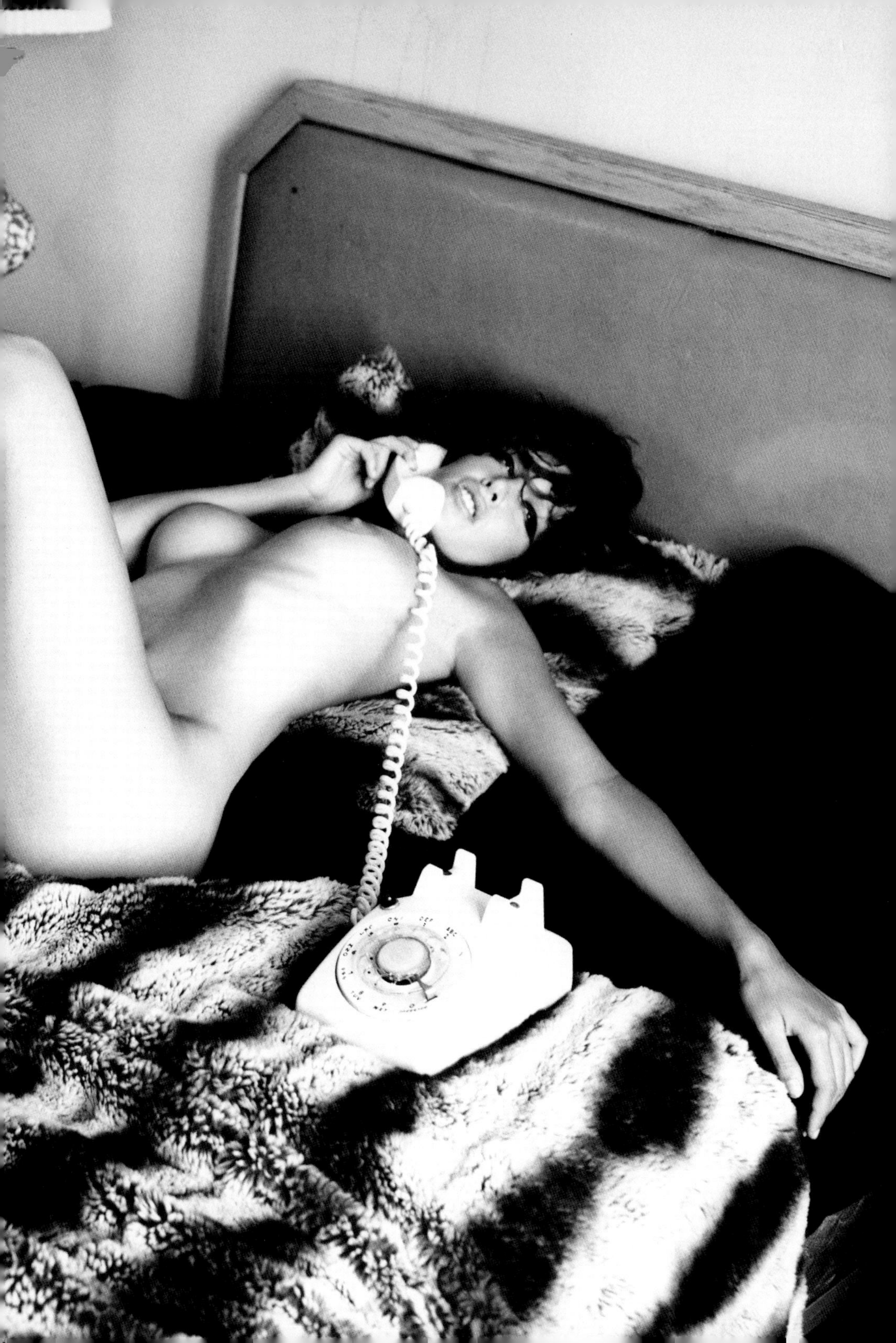

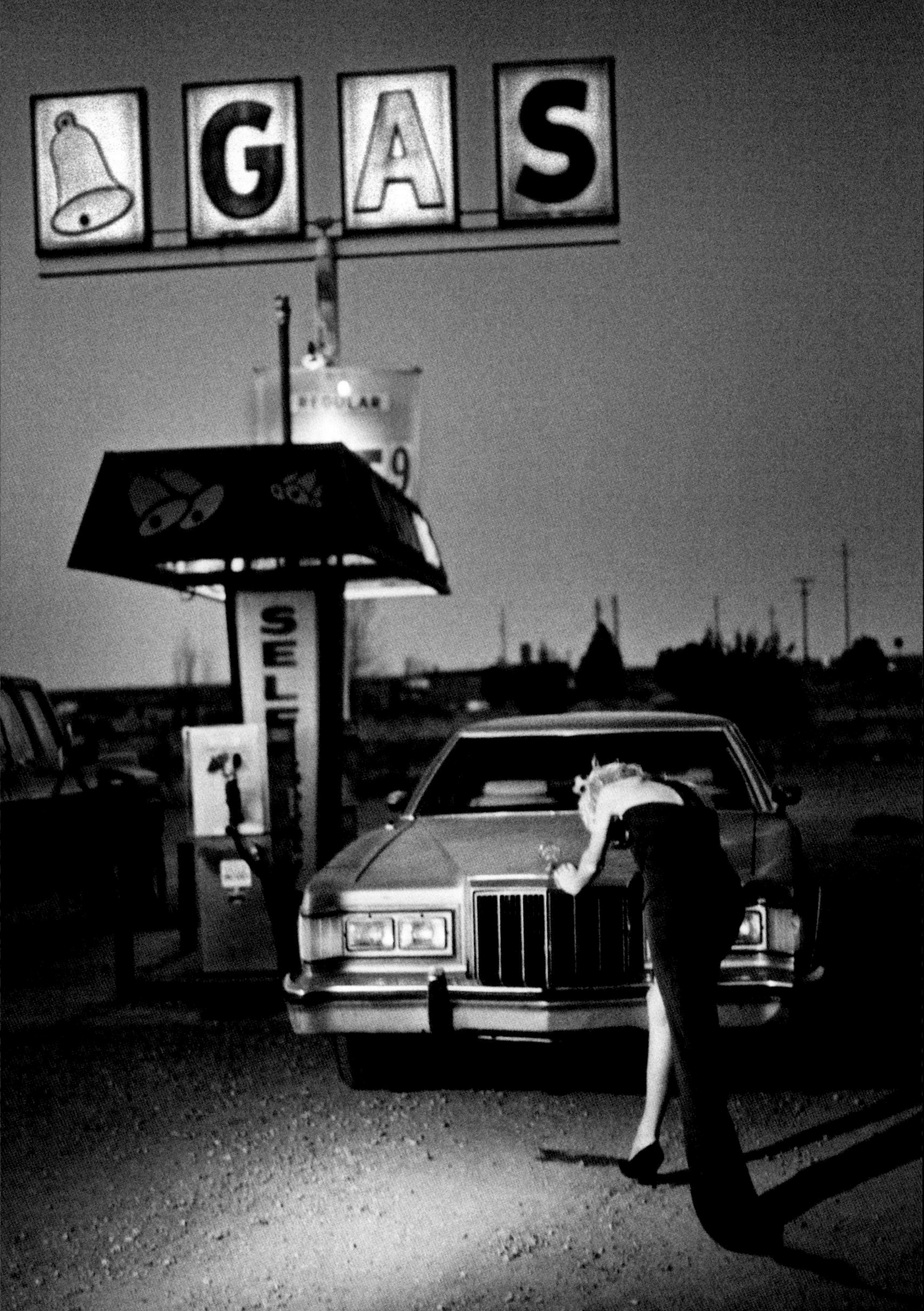

GAS
REGULAR
9
SELF

INDEX

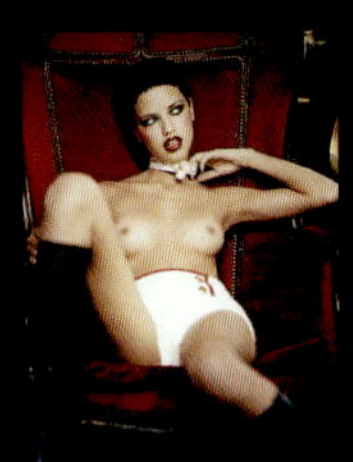

2—DIAMONDS
Paris 1997

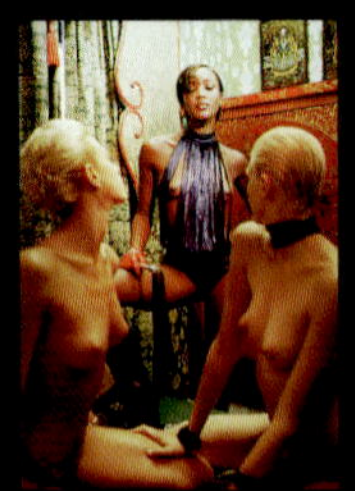

6—HÔTEL AMOUR
London 2003

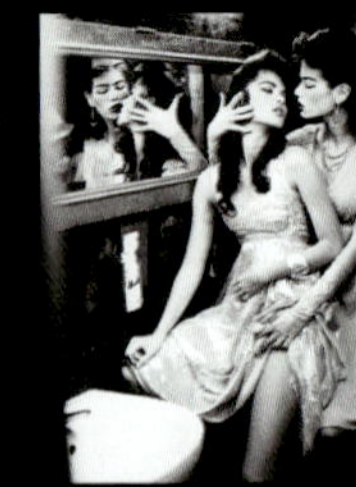

10—FAVELA CHIC
Paris 2007

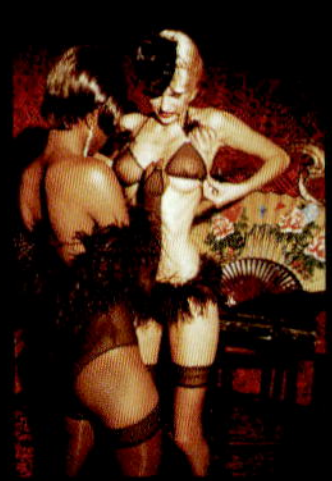

14—PLUMES
Paris 2003

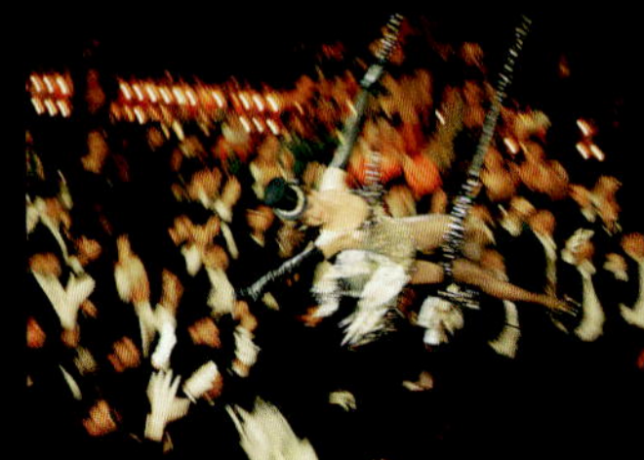

18–19—MOULIN ROUGE
Sydney 2000

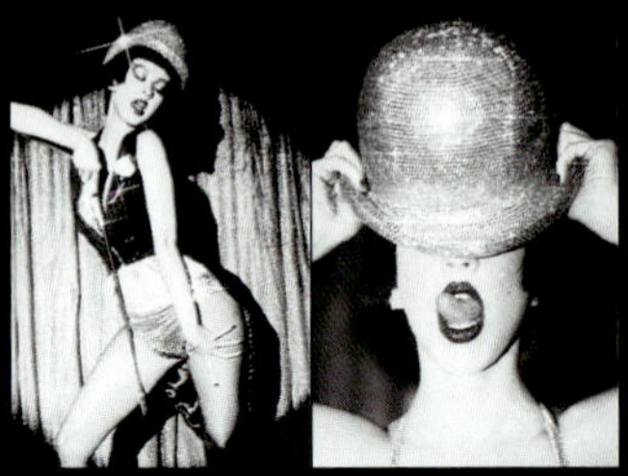

20—KABARETT!
Los Angeles 2004

21—BIENVENUE
Los Angeles 2004

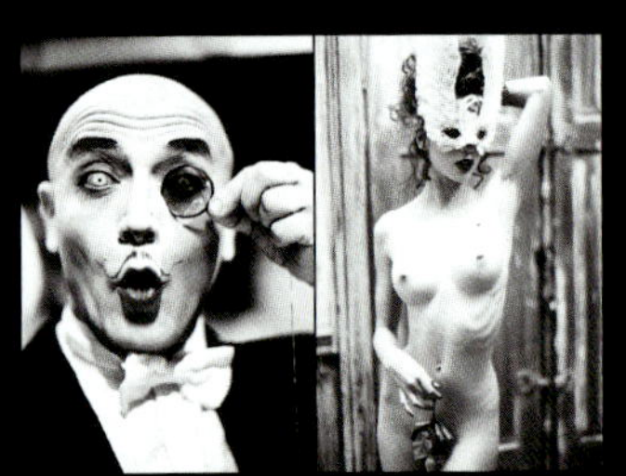

22—WILLKOMMEN
Paris 2005

23—LIEBESSPIEL
Paris 2003

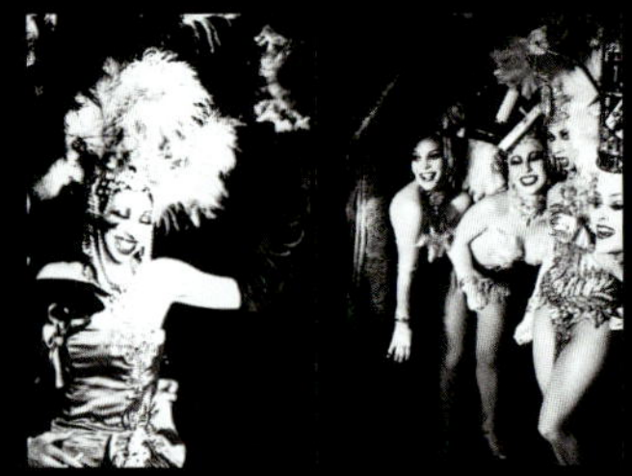

24—TINGELTANGEL
New York 1999

25—SHOW GIRLS
New York 1999

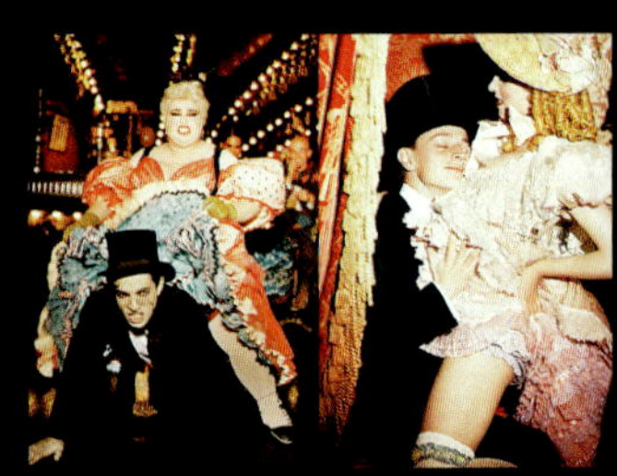

26—MADAME FROMAGE
Sydney 2000

27—BABY Sydney 2000

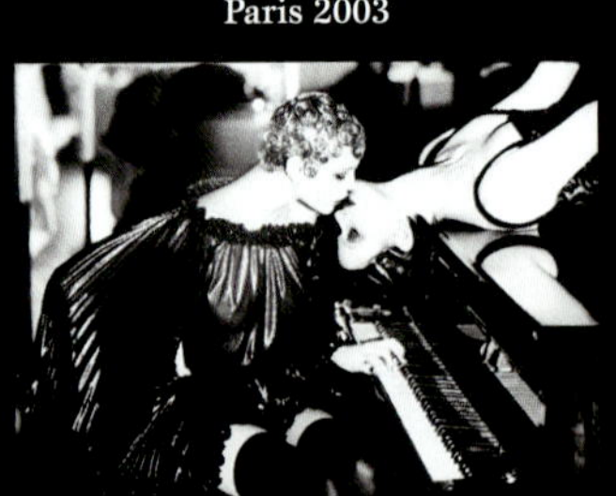

28–29—SONATE
Paris 1990

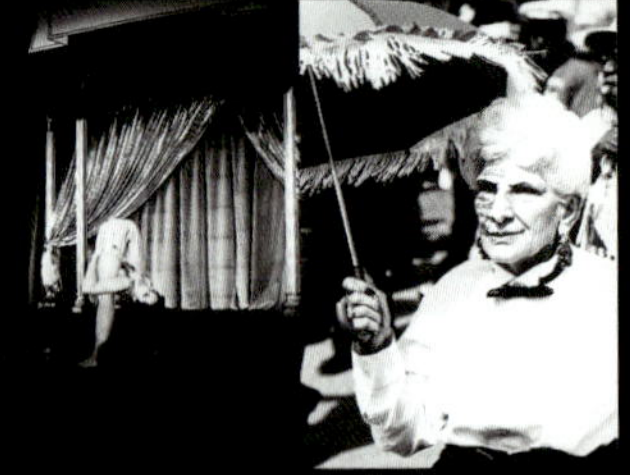

30—CONTORTIONIST
Paris 2005

31—BOURBON STREET
New Orleans 2001

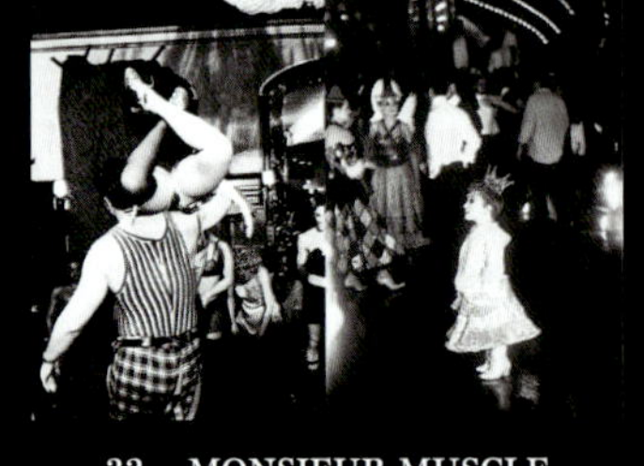

32—MONSIEUR MUSCLE
New York 2000

33—PRINCESS
Sydney 2000

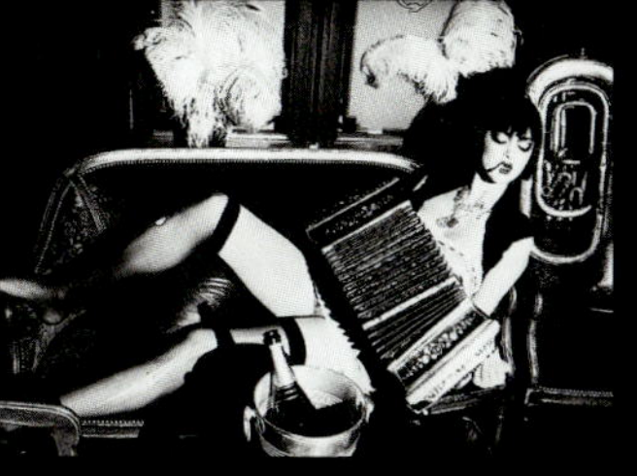

34–35 — KIKI
Paris 2007

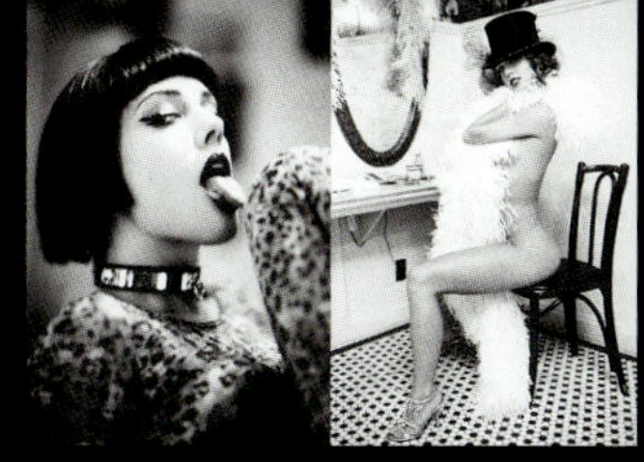

36 — KITTY
Paris 2008

37 — BRITNEY SPEARS
New York 2003

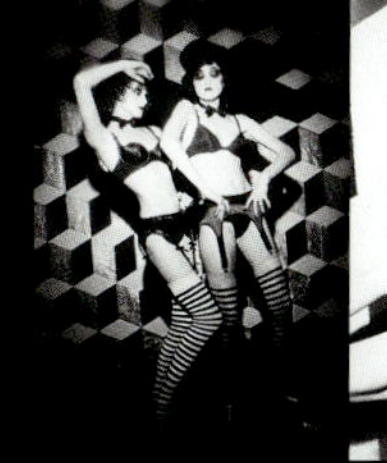

38 — LADIES
Berlin 2000

39 — GENTLEMAN
Berlin 2000

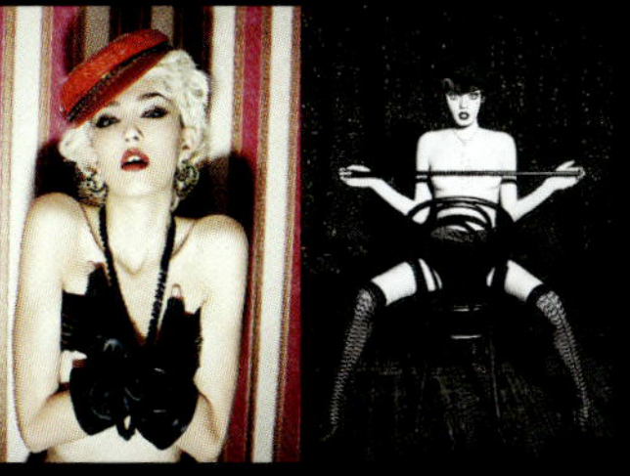

40 — BORDERLINE
Paris 2008

41 — TIC TOC
Paris 2006

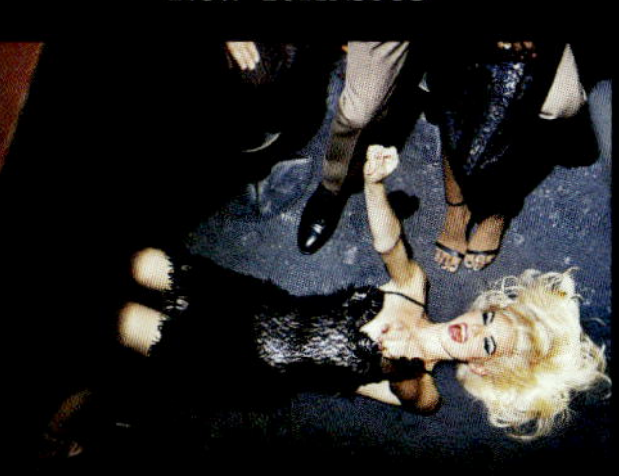

42–43 — SALSA CUBA
Paris 1995

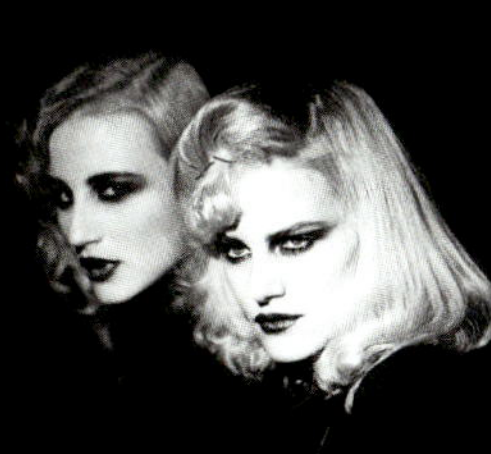

44–45 — FILM NOIR
Paris 1996

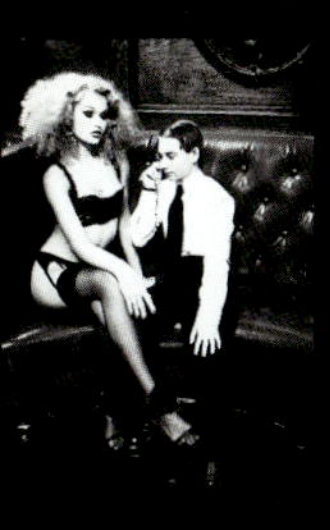

46 — FIRST LESSON
New York 1996

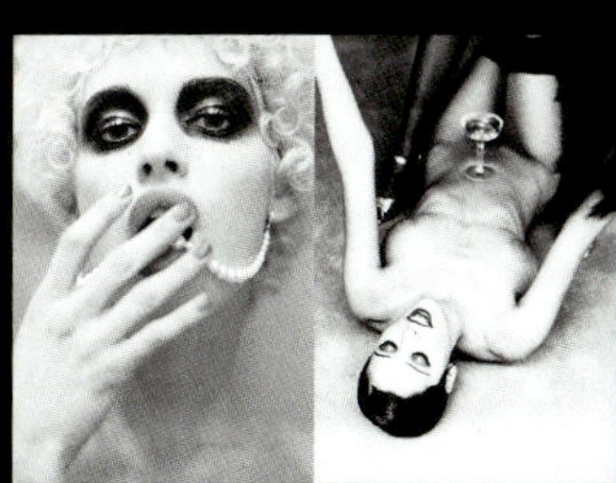

48 — PEARL Paris 2002

49 — TAKE A SIP
New York 1992

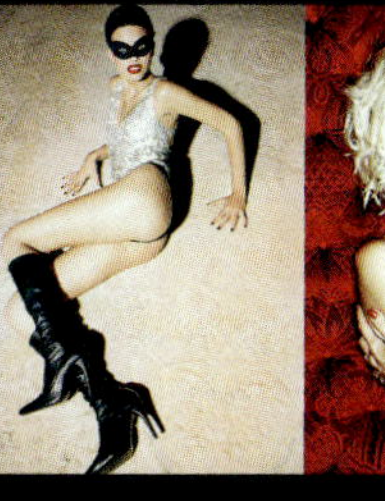

50 — STUMBLED
Paris 1997

51 — NADJA
Paris 1994

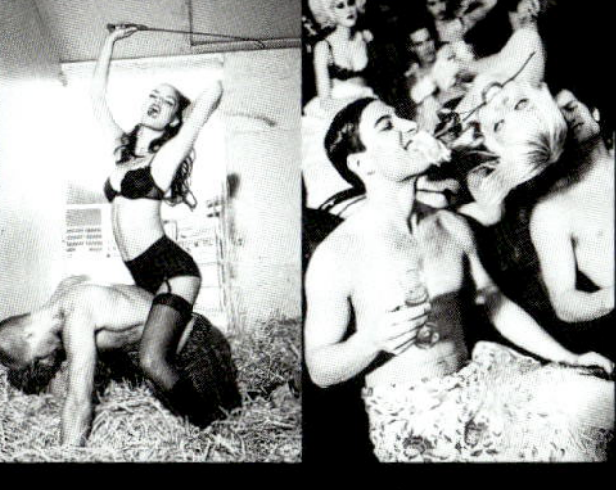

52 — RODEO
Los Angeles 2005

53 — PETALS
New York 1996

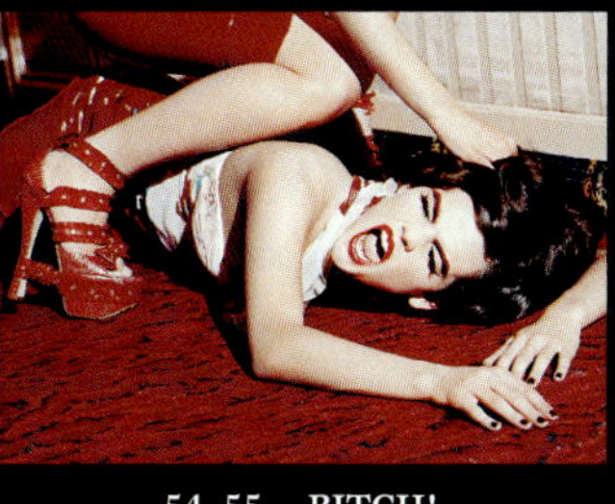

54–55 — BITCH!
Paris 2007

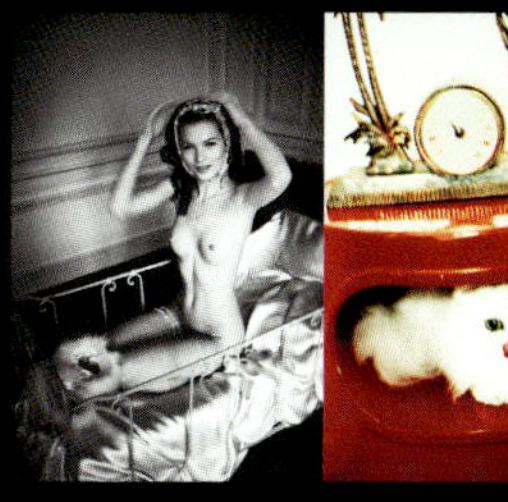

56 — LOLITA
Paris 1992

57 — MINOU
Paris 1995

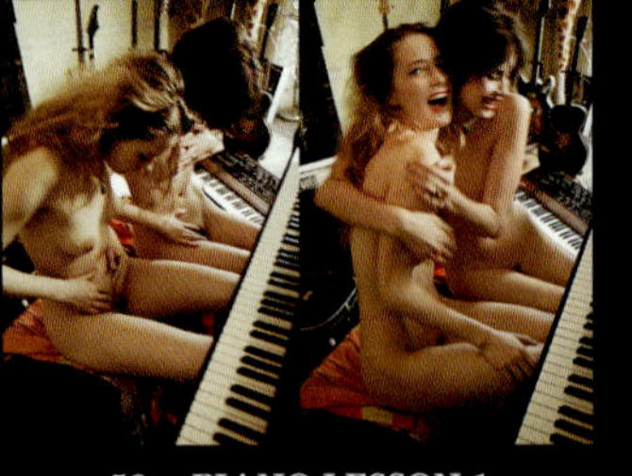

58 — PIANO LESSON 1
New York 2008

59 — PIANO LESSON 2
New York 2008

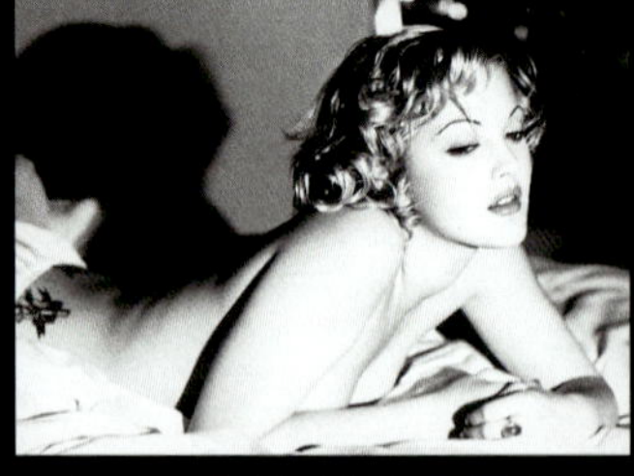

60–61 — DREW BARRYMORE
New York 1993

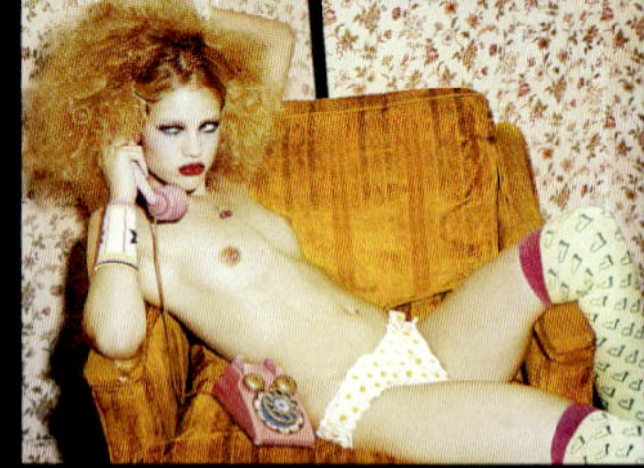

62–63 — NOBODY HOME
New York 2004

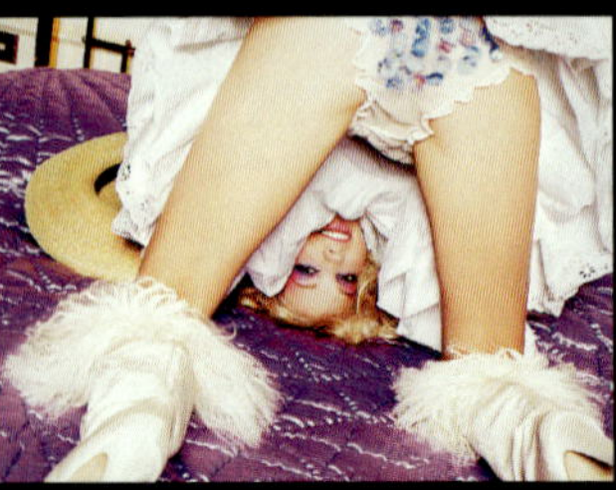

64–65 — PICKABOO
Paris 2007

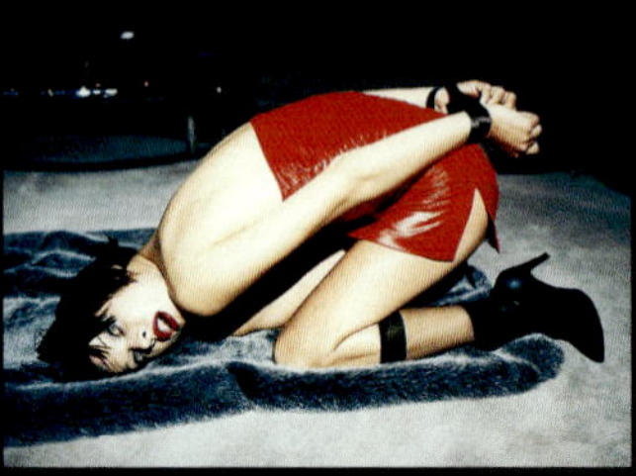

66–67 — MILLA JOVOVICH
New York 1997

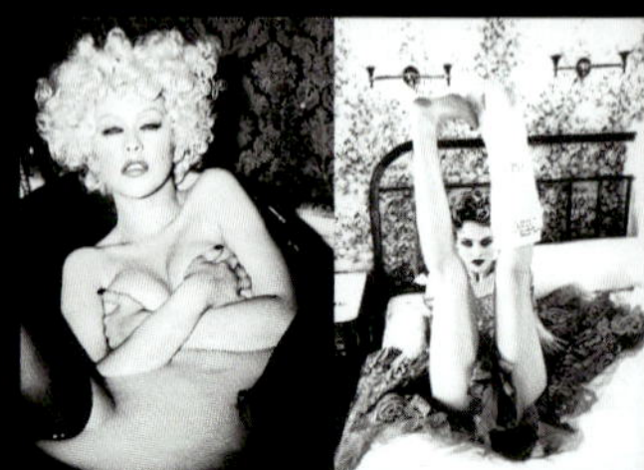

68 — MILK BATH
Los Angeles 2004

69 — BROKEN
Paris 1998

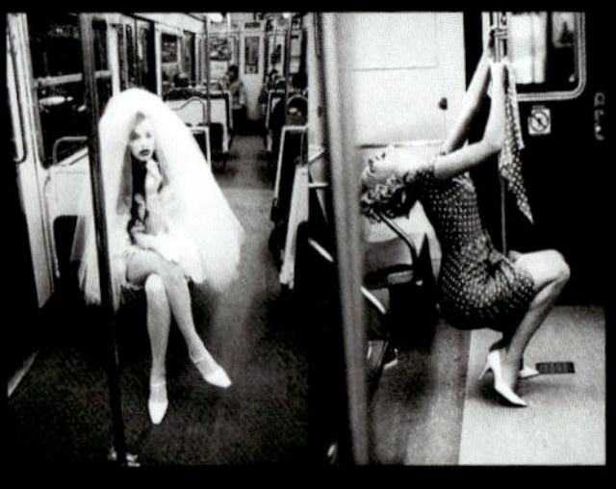

70 — RUNAWAY BRIDE
Paris 1994

71 — POLE DANCE
New York 1994

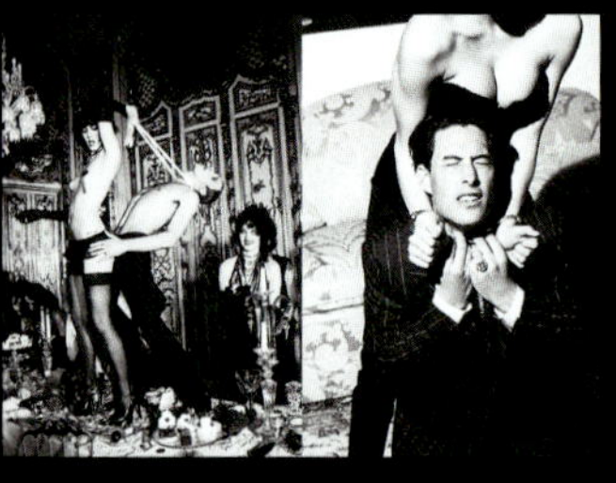

72 — TABLE DANCE
Paris 2007

73 — TELL ME YES
London 1993

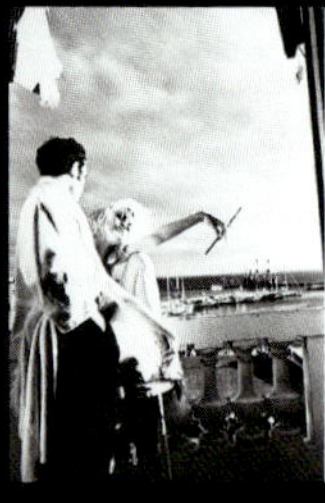

74 — BAIE DES ANGES
Nice 1993

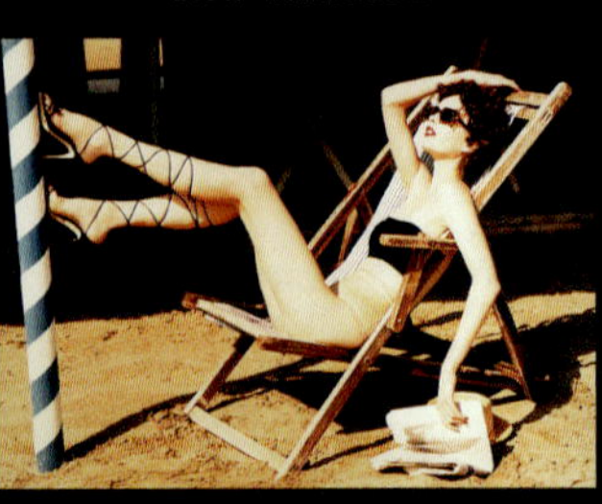

76–77 — HIGH NOON
Venice 1996

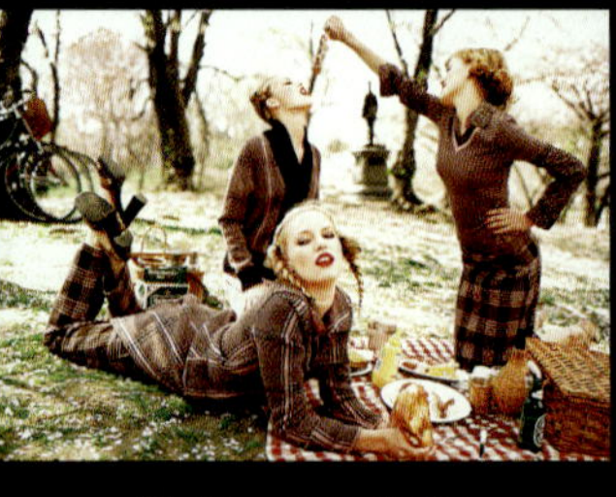

78–79 — PICNIC IN
CENTRAL PARK
New York 1996

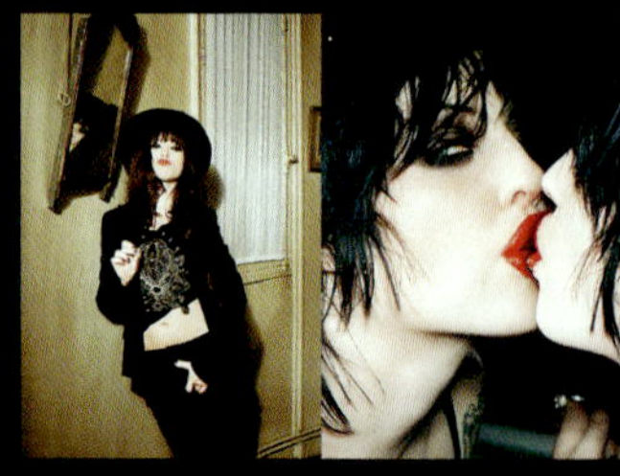

80 — LÉA SEYDOUX
Paris 2008

81 — THE KISS
London 2003

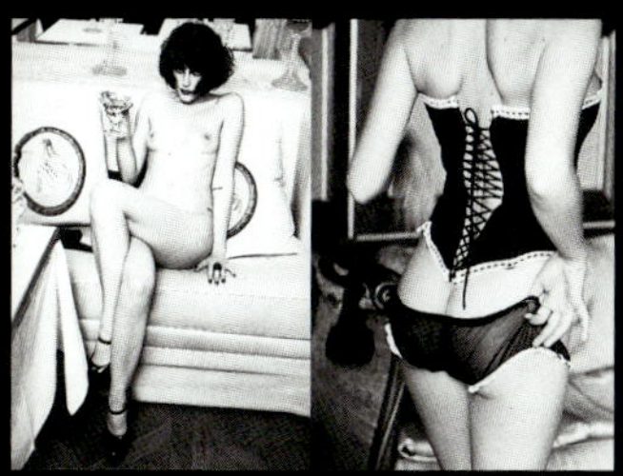

82 — RACHEL
Paris 2007

83 — LACED UP
Rouilly le Bas 2002

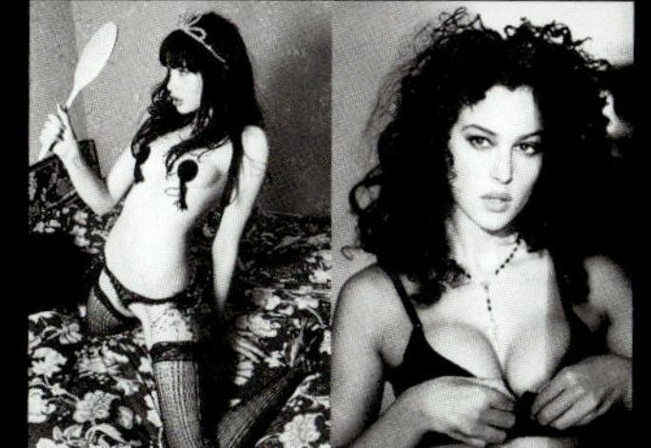

84 — NARCISSE
Paris 2003

85 — MONICA
New York 1995

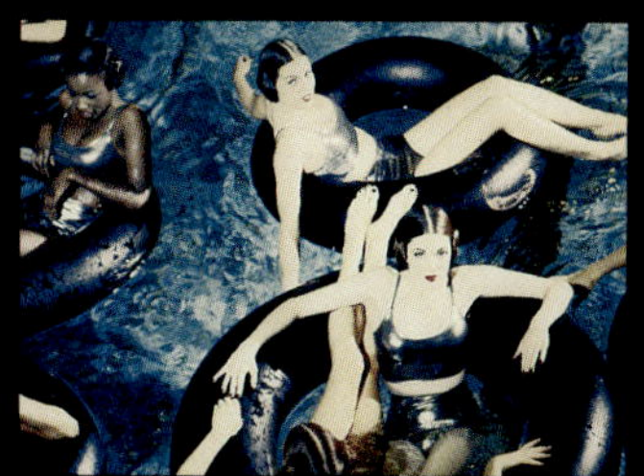

86–87 — BATHING BEAUTIES
Paris 1992

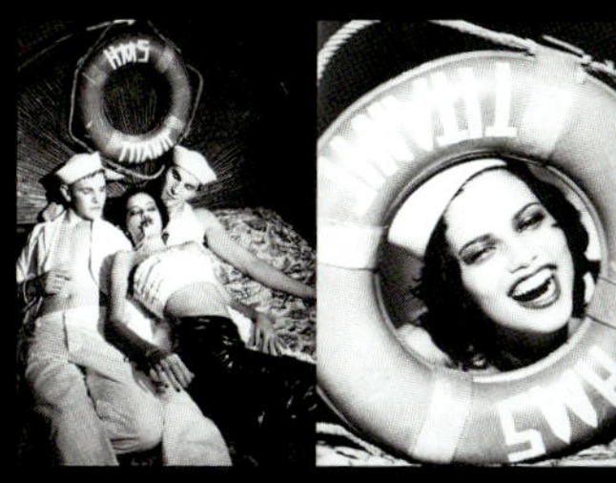

88 — HEIDEWITZKA
New York 1999

89 — AHOY
New York 1999

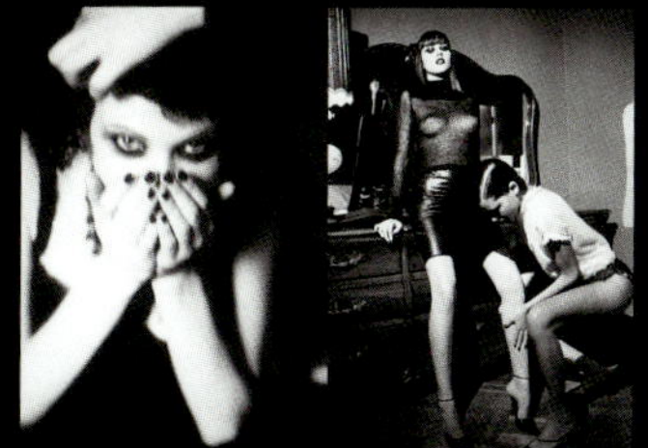

90 — STUNNED
Berlin 2000

91 — SLAVE
New York 1999

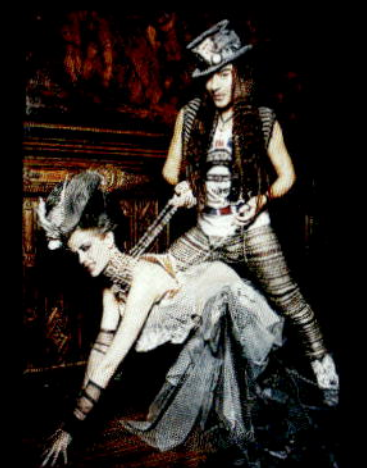

92 — JOHN & EVA
Paris 2007

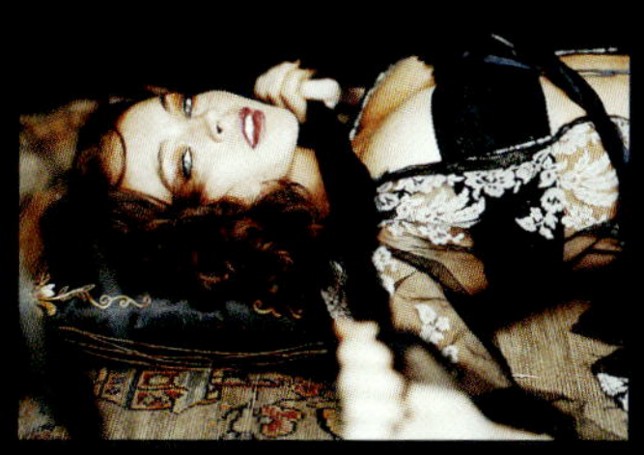

94–95 — LINDSAY LOHAN
New York 2006

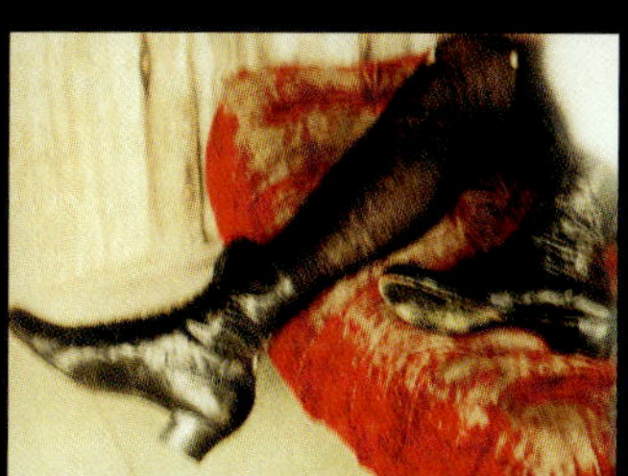

96–97 — FRENCH CANCAN
New Orleans 1998

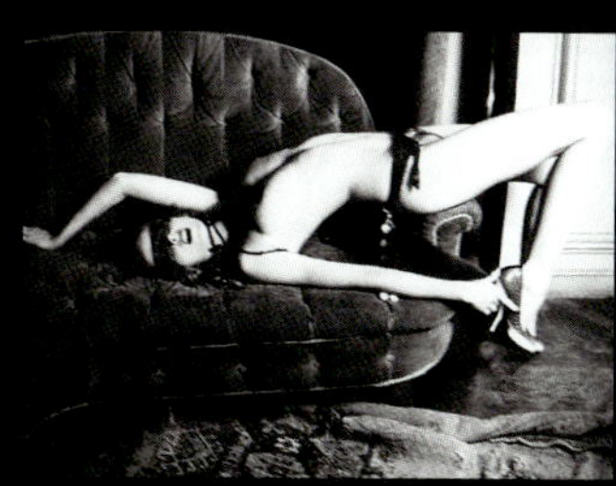

98–99 — EVA
Millemont 2004

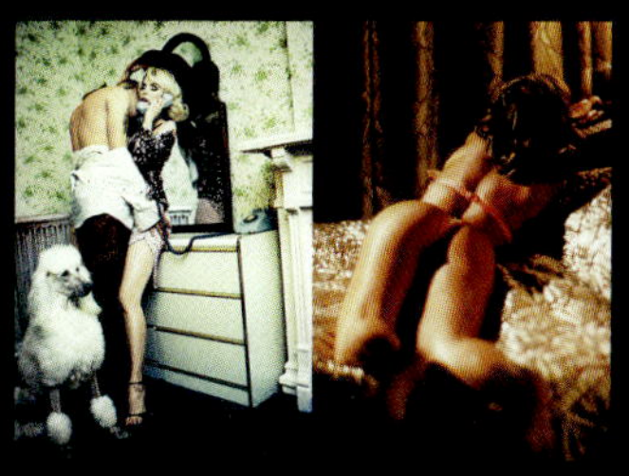

100 — TOY BOY
New York 1995

101 — BRAZILIAN
San Paolo 1996

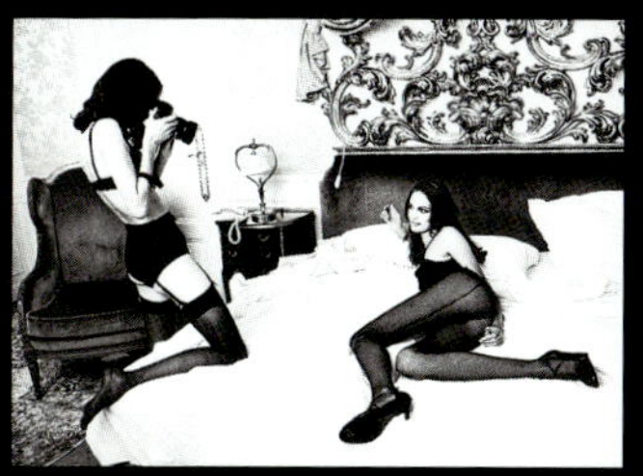

102–103 — HÔTEL NEGRESCO
Nice 1998

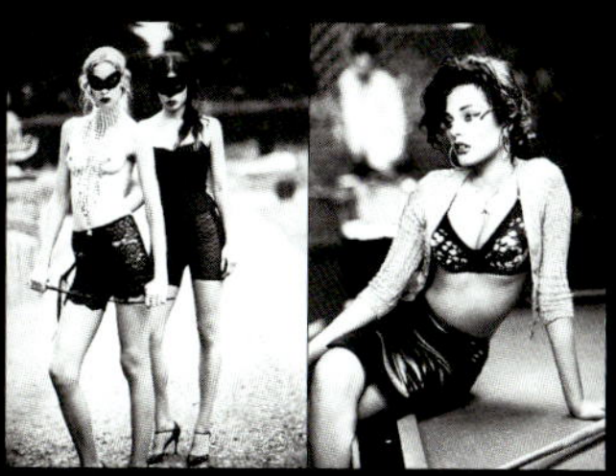

104 — GUARDIANS
Rouilly le Bas 2002

105 — CUBA LIBRE
Miami 1994

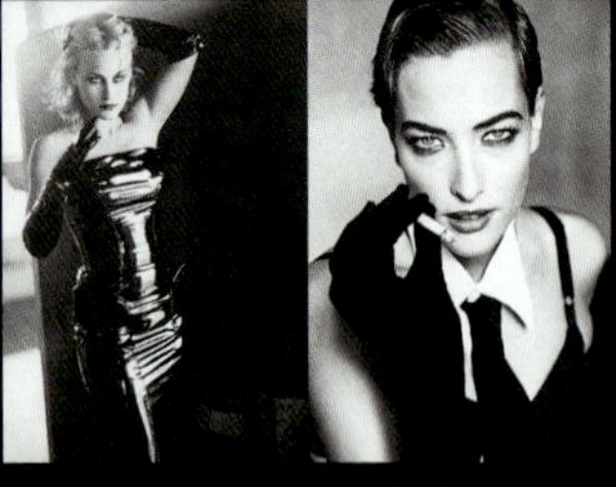
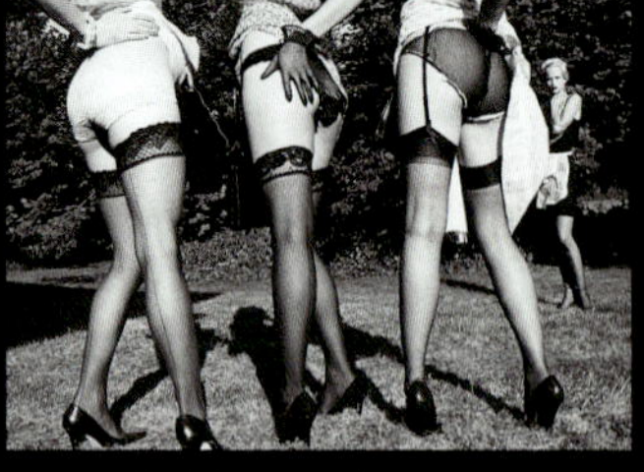
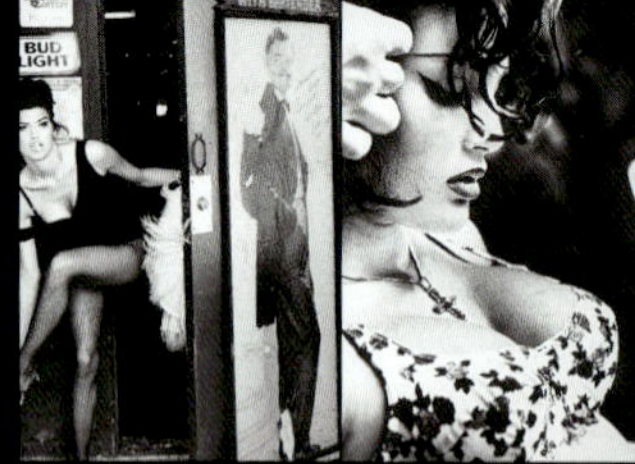

106 — PATRICIA ARQUETTE
Los Angeles 1996

107 — TATJANA Paris 1992

108–109 — LEG SHOW
Rouilly le Bas 2002

110 — CLARK
Los Angeles 1993

111 — BRIDGET
Miami 1994

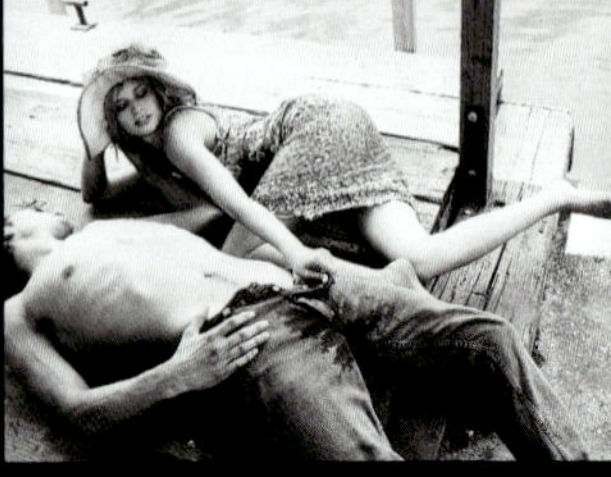
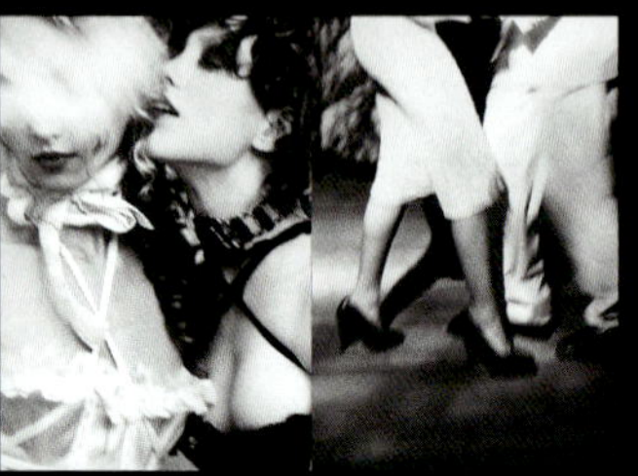
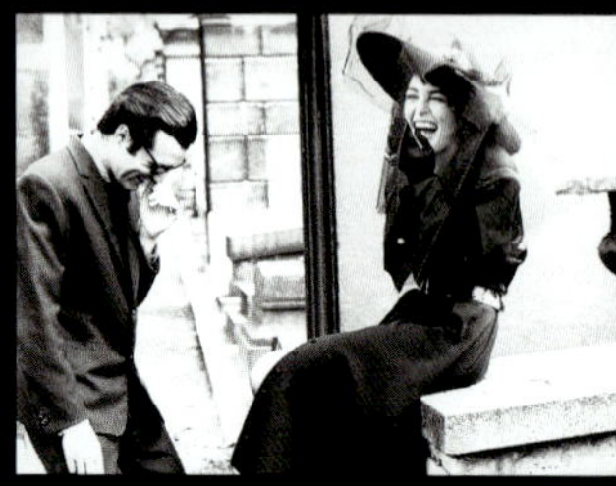

112–113 — IN THE SWAMPS
Louisiana 1998

114 — BAL MASQUÉ
Paris 2003

115 — MAMBO
New York 1994

116–117 — PÈRE LACHAISE
Paris 1989

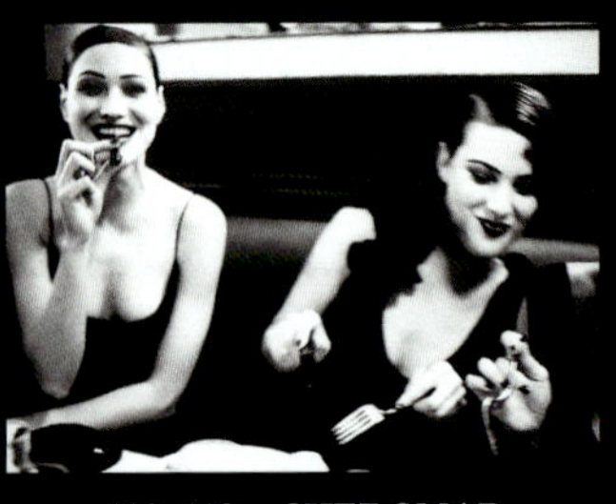
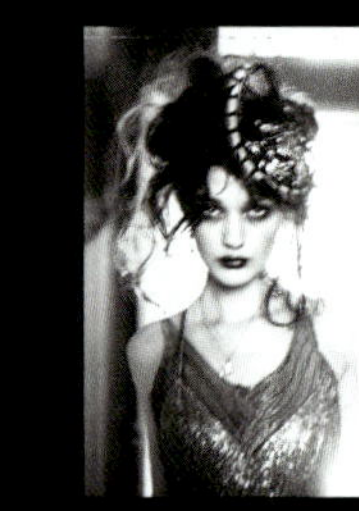
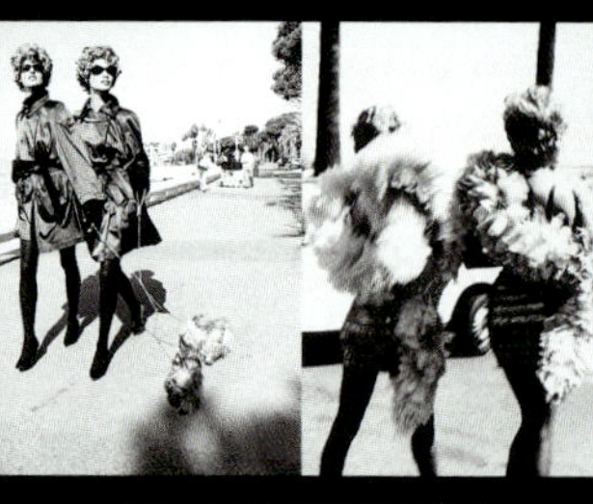

118–119 — CHEZ OMAR
Paris 2000

121 — BELLE DU BAL
Millemont 2006

122 — DOG WALKERS
Cannes 1990

123 — CHACHA
Cannes 1990

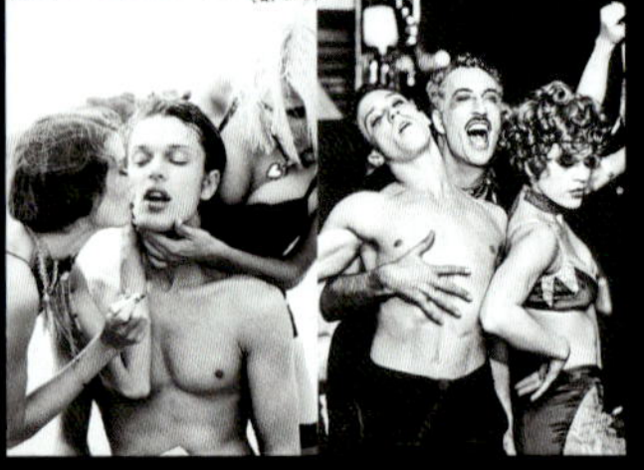
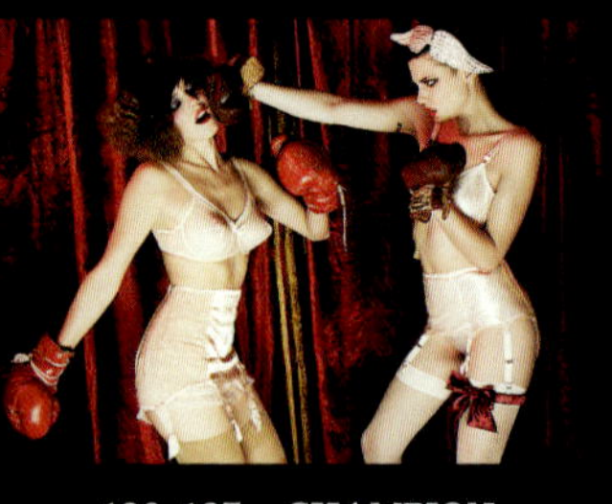
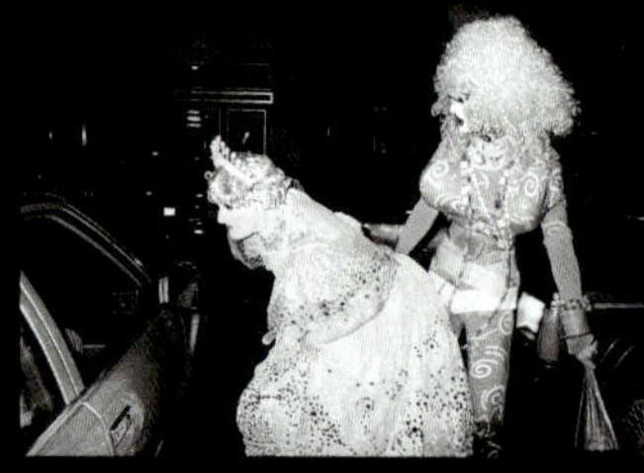

124 — THREE SOME
Wolfsburg 2003

125 — ALL OF YOU
New York 2000

126–127 — CHAMPION
Paris 2008

128–129 — OCCUPIED?!
New York 1997

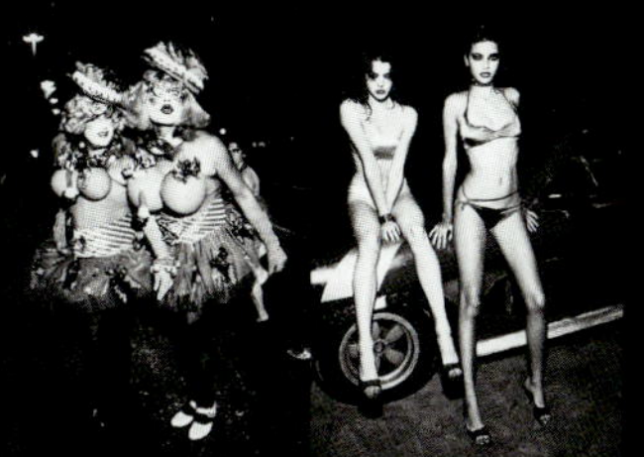

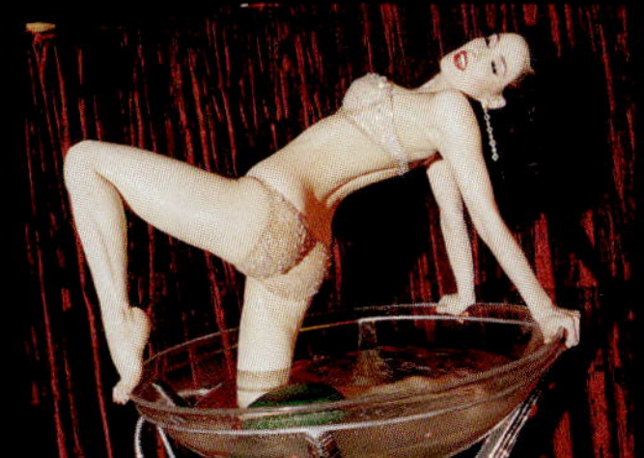

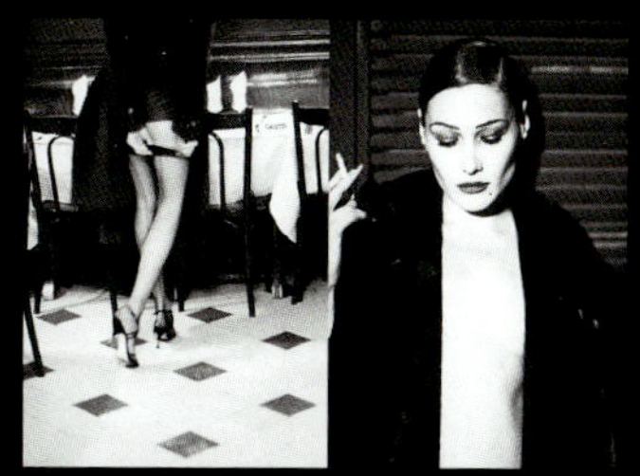

130 — LADY BOYS
New York 1998

132–133 — MARTINI BIANCO
Los Angeles 2003

134 — FOLLOW ME
Paris 2000

131 — CHICS' N SPEED
Acapulco 1999

135 — FOR HIM
Paris 2000

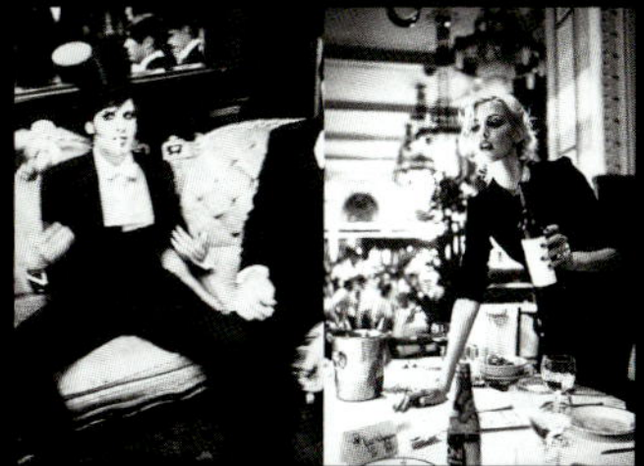

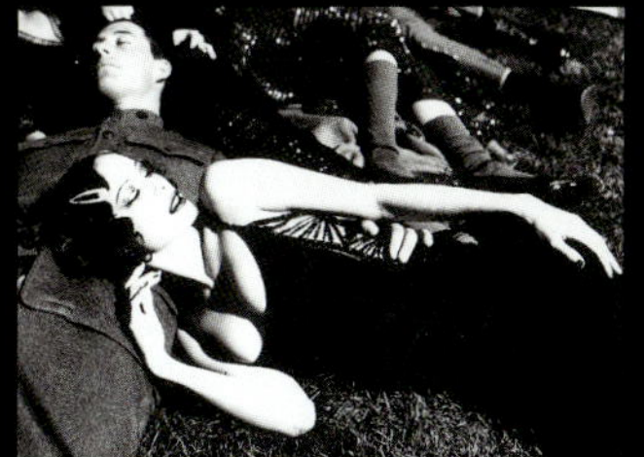

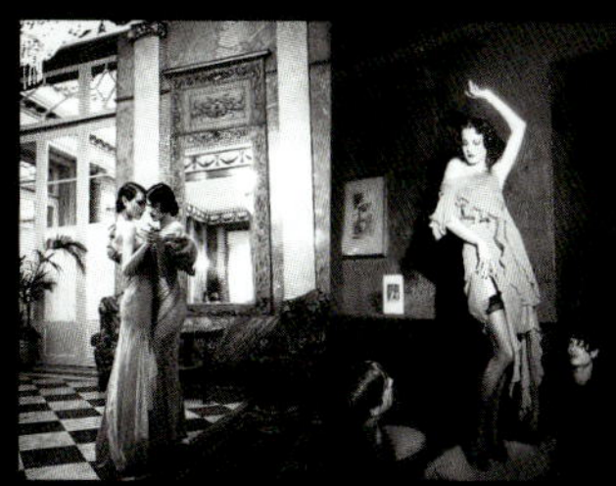

136 — BRING IT ON
New York 1996

138–139 — SIESTE
New York 1998

140 — GALLIANO
Paris 1993

137 — MORE WINE?
Prague 1994

141 — PRIVATE DANCER
Berlin 2000

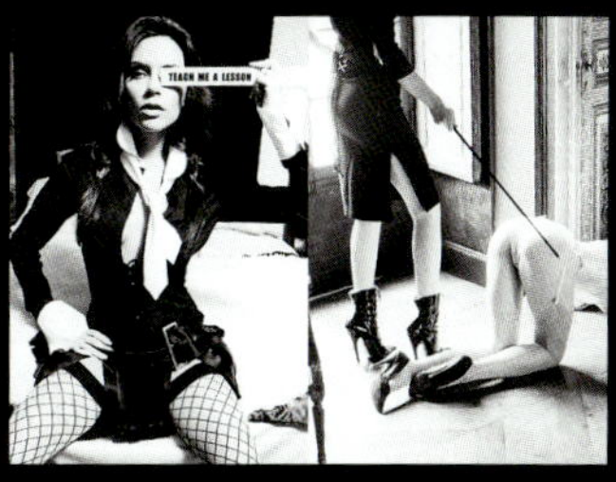

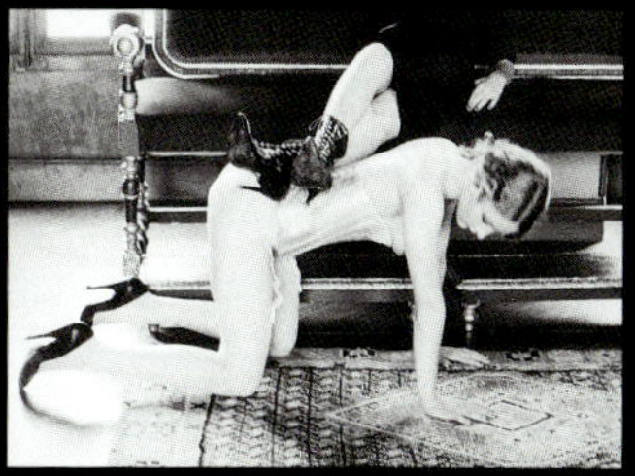

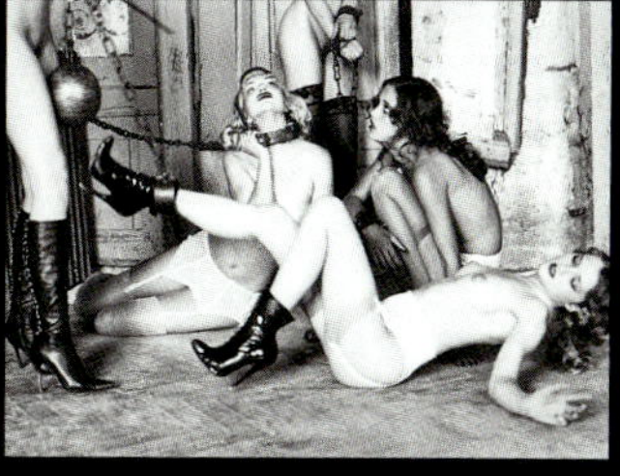

142 — VICTORIA
London 2003

144–145 — FOOT STOOL
Rouilly le Bas 2002

146–147 — DUNGEON
Rouilly le Bas 2002

143 — DOGGY STYLE
Rouilly le Bas 2002

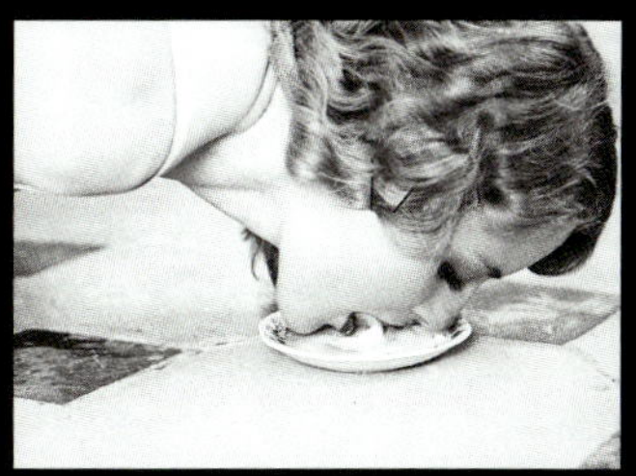

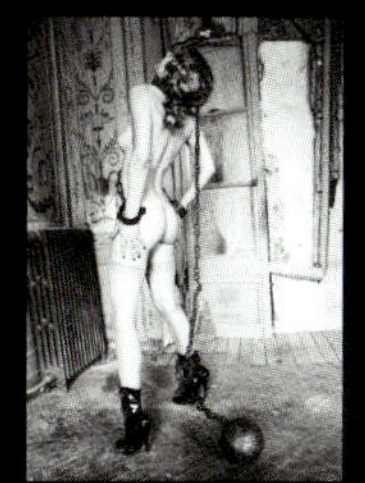

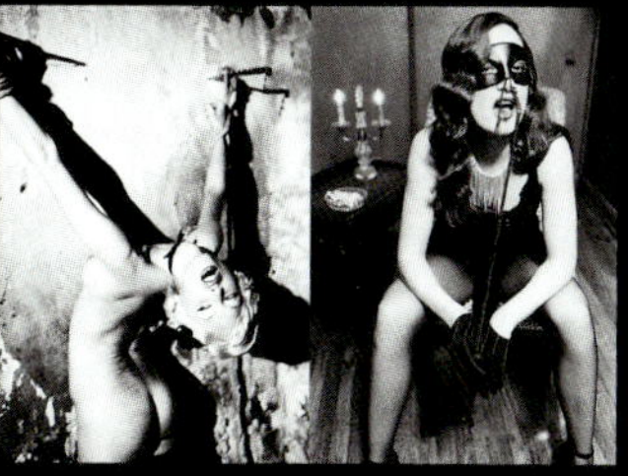

148–149 — MILK
Rouilly le Bas 2002

150 — CHAINED
Rouilly le Bas 2002

152 — PUNISHED
Rouilly le Bas 2002

153 — VICIOUS
New York 2000

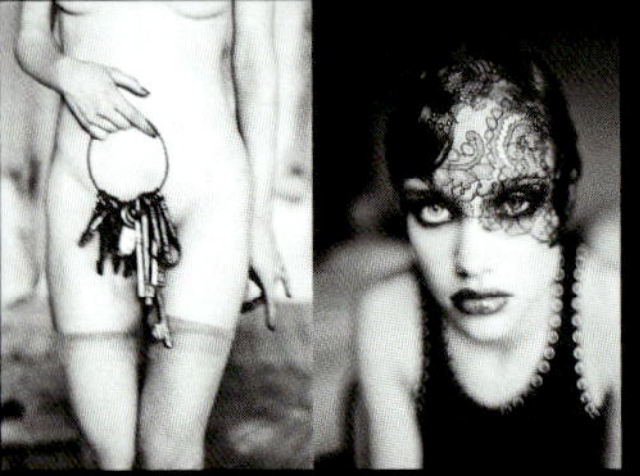
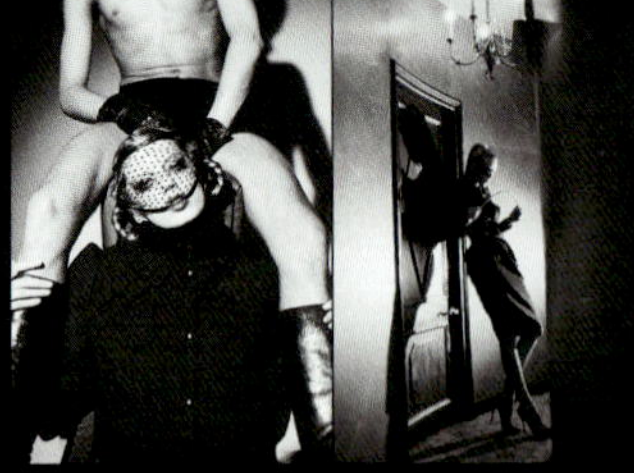
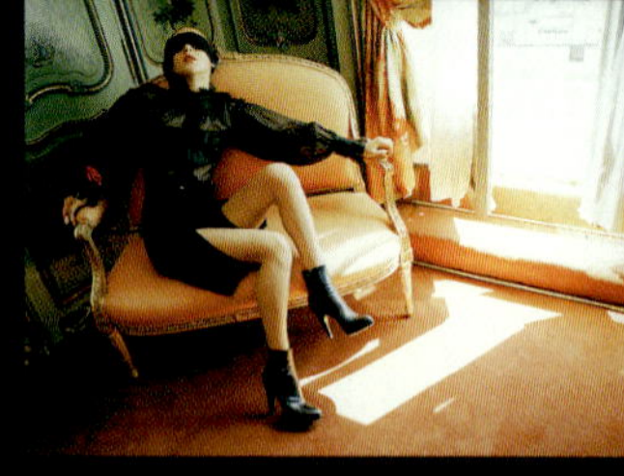

154 — KEYS TO HEAVEN
Rouilly le Bas 2002

156 — HEADMASTER
Paris 2006

158–159 — BLIND DATE
Paris 2005

155 — LOOK OF LOVE
Paris 2000

157 — DOMINA
Paris 2005

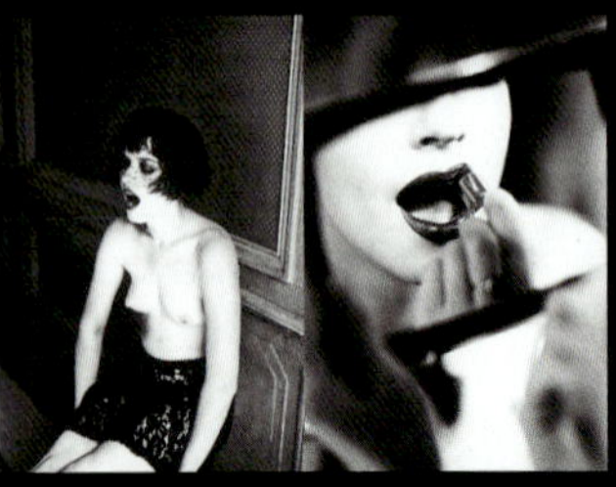
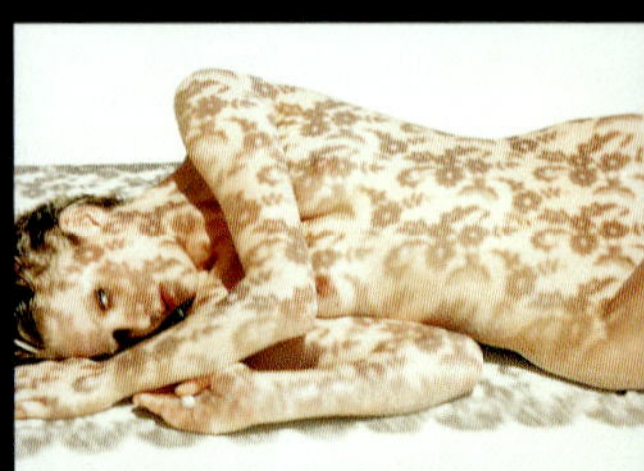
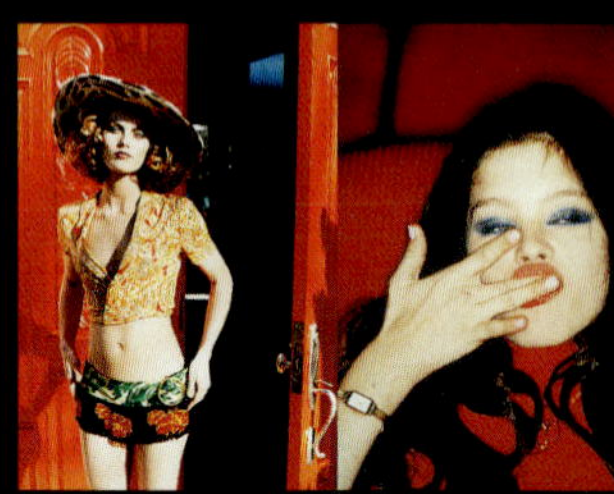

160 — THE YAWN
Paris 1996

162–163 — SPITZE
Seychelles 2002

164 — VANESSA
Los Angeles 1998

161 — CARMIN
Paris 2003

165 — FINGERLICIOUS
New York 1996

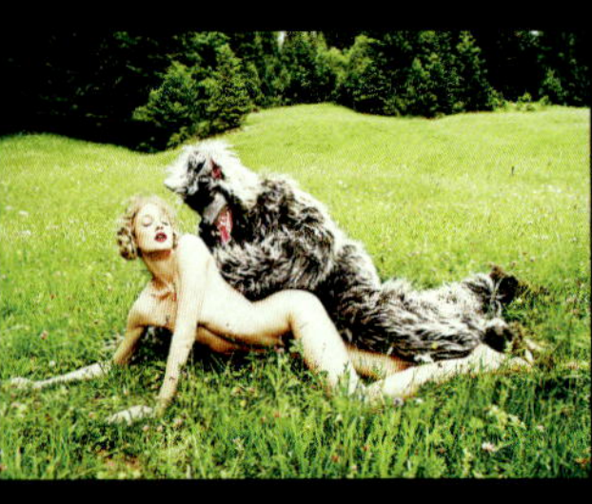
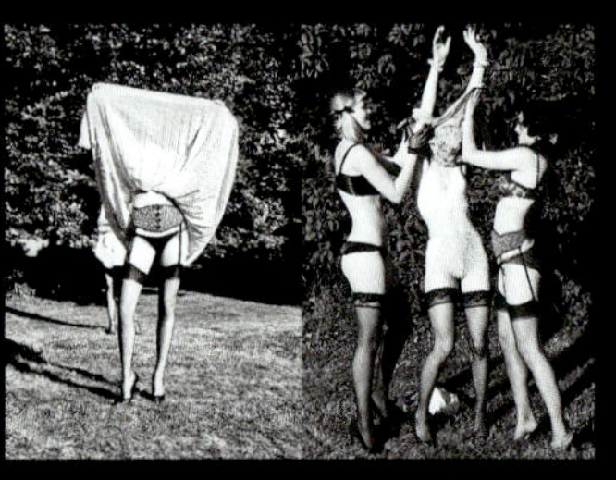
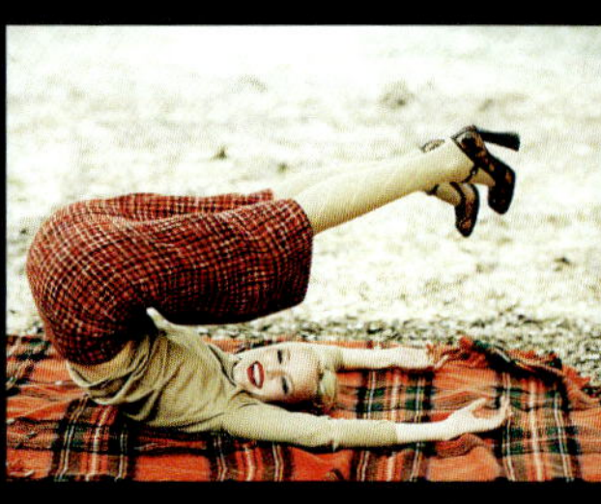

166–167 — BIG BAD WOLF
Kitzbühel 2003

168 — GARDEN PARTY 1
Rouilly le Bas 2002

170–171 — NEW SHOES
New York 1996

169 — GARDEN PARTY 2
Rouilly le Bas 2002

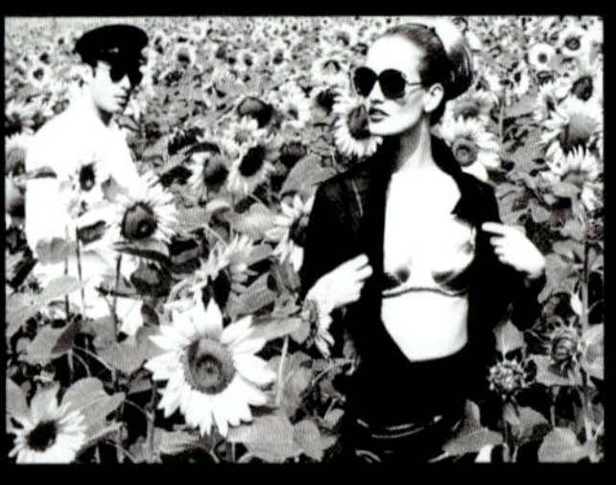
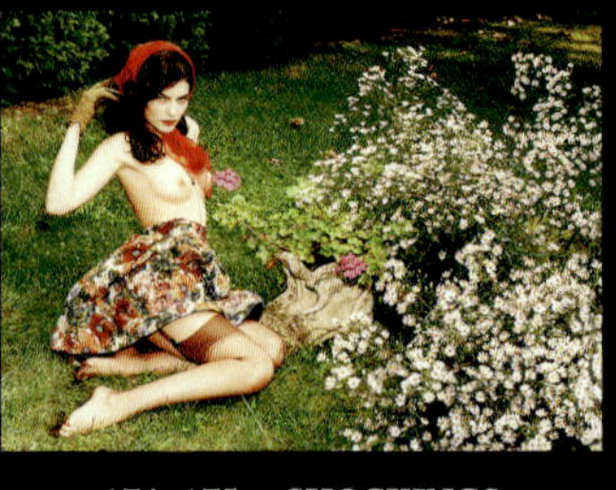
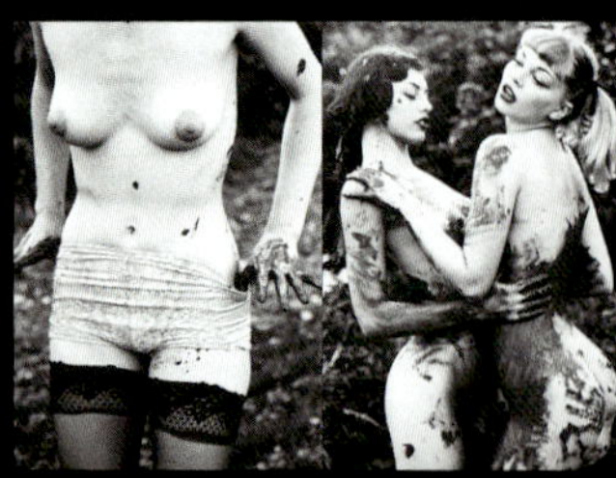

172–173 — CHAUFFEUR
Château Vault-de-Lugny 1994

174–175 — SHOCKINGS
Paris 2006

176 — PFUI
Rouilly le Bas 2002

177 — SCHMUTZFINK

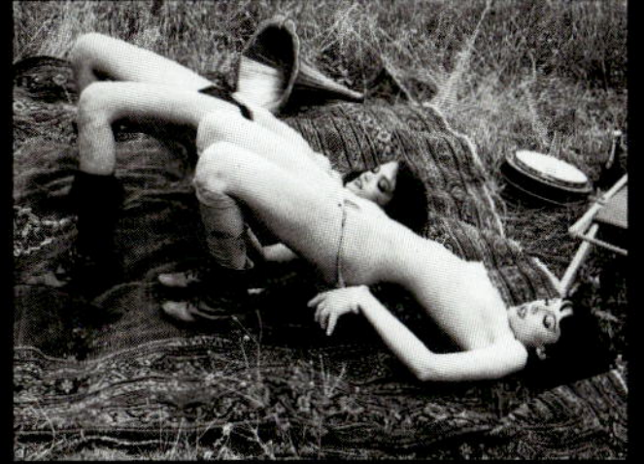

178–179 — RIP OFF
Millemont 2006

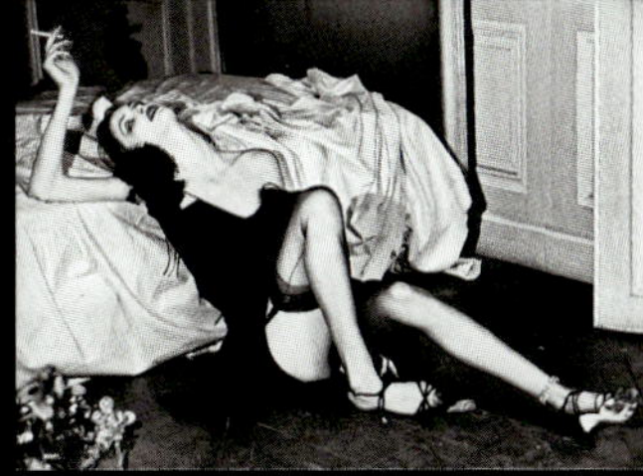

180–181 — O.D.
Paris 1997

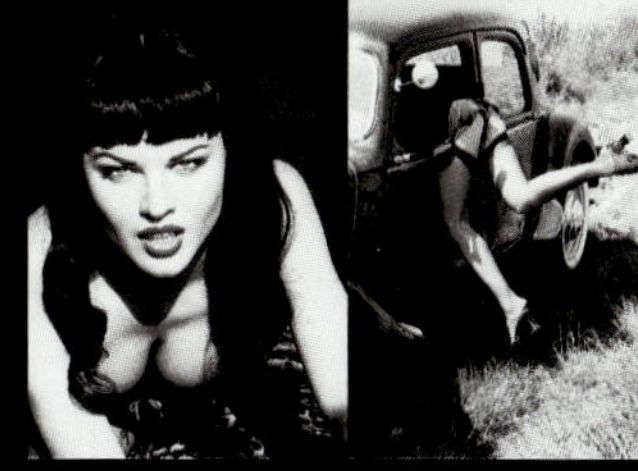

182 — BETTY
New York 1994

183 — WHERE IS MY PURSE
Normandy 1991

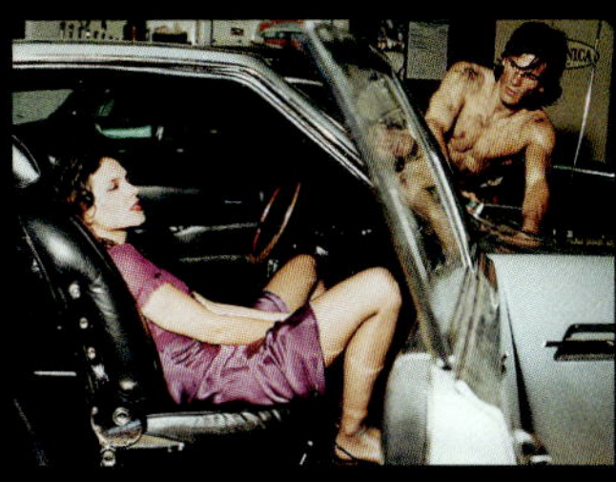

184–185 — BODYSHOP
Paris 2004

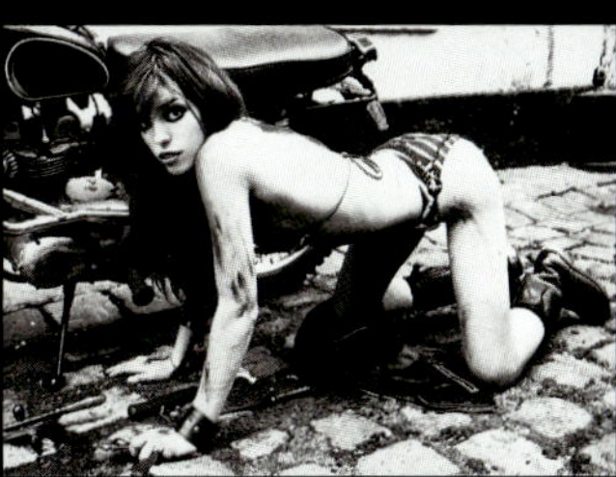

186–187 — TRIUMPH
Paris 2001

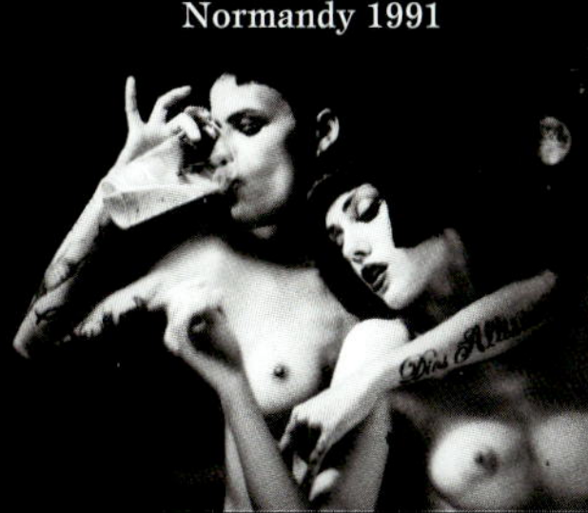

188–189 — FOR A PINT OF BEER
Paris 2008

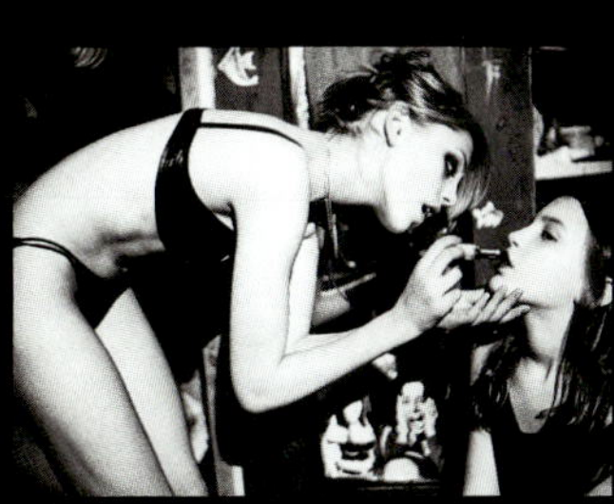

190–191 — AGE OF INNOCENCE
New York 1996

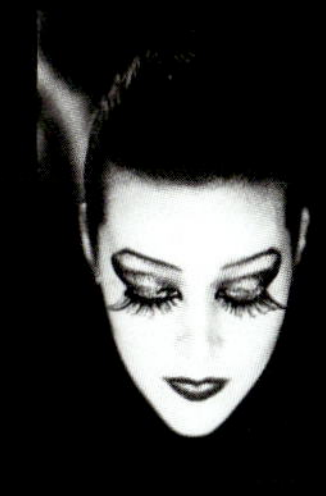

193 — ORPHÉE
New York 1999

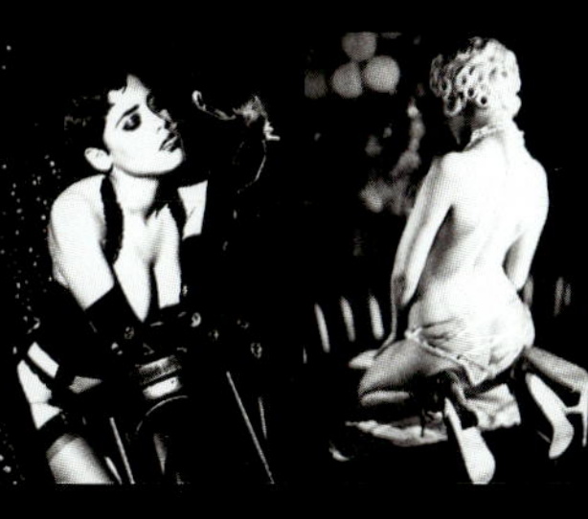

194 — FUMOIR
Paris 1992

195 — COTTON CLUB
Los Angeles 2004

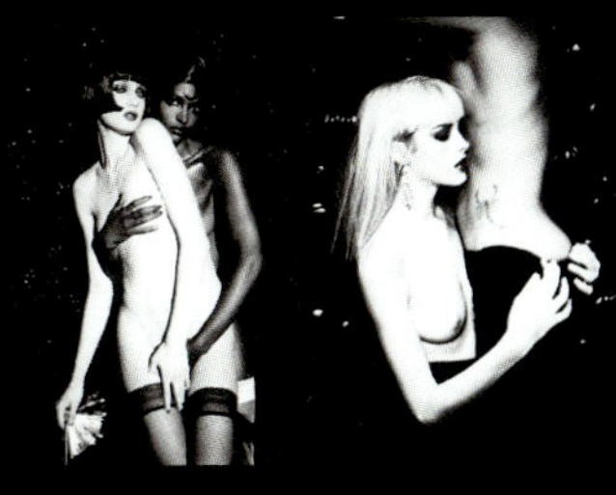

196 — YIN & YANG
Paris 2003

197 — INCH BY INCH
New York 1997

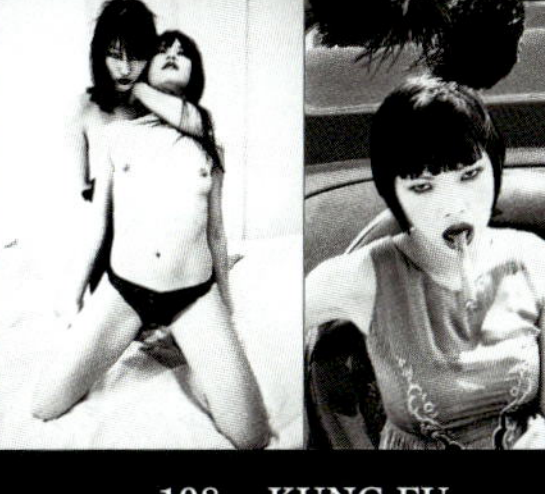

198 — KUNG-FU
New York 1995

199 — CAÏD
Normandy 1991

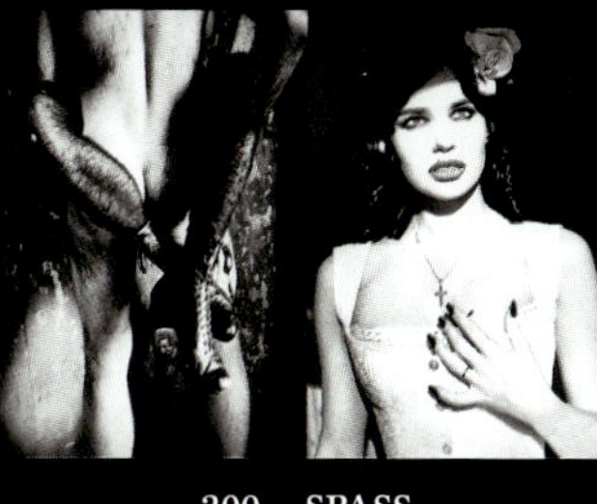

200 — SPASS
New Orleans 1998

201 — SÜNDE
Paris 1992

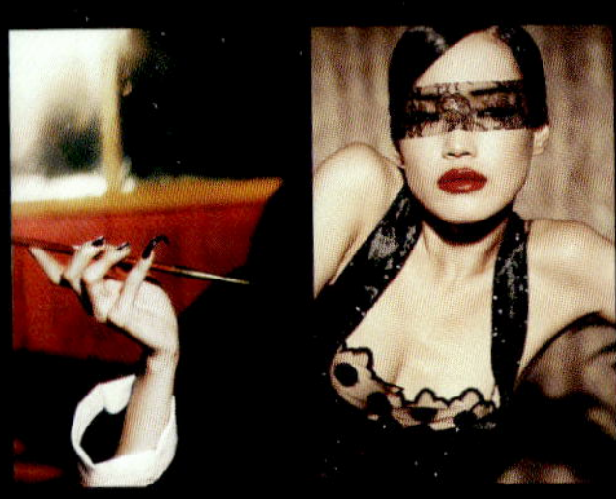

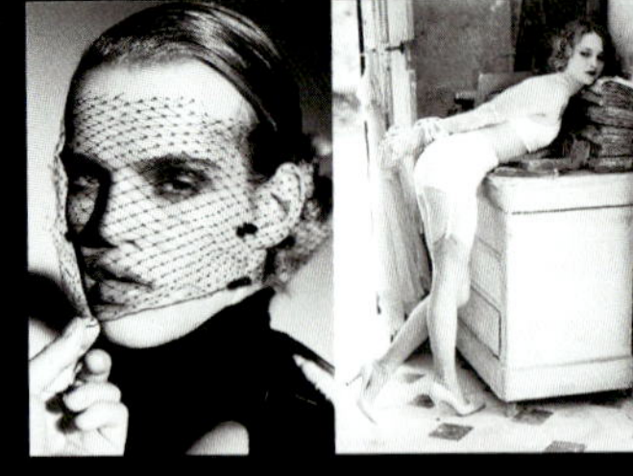

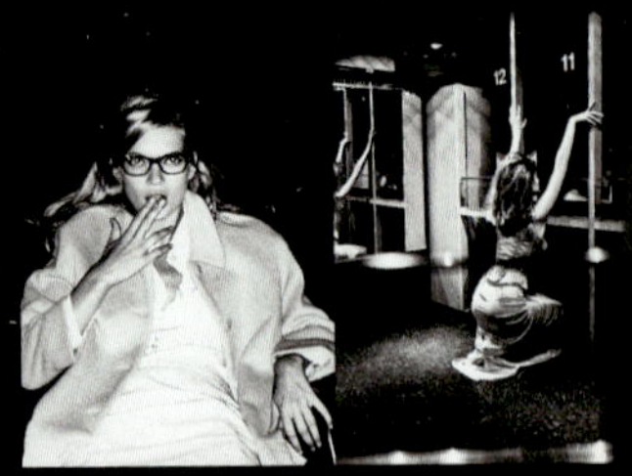

202 — OPIUM
New York 1999

203 — SHU QI
Paris 2005

204 — LUDWING
Paris 2006

205 — READ!
Rouilly le Bas 2002

206 — KINO
Paris 1998

207 — PEEP
New York 1998

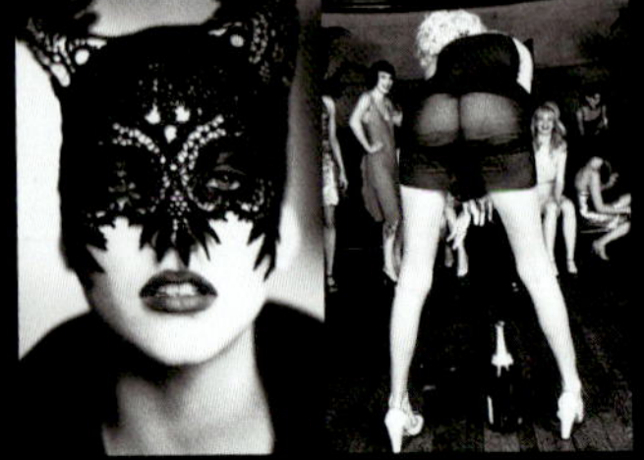

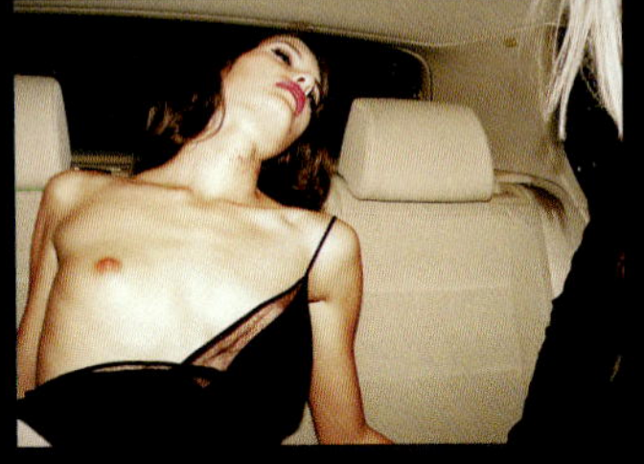

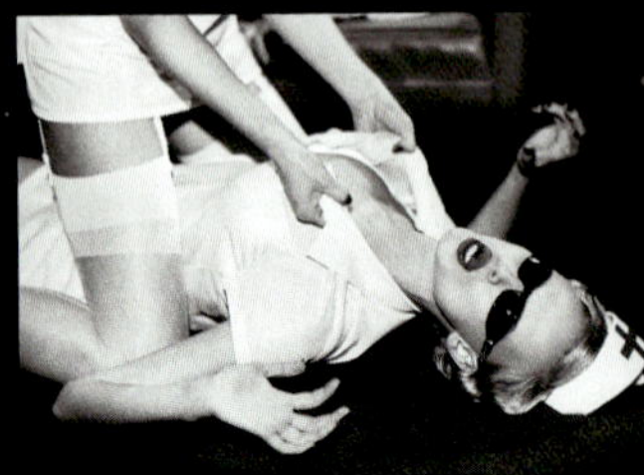

208 — MASK
Paris 1991

209 — SHALL WE DANCE
New York 1998

210–211 — CAR WASH
Wolfsburg 2003

212–213 — NURSES
Paris 1994

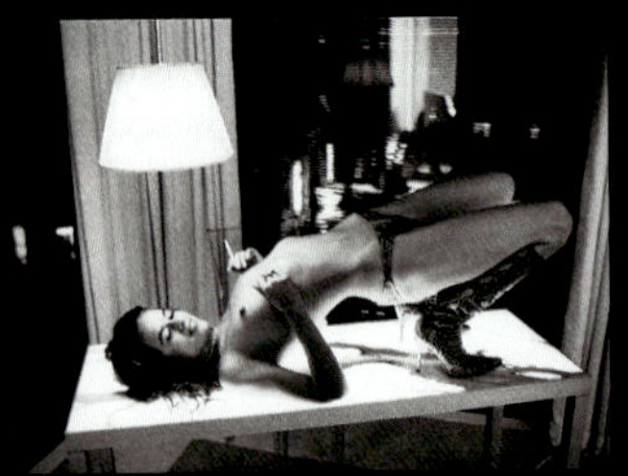

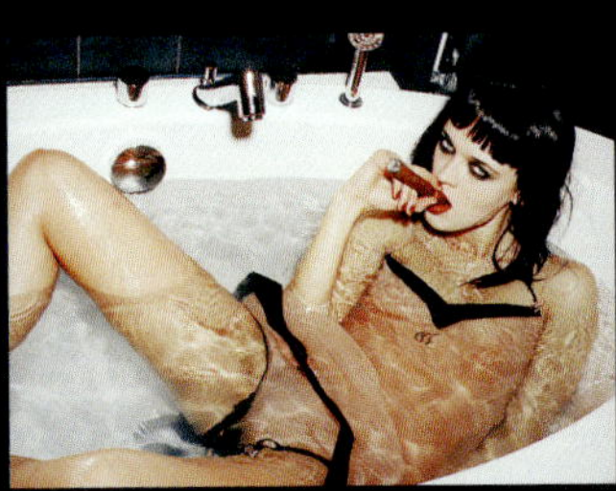

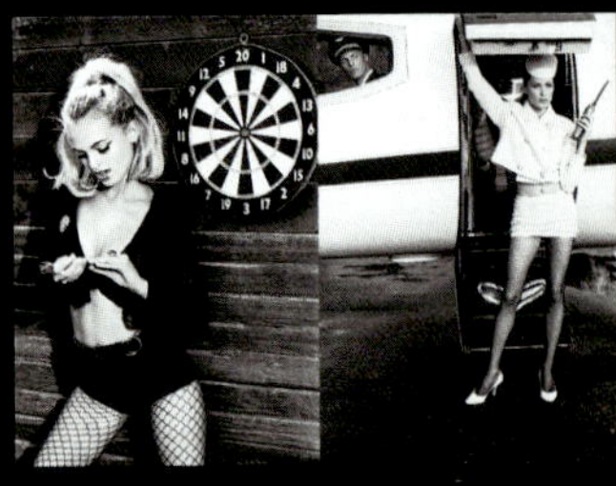

214–215 — JADE
London 1999

216–217 — ANNA NASS
Paris 2005

218 — DARTS
Los Angeles 2005

219 — CHEF DE CABINE
Paris 1995

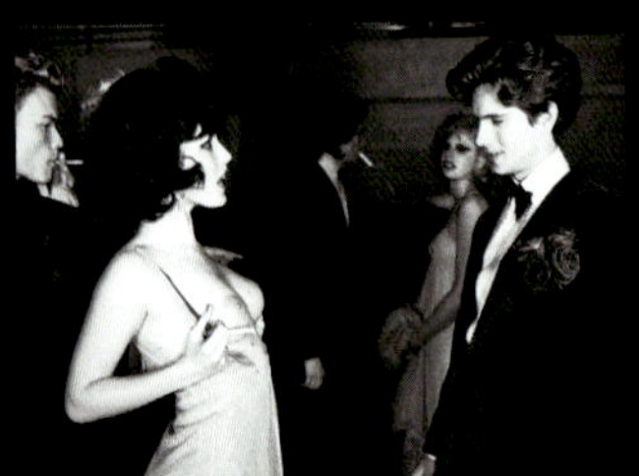

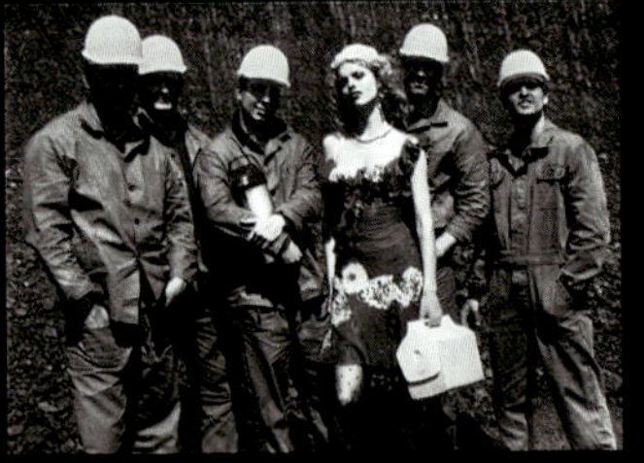

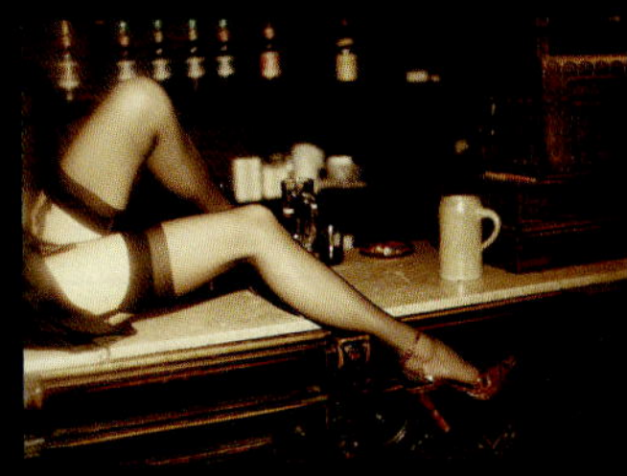

220–221 — COCKTAIL PARTY
New York 1998

222–223 — THE COAL MINER'S
DAUGHTER
Czech Republic 2000

224–225 — BERLIN
Berlin 2000

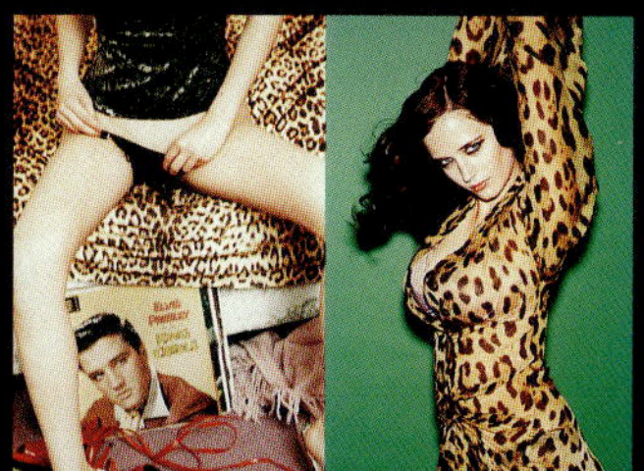

226 — ELVIS
New York 1998

227 — EVA GREEN
London 2006

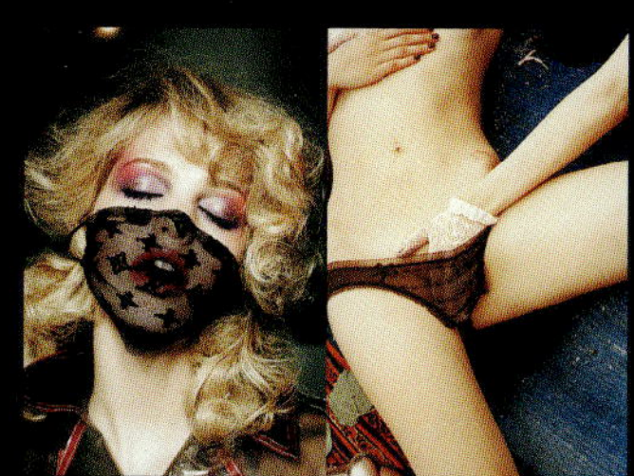

228 — LV
Paris 2007

229 — PLAY
Millemont 2006

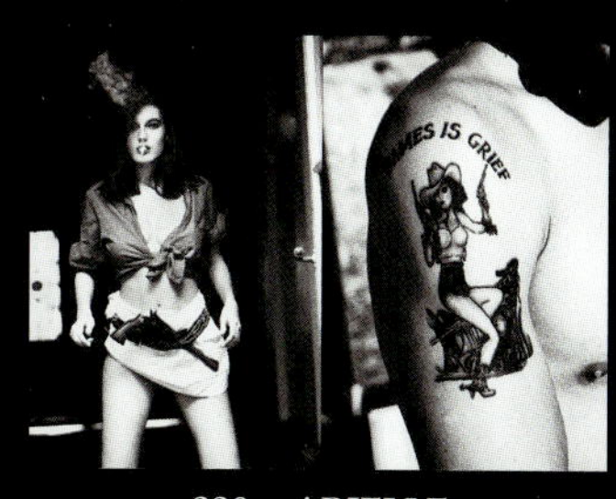

230 — ARIELLE
Paris 1988

231 — DAMES IS GRIEF
Nice 1992

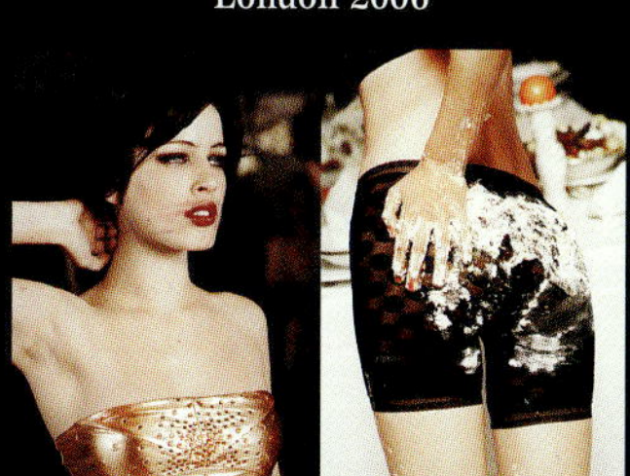
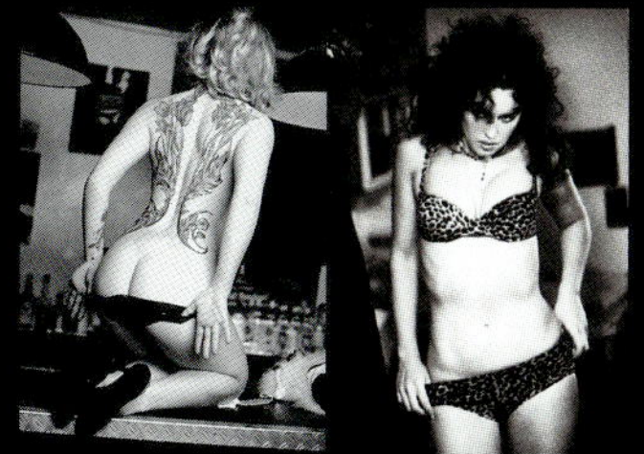
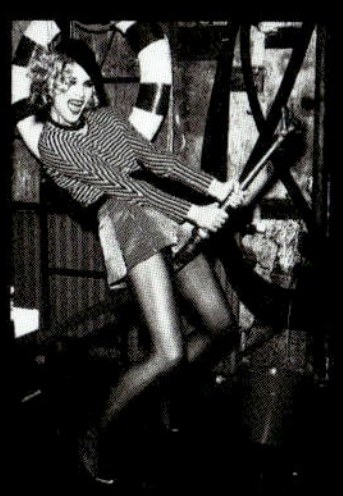

232 — SMEARED
New York 1998

233 — CHANTILLY
Paris 2005

234 — LILIES
Paris 2008

235 — LA TIGRESSE
New York 1995

236 — FEUER?
Paris 2009

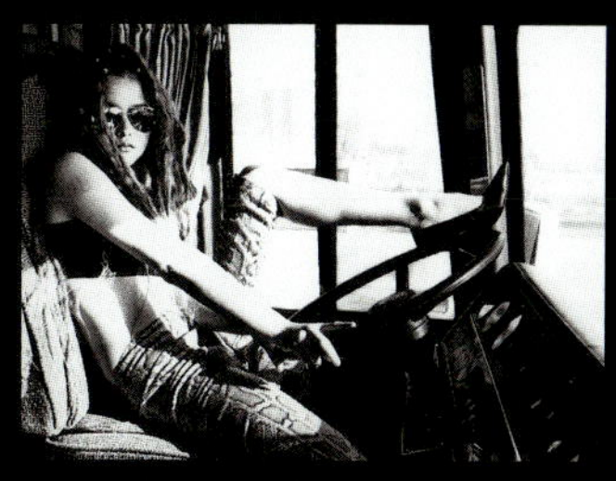
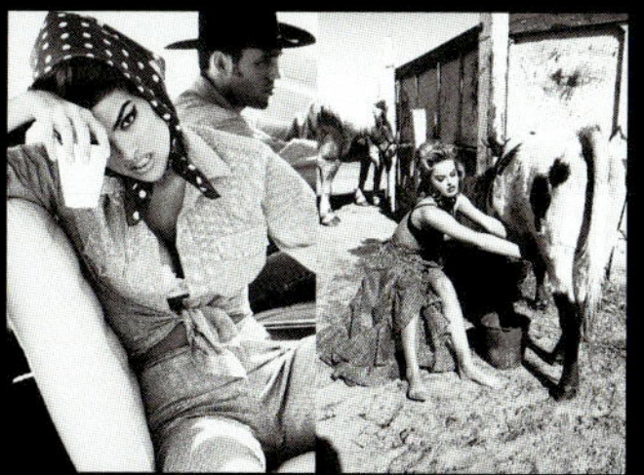
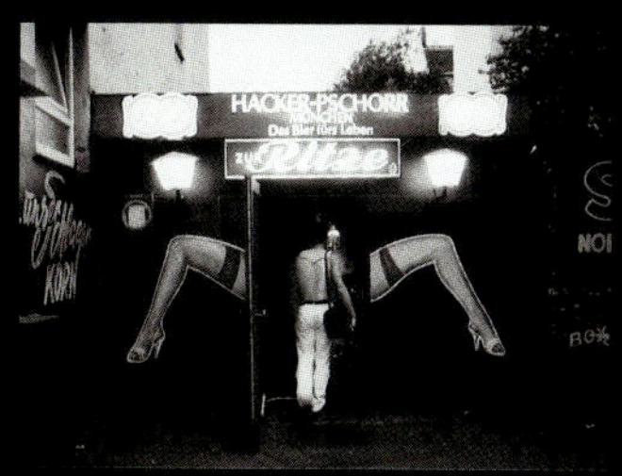

238–239 — TRUCKSTOP
New York 1997

240 — ROUTE 66
Arizona 1993

241 — MILKMAID
Los Angeles 1991

242–243 — REEPERBAHN
Hamburg 1995

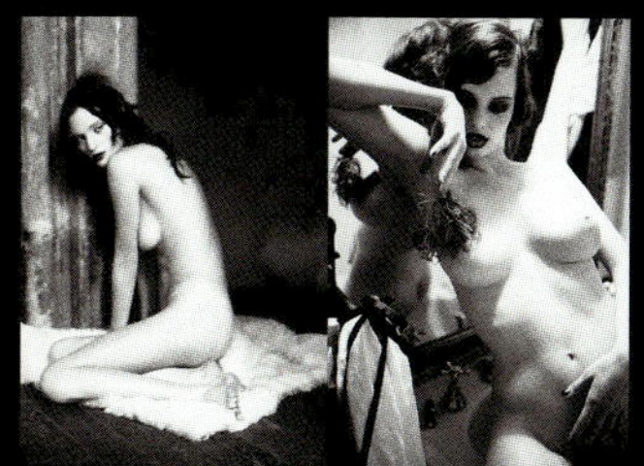
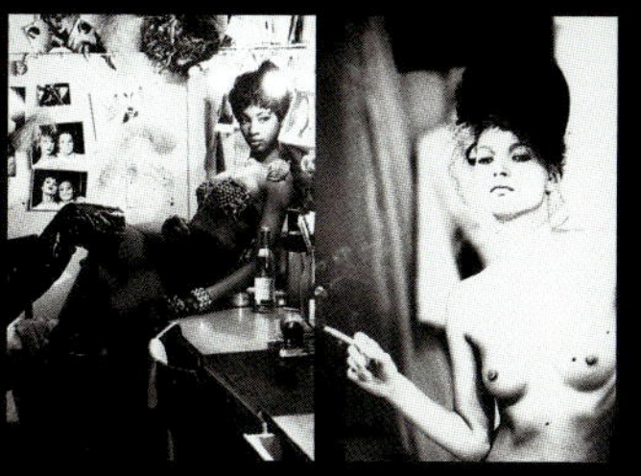
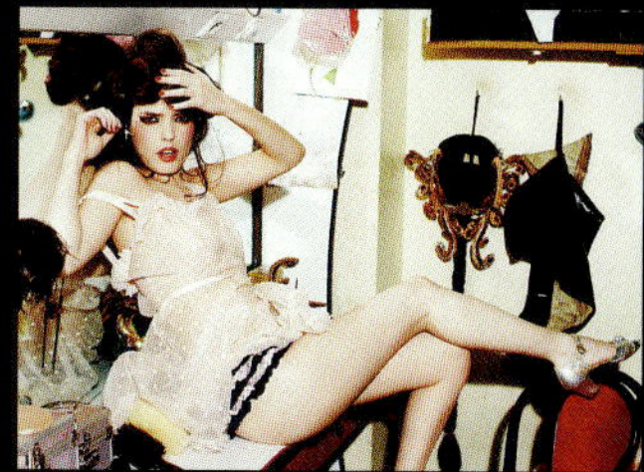

244 — ELFE
New York 1998

245 — POM POM
New Orleans 1998

246 — ALCAZAR
Paris 2000

247 — KEEP YOUR HAT ON
Paris 1996

248–249 — ROXANNE
Paris 2009

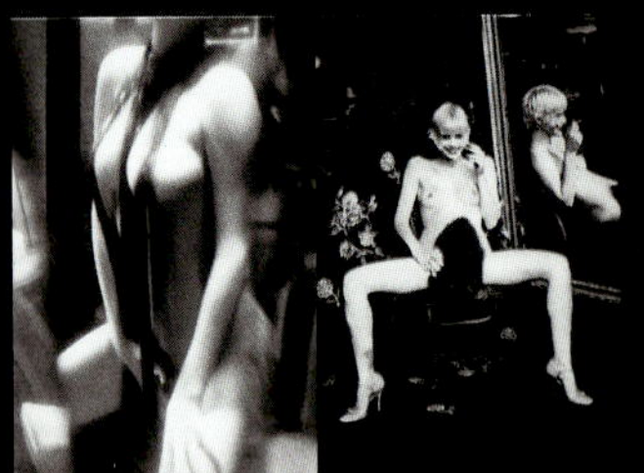

250 — FOULARD
Los Angeles 1999

251 — L'ÉVENTAIL
New York 1996

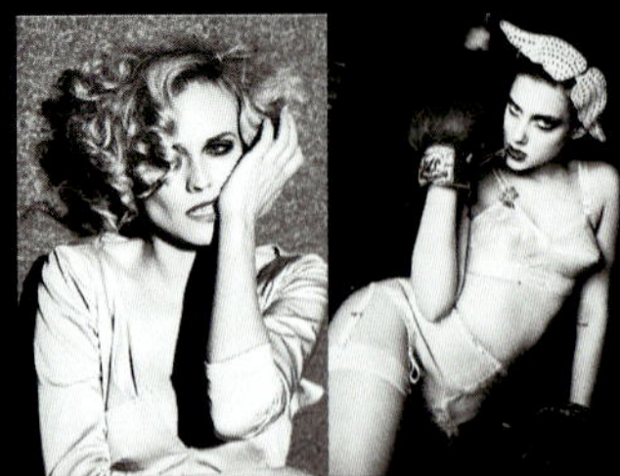

252 — DIANE KRÜGER
Paris 2009

253 — KNOCK OUT
Paris 2008

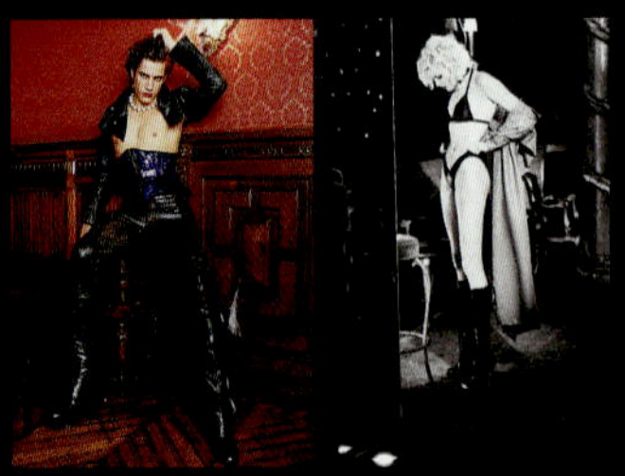

254 — GLAMROCK
Paris 2002

255 — NADJA GETTING READY
Paris 1994

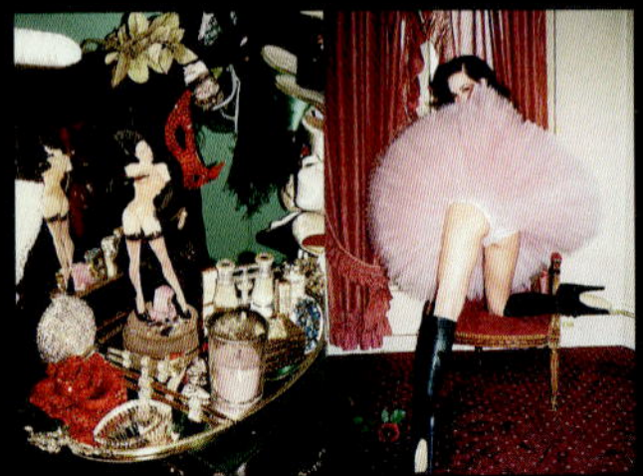

256 — DITA'S ROOM
Paris 2005

257 — DITA VON TEESE
Paris 2005

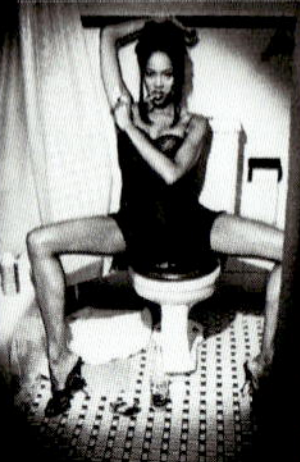

258 — NAOMI
New York 1994

259 — VOULEZ VOUS FUMER?
New York 1996

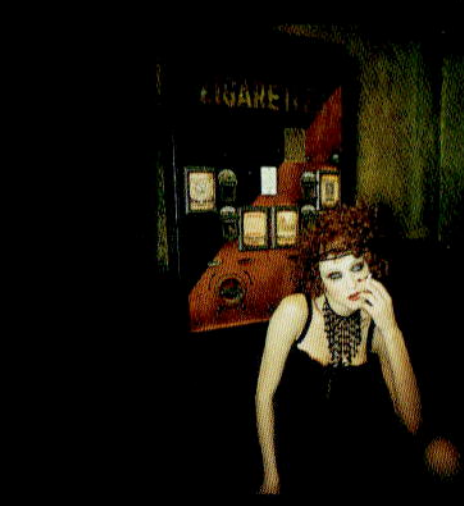

261 — ZIGARETTEN
Berlin 2000

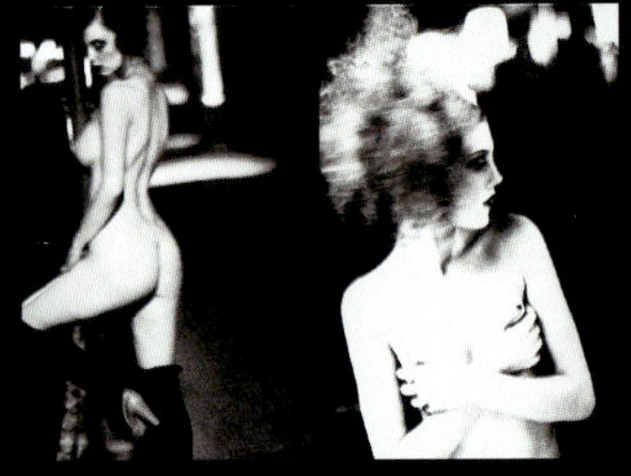

262 — STREET WALKER
New Orleans 1998

263 — DON'T
Paris 1996

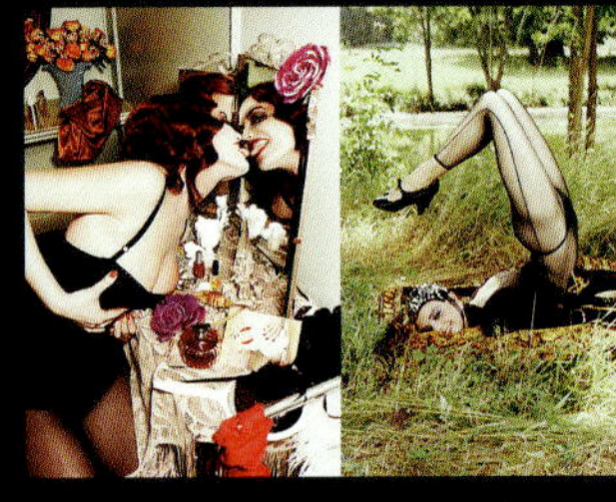

264 — ME MYSELF
New York 2000

265 — GRASS HOPPER
Millemont 2006

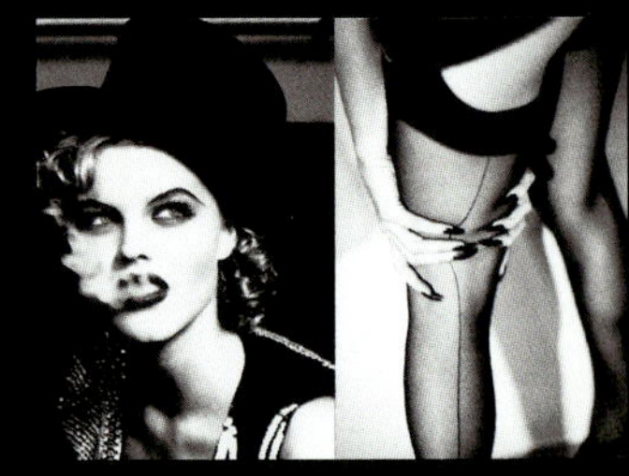

266 — THE TRAMP
Paris 1993

267 — THE VAMP
New York 1994

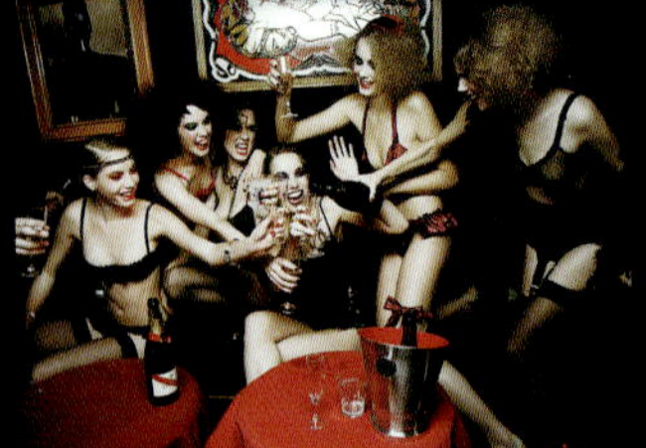

268–269 — CHAMPAGNE!
Paris 2008

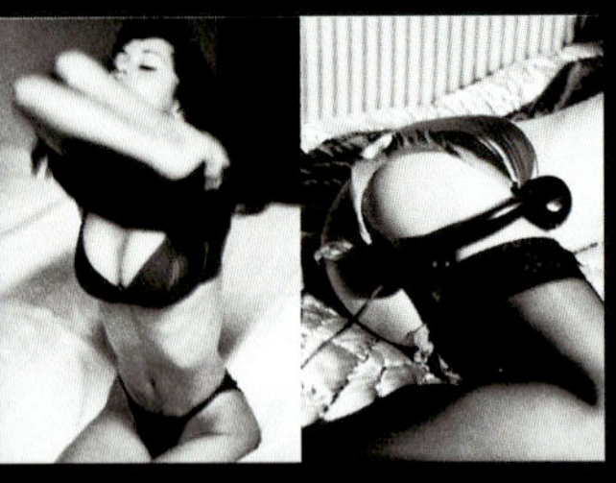

270 — HAVANA
Cuba 1996

271 — BOOTY CALL
Paris 2007

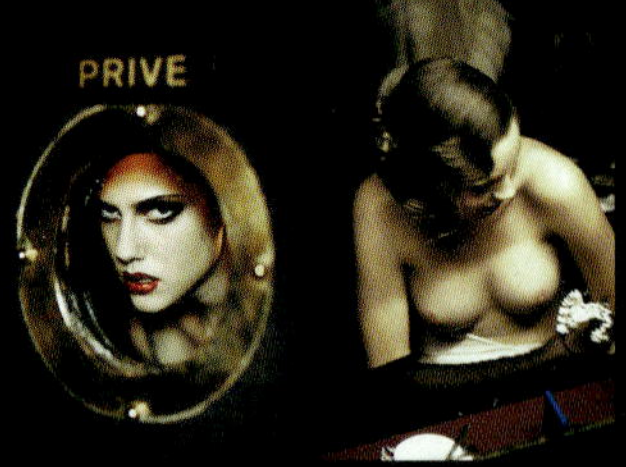

272 — PRIVÉ
Paris 2008

273 — GARDE ROBE
Paris 2008

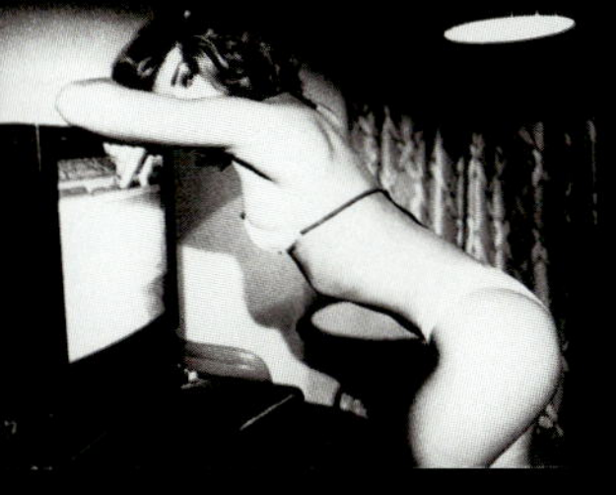

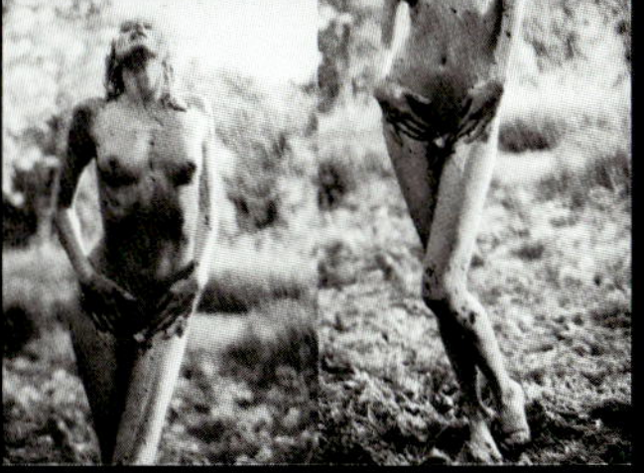

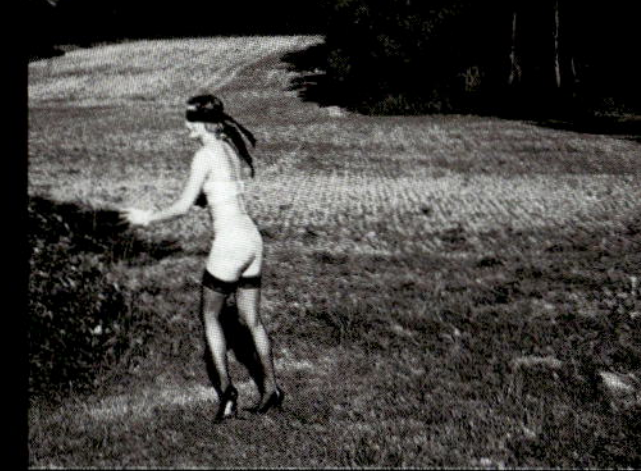

274–275 — WORLD CUP
Brazil 1996

276 — SUMMER RAIN 1
Mériel 2005

278–279 — BLINDFOLDED
Rouilly le Bas 2002

277 — SUMMER RAIN 2
Mériel 2005

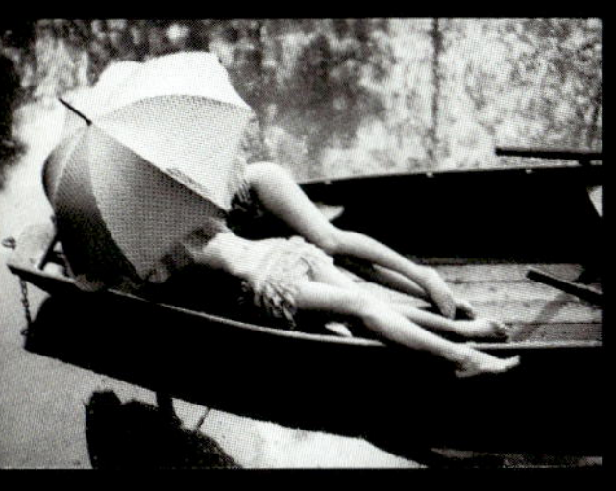

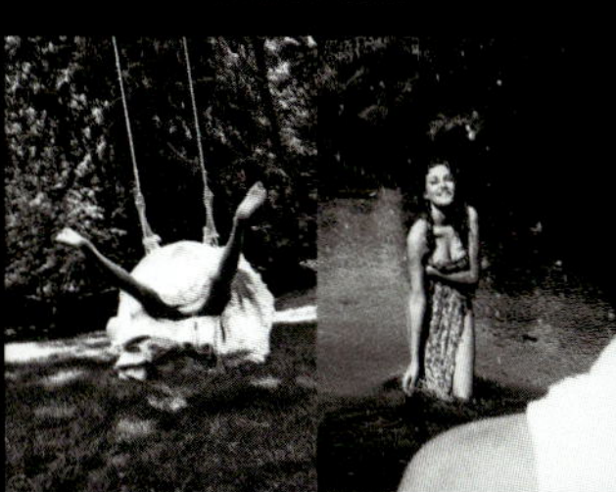

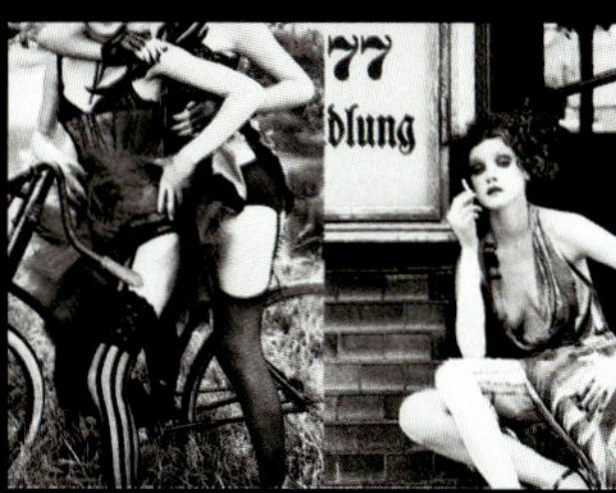

280–281 — SECRET
Rouilly le Bas 2005

282 — INNOCENCE
New York 1999

284 — TOUR DE FRANCE
Millemont 2006

283 — SPRITZ
Italy 1993

285 — CAFE LEDERER
Berlin 2000

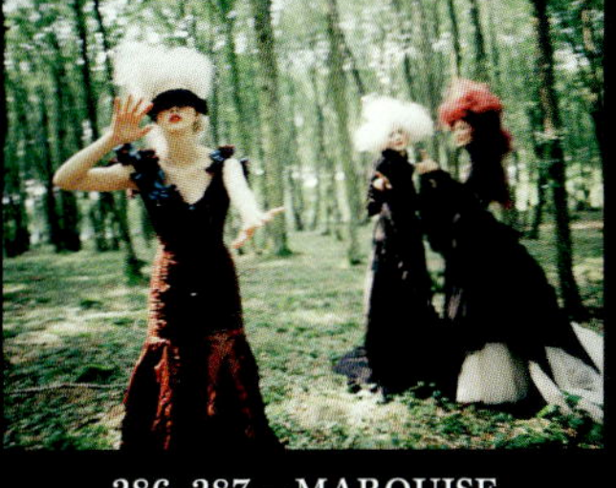

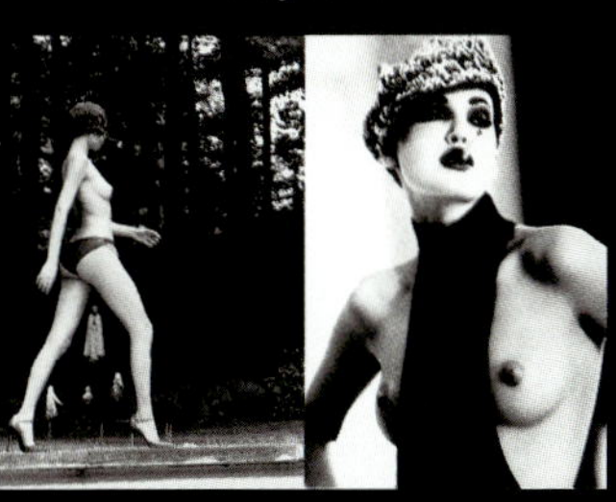

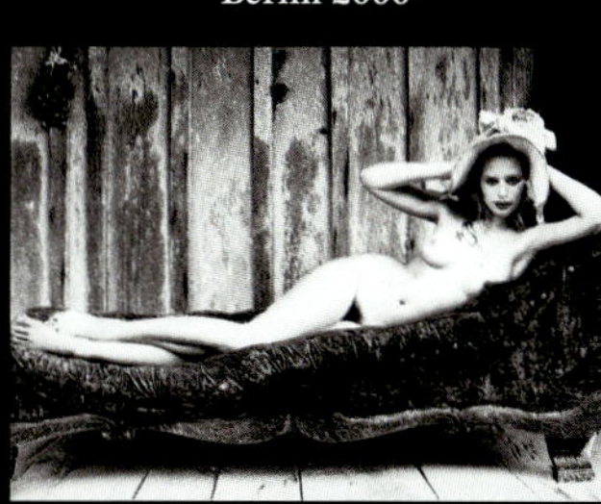

286–287 — MARQUISE
Paris 1993

288 — STRAMM
New York 1997

290–291 — VIOLETTE
New Orleans 1998

289 — GARÇONNE
Paris 1991

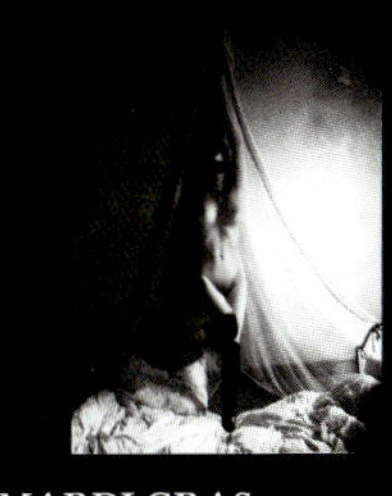

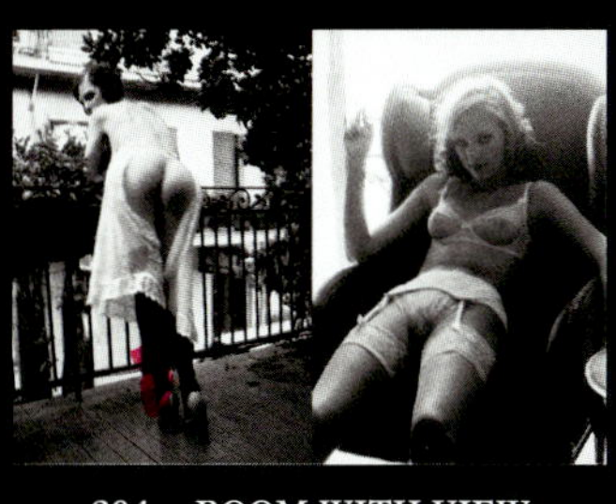

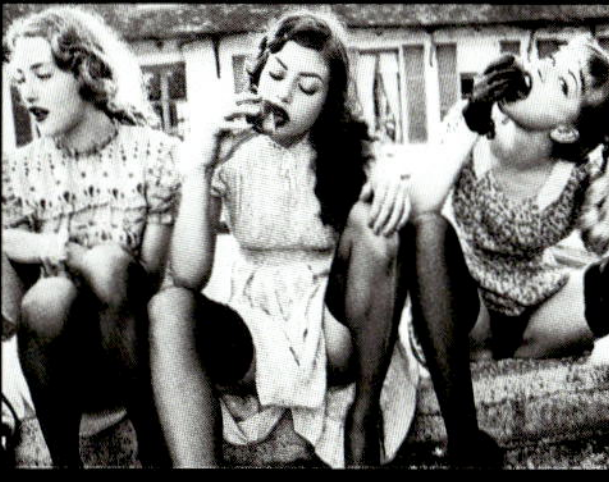

293 — MARDI GRAS
New Orleans 1998

294 — ROOM WITH VIEW
New Orleans 1998

296–297 — PEACHES
Rouilly le Bas 2002

295 — AFTER NOON
Nice 1998

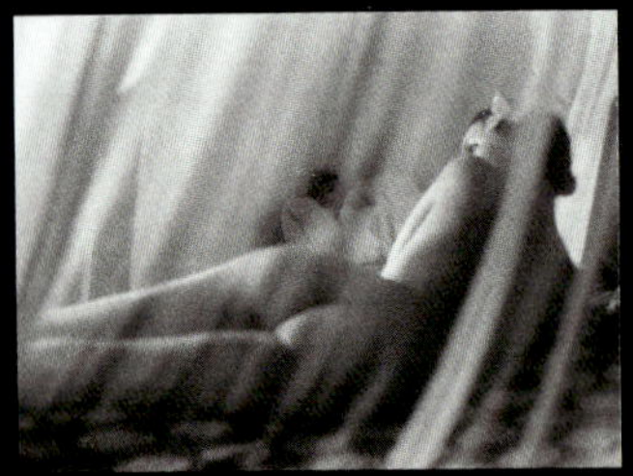

298–299 — SIESTE
Jamaica 1997

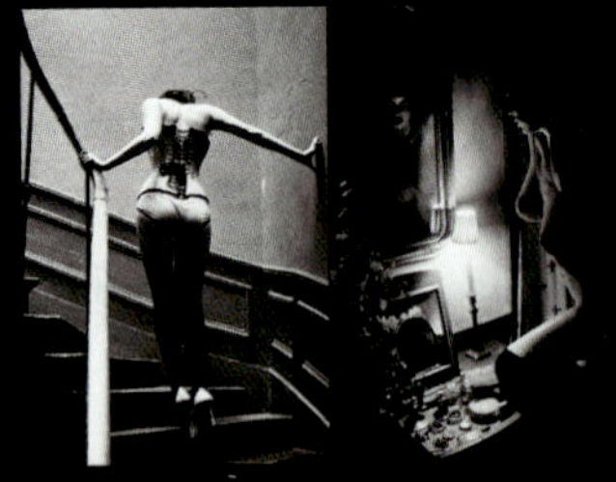

300 — UP STAIRS
Paris 1996

301 — VOODOO LOUNGE
New Orleans 1998

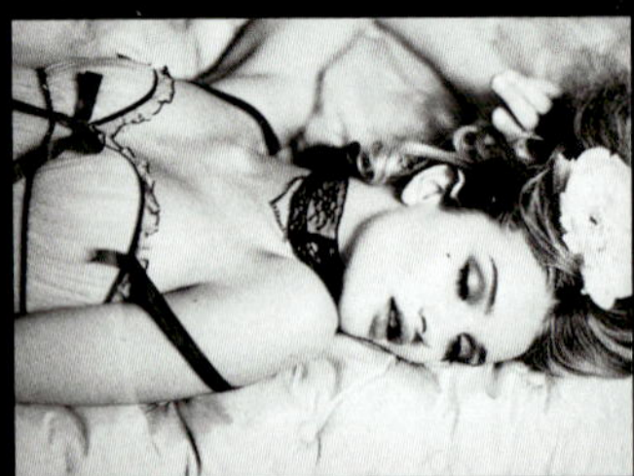

302–303 — SHUSH
Paris 2005

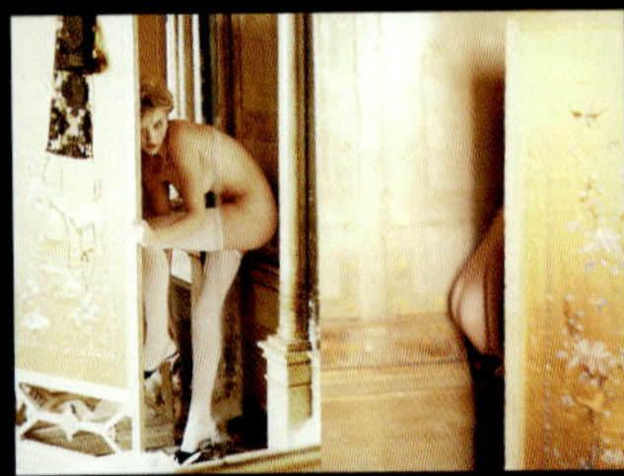

304 — ROSIE
Paris 2004

305 — PARAVENT
Paris 2004

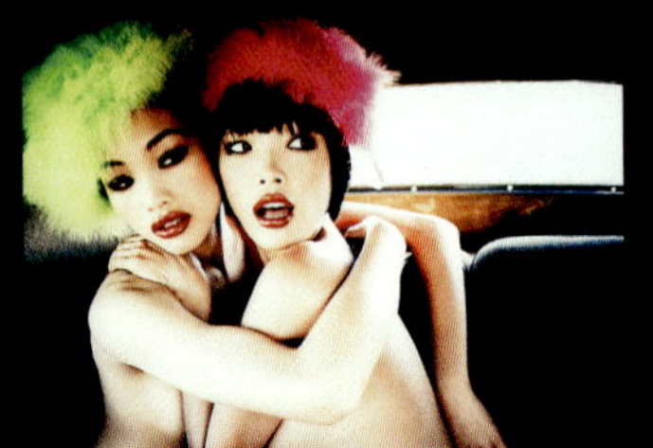

306–307 — PANIC
Normandy 1991

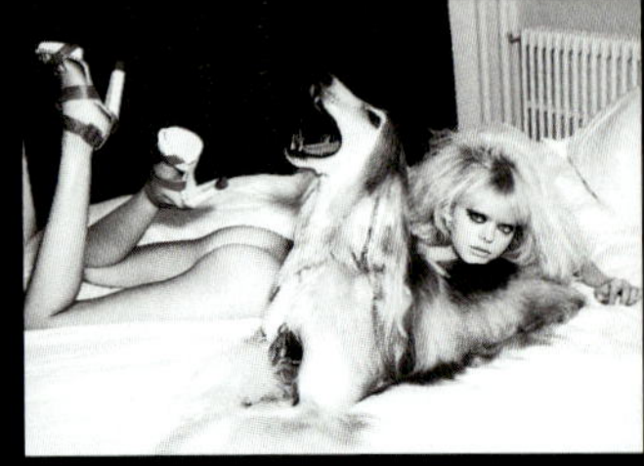

308–309 — PETS
Paris 2008

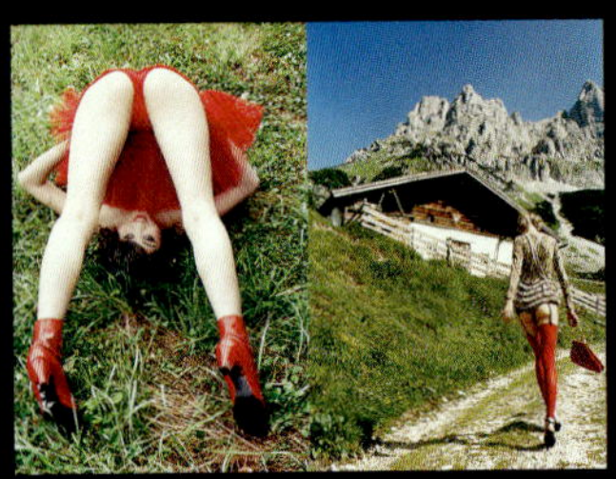

310 — PETTICOAT
Millemont 2006

311 — HEIDI
Kitzbühel 2003

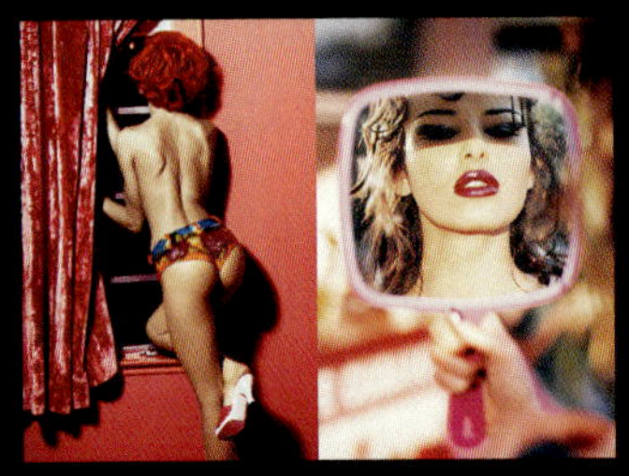

312 — STRANGER
Santa Barbara 1992

313 — MESMERIZED
Miami 1993

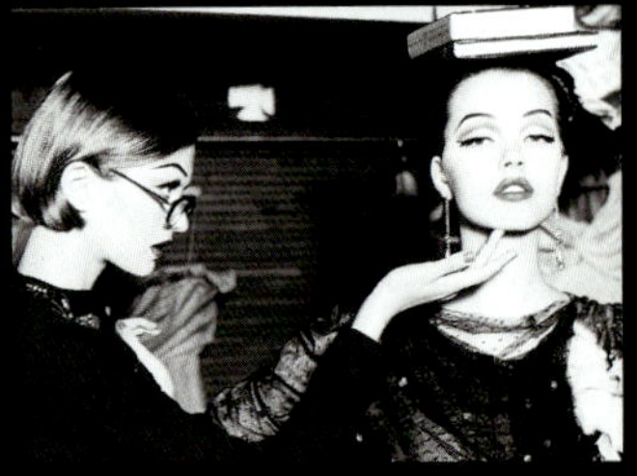

314–315 — CHIN UP
Paris 2007

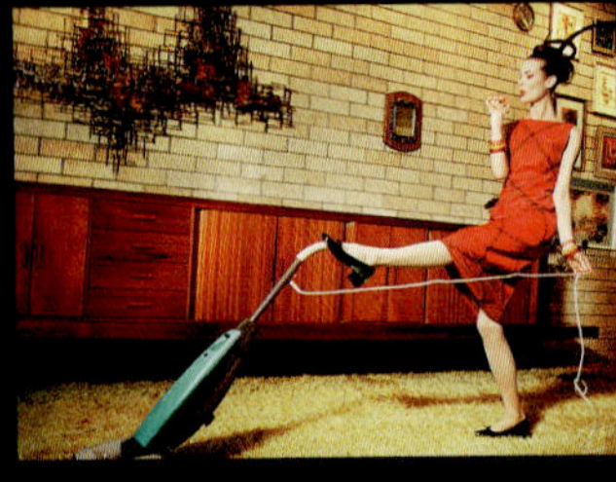

316–317 — DOMESTIC GODDESS
New York 1998

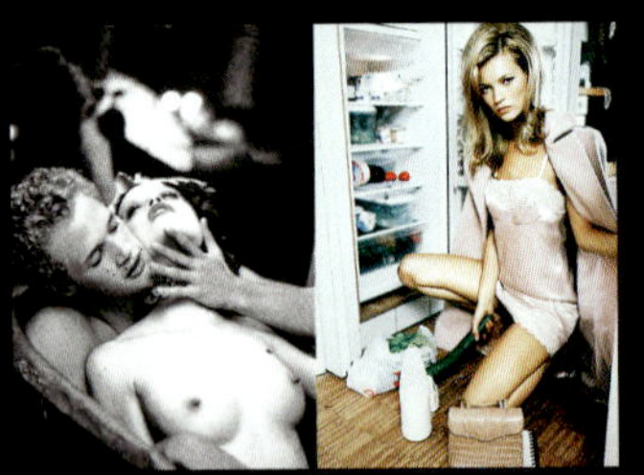

318 — SCENT
Paris 2003

319 — SHOPPING
Paris 1998

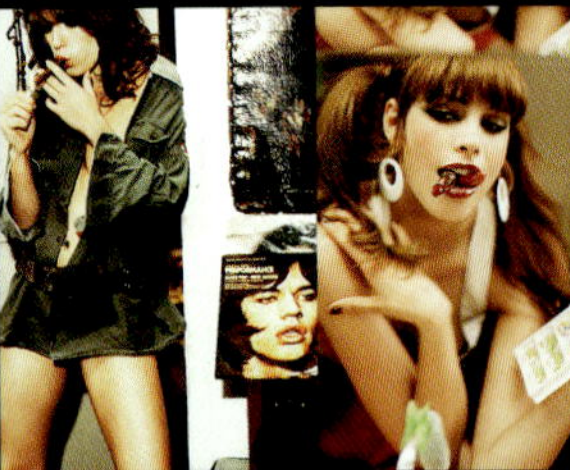

320 — CHE
Paris 2001

321 — CANDY GIRL
Paris 2003

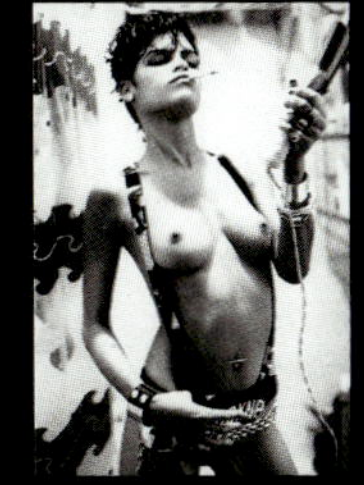
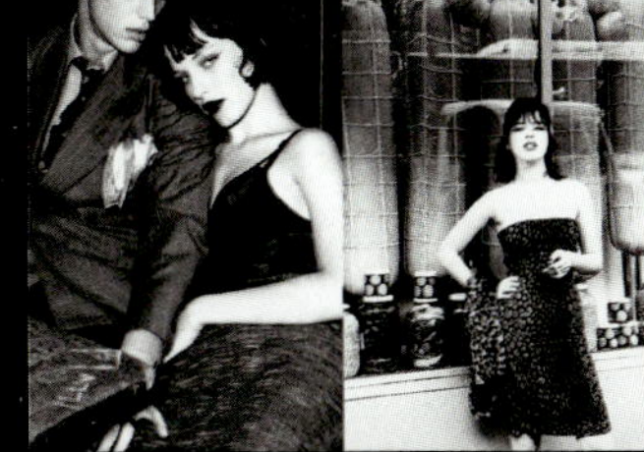

323 — OMAHYRA
New York 2005

324 — BONNY & CLYDE
New York 1998

325 — GRAND STREET
New York 1998

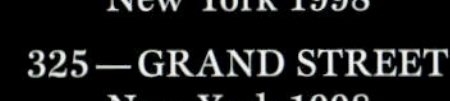

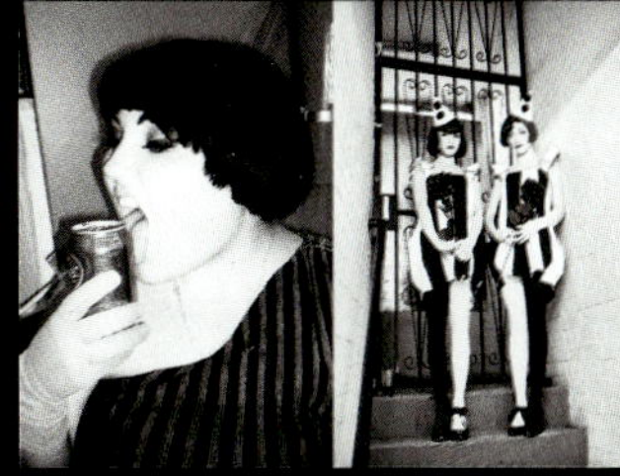

326 — BETH DITTO
New York 2006

327 — HARLEQUINS
London 2008

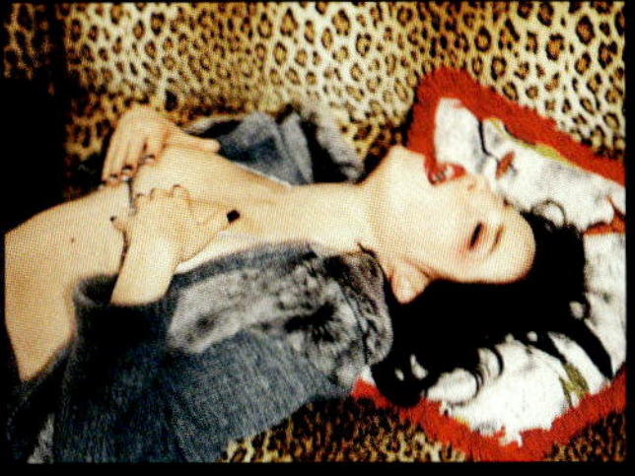
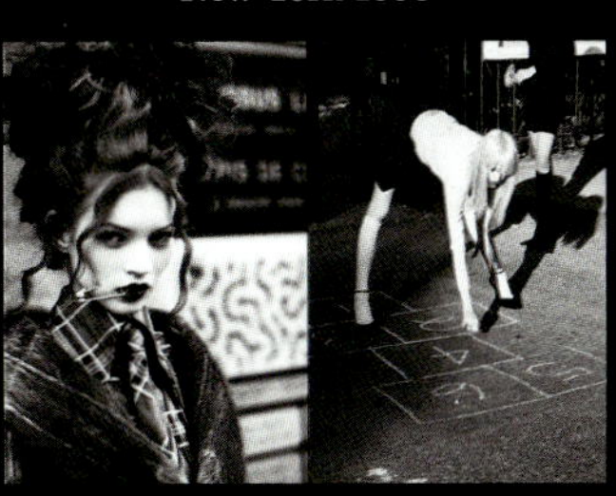
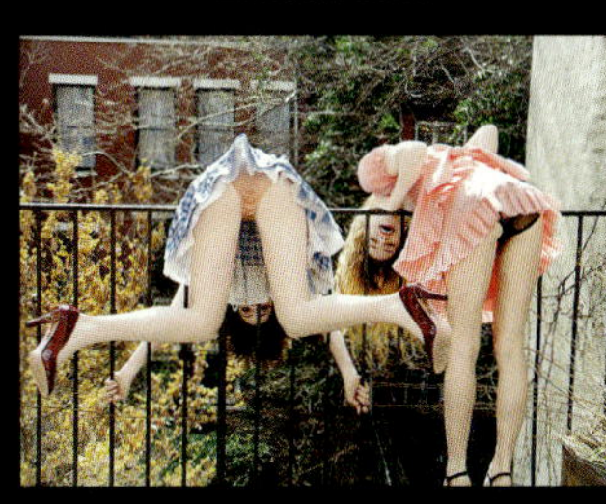

328–329 — X-T-C
New York 1998

330 — KATE MOSS
Paris 1997

331 — NUMBERS
Paris 1995

332–333 — DOUBLE TROUBLE
New York 2008

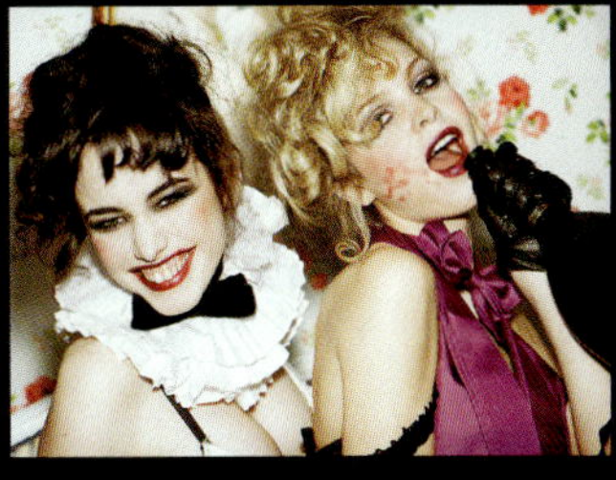
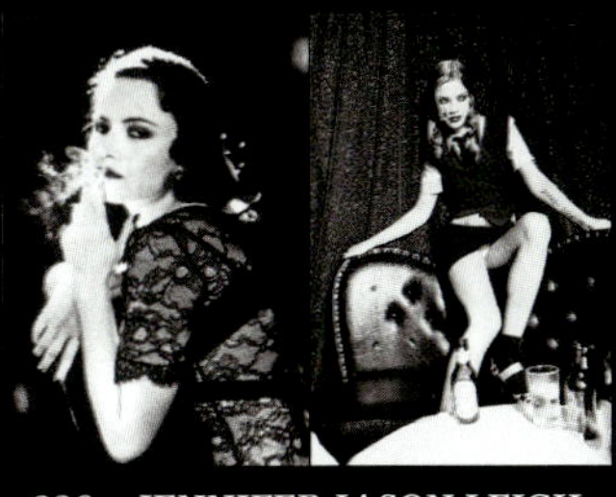
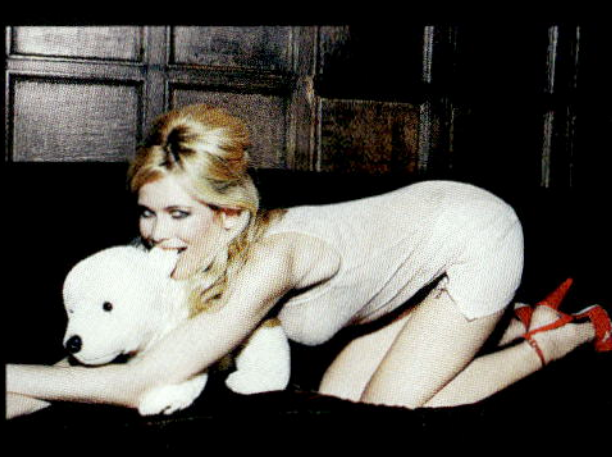

334–335 — DRUNK
Paris 2008

336 — JENNIFER JASON LEIGH
New York 1994

337 — SCHOOL SUX
Paris 2000

338–339 — TEDDY
London 2006

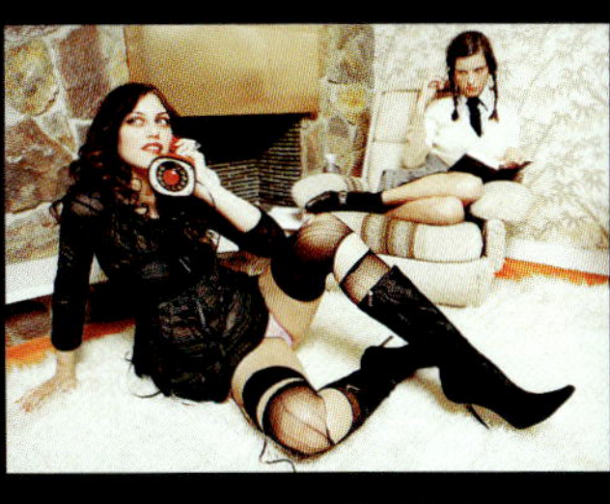
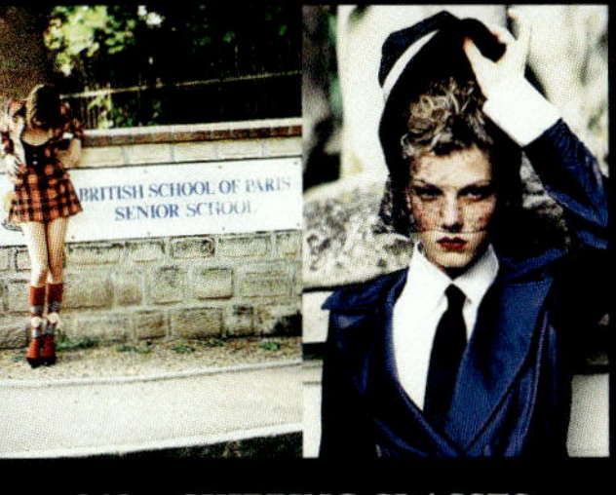
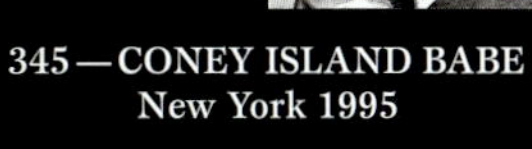

340–341 — SISTERS
Paris 2001

342 — SKIPPING CLASSES
Paris 1997

345 — CONEY ISLAND BABE
New York 1995

343 — HEAD MISTRESS
New York 1998

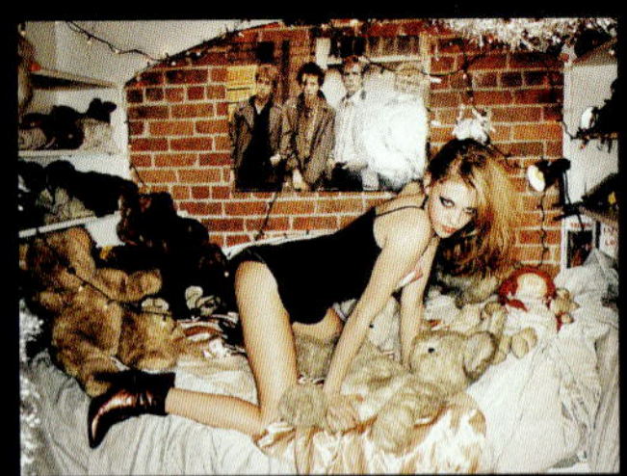 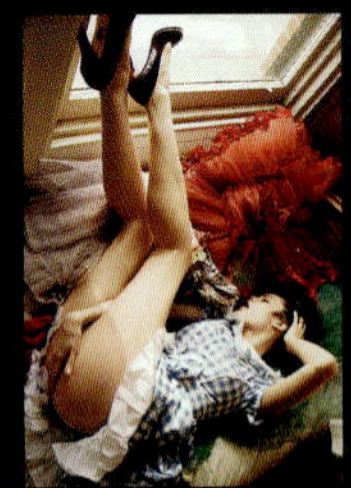 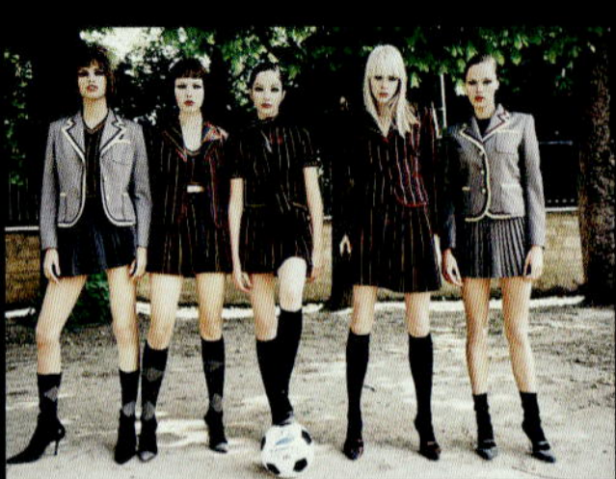

346–347 — TEENAGER
New York 1998

348 — LONELY
New York 2008

350–351 — DREAM TEAM
Paris 1997

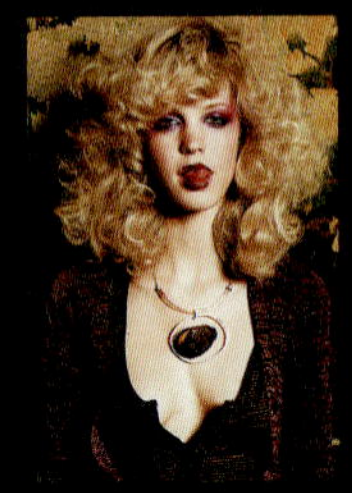 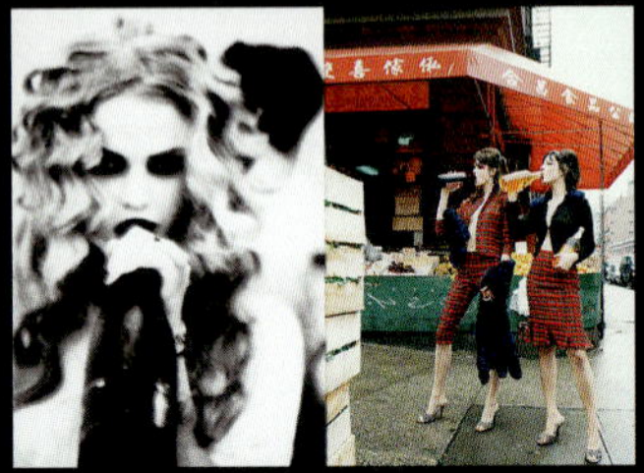 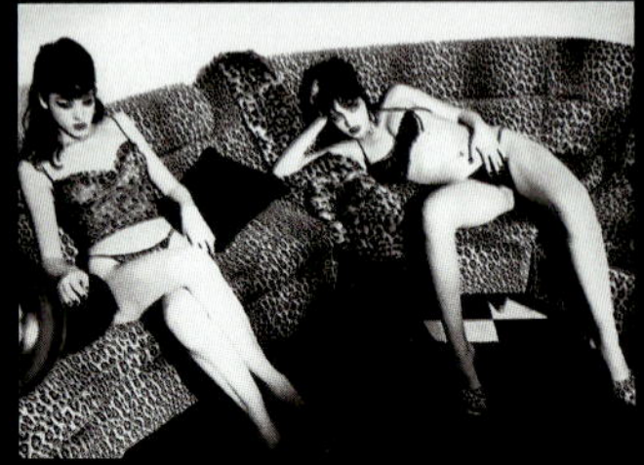

353 — DELICIOUS
Paris 2007

354 — THE SIP
New York 1998

356–357 — THE BREAK
New York 1998

355 — CHINATOWN
New York 1998

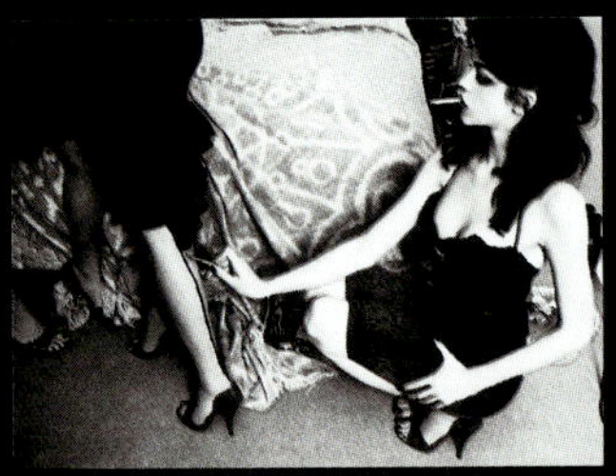 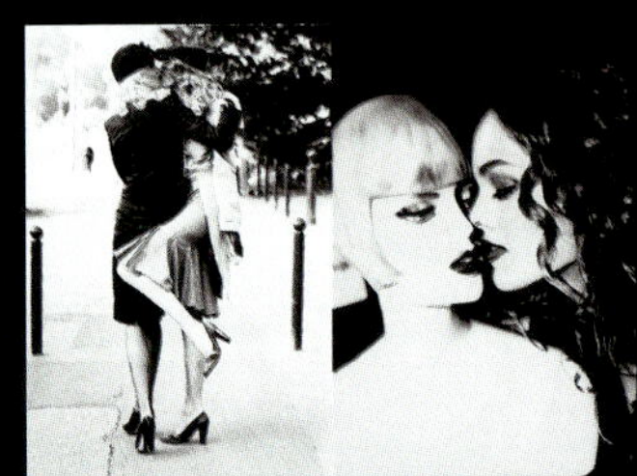 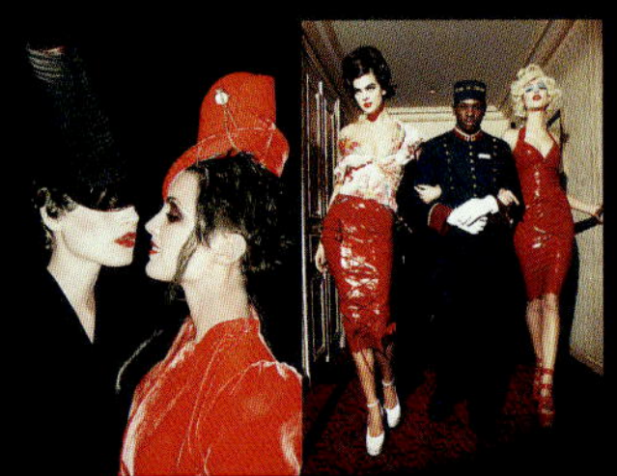

358–359 — BAS COUTURE
New York 1998

360 — SECRET AGENT
Paris 2005

362 — GOSSIP
Paris 1996

361 — MANNEQUIN
Paris 1998

363 — BELL BOY
Paris 2007

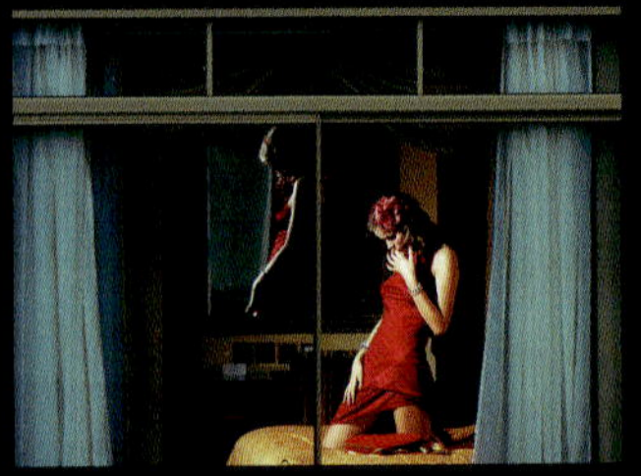 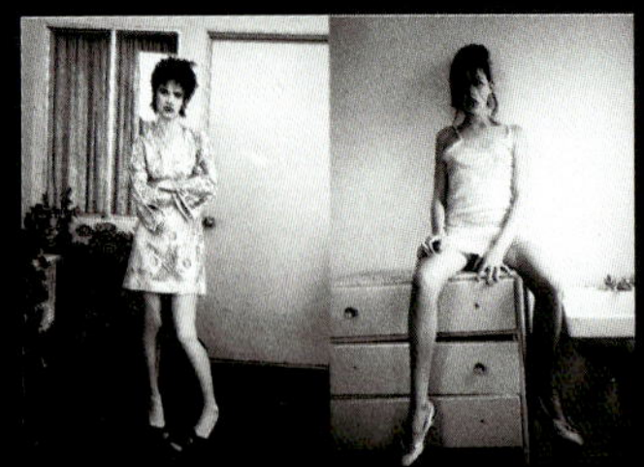 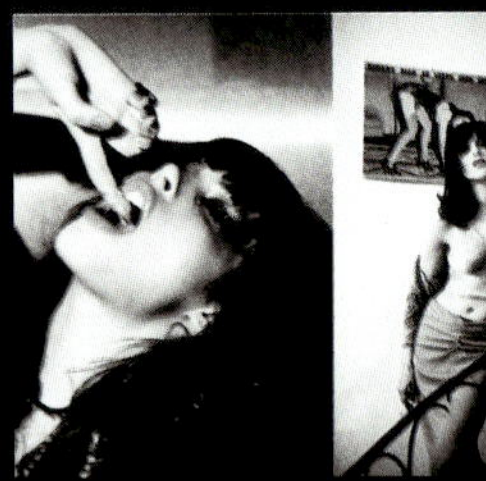

364–365 — ROOM 211
London 2000

366 — JULIETTE LEWIS
Los Angeles 1992

368 — SWEETER THAN CANDY
Paris 2003

367 — CHELSEA HOTEL
New York 1998

369 — COURTNEY LOVE
Los Angeles 1998

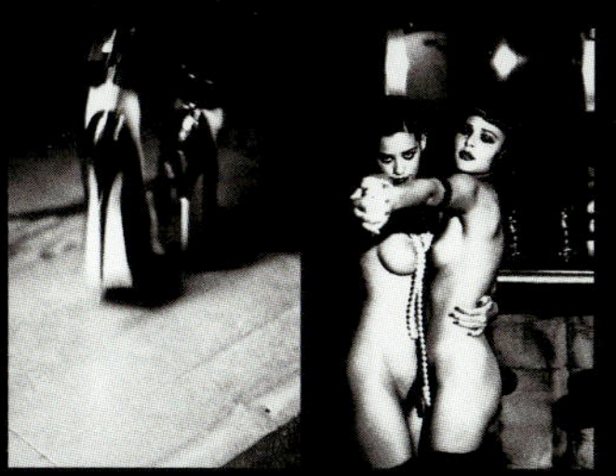

370 — STILETTOS
Paris 2008

371 — THE LAST TANGO
New York 1992

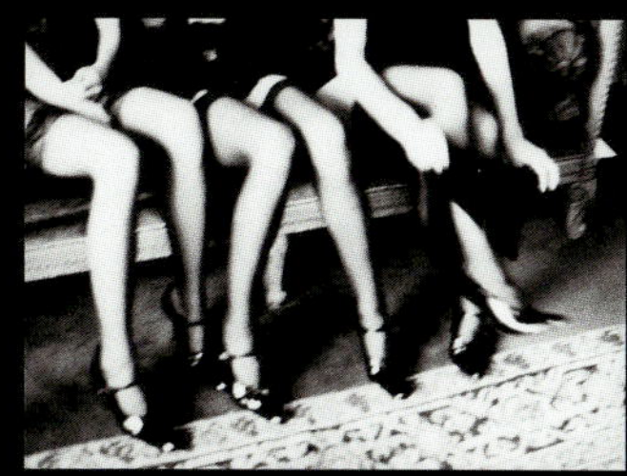

372–373 — THE GAME
Paris 1994

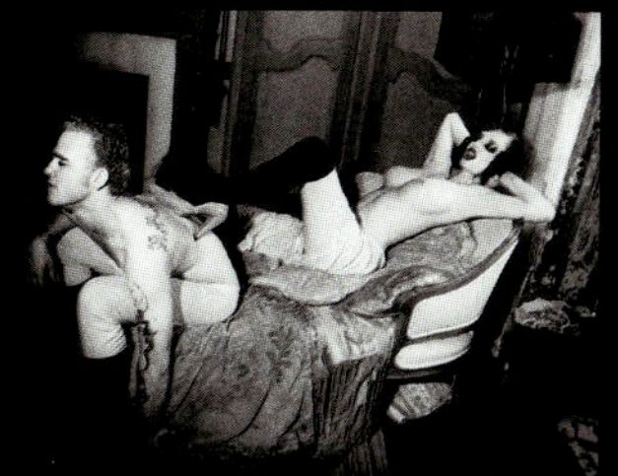

374–375 — TIME TO GO
Paris 1998

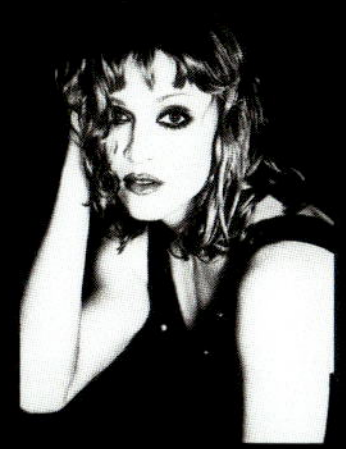

376 — MADONNA
New York 1993

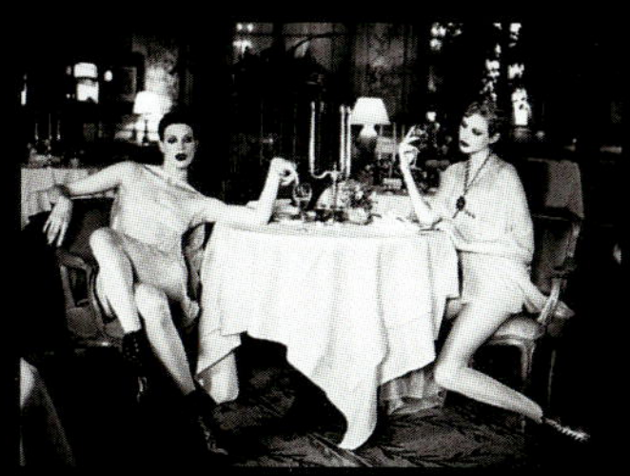

378–379 — FRÜHSTÜCK
Paris 1993

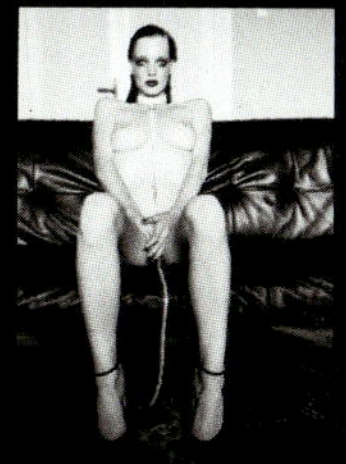

380 — MOSCOW BY NIGHT
Moscow 1998

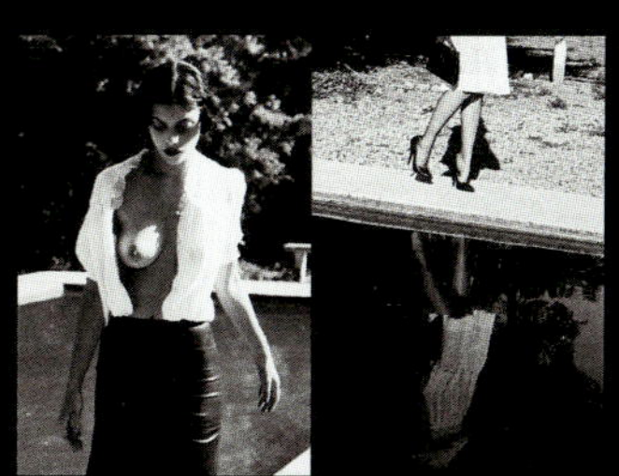

382 — AMAZONE
Rouilly le Bas 2002

383 — SWIMMINGPOOL
Rouilly le Bas 2002

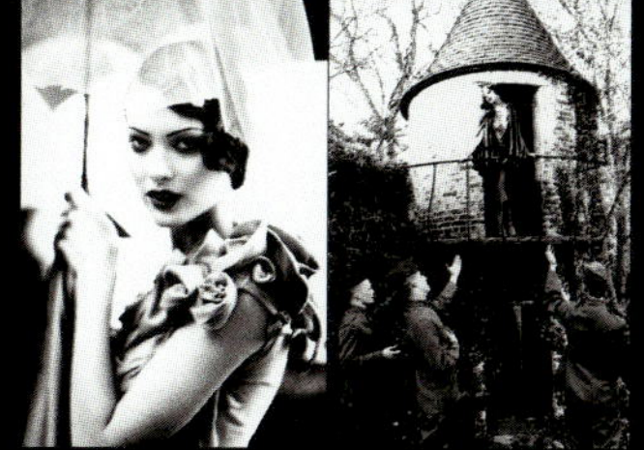

384 — BELLA DONNA
Rome 1992

385 — RAPUNZEL
New York 1998

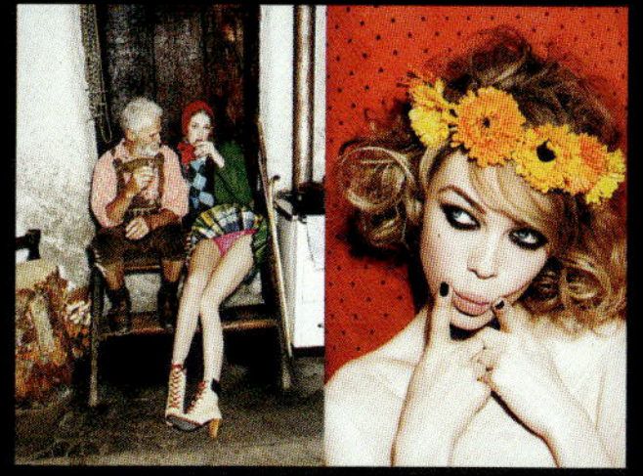

386 — WINDSTOSS
Kitzbühel 2003

387 — LULA
Paris 2007

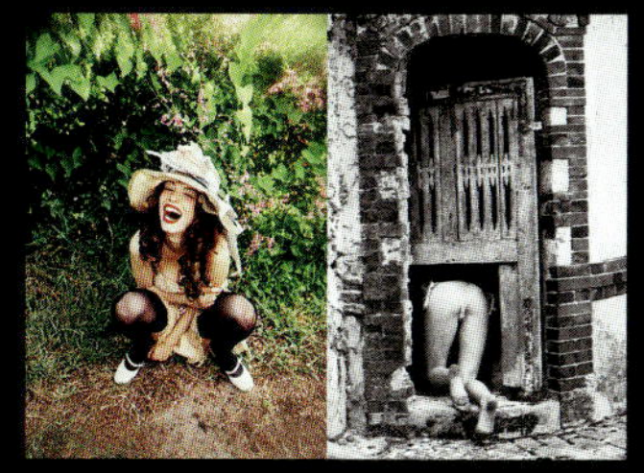

388 — HIDE
New Orleans 1998

389 — SEEK
Rouilly le Bas 2002

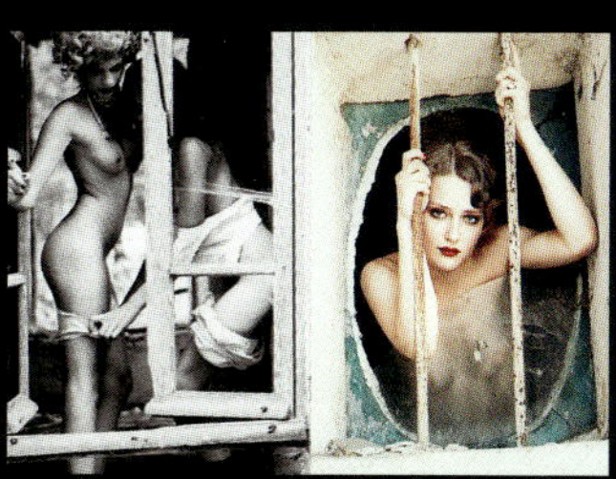

390 — THE WINDOW
Millemont 2006

391 — FRÄULEIN
Rouilly le Bas 2002

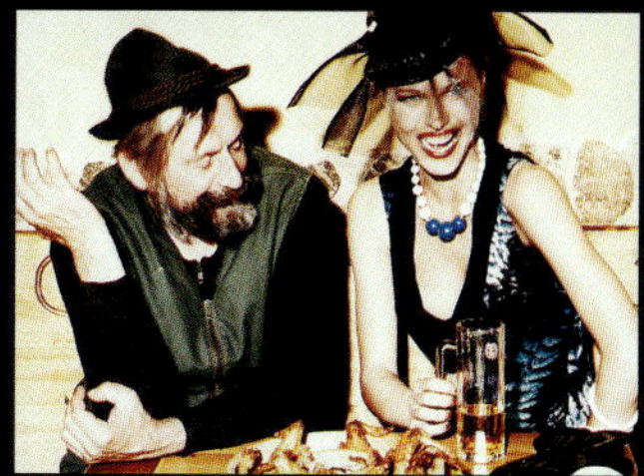

392–393 — PROST!
Czech Republic 2000

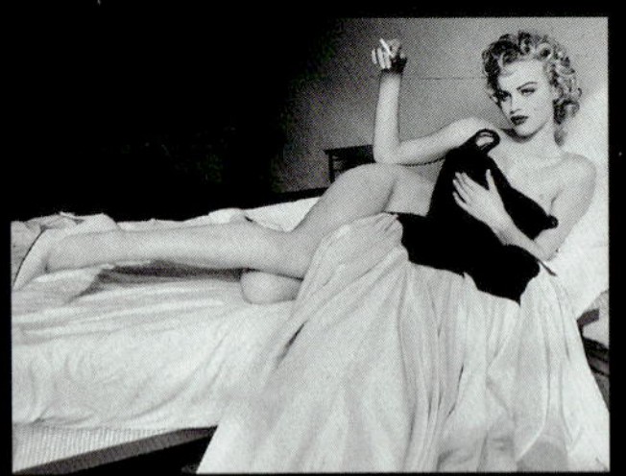

394–395 — SMOKING IN BED
New York 1994

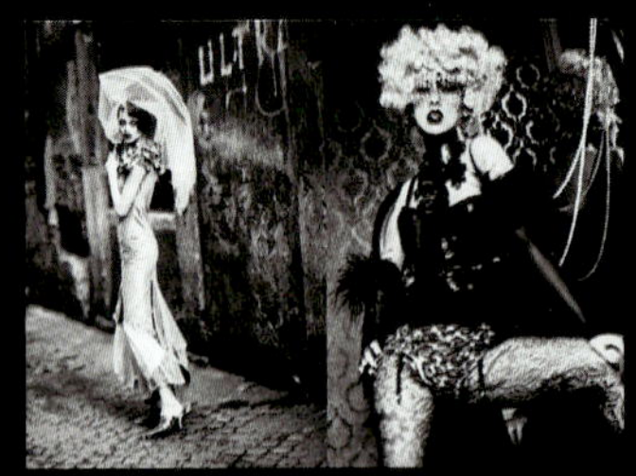

396 — L'AVENTURA
Rome 1992

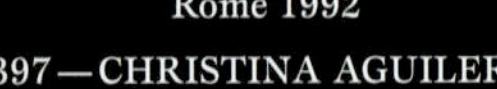

397 — CHRISTINA AGUILERA
Los Angeles 2004

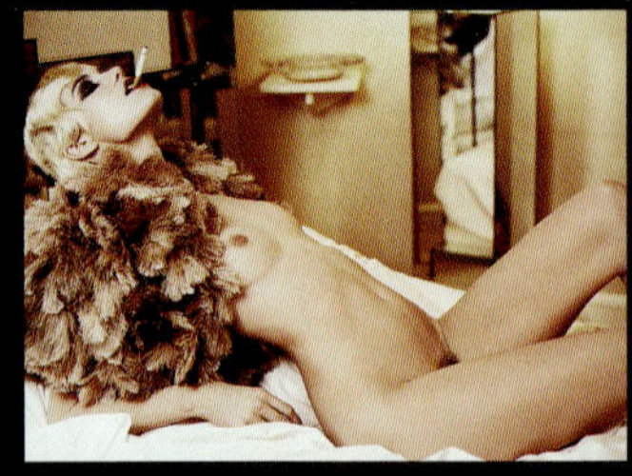

398–399 — MISTINGUETTE
Paris 2004

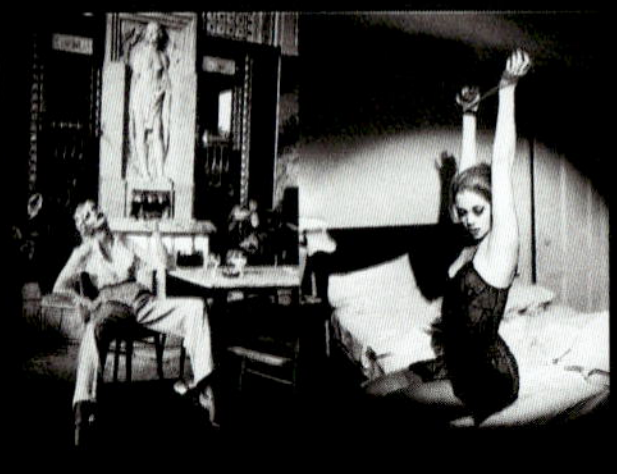

400 — THINKING OF YOU
Prague 1994

401 — ELIZABETH BERKLEY
New York 1995

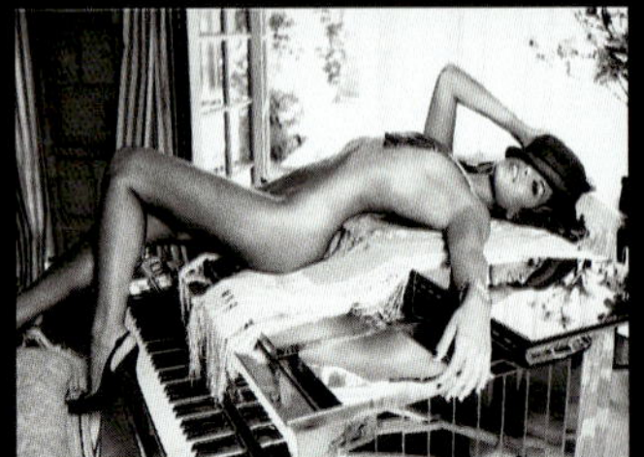

402–403 — EVA MENDES
Los Angeles 2007

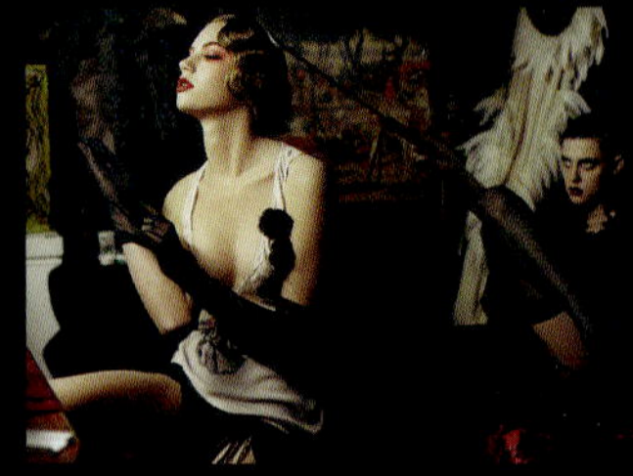

404–405 — PAPILLON DE NUIT
Paris 2008

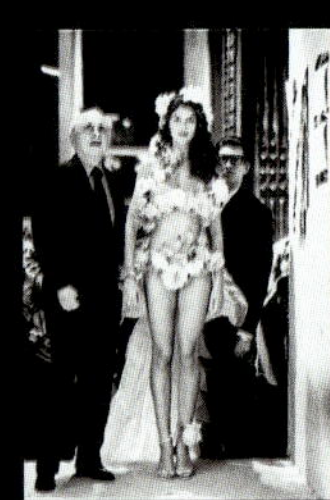

407 — YSL
Paris 1999

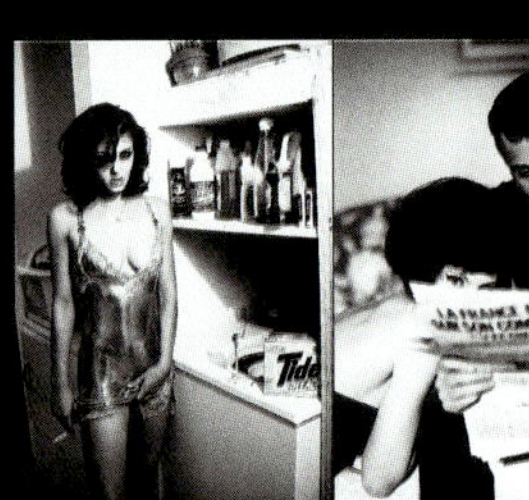

408 — ELIZABETH HURLEY
New York 1997

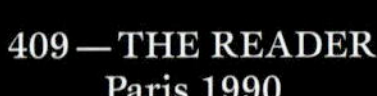

409 — THE READER
Paris 1990

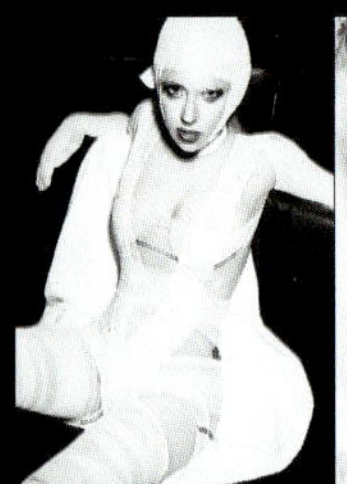

410 — LADY GAGA
Brussels 2009

411 — PENELOPE CRUZ
Paris 2003

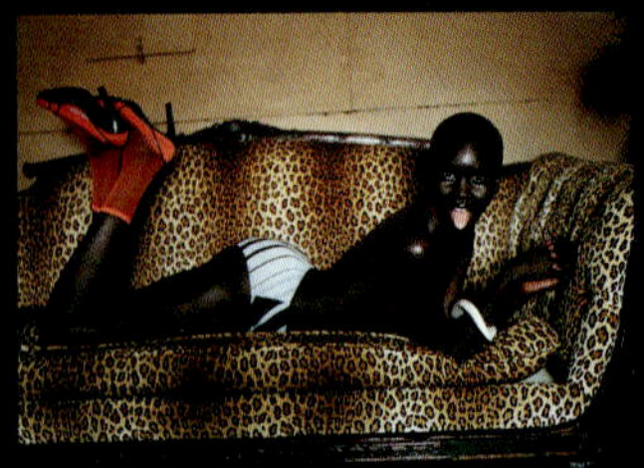

412–413 — ALEK WEK
New York 1997

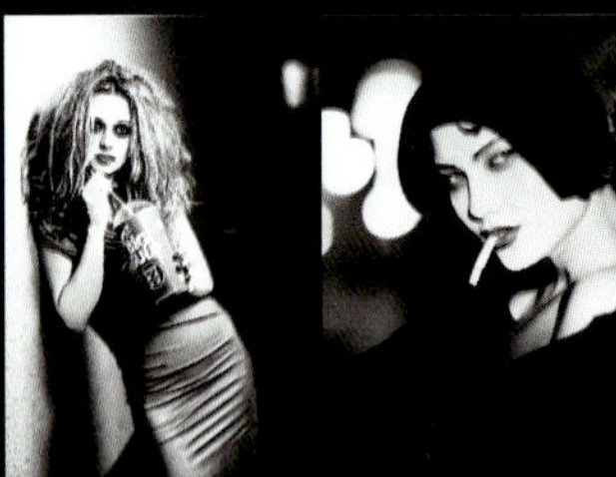

414 — HEATHER GRAHAM
Los Angeles 1998

415 — GARCE
Paris 2000

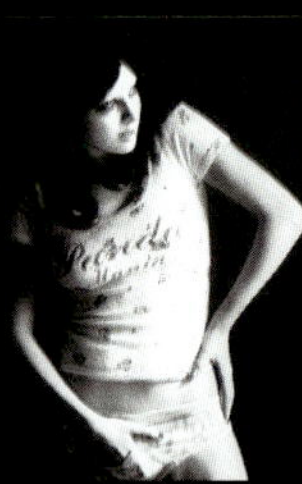

416 — BIJOU DE FAMILLE
New York 1994

417 — CATCH OF THE DAY
New York 1998

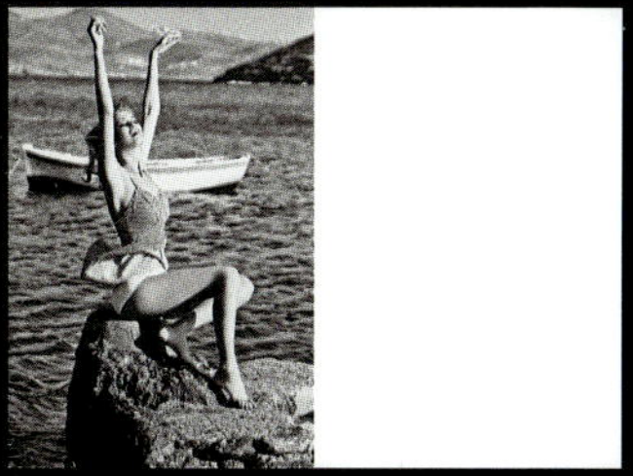

418 — MERMAID
Mykonos 1990

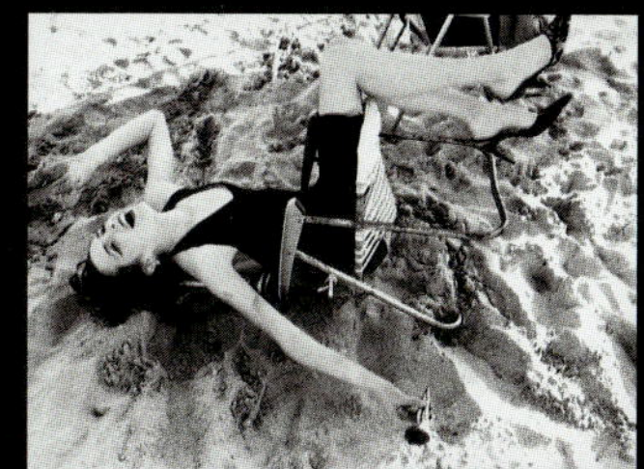

420–421 — GIGGLES
Coney Island 1998

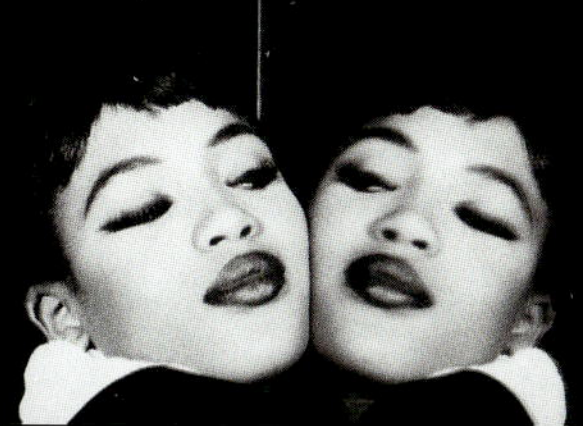

422–423 — JAZZ
Paris 1989

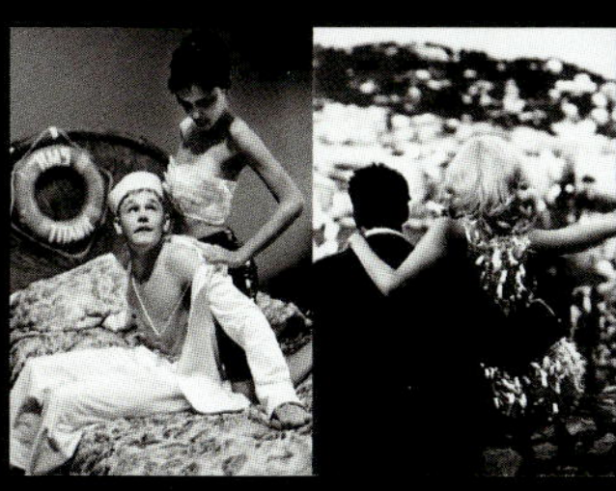

424 — SOS
New York 1999

425 — BONHEUR
Nice 1993

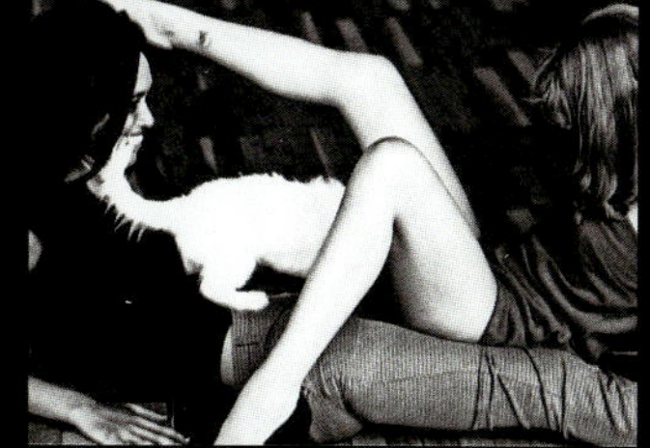

426–427 — KITTEN
New York 1998

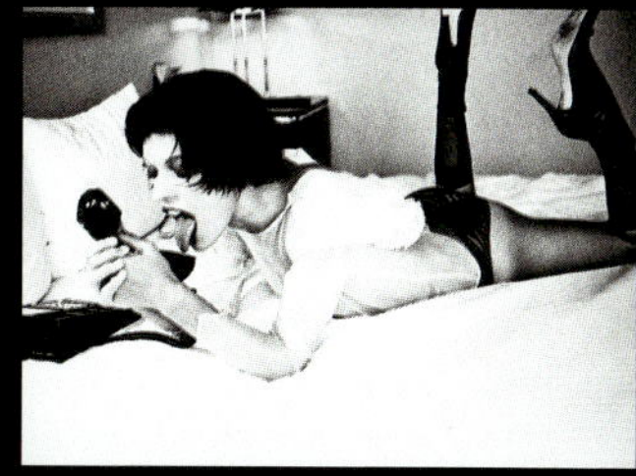

428–429 — TELEPHONE SEX
New York 1997

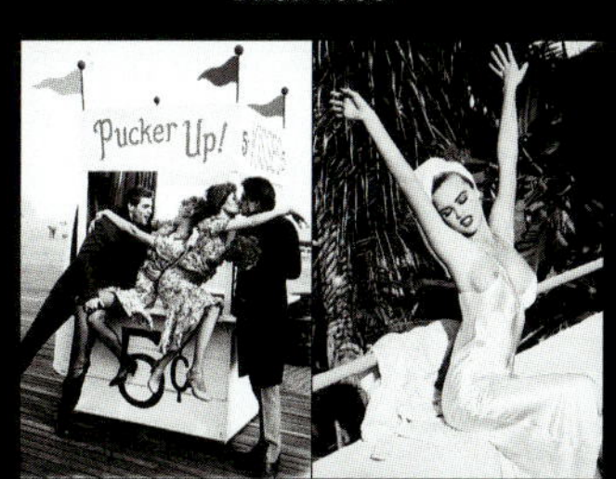

430 — PUCKER UP!
New York 2001

431 — THE STRETCH
Los Angeles 1991

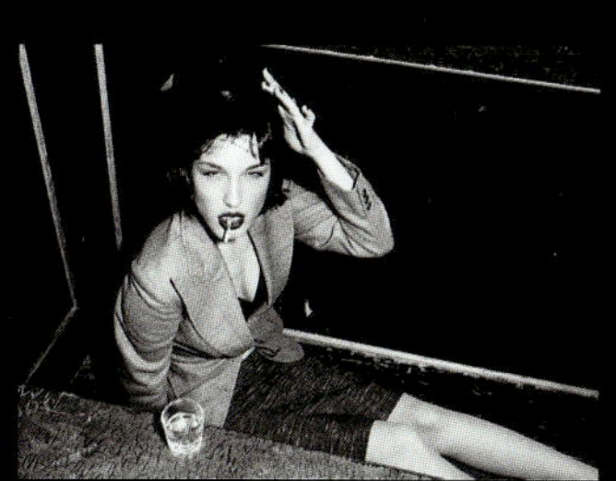

432–433 — BARFLY
New York 1998

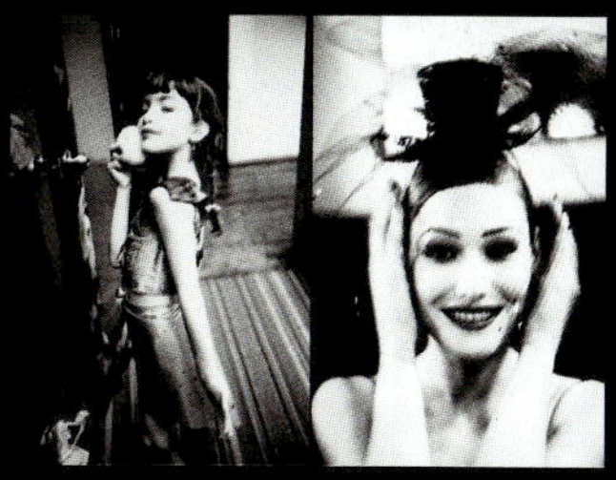

434 — REBECCA
New York 1996

435 — CARLA
Paris 2000

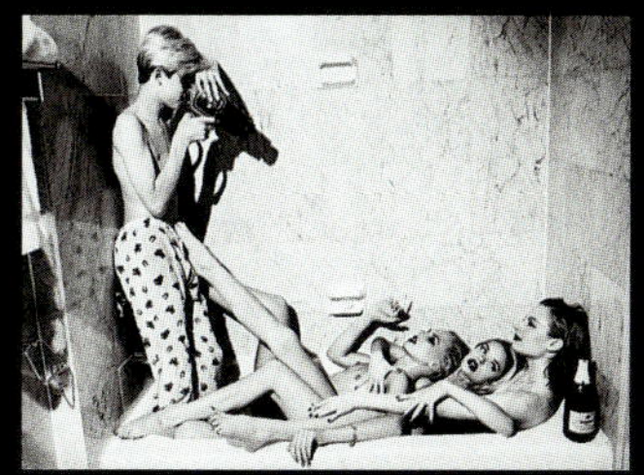

436–437 — YOUNG ANDY
New York 1995

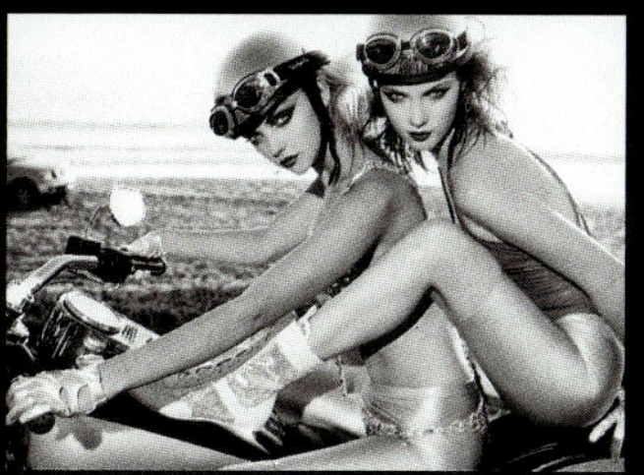

438–439 — EASY RIDERS
Los Angeles 2006

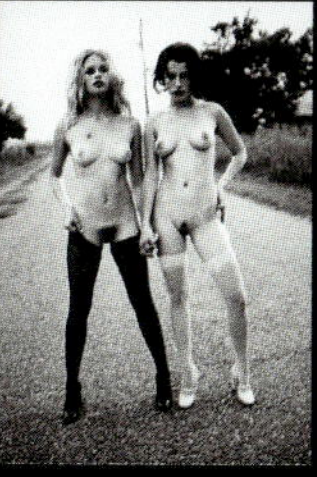
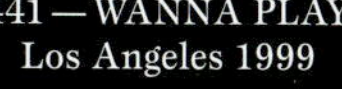

440 — ROADIES
New Orleans 1998

441 — WANNA PLAY
Los Angeles 1999

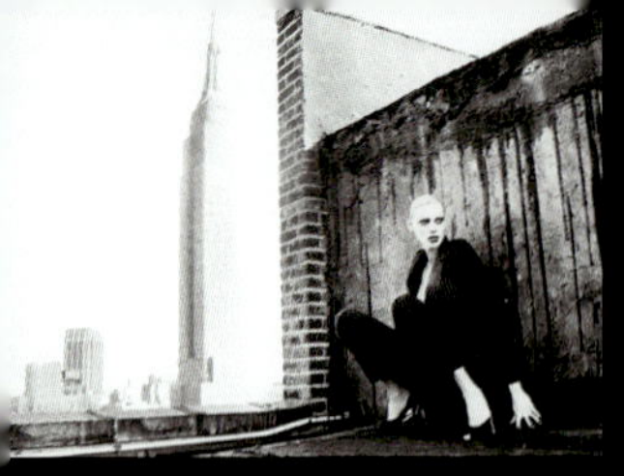

442–443 — TWILIGHT
New York 2001

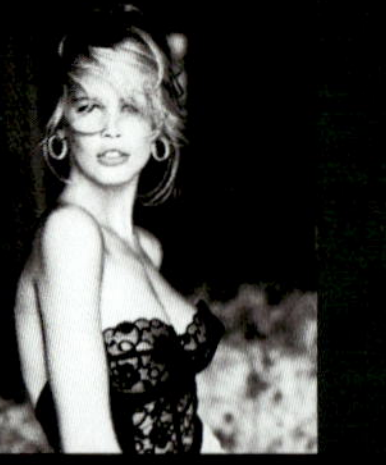

444 — CLAUDIA
Italy 1989

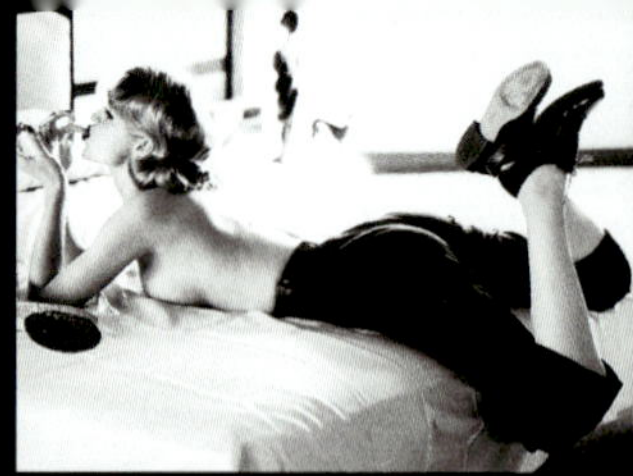

446–447 — STICKY FINGERS
Los Angeles 1991

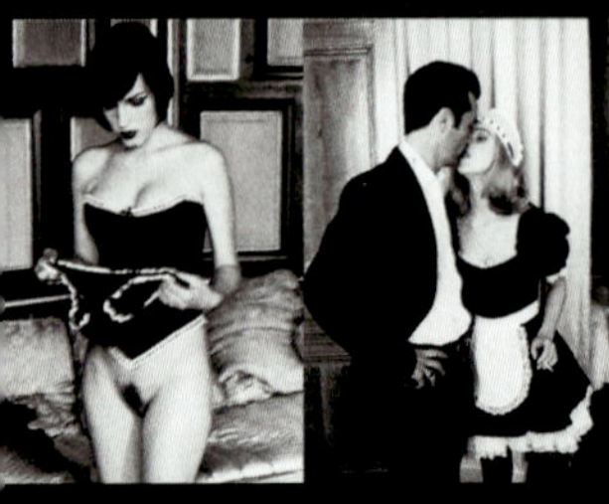

448 — SOUBRETTE
Rouilly le Bas 2002

449 — ROOM SERVICE
Paris 1993

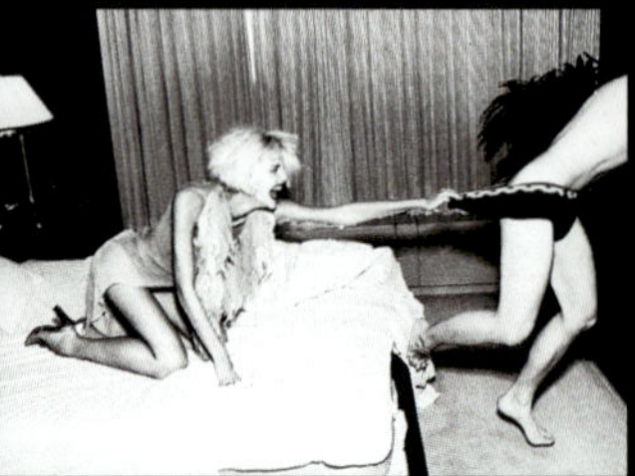

450–451 — AGAIN?
New York 1997

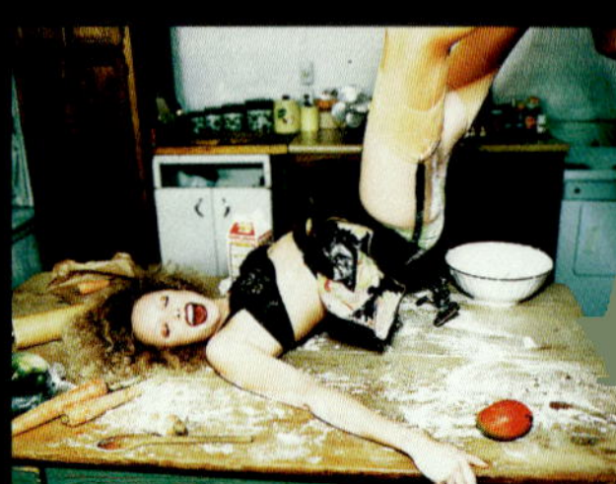

452–453 — DINNER
New York 1998

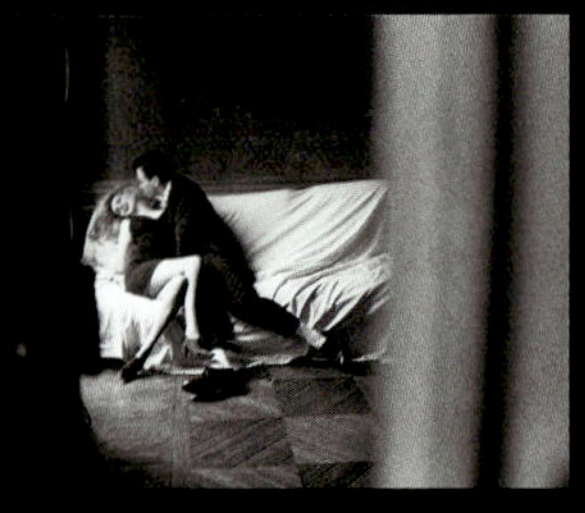

54–455 — BEHIND THE CURTAIN
Paris 1989

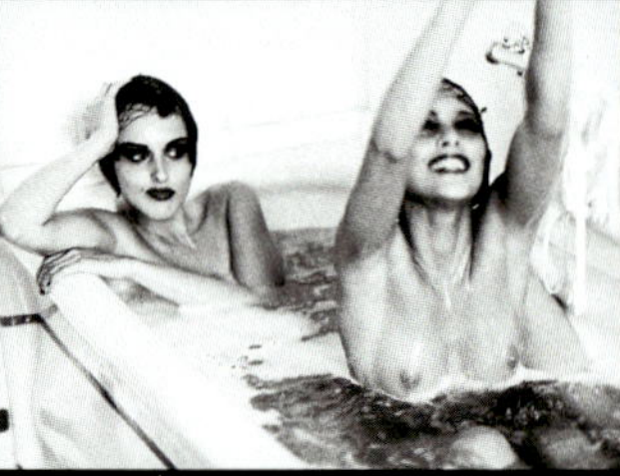

456–457 — BUBBLY
Paris 1992

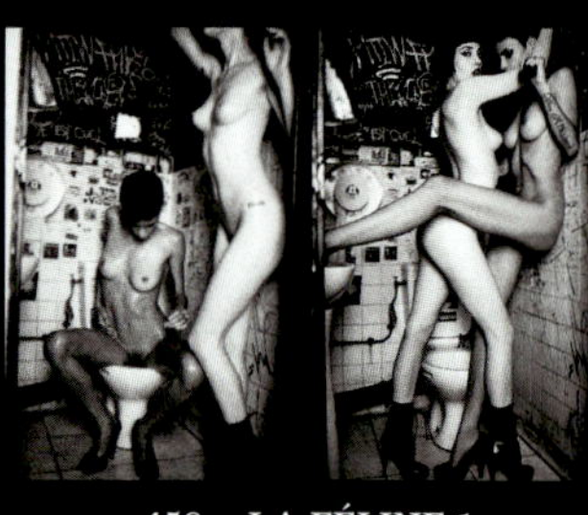

458 — LA FÉLINE 1
Paris 2008

459 — LA FÉLINE 2
Paris 2008

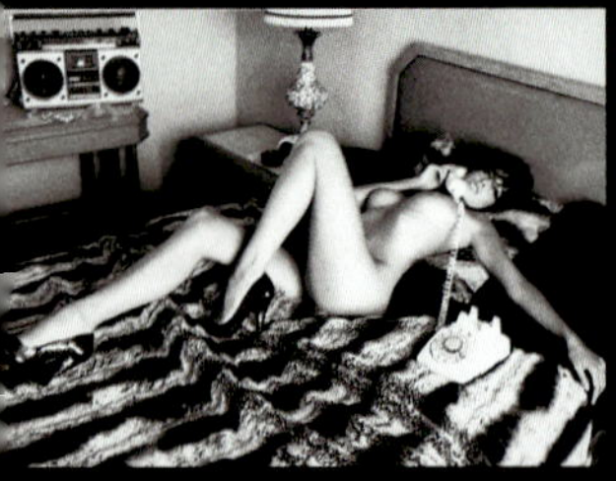

460–461 — CHIT CHAT
Los Angeles 2008

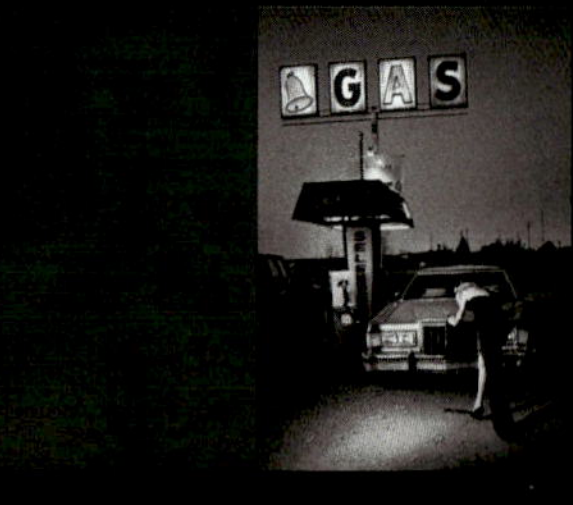

463 — SANTA FE
Santa Fe 1990

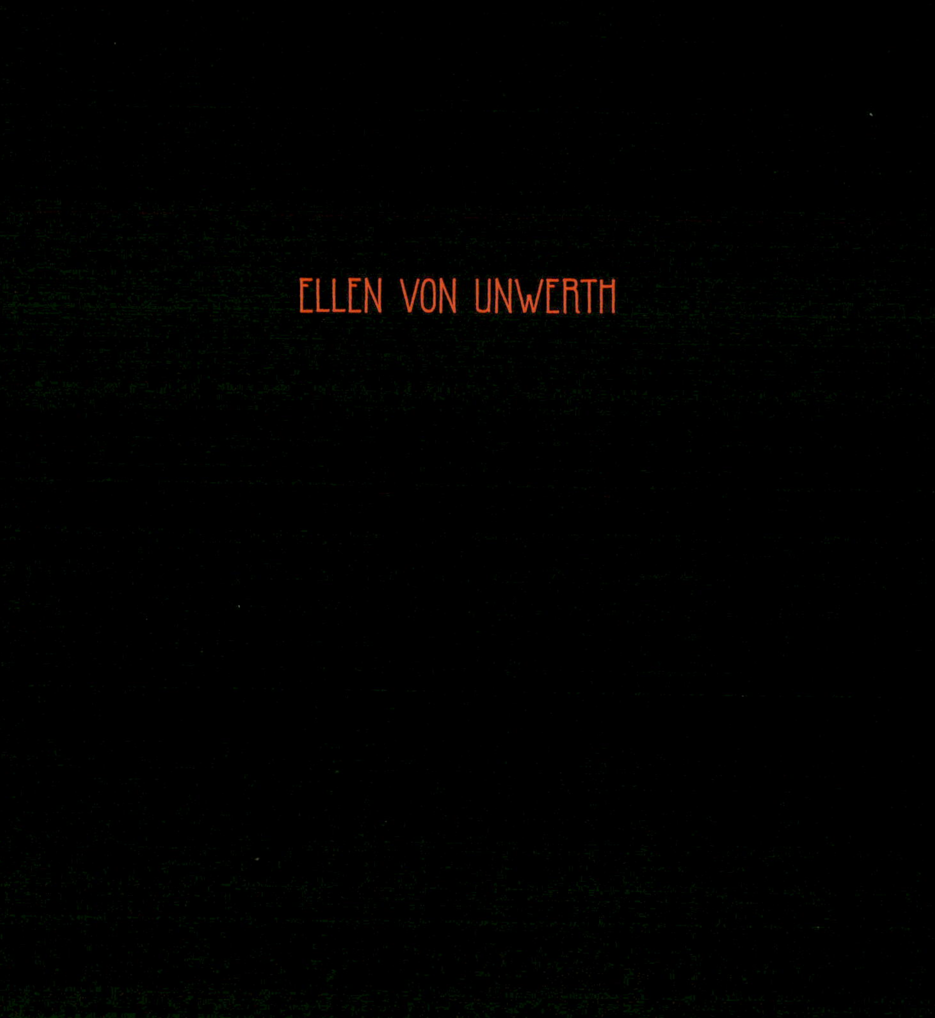

ELLEN VON UNWERTH

MEINE KINDHEIT, LAUBACH/HESSEN

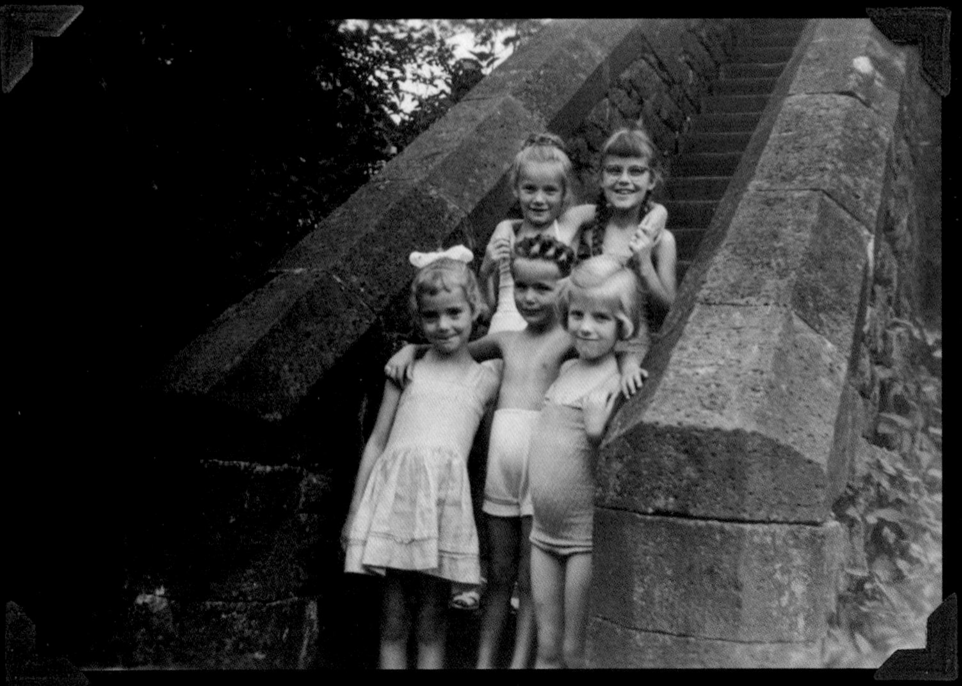

AUF DER TREPPE VOM SCHLOSS MIT FREUNDINNEN – ICH MIT KLEID UND SCHLEIFE

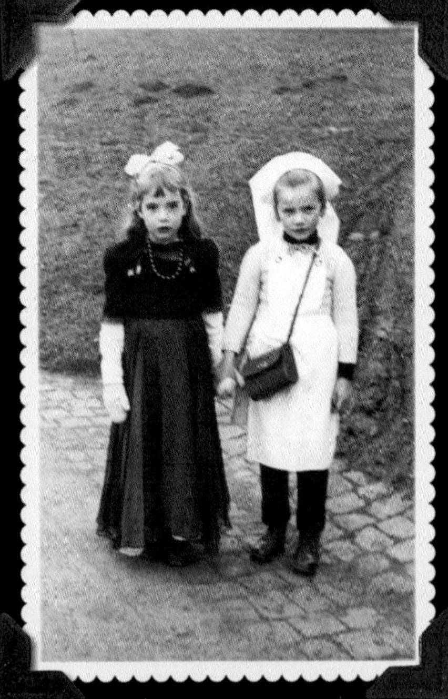

KARNEVAL – DIE TRAURIGE PRIN-
ZESSIN + KRANKENSCHWESTER

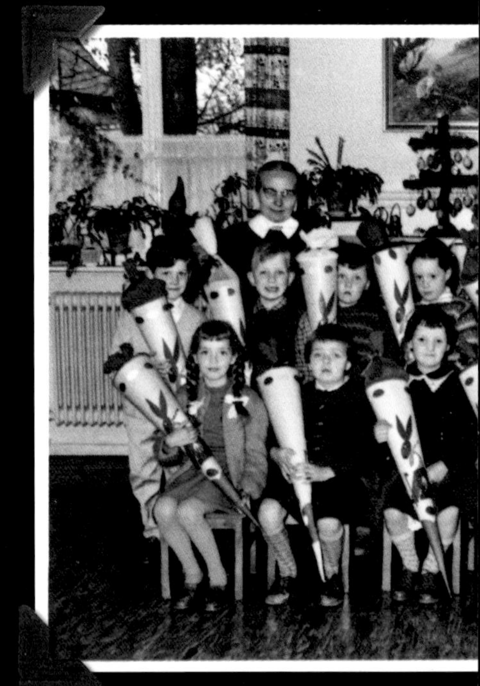

ERSTER SCHULTAG –

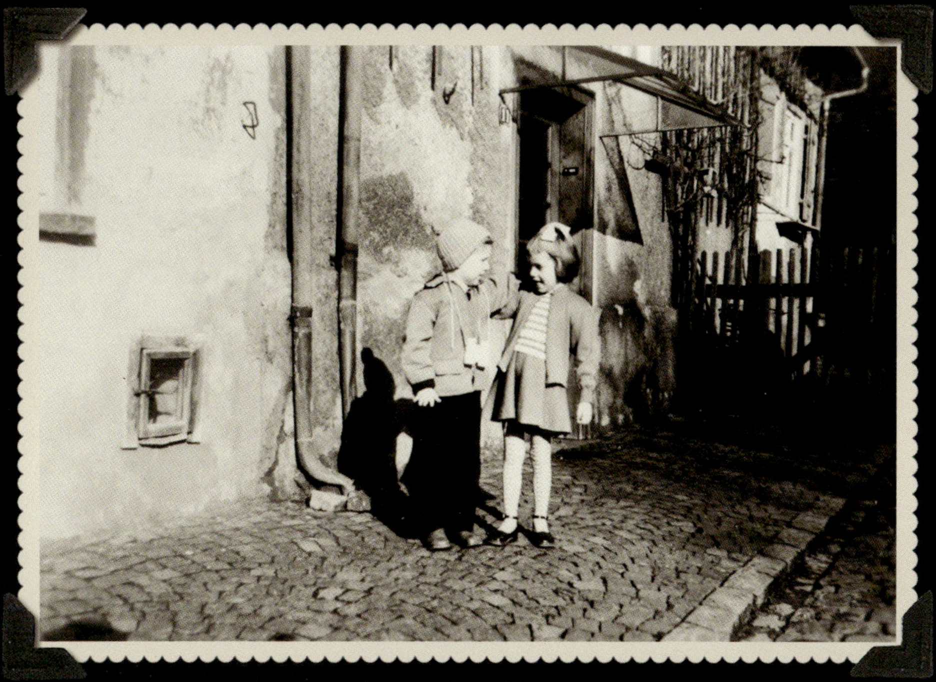

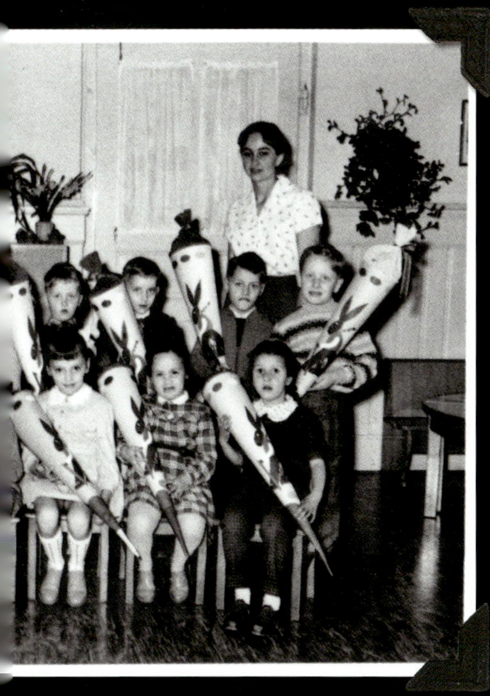

ICH BIN VORNE GANZ LINKS

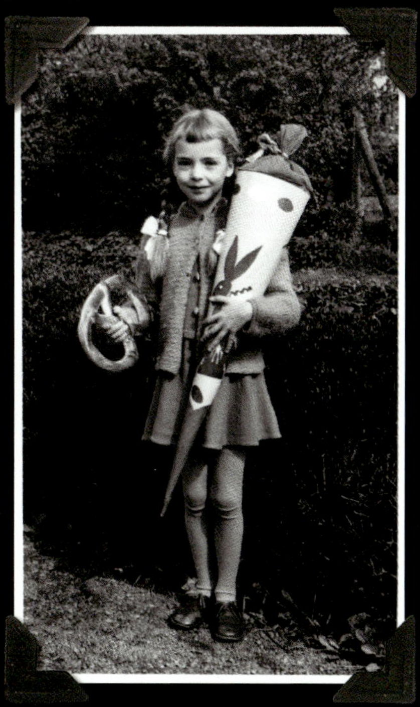

ERSTER SCHULTAG

MEIN ERSTER FREUND

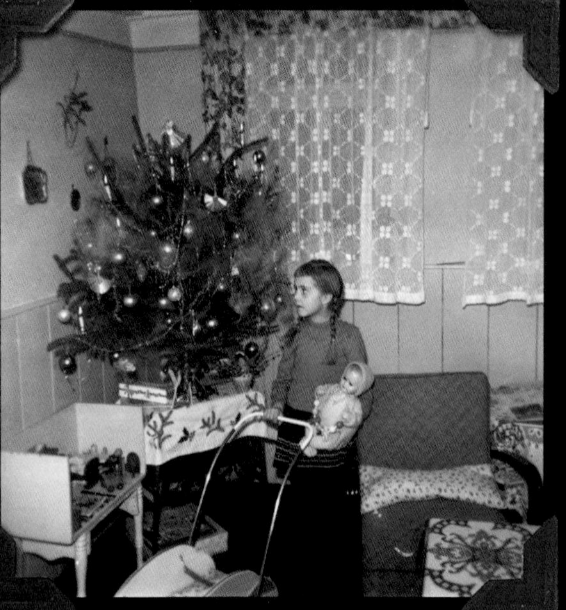

WEIHNACHTEN – ICH MIT MEINER PUPPE
URSULA UND PUPPENWAGEN

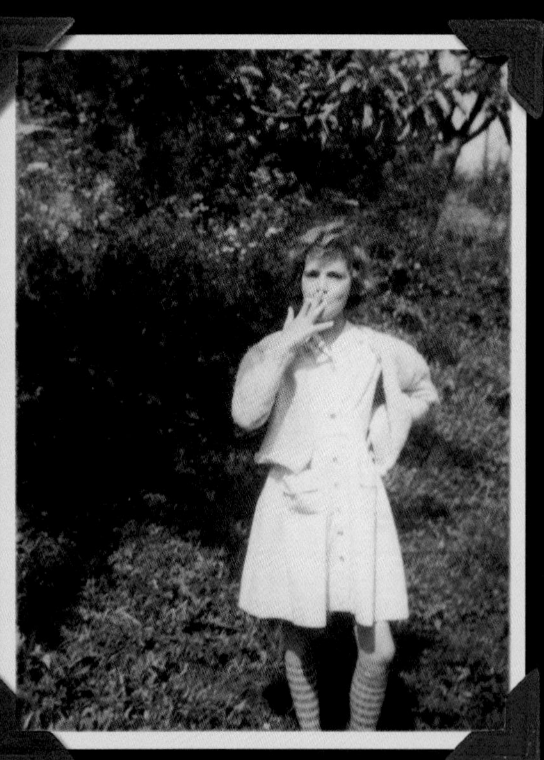

MEINE ERSTE (SCHOKOLADEN-) ZIGARETTE

DIE FROSCHKÖNIGIN, OBERSTDOR
(FOTOGRAFI

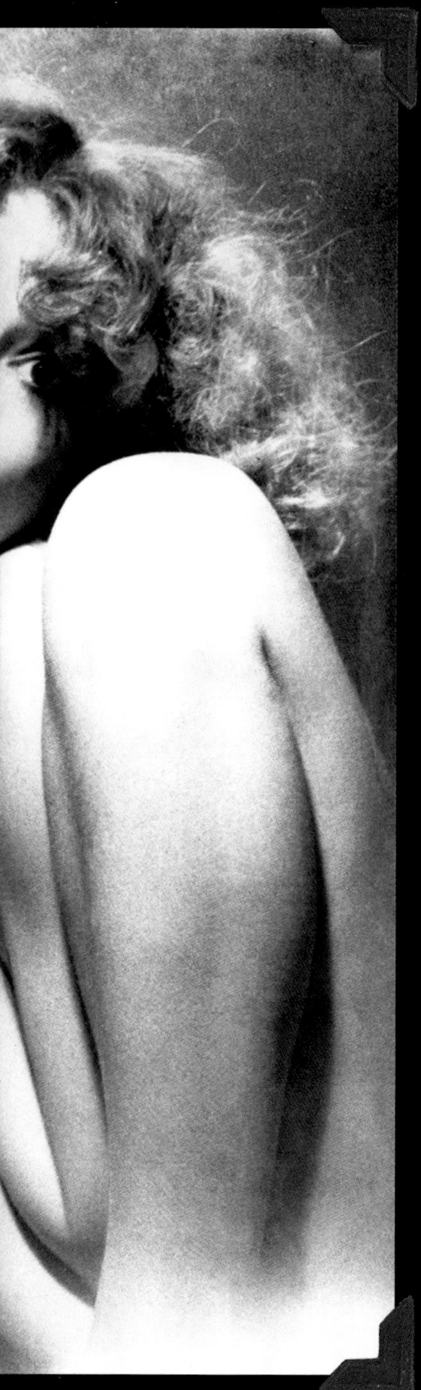

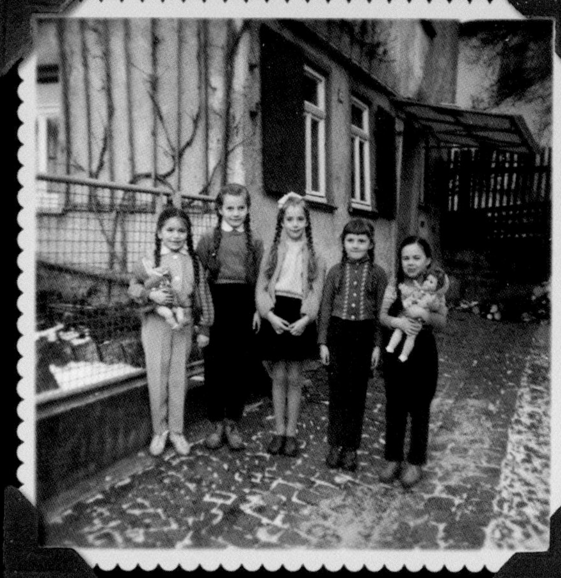

VOR UNSEREM HAUS IN LAUBACH
MIT FREUNDINNEN + PUPPEN – ICH BIN
IN DER MITTE

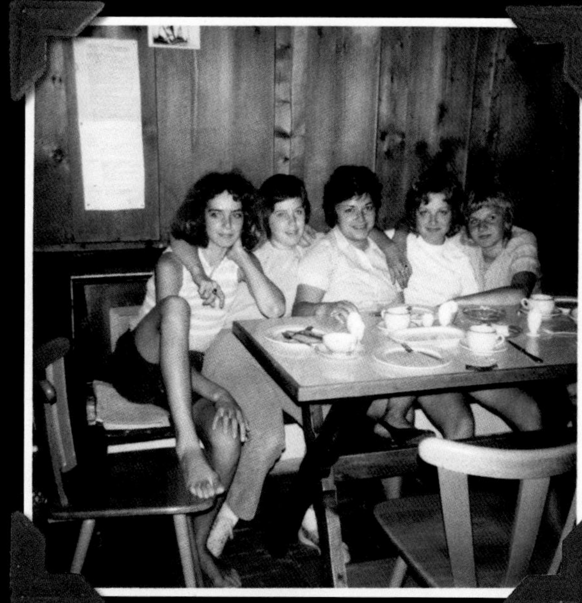

AUF DER ALM MIT FREUNDINNEN – ICH BIN LINKS

was born in Frankfurt am Main and lost my parents when I was very little. As a child I lived in orphanages and with foster parents, but since I had a sunny disposition, I didn't suffer too much. In fact, I remember my childhood as being fairly happy.

As you can see in the pictures, dolls were very important to me in those days. I had about ten of them and was always photographed with them. Ironically, I hated having my picture taken, and cried every time the shutter was pressed.

When I was 16 years old, I was given official permission by the youth welfare office to live on my own. I was shown a map of Germany and asked to choose where I wanted to make my new home. Without hesitating, I pointed at Oberstdorf, a small town in the mountains, since that was where my first boyfriend, who was a photographer, lived. It was from then on that I really started to enjoy my life.

I wasn't very interested in school and did only the bare minimum. I was much happier racing around on my bicycle, in flowery, torn flea-market clothes, with my dog Jani running along, yapping, beside me. I only went into school for a couple of hours every other day, and sometimes even smuggled my little dog into the classroom, hidden in a basket. Amusingly, I was recently invited back for the school's 50th anniversary celebrations as its guest of honor!

After a while, I founded a sort of hippie commune with five friends. We moved into a beautiful old farmhouse with dogs and cats. We cooked, played music, and danced to Frank Zappa and the Rolling Stones, and couldn't care less about what the future might bring. We hitchhiked across Europe with no more than a couple of deutschmarks in our pockets. To earn a bit of money, we performed little shows on the street. At night we slept under the stars. We met interesting people, lots of hippies from all over, and saw some fabulous places. I was a fantastic time, perhaps the best ever — free and without cares.

Eventually, however, and without much enthusiasm, I decided to go to Munich University. On the very first day, I was stopped at the front entrance by a casting agent, who offered me a job as a photographer's model. I said "Yes," turned around, and never set foot in the university.

During this same period, I saw the Roncalli Circus in Munich, staged by André Heller. I was so thrilled by the performance that as soon as it was over I ran to André Heller and asked him for a job. Soon, I was announcing the acts, filling in, and playing the assistant to the clown and the knife-thrower. I was in love with the compère, who appeared as a marionette in white makeup. It was wonderful. People like Roman Polanski and Ingmar Bergman were in the audience and I had to rub patchouli perfume on their necks at the entrance. This is undoubtedly where I got my love of cabarets, circuses, burlesque shows, and the fantastic under-world that so often surfaces in my photography. At that time Munich was teeming with artists — Werner Herzog, Amon Düül, Klaus and Nastassja Kinski, Uschi Obermaier and many more — who made the city very exciting.

Nevertheless, when the big model agency, Elite, called me and invited me to come to Paris, I packed my bags without a second thought and jumped on the next train to France. I was soon exploring the streets of Pigalle and Montmartre. This was when my modeling career really took off. I worked with Guy Bourdin and Helmut Newton, who, alongside Jaques-Henri Lartigue, Brassaï, and Diane Arbus, are still my favorite photographers. Although I traveled a great deal and met a lot of interesting people, I didn't especially enjoy life as a model. I hated when people were pulling and tugging me about, when I had to freeze in a bikini in winter or swelter in a fur coat in summer, the endless, boring times spent waiting around. The worst thing of all was being judged only on your looks. Because I am a very active and creative person, I always wanted to fool around in front of the camera, which was not always welcomed by the photographers. Today I encourage the girls to do just that.

Despite everything, I worked as a photographer's model for quite a long time. But I was delighted when my boyfriend at the time, whom I had met on the day I arrived in Paris, gave me a camera and a two-minute crash course in which he explained to me how it worked. On my next modeling assignment, in Kenya, I snapped away furiously and took reportage pictures in an African village. These were published in an avant-garde magazine of the day called *Jill*. Everyone was surprised, most of all me, at my new, fortuitously discovered passion. Because that is what it became!

I made up my friends with eyeliner, rouge and red lipstick, stood them in front of the camera and had great fun having them act out some sort of scenario, so that the photos would look like snapshots. Then I would spend all night developing the photos in a tiny darkroom in our apartment, accompanied only by a small radio and a bottle of Sancerre. The next day, I would wash the photos in the sitz bath and hang them up to dry on a washing line running all the way through the small Paris flat.

My modeling career came to an abrupt end after I started giving the photographers I was working with tips on lighting and their camera settings.

Soon, however, I received a call from the designer Katharine Hamnett. She had seen my photographs in *Jill* and hired me as a photographer for her publicity campaign. After this, I worked for *The Face,* i-D, *Interview Magazine, VOGUE* and many others. I discovered Claudia Schiffer, whom I then photographed for the Guess campaign, as well as Eva Herzigová, and many other girls. Fashion photography gave me the opportunity to work with highly talented stylists and designers, and to realize my stories and ideas in magazines with inspiring models and creative individuals.

It is now 20 years since I started taking photographs, and in the meantime, I have gotten married and given birth to a fantastic daughter.

My passion for photography has in no way diminished. I still love taking pictures of individuals, famous or not, and thereby making them immortal, to pass them on to the next generation.

This book, my sixth, is a ballad to my favorite subject — women, or, more accurately, *Fräulein*. Women with strong personalities who are not shy, but who embrace their sexuality and use it. Women who are independent and sassy and think for themselves. All characteristics that accentuate their beauty.

In short, women you want to meet and who you'd like to dream about.

— Ellen von Unwerth, 2009

Ich bin in Frankfurt am Main geboren und habe meine Eltern verloren, als ich sehr klein war. Deswegen lebte ich in meiner Kindheit in Waisenhäusern und bei Pflegeeltern. Da ich eher ein sonniges Gemüt mit auf den Weg bekam, habe ich nicht allzu sehr darunter gelitten, sondern erinnere mich eher an eine schöne Kindheit.

Wie man auf den Bildern sehen kann, haben Puppen damals eine wichtige Rolle für mich gespielt. Ich hatte ungefähr zehn davon und wurde ständig mit ihnen abgelichtet. Ironischerweise hasste ich es, fotografiert zu werden, und weinte jedes Mal, wenn abgedrückt wurde.

Mit 16 Jahren durfte ich nach offizieller Genehmigung vom Jugendamt allein leben. Man legte mir eine Karte Deutschlands vor, und ich durfte mir meinen neuen Wohnort aussuchen. Ohne zu zögern zeigte mein Finger auf Oberstdorf, einen kleinen Ort in den Bergen, da dort mein erster Freund wohnte, der Fotograf war. Und von da an begann ich, mein Leben richtig zu genießen.

An der Schule hatte ich nicht viel Interesse, und ich tat nur das Allernötigste. Viel lieber raste ich auf meinem Fahrrad durch die Gegend, in geblümten, zerrissenen Flohmarktklamotten und mit meinem Hund Jani, der kläffend neben mir herrannte. Ich ging nur jeden zweiten Tag für ein paar Stunden zum Unterricht und schmuggelte manchmal sogar meinen kleinen Hund in einem Korb versteckt in das Klassenzimmer. Lustigerweise wurde ich zum 50. Geburtstag der Schule als Ehrengast eingeladen.

Nach einer Weile gründete ich mit fünf Freunden eine Art Hippie-Kommune. Wir zogen in ein schönes altes Bauernhaus mit Hunden und Katzen, kochten, machten Musik und tanzten zu Frank Zappa und den Rolling Stones, und es war uns egal, was die Zukunft bringen würde. Wir fuhren per Anhalter durch Europa mit nicht mehr als ein

paar Mark in der Tasche. Um uns ein bisschen Geld zu verdienen, machten wir kleine Shows auf der Straße. Nachts schliefen wir unter dem Sternenhimmel. Wir haben interessante Leute kennengelernt, viele Hippies von überall her und wunderschöne Orte gesehen. Es war eine fantastische Zeit, vielleicht die beste überhaupt. Frei und ohne Sorgen.

Letztendlich entschloss ich mich je doch ohne große Begeisterung, auf die Universität in München zu gehen. Am ersten Tag wurde ich am Eingang von einem Casting-Agenten abgefangen, der mir einen Job als Fotomodell anbot. Ich nahm das Angebot an, drehte mich um und habe nie einen Fuß in die Universität gesetzt.

Zur gleichen Zeit sah ich den Zirkus Roncalli in München, der von André Heller inszeniert wurde. Ich war so sehr von der Vorstellung begeistert, dass ich gleich, nachdem sie zu Ende war, zu André Heller rannte und ihn um eine Anstellung bat. Schnell war ich Nummern-Girl, Lückenfüller, Assistentin des Clowns und des Messerwerfers. Ich war in den Conférencier verliebt, der als weiß geschminkte Marionette auftrat und es war wunderbar. Leute wie Roman Polanksi und Ingmar Bergman waren im Publikum, und ich musste ihnen am Eingang Patschuli-Parfüm in den Nacken reiben. Daher stammt sicherlich meine Liebe zu Cabarets, Zirkussen, Burlesque Shows und der fantastischen Unterwelt, die so oft in meiner Fotografie und vor allem in diesem Buch auftaucht. München wimmelte zu dieser Zeit von Künstlern – Werner Herzog, Amon Düül, Klaus und Nastassja Kinski, Uschi Obermaier und viele andere –, die die Stadt sehr aufregend machten.

Trotzdem, als die große Model-Agentur Elite mich anrief und mich bat, nach Paris zu kommen, packte ich ohne zu zögern meinen Koffer und sprang in den nächsten Zug nach Frankreich. Bal

...kündete ich die Straßen von Pigalle und Montmartre. Jetzt ging meine Model-Karriere richtig los. Ich arbeitete mit Fotografen wie Guy Bourdin und Helmut Newton, die bis heute neben Jacques-Henri Lartigue, Brassaï und Diane Arbus meine Lieblingsfotografen sind. Obwohl ich viel reiste und viele interessante Menschen kennenlernte, mochte ich das Model-Leben nicht besonders. Ich hasste es, wenn man an mir herumzog und zerrte, wenn ich im Winter im Bikini fror und im Sommer im Pelzmantel schwitze, die ewigen, langweiligen Wartezeiten, und am schlimmsten war es, nur nach dem Aussehen beurteilt zu werden. Da ich ein sehr aktiver und kreativer Mensch bin, wollte ich immer irgendwelchen Blödsinn vor der Kamera machen, was aber von den Fotografen nicht unbedingt begrüßt wurde. Heutzutage sporne ich die Mädchen dazu an.

Trotz allem habe ich ziemlich lange als Fotomodell gearbeitet. Ich war hocherfreut, als mein damaliger Freund, den ich am Tag meiner Ankunft in Paris kennengelernt hatte, mir eine Kamera schenkte, zusammen mit einem zweiminütigen Schnellkurs, in dem er mir erklärte, wie sie funktioniert.

Auf meiner nächsten Model-Reise nach Kenia knipste ich heftig drauflos und machte Reportagebilder in einem afrikanischen Dorf. Diese wurden in einer damaligen Avantgarde-Zeitschrift namens *Jill* veröffentlicht. Alle waren überrascht, am meisten ich selbst, über meine zufällig gefundene Passion. Denn das wurde es!

Ich schminkte meine Freundinnen mit Lidstrich, Rouge und rotem Lippenstift, stellte sie vor die Kamera und hatte viel Spaß dabei, sie irgendwelche Szenarios durchspielen zu lassen, damit die Fotos wie Snapshots aussahen. Dann entwickelte ich die Fotos nächtelang in einer winzigen Dunkelkammer in unserem Apartment, nur begleitet von einem kleinen Radio und einer Flasche Sancerre. Am nächsten Tag wusch ich die Fotos in der Sitzbadewanne und hängte sie auf einer Wäscheleine quer durch unser kleines Pariser Apartment zum Trocknen auf.

Meine Modelkarriere kam zu einem abrupten Ende, als ich Fotografen, mit denen ich arbeitete, Tipps zum Licht und zu ihren Kamera-Einstellungen gab.

Aber bald schon rief mich die Designerin Katharine Hamnett an, die meine Serien in *Jill* gesehen hatte, und engagierte mich als Fotografin für ihre Werbekampagne. Danach arbeitete ich für *The Face, i-D, Interview Magazine, Vogue* und viele andere. Ich entdeckte Claudia Schiffer, die ich dann für die Guess-Kampagne fotografierte, Eva Herzigova und noch viele andere Mädchen. Die Modefotografie gab mir die Gelegenheit, mit hochbegabten Stylisten und Designern zu arbeiten und so in Zeitschriften meine Geschichten und Ideen mit inspirierenden Models und Persönlichkeiten umzusetzen.

Es ist jetzt 20 Jahre her, dass ich angefangen habe zu fotografieren, und mittlerweile habe ich geheiratet und eine fantastische Tochter zur Welt gebracht. Meine Passion hat in keiner Weise abgenommen. Immer noch liebe ich es, Persönlichkeiten, berühmt oder nicht, abzulichten und sie dadurch unsterblich zu machen, um sie an die nächsten Generationen weiterzugeben.

Dieses Buch, mein sechstes, ist eine Ballade über mein Lieblingsthema: Frauen oder, besser, »Fräulein«. Frauen mit starker Persönlichkeit, die nicht schüchtern sind, sondern zu ihrer Sexualität stehen und sie benutzen. Frauen, die unabhängig und frech sind und frei denken. Alles Charaktereigenschaften, die ihre Schönheit hervorheben.

Kurz gesagt: Frauen, die man treffen will und von denen man träumen möchte.

—Ellen von Unwerth, 2000

e suis née à Francfort, en Allemagne, et j'ai perdu mes parents alors que j'étais encore toute petite. C'est pourquoi j'ai passé toute mon enfance dans des orphelinats et des familles d'accueil. Mais étant dotée d'un caractère facile, je n'en ai pas trop souffert et j'ai gardé au contraire le souvenir d'une enfance plutôt heureuse.

Comme on peut le voir sur les photos, les poupées tenaient alors une grande place dans ma vie. J'en avais une dizaine, et j'étais sans cesse photographiée avec elles. Détail ironique : j'avais horreur d'être prise en photo et je me mettais à pleurer à chaque fois que l'on appuyait sur le déclencheur.

À l'âge de 16 ans, j'obtins des services l'aide sociale à l'enfance l'autorisation officielle de vivre seule. On me présenta une carte de l'Allemagne, en me demandant de choisir l'endroit où je souhaitais vivre. Sans hésiter, j'ai placé le doigt sur Oberstdorf, une petite commune située dans la montagne bavaroise, car c'est là qu'habitait celui qui avait été mon premier petit ami – un photographe. Et dès ce moment, j'ai commencé à profiter vraiment de la vie.

L'école ne m'intéressait pas trop, et je ne faisais que le strict minimum, préférant de loin sillonner les environs à toute allure sur mon vélo, vêtue d'une vieille robe à fleurs déchirée que j'avais dénichée aux puces et accompagnée de mon chien Jani qui courait à côté de moi en jappant. Je n'allais aux cours qu'un jour sur deux, et seulement pour quelques heures, et je réussissais même parfois à introduire mon petit chien en cachette dans la classe, en le dissimulant dans un panier. Il est amusant de noter que j'ai été conviée à la célébration du 50ᵉ anniversaire de l'école, comme invitée d'honneur !

Au bout de quelque temps, j'ai fondé avec cinq amis une espèce de communauté hippie. Nous nous sommes installés dans une belle ancienne ferme, avec des chiens et des chats. Nous y passions notre temps à faire la cuisine, à jouer de la musique et à danser sur Frank Zappa et les Rolling Stones, sans se soucier de ce que l'avenir

pouvait bien nous réserver. Nous avons parcouru l'Europe en stop, avec seulement quelques marks en poche. Pour gagner un peu d'argent, nous donnions des petits spectacles dans la rue. La nuit, nous dormions à la belle étoile. Nous avons rencontré des gens intéressants, de nombreux hippies venus de tous les horizons, et découvert de superbes endroits. C'était une époque formidable, peut-être la meilleure que j'aie jamais vécue. Nous étions libres et insouciants.

J'ai finalement décidé – mais sans grand enthousiasme – de m'inscrire à l'université de Munich. Le jour de la rentrée, j'ai été interpellée à la porte par une agence de casting qui me proposait un job de mannequin. J'ai accepté, ai fait demi-tour sur le-champ et n'ai jamais mis les pieds à l'université.

À la même époque, j'ai assisté à Munich à une représentation du cirque Roncalli, mise en scène par André Heller. Le spectacle m'a tellement enthousiasmée que, à peine était-il terminé, j'ai couru voir André Heller et lui ai demandé de m'engager. Très vite, je suis devenue annonceuse de numéro, bouche-trou, ou encore assistante du clown et du lanceur de couteaux. J'étais tombée amoureuse du présentateur, qui apparaissait sous forme de marionnette maquillée en blanc, et c'était merveilleux. Dans le public, il y avait des personnalités comme Roman Polanksi ou Ingmar Bergman, et, à l'entrée du chapiteau, je devais leur frotter du parfum de patchouli dans la nuque. C'est certainement là qu'est né mon amour pour le cabaret, le cirque, les spectacles burlesques et l'univers fantastique des bas-fonds, qui apparaissent si souvent dans ma photographie, et surtout dans cet ouvrage. À cette époque, Munich fourmillait d'artistes – Werner Herzog, Amon Düül, Klaus et Nastassja Kinski, Uschi Obermaier et bien d'autres encore – qui rendaient la ville très excitante.

Et pourtant, lorsque la prestigieuse agence de mannequins Élite m'a appelée pour me demander de venir à Paris, je n'ai pas hésité un instant : j'ai fait mes valises

t ai attrapé le premier train à destination
de la France. Peu après, je partais à la dé-
couverte des rues de Pigalle et de Montmartre. C'est là qu'a vraiment démarré ma
carrière de mannequin. J'ai travaillé avec
des photographes comme Guy Bourdin et
Helmut Newton, qui, avec Jacques-Henri
Lartigue, Brassaï et Diane Arbus, sont aujourd'hui encore mes photographes préfé-
rés. Malgré tous les voyages qu'elle m'a fait
faire et la multitude de personnes intéres-
santes qu'elle m'a permis de rencontrer, je
n'aimais pas particulièrement la vie de
mannequin. J'avais horreur qu'on me
touche et qu'on me tiraille de tous les côtés,
de geler en bikini en hiver et de transpirer
sous un manteau de fourrure en plein été,
et je détestais les interminables et en-
nuyeuses attentes – mais le pire, c'était
d'être jugée uniquement sur mon appa-
rence. Étant de nature très active et créa-
tive, je voulais toujours faire un peu le
pitre devant l'appareil photo, ce qui n'était
pas forcément du goût du photographe. Aujourd'hui, j'encourage les filles à le faire.

Et cependant, j'ai travaillé assez longtemps comme mannequin, mais j'ai été ravie lorsque mon petit ami de l'époque, que
j'avais rencontré le premier jour de mon
arrivée à Paris, m'a offert un appareil photo, assorti d'un cours accéléré de deux minutes durant lequel il m'en a expliqué le
fonctionnement.

Lors de mon déplacement suivant
comme modèle, qui se déroulait au Kenya,
j'ai photographié tout ce qui me tombait
sous l'objectif, et j'ai réalisé un photorepor-
tage sur un village africain. Ces photos ont
été publiées dans une revue d'avant-garde
intitulée *Jill.* Tout le monde – et moi la pre-
mière – a été surpris de cette passion dé-
couverte par hasard. Car c'était vraiment
devenu une passion.

Je maquillais mes amies à grand renfort
d'eye-liner, de blush et de rouge à lèvres, les
plaçais devant mon appareil et m'amusais
beaucoup à leur faire jouer quelque scéna-
rio, afin que les photos aient l'air d'instanta-
nés. Ensuite, je passais des nuits entières à
développer les clichés dans une minuscule
chambre noire aménagée dans notre studio
avec un petit transistor et une bouteille de
Sancerre comme seuls compagnons. Le len-
demain, je lavais les tirages dans la bai-
gnoire sabot et je les accrochais pour sécher
sur une corde à linge qui traversait tou
notre minuscule studio parisien.

Ma carrière de mannequin a pris fin
brusquement, lorsque j'ai commencé à donner des conseils sur l'éclairage et sur les
réglages de leur appareil à des photo
graphes avec lesquels je travaillais.

Mais peu après, j'ai reçu un coup de
fil de la créatrice Katharine Hamnett, qui
avait vu mes séries dans *Jill* et m'a engagée
comme photographe pour sa campagne pu
blicitaire. J'ai ensuite travaillé pour *Th
Face, i-D, Interview Magazine, Vogue* et plu
sieurs autres magazines. J'ai découver
Claudia Schiffer, que j'ai alors photogra
phiée pour la campagne Guess, ainsi qu'Eva
Herzigová et plusieurs autres filles. Me
donnant l'occasion de travailler avec des
stylistes et designers extrêmement doués, la
photographie de mode m'a ainsi permis de
matérialiser mes histoires et idées avec des
modèles et des personnalités stimulants.

Voici maintenant 20 ans que j'ai com
mencé à photographier. Entre-temps, je me
suis mariée et j'ai donné naissance à une
merveilleuse fille. Ma passion n'a aucune
ment diminué. J'adore toujours photogra
phier des personnalités – célèbres ou non
– et les rendre ainsi immortelles, pour les
transmettre aux générations à venir.

Ce livre, mon sixième, est une ballade
composée autour de mon sujet favori : le
femmes, ou plutôt les « demoiselles ». Des
femmes à forte personnalité, qui ne son
pas timides mais revendiquent leur sexuali-
té – et s'en servent. Des femmes qui son
indépendantes et insolentes, et libres dans
leurs pensées. Autant de traits de caractère
qui mettent leur beauté en valeur.

En bref : des femmes que l'on voudrai
rencontrer et dont on aimerait rêver.

— Ellen von Unwerth, 200

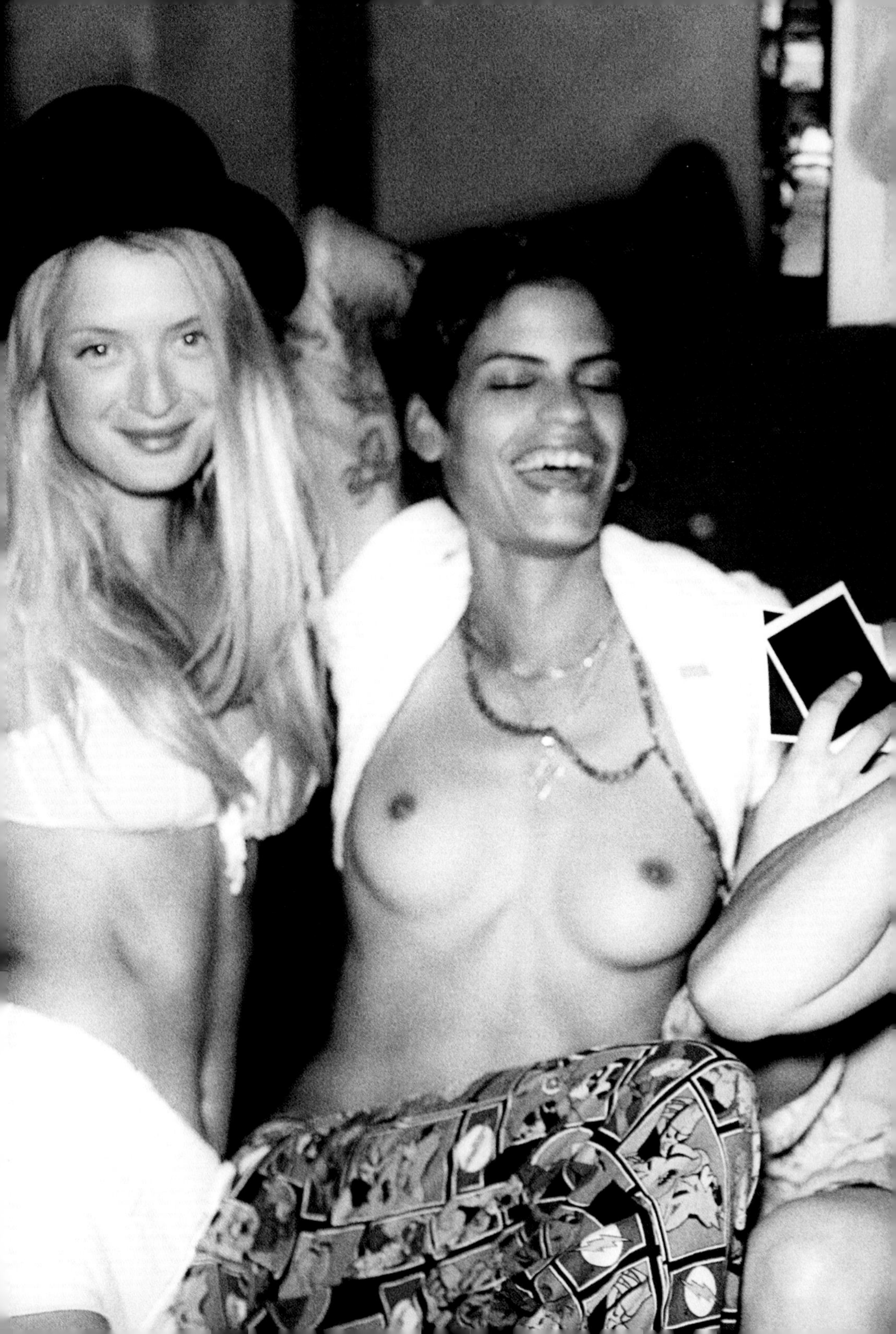

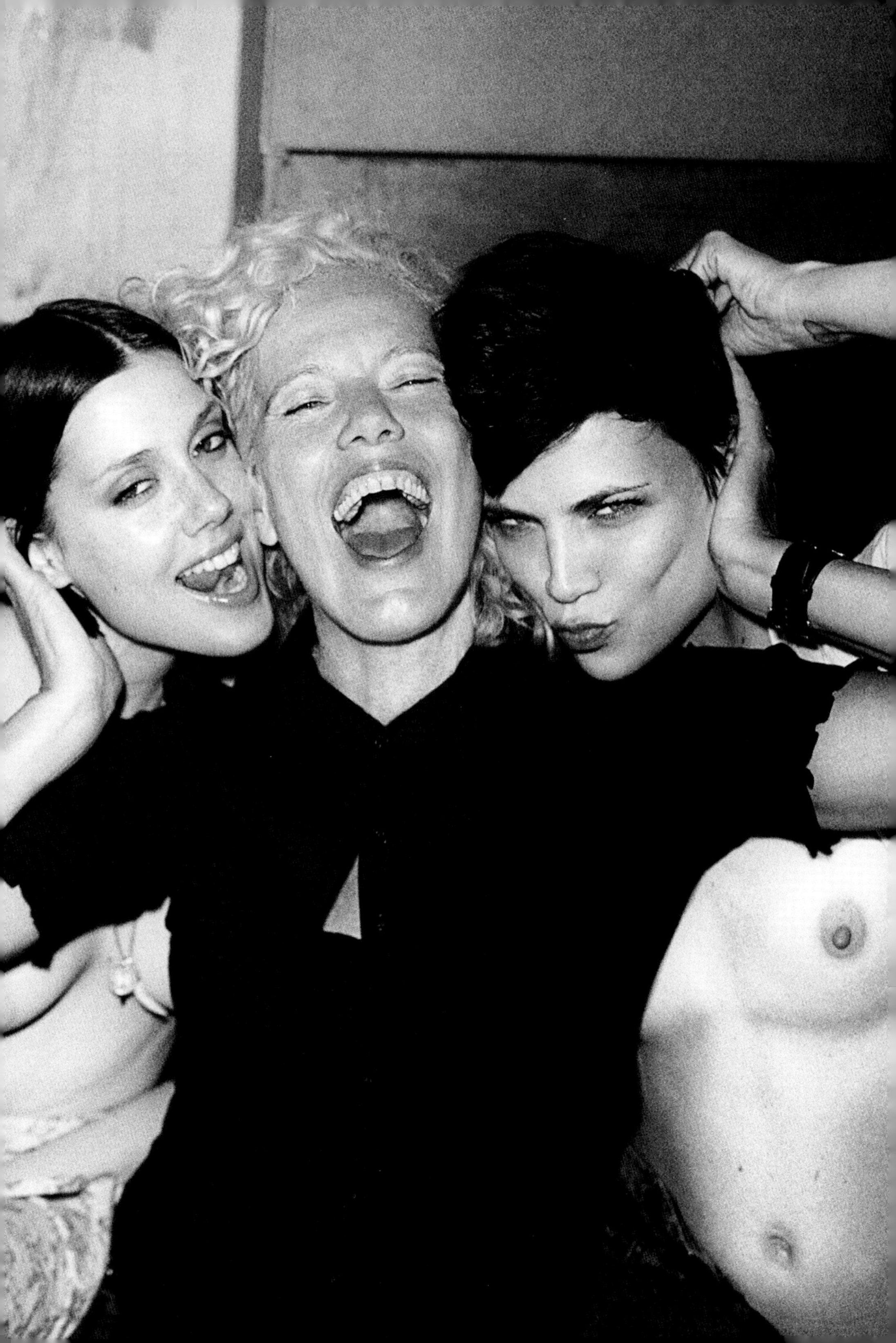

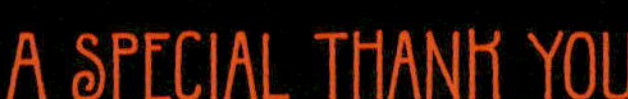
A SPECIAL THANK YOU

o the people, who worked on designing nd organizing the making of this book:

Angélique Boudet, Charles Cannet, Christian Fourteau, Christine Marchand, Ingrid Sischy, Jina Song, Marie-Laure Metge, Sam Shahid, Sascha Lilic

This project could not have been completed without the help of many people. I would like to thank the following individuals for their generous support of and faith in the project:

Adriana Lima, Alek Wek, Alexandra Egorova, Alexandra Tomlinson, Alyssa Miller, Amber Butchart, Amy Wesson, Angela Lindvall, Anna Davolio, Anna K, Anna Tokarska, Annika Stenvall, Arielle Burgelin, Béatrice Dalle, Beth Ditto, Bijou Phillips, Bridget Yorke, Bridget Hall, Britney Spears, Brody Dalle, Carla Bruni, Carole Alt, Christina Aguilera, Christy Turlington, Claudia Schiffer, Courtney Love, Dascha, Debbie Deitering, Delfine Bafort, Devon Aoki, Diana Stoessel, Diane Kruger, Dita Von Teese, Dorota Wojcik, Drew Barrymore, Ehrinn Cummings, Eleonore Woodward, Elizabeth Berkley, Elizabeth Hurley, Erin Heatherton, Eva Green, Eva Herzigová, Eva Jay, Eva Mendes, Eva Padberg, Eva Riccobono, Fanni Boström, Fu'ad Ait Aattou, Heather Graham, Heather Marks, Ilona Kuodiene, Iris Palmer, Isa Asklof, Iveta Sivakova, Jade Jagger, Jamie Gunns, Janelle Fishman, Jean Horon, Jennah Anderson, Jennifer Jason Leigh, John Galliano, Judith Bedard, Julie Ordon, Julien Landais, Juliette Lewis, Karen Mulder, Katarina Ivanovska, Kate Moss, Katherine Fonseca, Kemp Muhl, Kevin Lebreton, Kira Dikhtyar, Kristen McMenamy, Kylie Bax, Lady Gaga, Laetitia Casta, Lea Seydoux, Lenka Batkova, Lida Egorova, Linda Evangelista, Lindsay Lohan, Lonneke Engel, Lou Doillon, Madisyn, Madonna, Margarita Svegzdaite, Mathu Andersen, Megumi Fujisaku, Melissa Haro, Micki Olin, Milana Keller Bogolepova, Milla Jovovich, Mina Cvetkovic, Minerva Portillo, Mollie Gondi, Monica Bellucci, Monica Castillo, Morgane Dubled, Nadine Willis, Nadja Auermann, Naomi Campbell, Natalia Vodianova, Natalia Wörner, Nicole Kidman, Nicole Laliberté, Nikki Uberti, Nina Brosh, Nisha Thirkell, Omahyra, Oriol Elcacho, Patricia Arquette, Pauline Jacquard, Paz de la Huerta, Penelope Cruz, Philippe Vatti, Pierre Antoine Cosiacs, Pierre Bergé, Rachel Alexander, Raina, Raquel Nave, Rebecca Fourteau, Rosie Huntington-Whiteley, Roxane Mesquida, Sara Beth Stroller, Sarah Stephens, Sena Cech Olivier, Shalom Harlow, Shana Zadrick, Shanna Keetelaar, Sheila Ruschell, Shirley Mallmann, Shu Qi, Simonna Levenok, Siri Tollerod, Stella Tennant, Svenja Parotat, Tatjana Patitz, Taylor Warren, Thierno Diallo, Tina Davis, Tuanne Froeming, Vanessa Lewitt, Vanessa Paradis, Vasile Tarasove, Victoria Beckham, Virginia Slaghekke, Virginie Ledoyen, Wendy Delorme, Yves St